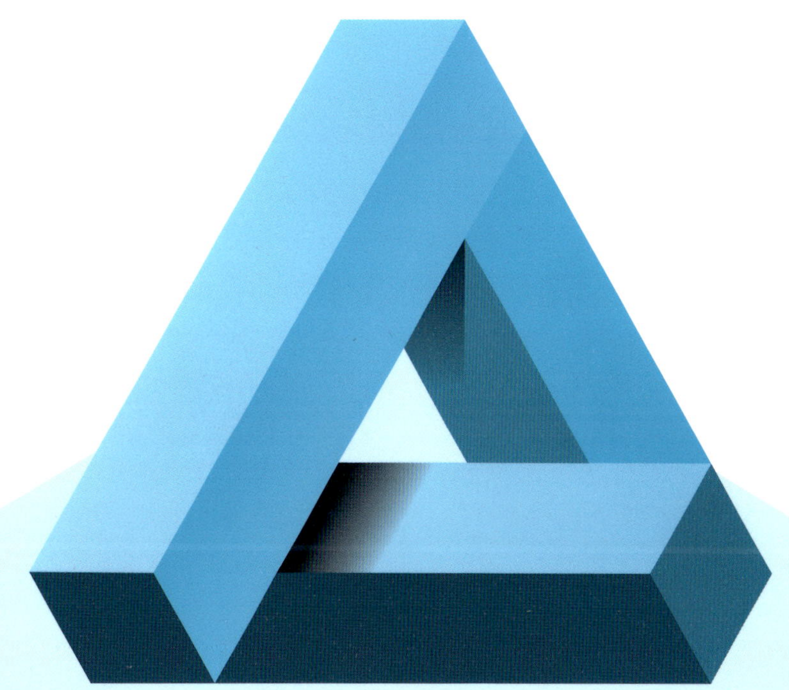

개념원리 수학연구소

함께 만드는 최상의 수학 콘텐츠, RPM

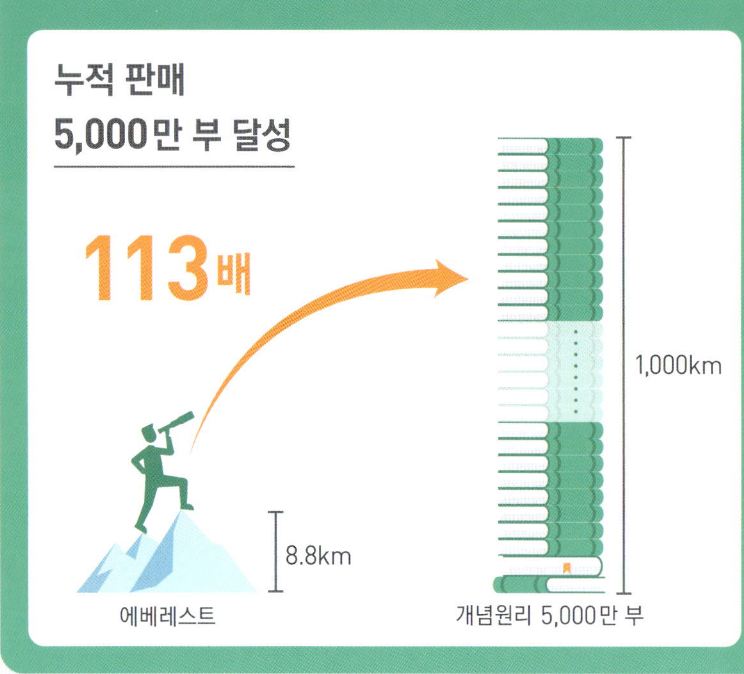

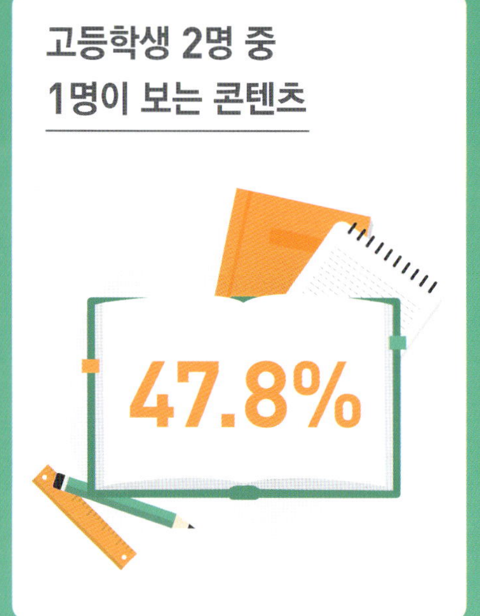

01 실사용자 의견 반영

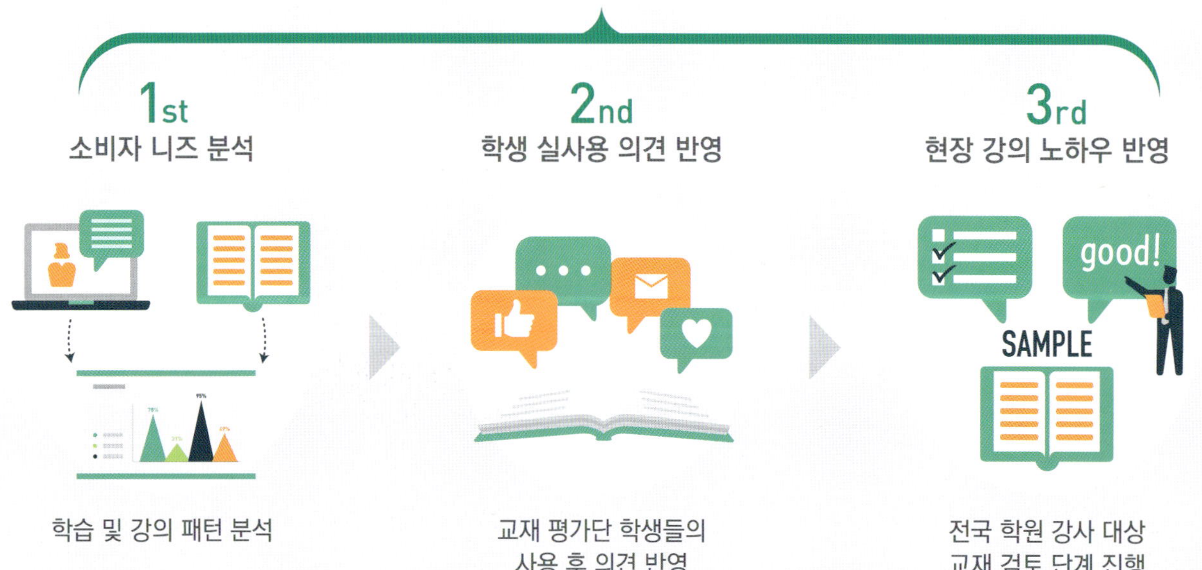

02 빅데이터 분석

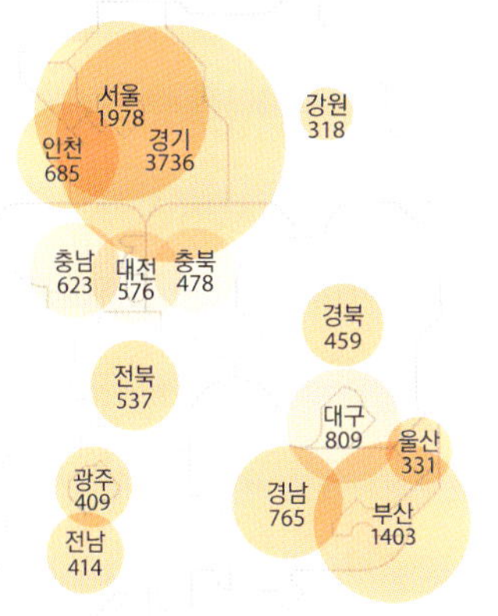

분석 시험지 총 수

13,688 장

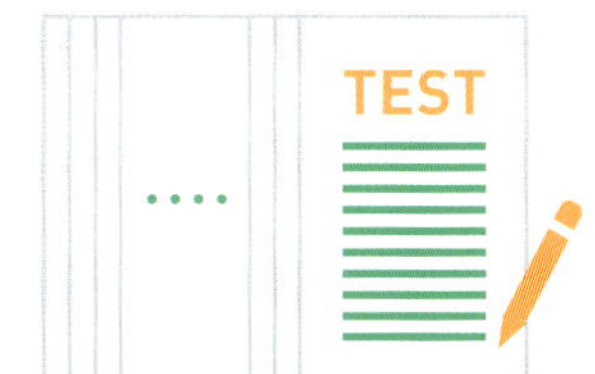

분석 기출문제 수

301,137 문제

트렌드 A

분석

평가원·교육청 기출문제와 동일
혹은 변형한 기출문제
출제율 증가

16%   23%

TEST

2017   2018

결과 반영

기출문제 보강 및
기출문제 수 추가

1.34배

47 문제 (Before)   63 문제 (After)

트렌드 B

분석

변별력을 요하는
고난도 문제 평균
1-2 문제씩 출제

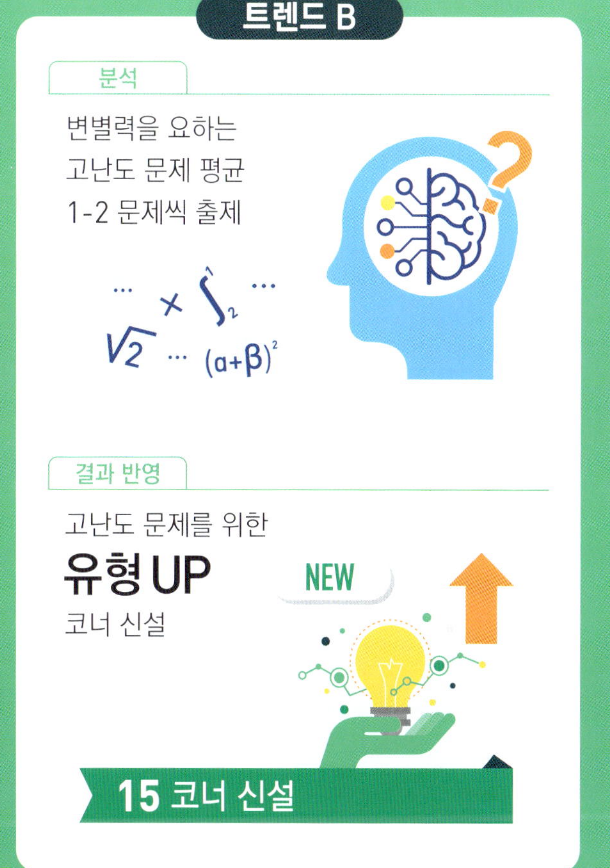

결과 반영

고난도 문제를 위한

유형 UP

코너 신설

NEW

15 코너 신설

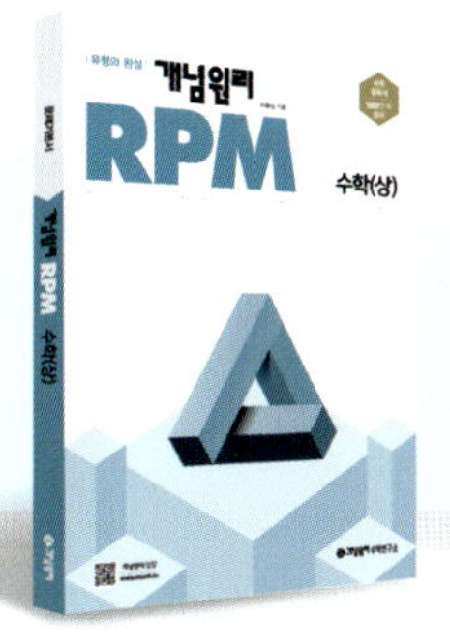

개념을 알면 원리가 보인다
유형의 완성, RPM

개념원리

발행일	2024년 2월 15일 3판 5쇄
지은이	이홍섭
기획 및 개발	개념원리 수학연구소

사업 책임	황은정
마케팅 책임	권가민, 정성훈
제작/유통 책임	정현호, 이미혜, 이건호
콘텐츠 개발 총괄	한소영
콘텐츠 개발 책임	오영석, 김경숙, 오지애, 모규리, 김현진
디자인	스튜디오 에딩크, 손수영

펴낸이	고사무열
펴낸곳	(주)개념원리
등록번호	제 22-2381호
주소	서울시 강남구 테헤란로 8길 37, 7층(역삼동, 한동빌딩) 06239
고객센터	1644-1248

개념원리 **RPM**

수학(상)

한눈에
보이는
정답

1059 $\frac{1}{4}<m<\frac{3}{2}$ 1060 ② 1061 1

1062 ② 1063 -14 1064 $y=\frac{2}{3}$ 또는 $4x+5y-6=0$

1065 $y=\frac{\sqrt{3}}{3}x-2$ 1066 $\left(\frac{7}{2},\,0\right)$

1067 18 1068 ③ 1069 ㄴ 1070 ③
1071 ① 1072 ⑤ 1073 ③ 1074 17

1075 $y=-\frac{4}{3}x-\frac{32}{3}$ 1076 $\left(\frac{2}{5},\,-\frac{1}{5}\right)$

1077 ③ 1078 $-3,\,8$ 1079 2 1080 $\frac{\sqrt{5}}{3}$

1081 ③ 1082 16 1083 ② 1084 $0<m<\frac{1}{4}$

1085 ③ 1086 $-\frac{1}{5}$ 1087 -4 1088 10

1089 $-\frac{1}{2}$ 1090 $2\sqrt{2}$ 1091 ⑤ 1092 $3\sqrt{10}$ m

12 원의 방정식

1093 중심의 좌표 : $(4,\,1)$, 반지름의 길이 : 5
1094 중심의 좌표 : $(0,\,3)$, 반지름의 길이 : 3
1095 중심의 좌표 : $(2,\,0)$, 반지름의 길이 : 2
1096 중심의 좌표 : $(1,\,3)$, 반지름의 길이 : 2
1097 $(x-2)^2+(y-2)^2=1$ 1098 $(x-3)^2+(y+2)^2=4$
1099 $x^2+y^2=9$ 1100 $(x-2)^2+(y+1)^2=25$
1101 $(x+3)^2+(y-2)^2=5$ 1102 $(x+2)^2+(y-3)^2=9$
1103 $(x-4)^2+(y+1)^2=16$ 1104 $(x+2)^2+(y+2)^2=4$
1105 $6x+8y-13=0$ 1106 $2x+y-5=0$
1107 $x^2+y^2+\frac{1}{4}x-\frac{9}{2}y=0$ 1108 서로 다른 두 점에서 만난다.
1109 만나지 않는다. 1110 2 1111 0
1112 $y=2x+5,\,y=2x-5$ 1113 $x+\sqrt{3}y=4$
1114 ④ 1115 13π 1116 ㄱ, ㄴ 1117 7
1118 19 1119 ⑤ 1120 $(x+5)^2+(y-4)^2=41$
1121 2 1122 ③ 1123 ② 1124 3
1125 $2+\sqrt{13}$ 1126 ① 1127 $\frac{5}{2}\pi$ 1128 ④
1129 6 1130 $\sqrt{10}$ 1131 1 1132 $4\sqrt{2}$
1133 2 1134 π 1135 ④ 1136 ④
1137 $\sqrt{5}$ 1138 ③ 1139 -2 1140 ①
1141 $y=3x-2$ 1142 2 1143 -4 1144 5π
1145 3 1146 8π 1147 ④ 1148 ②
1149 $m<0$ 1150 ④ 1151 16 1152 4π
1153 ③ 1154 1 1155 6 1156 $\sqrt{14}$
1157 8 1158 ② 1159 3π 1160 ④
1161 ③ 1162 $4\sqrt{3}$ 1163 $5\sqrt{2}$ 1164 ②
1165 15 1166 12 1167 ④ 1168 ①
1169 $y=x-2$ 또는 $y=x-6$ 1170 ② 1171 14
1172 18 1173 $-\frac{16}{5}$ 1174 ② 1175 $y=\sqrt{3}x-2$
1176 $2\sqrt{5}$ 1177 2π 1178 ③ 1179 ①
1180 $2\sqrt{5}$ 1181 $\frac{\sqrt{7}}{2}$ 1182 $\frac{16}{5}\pi$ 1183 ④
1184 $\sqrt{13}$ 1185 1 1186 ④ 1187 ②
1188 ③ 1189 ③ 1190 -3 1191 ④

1192 3 1193 ③ 1194 $\left(-1,\,\frac{1}{2}\right)$ 1195 ②
1196 ② 1197 ④ 1198 7 1199 ③
1200 ② 1201 $\frac{8}{3}$ 1202 10
1203 $y=\sqrt{3}x+4\sqrt{3}$ 또는 $y=\sqrt{3}x-4\sqrt{3}$ 1204 ①
1205 12π 1206 $2\sqrt{5}$ 1207 -1 1208 0
1209 6 1210 25π 1211 18 1212 ②
1213 14

13 도형의 이동

1214 $(0,\,-1)$ 1215 $(4,\,1)$ 1216 $(3,\,-3)$ 1217 $(-2,\,-6)$
1218 $(5,\,-2)$ 1219 $(1,\,2)$ 1220 $(8,\,-5)$ 1221 $(12,\,4)$
1222 $(8,\,-1)$ 1223 $(4,\,1)$ 1224 $(10,\,-14)$
1225 $(1,\,-16)$ 1226 $a=2,\,b=-3$ 1227 $x-4y-20=0$
1228 $y=2x^2-7x$ 1229 $(x-5)^2+(y+6)^2=6$
1230 $y=-2x$ 1231 $y=-x^2+4x-1$
1232 $x^2+y^2=1$ 1233 $x+y-7=0$ 1234 $a=4,\,b=-1$
1235 $x+3y+20=0$ 1236 $y=-x^2+4x+1$
1237 (1) $(-1,\,-3)$ (2) $(1,\,3)$ (3) $(1,\,-3)$ (4) $(3,\,-1)$ (5) $(-3,\,1)$
1238 (1) $x+y+8=0$ (2) $x+y-8=0$ (3) $x-y-8=0$
　　 (4) $x-y-8=0$ (5) $x-y+8=0$
1239 (1) $y=-x^2+x-2$ (2) $y=x^2+x+2$ (3) $y=-x^2-x-2$
　　 (4) $x=y^2-y+2$ 　 (5) $x=-y^2-y-2$
1240 (1) $(x+1)^2+(y+5)^2=36$ (2) $(x-1)^2+(y-5)^2=36$
　　 (3) $(x-1)^2+(y+5)^2=36$ (4) $(x-5)^2+(y+1)^2=36$
　　 (5) $(x+5)^2+(y-1)^2=36$
1241 $(2,\,5)$ 1242 $(5,\,-6)$ 1243 $(-7,\,7)$ 1244 $(-5,\,0)$
1245 $(4,\,-1)$ 1246 $(7,\,2)$
1247 (1) $a=-p-4,\,b=-q-2$ (2) $3x-y+12=0$
1248 (1) $\left(\frac{3+a}{2},\,\frac{-1+b}{2}\right)$ (2) -1 (3) $(-2,\,4)$
1249 $(3,\,2)$ 1250 $(1,\,4)$ 1251 ② 1252 $(3,\,6)$
1253 11 1254 ⑤ 1255 12 1256 0
1257 4 1258 8 1259 ㄱ, ㄷ 1260 -8
1261 6 1262 4 1263 1 1264 ③
1265 7 1266 $\left(1,\,\frac{2}{3}\right)$ 1267 3 1268 제4사분면
1269 -3 1270 $y=3x+20$ 1271 -5
1272 ① 1273 5 1274 ③ 1275 ②
1276 6 1277 ④ 1278 $-3-\sqrt{10}<k<-3+\sqrt{10}$
1279 -2 1280 -7 1281 $(-4,\,-4)$
1282 ② 1283 11 1284 ④ 1285 ①
1286 $(2,\,3)$ 1287 2 1288 ⑤
1289 $(x-1)^2+(y+4)^2=5$ 1290 1 1291 ③
1292 ② 1293 최솟값 : 10, 점 P의 좌표 : $\left(0,\,\frac{19}{4}\right)$
1294 ④ 1295 ③ 1296 ③ 1297 ①
1298 $\frac{7}{3}$ 1299 ① 1300 40 1301 ③
1302 ⑤ 1303 -2 1304 -1 1305 $\frac{9}{2}$
1306 100 m 1307 ① 1308 $(12,\,-2)$
1309 15 1310 18 1311 26

0780 $x\neq\dfrac{1}{2}$인 모든 실수   0781 모든 실수

0782 해는 없다.   0783 $x=\dfrac{1}{3}$ 0784 모든 실수

0785 해는 없다.   0786 모든 실수   0787 $x=-\dfrac{2}{3}$

0788 $x^2-2x-8>0$ 0789 $x^2-4x+3\geq0$

0790 $x^2-3x-4<0$ 0791 $x^2-x-6\leq0$

0792 $x^2-12x+36>0$ 0793 $-2\sqrt{2}<k<2\sqrt{2}$ 0794 $k>6$

0795 $0\leq k\leq3$

0796 (1) $x\leq2$ 또는 $x\geq3$ (2) $1<x<4$
　　(3) 풀이 참조 (4) $1<x\leq2$ 또는 $3\leq x<4$

0797 $-3<x<1$ 0798 $\dfrac{1}{2}<x<2$

0799 $-2<x\leq-1$ 또는 $3\leq x<4$ 0800 $\dfrac{3}{8}\leq k<\dfrac{1}{2}$

0801 $k\geq5$ 0802 $-2<k<2$

0803 (1) $\geq$, $>$, $>$ (2) $\geq$, $>$, $<$ (3) $<$ 0804 $k\leq-2$

0805 $k<-\dfrac{1}{2}$ 0806 $-2\leq x\leq2$

0807 $-1\leq x\leq2$ 0808 $a\leq x\leq b$ 또는 $c\leq x\leq d$

0809 $4\sqrt{2}$ 0810 4   0811 ④   0812 ②   0813 ④

0814 $-1<x<1$ 0815 ③   0816 10   0817 -3

0818 $-\dfrac{2}{3}$ 0819 5   0820 $-2\leq x\leq3$ 0821 $-\dfrac{1}{2}$

0822 ③   0823 24   0824 10   0825 -6 0826 ②

0827 ②   0828 -1 0829 ①   0830 $a<-1$ 0831 1

0832 5   0833 ②   0834 2   0835 ③

0836 $a<-3$ 또는 $a>3$ 0837 15   0838 9   0839 ②

0840 2   0841 ②   0842 7   0843 3   0844 4

0845 ③   0846 2000원   0847 5   0848 ④   0849 -3

0850 ①   0851 2   0852 2   0853 1   0854 $k<-4$

0855 3   0856 3   0857 9   0858 12

0859 5   0860 ⑤   0861 4   0862 1   0863 ①

0864 $-2\leq a<0$ 0865 ②

0866 $a<1$ 또는 $4<a<6$ 0867 ②   0868 ②   0869 5

0870 ⑤   0871 11   0872 2   0873 $\dfrac{4}{5}<a<\dfrac{6}{5}$

0874 8   0875 ㄴ, ㄷ   0876 ④   0877 ③   0878 ④

0879 5   0880 ②   0881 ③   0882 $1\leq m<4$

0883 ②   0884 4   0885 -10 0886 ③   0887 ①

0888 4   0889 14   0890 1   0891 4

0892 5   0893 40 cm 이상 60 cm 이하

0894 6   0895 ①   0896 $6<a\leq7$ 0897 ③

0898 -5 0899 -2 0900 $1<x<3$

0901 $-1\leq a<0$ 0902 ④   0903 $a\leq-12$ 또는 $a>12$

0904 9

0905 4   0906 10   0907 4   0908 R(7) 또는 R(1)

0909 S(0) 또는 S(-10)   0910 $\sqrt{37}$ 0911 $5\sqrt{2}$ 0912 $\sqrt{41}$

0913 $\sqrt{a^2+b^2}$ 0914 (1) P$\left(\dfrac{22}{5}\right)$ (2) Q(24) (3) M(3)

0915 5   0916 (1) P$\left(\dfrac{13}{5},-1\right)$ (2) Q(11, -8) (3) M$\left(2,-\dfrac{1}{2}\right)$

0917 -12 0918 G(-1, 1)   0919 G(2, 0)

0920 G(1, 2)   0921 -3 0922 9   0923 ①

0924 1   0925 -2 0926 8   0927 $2\sqrt{2}$ 0928 (3, 4)

0929 $\sqrt{5}$ km   0930 ⑤   0931 5   0932 2

0933 $(4\sqrt{3},-2\sqrt{3})$ 0934 $\sqrt{5}$ 0935 ④   0936 $5\sqrt{2}$

0937 ③   0938 ④   0939 $\left(\dfrac{1}{2},\dfrac{7}{2}\right)$

0940 (개) $-c$ (내) $a^2+b^2+c^2$

0941 (개) a (내) b (대) $x^2+y^2+(x-a)^2+(y-b)^2$
　　(래) $x^2+y^2+(x-a)^2+(y-b)^2$

0942 (8, -7)   0943 $(-2, 2)$ 0944 20

0945 3   0946 ⑤   0947 ④   0948 $(-1, 2)$ 또는 $(3, 4)$

0949 $\dfrac{2}{3}<k<2$ 0950 ②   0951 1   0952 2

0953 ②   0954 ②   0955 $\dfrac{13}{3}$ 0956 6   0957 ②

0958 ③   0959 (2, 5)   0960 3   0961 ③   0962 ②, ④

0963 $\left(\dfrac{5}{2},-\dfrac{3}{2}\right)$ 0964 ①   0965 2   0966 ⑤

0967 $3x+2y-12=0$ 0968 $6x-4y+13=0$ 0969 ④

0970 -4 0971 ②   0972 ③   0973 $\dfrac{4}{5}$ 시간   0974 ③

0975 ④   0976 (12, -8)   0977 -26 0978 ④

0979 ③   0980 $\dfrac{7}{3}$ 0981 4   0982 ②   0983 1

0984 $-\dfrac{4}{5}$ 0985 0.8   0986 13   0987 ⑤   0988 $3\sqrt{2}$

0989 ④

0990 $y=2x-3$ 0991 $y=-5x+3$

0992 $y=-3x+9$ 0993 $y=4$

0994 $-\dfrac{x}{7}+\dfrac{y}{5}=1$ 0995 (1) 제1, 2, 4 사분면 (2) 제1, 4 사분면

0996 $(-2, 1)$ 0997 $\left(\dfrac{1}{5},\dfrac{3}{5}\right)$

0998 $4x-7y=0$ 0999 (1) ㄴ (2) ㄷ

1000 (1) $-\dfrac{3}{2}$ (2) 1   1001 (1) -1 (2) 3 (3) $\dfrac{1}{3}$

1002 $y=-\dfrac{3}{2}x$ 1003 $y=\dfrac{1}{3}x+\dfrac{5}{3}$ 1004 $\sqrt{5}$

1005 $\dfrac{1}{2}$ 1006 $\dfrac{6}{5}$ 1007 $3\sqrt{2}$ 1008 $y=-2x+7$

1009 -8 1010 6   1011 5   1012 ⑤

1013 2   1014 $y=3$ 1015 -6 1016 6

1017 $y=2x+1$ 1018 12   1019 -7 1020 ②

1021 -1 1022 ④   1023 제1, 2, 4 사분면

1024 ③   1025 5   1026 ③   1027 ②

1028 -1 1029 ①   1030 $\sqrt{34}$ 1031 $\dfrac{2}{3}$

1032 -3 1033 4   1034 ③   1035 6

1036 ①   1037 $y=-3x+2$ 1038 ③

1039 9   1040 ⑤   1041 8   1042 $\left(\dfrac{7}{2},\dfrac{5}{2}\right)$

1043 -1 1044 -2 1045 $-\dfrac{5}{4}$ 1046 $\dfrac{9}{2}$

1047 7   1048 10   1049 -2 1050 $\dfrac{\sqrt{5}}{5}$

1051 ④   1052 $2\sqrt{2}$ 1053 $\dfrac{5\sqrt{2}}{12}$ 1054 32

1055 3   1056 4   1057 6   1058 $\dfrac{21}{2}$

0001 (1) $3x^3y^2+2x^2y-5xy^3+y-7$ (2) $-7+(2x^2+1)y+3x^3y^2-5xy^3$

0002 $3x^2-xy+4y^2$　　　**0003** $2x^2+7xy+3y^2$

0004 $5x^2+5xy+4y^2$

0005 (1) $x^2-2xy+8y^2$ (2) $-10x^2+14xy-14y^2$

0006 (1) $-2x^3-x^2+2x+6$ (2) $-x^3-3x^2+4x+7$ (3) $4x^3+x^2-2$

0007 $2a^3-6a^2+12a$　　　**0008** x^3+2x^2-2x+3

0009 $2a^3-5a^2b-17ab^2+20b^3$　　　**0010** $4x^2+20x+25$

0011 $9x^2-12x+4$　　　**0012** $9x^2-y^2$　**0013** x^2+5x+6

0014 $6x^2+7x-20$　　　**0015** $4x^2+y^2+9z^2-4xy+6yz-12zx$

0016 x^3+3x^2+3x+1　　**0017** $x^3-6x^2y+12xy^2-8y^3$

0018 a^3+8　**0019** $27x^3-1$　　　**0020** $x^3+6x^2+11x+6$

0021 $a^3-b^3+3ab+1$　　　**0022** $16x^4+36x^2y^2+81y^4$

0023 (1) 13 (2) 45　　　**0024** (1) 22 (2) -100

0025 (1) 14 (2) $\pm2\sqrt{3}$　　　**0026** (1) 14 (2) $10\sqrt{2}$

0027 65　　　**0028** ㈎ 6 ㈏ 6 ㈐ 6 ㈑ 6 ㈒ 1

0029 몫 : $2x^2-2x-2$, 나머지 : 3

0030 몫 : $2x-1$, 나머지 : $4x+4$

0031 몫 : $3x^2+3x+1$, 나머지 : $2x+2$

0032 $3x^3-x^2+4x+3=(x^2+1)(3x-1)+x+4$

0033 $2x^3+x-3=(x^2-x-1)(2x+2)+5x-1$

0034 ㈎ 2 ㈏ 3 ㈐ 2 ㈑ 7 ㈒ 17 ㈓ x^2+6x+7 ㈔ 17

0035 몫 : x^2+x+1, 나머지 : 0

0036 몫 : $3x^2+2x+6$, 나머지 : 8

0037 몫 : $2x^2+2x+4$, 나머지 : -3

0038 $6x^2+8xy-10y^2$　　　**0039** $x^2+4xy-2y^2$　　　**0040** ④

0041 0　　**0042** ④　　**0043** 5　　**0044** 10　　**0045** 20

0046 ⑤　　**0047** ①　　**0048** -2　　**0049** 18　　**0050** ③

0051 $a^2-b^2-c^4+2bc^2$　　**0052** $x^4-8x^3+14x^2+8x-15$

0053 108　　**0054** ④　　**0055** -3　　**0056** $30\sqrt{3}$　　**0057** 47

0058 ⑤　　**0059** ①　　**0060** ②　　**0061** -2　　**0062** 40

0063 ③　　**0064** 32　　**0065** ①　　**0066** ④　　**0067** ②

0068 5　　**0069** 9　　**0070** 15　　**0071** ⑤

0072 x^2-x+5　　　**0073** 몫 : $2x-1$, 나머지 : 0

0074 x^2-4x+7　　　**0075** 몫 : $x+4$, 나머지 : $2x$

0076 몫 : $\dfrac{1}{3}Q(x)$, 나머지 : R　　　**0077** ④　　**0078** ①

0079 19　　**0080** 8　　**0081** ②　　**0082** ①　　**0083** 19

0084 125　　**0085** 5　　**0086** $52\ \mathrm{cm}^2$　**0087** 47　　**0088** ④

0089 150　　**0090** ②　　**0091** ①　　**0092** ⑤　　**0093** 36

0094 18　　**0095** ④　　**0096** ⑤　　**0097** $32-12\sqrt{6}$

0098 x^2+3x-1　　　**0099** $x+4$　**0100** 몫 : $2Q(x)$, 나머지 : R

0101 3　　**0102** ③　　**0103** 18　　**0104** 2　　**0105** 6

0106 60　　**0107** ②　　**0108** $\dfrac{35}{4}$　　**0109** 16 또는 152

0110 ㄴ, ㄷ, ㄹ　　　**0111** $a=6$, $b=3$, $c=-6$

0112 $a=2$, $b=-1$, $c=-6$　**0113** $a=2$, $b=-3$, $c=6$

0114 $a=1$, $b=3$, $c=-1$　　**0115** $a=-3$, $b=1$

0116 $a=6$, $b=3$, $c=-1$　　**0117** (1) -2 (2) -66

0118 (1) -1 (2) $\dfrac{17}{4}$　　**0119** 3　　　**0120** (1) 4 (2) -20

0121 $a=4$, $b=1$　　　**0122** 8　　　**0123** 3　　　**0124** -4

0125 ③　　**0126** ①　　**0127** 6　　**0128** 2　　**0129** -1

0130 13　　**0131** ④　　**0132** ①　　**0133** 35　　**0134** ②

0135 32　　**0136** ⑤　　**0137** ④　　**0138** 40　　**0139** ④

0140 ④　　**0141** -4　　**0142** ⑤　　**0143** -11　　**0144** ⑤

0145 $-x+16$　　　**0146** $5x-6$　**0147** $-x^2+2x+4$

0148 2　　**0149** ①　　**0150** ①　　**0151** ①　　**0152** -1

0153 ②　　**0154** ②　　**0155** 18　　**0156** 2　　**0157** ⑤

0158 -9　　**0159** 3　　**0160** -6　　**0161** ⑤　　**0162** -4

0163 ②　　**0164** ②　　**0165** 97　　**0166** 3　　**0167** 100

0168 -1　　**0169** ②　　**0170** ①　　**0171** ④　　**0172** ②

0173 ①　　**0174** -1　　**0175** 14　　**0176** 9　　**0177** 1

0178 $-x^2+10x-3$　　**0179** ⑤　　**0180** ①　　**0181** 1

0182 2　　**0183** -3　　**0184** 0　　**0185** 9　　**0186** 9

0187 -18　　**0188** 251　　**0189** -6　　**0190** ③

0191 $(1-x)(1-y)$　　**0192** $(a+b)(c-d)$

0193 $(2x+5y)^2$　　　**0194** $(8x+3y)(8x-3y)$

0195 $3x(x+2y)$　　　**0196** $(x+2)(x+6)$

0197 $(x+2)(3x-4)$　　　**0198** $(2x+3y)(3x-2y)$

0199 $(a-b+c)^2$　　　**0200** $(x+y+1)^2$　　　**0201** $(x-2)^3$

0202 $(x+3y)^3$　　　**0203** $(x-2)(x^2+2x+4)$

0204 $(a^2+a+1)(a^2-a+1)$

0205 $(x^2+2xy+4y^2)(x^2-2xy+4y^2)$

0206 $(a-b+c)(a^2+b^2+c^2+ab+bc-ca)$

0207 $(x+y+1)(x^2+y^2+1-xy-x-y)$

0208 $x(x-1)$　　　**0209** $(x^2+5x+8)(x^2+5x-2)$

0210 $2(x+5)(x-1)$　　**0211** $(x+1)(x-1)(x^2+6)$

0212 $(x^2+x+5)(x^2-x+5)$

0213 $(x-y-1)(x-y-2)$　**0214** $(y-a)(x+y+a)$

0215 $(x-1)(x+2)(x-3)$

0216 $(x+1)(x-2)(x^2-2x+3)$　　**0217** ③　　**0218** ④

0219 -2　　**0220** $(a+b)(a-b)(a^2+b^2+2c^2)$　　**0221** ④

0222 ③　　**0223** ②　　**0224** ③

0225 $(x^2-x+1)(x^2-x-4)$　　**0226** ④　　**0227** 1

0228 -3　　**0229** 10　　**0230** ⑤　　**0231** 5　　**0232** ④

0233 $(x+1)(x-3)(x-y)$　　　**0234** ③　　**0235** -1

0236 6　　**0237** ⑤　　**0238** ③　　**0239** ⑤

0240 $(a+b)(b+c)(c+a)$　**0241** ①　　**0242** -1　　**0243** ①

0244 5　　**0245** ③　　**0246** 51　　**0247** 180　　**0248** 24

0249 ④　　**0250** 9999　　**0251** ④　　**0252** ③　　**0253** 570

0254 ④　　**0255** ⑤　　**0256** ④　　**0257** ⑤

0258 $b=c$인 이등변삼각형　**0259** $\sqrt{3}$　　**0260** ④　　**0261** ④

0262 12　　**0263** ③　　**0264** ⑤　　**0265** -2

0266 $3(x-y)(y-z)(z-x)$　　　**0267** ④　　**0268** -6

0269 155　　**0270** ⑤　　**0271** 7　　**0272** 22　　**0273** 16

0274 228　　**0275** 3

0276 실수부분 : 0, 허수부분 : 4　　**0277** 실수부분 : $1+\sqrt{2}$, 허수부분 : 0

0278 실수부분 : -5, 허수부분 : $-\sqrt{3}$

0562 $x=3$ 또는 $x=\dfrac{-3\pm3\sqrt{3}i}{2}$

0563 $x=0$ 또는 $x=-3$ 또는 $x=4$

0564 $x=0$ 또는 $x=2$ 또는 $x=-1\pm\sqrt{3}i$

0565 $x=2$ 또는 $x=1\pm\sqrt{2}$ **0566** $x=-2$ 또는 $x=1\pm2i$

0567 $x=-1$ 또는 $x=2$ 또는 $x=-1\pm\sqrt{2}i$

0568 $x=2$ (중근) 또는 $x=\dfrac{-1\pm\sqrt{3}i}{2}$

0569 $x=-4$ 또는 $x=-2$ 또는 $x=-1$ 또는 $x=1$

0570 $x=\pm\dfrac{1}{2}$ 또는 $x=\pm1$

0571 $x=-2$ 또는 $x=4$ 또는 $x=1\pm\sqrt{2}i$

0572 $x=\pm1$ 또는 $x=\pm2$

0573 $x=\dfrac{-1\pm\sqrt{3}i}{2}$ 또는 $x=\dfrac{1\pm\sqrt{3}i}{2}$

0574 $x=\pm i$ 또는 $x=\dfrac{2\pm\sqrt{5}i}{3}$

0575 $x=-1$ (중근) 또는 $x=\dfrac{-3\pm\sqrt{5}}{2}$

0576 (1) -4 (2) 2 (3) 6 **0577** (1) 29 (2) $\dfrac{1}{2}$ (3) 0

0578 $x^3-2x^2-5x+6=0$ **0579** $2x^3-10x^2-4x+8=0$

0580 $-x^3+x^2-4x+4=0$ **0581** -10 **0582** -52

0583 0 **0584** (1) 0 (2) -2 (3) -1 (4) 0

0585 (1) 0 (2) 2 (3) 1 (4) 0 **0586** $\begin{cases} x=-4 \\ y=-2 \end{cases}$ 또는 $\begin{cases} x=2 \\ y=4 \end{cases}$

0587 $\begin{cases} x=6 \\ y=2 \end{cases}$ 또는 $\begin{cases} x=-6 \\ y=-2 \end{cases}$ **0588** $\begin{cases} x=\dfrac{11}{3} \\ y=-\dfrac{8}{3} \end{cases}$ 또는 $\begin{cases} x=-1 \\ y=2 \end{cases}$

0589 $\begin{cases} x=2 \\ y=2 \end{cases}$ 또는 $\begin{cases} x=-2 \\ y=-2 \end{cases}$ 또는 $\begin{cases} x=-4\sqrt{2}i \\ y=2\sqrt{2}i \end{cases}$ 또는 $\begin{cases} x=4\sqrt{2}i \\ y=-2\sqrt{2}i \end{cases}$

0590 $\begin{cases} x=-3 \\ y=3 \end{cases}$ 또는 $\begin{cases} x=2 \\ y=-2 \end{cases}$ 또는 $\begin{cases} x=-\dfrac{6}{5} \\ y=-\dfrac{18}{5} \end{cases}$ 또는 $\begin{cases} x=1 \\ y=3 \end{cases}$

0591 $\begin{cases} x=-2 \\ y=4 \end{cases}$ 또는 $\begin{cases} x=4 \\ y=-2 \end{cases}$

0592 $\begin{cases} x=1 \\ y=3 \end{cases}$ 또는 $\begin{cases} x=3 \\ y=1 \end{cases}$ 또는 $\begin{cases} x=-3 \\ y=-1 \end{cases}$ 또는 $\begin{cases} x=-1 \\ y=-3 \end{cases}$

0593 ①   **0594** 14 **0595** -2 **0596** 0

0597 ⑤   **0598** 5 **0599** $3\sqrt{2}$ **0600** -3

0601 ①   **0602** 8 **0603** $4+2\sqrt{6}$ **0604** 0

0605 ③   **0606** 4 **0607** 4 **0608** ①

0609 18 **0610** -4 **0611** -1 **0612** ⑤

0613 1 **0614** $k>0$ **0615** 5 **0616** ①

0617 -1 **0618** 19 **0619** 92 **0620** ③

0621 $x^3+2x-1=0$ **0622** 19 **0623** 9

0624 ⑤   **0625** ③   **0626** 3 **0627** -12

0628 ②   **0629** ④   **0630** $-1+\sqrt{5}$ **0631** ②

0632 17 **0633** 2 **0634** $4\sqrt{2}$ **0635** 12

0636 20 **0637** ③   **0638** 70 **0639** 5

0640 8 **0641** 6 **0642** $\dfrac{5}{6}$ **0643** 1

0644 ②   **0645** $m=1$, 공통인 근: 1 **0646** ①

0647 ⑤   **0648** 83 **0649** 2 **0650** $\dfrac{1}{2}$

0651 -2 **0652** ②   **0653** ③   **0654** ③

0655 ㄱ, ㄴ, ㄹ   **0656** $\dfrac{7}{3}$ **0657** 1 **0658** ③

0659 1 **0660** ⑤   **0661** 5 **0662** ①

0663 8 **0664** 5 **0665** ②   **0666** 4

0667 ②   **0668** ①   **0669** ③   **0670** ③

0671 16 **0672** -1 **0673** ⑤   **0674** ③

0675 ②   **0676** 3 **0677** ③   **0678** ⑤

0679 8 cm^3 **0680** -15 **0681** ②   **0682** $\dfrac{3}{2}$

0683 5 **0684** ④   **0685** $5-\sqrt{7}$ **0686** 4

0687 ⑤   **0688** -3 **0689** $-\dfrac{3}{4}$ **0690** $-\dfrac{7}{2}$

0691 $\dfrac{11}{3}$ **0692** 18 **0693** 5 **0694** 6

0695 ③

0696 $1<x<8$ **0697** $-4\le x<3$ **0698** $x>2$

0699 $x<-7$ **0700** $4<x<12$ **0701** $x\ge6$

0702 $-6\le x<7$ **0703** $x<3$ **0704** $x=2$

0705 해는 없다.   **0706** (1) $x>6$ (2) $x>-1$ (3) $x>6$

0707 $-5\le x\le3$ **0708** $1<x\le\dfrac{13}{2}$

0709 $3<x<9$ **0710** $x\le-1$ 또는 $x\ge\dfrac{7}{3}$ **0711** $\dfrac{2}{3}<x<2$

0712 (1) $-2\le x<-1$ (2) $-1\le x<5$ (3) $5\le x\le6$ (4) 풀이 참조   (5) $-2\le x\le6$

0713 $x\le-4$ **0714** 5 **0715** 9 **0716** -2

0717 ⑤   **0718** -20 **0719** $6\le A<14$

0720 ④   **0721** ②   **0722** $x=1$ **0723** 15

0724 9 **0725** 16 **0726** 6 **0727** -1

0728 $a\ge-2$ **0729** $k\ge2$ **0730** 4

0731 10 g 이상 24 g 이하   **0732** 43 **0733** 5장

0734 $\dfrac{200}{3} \text{ g}$ 이상 200 g 이하   **0735** 6 **0736** ②

0737 1 **0738** $-1<x<1$ 또는 $3<x<5$ **0739** ④

0740 ③   **0741** $a\ge9$ **0742** -1 **0743** ④

0744 2 **0745** 6 **0746** ②   **0747** ④

0748 ③   **0749** ③   **0750** $0<a\le1$ **0751** -10

0752 1 **0753** ③   **0754** ⑤   **0755** ①

0756 ⑤   **0757** -9 **0758** $1<x\le3$

0759 1 **0760** $a\ge2$ **0761** 200 g 이상 400 g 이하

0762 ⑤   **0763** ③   **0764** 15 **0765** -1

0766 ③   **0767** 67명   **0768** 2

0769 60 g 이상 100 g 이하   **0770** 2 **0771** ④

0772 (1) $x<-2$ 또는 $x>3$ (2) $-2\le x\le3$ **0773** $a<x<\gamma$

0774 $x\le\beta$ 또는 $x\ge\delta$ **0775** $-3<x<5$

0776 $-\dfrac{1}{3}\le x\le1$ **0777** $x<-\dfrac{1}{5}$ 또는 $x>2$

0778 $x\le-3$ 또는 $x\ge\dfrac{1}{2}$ **0779** $1\le x\le3$

0279 실수부분 : $\dfrac{3}{2}$, 허수부분 : $-\dfrac{1}{2}$

0280 실수 : ㄷ, ㅁ, ㅂ, 허수 : ㄱ, ㄴ, ㄹ, 순허수 : ㄱ, ㄴ

0281 $x=2,\ y=0$　　**0282** $x=1,\ y=5$

0283 $x=2,\ y=-1$　　**0284** $-5-7i$　**0285** $-3i-1$

0286 $-i$　**0287** 7　**0288** $3+7i$　**0289** $3+5i$

0290 $11-2i$　**0291** $1-4i$　**0292** 11　**0293** $\dfrac{4}{5}$

0294 i　**0295** $-i$　**0296** i　**0297** 2

0298 $\sqrt{3}i$　**0299** $5i$　**0300** $-4\sqrt{2}i$　**0301** $\pm i$

0302 $\pm2\sqrt{2}i$　**0303** -4　**0304** $-\sqrt{5}i$　**0305** $\sqrt{3}$

0306 $-3\sqrt{2}+\dfrac{\sqrt{2}}{2}i$　　**0307** ②, ④　**0308** 3

0309 20　**0310** $-7+14i$　**0311** ②　**0312** 21

0313 ④　**0314** ③　**0315** 4　**0316** -3

0317 1　**0318** ②　**0319** 2　**0320** -11

0321 5　**0322** ②　**0323** ㄱ, ㄴ　**0324** ②

0325 -1　**0326** ④　**0327** ④　**0328** $2\pm\sqrt{3}i$

0329 3　**0330** ④　**0331** -1　**0332** ⑤

0333 ①　**0334** 0　**0335** 1　**0336** ⑤

0337 ⑤　**0338** 4　**0339** 0　**0340** x^2-1

0341 $-a-2b$　**0342** 3　**0343** ④　**0344** ㄱ

0345 ④　**0346** ④　**0347** 5　**0348** $5+13i$

0349 ④　**0350** $-i$　**0351** ⑤　**0352** $-15-8i$

0353 -4　**0354** 2　**0355** ⑤　**0356** ③

0357 13　**0358** ①　**0359** ④　**0360** ③

0361 ④　**0362** 20　**0363** $-d$　**0364** 18

0365 $100-i$

05 이차방정식　본문 54~67쪽

0366 $x=1$ 또는 $x=4$　　**0367** $x=-\dfrac{1}{2}$ 또는 $x=\dfrac{3}{5}$

0368 $x=\dfrac{-3\pm\sqrt{5}}{2}$　　**0369** $x=4\pm2\sqrt{3}i$

0370 $x=-\dfrac{1}{2}$ 또는 $x=4$, 실근　**0371** $x=\dfrac{3}{2}$, 실근

0372 $x=-1\pm\sqrt{2}i$, 허근　**0373** (1) ㄱ, ㅂ (2) ㄷ, ㄹ (3) ㄴ, ㅁ

0374 (1) $k<\dfrac{9}{4}$ (2) $k=\dfrac{9}{4}$ (3) $k>\dfrac{9}{4}$

0375 (1) -2 (2) -2 (3) 4 (4) -4

0376 $x^2-x-2=0$　　**0377** $x^2-6x+1=0$

0378 $x^2-4x+5=0$　　**0379** $(x+1-\sqrt{5})(x+1+\sqrt{5})$

0380 $(x-5i)(x+5i)$

0381 $2\left(x-\dfrac{3+\sqrt{7}i}{4}\right)\left(x-\dfrac{3-\sqrt{7}i}{4}\right)$

0382 $a=-4,\ b=1$　　**0383** $a=-6,\ b=13$

0384 ②　**0385** 18　**0386** ④　**0387** 1

0388 ④　**0389** -3　**0390** 2　**0391** 14

0392 -1　**0393** $x=-1-\sqrt{3}$ 또는 $x=1+\sqrt{3}$

0394 ①　**0395** $-2+\sqrt{2}$　**0396** 3

0397 가로 : 20 cm, 세로 : 10 cm　**0398** ③　　**0399** ②

0400 ⑤　**0401** -1　**0402** 12　**0403** ②

0404 서로 다른 두 허근　　**0405** 서로 다른 두 실근

0406 ①　**0407** 3　**0408** 15

0409 빗변의 길이가 a인 직각삼각형　　**0410** 18

0411 ⑤　**0412** $\sqrt{6}$　**0413** $-\dfrac{1}{2}$　**0414** ③

0415 44　**0416** $\dfrac{21}{2}$　**0417** 2　**0418** ②

0419 -10　**0420** 1　**0421** ⑤　**0422** 5

0423 2　**0424** 3　**0425** ②　**0426** ④

0427 ③　**0428** 18　**0429** $a=-6,\ b=1$

0430 13　**0431** ①　**0432** $2x^2-5x+2=0$

0433 $\dfrac{5}{2}$　**0434** 2　**0435** -2

0436 $x=-6$ 또는 $x=2$　　**0437** $x=-8$ 또는 $x=3$

0438 1　**0439** ①　**0440** $\dfrac{3}{2}$　**0441** ③

0442 $x=-5$ 또는 $x=2$　　**0443** -1　**0444** ②

0445 120 m　**0446** ①　**0447** 8　**0448** ㄱ, ㄴ

0449 정삼각형　　**0450** ③　**0451** 2

0452 ③　**0453** 2　**0454** -3　**0455** ③

0456 ⑤　　**0457** $x=\dfrac{1\pm\sqrt{17}}{2}$　　**0458** $-\dfrac{4}{3}$

0459 -1　**0460** ⑤　**0461** 5　**0462** 6

0463 -3　**0464** $x^2-3x+2=0$　　**0465** -1

0466 ㄱ, ㄴ, ㄷ　**0467** ②　**0468** ③

06 이차방정식과 이차함수　본문 68~79쪽

0469 0, 2　**0470** 1, 3　**0471** 2　**0472** 1

0473 0　**0474** (1) $k<4$ (2) $k=4$ (3) $k>4$　**0475** $k\le9$

0476 $-3,\ -1$　**0477** 2　　**0478** 만나지 않는다.

0479 서로 다른 두 점에서 만난다.　**0480** 한 점에서 만난다.(접한다.)

0481 (1) $k>-8$ (2) $k=-8$ (3) $k<-8$　　**0482** $k\le\dfrac{1}{8}$

0483 최댓값 : 없다., 최솟값 : $-\dfrac{1}{2}$

0484 최댓값 : -6, 최솟값 : 없다.　**0485** 최댓값 : 1, 최솟값 : -3

0486 최댓값 : 6, 최솟값 : 2　**0487** 최댓값 : 9, 최솟값 : -7

0488 최댓값 : $\dfrac{17}{2}$, 최솟값 : -2　**0489** ①　**0490** 4

0491 ②　**0492** ④　**0493** 8　**0494** $\dfrac{1}{2}$

0495 0　**0496** $a<\dfrac{4}{3}$　**0497** $-\dfrac{9}{8}$　**0498** 1

0499 ③　**0500** ⑤　**0501** -1　**0502** 7

0503 $y=2$　**0504** ⑤　**0505** ②　**0506** (3, 28)

0507 7　**0508** ⑤　**0509** 12　**0510** $\dfrac{21}{2}$

0511 -3　**0512** ⑤　**0513** -8　**0514** ①

0515 $-\dfrac{3}{2}$　**0516** -12　**0517** 7　**0518** 12

0519 -5　**0520** -3　**0521** 1　**0522** 4

0523 8　**0524** 5　**0525** ①　**0526** -4

0527 ②　**0528** 16　**0529** ①　**0530** 24

0531 50　**0532** 최댓값 : 2, 최솟값 : $\dfrac{2}{3}$　**0533** -2

0534 20　**0535** 1200 m^2　**0536** 43 m　**0537** 18 m

0538 40명　**0539** 51 cm　**0540** 2　**0541** -13

0542 ④　**0543** ②　**0544** 24　**0545** ⑤

0546 28　**0547** ②　**0548** 10　**0549** 11

0550 ③　**0551** ②　**0552** 3　**0553** ②

0554 ⑤　**0555** -2　**0556** -23　**0557** -24

0558 15　**0559** 9　**0560** 0　**0561** $\dfrac{4}{9}$

®개념원리 **RPM**

수학 (상)

수학의 자신감은
많은 문제들을 반복해서 풀어 봄으로써
얻을 수 있습니다.

> 이 책을
> 펴내면서

수학 공부에도 비결이 있나요?

예. 있습니다.
무조건 암기하거나 문제를 풀기만 하는 수학 공부는 잘못된 학습방법입니다.
공부는 많이 하는 것 같은데 효과를 얻을 수 없는 이유가 여기에 있지요.

그렇다면 효과적인 수학 공부의 비결은 무엇일까요?

첫째. 개념원리 기본서를 통하여 개념과 원리를 정확히 이해합니다.
둘째. RPM의 다양한 문제를 풀어 봄으로써 수학의 자신감을 얻습니다.

이처럼 개념원리 기본서와 RPM을 함께 공부해 나간다면 수학의 자신감을 얻고
학교 시험에서 고득점을 얻는 데 큰 도움이 될 것입니다.
개념원리 기본서와 RPM으로 열심히 공부하여 수학에서 만점을 받아 보세요.

구성과 특징

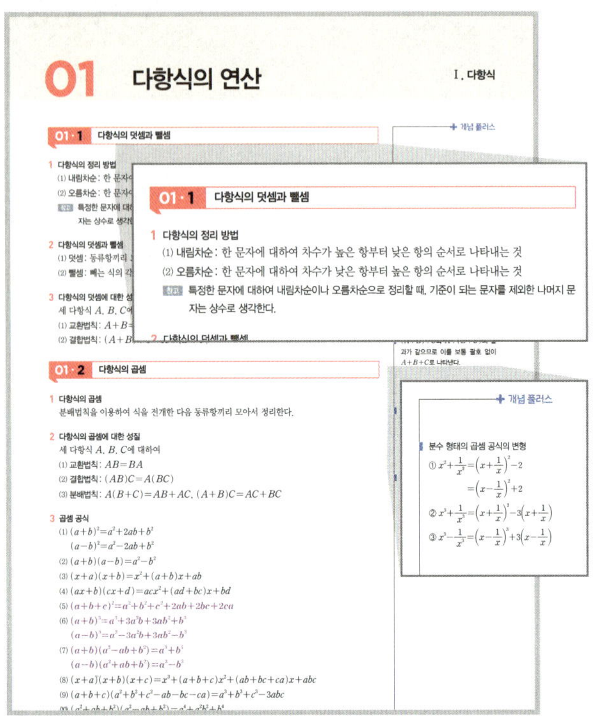

1 핵심 개념 정리

교과서 내용을 꼼꼼히 분석하여 핵심 개념만을 모아 알차고 이해하기 쉽게 정리하였습니다.

핵심 개념

각 단원에서 반드시 알아야 할 개념만을 모아 자세한 부가설명과 함께 수록하였습니다.

개념 플러스

혼동하기 쉬운 개념이나 새로운 개념을 이해하는데 필요한 내용과 문제해결에 유용한 내용 등을 제공하였습니다.

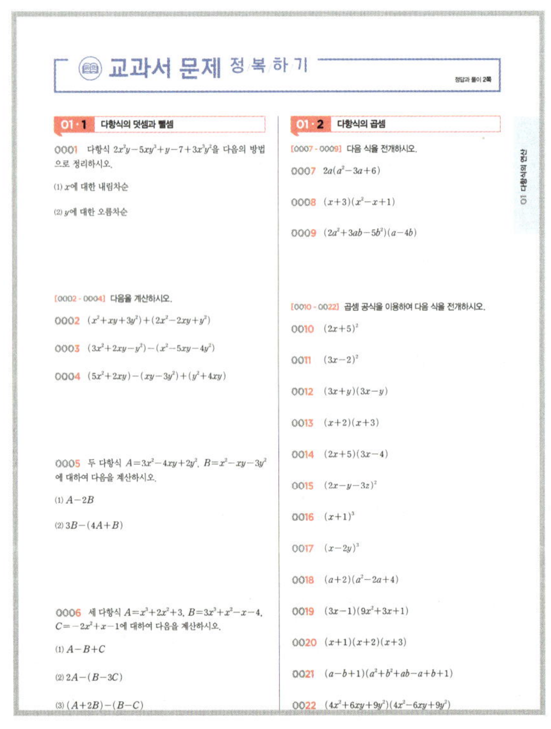

2 교과서 문제 정복하기

학습한 정의와 공식을 적용하여 해결할 수 있는 기본적인 문제를 충분히 연습하여 개념을 확실하게 익힐 수 있도록 구성하였습니다.

3 유형 익히기 / 유형 UP

문제 해결에 사용되는 핵심 개념과 문제의 형태 및 풀이 방법
등에 따라 문제를 유형화하였습니다.

핵심 개념

유형 연습에 필요한 핵심 개념 및 풀이 방법을 실었습니다.
중요 유형은 중단원별로 세분화된 유형 중 시험 출제율이 70% 이상인
유형입니다. 모든 유형의 학습이 다 중요하겠지만 중요 유형은 반드시
알아두어야 합니다.

개념원리 수학기본서 피드백

각 유형에 대한 개념과 공식의 적용 및 접근 방법을 좀 더 자세히 볼
수 있는 개념원리 수학기본서 쪽수입니다.

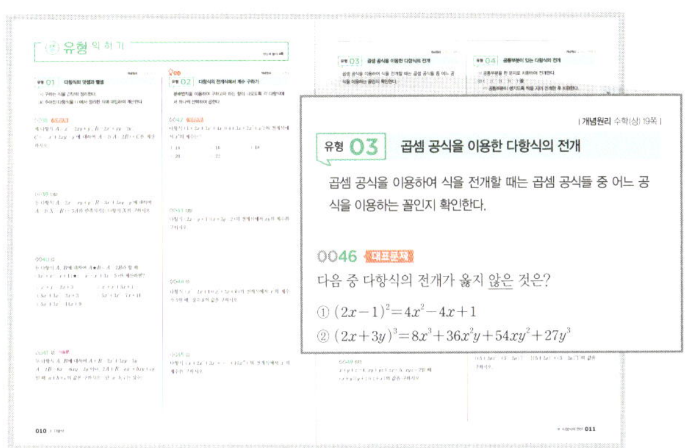

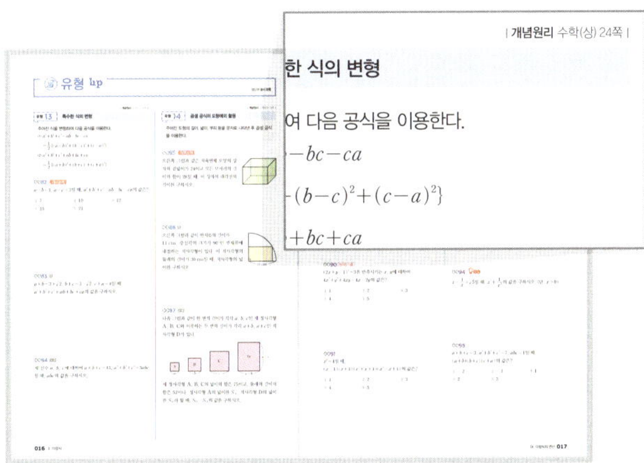

4 시험에 꼭 나오는 문제

실제 학교 시험에 나왔던 출제율이 높은 문제를 통해 유형을
익혔는지 확인할 수 있을 뿐만 아니라 실전력을 기를 수 있
도록 하였습니다.

서술형 주관식

비중이 높아진 서술형 문제의 풀이 방법을 확인할 수 있도록 구성하였
습니다.

실력 UP

난이도 높은 문제를 풀어 봄으로써 어려워지는 학교 시험을 더욱 완벽
하게 대비할 수 있습니다.

차례

I

다항식

01 다항식의 연산

01·1 다항식의 덧셈과 뺄셈

1 다항식의 정리 방법
(1) 내림차순 : 한 문자에 대하여 차수가 높은 항부터 낮은 항의 순서로 나타내는 것
(2) 오름차순 : 한 문자에 대하여 차수가 낮은 항부터 높은 항의 순서로 나타내는 것
> 참고 특정한 문자에 대하여 내림차순이나 오름차순으로 정리할 때, 기준이 되는 문자를 제외한 나머지 문자는 상수로 생각한다.

2 다항식의 덧셈과 뺄셈
(1) 덧셈 : 동류항끼리 모아서 정리한다.
(2) 뺄셈 : 빼는 식의 각 항의 부호를 바꾸어 더한다.

3 다항식의 덧셈에 대한 성질
세 다항식 A, B, C에 대하여
(1) 교환법칙 : $A+B=B+A$
(2) 결합법칙 : $(A+B)+C=A+(B+C)$

01·2 다항식의 곱셈

1 다항식의 곱셈
분배법칙을 이용하여 식을 전개한 다음 동류항끼리 모아서 정리한다.

2 다항식의 곱셈에 대한 성질
세 다항식 A, B, C에 대하여
(1) 교환법칙 : $AB=BA$
(2) 결합법칙 : $(AB)C=A(BC)$
(3) 분배법칙 : $A(B+C)=AB+AC$, $(A+B)C=AC+BC$

3 곱셈 공식
(1) $(a+b)^2=a^2+2ab+b^2$
    $(a-b)^2=a^2-2ab+b^2$
(2) $(a+b)(a-b)=a^2-b^2$
(3) $(x+a)(x+b)=x^2+(a+b)x+ab$
(4) $(ax+b)(cx+d)=acx^2+(ad+bc)x+bd$
(5) $(a+b+c)^2=a^2+b^2+c^2+2ab+2bc+2ca$
(6) $(a+b)^3=a^3+3a^2b+3ab^2+b^3$
    $(a-b)^3=a^3-3a^2b+3ab^2-b^3$
(7) $(a+b)(a^2-ab+b^2)=a^3+b^3$
    $(a-b)(a^2+ab+b^2)=a^3-b^3$
(8) $(x+a)(x+b)(x+c)=x^3+(a+b+c)x^2+(ab+bc+ca)x+abc$
(9) $(a+b+c)(a^2+b^2+c^2-ab-bc-ca)=a^3+b^3+c^3-3abc$
(10) $(a^2+ab+b^2)(a^2-ab+b^2)=a^4+a^2b^2+b^4$

＋ 개념 플러스

동류항
다항식에서 문자와 차수가 각각 같은 항

$(A+B)+C$와 $A+(B+C)$의 결과가 같으므로 이를 보통 괄호 없이 $A+B+C$로 나타낸다.

다항식의 곱셈에서는 다음과 같은 지수법칙을 이용한다.
$x^m x^n=x^{m+n}$ (단, m, n은 자연수)

$(AB)C$와 $A(BC)$의 결과가 같으므로 이를 보통 괄호 없이 ABC로 나타낸다.

 교과서 문제 정/복/하/기

01·1 다항식의 덧셈과 뺄셈

0001 다항식 $2x^2y-5xy^3+y-7+3x^3y^2$을 다음의 방법으로 정리하시오.

(1) x에 대한 내림차순

(2) y에 대한 오름차순

[0002 ~ 0004] 다음을 계산하시오.

0002 $(x^2+xy+3y^2)+(2x^2-2xy+y^2)$

0003 $(3x^2+2xy-y^2)-(x^2-5xy-4y^2)$

0004 $(5x^2+2xy)-(xy-3y^2)+(y^2+4xy)$

0005 두 다항식 $A=3x^2-4xy+2y^2$, $B=x^2-xy-3y^2$ 에 대하여 다음을 계산하시오.

(1) $A-2B$

(2) $3B-(4A+B)$

0006 세 다항식 $A=x^3+2x^2+3$, $B=3x^3+x^2-x-4$, $C=-2x^2+x-1$에 대하여 다음을 계산하시오.

(1) $A-B+C$

(2) $2A-(B-3C)$

(3) $(A+2B)-(B-C)$

01·2 다항식의 곱셈

[0007 ~ 0009] 다음 식을 전개하시오.

0007 $2a(a^2-3a+6)$

0008 $(x+3)(x^2-x+1)$

0009 $(2a^2+3ab-5b^2)(a-4b)$

[0010 ~ 0022] 곱셈 공식을 이용하여 다음 식을 전개하시오.

0010 $(2x+5)^2$

0011 $(3x-2)^2$

0012 $(3x+y)(3x-y)$

0013 $(x+2)(x+3)$

0014 $(2x+5)(3x-4)$

0015 $(2x-y-3z)^2$

0016 $(x+1)^3$

0017 $(x-2y)^3$

0018 $(a+2)(a^2-2a+4)$

0019 $(3x-1)(9x^2+3x+1)$

0020 $(x+1)(x+2)(x+3)$

0021 $(a-b+1)(a^2+b^2+ab-a+b+1)$

0022 $(4x^2+6xy+9y^2)(4x^2-6xy+9y^2)$

01 | 다항식의 연산

01·3 곱셈 공식의 변형

1 곱셈 공식의 변형
(1) $a^2+b^2=(a+b)^2-2ab=(a-b)^2+2ab$
(2) $(a+b)^2=(a-b)^2+4ab$
$(a-b)^2=(a+b)^2-4ab$
(3) $a^3+b^3=(a+b)^3-3ab(a+b)$
$a^3-b^3=(a-b)^3+3ab(a-b)$
(4) $a^2+b^2+c^2=(a+b+c)^2-2(ab+bc+ca)$
(5) $a^3+b^3+c^3=(a+b+c)(a^2+b^2+c^2-ab-bc-ca)+3abc$

2 특수한 식의 변형
다음 공식은 곱셈 공식을 변형한 것은 아니지만 완전제곱식 꼴의 합으로 나타낼 수 있는 경우로, 식의 값을 구할 때 자주 이용된다.

(1) $a^2+b^2+c^2-ab-bc-ca=\dfrac{1}{2}\{(a-b)^2+(b-c)^2+(c-a)^2\}$

(2) $a^2+b^2+c^2+ab+bc+ca=\dfrac{1}{2}\{(a+b)^2+(b+c)^2+(c+a)^2\}$

> **＋ 개념 플러스**
>
> 분수 형태의 곱셈 공식의 변형
> ① $x^2+\dfrac{1}{x^2}=\left(x+\dfrac{1}{x}\right)^2-2$
> $\qquad\quad=\left(x-\dfrac{1}{x}\right)^2+2$
> ② $x^3+\dfrac{1}{x^3}=\left(x+\dfrac{1}{x}\right)^3-3\left(x+\dfrac{1}{x}\right)$
> ③ $x^3-\dfrac{1}{x^3}=\left(x-\dfrac{1}{x}\right)^3+3\left(x-\dfrac{1}{x}\right)$

01·4 다항식의 나눗셈

1 다항식의 나눗셈
각 다항식을 내림차순으로 정리한 다음 자연수의 나눗셈과 같은 방법으로 계산한다.

2 다항식 A를 다항식 $B(B\neq0)$로 나누었을 때의 몫을 Q, 나머지를 R라 하면
$A=BQ+R$ (단, R는 상수이거나 R의 차수는 B의 차수보다 낮다.)
특히 $R=0$일 때, 즉 $A=BQ$이면 A는 B로 나누어떨어진다고 한다.

예
$$
\begin{array}{r}
x^2+2x+2 \quad\leftarrow \text{몫}\\
x-2\,)\overline{\,x^3\qquad-2x-5\,}\\
\underline{x^3-2x^2\qqu\quad}\\
2x^2-2x\\
\underline{2x^2-4x\quad}\\
2x-5\\
\underline{2x-4}\\
-1 \quad\leftarrow \text{나머지}
\end{array}
$$
$\therefore\ x^3-2x-5=(x-2)(x^2+2x+2)-1$

> Q는 몫을 뜻하는 quotient의 첫 글자이고 R는 나머지를 뜻하는 remainder의 첫 글자이다.

> 다항식의 나눗셈은 자연수의 나눗셈과 다르게 나머지가 음수인 경우도 있다.

01·5 조립제법

다항식을 일차식으로 나눌 때, 계수만을 사용하여 몫과 나머지를 구하는 방법을 조립제법이라 한다.

예 다항식 x^3-2x-5를 $x-2$로 나눌 때, 오른쪽과 같이 조립제법을 이용하면 몫은 x^2+2x+2이고 나머지는 -1임을 알 수 있다.

참고 조립제법을 이용할 때에는 차수가 높은 항의 계수부터 차례대로 적고, 해당되는 차수의 항이 없으면 그 자리에 0을 적는다.

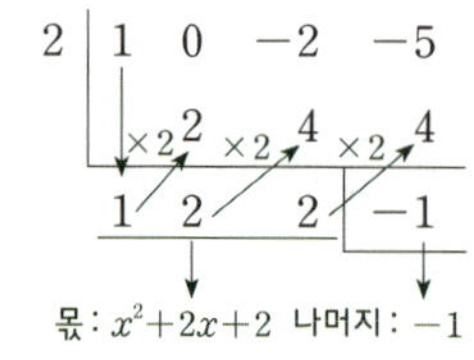

> 조립제법은 다항식을 일차식으로 나누는 경우에만 이용한다.

01·3 곱셈 공식의 변형

0023 $x+y=3$, $xy=-2$일 때, 다음 식의 값을 구하시오.

(1) x^2+y^2 (2) x^3+y^3

0024 $x-y=-4$, $xy=3$일 때, 다음 식의 값을 구하시오.

(1) x^2+y^2 (2) x^3-y^3

0025 $x+\dfrac{1}{x}=4$일 때, 다음 식의 값을 구하시오.

(1) $x^2+\dfrac{1}{x^2}$ (2) $x-\dfrac{1}{x}$

0026 $x=1+\sqrt{2}$, $y=1-\sqrt{2}$일 때, 다음 식의 값을 구하시오.

(1) x^3+y^3 (2) x^3-y^3

0027 $a+b+c=9$, $ab+bc+ca=8$일 때, $a^2+b^2+c^2$의 값을 구하시오.

01·4 다항식의 나눗셈

0028 다음은 다항식 x^3+5x^2-6x+1을 $x-1$로 나누는 과정이다. ㈎~㈐에 알맞은 것을 써넣으시오.

$$
\begin{array}{r}
x^2+\boxed{㈎}\,x \phantom{{}-6x+1} \\
x-1\,{\overline{\smash{\big)}\,x^3+5x^2\phantom{{}}-6x+1}} \\
\underline{x^3-x^2\phantom{{}-6x+1}} \\
\boxed{㈏}\,x^2-6x \phantom{{}+1} \\
\underline{\boxed{㈐}\,x^2-\boxed{㈑}\,x} \\
\boxed{㈒}
\end{array}
$$

[0029 ~ 0031] 다음 나눗셈의 몫과 나머지를 구하시오.

0029 $(4x^3-2x^2-6x+1)\div(2x+1)$

0030 $(2x^3+3x^2+5)\div(x^2+2x-1)$

0031 $(3x^4-5x^2-2x+1)\div(x^2-x-1)$

[0032 ~ 0033] 다항식 A를 다항식 B로 나누었을 때의 몫을 Q, 나머지를 R라 할 때, $A=BQ+R$의 꼴로 나타내시오.

0032 $A=3x^3-x^2+4x+3$, $B=x^2+1$

0033 $A=2x^3+x-3$, $B=x^2-x-1$

01·5 조립제법

0034 다음은 조립제법을 이용하여 다항식 x^3+4x^2-5x+3을 $x-2$로 나누었을 때의 몫과 나머지를 구하는 과정이다. ㈎~㈙에 알맞은 것을 써넣으시오.

$$
\begin{array}{r|rrrr}
\boxed{㈎} & 1 & 4 & -5 & \boxed{㈏} \\
 & & \boxed{㈐} & 12 & 14 \\
\hline
 & 1 & 6 & \boxed{㈑} & \boxed{㈒}
\end{array}
$$

따라서 구하는 몫은 $\boxed{㈓}$, 나머지는 $\boxed{㈔}$ 이다.

[0035 ~ 0037] 조립제법을 이용하여 다음 나눗셈의 몫과 나머지를 구하시오.

0035 $(x^3+3x^2+3x+2)\div(x+2)$

0036 $(3x^3-7x^2-10)\div(x-3)$

0037 $(2x^3-x^2+x-9)\div\left(x-\dfrac{3}{2}\right)$

| 개념원리 수학(상) 13쪽 |

유형 **01** 다항식의 덧셈과 뺄셈

(i) 구하는 식을 간단히 정리한다.

(ii) 주어진 다항식을 (i)에서 정리한 식에 대입하여 계산한다.

0038 대표문제

세 다항식 $A=x^2-2xy+y^2$, $B=2x^2+xy-2y^2$, $C=-x^2+2xy-y^2$에 대하여 $A-2(A-2B)+C$를 계산하시오.

0039 중하

두 다항식 $A=2x^2-xy+y^2$, $B=3x^2+3xy-y^2$에 대하여 $A-2(X-B)=3A$를 만족시키는 다항식 X를 구하시오.

0040 중

두 다항식 A, B에 대하여 $A \bigstar B=A-2B$라 할 때, $(3x^3+x^2-x+1) \bigstar (-x^3-x^2+3x-5)$를 계산하면?

① x^3+x^2-2x+3 ② x^3+x^2+5x+1
③ $5x^3+3x^2-2x+3$ ④ $5x^3+3x^2-7x+11$
⑤ $5x^3+3x^2-11x+9$

0041 중 서술형

두 다항식 A, B에 대하여 $A+B=2x^2+3xy-5y^2$, $A-2B=8x^2-6xy-2y^2$이다. $2A+B=ax^2+bxy+cy^2$일 때, $a+b+c$의 값을 구하시오. (단, a, b, c는 상수)

| 개념원리 수학(상) 16쪽 |

중요

유형 **02** 다항식의 전개식에서 계수 구하기

분배법칙을 이용하여 구하고자 하는 항이 나오도록 각 다항식에서 하나씩 선택하여 곱한다.

0042 대표문제

다항식 $(1+2x+3x^2+4x^3)(4+3x+2x^2+x^3)$의 전개식에서 x^4의 계수는?

① 14 ② 16 ③ 18
④ 20 ⑤ 22

0043 중하

다항식 $(2x-y+1)(x+3y-2)$의 전개식에서 xy의 계수를 구하시오.

0044 중

다항식 $(x^2-2x+1)(x^2+3x+k)$의 전개식에서 x^2의 계수가 5일 때, 상수 k의 값을 구하시오.

0045 중

다항식 $(x+2x^2+3x^3+ \cdots +10x^{10})^2$의 전개식에서 x^5의 계수를 구하시오.

유형 **03**   곱셈 공식을 이용한 다항식의 전개

곱셈 공식을 이용하여 식을 전개할 때는 곱셈 공식들 중 어느 공식을 이용하는 꼴인지 확인한다.

0046 ◀ 대표문제

다음 중 다항식의 전개가 옳지 <u>않은</u> 것은?

① $(2x-1)^2=4x^2-4x+1$

② $(2x+3y)^3=8x^3+36x^2y+54xy^2+27y^3$

③ $(x-y+z)^2=x^2+y^2+z^2-2xy-2yz+2zx$

④ $(x+y+2z)(x^2+y^2+4z^2-xy-2yz-2zx)$
$=x^3+y^3+8z^3-6xyz$

⑤ $(4x^2+2xy+y^2)(4x^2-2xy+y^2)$
$=16x^4+8x^2y^2+y^4$

0047 중

$(x-2)(x+2)(x^2+2x+4)(x^2-2x+4)$를 전개하면?

① x^6-64 ② x^6+64 ③ x^8-128

④ x^8+128 ⑤ x^9-256

0048 중

$(3x+y)(9x^2-3xy+y^2)-(x-3y)(x^2+3xy+9y^2)$을 전개한 식이 ax^3+by^3일 때, $a-b$의 값을 구하시오.
(단, a, b는 상수)

0049 상 중

$x+y+z=4$, $xy+yz+zx=5$, $xyz=2$일 때, $(x+y)(y+z)(z+x)$의 값을 구하시오.

유형 **04**   공통부분이 있는 다항식의 전개

(1) 공통부분을 한 문자로 치환하여 전개한다.

(2) ( )( )( )( ) 꼴
⇨ 공통부분이 생기도록 짝을 지어 전개한 후 치환한다.

0050 ◀ 대표문제

$(x^2+x+1)(x^2+x-2)$를 전개한 식이 $ax^4+2x^3+bx^2+cx-2$일 때, $a-b+c$의 값은?
(단, a, b, c는 상수)

① -2 ② -1 ③ 0

④ 1 ⑤ 2

0051 중

다항식 $(a+b-c^2)(a-b+c^2)$을 전개하시오.

0052 중

$(x-3)(x-5)(x-1)(x+1)$을 전개하시오.

0053 상 중

$a=\sqrt{7}$일 때,
$\{(5+2a)^3-(5-2a)^3\}^2-\{(5+2a)^3+(5-2a)^3\}^2$의 값을 구하시오.

유형 익/히/기

유형 05 | 곱셈 공식의 변형 − 문자가 2개

(1) $a^2+b^2=(a+b)^2-2ab=(a-b)^2+2ab$
(2) $(a+b)^2=(a-b)^2+4ab$
(3) $a^3+b^3=(a+b)^3-3ab(a+b)$
(4) $a^3-b^3=(a-b)^3+3ab(a-b)$

0054 대표문제

$x-y=2$, $x^2+y^2=8$일 때, x^3-y^3의 값은?

① -20 ② -18 ③ 18
④ 20 ⑤ 24

0055 중

$x+y=1$, $x^3+y^3=4$일 때, $\dfrac{y}{x}+\dfrac{x}{y}$의 값을 구하시오.

0056 중 서술형

$a=2+\sqrt{3}$, $b=2-\sqrt{3}$일 때, $\dfrac{a^2}{b}-\dfrac{b^2}{a}$의 값을 구하시오.

0057 상중

$x+y=\sqrt{5}$, $x^2+y^2=7$일 때, x^4+y^4의 값을 구하시오.

| 개념원리 수학(상) 23쪽 |

유형 06 | 곱셈 공식의 변형 − $x\pm\dfrac{1}{x}$의 꼴

(1) $x^2-px+1=0$의 꼴의 조건식이 주어진 경우

   ⇨ 양변을 x $(x\neq0)$로 나누어 $x+\dfrac{1}{x}=p$의 꼴로 변형한다.

(2) $x^n\pm\dfrac{1}{x^n}$의 꼴의 값을 구할 때는 $x+\dfrac{1}{x}$ 또는 $x-\dfrac{1}{x}$의 값을 이용할 수 있도록 다음과 같이 식을 변형한다.

   ① $x^2+\dfrac{1}{x^2}=\left(x+\dfrac{1}{x}\right)^2-2=\left(x-\dfrac{1}{x}\right)^2+2$

   ② $x^3+\dfrac{1}{x^3}=\left(x+\dfrac{1}{x}\right)^3-3\left(x+\dfrac{1}{x}\right)$

   ③ $x^3-\dfrac{1}{x^3}=\left(x-\dfrac{1}{x}\right)^3+3\left(x-\dfrac{1}{x}\right)$

0058 대표문제

$x^2-3x-1=0$일 때, $x^3-\dfrac{1}{x^3}$의 값은?

① 20 ② 24 ③ 28
④ 32 ⑤ 36

0059 중

$x^2+\dfrac{1}{x^2}=3$일 때, $x^3+\dfrac{1}{x^3}$의 값은? (단, $x>0$)

① $2\sqrt{5}$ ② $3\sqrt{5}$ ③ $4\sqrt{5}$
④ $5\sqrt{5}$ ⑤ $6\sqrt{5}$

0060 상중

$x^2-2x-1=0$일 때, $x^3+2x^2+3x-\dfrac{3}{x}+\dfrac{2}{x^2}-\dfrac{1}{x^3}$의 값은?

① 31 ② 32 ③ 33
④ 34 ⑤ 35

| 개념원리 수학(상) 24쪽 |

유형 07 곱셈 공식의 변형 − 문자가 3개

(1) $a^2+b^2+c^2=(a+b+c)^2-2(ab+bc+ca)$

(2) $a^3+b^3+c^3$
$=(a+b+c)(a^2+b^2+c^2-ab-bc-ca)+3abc$

0061 대표문제

$a+b+c=2$, $a^2+b^2+c^2=6$, $a^3+b^3+c^3=8$일 때, abc의 값을 구하시오.

0062 중

$a+b+c=4$, $a^2+b^2+c^2=8$, $abc=-3$일 때, $a^2b^2+b^2c^2+c^2a^2$의 값을 구하시오.

0063 중

$x+y+z=6$, $x^2+y^2+z^2=18$, $\dfrac{1}{x}+\dfrac{1}{y}+\dfrac{1}{z}=3$일 때, $x^3+y^3+z^3$의 값은?

① 18 　　　　② 27 　　　　③ 63
④ 84 　　　　⑤ 108

0064 상 중

$a+b+c=0$, $a^2+b^2+c^2=8$일 때, $a^4+b^4+c^4$의 값을 구하시오.

| 개념원리 수학(상) 25쪽 |

유형 08 곱셈 공식을 이용한 수의 계산

곱셈 공식을 이용할 수 있도록 식을 변형하거나 하나의 수를 두 수의 합 또는 차로 나타낸다.

0065 대표문제

$(2+1)(2^2+1)(2^4+1)(2^8+1)$을 계산하면?

① $2^{16}-1$ 　　② $2^{17}-1$ 　　③ $2^{18}-1$
④ $2^{19}-1$ 　　⑤ $2^{20}-1$

0066 중

$9\times11\times(10^2+1)\times(10^4+1)$을 계산하면?

① 10^6-1 　　② 10^5 　　③ 10^7-1
④ 10^8-1 　　⑤ 10^9

0067 중

$\dfrac{1014\times(1015^2+1015+1)}{1015\times1016+1}$을 계산하면?

① 1013 　　　② 1014 　　　③ 1015
④ 1016 　　　⑤ 1017

0068 상 중

$101^2+98\times102$가 n자리 자연수일 때, 곱셈 공식을 이용하여 n의 값을 구하시오.

유형 **09** 다항식의 나눗셈 − 몫과 나머지

다항식을 내림차순으로 정리한 다음 자연수의 나눗셈과 같은 방법으로 계산한다. 이때 나머지의 차수가 나누는 식의 차수보다 낮아질 때까지 나눈다.

0069 대표문제

다항식 x^3-2x+1을 x^2+x+1로 나누었을 때의 몫을 $Q(x)$, 나머지를 $R(x)$라 할 때, $Q(2)+R(-3)$의 값을 구하시오.

0070 중하

오른쪽은 다항식 $2x^3+3x^2+6$을 $2x-1$로 나누는 과정을 나타낸 것이다. 이때 상수 a, b, c, d에 대하여 $a+b+c+d$의 값을 구하시오.

$$
\begin{array}{r}
x^2+ax\ +1 \\
2x-1\,\overline{\big)\,2x^3+3x^2\quad\ +6} \\
\underline{2x^3-x^2\quad\quad\ } \\
bx^2 \\
\underline{4x^2-2x\quad} \\
cx+6 \\
\underline{2x-1} \\
d
\end{array}
$$

0071 중

다항식 $2x^3-5x^2+4x+1$을 x^2-x-2로 나누었을 때의 몫이 $ax+b$이고, 나머지가 $cx+d$일 때, $ab-cd$의 값은?
(단, a, b, c, d는 상수)

① -19　　② -9　　③ 0
④ 9　　⑤ 19

유형 **10** 다항식의 나눗셈 − $A=BQ+R$

다항식 A를 다항식 $B\,(B\neq0)$로 나누었을 때의 몫을 Q, 나머지를 R라 하면
$\Rightarrow A=BQ+R$
　　　(단, R는 상수이거나 R의 차수는 B의 차수보다 낮다.)

0072 대표문제

다항식 $2x^4+5x^2+12x-10$을 다항식 A로 나누었을 때의 몫이 $2x^2+2x-3$이고, 나머지가 $-x+5$일 때, 다항식 A를 구하시오.

0073 중하

다항식 $f(x)$를 $x+1$로 나누었을 때의 몫이 $2x-5$이고, 나머지가 6일 때, $f(x)$를 $x-1$로 나누었을 때의 몫과 나머지를 구하시오.

0074 중

가로의 길이가 $x+3$인 직사각형의 넓이가 $x^3-x^2-5x+21$일 때, 이 직사각형의 세로의 길이를 구하시오.

0075 상중 서술형

두 다항식 A, B를 $x+1$로 나누었을 때의 몫이 각각 $x+2$, $2x+1$이고, 나머지가 각각 2, 3일 때, $xA+B$를 x^2+x+1로 나누었을 때의 몫과 나머지를 구하시오.

유형 11　몫과 나머지의 변형

다항식 $f(x)$를 $x+\dfrac{b}{a}\,(a\neq 0)$로 나누었을 때의 몫을 $Q(x)$, 나머지를 R라 하면

$$f(x)=\left(x+\frac{b}{a}\right)Q(x)+R=\frac{1}{a}(ax+b)Q(x)+R$$

$$=(ax+b)\times\frac{1}{a}Q(x)+R$$

$\Rightarrow f(x)$를 $ax+b$로 나누었을 때의 몫은 $\dfrac{1}{a}Q(x)$, 나머지는 R

0076　대표문제

다항식 $f(x)$를 $x-\dfrac{2}{3}$로 나누었을 때의 몫을 $Q(x)$, 나머지를 R라 할 때, $f(x)$를 $3x-2$로 나누었을 때의 몫과 나머지를 구하시오.

0077　중

다항식 $f(x)$를 $ax+b$로 나누었을 때의 몫을 $Q(x)$, 나머지를 R라 할 때, $f(x)$를 $x+\dfrac{b}{a}$로 나누었을 때의 몫과 나머지를 차례대로 나열한 것은? (단, $a\neq 0$)

① $\dfrac{1}{a}Q(x),\ R$　　　　② $\dfrac{1}{a}Q(x),\ aR$

③ $Q(x),\ R$　　　　④ $aQ(x),\ R$

⑤ $aQ(x),\ \dfrac{1}{a}R$

0078　상 중

다항식 $f(x)$를 $x-\dfrac{1}{2}$로 나누었을 때의 몫을 $Q(x)$, 나머지를 R라 할 때, $xf(x)$를 $2x-1$로 나누었을 때의 몫과 나머지를 차례대로 나열한 것은?

① $\dfrac{x}{2}Q(x)+\dfrac{R}{2},\ \dfrac{R}{2}$　　　　② $\dfrac{x}{2}Q(x)+\dfrac{R}{2},\ R$

③ $\dfrac{x}{2}Q(x)+R,\ \dfrac{R}{2}$　　　　④ $xQ(x)+R,\ R$

⑤ $xQ(x)+R,\ 2R$

유형 12　조립제법

다항식을 일차식으로 나누었을 때의 몫과 나머지를 구할 때는 조립제법을 이용하면 편리하다.

0079　대표문제

오른쪽은 다항식 $3x^3-2x^2-5x+1$을 $x-2$로 나누었을 때의 몫과 나머지를 조립제법을 이용하여 구하는 과정이다. 이때 $a+b+R$의 값을 구하시오.

2	3	-2	-5	1
		6	a	6
	3	b	3	R

0080　중

오른쪽은 다항식 $f(x)=ax^3+bx^2+cx+d$를 $x-3$으로 나누었을 때의 몫과 나머지를 조립제법을 이용하여 구하는 과정이다. 이때 $f(-1)$의 값을 구하시오.

(단, a, b, c, d는 상수)

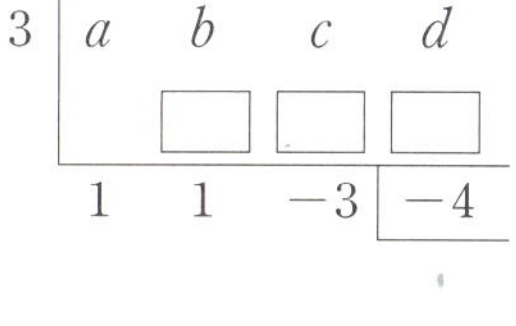

3	a	b	c	d
		□	□	□
	1	1	-3	-4

0081　중

오른쪽은 다항식 $2x^3+bx^2+x+c$를 $2x+3$으로 나누었을 때의 몫과 나머지를 조립제법을 이용하여 구하는 과정이다. 이때 abc의 값과 몫을 차례로 나열한 것은?

(단, a, b, c는 상수)

a	2	b	1	c
		-3	-3	□
	2	2	□	7

① $-30,\ x^2-x-1$　　　　② $-30,\ x^2+x-1$

③ $-30,\ 2x^2+2x-2$　　　　④ $30,\ x^2+x-1$

⑤ $30,\ 2x^2+2x-2$

| 개념원리 수학(상) 24쪽 |

유형 **13** 특수한 식의 변형

주어진 식을 변형하여 다음 공식을 이용한다.

(1) $a^2+b^2+c^2-ab-bc-ca$

$\quad =\dfrac{1}{2}\{(a-b)^2+(b-c)^2+(c-a)^2\}$

(2) $a^2+b^2+c^2+ab+bc+ca$

$\quad =\dfrac{1}{2}\{(a+b)^2+(b+c)^2+(c+a)^2\}$

0082 대표문제

$a-b=1$, $a-c=3$일 때, $a^2+b^2+c^2-ab-bc-ca$의 값은?

① 7　　　　② 10　　　　③ 12

④ 15　　　　⑤ 21

0083 중

$a+b=3+\sqrt{2}$, $b+c=3-\sqrt{2}$, $c+a=4$일 때, $a^2+b^2+c^2+ab+bc+ca$의 값을 구하시오.

0084 상중

세 실수 a, b, c에 대하여 $a+b+c=15$, $a^3+b^3+c^3=3abc$ 일 때, abc의 값을 구하시오.

| 개념원리 수학(상) 25쪽 |

유형 **14** 곱셈 공식의 도형에의 활용

주어진 도형의 길이, 넓이, 부피 등을 문자로 나타낸 후 곱셈 공식을 이용한다.

0085 대표문제

오른쪽 그림과 같은 직육면체 모양의 상자의 겉넓이가 24이고 모든 모서리의 길이의 합이 28일 때, 이 상자의 대각선의 길이를 구하시오.

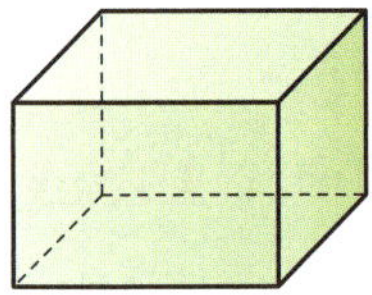

0086 중

오른쪽 그림과 같이 반지름의 길이가 11 cm, 중심각의 크기가 90°인 부채꼴에 내접하는 직사각형이 있다. 이 직사각형의 둘레의 길이가 30 cm일 때, 직사각형의 넓이를 구하시오.

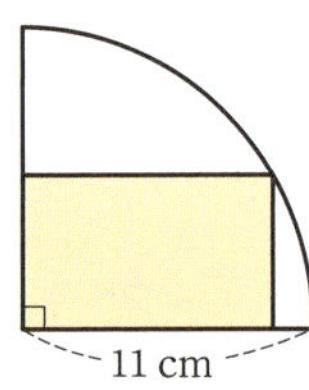

0087 상중

다음 그림과 같이 한 변의 길이가 각각 a, b, c인 세 정사각형 A, B, C와 이웃하는 두 변의 길이가 각각 $a+b$, $a+c$인 직사각형 D가 있다.

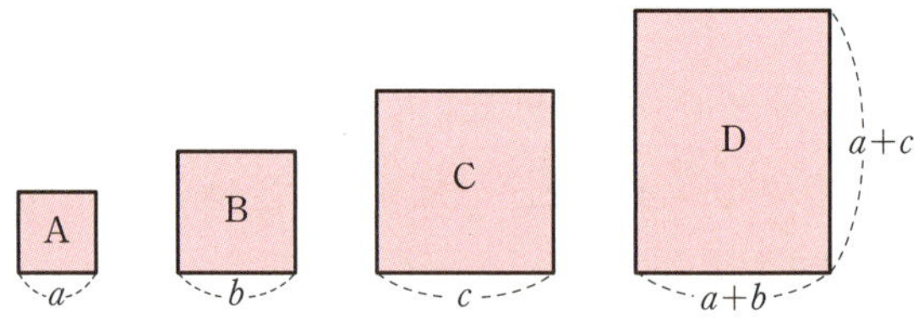

세 정사각형 A, B, C의 넓이의 합은 75이고, 둘레의 길이의 합은 52이다. 정사각형 A의 넓이를 S_A, 직사각형 D의 넓이를 S_D라 할 때, S_D-S_A의 값을 구하시오.

시험에 꼭 나오는 문제

0088

두 다항식 $A=4x^3+x^2-3x-2$, $B=x^2-3x+2$에 대하여 $A-2X=B$를 만족시키는 다항식 X는?

① $-2x^2-2$ ② $2x^2+2$ ③ $-2x^3+2$

④ $2x^3-2$ ⑤ $2x^3+2$

0089 중요

$(2x-1)^3(x-3)^2$의 전개식에서 x^3의 계수를 구하시오.

0090 교육청 기출

$(2x+y-1)^2=3$을 만족시키는 x, y에 대하여 $4x^2+y^2+4xy-4x-2y$의 값은?

① 1 ② 2 ③ 3

④ 4 ⑤ 5

0091

$x^6=4$일 때, $(x-1)(x+1)(x^2+x+1)(x^2-x+1)$의 값은?

① 1 ② 2 ③ 3

④ 4 ⑤ 5

0092

$a^2+5a-1=0$일 때, $(a+1)(a+2)(a+3)(a+4)$의 값은?

① 10 ② 15 ③ 20

④ 25 ⑤ 35

0093

$x+y=3$, $x^2+xy+y^2=10$일 때, x^3+y^3의 값을 구하시오.

0094 중요

$x-\dfrac{1}{x}=\sqrt{5}$일 때, $x^3+\dfrac{1}{x^3}$의 값을 구하시오. (단, $x>0$)

0095

$a+b+c=3$, $a^2+b^2+c^2=7$, $abc=1$일 때, $(a+b)(b+c)(c+a)$의 값은?

① -2 ② -1 ③ 1

④ 2 ⑤ 3

0096

$a+b+c=\sqrt{3}$, $a^2+b^2+c^2=5$, $abc=-\sqrt{3}$일 때, $a^3+b^3+c^3$의 값은?

① $-3\sqrt{3}$　　　② $-2\sqrt{3}$　　　③ $\sqrt{3}$

④ $2\sqrt{3}$　　　⑤ $3\sqrt{3}$

0097

$(1+\sqrt{2}-\sqrt{3})^3+(1-\sqrt{2}+\sqrt{3})^3$의 값을 구하시오.

0098

다항식 $x^4+5x^3+3x^2-13x+9$를 다항식 A로 나누었을 때의 몫이 x^2+2x-2이고, 나머지가 $-5x+7$일 때, 다항식 A를 구하시오.

0099

오른쪽 그림과 같이 밑면의 가로의 길이가 $x-1$, 세로의 길이가 $x+2$인 직육면체의 부피가 x^3+5x^2+2x-8일 때, 이 직육면체의 높이를 구하시오.

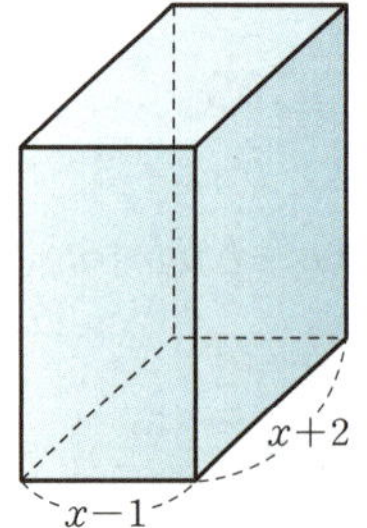

0100

다항식 $f(x)$를 $2x+1$로 나누었을 때의 몫을 $Q(x)$, 나머지를 R라 할 때, $f(x)$를 $x+\dfrac{1}{2}$로 나누었을 때의 몫과 나머지를 구하시오.

0101

다음은 다항식 $f(x)=ax^3+bx^2+cx+d$를 $x-\dfrac{1}{3}$로 나누었을 때의 몫과 나머지를 조립제법을 이용하여 구하는 과정이다. 다항식 $f(x)$를 $3x-1$로 나누었을 때의 몫을 $Q(x)$, 나머지를 R라 할 때, $f(-1)+Q(2)+R$의 값을 구하시오.

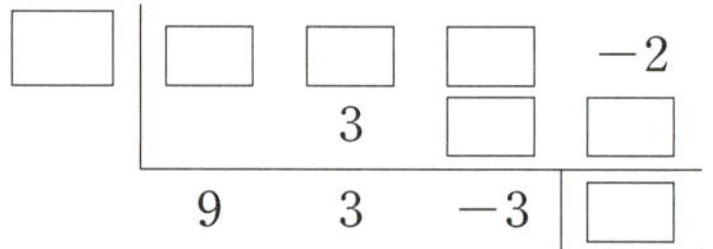

0102

삼각형 ABC의 세 변의 길이 a, b, c에 대하여
$$a^2+b^2+c^2-ab-bc-ca=0$$
이 성립할 때, 삼각형 ABC는 어떤 삼각형인가?

① $a=b$인 이등변삼각형　　　② $b=c$인 이등변삼각형

③ 정삼각형　　　④ $\angle A=90°$인 직각삼각형

⑤ $\angle C=90°$인 직각삼각형

서술형 주관식

0103

$x+y=3$, $\dfrac{1}{x}+\dfrac{1}{y}=3$일 때, x^3+y^3의 값을 구하시오.

0104

$x^2-x-1=0$일 때, $2x^2-x-3+\dfrac{1}{x}+\dfrac{2}{x^2}$의 값을 구하시오.

0105

다항식 x^3+4x^2+5x+a가 다항식 x^2+x+2로 나누어떨어지도록 하는 상수 a의 값을 구하시오.

0106

오른쪽 그림과 같이 지름의 길이가 13인 원에 내접하는 직사각형의 둘레의 길이가 34일 때, 이 직사각형의 넓이를 구하시오.

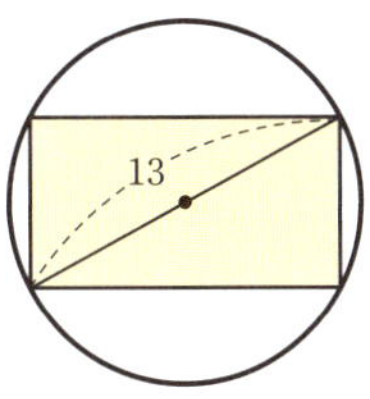

실력 up

0107

다항식 $(x+1)(x+2)(x+3)\times\cdots\times(x+10)$의 전개식에서 x^9의 계수는?

① 45 ② 55 ③ 285
④ 330 ⑤ 385

0108

$x+y=1$, $x^2+y^2=2$일 때, $x^7+y^7+x^4y^3+x^3y^4$의 값을 구하시오.

0109 창의·융합 교육청 기출

서로소인 두 자연수 a, b에 대하여 세 모서리의 길이가 각각 $a+b$, $a+b$, $a+2b$인 직육면체가 있다. 이 직육면체를 그림과 같이 각 모서리의 길이가 a 또는 b가 되도록 12개의 작은 직육면체로 나누었을 때, 부피가 150인 직육면체는 5개이다. $a+2b$의 값을 구하시오.

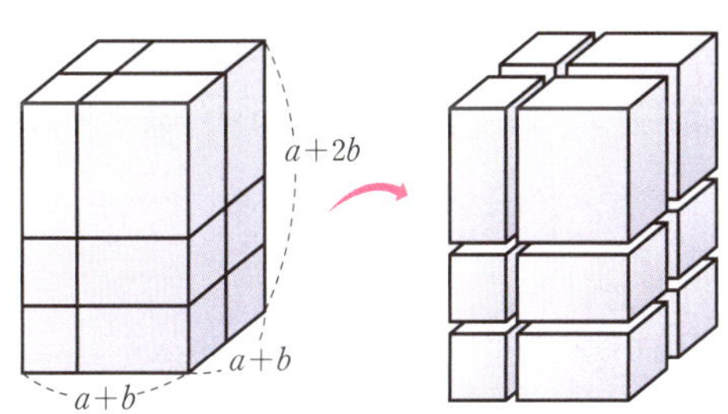

02 항등식과 나머지정리

02·1 항등식의 뜻과 성질

1 항등식

문자를 포함하는 등식에서 문자에 어떤 값을 대입하여도 항상 성립하는 등식

> **참고** 다음은 모두 x에 대한 항등식을 나타낸다.
> ① 모든 x에 대하여 성립하는 등식
> ② 임의의 x에 대하여 성립하는 등식
> ③ x의 값에 관계없이 항상 성립하는 등식
> ④ x가 어떤 값을 갖더라도 항상 성립하는 등식

2 항등식의 성질

(1) $ax^2+bx+c=0$이 x에 대한 항등식이면 $a=0$, $b=0$, $c=0$이다.
   또, $a=0$, $b=0$, $c=0$이면 $ax^2+bx+c=0$은 x에 대한 항등식이다.
(2) $ax^2+bx+c=a'x^2+b'x+c'$이 x에 대한 항등식이면 $a=a'$, $b=b'$, $c=c'$이다.
   또, $a=a'$, $b=b'$, $c=c'$이면 $ax^2+bx+c=a'x^2+b'x+c'$은 x에 대한 항등식이다.
(3) $ax+by+c=0$이 x, y에 대한 항등식이면 $a=0$, $b=0$, $c=0$이다.
   또, $a=0$, $b=0$, $c=0$이면 $ax+by+c=0$은 x, y에 대한 항등식이다.

02·2 미정계수법

1 미정계수법

항등식의 뜻과 성질을 이용하여 주어진 등식에서 정해져 있지 않은 계수를 정하는 방법

(1) 계수비교법 : 등식의 양변에서 동류항의 계수를 비교하여 계수를 정하는 방법
(2) 수치대입법 : 등식의 문자에 적당한 수를 대입하여 계수를 정하는 방법

02·3 나머지정리와 인수정리

1 나머지정리

(1) 다항식 $f(x)$를 일차식 $x-a$로 나누었을 때의 나머지를 R라 하면 $R=f(a)$이다.
(2) 다항식 $f(x)$를 일차식 $ax+b$로 나누었을 때의 나머지를 R라 하면 $R=f\left(-\dfrac{b}{a}\right)$이다.

(단, a, b는 상수)

2 인수정리

다항식 $f(x)$에 대하여

(1) $f(a)=0$이면 $f(x)$는 일차식 $x-a$로 나누어떨어진다.
(2) $f(x)$가 일차식 $x-a$로 나누어떨어지면 $f(a)=0$이다.

> **참고** 다음은 모두 $f(x)$가 $x-a$로 나누어떨어짐을 나타낸다.
> ① $f(a)=0$
> ② $f(x)$를 $x-a$로 나누었을 때의 나머지는 0이다.
> ③ $f(x)=(x-a)Q(x)$
> ④ $x-a$는 $f(x)$의 인수이다.

개념 플러스 (옆단)

■ 방정식: 문자를 포함하는 등식에서 그 문자에 특정한 값을 대입했을 때만 성립하는 등식

■ 다항식의 곱셈 공식은 모두 항등식이다.

■ 항등식의 성질은 차수에 관계없이 모든 다항식에 대하여 성립한다.

■ **계수비교법을 이용하는 경우**
① 식이 간단하여 전개하기 쉬운 경우
② 양변을 내림차순으로 정리하기 쉬운 경우

■ **수치대입법을 이용하는 경우**
① 적당한 값을 대입하면 식이 간단해지는 경우
② 식이 복잡하여 전개하기 어려운 경우

■ 다항식을 일차식으로 나누었을 때의 나머지는 상수이다.

■ 다항식 $f(x)$를 이차식으로 나누었을 때의 나머지는 일차 이하의 다항식이므로 나머지를 $ax+b$ (a, b는 상수)로 놓는다.

02·1 항등식의 뜻과 성질

O110 다음 **보기**의 등식 중 x에 대한 항등식인 것만을 있는 대로 고르시오.

● 보기 ●

ㄱ. $2x+3=x-1$
ㄴ. $(x-1)^2+x-1=x^2-x$
ㄷ. $(x+2)(x-3)=x^2-x-6$
ㄹ. $3x+2=3(x-1)+5$
ㅁ. $x^2-8x+9=x(x-8)+10$

02·2 미정계수법

[O111 ~ O114] 다음 등식이 x에 대한 항등식이 되도록 상수 a, b, c의 값을 정하시오.

O111 $(a+c)x^2-(b-3)x+(a-2b)=0$

O112 $(x-2)(ax+3)=2x^2+bx+c$

O113 $2x^2+x+5=a(x+1)^2+b(x+1)+c$

O114 $ax(x-1)+bx+c(x-1)=x^2+x+1$

[O115 ~ O116] 다음 등식이 x, y에 대한 항등식이 되도록 상수 a, b, c의 값을 정하시오.

O115 $(a+b+2)x-(2a+3b+3)y=0$

O116 $a(x-y)-b(x+y)-1=3x-9y+c$

02·3 나머지정리와 인수정리

O117 다항식 $f(x)=x^3-2x^2+5x-6$을 다음 일차식으로 나누었을 때의 나머지를 구하시오.

⑴ $x-1$
⑵ $x+3$

O118 다항식 $f(x)=3x^2-4x+\dfrac{1}{4}$을 다음 일차식으로 나누었을 때의 나머지를 구하시오.

⑴ $2x-1$
⑵ $3x+2$

O119 다항식 x^3+ax^2+2x+4를 $x+2$로 나누었을 때의 나머지가 4일 때, 상수 a의 값을 구하시오.

O120 다항식 $f(x)=2x^3-5x^2+kx-4$가 다음 일차식으로 나누어떨어지도록 상수 k의 값을 정하시오.

⑴ $x-2$
⑵ $x+2$

O121 다항식 $f(x)=x^3+ax^2+bx-6$이 $(x-1)(x+2)$로 나누어떨어질 때, 상수 a, b의 값을 구하시오.

유형 익/히/기

| 개념원리 수학(상) 39쪽 |

유형 01 항등식에서 미정계수 구하기 — 계수비교법

주어진 식을 전개하여 내림차순으로 정리한 후 양변의 동류항의 계수를 비교한다.

0122 대표문제

등식 $x^3-ax+3=(x-1)(x^2+bx-c)$가 x에 대한 항등식일 때, 상수 a, b, c에 대하여 $a+b+c$의 값을 구하시오.

0123 중하

등식 $a(x+y)-b(2x-y)=2x+5y$가 x, y에 대한 항등식일 때, 상수 a, b에 대하여 $a-b$의 값을 구하시오.

0124 중

임의의 실수 p, q에 대하여 연산 ◎을 $p◎q=pq+q$로 정의하자. 등식 $(a◎x)-(x◎b)=x◎3$이 모든 실수 x에 대하여 성립하도록 상수 a, b의 값을 정할 때, $a+b$의 값을 구하시오.

0125 상중

임의의 실수 x에 대하여 등식
$$x^3+5x+a=(x^2+x-1)Q(x)+bx+3$$
이 성립할 때, 상수 a, b에 대하여 ab의 값은?
(단, $Q(x)$는 x에 대한 다항식이다.)

① 10　　　　② 16　　　　③ 28
④ 35　　　　⑤ 48

| 개념원리 수학(상) 39쪽 |

유형 02 항등식에서 미정계수 구하기 — 수치대입법

항등식의 문자에 적당한 수(곱의 인수를 0으로 하는 값)를 대입한다.

0126 대표문제

등식 $2x^2-3x+3=ax(x+1)+bx(x-1)+c(x+1)(x-1)$이 x에 대한 항등식일 때, 상수 a, b, c에 대하여 abc의 값은?

① -12　　　　② -6　　　　③ 4
④ 6　　　　⑤ 12

0127 중

모든 실수 x에 대하여 등식
$$a(x-2)(x-1)+b(x-1)+c=x^2-2x+3$$
이 성립할 때, 상수 a, b, c에 대하여 $a^2+b^2+c^2$의 값을 구하시오.

0128 중

임의의 실수 x에 대하여 등식
$$4x^2+5x+10=a(x-1)^2+b(x-1)+c$$
가 성립할 때, 상수 a, b, c에 대하여 $2a+b-c$의 값을 구하시오.

0129 상중

다항식 $f(x)$에 대하여
$$x^5-ax^2+b=(x+1)(x-2)f(x)$$
가 x에 대한 항등식일 때, $f(1)$의 값을 구하시오.
(단, a, b는 상수)

유형 03 ~의 값에 관계없이 항상 성립하는 등식

k의 값에 관계없이 등식이 항상 성립한다.

$\Rightarrow$ ( )$k+$( )$=0$의 꼴로 정리하여 항등식의 성질을 이용한다.

0130 대표문제

등식 $kx^2+2y^2-4k-18=0$이 k의 값에 관계없이 항상 성립할 때, 상수 x, y에 대하여 x^2+y^2의 값을 구하시오.

0131 중

이차방정식 $x^2+(m-2)x+(m+2)p+q=0$이 실수 m의 값에 관계없이 항상 1을 근으로 가질 때, 상수 p, q에 대하여 $p+q$의 값은?

① -1 ② 0 ③ 1
④ 2 ⑤ 3

유형 04 조건식을 만족시키는 항등식

조건식을 한 문자에 대하여 정리한 후 주어진 등식에 대입하여 항등식의 성질을 이용한다.

0132 대표문제

$y-x=1$을 만족시키는 모든 실수 x, y에 대하여 등식
$$ax^2+2ax+by^2-cx-y-1=0$$
이 성립할 때, 상수 a, b, c에 대하여 $a+b+c$의 값은?

① -1 ② -2 ③ -3
④ -4 ⑤ -5

0133 중

$x+2y=1$을 만족시키는 모든 실수 x, y에 대하여 등식 $3ax+by=15$가 성립할 때, 상수 a, b에 대하여 $a+b$의 값을 구하시오.

유형 05 항등식에서 계수의 합 구하기

$(x+a)^n=a_0+a_1x+a_2x^2+\cdots+a_nx^n$의 꼴

$\Rightarrow$ $x=0$ 또는 $x=\pm1$을 양변에 대입한 후 두 식을 더하거나 빼서 상수항 또는 계수의 합을 구한다.

0134 대표문제

등식 $(x+1)^{15}=a_0+a_1x+\cdots+a_{14}x^{14}+a_{15}x^{15}$이 모든 실수 x에 대하여 성립할 때, $a_1+a_3+\cdots+a_{13}+a_{15}$의 값은?

(단, a_0, a_1, $\cdots$, a_{14}, a_{15}는 상수)

① 1 ② 2^{14} ③ $2^{15}-1$
④ 2^{15} ⑤ 2^{20}

0135 중 서술형

등식 $(x^2-2x+1)^3=a_0+a_1x+a_2x^2+\cdots+a_6x^6$이 x에 대한 항등식일 때, $a_0+a_2+a_4+a_6$의 값을 구하시오.

(단, a_0, a_1, a_2, $\cdots$, a_6은 상수)

0136 중

모든 실수 x에 대하여 등식
$$x^{50}+1=a_{50}(x-1)^{50}+a_{49}(x-1)^{49}+\cdots+a_1(x-1)+a_0$$
이 성립할 때, $a_{49}+a_{47}+\cdots+a_3+a_1$의 값은?

(단, a_0, a_1, $\cdots$, a_{49}, a_{50}은 상수)

① $2^{48}-1$ ② 2^{48} ③ $2^{48}+1$
④ $2^{49}-1$ ⑤ 2^{49}

| 개념원리 수학(상) 42쪽 |

유형 06 다항식의 나눗셈과 항등식

다항식 $A(x)$를 다항식 $B(x)$ $(B(x)\neq 0)$로 나누었을 때의 몫을 $Q(x)$, 나머지를 $R(x)$라 하면
$$A(x)=B(x)Q(x)+R(x)$$
가 성립하고, 이 식은 x에 대한 항등식이다.

0137 대표문제

다항식 x^3+ax^2+b를 x^2+x-2로 나누었을 때의 나머지가 $2x+3$일 때, 상수 a, b에 대하여 ab의 값은?

① -2 ② -1 ③ 2
④ 3 ⑤ 4

0138

다항식 x^3+8x^2+5x-a가 x^2+3x+b로 나누어떨어질 때, 상수 a, b에 대하여 $a+b$의 값을 구하시오.

0139

다항식 x^3+ax-8을 x^2+4x+b로 나누었을 때의 나머지가 $3x+4$가 되도록 하는 상수 a, b에 대하여 $a+b$의 값은?

① -10 ② -9 ③ -8
④ -7 ⑤ -6

중요

| 개념원리 수학(상) 49쪽 |

유형 07 나머지정리 ─ 일차식으로 나누는 경우

(1) 다항식 $f(x)$를 $x-\alpha$로 나누었을 때의 나머지 $\Rightarrow f(\alpha)$
(2) 다항식 $f(x)$를 $ax+b$ $(a\neq 0)$로 나누었을 때의 나머지
$$\Rightarrow f\left(-\dfrac{b}{a}\right)$$

0140 대표문제

다항식 $f(x)$를 $x-3$으로 나누었을 때의 나머지는 2이고, 다항식 $g(x)$를 $x-3$으로 나누었을 때의 나머지는 -2이다. 이때 다항식 $3f(x)+2g(x)$를 $x-3$으로 나누었을 때의 나머지는?

① -4 ② -2 ③ 0
④ 2 ⑤ 6

0141 서술형

두 다항식 $f(x)$, $g(x)$에 대하여 $f(x)+g(x)$는 $x-2$로 나누어떨어지고, $f(x)-g(x)$를 $x-2$로 나누었을 때의 나머지가 4일 때, 다항식 $f(x)g(x)$를 $x-2$로 나누었을 때의 나머지를 구하시오.

0142

다항식 $x^4+ax^3+bx^2-2$를 $x-1$로 나누었을 때의 나머지가 3이고, $x+1$로 나누었을 때의 나머지가 -3일 때, 상수 a, b에 대하여 ab의 값은?

① -3 ② -1 ③ 0
④ 1 ⑤ 3

0143

다항식 ax^5+bx^3+cx-4를 $x-1$로 나누었을 때의 나머지가 3일 때, 이 다항식을 $x+1$로 나누었을 때의 나머지를 구하시오.

| 개념원리 수학(상) 50쪽 |

유형 **08** 나머지정리 — 이차식으로 나누는 경우

(1) 다항식 $f(x)$를 이차식으로 나누었을 때의 나머지는 일차 이하
의 다항식이다.

(2) 다항식 $f(x)$를 $(x-\alpha)(x-\beta)$로 나누었을 때의 나머지
$\Rightarrow f(\alpha), f(\beta)$의 값을 이용한다.

0144 대표문제

다항식 $f(x)$를 $x+1$, $x+2$로 나누었을 때의 나머지는 각각
3, -1이다. $f(x)$를 x^2+3x+2로 나누었을 때의 나머지를
$R(x)$라 할 때, $R(1)$의 값은?

① -7 　　② -3 　　③ 3

④ 7 　　⑤ 11

0145 중

다항식 $f(x)$를 $x+2$로 나누었을 때의 나머지는 6이고, $x-2$
로 나누었을 때의 나머지는 2일 때, 다항식 $(x^2+x+1)f(x)$
를 x^2-4로 나누었을 때의 나머지를 구하시오.

0146 중 서술형

다항식 $f(x)$를 x^2-3x+2로 나누었을 때의 나머지는 4이고,
x^2-2x-3으로 나누었을 때의 나머지는 $4x-3$이다. 이때
$f(x)$를 x^2-5x+6으로 나누었을 때의 나머지를 구하시오.

| 개념원리 수학(상) 51쪽 |

유형 **09** 나머지정리 — 삼차식으로 나누는 경우

(1) 다항식 $f(x)$를 삼차식으로 나누었을 때의 나머지는 이차 이하
의 다항식이다.

(2) $f(x)=g(x)p(x)+R(x)$에서 $g(x)$의 차수와 $R(x)$의 차
수가 같을 때
$\Rightarrow$ ($f(x)$를 $g(x)$로 나누었을 때의 나머지)
$=$($R(x)$를 $g(x)$로 나누었을 때의 나머지)

0147 대표문제

다항식 $f(x)$를 x^2-1로 나누었을 때의 나머지는 $2x+3$이고,
$x-2$로 나누었을 때의 나머지는 4이다. 이때 $f(x)$를
$(x^2-1)(x-2)$로 나누었을 때의 나머지를 구하시오.

0148 중

다항식 $x^{11}-x^9+x^7-1$을 x^3-x로 나누었을 때의 나머지를
$R(x)$라 할 때, $R(3)$의 값을 구하시오.

0149 상 중

다항식 $f(x)$는 $(x-1)(x-2)$로 나누어떨어지고,
$(x-2)(x-3)$으로 나누었을 때의 나머지는 $x-2$이다.
$f(x)$를 $(x-1)(x-2)(x-3)$으로 나누었을 때의 나머지를
$R(x)$라 할 때, $R(0)$의 값은?

① 1 　　② 2 　　③ 3

④ 4 　　⑤ 5

유형 익/히/기

유형 10 $f(ax+b)$를 $x-\alpha$로 나누는 경우

다항식 $f(ax+b)$를 $x-\alpha$로 나누었을 때의 나머지
$\Rightarrow f(a\alpha+b)$

0150 대표문제

다항식 $f(x)$를 x^2-x-2로 나누었을 때의 나머지가 $2x-4$
일 때, 다항식 $f(2x-3)$을 $x-1$로 나누었을 때의 나머지는?

① -6 ② -4 ③ -2
④ 3 ⑤ 6

0151 중하

다항식 $f(x)$를 $x-2$로 나누었을 때의 나머지를 R라 할 때,
다항식 $f(2x-2)$를 $x-2$로 나누었을 때의 나머지는?

(단, R는 상수)

① R ② $-R$ ③ $2R$
④ $\dfrac{1}{2R}$ ⑤ $R+1$

0152 중

다항식 $f(x)$를 $(3x-2)(x-2)$로 나누었을 때의 나머지가
$2x-5$일 때, 다항식 $f(3x-7)$을 $x-3$으로 나누었을 때의
나머지를 구하시오.

0153 상중

다항식 $f(x)+g(x)$를 $x-1$로 나누었을 때의 나머지는 6이
고, 다항식 $2f(x)+g(x)$를 $x-1$로 나누었을 때의 나머지는
8이다. 이때 다항식 $f(3x-5)$를 $x-2$로 나누었을 때의 나머
지는?

① 0 ② 2 ③ 4
④ 6 ⑤ 8

유형 11 몫을 $x-\alpha$로 나누는 경우

다항식 $f(x)$를 $g(x)$로 나누었을 때의 몫을 $Q(x)$라 하고
$Q(x)$를 $x-\alpha$로 나누었을 때의 몫을 $Q'(x)$라 하면
$\Rightarrow Q(x)=(x-\alpha)Q'(x)+Q(\alpha)$

0154 대표문제

다항식 $f(x)$를 $x-2$로 나누었을 때의 몫이 $Q(x)$, 나머지가
3이고, 다항식 $Q(x)$를 $x+2$로 나누었을 때의 나머지가 -1
일 때, $xf(x)$를 $x+2$로 나누었을 때의 나머지는?

① -15 ② -14 ③ -10
④ -6 ⑤ -4

0155 중

다항식 $f(x)$를 x^2+x+1로 나누었을 때의 몫이 $Q(x)$, 나머
지가 $x+7$이고, $Q(x)$를 $x-1$로 나누었을 때의 나머지는 2
이다. $f(x)$를 x^3-1로 나누었을 때의 나머지를 $R(x)$라 할
때, $R(-3)$의 값을 구하시오.

0156 중

다항식 $x^{2018}+x^{2017}+x$를 $x-1$로 나누었을 때의 몫을 $Q(x)$
라 할 때, $Q(x)$를 $x+1$로 나누었을 때의 나머지를 구하시오.

| 개념원리 수학(상) 53쪽 |

유형 12 인수정리 − 일차식으로 나누는 경우

다항식 $f(x)$가 일차식 $x-\alpha$로 나누어떨어지면 $x-\alpha$는 $f(x)$의 인수이고 $f(\alpha)=0$이므로 $f(x)=(x-\alpha)Q(x)$와 같이 나타낼 수 있다.

0157 대표문제
다항식 $f(x)=x^4+kx^2+3x+7$이 $x+1$로 나누어떨어질 때, 상수 k의 값은?

① -1 ② -2 ③ -3
④ -4 ⑤ -5

0158 중하
다항식 x^3+ax^2+bx-2가 $x-1$, $x-2$로 각각 나누어떨어질 때, 상수 a, b에 대하여 $a-b$의 값을 구하시오.

0159 중
다항식 $f(x)=x^3-ax^2+x-3$에 대하여 다항식 $f(x-2)f(x+1)$이 $x-2$로 나누어떨어질 때, 상수 a의 값을 구하시오.

0160 상중 서술형
x^3의 계수가 1인 삼차식 $f(x)$에 대하여 $f(-2)=f(-1)=f(1)=2$일 때, $f(x)$를 $x+3$으로 나누었을 때의 나머지를 구하시오.

| 개념원리 수학(상) 53쪽 |

유형 13 인수정리 − 이차식으로 나누는 경우

다항식 $f(x)$가 $(x-\alpha)(x-\beta)$로 나누어떨어지면
$\Rightarrow f(\alpha)=0$, $f(\beta)=0$

0161 대표문제
다항식 $f(x)=x^3+ax^2+bx+2$가 x^2+x-2로 나누어떨어질 때, 상수 a, b에 대하여 $a-b$의 값은?

① -3 ② -2 ③ 0
④ 2 ⑤ 3

0162 중
다항식 x^3-5x^2+ax+b가 $(x+1)(x-2)$로 나누어떨어질 때, 이 다항식을 $x-3$으로 나누었을 때의 나머지를 구하시오.
(단, a, b는 상수)

0163 상중
다항식 $f(x)-3$이 x^2-x-6으로 나누어떨어질 때, $f(x-2)$를 x^2-5x로 나누었을 때의 나머지는?

① -3 ② 3 ③ $x+3$
④ $x-3$ ⑤ $2x+3$

| **개념원리** 수학(상) 43쪽 |

유형 **14**   수의 나눗셈에서 나머지정리의 활용

a^b을 c로 나누었을 때의 나머지를 구하는 경우에는 $a=x$로 놓고 c를 적절히 x에 대한 식으로 나타낸 후 나머지정리를 이용한다.

(단, a, b, c는 자연수)

0164   대표문제

1000^{11}을 998로 나누었을 때의 나머지는?

① 44   ② 48   ③ 52
④ 56   ⑤ 60

0165   상중

97^7을 98로 나누었을 때의 나머지를 구하시오.

0166   상중

$3^{99}+3^{100}+3^{101}$을 4로 나누었을 때의 나머지를 구하시오.

유형 **15**   조립제법과 항등식

조립제법을 연속으로 이용하면 내림차순으로 정리한 식에서 미정계수를 쉽게 구할 수 있다.

0167   대표문제

등식
$$x^3-x^2-3x+6$$
$$=a(x-2)^3+b(x-2)^2+c(x-2)+d$$
가 x에 대한 항등식일 때, $abcd$의 값을 구하시오.

(단, a, b, c, d는 상수)

0168   중

다항식 $-x^3+x^2+2x-1$을
$$a(x+1)^3+b(x+1)^2+c(x+1)+d$$
로 나타내었을 때, $ab+cd$의 값을 구하시오.

(단, a, b, c, d는 상수)

0169   상중

x의 값에 관계없이 등식
$$2x^3-3x^2-4x+2$$
$$=a(2x+1)^3+b(2x+1)^2+c(2x+1)+d$$
가 항상 성립할 때, $a+b+c-d$의 값은?

(단, a, b, c, d는 상수)

① -5 ② -4 ③ -3
④ -2 ⑤ -1

시험에 꼭 나오는 문제

0170

모든 실수 x에 대하여 등식

$$(x-1)(x+a)=bx^2-3x+2$$

가 성립할 때, $a+b$의 값은? (단, a, b는 상수)

① -1　　　② -2　　　③ -3
④ -4　　　⑤ -5

0171

다음 등식이 x에 대한 항등식일 때, $a-b-3c$의 값은?

(단, a, b, c는 상수)

$$2x^2+13x=a(x-1)(x+2)+b(x+2)+c(x-1)^2$$

① 2　　　② 3　　　③ 4
④ 5　　　⑤ 6

0172

x, y의 값에 관계없이 $\dfrac{ax+by+6}{x+2y+2}$의 값이 항상 일정할 때, $b-a$의 값은? (단, a, b는 상수, $x+2y \neq -2$)

① 0　　　② 1　　　③ 2
④ 3　　　⑤ 4

0173

임의의 실수 x에 대하여

$$(x^2-2x-1)^{10}=a_{20}x^{20}+a_{19}x^{19}+a_{18}x^{18}+ \cdots +a_1x+a_0$$

이 성립할 때, $a_{20}+a_{18}+a_{16}+ \cdots +a_2$의 값은?

(단, a_0, a_1, a_2, $\cdots$, a_{20}은 상수)

① $2^{10}-1$　　　② 2^{10}　　　③ $2^{10}+1$
④ $2^{11}-1$　　　⑤ 2^{11}

0174

다항식 $3x^3+ax^2+2x+1$을 x^2+2x로 나누었을 때의 나머지가 $10x+b$일 때, 상수 a, b에 대하여 $b-a$의 값을 구하시오.

0175 교육청 기출

다항식 $f(x)=x^2+ax+b$를 $x+1$로 나누었을 때의 나머지가 2이고, $x-1$로 나누었을 때의 나머지가 8일 때, $f(2)$의 값을 구하시오. (단, a, b는 상수)

0176 중요

다항식 $f(x)$를 $x-1$로 나누었을 때의 나머지는 5이고, $x+1$로 나누었을 때의 나머지는 -3이다.

$f(x)$를 $(x-1)(x+1)$로 나누었을 때의 나머지를 $R(x)$라 할 때, $R(2)$의 값을 구하시오.

0177

삼차식 $f(x)$가 다음 조건을 만족시킨다.

> ㈎ $f(0)=8$
> ㈏ 모든 실수 x에 대하여 $8f(x+2)=f(2x)+7x^2$

$f(x)$를 x^2-5x+6으로 나누었을 때의 나머지를 구하시오.

0178 💡중요

다항식 $f(x)$를 $x-1$로 나누었을 때의 나머지는 6이고, $(x-2)^2$으로 나누었을 때의 나머지는 $6x+1$이다. 이때 $f(x)$를 $(x-1)(x-2)^2$으로 나누었을 때의 나머지를 구하시오.

0179

두 다항식 $f(x)$, $g(x)$에 대하여 $f(x)+g(x)$를 $x+1$로 나누었을 때의 나머지는 8이고, $f(x)-g(x)$를 $x+1$로 나누었을 때의 나머지는 4이다. 이때 다항식 $x+f(x)g(x)$를 $x+1$로 나누었을 때의 나머지는?

① 3   ② 5   ③ 7
④ 9   ⑤ 11

0180 교육청 기출

다항식 $P(x)$를 $x-2$로 나누었을 때의 몫이 $Q(x)$, 나머지는 3이고, 다항식 $Q(x)$를 $x-1$로 나누었을 때의 나머지는 2이다. $P(x)$를 $(x-1)(x-2)$로 나누었을 때의 나머지를 $R(x)$라 하자. $R(3)$의 값은?

① 5   ② 7   ③ 9
④ 11   ⑤ 13

0181

다항식 $f(x)-1$이 x^2-3x+2로 나누어떨어질 때, $f(x+1)$을 x^2-x로 나누었을 때의 나머지를 구하시오.

0182

2^{751}을 9로 나누었을 때의 나머지를 구하시오.

0183

오른쪽은 다항식 $f(x)$에 대하여 조립제법을 여러 번 반복한 것이다. $f(x)$를 $x-3$으로 나누었을 때의 나머지를 구하시오.

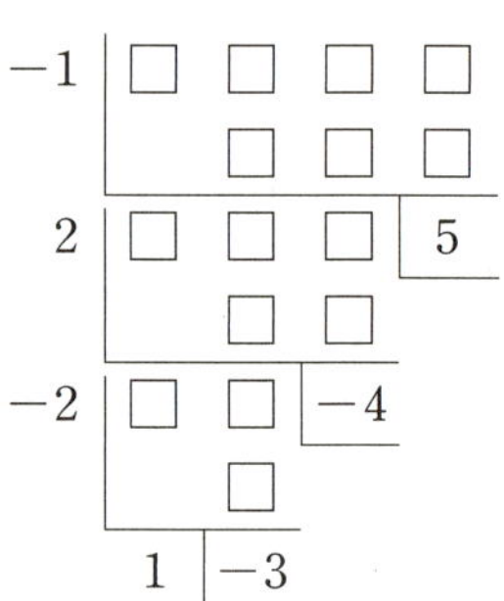

 **서술형 주관식**

0184

$a+b=1$을 만족시키는 임의의 실수 a, b에 대하여 등식 $a^2x+by+z=a$가 성립할 때, 상수 x, y, z에 대하여 $2x+y+z$의 값을 구하시오.

0185

다항식 $f(x)=x^2+ax+b$에 대하여 $(x+1)f(x)$를 $x-2$로 나누었을 때의 나머지가 3이고, $(x-2)f(x)$를 $x+1$로 나누었을 때의 나머지가 6일 때, 상수 a, b에 대하여 a^2+b^2의 값을 구하시오.

0186

다항식 $f(x)$를 $x+1$로 나누었을 때의 나머지는 3, x^2-x+1로 나누었을 때의 나머지는 $2x-4$이다. $f(x)$를 x^3+1로 나누었을 때의 나머지를 $R(x)$라 할 때, $R(2)$의 값을 구하시오.

0187

다항식 $f(x)=x^3+ax^2+bx+2$가 $(x+1)(x+2)$로 나누어떨어질 때, $f(1-x)$를 $x-5$로 나누었을 때의 나머지를 구하시오. (단, a, b는 상수)

 **실력 up**

0188

다항식 $1+x+x^2+\cdots+x^{501}$을 $x-1$로 나누었을 때의 몫을 $Q(x)$라 할 때, $Q(x)$를 $x+1$로 나누었을 때의 나머지를 구하시오.

0189

다항식 $x^n(x^2+ax+b)$를 $(x-2)^n$으로 나누었을 때의 나머지가 $2^n(x-2)$일 때, 상수 a, b에 대하여 ab의 값을 구하시오. (단, $n\geq2$인 자연수)

0190 · · · · · 창의·융합

이차 이상의 다항식 $f(x)$를 $(x-a)(x-b)$로 나누었을 때의 나머지를 $R(x)$라 할 때, **보기**에서 옳은 것만을 있는 대로 고른 것은? (단, a, b는 서로 다른 두 실수)

> **보기**
> ㄱ. $f(a)-R(a)=0$
> ㄴ. $f(a)-R(b)=f(b)-R(a)$
> ㄷ. $af(b)-bf(a)=(a-b)R(0)$

① ㄱ   ② ㄴ   ③ ㄱ, ㄷ

④ ㄴ, ㄷ   ⑤ ㄱ, ㄴ, ㄷ

03 인수분해

+ 개념 플러스

03·1 인수분해

1 하나의 다항식을 두 개 이상의 다항식의 곱으로 나타내는 것을 인수분해한다고 한다.

2 인수분해 공식

(1) $a^2+2ab+b^2=(a+b)^2$

  $a^2-2ab+b^2=(a-b)^2$

(2) $a^2-b^2=(a+b)(a-b)$

(3) $x^2+(a+b)x+ab=(x+a)(x+b)$

(4) $acx^2+(ad+bc)x+bd=(ax+b)(cx+d)$

(5) $a^2+b^2+c^2+2ab+2bc+2ca=(a+b+c)^2$

(6) $a^3+3a^2b+3ab^2+b^3=(a+b)^3$

  $a^3-3a^2b+3ab^2-b^3=(a-b)^3$

(7) $a^3+b^3=(a+b)(a^2-ab+b^2)$

  $a^3-b^3=(a-b)(a^2+ab+b^2)$

(8) $a^4+a^2b^2+b^4=(a^2+ab+b^2)(a^2-ab+b^2)$

(9) $a^3+b^3+c^3-3abc=(a+b+c)(a^2+b^2+c^2-ab-bc-ca)$

■ 일반적으로 다항식을 인수분해할 때 계수가 유리수인 범위까지 인수분해한다.

03·2 복잡한 식의 인수분해

1 공통부분이 있는 다항식의 인수분해

(1) 공통부분을 치환하여 인수분해한다.

(2) 공통부분이 바로 보이지 않을 때는 공통부분이 생기도록 주어진 식을 변형한 후 치환하여 인수분해한다.

2 x^4+ax^2+b의 꼴의 다항식의 인수분해

(1) $x^2=X$로 치환하여 X^2+aX+b를 인수분해한다.

(2) X^2+aX+b가 인수분해되지 않는 경우, 적당한 식을 더하거나 빼서 A^2-B^2의 꼴로 변형하여 인수분해한다.

3 여러 개의 문자가 포함된 다항식의 인수분해

(1) 차수가 가장 낮은 한 문자에 대하여 내림차순으로 정리한 후 인수분해한다.

(2) 차수가 모두 같을 때는 어느 한 문자에 대하여 내림차순으로 정리한 후 인수분해한다.

4 인수정리를 이용한 다항식의 인수분해

$f(x)$가 삼차 이상의 다항식이면

(ⅰ) $f(\alpha)=0$을 만족시키는 상수 α의 값을 구한다.

(ⅱ) 조립제법을 이용하여 $f(x)$를 $x-\alpha$로 나누었을 때의 몫 $Q(x)$를 구한다.

(ⅲ) $f(x)=(x-\alpha)Q(x)$의 꼴로 나타낸 후 $Q(x)$가 더 이상 나누어지지 않는 다항식의 곱으로 나타날 때까지 인수분해 공식 또는 위의 두 단계를 다시 적용한다.

■ 모든 계수가 정수인 다항식 $f(x)$에서 $f(\alpha)=0$을 만족시키는 α를 찾는 방법

$$\pm\frac{(f(x)\text{의 상수항의 약수})}{(f(x)\text{의 최고차항의 계수의 약수})}$$

중에서 찾는다.

03 · 1 인수분해

[0191 ~ 0192] 다음 식을 인수분해하시오.

0191 $1-x-y+xy$

0192 $ac-bd-ad+bc$

[0193 ~ 0198] 다음 식을 인수분해하시오.

0193 $4x^2+20xy+25y^2$

0194 $64x^2-9y^2$

0195 $(2x+y)^2-(x-y)^2$

0196 $x^2+8x+12$

0197 $3x^2+2x-8$

0198 $6x^2+5xy-6y^2$

[0199 ~ 0207] 다음 식을 인수분해하시오.

0199 $a^2+b^2+c^2-2ab-2bc+2ca$

0200 $x^2+y^2+1+2(xy+x+y)$

0201 $x^3-6x^2+12x-8$

0202 $x^3+9x^2y+27xy^2+27y^3$

0203 x^3-8

0204 a^4+a^2+1

0205 $x^4+4x^2y^2+16y^4$

0206 $a^3-b^3+c^3+3abc$

0207 $x^3+y^3-3xy+1$

03 · 2 복잡한 식의 인수분해

[0208 ~ 0210] 다음 식을 인수분해하시오.

0208 $(x+1)^2-3(x+1)+2$

0209 $(x^2+5x+4)(x^2+5x+2)-24$

0210 $2(x+1)^2+(x+1)(x-3)-(x-3)^2$

[0211 ~ 0212] 다음 식을 인수분해하시오.

0211 x^4+5x^2-6

0212 x^4+9x^2+25

[0213 ~ 0214] 다음 식을 인수분해하시오.

0213 $x^2+y^2-2xy-3x+3y+2$

0214 y^2+xy-a^2-ax

[0215 ~ 0216] 다음 식을 인수분해하시오.

0215 x^3-2x^2-5x+6

0216 $x^4-3x^3+3x^2+x-6$

유형 익/히/기

| **개념원리** 수학(상) 61쪽, 62쪽 |

유형 01 인수분해 공식을 이용한 인수분해 (1)

(1) $a^2+2ab+b^2=(a+b)^2$
$a^2-2ab+b^2=(a-b)^2$
(2) $a^2-b^2=(a+b)(a-b)$
(3) $x^2+(a+b)x+ab=(x+a)(x+b)$
(4) $acx^2+(ad+bc)x+bd=(ax+b)(cx+d)$
(5) $a^2+b^2+c^2+2ab+2bc+2ca=(a+b+c)^2$

0217 〔대표문제〕

다음 중 옳지 <u>않은</u> 것은?

① $x^2-6x+8=(x-2)(x-4)$
② $4x^2+20xy+25y^2=(2x+5y)^2$
③ $2x^2-5x+3=(2x+1)(x-3)$
④ $x^2-(y-z)^2=(x+y-z)(x-y+z)$
⑤ $a^2+b^2+4+2ab-4a-4b=(a+b-2)^2$

0218 〔중 하〕

다음 중 x^2-y^2-x+y의 인수인 것은?

① $x+y$ ② $x+y+1$ ③ $x-y+1$
④ $x+y-1$ ⑤ $x-y-1$

0219 〔중〕

다항식 $x^2-(2a+3)x+(a+1)(a+2)$가 x의 계수가 1인 두 일차식의 곱으로 인수분해되고 두 일차식의 합이 $2x+1$일 때, 상수 a의 값을 구하시오.

0220 〔중〕

다항식 $a^4+2a^2c^2-2b^2c^2-b^4$을 인수분해하시오.

| **개념원리** 수학(상) 61쪽, 62쪽 |

유형 02 인수분해 공식을 이용한 인수분해 (2)

(1) $a^3+3a^2b+3ab^2+b^3=(a+b)^3$
$a^3-3a^2b+3ab^2-b^3=(a-b)^3$
(2) $a^3+b^3=(a+b)(a^2-ab+b^2)$
$a^3-b^3=(a-b)(a^2+ab+b^2)$
(3) $a^4+a^2b^2+b^4=(a^2+ab+b^2)(a^2-ab+b^2)$
(4) $a^3+b^3+c^3-3abc$
$=(a+b+c)(a^2+b^2+c^2-ab-bc-ca)$

0221 〔대표문제〕

다항식 $(a-2b)^3-125b^3$을 인수분해하면?

① $(a+7b)(a^2+ab+19b^2)$
② $(a+7b)(a^2-ab+19b^2)$
③ $(a+7b)(a^2-2ab+19b^2)$
④ $(a-7b)(a^2+ab+19b^2)$
⑤ $(a-7b)(a^2+2ab+19b^2)$

0222 〔중〕

다음 중 x^6-y^6의 인수가 <u>아닌</u> 것은?

① $x+y$ ② $x-y$ ③ x^2+y^2
④ x^2+xy+y^2 ⑤ x^3+y^3

0223 〔중〕

다음 **보기**에서 옳은 것만을 있는 대로 고른 것은?

> **• 보기 •**
>
> ㄱ. $x^3+27=(x+3)(x^2-3x+9)$
> ㄴ. $27x^3-64y^3=(3x-4y)(9x^2+12xy+8y^2)$
> ㄷ. $x^3-6x^2y+12xy^2-8y^3=(x-2y)^3$
> ㄹ. $x^3-y^3+8z^3+6xyz$
> $=(x-y+2z)(x^2-4y^2+z^2-xy-2yz+2zx)$

① ㄱ, ㄴ ② ㄱ, ㄷ ③ ㄴ, ㄷ
④ ㄱ, ㄷ, ㄹ ⑤ ㄱ, ㄴ, ㄷ, ㄹ

유형 03 공통부분이 있는 다항식의 인수분해

(1) 공통부분을 치환한 후 인수분해한다.

(2) ( )( )( )( ) 꼴의 식인 경우

⇨ 공통부분이 생기도록 짝을 지어 전개한 후 치환한다.

0224 대표문제

다항식 $(x-1)(x-3)(x+2)(x+4)+24$가
$(x+a)(x+b)(x^2+x+c)$로 인수분해될 때, 상수 a, b, c
에 대하여 $a+b+c$의 값은?

① -21 ② -12 ③ -7

④ 6 ⑤ 10

0225 중

다항식 $(x^2-x+2)(x^2-x-5)+6$을 인수분해하시오.

0226 중

다음 중 $(x^2-2x)^2+2x^2-4x-15$의 인수가 <u>아닌</u> 것은?

① $x-3$ ② $x+1$ ③ x^2-2x-3

④ x^2-2x+4 ⑤ x^2-2x+5

0227 중 서술형

다항식 $(x-1)(x-2)(x-3)(x-4)+k$가 x에 대한 이차
식의 완전제곱식으로 인수분해될 때, 상수 k의 값을 구하시
오.

유형 04 x^4+ax^2+b의 꼴의 다항식의 인수분해

(1) $x^2=X$로 치환하여 인수분해한다.

(2) 이차항을 적당히 더하거나 빼서 A^2-B^2의 꼴로 변형하여 인
수분해한다.

0228 대표문제

다항식 x^4-5x^2+4를 인수분해하면
$(x+a)(x+b)(x+c)(x+d)$일 때, $ad-bc$의 값을 구하
시오. (단, a, b, c, d는 상수이고, $a<b<c<d$)

0229 중하

다항식 x^4-50x^2+625가 $(x+a)^2(x+b)^2$으로 인수분해될
때, $a-b$의 값을 구하시오. (단, a, b는 상수이고, $a>b$)

0230 중

다음 중 a^4+4의 인수인 것은?

① a^2-a+2 ② a^2+a-2 ③ a^2+a+2

④ a^2+2a-2 ⑤ a^2+2a+2

0231 중

다항식 $x^4-6x^2y^2+y^4$이 $(x^2-axy-by^2)(x^2+axy-by^2)$
으로 인수분해될 때, 유리수 a, b에 대하여 a^2+b^2의 값을 구
하시오.

유형 익/히/기

유형 **05** 여러 개의 문자가 포함된 다항식의 인수분해

(1) 차수가 가장 낮은 한 문자에 대하여 내림차순으로 정리한 후 인수분해한다.

(2) 모든 문자의 차수가 같으면 어느 한 문자에 대하여 내림차순으로 정리한 후 인수분해한다.

0232 대표문제

다음 중 $x^2+xy-2y^2+x+5y-2$의 인수인 것은?

① $x+y+1$ ② $x+y-1$ ③ $x+2y+1$

④ $x+2y-1$ ⑤ $2x-2y-1$

0233 중

다항식 $x^3-(2+y)x^2+(2y-3)x+3y$를 인수분해하시오.

0234 중

다항식 $2x^2+2y^2+5xy+3x+3y+1$을 인수분해하면 $(ax+by+1)(cx+y+1)$일 때, 상수 a, b, c에 대하여 $a+b+c$의 값은?

① 2 ② 3 ③ 5

④ 6 ⑤ 7

0235 상중 서술형

다항식 $x^2-xy-6y^2+ax+8y-2$가 x, y에 대한 두 일차식의 곱으로 인수분해될 때, 정수 a의 값을 구하시오.

유형 **06** 인수정리를 이용한 다항식의 인수분해

삼차 이상의 다항식 $f(x)$에 대하여

(i) $f(\alpha)=0$을 만족시키는 α의 값을 구한다.

(ii) $f(x)$를 $x-\alpha$로 나누는 조립제법을 이용하여 몫을 구한다.

(iii) 몫이 인수분해되는지 확인한다.

0236 대표문제

다항식 $2x^3-x^2-5x-2$를 인수분해하면 $(x+a)(2x+b)(x+c)$일 때, 상수 a, b, c에 대하여 $a^2+b^2+c^2$의 값을 구하시오.

0237 중

다음 중 $x^4-3x^3-3x^2+11x-6$의 인수가 <u>아닌</u> 것은?

① $x+2$ ② $x-1$ ③ $x-3$

④ x^2-4x+3 ⑤ x^2-x-2

0238 중

다항식 $f(x)=x^3+2x^2-4x+a$가 $x+1$로 나누어떨어지도록 상수 a의 값을 정할 때, 다음 중 $f(x)$의 인수인 것은?

① x^2-x-5 ② x^2-x-3

③ x^2+x-5 ④ x^2+x+3

⑤ x^2+x+5

0239 상중

다항식 x^3+ax^2+bx+2가 $(x+1)^2$을 인수로 가질 때, 상수 a, b에 대하여 ab의 값은?

① -20 ② -9 ③ 5

④ 9 ⑤ 20

| 개념원리 수학(상) 67쪽 |

유형 **07** 순환하는 꼴의 다항식의 인수분해

a, b, c의 차수가 같으면서 순환하는 꼴의 다항식은 한 문자에 대하여 내림차순으로 정리한 후 인수분해한다.

0240 대표문제
다항식 $a(b+c)^2+b(c+a)^2+c(a+b)^2-4abc$를 인수분해하시오.

0241 중
세 실수 a, b, c에 대하여 $[a,\ b,\ c]=a^2(b-c)$라 할 때, 다음 중 $[a,\ b,\ c]+[b,\ c,\ a]+[c,\ a,\ b]$의 인수인 것은?

① $a-b$ ② $b+c$ ③ $c+a$
④ $a+b+c$ ⑤ abc

0242 상중
서로 다른 세 실수 a, b, c에 대하여
$$\dfrac{ab(a-b)+bc(b-c)+ca(c-a)}{(a-b)(b-c)(c-a)}$$
의 값을 구하시오.

유형 **08** 계수가 대칭인 사차식의 인수분해

(ⅰ) 각 항을 x^2으로 묶는다.

(ⅱ) $x^2+\dfrac{1}{x^2}=\left(x+\dfrac{1}{x}\right)^2-2$임을 이용하여 $x+\dfrac{1}{x}$에 대한 이차식으로 정리하여 인수분해한다.

(ⅲ) 각 인수에 x를 곱하여 다항식이 되도록 한다.

0243 대표문제
다음 중 $x^4+5x^3-4x^2+5x+1$의 인수인 것은?

① x^2-x+1 ② x^2+x+1 ③ x^2+x-1
④ x^2-3x-1 ⑤ x^2+3x-1

0244 중
다항식 $x^4+3x^3-8x^2+3x+1$을 인수분해하면 $(x^2+ax+b)(x-c)^2$일 때, 상수 a, b, c에 대하여 abc의 값을 구하시오.

0245 중
다항식 $x^4+4x^3+5x^2+4x+1$이 x^2의 계수가 1인 두 이차식의 곱으로 인수분해될 때, 이 두 이차식의 합은?

① $2x^2+3x$ ② $2x^2+4x-2$
③ $2x^2+4x+2$ ④ $2x^2+5x-2$
⑤ $2x^2+5x+2$

유형 익/히/기

| 개념원리 수학(상) 69쪽 |

유형 **09** 인수분해를 이용한 식의 값 구하기

곱셈 공식과 인수분해 공식을 이용하여 식을 변형한 후 주어진 조건을 식에 대입한다.

0246 〔대표문제〕

$a-b=3$, $ab=2$일 때, $a^3-b^3+a^2b-ab^2$의 값을 구하시오.

0247 〔중〕

$x=2+\sqrt{3}$, $y=2-\sqrt{3}$일 때, $x^4-yx^3-y^3x+y^4$의 값을 구하시오.

0248 〔중〕 〔서술형〕

$a+b=3$, $b+c=2$, $c+a=4$일 때,
$(a+b+c)(ab+bc+ca)-abc$의 값을 구하시오.

0249 〔상중〕

세 양수 a, b, c에 대하여 $a^3+b^3+c^3=3abc$일 때,
$\dfrac{b-c}{a}-\dfrac{a}{b}+\dfrac{a+b}{c}$의 값은?

① -3 ② -1 ③ 0
④ 1 ⑤ 6

| 개념원리 수학(상) 69쪽 |

유형 **10** 인수분해를 이용한 수의 계산

수의 계산이 복잡한 경우
⇨ 수를 문자로 치환하여 인수분해한 후 수를 다시 대입한다.

0250 〔대표문제〕

인수분해를 이용하여 $\dfrac{99^3\times101^3}{9998\times10000+1}$의 값을 구하시오.

0251 〔중〕

$15^2-13^2+11^2-9^2+7^2-5^2+3^2-1^2$의 값은?

① 120 ② 124 ③ 128
④ 132 ⑤ 136

0252 〔중〕

$f(x)=x^4-x^3-3x^2+5x-2$일 때, $f(11)$의 값은?

① 11000 ② 12000 ③ 13000
④ 14000 ⑤ 15000

0253 〔상중〕

$21\times23\times25\times27+15=n(n+2)$를 만족시키는 자연수 n의 값을 구하시오.

유형 up

유형 11 · 조건이 주어진 다항식의 인수분해

(1) 주어진 조건을 정리하여 다항식에 대입한 후 인수분해한다.
(2) 다항식을 먼저 인수분해한 후 주어진 조건을 대입하여 식을 정리한다.

0254 대표문제

$3x+y+4=0$일 때, 다음 중 $16-9x^2+6xy-y^2$과 같은 것은?

① $-12xy$ ② $-6xy$ ③ $6xy$
④ $12xy$ ⑤ $18xy$

0255 중

$xy+z=1$일 때, 다음 중 $2xy-x^2y-xy^2-xyz$와 같은 것은?

① $1-xyz$ ② $1+xyz$
③ $(1-x)(1-y)(1-z)$ ④ $(1+x)(1+y)(1+z)$
⑤ $(x-1)(y-1)(z-1)$

0256 상 중

$x+y+z=-1$일 때, 다음 중 $xyz+x^2y+xy-x-z-1$과 같은 것은?

① $-x(xy+1)$ ② $x(xy-1)$ ③ $x(xy+1)$
④ $-y(xy-1)$ ⑤ $-y(xy+1)$

유형 12 · 인수분해를 이용한 삼각형 모양의 판단

삼각형의 세 변의 길이가 a, b, c일 때,
(1) $a=b$ 또는 $b=c$ 또는 $c=a$이면 이등변삼각형
(2) $a=b=c$이면 정삼각형
(3) $a^2=b^2+c^2$이면 빗변의 길이가 a인 직각삼각형

0257 대표문제

삼각형의 세 변의 길이 a, b, c가
$$a^3+a^2b-ac^2+ab^2+b^3-bc^2=0$$
을 만족시킬 때, 이 삼각형은 어떤 삼각형인가?

① 정삼각형
② $a=b$인 이등변삼각형
③ $b=c$인 이등변삼각형
④ 빗변의 길이가 b인 직각삼각형
⑤ 빗변의 길이가 c인 직각삼각형

0258 상 중 · 서술형

삼각형의 세 변의 길이 a, b, c가
$$b^2-ba-c^2+ca=0$$
을 만족시킬 때, 이 삼각형은 어떤 삼각형인지 말하시오.

0259 상

둘레의 길이가 6인 삼각형의 세 변의 길이 a, b, c가
$$a^3+b^3+c^3=3abc$$
를 만족시킬 때, 이 삼각형의 넓이를 구하시오.

정답과 풀이 **27쪽**

0260

다음 중 인수분해가 옳게 된 것은?

① $16x^2-36y^2=2(2x+3y)(2x-3y)$

② $x^4-16=(x^2+4)(x^2-4)$

③ $x^3+8=(x+2)(x^2+2x+4)$

④ $x^2-y^2+2yz-z^2=(x+y-z)(x-y+z)$

⑤ $a^3-a^2c-ab^2+b^2c=(a+c)(a+b)(a-b)$

0261 중요

다음 중 $x(x+1)(x+2)(x+3)-24$의 인수인 것은?

① $x-2$ ② $x+4$ ③ x^2+2

④ x^2+3x+5 ⑤ x^2+4x-2

0262

다항식 x^4+4x^2+16이 $(x^2+ax+b)(x^2-cx+d)$로 인수분해될 때, $a+b+c+d$의 값을 구하시오.

(단, a, b, c, d는 양수)

0263

다음 중 x^4+5x^2+9와 $x^4+2x^3+x^2-9$의 공통인수는?

① x^2-x+3 ② x^2-x-3 ③ x^2+x+3

④ x^2+x-3 ⑤ x^2+x+9

0264

다항식 $x^2+3xy+2y^2-x-3y-2$를 x의 계수가 1인 두 일차식의 곱으로 인수분해했을 때, 두 일차식의 합은?

① $3x+2y-2$ ② $2x+y-1$ ③ $-x+2y+1$

④ $x+y-1$ ⑤ $2x+3y-1$

0265 중요

다항식 $3x^3+ax^2-5x+2$를 인수분해하면 $(x-2)(x+b)(3x+c)$일 때, 정수 a, b, c에 대하여 $a+b-c$의 값을 구하시오.

0266

다항식 $(x-y)^3+(y-z)^3+(z-x)^3$을 인수분해하시오.

0267

다항식 $x^4-2x^3-13x^2-2x+1$을 인수분해하면?

① $(x^2-3x-1)(x^2-5x-1)$

② $(x^2-3x+1)(x^2+5x-1)$

③ $(x^2+3x-1)(x^2-5x+1)$

④ $(x^2+3x+1)(x^2-5x+1)$

⑤ $(x^2+3x+1)(x^2+5x+1)$

0268

$a+b+c=3$, $a^2+b^2+c^2=1$, $abc=1$일 때, $a^3+b^3+c^3$의 값을 구하시오.

0269

인수분해를 이용하여 $\sqrt{11\times12\times13\times14+1}$의 값을 구하시오.

0270

$a+2b+1=0$일 때, 다음 중 $1-a^2-4b^2+4ab$와 같은 것은?

① $-4ab$ ② $-ab$ ③ $2ab$

④ $4ab$ ⑤ $8ab$

0271

한 모서리의 길이가 각각 a, b $(a>b)$인 두 정육면체가 있다. 두 정육면체의 부피의 차가 7, 한 면의 둘레의 길이의 차가 4일 때, a^2+ab+b^2의 값을 구하시오.

0272

다항식 $x^4+ax^3+bx^2-4x-4$가 $(x-1)(x-2)Q(x)$로 인수분해될 때, $Q(-3)$의 값을 구하시오. (단, a, b는 상수)

0273

삼각형의 세 변의 길이 a, b, c에 대하여

$$ab(a+b)-bc(b+c)+ca(a-c)=0,$$
$$a^2-ac+c^2=4$$

가 성립할 때, a^3+c^3의 값을 구하시오.

0274 교육청 기출

1이 아닌 두 자연수 a, b에 대하여

$$3587=15^3+15^2-15+2=a\times b$$

로 나타낼 때, $a+b$의 값을 구하시오.

0275 창의·융합

다음 그림과 같이 크기가 다른 직육면체 상자 A, B, C, D가 각각 1개, 6개, 12개, 8개 있다.

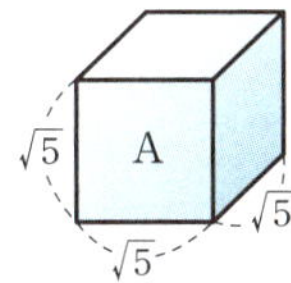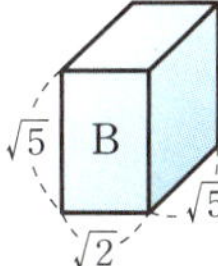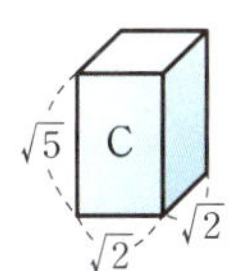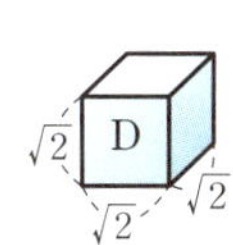

이들을 모두 사용하여 겹치지 않게 빈틈없이 이어 붙여 하나의 정육면체를 만들었다. 이 정육면체의 한 모서리의 길이가 $a\sqrt{2}+b\sqrt{5}$일 때, $a+b$의 값을 구하시오. (단, a, b는 자연수)

꿈을 추구할 용기만 있다면
우리들의 모든 꿈이 실현될 수 있다.

깊은 의미를 지닌 목표가, 이루어야 하는 꿈이, 표현해야 하는 순수한 사랑이 우리의 마음을 움직여 자극할 때, 그때가 우리들이 진정 살아 있는 순간이다. 미래는 자신의 꿈을 믿는 자들의 것이다. 우리는 꿈에 의해 크게 성장한다.

모든 위대한 사람은 몽상가다. 그들은 봄날의 부드러운 아지랑이 혹은 긴 겨울 저녁의 새빨간 난롯불을 보며 꿈을 꾼다. 우리 중 일부는 그런 대단한 꿈이 사그라지게 놔두지만 어떤 사람들은 그것을 키우고 보호한다. 그들은 그것을 힘겨운 날에도 돌보아, 꿈의 실현을 진심으로 희망하는 자에게 언제나 찾아오기 마련인 햇빛과 불빛을 만나게 한다. 당신은 당신 자신의 운명의 건축가이고 당신 자신의 운명의 주인이며 당신 자신의 인생의 운전자이다. 그러므로 당신이 할 수 있는 것, 가질 수 있는 것, 될 수 있는 것에 한계란 없다.

사람들은 게으르지 않다. 다만 무기력한 목표를 갖고 있을 뿐이다. 영감을 주지 않는 그런 목표들 말이다. 겨누지 않고 쏘면 100% 빗나간다는 사실을 기억하라.

– 월트 디즈니

II

방정식과 부등식

04 복소수

04·1 복소수와 켤레복소수

1 허수단위 i
제곱하여 -1이 되는 수를 i로 나타내고, 이것을 허수단위라 한다.
$$i^2=-1, \ 즉 \ i=\sqrt{-1}$$

2 복소수
실수 a, b에 대하여 $a+bi$의 꼴로 나타내는 수를 복소수라 하고,
a를 이 복소수의 실수부분, b를 이 복소수의 허수부분이라 한다.

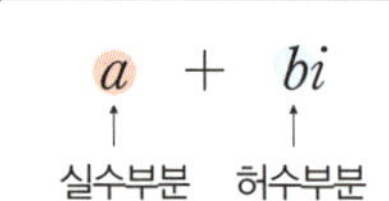

3 복소수가 서로 같을 조건
두 복소수 $a+bi$, $c+di$ (a, b, c, d는 실수)에 대하여
(1) $a+bi=c+di$이면 $a=c$, $b=d$ (2) $a=c$, $b=d$이면 $a+bi=c+di$
특히 $a+bi=0$이면 $a=0$, $b=0$이고 $a=0$, $b=0$이면 $a+bi=0$이다.

4 켤레복소수
복소수 $z=a+bi$ (a, b는 실수)에 대하여 $a-bi$를 z의 켤레복소수라 하고, $\bar{z}$로 나타낸다.
$$\overline{a+bi}=a-bi$$

04·2 복소수의 사칙연산

1 복소수의 사칙연산
a, b, c, d가 실수일 때
(1) 덧셈: $(a+bi)+(c+di)=(a+c)+(b+d)i$
(2) 뺄셈: $(a+bi)-(c+di)=(a-c)+(b-d)i$
(3) 곱셈: $(a+bi)(c+di)=(ac-bd)+(ad+bc)i$
(4) 나눗셈: $\dfrac{a+bi}{c+di}=\dfrac{ac+bd}{c^2+d^2}+\dfrac{bc-ad}{c^2+d^2}i$ (단, $c+di\neq0$)

2 복소수의 연산에 대한 성질
세 복소수 z_1, z_2, z_3에 대하여
(1) 교환법칙: $z_1+z_2=z_2+z_1$, $z_1z_2=z_2z_1$
(2) 결합법칙: $(z_1+z_2)+z_3=z_1+(z_2+z_3)$, $(z_1z_2)z_3=z_1(z_2z_3)$
(3) 분배법칙: $z_1(z_2+z_3)=z_1z_2+z_1z_3$, $(z_1+z_2)z_3=z_1z_3+z_2z_3$

3 i의 거듭제곱
n이 음이 아닌 정수일 때, $i^{4n+1}=i$, $i^{4n+2}=-1$, $i^{4n+3}=-i$, $i^{4n+4}=1$

04·3 음수의 제곱근

1 음수의 제곱근
$a>0$일 때
(1) $\sqrt{-a}=\sqrt{a}i$ (2) $-a$의 제곱근은 $\pm\sqrt{a}i$이다.

2 음수의 제곱근의 성질
(1) $a<0$, $b<0$이면 $\sqrt{a}\sqrt{b}=-\sqrt{ab}$ (2) $a>0$, $b<0$이면 $\dfrac{\sqrt{a}}{\sqrt{b}}=-\sqrt{\dfrac{a}{b}}$

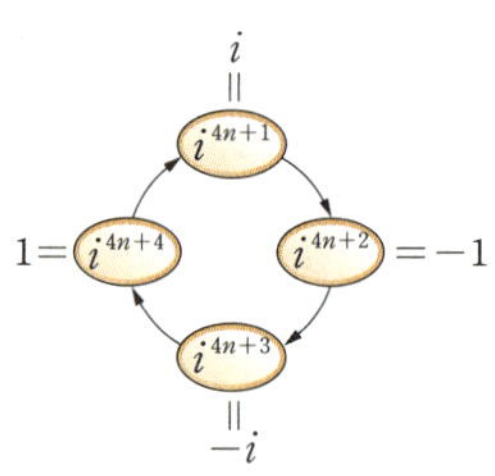

04·1 복소수와 켤레복소수

[0276 ~ 0279] 다음 복소수의 실수부분과 허수부분을 구하시오.

0276 $4i$

0277 $1+\sqrt{2}$

0278 $-5-\sqrt{3}i$

0279 $\dfrac{3-i}{2}$

0280 다음 **보기**에서 실수, 허수, 순허수를 찾으시오.

─● 보기 ●─

ㄱ. $-i$ ㄴ. $\sqrt{2}i$ ㄷ. $4i^2$

ㄹ. $6+2i$ ㅁ. 0 ㅂ. $3-\sqrt{3}$

[0281 ~ 0283] 다음 등식을 만족시키는 실수 x, y의 값을 구하시오.

0281 $3x+(y-1)i=6-i$

0282 $(x+1)+(y-1)i=2+4i$

0283 $(x-y)+(2x+3y)i=3+i$

[0284 ~ 0287] 다음 복소수의 켤레복소수를 구하시오.

0284 $-5+7i$

0285 $3i-1$

0286 i

0287 7

04·2 복소수의 사칙연산

[0288 ~ 0291] 다음을 계산하시오.

0288 $(5+i)+(-2+6i)$

0289 $(7+2i)-(4-3i)$

0290 $(3+4i)(1-2i)$

0291 $\dfrac{5-3i}{1+i}$

[0292 ~ 0293] $x=2+i$, $y=2-i$일 때, 다음 식의 값을 구하시오.

0292 x^2+xy+y^2

0293 $\dfrac{1}{x}+\dfrac{1}{y}$

[0294 ~ 0297] 다음을 계산하시오.

0294 i^{25}

0295 $(-i)^5$

0296 $-i^7$

0297 $i^{100}+i^{200}$

04·3 음수의 제곱근

[0298 ~ 0300] 다음 수를 허수단위 i를 사용하여 나타내시오.

0298 $\sqrt{-3}$

0299 $\sqrt{-25}$

0300 $-\sqrt{-32}$

[0301 ~ 0302] 다음 수의 제곱근을 구하시오.

0301 -1

0302 -8

[0303 ~ 0306] 다음을 계산하시오.

0303 $\sqrt{-2}\sqrt{-8}$

0304 $\dfrac{\sqrt{15}}{\sqrt{-3}}$

0305 $\dfrac{\sqrt{-12}}{\sqrt{-4}}$

0306 $\sqrt{-3}\sqrt{-6}-\dfrac{\sqrt{8}}{\sqrt{-16}}$

유형 익/히/기

유형 **01** 복소수의 뜻과 분류

$$복소수\ a+bi \begin{cases} 실수\ a\ (b=0) \\ 허수 \begin{cases} 순허수\ bi & (a=0,\ b\neq0) \\ 순허수가\ 아닌\ 허수\ a+bi & (a\neq0,\ b\neq0) \end{cases} \end{cases}$$
$(a,\ b는\ 실수)$

0307 대표문제

다음 중 복소수에 대한 설명으로 옳은 것을 모두 고르면?

(정답 2개)

① 0은 복소수가 아니다.
② $3-2i$의 실수부분은 3이고 허수부분은 -2이다.
③ $2-5i$는 순허수이다.
④ $\sqrt{3}i$의 실수부분은 0이고 허수부분은 $\sqrt{3}$이다.
⑤ -9의 제곱근은 ±3이다.

0308 중하

다음 **보기** 중 허수의 개수를 구하시오.

> ● 보기 ●
>
> $$3i,\quad 16,\quad 1+\sqrt{-4},\quad i^2+1,\quad 2-5i$$

유형 **02** 복소수의 사칙연산

(1) i를 문자처럼 생각하여 계산하고, $i^2=-1$, $i^4=1$로 고친다.
(2) 분모에 허수가 있는 경우에는 분모의 켤레복소수를 분모, 분자에 곱하여 분모를 실수로 만든다.

0309 대표문제

$(1+2i)(4-5i)+\dfrac{-1+3i}{1+i}$ 를 계산하여 $a+bi$의 꼴로 나타낼 때, $a+b$의 값을 구하시오. (단, $a,\ b$는 실수)

0310 중하

$3(1+4i)+(4-5i)-7(2-i)$의 값을 구하시오.

0311 중하

$(2+\sqrt{3}i)^2+(2-\sqrt{3}i)^2$의 값은?

① $\sqrt{3}$ ② 2 ③ $2\sqrt{3}$
④ 4 ⑤ $4\sqrt{3}$

0312 중

임의의 두 복소수 $x,\ y$에 대하여 연산 $*$을
$$x*y=2xy-x+y$$
라 할 때, $(3-i)*(2+5i)$의 실수부분을 구하시오.

유형 **03** 복소수가 주어질 때의 식의 값

$x=a+bi$ ($a,\ b$는 실수)에서 $x-a=bi$로 변형한 후 양변을 제곱하여 이차방정식을 만들고 이것을 주어진 식에 대입한다.

0313 대표문제

$x=\dfrac{1+\sqrt{2}i}{3}$일 때, $6x^2-4x+3$의 값은?

① -3 ② $-3+\sqrt{2}i$ ③ $1-\dfrac{\sqrt{2}}{3}i$
④ 1 ⑤ $5+2\sqrt{2}i$

0314 중

$z=\dfrac{3-i}{1-i}$일 때, z^3-4z^2+5z+3의 값은?

① -1 ② 1 ③ 3
④ $3+2i$ ⑤ $7-2i$

유형 **04** 복소수가 실수 또는 순허수가 되는 조건

복소수 $z=a+bi$ (a, b는 실수)에 대하여
(1) z가 실수 $\Rightarrow b=0$
(2) z가 순허수 $\Rightarrow a=0$, $b\neq0$
(3) z^2이 실수 $\Rightarrow z$는 실수 또는 순허수 $\Rightarrow a=0$ 또는 $b=0$
(4) z^2이 양의 실수 $\Rightarrow z$는 0이 아닌 실수 $\Rightarrow a\neq0$, $b=0$
(5) z^2이 음의 실수 $\Rightarrow z$는 순허수 $\Rightarrow a=0$, $b\neq0$

0315 대표문제

복소수 $x^2+(i-5)x-i+4$가 순허수가 되도록 하는 실수 x의 값을 구하시오.

0316 중

복소수 $z=i(x+i)^2$이 실수가 되도록 하는 음수 x의 값을 a, 그때의 z의 값을 b라 할 때, $a-b$의 값을 구하시오.

0317 중 서술형

복소수 $z=(a^2-3a+2)+(a^2+a-2)i$에 대하여 z^2이 실수가 되도록 하는 모든 실수 a의 값의 합을 구하시오.

0318 중

복소수 $z=(1+i)a^2+(2+i)a-(3+2i)$에 대하여 z^2이 양의 실수가 되도록 하는 실수 a의 값은?

① -3 ② -2 ③ -1
④ 1 ⑤ 2

유형 **05** 복소수가 서로 같을 조건

실수부분은 실수부분끼리, 허수부분은 허수부분끼리 정리한 후 복소수가 서로 같을 조건을 이용한다.
a, b, c, d가 실수일 때
(1) $a+bi=c+di \Rightarrow a=c$, $b=d$
(2) $a+bi=0 \Rightarrow a=0$, $b=0$

0319 대표문제

등식 $(3+2i)x+(2-3i)y=5-i$를 만족시키는 실수 x, y에 대하여 $x+y$의 값을 구하시오.

0320 중

등식 $\dfrac{x}{1-i}+\dfrac{y}{1+i}=10-7i$를 만족시키는 실수 x, y에 대하여 $2x-y$의 값을 구하시오.

0321 중

등식 $(1+2i)x+\dfrac{2-yi}{1-2i}=3-2i$를 만족시키는 실수 x, y에 대하여 $5x+y$의 값을 구하시오.

0322 중

등식 $x^2+y^2i+2x+2yi-3-8i=0$을 만족시키는 실수 x, y에 대하여 다음 중 $x+y$의 값이 될 수 <u>없는</u> 것은?

① -7 ② -5 ③ -3
④ -1 ⑤ 3

유형 익/히/기

유형 06 켤레복소수의 성질

복소수 z의 켤레복소수를 $\bar{z}$라 할 때
(1) $z+\bar{z}=$(실수) (2) $z\bar{z}=$(실수)
(3) $z=-\bar{z} \Rightarrow z$는 순허수 또는 0 (4) $z=\bar{z} \Rightarrow z$는 실수

0323 대표문제

복소수 z와 그 켤레복소수 $\bar{z}$에 대하여 다음 **보기**에서 옳은 것만을 있는 대로 고르시오.

• 보기 •
ㄱ. $z\bar{z}=0$이면 $z=0$이다.
ㄴ. $\bar{z}$가 순허수이면 z도 순허수이다.
ㄷ. $\dfrac{1}{z}+\dfrac{1}{\bar{z}}$은 허수이다. (단, $z\neq0$)

0324 중 하

다음 중 $\bar{z}=-z$를 만족시키는 복소수 z는?
(단, $\bar{z}$는 z의 켤레복소수이다.)

① $z=-\sqrt{3}i+1$ ② $z=(1-\sqrt{2})i$
③ $z=\dfrac{\sqrt{3}-1}{2}$ ④ $z=i(1-i)$
⑤ $z=(\sqrt{5}i-1)i^2$

0325 중

0이 아닌 복소수 $z=(x^2-4)+(x^2-x-2)i$에 대하여 $z=\bar{z}$가 성립할 때, 실수 x의 값을 구하시오.
(단, $\bar{z}$는 z의 켤레복소수이다.)

유형 07 등식을 만족시키는 복소수 구하기

복소수 z에 대한 등식이 주어지면
(ⅰ) $z=a+bi$ (a, b는 실수)로 놓고 주어진 등식에 대입한다.
(ⅱ) 복소수가 서로 같을 조건을 이용하여 a, b의 값을 구한다.

0326 대표문제

등식 $(1+i)z+3\bar{z}=10-i$를 만족시키는 복소수 z는?
(단, $\bar{z}$는 z의 켤레복소수이다.)

① $1+2i$ ② $2+2i$ ③ $2+3i$
④ $3+2i$ ⑤ $3+3i$

0327 중

다음 **보기**에서 등식 $(1+i)\bar{z}+(1-i)z=4$를 만족시키는 복소수 z만을 있는 대로 고른 것은?
(단, $\bar{z}$는 z의 켤레복소수이다.)

• 보기 •
ㄱ. $3-i$ ㄴ. $-2+4i$ ㄷ. $2-i$

① ㄱ ② ㄴ ③ ㄷ
④ ㄱ, ㄴ ⑤ ㄱ, ㄴ, ㄷ

0328 중 서술형

복소수 z와 그 켤레복소수 $\bar{z}$에 대하여 $z\bar{z}=7$, $z+\dfrac{7}{z}=4$가 성립할 때, 복소수 z를 모두 구하시오.

0329 중

복소수 z에 대하여 $\overline{z-zi}=2+i$일 때, $2z-i$의 값을 구하시오.

| 개념원리 수학(상) 93쪽 |

유형 **08**　i의 거듭제곱

(1) n이 음이 아닌 정수일 때
$$i^{4n+1}=i,\ i^{4n+2}=-1,\ i^{4n+3}=-i,\ i^{4n+4}=1$$

(2) $i+i^2+i^3+i^4=0,\ \dfrac{1}{i}+\dfrac{1}{i^2}+\dfrac{1}{i^3}+\dfrac{1}{i^4}=0$

0330 　대표문제

$i+i^2+i^3+i^4+\cdots+i^{3002}$을 간단히 하면?

① $-i$　　　　② $-i+1$　　　　③ i

④ $i-1$　　　　⑤ $i+1$

0331 　중

두 실수 x, y에 대하여
$$i+2i^2+3i^3+\cdots+49i^{49}+50i^{50}=x+yi$$
일 때, $x+y$의 값을 구하시오.

0332 　중

$x=1+\dfrac{1}{i}+\dfrac{1}{i^2}+\dfrac{1}{i^3}+\cdots+\dfrac{1}{i^{10}}$일 때, $x+\dfrac{2}{x}$의 값은?

① 0　　　　② $1-i$　　　　③ 1

④ $1+i$　　　　⑤ i

| 개념원리 수학(상) 94쪽 |

유형 **09**　복소수의 거듭제곱

(1) $(1+i)^n$, $(1-i)^n$의 꼴

　⇨ $(1+i)^2=2i$, $(1-i)^2=-2i$임을 이용한다.

(2) $\left(\dfrac{1+i}{1-i}\right)^n$, $\left(\dfrac{1-i}{1+i}\right)^n$의 꼴

　⇨ $\dfrac{1+i}{1-i}=i$, $\dfrac{1-i}{1+i}=-i$임을 이용한다.

0333 　대표문제

$\left(\dfrac{1+i}{1-i}\right)^{2051}-\left(\dfrac{1-i}{1+i}\right)^{2051}$을 간단히 하면?

① $-2i$　　　　② $-i$　　　　③ 0

④ i　　　　⑤ $2i$

0334 　중하

$(1-i)^{30}+(1+i)^{30}$을 간단히 하시오.

0335 　중

$z=\dfrac{1-i}{\sqrt{2}}$일 때, $1+z^2+z^4+z^6+z^8$을 간단히 하시오.

0336 　상중

$f(x)=\left(\dfrac{1+x}{1-x}\right)^{1002}$일 때, $f\left(\dfrac{1-i}{1+i}\right)+f\left(\dfrac{1+i}{1-i}\right)$의 값은?

① i　　　　② 0　　　　③ $-2i$

④ -1　　　　⑤ -2

유형 익/히/기

| 개념원리 수학(상) 95쪽 |

| 유형 **10** | 음수의 제곱근의 계산 |

(1) $a>0$일 때, $\sqrt{-a}=\sqrt{a}\,i$

(2) $a<0$, $b<0$일 때, $\sqrt{a}\sqrt{b}=-\sqrt{ab}$

(3) $a>0$, $b<0$일 때, $\dfrac{\sqrt{a}}{\sqrt{b}}=-\sqrt{\dfrac{a}{b}}$

0337 ◆대표문제

다음 중 옳지 <u>않은</u> 것은?

① $\sqrt{-2}\sqrt{3}=\sqrt{-6}$ ② $\sqrt{-2}\sqrt{-3}=-\sqrt{6}$

③ $\dfrac{\sqrt{-2}}{\sqrt{3}}=\sqrt{-\dfrac{2}{3}}$ ④ $\dfrac{\sqrt{-2}}{\sqrt{-3}}=\sqrt{\dfrac{2}{3}}$

⑤ $\dfrac{\sqrt{2}}{\sqrt{-3}}=\sqrt{-\dfrac{2}{3}}$

0338 중 서술형

$\dfrac{\sqrt{32}}{\sqrt{-2}}+\dfrac{\sqrt{-48}}{\sqrt{-4}}+\sqrt{-2}\sqrt{-6}=a+bi$일 때, 실수 a, b에 대하여 $a-b$의 값을 구하시오.

0339 중

$(\sqrt{3}+\sqrt{-3})(2\sqrt{3}-\sqrt{-3})+\sqrt{-3}\sqrt{-27}+\dfrac{\sqrt{27}}{\sqrt{-3}}$ 을 간단히 하시오.

0340 상중

$-1<x<1$일 때, 다음을 간단히 하시오.

$$\sqrt{x+1}\times\sqrt{x-1}\times\sqrt{1-x}\times\sqrt{-x-1}$$

| 개념원리 수학(상) 95쪽 |

중요

| 유형 **11** | 음수의 제곱근의 성질 |

0이 아닌 두 실수 a, b에 대하여

(1) $\sqrt{a}\sqrt{b}=-\sqrt{ab} \Rightarrow a<0$, $b<0$

(2) $\dfrac{\sqrt{a}}{\sqrt{b}}=-\sqrt{\dfrac{a}{b}} \Rightarrow a>0$, $b<0$

0341 ◆대표문제

0이 아닌 두 실수 a, b에 대하여 $\dfrac{\sqrt{a}}{\sqrt{b}}=-\sqrt{\dfrac{a}{b}}$일 때, $\sqrt{(a-b)^2}-2|a|+\sqrt{b^2}$을 간단히 하시오.

0342 중

실수 a에 대하여 $\dfrac{\sqrt{4-a}}{\sqrt{1-a}}=-\sqrt{\dfrac{4-a}{1-a}}$일 때, $\sqrt{(a-1)^2}+|a-4|$를 간단히 하시오. (단, $a\neq1$, $a\neq4$)

0343 중

0이 아닌 두 실수 a, b에 대하여 $\sqrt{a}\sqrt{b}=-\sqrt{ab}$일 때, 다음 **보기**에서 옳은 것만을 있는 대로 고른 것은?

┌─ 보기 ─

ㄱ. $\sqrt{ab^2}=-b\sqrt{a}$ ㄴ. $\dfrac{\sqrt{b}}{\sqrt{a}}=-\sqrt{\dfrac{b}{a}}$

ㄷ. $\sqrt{a^2}\sqrt{b^2}=-ab$ ㄹ. $|a+b|=|a|+|b|$

① ㄱ ② ㄴ ③ ㄷ

④ ㄱ, ㄹ ⑤ ㄷ, ㄹ

| 개념원리 수학(상) 87쪽 |

유형 **12** 켤레복소수의 성질의 활용

두 복소수 z_1, z_2의 켤레복소수를 각각 $\overline{z_1}$, $\overline{z_2}$라 할 때,
(1) $\overline{(\overline{z_1})}=z_1$
(2) $\overline{z_1+z_2}=\overline{z_1}+\overline{z_2}$, $\overline{z_1-z_2}=\overline{z_1}-\overline{z_2}$
(3) $\overline{z_1z_2}=\overline{z_1}\times\overline{z_2}$, $\overline{\left(\dfrac{z_1}{z_2}\right)}=\dfrac{\overline{z_1}}{\overline{z_2}}$ (단, $z_2\neq0$)

0344 대표문제

두 복소수 α, β에 대하여 다음 **보기**에서 옳은 것만을 있는 대로 고르시오. (단, $\overline{\alpha}$, $\overline{\beta}$는 각각 α, β의 켤레복소수이다.)

---● 보기 ●---
ㄱ. $\alpha=\overline{\alpha}$이면 α는 실수이다.
ㄴ. $\alpha^2+\beta^2=0$이면 $\alpha=\beta=0$이다.
ㄷ. $\overline{(\alpha-i)(\beta+i)}=\overline{\alpha}\,\overline{\beta}-(\overline{\alpha}-\overline{\beta})i-1$

0345 상중

실수가 아닌 두 복소수 z, ω에 대하여 $z+\omega$, $z\omega$가 모두 실수일 때, 다음 **보기**에서 옳은 것만을 있는 대로 고른 것은? (단, $\overline{z}$, $\overline{\omega}$는 각각 z, ω의 켤레복소수이다.)

---● 보기 ●---
ㄱ. $\overline{z-\omega}=z+\omega$
ㄴ. $\overline{z-\omega}=z-\overline{\omega}$
ㄷ. $\overline{z\omega}=z\omega$

① ㄱ   ② ㄷ   ③ ㄱ, ㄴ
④ ㄴ, ㄷ   ⑤ ㄱ, ㄴ, ㄷ

0346 상중

허수 z에 대하여 복소수 $\dfrac{1}{z^2-1}$이 실수일 때, 다음 중 옳은 것은? (단, $\overline{z}$는 z의 켤레복소수이다.)

① $z\overline{z}=-1$ ② $z\overline{z}=1$
③ $z+\overline{z}=-1$ ④ $z+\overline{z}=0$
⑤ $z+\overline{z}=1$

유형 **13** 켤레복소수의 성질을 이용한 식의 계산

복소수가 주어지고 켤레복소수를 포함한 식의 값을 구할 때에는 켤레복소수의 성질을 이용하여 식을 간단히 한 후 복소수를 대입한다.

0347 대표문제

$\alpha=5-3i$, $\beta=3-2i$일 때, $\alpha\overline{\alpha}-\overline{\alpha}\beta-\alpha\overline{\beta}+\beta\overline{\beta}$의 값을 구하시오. (단, $\overline{\alpha}$, $\overline{\beta}$는 각각 α, β의 켤레복소수이다.)

0348 중

두 복소수 z_1, z_2에 대하여 $\overline{z_1}+2\overline{z_2}=2+5i$, $\overline{z_1}\times\overline{z_2}=3-4i$일 때, $(z_1-1)(2z_2-1)$의 값을 구하시오. (단, $\overline{z_1}$, $\overline{z_2}$는 각각 z_1, z_2의 켤레복소수이다.)

0349 상중

두 복소수 α, β에 대하여 $\overline{\alpha}+\beta=i$, $\overline{\alpha}\beta=-1$일 때, $\dfrac{1}{\alpha}+\dfrac{1}{\beta}$의 값은? (단, $\overline{\alpha}$, $\overline{\beta}$는 각각 α, β의 켤레복소수이다.)

① -1 ② 0 ③ $-i$
④ i ⑤ $2i$

0350 상중

두 복소수 z, ω에 대하여 $z\overline{z}=2$, $\omega\overline{\omega}=2$, $z+\omega=2i$가 성립할 때, $\dfrac{1}{z}+\dfrac{1}{\omega}$의 값을 구하시오. (단, $\overline{z}$, $\overline{\omega}$는 각각 z, ω의 켤레복소수이다.)

0351

다음 중 옳은 것은?

① $(2-3i)+(5+4i)=7+7i$

② $-3i-(-2+5i)=2-2i$

③ $(1+i^2)(1-i^2)=1$

④ $(5-i)^2=26-10i$

⑤ $\dfrac{i}{2-i}=-\dfrac{1}{5}+\dfrac{2}{5}i$

0352

0이 아닌 두 실수 a, b에 대하여 $f(a, b)=\dfrac{a-bi}{a+bi}$라 할 때, $f(1, 4)+f(2, 8)+f(3, 12)+\cdots+f(17, 68)$의 값을 구하시오.

0353

$x=\dfrac{1+\sqrt{3}i}{2}$, $y=\dfrac{1-\sqrt{3}i}{2}$일 때, $x^3-2x^2y-2xy^2+y^3$의 값을 구하시오.

0354

복소수 $z=(1+i)a^2-(5+4i)a+6+3i$에 대하여 z^2이 음의 실수가 되도록 하는 실수 a의 값을 구하시오.

0355

등식 $(4+i)x+\dfrac{10y}{1-2i}=8+9i$를 만족시키는 실수 x, y에 대하여 x^2+y^2의 값은?

① 1 　　　② 2 　　　③ 3

④ 4 　　　⑤ 5

0356

복소수 $z=\dfrac{3+i}{1+i}+\dfrac{a-i}{1-i}$에 대하여 $z=\bar{z}$가 성립할 때, 실수 a의 값은? (단, $\bar{z}$는 z의 켤레복소수이다.)

① 1 　　　② 2 　　　③ 3

④ 4 　　　⑤ 5

0357 중요

복소수 z와 그 켤레복소수 $\bar{z}$에 대하여 $(1+i)z+2i\bar{z}=-1+3i$가 성립할 때, $z\bar{z}$의 값을 구하시오.

0358

자연수 n에 대하여 $f(n)=\left(\dfrac{4-3i}{3+4i}\right)^n$이라 할 때, $f(1)+2f(2)+3f(3)+4f(4)+\cdots+100f(100)=a+bi$이다. 이때 $a-b$의 값은? (단, a, b는 실수)

① 0 　　　② 25 　　　③ 50

④ 75 　　　⑤ 100

0359

$b<a<0$인 두 실수 a, b에 대하여

$$\frac{\sqrt{a-b}}{\sqrt{b-a}}+\frac{\sqrt{a}}{\sqrt{-a}}+\frac{\sqrt{-b}}{\sqrt{b}}$$를 간단히 하면?

① $3i$　　　　② i　　　　③ 0

④ $-i$　　　　⑤ $-3i$

0360

두 복소수 z, ω에 대하여 다음 **보기**에서 옳은 것만을 있는 대로 고른 것은? (단, $\bar{z}$, $\bar{\omega}$는 각각 z, ω의 켤레복소수이다.)

- 보기 -
ㄱ. $\overline{z-\omega}=\bar{z}-\bar{\omega}$
ㄴ. z^2이 실수이면 $(z-1)^2$도 실수이다.
ㄷ. $z=\bar{\omega}$이면 $z+\omega$, $z\omega$는 모두 실수이다.

① ㄱ　　　　② ㄴ　　　　③ ㄱ, ㄷ

④ ㄴ, ㄷ　　　　⑤ ㄱ, ㄴ, ㄷ

0361

$\alpha=1+i$, $\beta=-2+3i$일 때, $\alpha\bar{\alpha}+\bar{\alpha}\beta+\alpha\bar{\beta}+\beta\bar{\beta}$의 값은?

(단, $\bar{\alpha}$, $\bar{\beta}$는 각각 α, β의 켤레복소수이다.)

① 8　　　　② 10　　　　③ 15

④ 17　　　　⑤ 20

0362

복소수 $z=(1+i)x+(1-i)y-2+6i$에 대하여 $z\bar{z}=0$이 성립할 때, 두 실수 x, y에 대하여 x^2+y^2의 값을 구하시오.

(단, $\bar{z}$는 z의 켤레복소수이다.)

0363

0이 아닌 네 실수 a, b, c, d에 대하여

$$\sqrt{a}\sqrt{b}=-\sqrt{ab}, \quad \frac{\sqrt{d}}{\sqrt{c}}=-\sqrt{\frac{d}{c}}$$

일 때, $\sqrt{a^2}-|b|-\sqrt{c^2}+\sqrt{(b+c)^2}-|a-d|$를 간단히 하시오.

0364 교육청 기출

그림과 같이 6개의 면에 각각 0, 2, 3, 5, $2i$, $1+i$가 적힌 정육면체 모양의 주사위가 있다. 이 주사위를 n번 던져서 나온 수들을 모두 곱하였더니 -32가 되었다. 가능한 모든 n의 값의 합을 구하시오.

(단, $i=\sqrt{-1}$)

0365 창의·융합

복소수 $z_1=1+2i$에 대하여

$$z_2=\bar{z_1}+(1+i), \quad z_3=\bar{z_2}+(1+i), \quad z_4=\bar{z_3}+(1+i)$$

라 하자. 같은 방법으로 z_5, z_6, $\cdots$을 차례로 정할 때, z_{100}을 구하시오. (단, $\bar{z}$는 z의 켤레복소수이다.)

05 이차방정식

05·1 이차방정식의 풀이

1 이차방정식의 실근과 허근
계수가 실수인 이차방정식은 복소수의 범위에서 항상 근을 갖는다.
이때 실수인 근을 실근, 허수인 근을 허근이라 한다.

2 이차방정식의 풀이
(1) 인수분해를 이용한 풀이
x에 대한 이차방정식 $(ax-b)(cx-d)=0$의 근은 $x=\dfrac{b}{a}$ 또는 $x=\dfrac{d}{c}$
(2) 근의 공식을 이용한 풀이
계수가 실수인 이차방정식 $ax^2+bx+c=0$의 근은 $x=\dfrac{-b\pm\sqrt{b^2-4ac}}{2a}$

> **+ 개념 플러스**
> x의 계수가 짝수인 이차방정식 $ax^2+2b'x+c=0$의 근은 $x=\dfrac{-b'\pm\sqrt{b'^2-ac}}{a}$

05·2 이차방정식의 근의 판별

계수가 실수인 이차방정식 $ax^2+bx+c=0$의 판별식을 $D=b^2-4ac$라 할 때
(1) $D>0$이면 서로 다른 두 실근을 갖는다.
(2) $D=0$이면 중근 (서로 같은 두 실근)을 갖는다.
$D\geq0$이면 실근을 갖는다.
(3) $D<0$이면 서로 다른 두 허근을 갖는다.

참고 거꾸로 이차방정식이 서로 다른 두 실근, 중근, 서로 다른 두 허근을 가지면 각각 $D>0$, $D=0$, $D<0$ 이다.

> x의 계수가 짝수인 이차방정식 $ax^2+2b'x+c=0$에서는 판별식 D 대신 판별식 $\dfrac{D}{4}=b'^2-ac$를 이용하여 근을 판별할 수 있다.

05·3 이차방정식의 근과 계수의 관계

1 이차방정식의 근과 계수의 관계
이차방정식 $ax^2+bx+c=0$의 두 근을 α, β라 하면
$$\alpha+\beta=-\frac{b}{a},\ \alpha\beta=\frac{c}{a}$$

2 두 수를 근으로 하는 이차방정식
두 수 α, β를 근으로 하고 x^2의 계수가 1인 이차방정식은
$$x^2-(\alpha+\beta)x+\alpha\beta=0 \quad\longrightarrow\ (x-\alpha)(x-\beta)=0$$
두 근의 합 　 두 근의 곱

3 이차식의 인수분해
이차방정식 $ax^2+bx+c=0$의 두 근을 α, β라 하면
$$ax^2+bx+c=a(x-\alpha)(x-\beta)$$

> 두 수 α, β를 근으로 하고 x^2의 계수가 a인 이차방정식은 $a\{x^2-(\alpha+\beta)x+\alpha\beta\}=0$

05·4 이차방정식의 켤레근

이차방정식 $ax^2+bx+c=0$에서
(1) a, b, c가 유리수일 때, $p+q\sqrt{m}$이 근이면 $p-q\sqrt{m}$도 근이다.
(단, p, q는 유리수, $q\neq0$, $\sqrt{m}$은 무리수)
(2) a, b, c가 실수일 때, $p+qi$가 근이면 $p-qi$도 근이다. (단, p, q는 실수, $q\neq0$, $i=\sqrt{-1}$)
참고 $p+q\sqrt{m}$과 $p-q\sqrt{m}$, $p+qi$와 $p-qi$를 각각 켤레근이라 한다.

> 계수가 모두 유리수라는 조건이 없으면 $p+q\sqrt{m}$이 이차방정식의 한 근일 때, 다른 한 근이 반드시 $p-q\sqrt{m}$이 되는 것은 아님에 주의한다.

05 · 1 이차방정식의 풀이

[0366 ~ 0367] 인수분해를 이용하여 다음 이차방정식을 푸시오.

0366 $x^2-5x+4=0$

0367 $10x^2-x-3=0$

[0368 ~ 0369] 근의 공식을 이용하여 다음 이차방정식을 푸시오.

0368 $x^2+3x+1=0$

0369 $x^2-8x+28=0$

[0370 ~ 0372] 다음 이차방정식을 풀고, 그 근이 실근인지 허근인지 말하시오.

0370 $2x^2-7x-4=0$

0371 $4x^2-12x+9=0$

0372 $x^2+2x+3=0$

05 · 2 이차방정식의 근의 판별

0373 다음 조건을 만족시키는 이차방정식인 것만을 **보기**에서 있는 대로 고르시오.

● 보기 ●

ㄱ. $x^2-5x+2=0$ 　　ㄴ. $x^2-3x+5=0$

ㄷ. $4x^2-8x+4=0$ 　　ㄹ. $x^2-6x+9=0$

ㅁ. $2x^2-3x+2=0$ 　　ㅂ. $x^2+6x+4=0$

---

(1) 서로 다른 두 실근을 갖는다.
(2) 중근(서로 같은 두 실근)을 갖는다.
(3) 서로 다른 두 허근을 갖는다.

0374 이차방정식 $x^2-3x+k=0$에 대하여 다음을 구하시오.

(1) 서로 다른 두 실근을 갖도록 하는 실수 k의 값의 범위
(2) 중근을 갖도록 하는 실수 k의 값
(3) 서로 다른 두 허근을 갖도록 하는 실수 k의 값의 범위

05 · 3 이차방정식의 근과 계수의 관계

0375 이차방정식 $x^2+2x-2=0$의 두 근을 α, β라 할 때, 다음 식의 값을 구하시오.

(1) $\alpha+\beta$ 　　　　　　(2) $\alpha\beta$

(3) $\alpha^2\beta+\alpha\beta^2$ 　　　(4) $\dfrac{\alpha}{\beta}+\dfrac{\beta}{\alpha}$

[0376 ~ 0378] 다음 두 수를 근으로 하고 x^2의 계수가 1인 이차방정식을 구하시오.

0376 $-1, 2$

0377 $3+2\sqrt{2}, 3-2\sqrt{2}$

0378 $2+i, 2-i$

[0379 ~ 0381] 다음 이차식을 복소수의 범위에서 인수분해하시오.

0379 x^2+2x-4

0380 x^2+25

0381 $2x^2-3x+2$

05 · 4 이차방정식의 켤레근

0382 이차방정식 $x^2+ax+b=0$의 한 근이 $2+\sqrt{3}$일 때, 유리수 a, b의 값을 구하시오.

0383 이차방정식 $x^2+ax+b=0$의 한 근이 $3+2i$일 때, 실수 a, b의 값을 구하시오.

유형 익/히/기

| 개념원리 수학(상) 103쪽 |

유형 **01** 이차방정식의 풀이

이차방정식을 (x에 대한 이차식)$=0$의 꼴로 정리한 후 인수분해 또는 근의 공식을 이용하여 해를 구한다.

0384 대표문제

이차방정식 $(x-5)(x+3)=-x(x+1)$의 해는?

① $x=-3$ 또는 $x=\dfrac{5}{2}$ ② $x=-\dfrac{5}{2}$ 또는 $x=3$

③ $x=2$ 또는 $x=\dfrac{7}{2}$ ④ $x=3$ 또는 $x=5$

⑤ $x=5$ 또는 $x=7$

0385 중하

이차방정식 $3x^2-7x+5=0$의 해가 $x=\dfrac{a\pm\sqrt{b}i}{6}$일 때, 유리수 a, b에 대하여 $a+b$의 값을 구하시오.

0386 중

두 실수 a, b에 대하여 $a \odot b = ab-a-b$라 할 때, $(x \odot x)-(x \odot 1)=4$를 만족시키는 모든 실수 x의 값의 합은?

① -1 ② 0 ③ 1

④ 2 ⑤ 3

0387 상중

이차방정식 $(\sqrt{2}-1)x^2-(3-\sqrt{2})x+\sqrt{2}=0$의 두 근을 α, β라 할 때, $\alpha-\beta$의 값을 구하시오. (단, $\alpha>\beta$)

유형 **02** 한 근이 주어진 이차방정식

| 개념원리 수학(상) 104쪽 |

이차방정식의 한 근이 주어진 경우
⇨ 주어진 근을 방정식에 대입하면 등식이 성립함을 이용한다.

0388 대표문제

이차방정식 $x^2-ax+2\sqrt{3}=0$의 한 근이 $1+\sqrt{3}$일 때, 실수 a의 값은?

① -4 ② -2 ③ 2

④ 4 ⑤ 6

0389 중 서술형

이차방정식 $x^2+(k+2)x-2k=0$의 두 근이 1, α일 때, 실수 k, α에 대하여 $k+\alpha$의 값을 구하시오.

0390 중

이차방정식 $kx^2+ax+(k+1)b=0$이 실수 k의 값에 관계없이 $x=1$을 근으로 가질 때, 실수 a, b에 대하여 $a-b$의 값을 구하시오.

0391 상중

이차방정식 $x^2-2x-1=0$의 한 근을 α라 할 때, $\alpha^3-\dfrac{1}{\alpha^3}$의 값을 구하시오.

유형 03 절댓값 기호를 포함한 이차방정식

$|x| = \begin{cases} x & (x \geq 0) \\ -x & (x < 0) \end{cases}$ 임을 이용하여 절댓값 기호 안의 식이 0이

되는 x의 값을 기준으로 x의 값의 범위를 나누어서 방정식을 푼다. 이때 범위를 만족시키는 것만을 근으로 함에 유의한다.

0392 대표문제

방정식 $x^2 - |x-2| - 4 = 0$의 모든 근의 합을 구하시오.

0393 중

방정식 $x^2 - 2|x| - 2 = 0$의 해를 구하시오.

0394 중

두 실수 a, b에 대하여 $a \circledcirc b = ab + a + b$라 할 때, $|2 \circledcirc x| = x^2 - 2$를 만족시키는 모든 실수 x의 값의 곱은?

① -12 ② -7 ③ 0
④ 7 ⑤ 12

0395 상 중

방정식 $x^2 - |x| - 2 = \sqrt{(x-1)^2}$의 모든 근의 합을 구하시오.

유형 04 이차방정식의 활용

(i) 구하는 값을 미지수 x로 놓는다.

(ii) 주어진 조건을 이용하여 x에 대한 방정식을 세운다.

(iii) 방정식을 풀고 구한 해가 문제의 조건에 맞는지 확인한다.

0396 대표문제

오른쪽 그림과 같이 가로, 세로의 길이가 각각 16 m, 12 m인 직사각형 모양의 땅에 폭이 x m로 일정하도록 ㄷ 모양으로 잔디를 깔려고 한다. 잔디가 깔리지 않는 땅의 넓이가 78 m²일 때, x의 값을 구하시오.

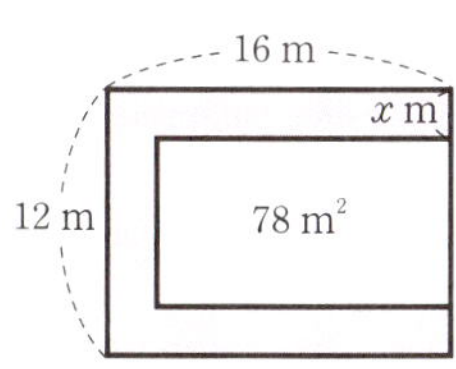

0397 중

오른쪽 그림과 같이 가로의 길이가 세로의 길이의 2배인 직사각형 모양의 두꺼운 종이가 있다. 이 종이의 네 모퉁이에서 한 변의 길이가 2 cm인 정사각형을 잘라내고, 나머지로 직육면체 모양의 뚜껑이 없는 상자를 만들었더니 부피가 192 cm³가 되었다. 처음 종이의 가로와 세로의 길이를 구하시오. (단, 종이의 두께는 생각하지 않는다.)

0398 상 중

어떤 물건의 가격을 x % 인상한 후, 다시 x % 인하하였더니 처음 가격보다 9 % 낮아졌다. 이때 x의 값은?

① 25 ② 27 ③ 30
④ 33 ⑤ 35

05 이차방정식

| 개념원리 수학(상) 111쪽, 112쪽 |

유형 05 이차방정식의 근의 판별

계수가 실수인 이차방정식 $ax^2+bx+c=0$의 판별식을
$D=b^2-4ac$라 할 때

(1) $D>0$이면 서로 다른 두 실근을 갖는다.
(2) $D=0$이면 중근(서로 같은 두 실근)을 갖는다. ⎤ $D\geq0$이면 실근
(3) $D<0$이면 서로 다른 두 허근을 갖는다.

0399 ◀ 대표문제

이차방정식 $x^2-5x+k+2=0$이 서로 다른 두 실근을 갖도록 하는 가장 큰 정수 k의 값은?

① 2   ② 4   ③ 6
④ 8   ⑤ 10

0400 중

x에 대한 이차방정식 $(m^2+4)x^2+2(m+2)x+2=0$이 실근을 갖도록 하는 실수 m의 값은?

① -2 ② -1 ③ 0
④ 1   ⑤ 2

0401 중

이차방정식 $(x-1)^2-k(2x-1)+12=0$이 중근을 갖도록 하는 모든 실수 k의 값의 합을 구하시오.

0402 상중

x에 대한 이차방정식 $x^2-2(k-a)x+(k^2-6k+b)=0$이 실수 k의 값에 관계없이 중근을 가질 때, 실수 a, b에 대하여 $a+b$의 값을 구하시오.

유형 06 계수가 문자인 이차방정식의 근의 판별

계수가 실수인 이차방정식 $ax^2+bx+c=0$의 근의 판별
⇨ b^2-4ac의 부호를 조사한다.

0403 ◀ 대표문제

이차방정식 $x^2+ax+3-a=0$이 중근을 가질 때, 이차방정식 $2x^2-ax+a+1=0$의 근을 판별하면? (단, a는 양의 실수)

① 실근을 갖는다.
② 중근을 갖는다.
③ 서로 다른 두 허근을 갖는다.
④ 서로 다른 두 실근을 갖는다.
⑤ 판별할 수 없다.

0404 중 서술형

이차방정식 $x^2+6x-a=0$이 허근을 가질 때, 이차방정식 $x^2+3x-(a+1)=0$의 근을 판별하시오. (단, a는 실수)

0405 중

0이 아닌 두 실수 a, b에 대하여 $\sqrt{a}\sqrt{b}=-\sqrt{ab}$가 성립할 때, 이차방정식 $x^2+ax+b=0$의 근을 판별하시오.

| 개념원리 수학(상) 112쪽 |

유형 **07**   이차식이 완전제곱식이 될 조건

이차식 ax^2+bx+c가 완전제곱식이다.

⇨ 이차방정식 $ax^2+bx+c=0$이 중근을 갖는다.

⇨ 판별식 $D=0$이다.

0406 대표문제

x에 대한 이차식 $(k+1)x^2+(2k+3)x+k+3$이 완전제곱식이 되도록 하는 실수 k의 값은?

① $-\dfrac{3}{4}$ ② $-\dfrac{1}{2}$ ③ 1

④ $\dfrac{6}{5}$ ⑤ $\dfrac{11}{4}$

0407 중

x에 대한 이차식 $ax^2+2(k-1)x+k^2+a-bk$가 실수 k의 값에 관계없이 항상 완전제곱식이 될 때, 실수 a, b에 대하여 $a+b$의 값을 구하시오.

0408 중

x에 대한 이차식 $x^2-mx+2m+5$가 $(x-n)^2$으로 인수분해될 때, 실수 m, n에 대하여 $m+n$의 값을 구하시오.

(단, $m>0$)

0409 중

x에 대한 이차식 $(a-c)x^2+2bx+a+c$가 완전제곱식일 때, a, b, c를 세 변의 길이로 하는 삼각형 ABC는 어떤 삼각형인지 말하시오.

| 개념원리 수학(상) 118쪽 |

유형 **08**   근과 계수의 관계를 이용하여 식의 값 구하기 (1)

이차방정식 $ax^2+bx+c=0$의 두 근을 α, β라 하면

⇨ $\alpha+\beta=-\dfrac{b}{a}$, $\alpha\beta=\dfrac{c}{a}$

0410 대표문제

이차방정식 $x^2-3x+1=0$의 두 근을 α, β라 할 때, $\dfrac{\beta^2}{\alpha}+\dfrac{\alpha^2}{\beta}$의 값을 구하시오.

0411 중

이차방정식 $4x^2-8x+1=0$의 두 근을 α, β라 할 때, 다음 중 옳지 <u>않은</u> 것은?

① $\alpha+\beta=2$ ② $\alpha\beta=\dfrac{1}{4}$

③ $|\alpha-\beta|=\sqrt{3}$ ④ $\alpha^2+\beta^2=\dfrac{7}{2}$

⑤ $\dfrac{1}{1+\alpha}+\dfrac{1}{1+\beta}=\dfrac{2}{13}$

0412 중

이차방정식 $x^2-4x+1=0$의 두 근을 α, β라 할 때, $\sqrt{\alpha}+\sqrt{\beta}$의 값을 구하시오.

0413 중

이차방정식 $2x^2+4x+3=0$의 두 근을 α, β라 할 때, $\dfrac{\alpha^2+\beta^2}{(\alpha-\beta)^2}$의 값을 구하시오.

05 이차방정식

유형 **09** 근과 계수의 관계를 이용하여 식의 값 구하기 (2)

이차방정식 $ax^2+bx+c=0$의 두 근을 α, β라 할 때

(1) $a\alpha^2+b\alpha+c=0$, $a\beta^2+b\beta+c=0$

(2) $\alpha+\beta=-\dfrac{b}{a}$, $\alpha\beta=\dfrac{c}{a}$

임을 이용하여 식의 값을 구한다.

0414 [대표문제]

이차방정식 $x^2-2x-4=0$의 두 근을 α, β라 할 때, $(\alpha^2-3\alpha+1)(\beta^2-3\beta+1)$의 값은?

① 7   ② 9   ③ 11

④ 13   ⑤ 15

0415 [중]

이차방정식 $x^2-7x+5=0$의 두 근을 α, β라 할 때, $\alpha^2+7\beta$의 값을 구하시오.

0416 [중] [서술형]

이차방정식 $x^2-5x+2=0$의 두 근을 α, β라 할 때, $\dfrac{\beta}{\alpha^2-4\alpha+2}+\dfrac{\alpha}{\beta^2-4\beta+2}$의 값을 구하시오.

유형 **10** 근과 계수의 관계를 이용하여 미정계수 구하기

이차방정식의 두 근 α, β에 대한 식의 값이 주어진 경우

(ⅰ) 주어진 식을 $\alpha+\beta$, $\alpha\beta$에 대한 식으로 변형한다.

(ⅱ) 근과 계수의 관계를 이용하여 미정계수를 구한다.

0417 [대표문제]

이차방정식 $x^2-(k+1)x+k-1=0$의 두 근을 α, β라 할 때, $(\alpha-\beta)^2=5$를 만족시키는 양수 k의 값을 구하시오.

0418 [중]

이차방정식 $x^2-(2k-1)x+k=0$의 두 근을 α, β라 할 때, $\alpha^2\beta+\alpha+\alpha\beta^2+\beta=9$를 만족시키는 정수 k의 값은?

① 1   ② 2   ③ 3

④ 4   ⑤ 5

0419 [상 중]

이차방정식 $x^2+3x+k=0$의 두 실근 α, β가 $|\alpha|+|\beta|=7$을 만족시킬 때, 실수 k의 값을 구하시오.

유형 **11** 두 근 사이의 관계가 주어진 이차방정식

이차방정식의 두 근에 대한 조건이 주어진 경우 두 근을 다음과
같이 놓고 근과 계수의 관계를 이용한다.

(1) 두 근의 차가 k ➭ α, $\alpha+k$

(2) 두 근의 비가 $m:n$ ➭ $m\alpha$, $n\alpha$

(3) 한 근이 다른 근의 k배 ➭ α, $k\alpha$

(4) 두 근이 연속인 정수 ➭ α, $\alpha+1$ (α는 정수)

0420 대표문제

이차방정식 $x^2-(k+1)x+k=0$의 두 근의 비가 $2:3$일 때,
모든 실수 k의 값의 곱을 구하시오.

0421 중

x에 대한 이차방정식 $x^2+2x+m^2-2m=0$의 두 근의 차가
2일 때, 모든 실수 m의 값의 합은?

① -2 ② -1 ③ 0

④ 1 ⑤ 2

0422 중

이차방정식 $x^2-mx+m+1=0$의 두 근이 연속인 자연수가
되도록 하는 실수 m의 값을 구하시오.

0423 상 중

x에 대한 이차방정식 $3x^2+(m^2+m-6)x-m+1=0$의
두 근의 절댓값이 같고 부호가 서로 다를 때, 실수 m의 값을
구하시오.

유형 **12** 두 이차방정식이 주어질 때 미정계수 구하기

두 이차방정식의 근이 모두 α, β에 대한 식으로 주어진 경우
➭ 근과 계수의 관계를 이용하여 미정계수 사이의 관계식을 세운
다.

0424 대표문제

이차방정식 $x^2+ax+b=0$의 두 근을 α, β라 할 때, 이차방
정식 $x^2+bx+a=0$의 두 근은 $\alpha+1$, $\beta+1$이다. 이때 실수
a, b에 대하여 ab의 값을 구하시오.

0425 중

이차방정식 $x^2-ax+5=0$의 두 근이 α, β이고, 이차방정식
$x^2+bx+15=0$의 두 근이 $\alpha+\beta$, $\alpha\beta$일 때, 실수 a, b에 대
하여 $a+b$의 값은?

① -8 ② -5 ③ 2

④ 5 ⑤ 8

0426 중

이차방정식 $x^2+3x+1=0$의 두 근이 α, β이고, 이차방정식
$x^2+ax+b=0$의 두 근이 $\alpha-\dfrac{1}{\alpha}$, $\beta-\dfrac{1}{\beta}$일 때, 실수 a, b에
대하여 $a-b$의 값은?

① -10 ② -5 ③ 0

④ 5 ⑤ 10

| 개념원리 수학(상) 121쪽 |

유형 13   두 수를 근으로 하는 이차방정식

두 수 α, β를 근으로 하고 x^2의 계수가 1인 이차방정식

$\Rightarrow x^2-(\alpha+\beta)x+\alpha\beta=0$

　　　　두 근의 합　두 근의 곱

0427 대표문제

이차방정식 $x^2-5x+3=0$의 두 근을 α, β라 할 때, $3-\alpha$, $3-\beta$를 두 근으로 하고 x^2의 계수가 1인 이차방정식은?

① $x^2-3x-1=0$ ② $x^2-3x+1=0$

③ $x^2-x-3=0$ ④ $x^2-x+3=0$

⑤ $x^2+x+3=0$

0428 중

이차방정식 $2x^2+3x+1=0$의 두 근을 α, β라 할 때, $\alpha+\dfrac{1}{\beta}$, $\beta+\dfrac{1}{\alpha}$을 두 근으로 하는 이차방정식이 $2x^2+ax+b=0$이다. 이때 실수 a, b에 대하여 $a+b$의 값을 구하시오.

0429 중 서술형

이차방정식 $x^2-2x-1=0$의 두 근을 α, β라 할 때, α^2, β^2을 두 근으로 하는 이차방정식이 $x^2+ax+b=0$이다. 이때 실수 a, b의 값을 구하시오.

0430 상중

이차방정식 $x^2+ax+b=0$의 두 근이 2, α이고, 이차방정식 $x^2-(a+1)x+b-1=0$의 두 근이 1, β일 때, α, β를 두 근으로 하는 이차방정식이 $9x^2+px+q=0$이다. 이때 $p-q$의 값을 구하시오. (단, a, b, p, q는 실수)

| 개념원리 수학(상) 123쪽 |

유형 14   이차방정식의 켤레근의 성질

(1) 계수가 유리수인 이차방정식의 한 근이 $p+q\sqrt{m}$이면 다른 한 근은 $p-q\sqrt{m}$이다. (단, p, q는 유리수, $q\neq0$, $\sqrt{m}$은 무리수)

(2) 계수가 실수인 이차방정식의 한 근이 $p+qi$이면 다른 한 근은 $p-qi$이다. (단, p, q는 실수, $q\neq0$, $i=\sqrt{-1}$)

0431 대표문제

이차방정식 $x^2+ax+2b=0$의 한 근이 $3+\sqrt{5}$일 때, 유리수 a, b에 대하여 $a-b$의 값은?

① -8 ② -6 ③ -2

④ 6   ⑤ 8

0432 중

이차방정식 $x^2+mx+n=0$의 한 근이 $-1-i$일 때, $\dfrac{1}{m}$, n을 두 근으로 하고 x^2의 계수가 2인 이차방정식을 구하시오.

(단, m, n은 실수)

0433 중 서술형

실수 a, b에 대하여 이차방정식 $x^2+ax+b=0$의 한 근이 $\dfrac{1}{1-i}$일 때, 다항식 $f(x)=x^2+ax+b$를 $x-2$로 나누었을 때의 나머지를 구하시오.

유형 **15**　이차식을 두 일차식의 곱으로 인수분해하기

x, y에 대한 이차식이 두 일차식의 곱으로 인수분해될 때
(i) 이차식을 x 또는 y에 대하여 내림차순으로 정리한다.
(ii) (이차식)$=0$의 판별식 D가 완전제곱식이어야 한다.
　　$\Rightarrow$ $D=0$의 판별식 D'의 값이 0임을 이용한다.

0434　대표문제

x, y에 대한 이차식 $x^2+xy-6y^2-x+7y-k$가 두 일차식의 곱으로 인수분해될 때, 실수 k의 값을 구하시오.

0435　상 중

x, y에 대한 이차식 $2x^2-3xy+ay^2-3x+y+1$이 두 일차식의 곱으로 인수분해될 때, 실수 a의 값을 구하시오.

유형 **16**　잘못 보고 푼 이차방정식

(1) 일차항의 계수를 잘못 본 경우 $\Rightarrow$ 두 근의 곱은 바르게 봄
(2) 상수항을 잘못 본 경우 $\Rightarrow$ 두 근의 합은 바르게 봄

0436　대표문제

소라와 민혁이가 이차방정식 $ax^2+bx+c=0$을 푸는데 소라는 x의 계수를 잘못 보고 풀어 두 근 -3, 4를 얻었고, 민혁이는 상수항을 잘못 보고 풀어 두 근 $-2+\sqrt{5}$, $-2-\sqrt{5}$를 얻었다. 이 이차방정식의 올바른 근을 구하시오.

0437　상 중

이차방정식 $ax^2+bx+c=0$에서 근의 공식을
$x=\dfrac{-b\pm\sqrt{b^2-ac}}{2a}$로 잘못 적용하여 풀어 두 근 -6, 1을 얻었다. 이 이차방정식의 올바른 근을 구하시오.

（단, a, b, c는 실수）

유형 **17**　이차방정식 $f(x)=0$과 $f(ax+b)=0$의 관계

이차방정식 $f(x)=0$의 두 근이 α, β이면 $f(\alpha)=0$, $f(\beta)=0$
이므로 이차방정식 $f(ax+b)=0$ $(a\neq0)$의 두 근은
　$\Rightarrow$ $ax+b=\alpha$ 또는 $ax+b=\beta$에서 $x=\dfrac{\alpha-b}{a}$ 또는 $x=\dfrac{\beta-b}{a}$

0438　대표문제

이차방정식 $f(x)=0$의 두 근의 합이 5일 때, 이차방정식 $f(3x+1)=0$의 두 근의 합을 구하시오.

0439　중

이차방정식 $f(x)=0$의 두 근의 곱이 16일 때, 이차방정식 $f(4x)=0$의 두 근의 곱은?

① 1　　　　　　② 4　　　　　　③ 8
④ 16　　　　　　⑤ 32

0440　상 중

이차방정식 $f(x)=0$의 두 근 α, β에 대하여 $\alpha+\beta=3$, $\alpha\beta=-4$일 때, 이차방정식 $f(2x+5)=0$의 두 근의 곱을 구하시오.

0441

이차방정식 $2x^2-3=(x+1)(x-5)$의 해는?

① $x=-2\pm\sqrt{2}i$　　② $x=-2\pm\sqrt{3}i$

③ $x=-2\pm\sqrt{2}$　　④ $x=2\pm\sqrt{2}$

⑤ $x=-1$ 또는 $x=3$

0442

이차방정식 $x^2-(a+2)x+2a=0$의 한 근이 3일 때, x에 대한 이차방정식 $x^2+ax-a^2-1=0$의 해를 구하시오.

(단, a는 상수)

0443

x에 대한 방정식 $|x^2+(a+2)x+a^2|=1$의 한 근이 -2일 때, 모든 실수 a의 값의 곱을 구하시오.

0444

방정식 $x^2+3|x-1|-7=0$의 모든 근의 합은?

① 0　　② 1　　③ 2

④ 3　　⑤ 4

0445

오른쪽 그림과 같이 정사각형 모양의 땅에 아파트 단지를 조성하는 과정에서 폭이 12 m, 20 m인 도로를 각각 가로, 세로에 평행하게 만들었더니 도로의 넓이가 처음 땅의 넓이의 $\dfrac{1}{4}$이 되었다. 처음 땅의 한 변의 길이는 몇 m인지 구하시오.

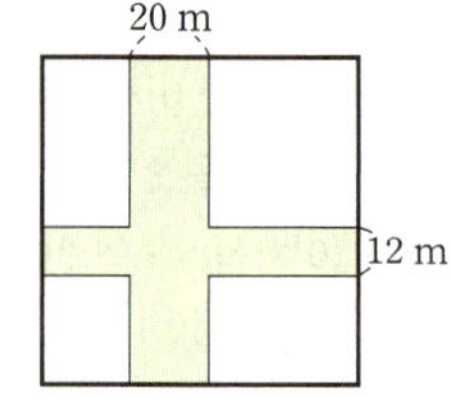

0446 중요

x에 대한 이차방정식 $x^2+2(k-2)x+k^2+k-6=0$이 허근을 갖도록 하는 가장 작은 자연수 k의 값은?

① 3　　② 4　　③ 5

④ 6　　⑤ 7

0447

x에 대한 이차방정식

$$x^2+(am+b)x+m^2+c+2=0$$

이 실수 m의 값에 관계없이 중근을 가질 때, 실수 a, b, c에 대하여 $a^2+b^2+c^2$의 값을 구하시오.

0448

0이 아닌 정수 a에 대하여 $\dfrac{\sqrt{a}}{\sqrt{a-2}}=-\sqrt{\dfrac{a}{a-2}}$가 성립할 때, 항상 허근을 갖는 이차방정식만을 **보기**에서 있는 대로 고르시오.

> **● 보기 ●**
>
> ㄱ. $x^2+ax+a=0$
> ㄴ. $2x^2+(a-1)x+2a=0$
> ㄷ. $x^2-ax+a-4=0$

0449

x에 대한 이차식
$$(x-a)(x-b)+(x-b)(x-c)+(x-c)(x-a)$$
가 완전제곱식일 때, a, b, c를 세 변의 길이로 하는 삼각형은 어떤 삼각형인지 말하시오.

0450

이차방정식 $2x^2+3x-4=0$의 두 근을 α, β라 할 때, $\dfrac{\beta}{\alpha+1}+\dfrac{\alpha}{\beta+1}$의 값은?

① $-\dfrac{17}{10}$ ② $-\dfrac{9}{5}$ ③ $-\dfrac{19}{10}$

④ -2 ⑤ $-\dfrac{21}{10}$

0451

이차방정식 $x^2-5x+2=0$의 두 근을 α, β라 할 때, $(\alpha^2-4\alpha+2)(\beta^2-4\beta+2)$의 값을 구하시오.

0452

이차방정식 $x^2-2x+k=0$의 두 근을 α, β라 할 때, $|\alpha-\beta|=4$를 만족시키는 실수 k의 값은?

① -5 ② -4 ③ -3

④ -2 ⑤ -1

0453

이차방정식 $x^2+(k+1)x+2=0$의 한 근이 다른 근의 2배일 때, 자연수 k의 값을 구하시오.

0454

x에 대한 이차방정식 $x^2-(2k+1)x+k^2+2k+3=0$의 두 근이 연속인 정수가 되도록 하는 실수 k의 값을 구하시오.

0455

이차방정식 $x^2+4x-2=0$의 두 근을 α, β라 할 때, $\dfrac{1}{\alpha}$, $\dfrac{1}{\beta}$을 두 근으로 하고 x^2의 계수가 2인 이차방정식은?

① $2x^2-x-4=0$
② $2x^2-x+4=0$
③ $2x^2-4x-1=0$
④ $2x^2-4x+1=0$
⑤ $2x^2+4x-1=0$

0456

복소수의 범위에서 이차식 $\dfrac{1}{2}x^2+x+1$을 인수분해할 때, 다음 중 인수인 것은?

① $x-1-2i$
② $x-1+2i$
③ $x-1-i$
④ $x+1+2i$
⑤ $x+1-i$

0457 💡중요

이차방정식 $x^2+ax+b=0$의 한 근이 $2-\sqrt{3}$일 때, 이차방정식 $x^2-bx+a=0$의 근을 구하시오. (단, a, b는 유리수)

0458

x, y에 대한 이차식 $x^2+2xy-2y^2+4x-4y+a$가 두 일차식의 곱으로 인수분해될 때, 실수 a의 값을 구하시오.

0459

두 사람 A, B가 이차방정식 $x^2+px+q=0$을 푸는데 A는 p의 값을 잘못 보고 풀어 두 근 -5, -1을 얻었고, B는 q의 값을 잘못 보고 풀어 두 근 $3+2i$, $3-2i$를 얻었다. 이때 실수 p, q에 대하여 $p+q$의 값을 구하시오.

0460

방정식 $f(x)=0$의 한 근이 -1일 때, 다음 중 2를 반드시 근으로 갖는 x에 대한 방정식은?

① $f(-x-1)=0$
② $f(x+1)=0$
③ $f(2x-1)=0$
④ $f(2x+2)=0$
⑤ $f(x^2-5)=0$

0461

이차방정식 $f(x)=0$의 두 근 α, β에 대하여 $\alpha+\beta=7$일 때, 이차방정식 $f(3x-4)=0$의 두 근의 합을 구하시오.

서술형 주관식

0462
이차방정식 $x^2+(a+k)x+(k-1)b=0$이 실수 k의 값에 관계없이 $x=2$를 근으로 가질 때, 실수 a, b에 대하여 ab의 값을 구하시오.

0463
이차방정식 $x^2+2(m+1)x-12=0$의 두 근의 절댓값의 비가 $1:3$이 되도록 하는 모든 실수 m의 값의 곱을 구하시오.

0464
이차방정식 $x^2+ax+b=0$의 두 근이 1, α이고, 이차방정식 $x^2+bx+a=0$의 두 근이 -3, β일 때, α, β를 두 근으로 하고 x^2의 계수가 1인 이차방정식을 구하시오. (단, a, b는 실수)

0465
이차방정식 $5x^2+ax+b=0$의 한 근이 $\dfrac{1}{1+2i}$일 때, 실수 a, b에 대하여 $a+b$의 값을 구하시오.

실력 up

0466
이차방정식 $x^2-ax+2=0$의 서로 다른 두 실근을 α, β라 할 때, 옳은 것만을 **보기**에서 있는 대로 고르시오. (단, a는 실수)

> • 보기 •
> ㄱ. $\alpha^2+\beta^2>4$
> ㄴ. $|\alpha+\beta|=|\alpha|+|\beta|$
> ㄷ. $\alpha>4$이면 $0<\beta<\dfrac{1}{2}$이다.

0467　교육청 기출
x에 대한 이차방정식 $x^2-px+p+3=0$이 허근 α를 가질 때, α^3이 실수가 되도록 하는 모든 실수 p의 값의 곱은?

① -2　　② -3　　③ -4
④ -5　　⑤ -6

0468　창의·융합
오른쪽 그림과 같이 반원에 내접하는 가장 큰 원 C와 반원에 내접하고 원 C에 외접하는 원 C'이 있다. $\overline{AB}=8$일 때, 두 원 C, C'의 반지름의 길이를 두 근으로 하고 x^2의 계수가 1인 이차방정식은?

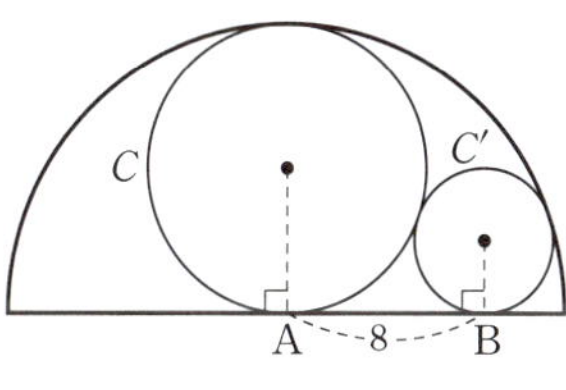

① $x^2-6x+8=0$　　② $x^2-8x+15=0$
③ $x^2-6\sqrt{2}x+16=0$　　④ $x^2-9\sqrt{2}x+36=0$
⑤ $x^2-15x+30=0$

06 이차방정식과 이차함수

06·1 이차방정식과 이차함수의 관계

1 이차함수의 그래프와 이차방정식의 해 : 이차함수 $y=ax^2+bx+c$의 그래프와 x축의 교점의 x좌표는 이차방정식 $ax^2+bx+c=0$의 실근과 같다.

2 이차함수의 그래프와 x축의 위치 관계 : 이차함수 $y=ax^2+bx+c$의 그래프와 x축의 위치 관계는 이차방정식 $ax^2+bx+c=0$의 판별식 D의 부호에 따라 다음과 같다.

$ax^2+bx+c=0$의 판별식 D	$D>0$	$D=0$	$D<0$
$y=ax^2+bx+c\ (a>0)$의 그래프			
x축과의 위치 관계	서로 다른 두 점에서 만난다.	한 점에서 만난다. (접한다.)	만나지 않는다.
$ax^2+bx+c=0$의 해	서로 다른 두 실근 $\alpha,\ \beta$	중근 α	서로 다른 두 허근

- 이차함수 $y=ax^2+bx+c$의 그래프와 x축의 교점의 개수는 이차방정식 $ax^2+bx+c=0$의 실근의 개수와 같다.

- $D\geq0$이면 이차함수의 그래프가 x축과 만난다.

06·2 이차함수의 그래프와 직선의 위치 관계

이차함수 $y=ax^2+bx+c$의 그래프와 직선 $y=mx+n$의 위치 관계는 이차방정식 $ax^2+bx+c=mx+n$, 즉 $ax^2+(b-m)x+c-n=0$의 판별식 D의 부호에 따라 다음과 같다.

(1) $D>0 \Rightarrow$ 서로 다른 두 점에서 만난다.
(2) $D=0 \Rightarrow$ 한 점에서 만난다.(접한다.)
(3) $D<0 \Rightarrow$ 만나지 않는다.

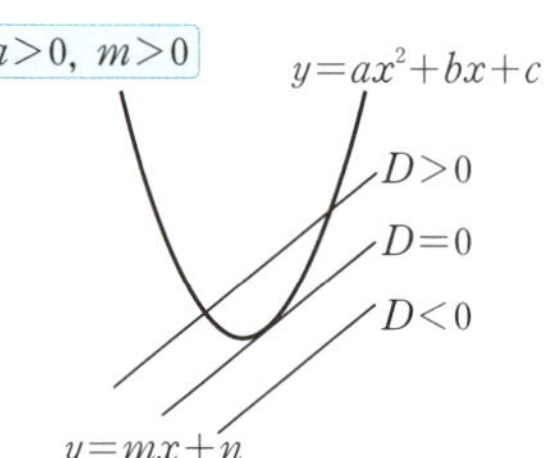

- 이차함수 $y=ax^2+bx+c$의 그래프와 직선 $y=mx+n$의 교점의 x좌표는 이차방정식 $ax^2+bx+c=mx+n$의 실근과 같다.
- 두 함수 $y=f(x),\ y=g(x)$의 그래프의 교점의 개수는 방정식 $f(x)=g(x)$의 서로 다른 실근의 개수와 같다.

06·3 이차함수의 최대·최소

1 이차함수 $y=a(x-p)^2+q$에서
(1) $a>0 \Rightarrow x=p$일 때 **최솟값 q**를 갖고, 최댓값은 없다.
　　→ 어떤 함수의 함숫값 중에서 가장 작은 값
(2) $a<0 \Rightarrow x=p$일 때 **최댓값 q**를 갖고, 최솟값은 없다.
　　→ 어떤 함수의 함숫값 중에서 가장 큰 값

2 x의 값의 범위가 $\alpha\leq x\leq\beta$인 이차함수 $f(x)=a(x-p)^2+q$에서
(1) $\alpha\leq p\leq\beta$일 때 $f(p),\ f(\alpha),\ f(\beta)$ 중 가장 큰 값이 최댓값, 가장 작은 값이 최솟값이다.
(2) $p<\alpha$ 또는 $p>\beta$일 때 $f(\alpha),\ f(\beta)$ 중 큰 값이 최댓값, 작은 값이 최솟값이다.

- 이차함수 $y=ax^2+bx+c$의 최댓값과 최솟값은 이차함수의 식을 $y=a(x-p)^2+q$의 꼴로 변형하여 구한다.

- 함수식이 같아도 x의 값의 범위가 다르면 최댓값과 최솟값이 다를 수 있다.

- x의 값의 범위가 $\alpha\leq x\leq\beta$와 같이 제한되어 있고 꼭짓점의 x좌표가 x의 값의 범위에 속하지 않으면 x의 값의 양 끝 값에서 최댓값과 최솟값을 갖는다.

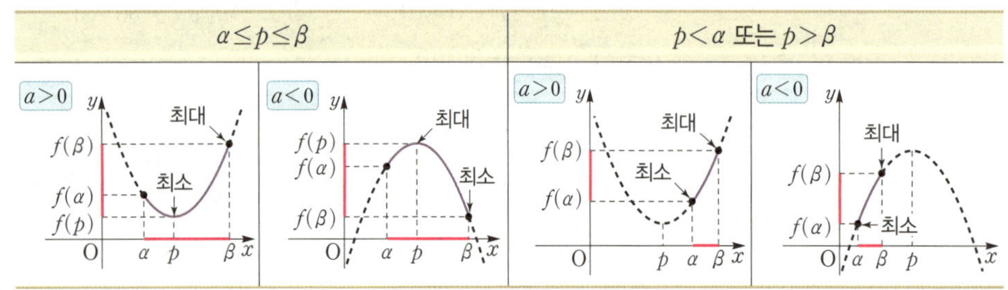

교과서 문제 정/복/하/기

06 · 1 이차방정식과 이차함수의 관계

[0469 ~ 0470] 다음 이차함수의 그래프와 x축의 교점의 x좌표를 구하시오.

0469 $y=3x^2-6x$

0470 $y=-x^2+4x-3$

[0471 ~ 0473] 다음 이차함수의 그래프와 x축의 교점의 개수를 구하시오.

0471 $y=2x^2-7x+4$

0472 $y=-x^2+2x-1$

0473 $y=x^2+3x+5$

0474 이차함수 $y=x^2-4x+k$의 그래프와 x축의 위치 관계가 다음과 같을 때, 실수 k의 값 또는 범위를 구하시오.

(1) 서로 다른 두 점에서 만난다.

(2) 한 점에서 만난다.

(3) 만나지 않는다.

0475 이차함수 $y=x^2+6x+k$의 그래프가 x축과 만나도록 하는 실수 k의 값의 범위를 구하시오.

06 · 2 이차함수의 그래프와 직선의 위치 관계

[0476 ~ 0477] 다음 이차함수의 그래프와 직선의 교점의 x좌표를 구하시오.

0476 $y=x^2+2x+2,\ y=-2x-1$

0477 $y=-x^2+6x-9,\ y=2x-5$

[0478 ~ 0480] 다음 이차함수의 그래프와 직선의 위치 관계를 말하시오.

0478 $y=x^2-3x-2,\ y=x-7$

0479 $y=x^2+2x-1,\ y=-3x+5$

0480 $y=-x^2+4x+1,\ y=2x+2$

0481 이차함수 $y=x^2-4x+1$의 그래프와 직선 $y=2x+k$의 위치 관계가 다음과 같을 때, 실수 k의 값 또는 범위를 구하시오.

(1) 서로 다른 두 점에서 만난다.

(2) 한 점에서 만난다.

(3) 만나지 않는다.

0482 이차함수 $y=-2x^2+x-1$의 그래프와 직선 $y=4x+k$가 만나도록 하는 실수 k의 값의 범위를 구하시오.

06 · 3 이차함수의 최대 · 최소

[0483 ~ 0484] 다음 이차함수의 최댓값 또는 최솟값을 구하시오.

0483 $y=2x^2+2x$

0484 $y=-x^2+2x-7$

[0485 ~ 0488] 주어진 x의 값의 범위에서 다음 이차함수의 최댓값과 최솟값을 구하시오.

0485 $f(x)=-x^2+1\ (-1\le x\le 2)$

0486 $f(x)=x^2-2x+3\ (0\le x\le 3)$

0487 $f(x)=2x^2+4x-7\ (0\le x\le 2)$

0488 $f(x)=-\dfrac{1}{2}x^2+x+10\ (-4\le x\le -1)$

유형 **익/히/기**

| 개념원리 수학(상) 135쪽 |

유형 **01** 이차함수의 그래프와 x축의 교점

이차함수 $y=ax^2+bx+c$의 그래프와 x축의 교점의 x좌표는 이차방정식 $ax^2+bx+c=0$의 실근과 같다.

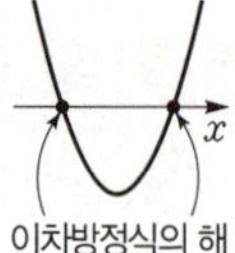

0489 대표문제

이차함수 $y=2x^2+ax+b$의 그래프가 x축과 두 점 A$(-3, 0)$, B$(2, 0)$에서 만날 때, 실수 a, b에 대하여 $a+b$의 값은?

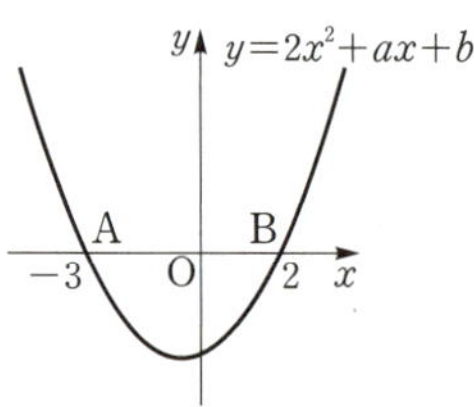

① -10 ② -4
③ -1 ④ 10 ⑤ 12

0490 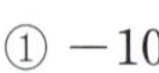

이차함수 $y=x^2-ax+b$의 그래프와 x축의 교점의 x좌표가 2, 3일 때, 이차함수 $y=x^2-bx+a$의 그래프가 x축과 만나는 두 점 사이의 거리를 구하시오. (단, a, b는 실수)

0491 

이차함수 $y=x^2-6x+a$의 그래프는 x축과 두 점 A, B에서 만난다. $\overline{\mathrm{AB}}=8$일 때, 상수 a의 값은?

① -9 ② -7 ③ -5
④ -3 ⑤ -1

중요

| 개념원리 수학(상) 136쪽 |

유형 **02** 이차함수의 그래프와 x축의 위치 관계

이차함수 $y=ax^2+bx+c$의 그래프와 x축의 위치 관계는 이차방정식 $ax^2+bx+c=0$의 판별식을 D라 할 때

(1) $D>0$ ⇨ 서로 다른 두 점에서 만난다.
(2) $D=0$ ⇨ 한 점에서 만난다.(접한다.)
(3) $D<0$ ⇨ 만나지 않는다.

0492 대표문제

이차함수 $y=x^2-2kx+k^2-2k+4$의 그래프가 x축과 서로 다른 두 점에서 만나도록 하는 가장 작은 정수 k의 값은?

① -2 ② -1 ③ 2
④ 3 ⑤ 4

0493 중

이차함수 $y=x^2+2ax-b^2+15$의 그래프가 x축과 만나지 않을 때, 자연수 a, b의 순서쌍 (a, b)의 개수를 구하시오.

0494 중 서술형

이차함수 $y=\dfrac{1}{2}kx^2-x-k+\dfrac{3}{2}$의 그래프는 x축과 한 점에서 만나고, 이차함수 $y=-x^2+3x+k-3$의 그래프는 x축과 만나지 않도록 하는 실수 k의 값을 구하시오.

0495 상중

이차함수 $y=x^2+2ax+ak+k+b$의 그래프가 실수 k의 값에 관계없이 항상 x축에 접할 때, 실수 a, b에 대하여 $a+b$의 값을 구하시오.

유형 **03** 이차함수의 그래프와 직선의 위치 관계

이차함수 $y=f(x)$의 그래프와 직선 $y=g(x)$의 위치 관계는 이차방정식 $f(x)-g(x)=0$의 판별식을 D라 할 때

(1) $D>0$ ⇨ 서로 다른 두 점에서 만난다.
(2) $D=0$ ⇨ 한 점에서 만난다.(접한다.)
(3) $D<0$ ⇨ 만나지 않는다.

0496 대표문제
이차함수 $y=3x^2-2x$의 그래프와 직선 $y=2x-a$가 서로 다른 두 점에서 만나도록 하는 실수 a의 값의 범위를 구하시오.

0497 중하
이차함수 $y=2x^2$의 그래프와 직선 $y=3x+k$가 접하도록 하는 실수 k의 값을 구하시오.

0498 중
이차함수 $y=x^2+2ax+a^2$의 그래프와 직선 $y=2x+1$이 적어도 한 점에서 만나도록 하는 가장 큰 실수 a의 값을 구하시오.

0499 중
이차함수 $y=(k-3)x^2+3kx+5$의 그래프와 직선 $y=k(x-1)-2$가 만나지 않도록 하는 실수 k의 값의 범위가 $k>a$일 때, a의 값은?

① $\dfrac{7}{2}$　　　② 4　　　③ $\dfrac{21}{4}$

④ 7　　　⑤ $\dfrac{21}{2}$

유형 **04** 이차함수의 그래프에 접하는 직선의 방정식

이차함수 $y=f(x)$의 그래프에 접하는 직선의 방정식 구하기
(ⅰ) 주어진 조건을 이용하여 직선의 방정식을 $y=g(x)$로 놓는다.
(ⅱ) 이차방정식 $f(x)=g(x)$, 즉 $f(x)-g(x)=0$의 판별식의 값이 0임을 이용한다.

0500 대표문제
이차함수 $y=-x^2+2$의 그래프에 접하고 직선 $y=2x+8$에 평행한 직선의 방정식이 $y=ax+b$일 때, 실수 a, b에 대하여 $a+b$의 값은?

① 1　　　② 2　　　③ 3
④ 4　　　⑤ 5

0501 중
직선 $y=-2x+1$을 x축의 방향으로 k만큼 평행이동하였더니 이차함수 $y=x^2-4x$의 그래프에 접하였다. 이때 실수 k의 값을 구하시오.

0502 중
점 $(2,\ 3)$에서 이차함수 $y=x^2-3x+a$의 그래프에 접하는 직선의 방정식이 $y=bx+c$일 때, 실수 a, b, c에 대하여 $a+b+c$의 값을 구하시오.

0503 상중
실수 a의 값에 관계없이 이차함수 $y=x^2-2ax+a^2+2$의 그래프에 항상 접하는 직선의 방정식을 구하시오.

유형 05 이차함수의 그래프와 직선의 교점

이차함수 $y=f(x)$의 그래프와 직선 $y=g(x)$의 교점의 x좌표
가 α, β이면
⇨ 이차방정식 $f(x)=g(x)$, 즉 $f(x)-g(x)=0$의 두 실근이
   α, β이다.

0504 대표문제

이차함수 $y=-x^2+ax$의 그래프와 직선 $y=x-b$가 서로 다
른 두 점에서 만난다. 두 교점의 x좌표가 -1, 5일 때, 실수
a, b에 대하여 $a+b$의 값은?

① 6   ② 7   ③ 8
④ 9   ⑤ 10

0505 중

오른쪽 그림과 같이 이차함수
$y=x^2-1$의 그래프와 직선
$y=ax+b$가 서로 다른 두 점 P,
Q에서 만난다. 점 P의 x좌표가
$1+\sqrt{3}$일 때, 유리수 a, b에 대하
여 $a+b$의 값은?

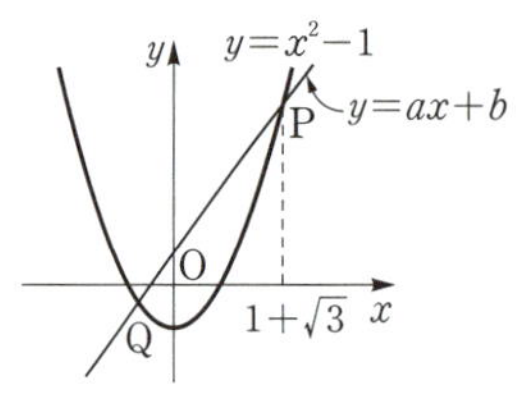

① 1   ② 2   ③ 3
④ 4   ⑤ 5

0506 중

이차함수 $y=2x^2+3x+1$의 그래프와 직선 $y=5x+k$가 서
로 다른 두 점 A, B에서 만난다. 점 A의 x좌표가 -2일 때,
점 B의 좌표를 구하시오. (단, k는 실수)

유형 06 이차함수의 최대 · 최소

이차함수의 식이 $y=ax^2+bx+c$의 꼴이면 $y=a(x-p)^2+q$
의 꼴로 고친 후 최댓값 또는 최솟값을 구한다.
(1) $a>0$ ⇨ $x=p$일 때 최솟값 q를 갖고, 최댓값은 없다.
(2) $a<0$ ⇨ $x=p$일 때 최댓값 q를 갖고, 최솟값은 없다.

0507 대표문제

이차함수 $y=-3x^2+6x+7$의 최댓값을 M, 이차함수
$y=2x^2-8x+5$의 최솟값을 m이라 할 때, $M+m$의 값을
구하시오.

0508 중 하

다음 이차함수 중 최댓값이 가장 큰 것은?

① $y=-3(x-2)^2$ ② $y=-2x^2+6x$
③ $y=-2(x+1)^2+3$ ④ $y=-x^2+2x+4$
⑤ $y=-4x^2+1$

0509 중

이차함수 $y=-\dfrac{1}{2}x^2+kx+4$의 그래프가 점 $(2, 10)$을 지날
때, 이 이차함수의 최댓값을 구하시오. (단, k는 실수)

0510 중

이차함수 $y=2x^2+ax+b$의 그래프가 x축과 두 점
$(-5, 0)$, $(2, 0)$에서 만난다. 이 이차함수의 최솟값을 m이
라 할 때, $a+b-m$의 값을 구하시오. (단, a, b는 실수)

| 유형 **07** | 최댓값 또는 최솟값이 주어질 때
미지수의 값 구하기 |

| 개념원리 수학(상) 144쪽 |

이차함수가 $x=p$에서 최댓값 q 또는 최솟값 q를 갖는다.
⇨ 이차함수의 식을 $y=a(x-p)^2+q$의 꼴로 고친 후 이 식이
　주어진 식과 같음을 이용하여 미지수의 값을 구한다.

0511　대표문제

이차함수 $y=-2x^2+ax+b$가 $x=-2$에서 최댓값 13을 가질 때, 실수 a, b에 대하여 $a+b$의 값을 구하시오.

0512　중하

이차함수 $y=\dfrac{1}{4}x^2+x+2k+2$의 최솟값이 11일 때, 실수 k의 값은?

① 1　　　　② 2　　　　③ 3
④ 4　　　　⑤ 5

0513　중

이차함수 $y=-x^2+2kx-2k$의 최댓값이 8이 되도록 하는 모든 실수 k의 값의 곱을 구하시오.

0514　중

이차함수 $y=ax^2+4x-a+1$이 $x=-1$에서 최솟값 b를 가질 때, 실수 a, b에 대하여 ab의 값은?

① -6　　　　② -5　　　　③ -4
④ -3　　　　⑤ -2

0515　중

이차함수 $y=-\dfrac{1}{3}x^2+4ax+b$의 그래프의 축의 방정식이 $x=-3$이고 최댓값이 6일 때, 실수 a, b에 대하여 ab의 값을 구하시오.

0516　중

이차함수 $y=f(x)$가 $x=-1$에서 최댓값 4를 갖는다. 이 이차함수의 그래프가 점 $(1, 0)$을 지날 때, $f(3)$의 값을 구하시오.

0517　중　서술형

이차함수 $f(x)=x^2+ax+b$에 대하여 $f(-3)=f(5)$일 때, $f(x)$는 $x=\alpha$에서 최솟값 -4를 갖는다. 이때 $\alpha+ab$의 값을 구하시오. (단, a, b는 실수)

0518　상중

이차함수 $y=x^2+6ax+18a+3$의 최솟값을 m이라 할 때, m의 최댓값을 구하시오. (단, a는 실수)

유형 **08** 제한된 범위에서의 이차함수의 최대 · 최소

$\alpha \leq x \leq \beta$에서 이차함수 $f(x)=a(x-p)^2+q$의 최대 · 최소

(1) $\alpha \leq p \leq \beta$일 때 ← 꼭짓점의 x좌표가 제한된 범위에 포함될 때

　　⇒ $f(p), f(\alpha), f(\beta)$ 중 가장 큰 값이 최댓값, 가장 작은 값이

　　　최솟값이다.

(2) $p<\alpha$ 또는 $p>\beta$일 때 ← 꼭짓점의 x좌표가 제한된 범위에 포함되지 않을 때

　　⇒ $f(\alpha), f(\beta)$ 중 큰 값이 최댓값, 작은 값이 최솟값이다.

0519 　대표문제

$-4 \leq x \leq 2$에서 이차함수 $f(x)=-\dfrac{1}{2}x^2-2x+k$의 최댓값이 3일 때, $f(x)$의 최솟값을 구하시오. (단, k는 실수)

0520 　중

$-1 \leq x \leq 2$에서 이차함수 $y=ax^2-4ax+b$의 최댓값이 7, 최솟값이 1일 때, 실수 a, b에 대하여 $a-b$의 값을 구하시오. (단, $a>0$)

0521 　중

$0 \leq x \leq a$에서 이차함수 $y=x^2-4x+5$의 최댓값이 5, 최솟값이 2일 때, 실수 a의 값을 구하시오.

0522 　상중

$x \geq 2$에서 이차함수 $y=-x^2+2kx$의 최댓값이 16일 때, 실수 k의 값을 구하시오.

유형 **09** 공통부분이 있는 함수의 최대 · 최소

(ⅰ) 공통부분을 t로 치환한 후 t의 값의 범위를 구한다.

(ⅱ) (ⅰ)에서 구한 t의 범위에서 t에 대한 함수의 최댓값 또는 최솟값을 구한다.

0523 　대표문제

$-1 \leq x \leq 1$에서 함수 $y=(x^2+2x)^2-4(x^2+2x)+3$의 최댓값을 구하시오.

0524 　중

$-2 \leq x \leq 1$에서 함수 $y=(x^2+2x-1)^2+2(x^2+2x)-3$의 최댓값을 M, 최솟값을 m이라 할 때, $M+m$의 값을 구하시오.

0525 　중

함수 $y=-2(x^2-4x+6)^2+12(x^2-4x+6)+k$의 최댓값이 3일 때, 실수 k의 값은?

① -15　　　　② -17　　　　③ -19
④ -21　　　　⑤ -23

0526 　상중

함수 $y=-(x^2-2x+3)^2+2(x^2-2x)+1$이 $x=a$일 때 최댓값 b를 갖는다. 이때 실수 a, b에 대하여 $a+b$의 값을 구하시오.

| 개념원리 수학(상) 148쪽 |

유형 **10**　완전제곱식을 이용한 이차식의 최대 · 최소

x, y가 실수일 때,
$a(x-m)^2+b(y-n)^2+k$ (a, b, m, n, k는 실수)
의 꼴로 변형한 후 (실수)$^2 \geq 0$임을 이용한다.

0527　대표문제

x, y가 실수일 때, $2x^2-12x+y^2+4y+18$의 최솟값은?

① -5　　　　② -4　　　　③ -3

④ -2　　　　⑤ -1

0528　중　서술형

실수 x, y에 대하여 $-x^2-y^2-2x+4y+10$이 $x=a$, $y=b$
일 때 최댓값 c를 갖는다. 이때 실수 a, b, c에 대하여
$a+b+c$의 값을 구하시오.

0529　중

x, y, z가 실수일 때, $x^2+4y^2+\dfrac{1}{2}z^2-2x+4y+2z+5$의 최
솟값은?

① 1　　　　② 3　　　　③ 5

④ 7　　　　⑤ 9

| 개념원리 수학(상) 148쪽 |

유형 **11**　조건이 주어진 이차식의 최대 · 최소

(i) 주어진 조건식을 한 문자에 대하여 정리한다.
(ii) (i)의 식을 이차식에 대입하여 한 문자에 대한 이차식으로 나
　　타낸다.
(iii) (ii)의 식의 최댓값 또는 최솟값을 구한다.

0530　대표문제

$x+y+3=0$을 만족시키는 실수 x, y에 대하여 x^2+2y^2의 최
댓값과 최솟값의 합을 구하시오. (단, $-3 \leq x \leq 0$)

0531　중

실수 x, y에 대하여 $-4 \leq x \leq 3$이고 $2x+y=4$일 때, xy의
최댓값과 최솟값의 차를 구하시오.

0532　중

실수 x, y에 대하여 $x \geq 0$, $y \geq 0$이고 $x+y=1$일 때, $2x^2+y^2$
의 최댓값과 최솟값을 구하시오.

0533　중

점 $\mathrm{P}(a, b)$가 직선 $x-3y+4=0$ 위를 움직일 때, a^2-b^2의
최솟값을 구하시오.

| 개념원리 수학(상) 149쪽 |

유형 **12**   이차함수의 최대 · 최소의 활용

(i) 주어진 문장에서 미지수를 정한다.
(ii) 조건을 이용하여 함수의 식을 세우고, 미지수의 범위를 정한다.
(iii) 제한된 범위에서의 이차함수의 최댓값 또는 최솟값을 구한다.

0534 대표문제

오른쪽 그림의 직사각형 ABCD에서 두 점 A, B는 x축 위에 있고, 두 점 C, D는 이차함수 $y=-x^2+9$의 그래프 위에 있다. 이때 직사각형 ABCD의 둘레의 길이의 최댓값을 구하시오.

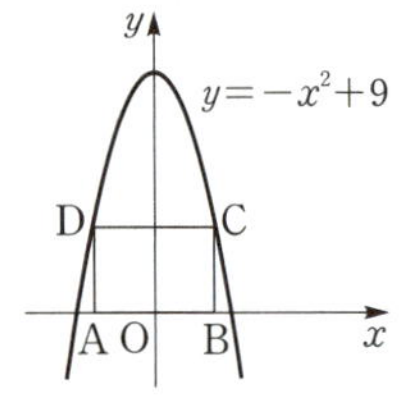

0535 중

다음 그림과 같이 담장 옆에 길이가 120 m인 철망을 이용하여 칸막이가 있는 직사각형 모양의 우리를 만들려고 한다. 담장에는 철망을 사용하지 않을 때, 전체 우리의 최대 넓이를 구하시오. (단, 철망의 두께는 생각하지 않는다.)

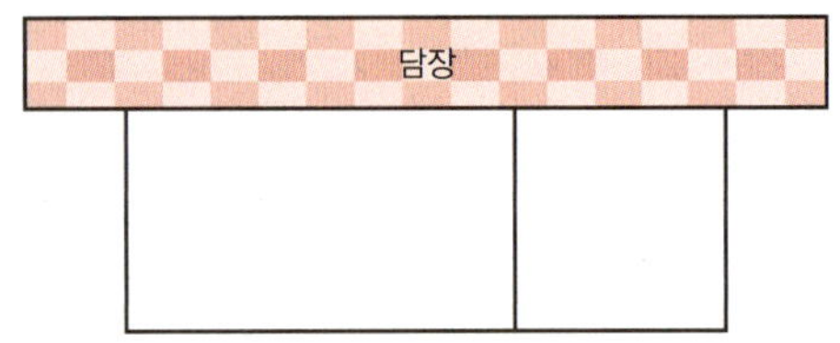

0536 중

지면으로부터 18 m 높이에서 초속 30 m로 똑바로 위로 쏘아 올린 공의 t초 후의 높이를 $h(t)$ m라 하면 $h(t)=-5t^2+30t+18$이 성립한다. 이 공을 쏘아 올린 후 2초 이상 5초 이하에서 이 공의 최소 높이를 구하시오.

0537 상중

오른쪽 그림과 같이 밑변의 길이가 10 m, 높이가 8 m인 삼각형 모양의 땅에 내접하는 직사각형 모양의 밭을 만들려고 한다. 이 밭의 넓이가 최대일 때, 밭의 둘레의 길이를 구하시오.

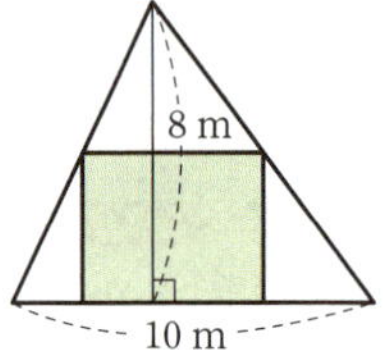

0538 상중

어느 여행사의 A패키지 상품은 최대 45명까지 예약자를 받고 예약자 수에 따라 상품 가격이 정해진다. 예약자가 30명 이하인 경우 상품 가격은 50000원이고 30명에서 1명씩 증가할 때마다 상품 가격을 1000원씩 할인하여 예약신청이 완료되면 상품 가격이 확정된다고 한다. A패키지 상품의 총 판매 금액이 최대가 되려면 예약자 수는 몇 명이어야 하는지 구하시오.

0539 상중

오른쪽 그림과 같이 직사각형 모양의 액자를 만드는데 가장자리의 위, 아래에는 6 cm의 여백을, 양옆에는 3 cm의 여백을 두고 가운데 부분에 사진을 넣으려고 한다. 액자 둘레의 길이가 216 cm일 때, 사진의 넓이를 최대로 하는 액자의 짧은 변의 길이를 구하시오.

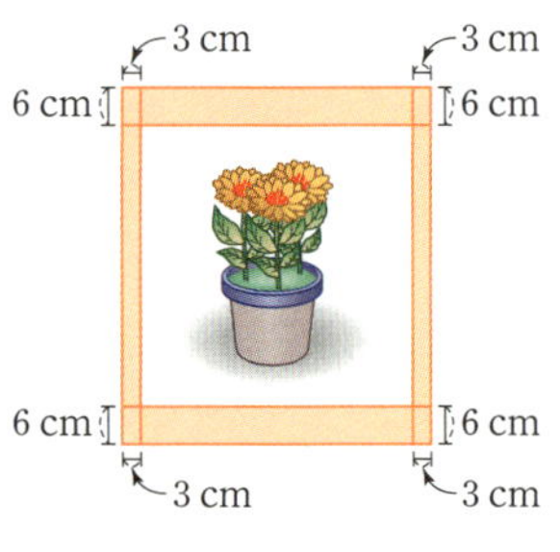

0540

이차함수 $y=x^2-2kx+k$의 그래프가 x축과 만나는 두 점 사이의 거리가 $2\sqrt{2}$일 때, 양수 k의 값을 구하시오.

0541

오른쪽 그림과 같이 이차함수 $y=f(x)$의 그래프와 x축의 교점의 x좌표가 α, β이고 $\alpha+\beta=-3$일 때, 이차방정식 $f(x+5)=0$의 두 근의 합을 구하시오.

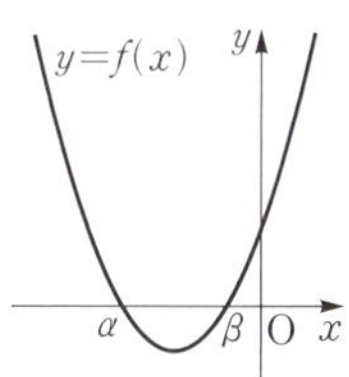

0542

이차함수 $y=-x^2+4x+2-k$의 그래프가 x축과 서로 다른 두 점에서 만나도록 하는 가장 큰 정수 k의 값은?

① 2 　　　② 3 　　　③ 4
④ 5 　　　⑤ 6

0543

이차함수 $y=x^2-2ax+2am-2m+b$의 그래프가 실수 m의 값에 관계없이 항상 x축에 접할 때, 실수 a, b에 대하여 ab의 값은?

① 0 　　　② 1 　　　③ 2
④ 3 　　　⑤ 4

0544 교육청 기출

이차함수 $y=3x^2-4x+k$의 그래프와 직선 $y=8x+12$가 한 점에서 만날 때, 실수 k의 값을 구하시오.

0545

이차함수 $y=x^2+2ax+b$의 그래프가 x축과 접하고, 직선 $y=4x$와 만나지 않도록 하는 실수 a의 값의 범위는?

(단, b는 실수)

① $a>-1$ 　　　② $a<-1$ 　　　③ $a>0$
④ $a<1$ 　　　⑤ $a>1$

0546

점 $(3, 2)$를 지나고 이차함수 $y=-x^2-2x+8$의 그래프에 접하는 두 직선의 기울기의 곱을 구하시오.

0547

이차함수 $y=3x^2-ax+1$의 그래프와 직선 $y=2x-b$의 두 교점의 x좌표가 -2, 3일 때, 실수 a, b에 대하여 $a+b$의 값은?

① -20 　　　② -18 　　　③ -12
④ 6 　　　⑤ 10

0548

이차함수 $y=-x^2+2ax-a^2+2a-4$의 그래프의 꼭짓점이 직선 $4x-3y+2=0$ 위에 있을 때, 이 이차함수의 최댓값을 구하시오. (단, a는 실수)

0549 💡중요

이차함수 $y=x^2-4ax+16a-5$의 최솟값을 $f(a)$라 할 때, $f(a)$의 최댓값을 구하시오. (단, a는 실수)

0550

이차함수 $y=ax^2+bx+c$가 $x=-2$일 때 최솟값 -4를 갖는다. 이 이차함수의 그래프가 제4사분면을 지나지 않을 때, a의 값의 범위는? (단, a, b, c는 실수)

① $a\leq-4$ ② $a\leq-1$ ③ $a\geq1$
④ $a\geq2$ ⑤ $a\geq4$

0551

$a-5\leq x\leq a+1$에서 이차함수 $y=x^2-2ax+1$의 최댓값이 -10일 때, 양수 a의 값은?

① 4   ② 5   ③ 6
④ 7   ⑤ 8

0552

이차함수 $f(x)=x^2+ax+b$가 다음 조건을 만족시킬 때, 실수 a, b에 대하여 $a+b$의 값을 구하시오.

> (개) $f(-2)=f(4)$
> (내) $-3\leq x\leq3$에서 $f(x)$의 최댓값은 20이다.

0553

x, y가 실수일 때, $2x^2-8x+y^2+2y+6$의 최솟값은?

① -5 ② -3 ③ -1
④ 1 ⑤ 3

0554

어느 꽃 가게에서 장미 한 송이의 가격을 2000원으로 하면 하루에 300송이가 팔리고 장미 한 송이의 가격을 $10x$원 올리면 하루 판매량이 x송이 줄어든다고 한다. 이 꽃 가게의 장미의 하루 판매 금액이 최대일 때, 장미 한 송이의 가격은?

① 2100원   ② 2200원   ③ 2300원
④ 2400원   ⑤ 2500원

서술형 주관식

0555
이차함수 $y=x^2+ax+b$의 그래프와 직선 $y=3x-2$가 서로 다른 두 점에서 만나고 이 중 한 교점의 x좌표가 $2-\sqrt{3}$일 때, 유리수 a, b에 대하여 $a+b$의 값을 구하시오.

0556
$-1\leq x\leq3$에서 함수
$$y=(x^2-4x+1)^2-2(x^2-4x-1)^2+5$$
의 최댓값을 M, 최솟값을 m이라 할 때, $M+m$의 값을 구하시오.

0557
$2x+y^2=5$를 만족시키는 실수 x, y에 대하여 x^2-3y^2의 최솟값을 구하시오.

0558
한 변의 길이가 10 cm인 정사각형 모양의 철판의 양쪽을 구부려서 오른쪽 그림과 같이 단면의 모양이 직사각형인 물받이를 만들려고 한다. 색칠한 단면의 최대 넓이를 S cm^2, 그때의 물받이의 높이를 h cm라 할 때, $S+h$의 값을 구하시오.

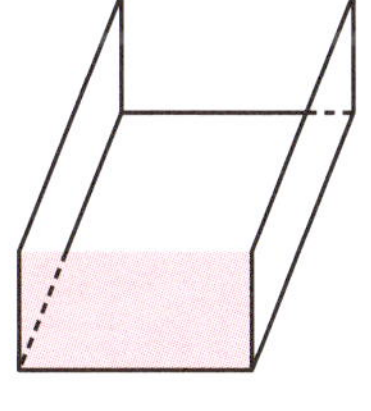

(단, 철판의 두께는 생각하지 않는다.)

실력 up

0559 교육청 기출
오른쪽 그림과 같이 이차함수 $y=x^2-3x+2$의 그래프가 y축과 만나는 점을 A, x축과 만나는 점을 각각 B, C라 하자.
점 P$(a,\ b)$가 점 A에서 이차함수 $y=x^2-3x+2$의 그래프를 따라 점 B를 거쳐 점 C까지 움직일 때, $a+b+3$의 최댓값과 최솟값의 합을 구하시오.

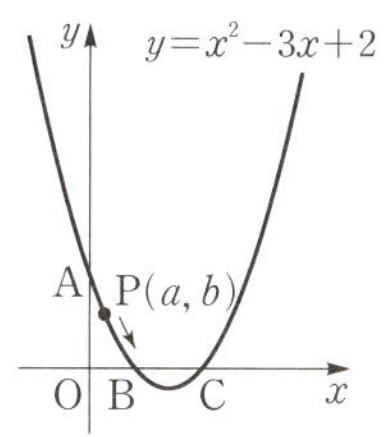

0560
$-2\leq x\leq3$에서 함수 $y=x^2-2|x|+k$의 최댓값이 4일 때, 최솟값을 구하시오. (단, k는 실수)

0561 ···· 창의·융합
주사위를 두 번 던져 첫 번째 나온 눈의 수를 a, 두 번째 나온 눈의 수를 b라 하자. 이때 이차함수 $y=(x+a)(x+b)+1$의 그래프가 x축과 만나지 않을 확률을 구하시오.

07 여러 가지 방정식

07·1 삼차방정식과 사차방정식

1 삼차방정식과 사차방정식

x에 대한 다항식 $f(x)$에 대하여 방정식 $f(x)=0$은 $f(x)$가 삼차식일 때 삼차방정식이라 하고, $f(x)$가 사차식일 때 사차방정식이라 한다.

2 삼차방정식과 사차방정식의 풀이

방정식 $f(x)=0$은 $f(x)$를 인수분해한 후 다음 성질을 이용하여 푼다.

$ABC=0$이면 $A=0$ 또는 $B=0$ 또는 $C=0$

$ABCD=0$이면 $A=0$ 또는 $B=0$ 또는 $C=0$ 또는 $D=0$

⑴ 인수분해 공식을 이용한 풀이

인수분해 공식을 이용하여 다항식 $f(x)$를 인수분해한다.

⑵ 인수정리와 조립제법을 이용한 풀이

다항식 $f(x)$에 대하여 $f(\alpha)=0$이면 $f(x)=(x-\alpha)Q(x)$임을 이용하여 $f(x)$를 인수분해한다.

⑶ 치환을 이용한 풀이

방정식에 공통부분이 있으면 공통부분을 한 문자로 치환하여 그 문자에 대한 방정식으로 변형한 후 인수분해한다.

> ■ 계수가 실수인 삼차방정식과 사차방정식은 복소수의 범위에서 각각 3개, 4개의 근을 갖는다.

07·2 특수한 형태의 사차방정식의 풀이

1 $x^4+ax^2+b=0\,(a\neq0)$의 꼴

⑴ $x^2=t$로 치환하여 좌변을 인수분해한다.

⑵ $A^2-B^2=0$의 꼴로 변형한 후 좌변을 인수분해한다.

2 $ax^4+bx^3+cx^2+bx+a=0\,(a\neq0)$의 꼴

양변을 x^2으로 나눈 후 $x+\dfrac{1}{x}=t$로 치환하여 t에 대한 이차방정식을 푼다.

> ■ 복이차방정식
> 방정식의 모든 항을 좌변으로 이항하였을 때, $x^4+ax^2+b=0$과 같이 차수가 짝수인 항과 상수항만으로 이루어진 방정식
>
> ■ 상반방정식
> 내림차순 또는 오름차순으로 정리하였을 때, 가운데 항을 중심으로 계수가 서로 대칭인 방정식

07·3 삼차방정식의 근과 계수의 관계

1 삼차방정식의 근과 계수의 관계

삼차방정식 $ax^3+bx^2+cx+d=0$의 세 근을 α, β, γ라 하면

$$\alpha+\beta+\gamma=-\frac{b}{a},\ \alpha\beta+\beta\gamma+\gamma\alpha=\frac{c}{a},\ \alpha\beta\gamma=-\frac{d}{a}$$

2 세 수를 근으로 하는 삼차방정식

세 수 α, β, γ를 근으로 하고 x^3의 계수가 1인 삼차방정식은

$$(x-\alpha)(x-\beta)(x-\gamma)=0,\ 즉$$

$$x^3-\underset{\text{세 근의 합}}{(\alpha+\beta+\gamma)}x^2+\underset{\text{두 근끼리의 곱의 합}}{(\alpha\beta+\beta\gamma+\gamma\alpha)}x-\underset{\text{세 근의 곱}}{\alpha\beta\gamma}=0$$

> ■ 세 수 α, β, γ를 근으로 하고 x^3의 계수가 a인 삼차방정식은
> $a\{x^3-(\alpha+\beta+\gamma)x^2$
> $+(\alpha\beta+\beta\gamma+\gamma\alpha)x-\alpha\beta\gamma\}=0$

📖 교과서 문제 정/복/하/기

07·1 삼차방정식과 사차방정식

[0562 ~ 0564] 인수분해 공식을 이용하여 다음 방정식을 푸시오.

0562 $x^3-27=0$

0563 $x^3-x^2-12x=0$

0564 $x^4-8x=0$

[0565 ~ 0568] 인수정리와 조립제법을 이용하여 다음 방정식을 푸시오.

0565 $x^3-4x^2+3x+2=0$

0566 $x^3+x+10=0$

0567 $x^4+x^3-x^2-7x-6=0$

0568 $x^4-3x^3+x^2+4=0$

[0569 ~ 0571] 치환을 이용하여 다음 방정식을 푸시오.

0569 $(x^2+3x)^2-2(x^2+3x)-8=0$

0570 $4(x^2+1)^2-13(x^2+1)+10=0$

0571 $(x^2-2x)^2-5(x^2-2x)-24=0$

07·2 특수한 형태의 사차방정식의 풀이

[0572 ~ 0573] 다음 방정식을 푸시오.

0572 $x^4-5x^2+4=0$

0573 $x^4+x^2+1=0$

[0574 ~ 0575] 다음 방정식을 푸시오.

0574 $3x^4-4x^3+6x^2-4x+3=0$

0575 $x^4+5x^3+8x^2+5x+1=0$

07·3 삼차방정식의 근과 계수의 관계

0576 삼차방정식 $x^3+4x^2+2x-6=0$의 세 근을 α, β, γ라 할 때, 다음 식의 값을 구하시오.

(1) $\alpha+\beta+\gamma$
(2) $\alpha\beta+\beta\gamma+\gamma\alpha$
(3) $\alpha\beta\gamma$

0577 삼차방정식 $x^3-5x^2-2x+4=0$의 세 근을 α, β, γ라 할 때, 다음 식의 값을 구하시오.

(1) $\alpha^2+\beta^2+\gamma^2$
(2) $\dfrac{1}{\alpha}+\dfrac{1}{\beta}+\dfrac{1}{\gamma}$
(3) $(\alpha+1)(\beta+1)(\gamma+1)$

0578 세 수 -2, 1, 3을 근으로 하고 x^3의 계수가 1인 삼차방정식을 구하시오.

0579 세 수 -1, $3+\sqrt{5}$, $3-\sqrt{5}$를 근으로 하고 x^3의 계수가 2인 삼차방정식을 구하시오.

0580 세 수 1, $2i$, $-2i$를 근으로 하고 x^3의 계수가 -1인 삼차방정식을 구하시오.

+ 개념 플러스

07·4 삼차방정식의 켤레근

삼차방정식 $ax^3+bx^2+cx+d=0$에서
(1) a, b, c, d가 유리수일 때, $p+q\sqrt{m}$이 근이면 $p-q\sqrt{m}$도 근이다.

(단, p, q는 유리수, $q\neq0$, $\sqrt{m}$은 무리수)

(2) a, b, c, d가 실수일 때, $p+qi$가 근이면 $p-qi$도 근이다.

(단, p, q는 실수, $q\neq0$, $i=\sqrt{-1}$)

참고 삼차방정식에서 두 근이 서로 켤레근이면 나머지 한 근은 (1)의 경우 유리수, (2)의 경우 실수이다.

일반적으로 켤레근의 성질은 이차 이상의 방정식에서 모두 성립한다.

07·5 방정식 $x^3=1$의 허근의 성질

1 방정식 $x^3=1$의 한 허근을 ω라 하면 (단, $\overline{\omega}$는 ω의 켤레복소수)
(1) $\omega^3=1$, $\omega^2+\omega+1=0$
(2) $\omega+\overline{\omega}=-1$, $\omega\overline{\omega}=1$
(3) $\omega^2=\overline{\omega}=\dfrac{1}{\omega}$

2 방정식 $x^3=-1$의 한 허근을 ω라 하면 (단, $\overline{\omega}$는 ω의 켤레복소수)
(1) $\omega^3=-1$, $\omega^2-\omega+1=0$
(2) $\omega+\overline{\omega}=1$, $\omega\overline{\omega}=1$
(3) $\omega^2=-\overline{\omega}=-\dfrac{1}{\omega}$

$x^3=1$, 즉 $x^3-1=0$에서
$(x-1)(x^2+x+1)=0$
이므로 ω는 $x^2+x+1=0$의 근이다.

$x^3=-1$, 즉 $x^3+1=0$에서
$(x+1)(x^2-x+1)=0$
이므로 ω는 $x^2-x+1=0$의 근이다.

07·6 연립이차방정식

1 연립이차방정식
미지수가 2개인 연립방정식에서 차수가 가장 높은 방정식이 이차방정식일 때, 이 연립방정식을 연립이차방정식이라 한다.

2 연립이차방정식의 풀이
(1) 일차방정식과 이차방정식으로 이루어진 연립이차방정식

일차방정식을 한 문자에 대하여 정리한 것을 이차방정식에 대입하여 푼다.

(2) 두 이차방정식으로 이루어진 연립이차방정식

(ⅰ) 한 이차방정식에서 이차식을 두 일차식의 곱으로 인수분해한다.

(ⅱ) (ⅰ)에서 얻은 두 일차방정식을 다른 이차방정식에 대입하여 푼다.

(3) x, y에 대한 대칭식인 연립이차방정식

$x+y=u$, $xy=v$로 놓고 주어진 연립방정식을 u, v에 대한 연립방정식으로 변형하여 방정식을 푼 후, x, y는 t에 대한 이차방정식 $t^2-ut+v=0$의 두 근임을 이용한다.

x, y를 서로 바꾸어 대입해도 변하지 않는 식을 x, y에 대한 대칭식이라 한다.

참고 부정방정식의 풀이
(1) 정수 조건의 부정방정식

(일차식)×(일차식)=(정수) 꼴로 변형하여 푼다.

(2) 실수 조건의 부정방정식

① $A^2+B^2=0$의 꼴로 변형하여 A, B가 실수일 때, $A=0$, $B=0$임을 이용한다.

② 한 문자에 대하여 내림차순으로 정리한 후 판별식 $D\geq0$임을 이용한다.

교과서 문제 정복하기

07 · 4   삼차방정식의 켤레근

0581   삼차방정식 $x^3+ax+b=0$의 두 근이 -2, $1-\sqrt{3}$일 때, 유리수 a, b에 대하여 $a+b$의 값을 구하시오.

0582   삼차방정식 $x^3+ax^2+5x+b=0$의 두 근이 2, $-2+3i$일 때, 실수 a, b에 대하여 ab의 값을 구하시오.

0583   삼차방정식 $x^3+x^2+ax+b=0$의 한 근이 $-2i$일 때, 실수 a, b에 대하여 $a-b$의 값을 구하시오.

07 · 5   방정식 $x^3=1$의 허근의 성질

0584   방정식 $x^3=1$의 한 허근을 ω라 할 때, 다음 식의 값을 구하시오. (단, $\overline{\omega}$는 ω의 켤레복소수이다.)

(1) $\omega^2+\omega+1$

(2) $\omega+\overline{\omega}-\omega\overline{\omega}$

(3) $\omega+\dfrac{1}{\omega}$

(4) $\omega^{20}+\omega^{10}+1$

0585   방정식 $x^3=-1$의 한 허근을 ω라 할 때, 다음 식의 값을 구하시오. (단, $\overline{\omega}$는 ω의 켤레복소수이다.)

(1) $\omega^2-\omega+1$

(2) $\omega+\overline{\omega}+\omega\overline{\omega}$

(3) $\omega+\dfrac{1}{\omega}$

(4) $\omega^{20}+\omega^{10}+1$

07 · 6   연립이차방정식

[0586 ~ 0588]   다음 연립방정식을 푸시오.

0586 $\begin{cases} x-y=-2 \\ x^2+y^2=20 \end{cases}$

0587 $\begin{cases} x-3y=0 \\ x^2+y^2=40 \end{cases}$

0588 $\begin{cases} x+y=1 \\ 4y^2-x^2=15 \end{cases}$

[0589 ~ 0590]   다음 연립방정식을 푸시오.

0589 $\begin{cases} x^2+xy-2y^2=0 \\ x^2+2xy-y^2=8 \end{cases}$

0590 $\begin{cases} 3x^2+2xy-y^2=0 \\ x^2+y^2=12-2x \end{cases}$

[0591 ~ 0592]   다음 연립방정식을 푸시오.

0591 $\begin{cases} x+y=2 \\ xy=-8 \end{cases}$

0592 $\begin{cases} x^2+y^2=10 \\ xy=3 \end{cases}$

| 개념원리 수학(상) 156쪽 |

유형 **01** 삼차방정식과 사차방정식의 풀이

(ⅰ) 인수정리와 조립제법을 이용하여 좌변을 인수분해한다.

⇨ $f(\alpha)=0$이면 $f(x)=(x-\alpha)Q(x)$

(ⅱ) $ABC=0$이면 $A=0$ 또는 $B=0$ 또는 $C=0$임을 이용하여 해를 구한다.

0593 대표문제

삼차방정식 $x^3-2x^2-9x+18=0$의 세 실근 중 가장 큰 근과 가장 작은 근의 곱은?

① -9 ② -6 ③ -2

④ $\dfrac{3}{2}$ ⑤ 3

0594 중

삼차방정식 $x^3+x^2+2x+8=0$의 해는 $x=\alpha$ 또는 $x=\dfrac{\beta\pm\sqrt{\gamma}i}{2}$이다. 이때 유리수 α, β, γ에 대하여 $\alpha+\beta+\gamma$의 값을 구하시오.

0595 중

사차방정식 $x^4-4x^2+12x-9=0$의 모든 실근의 합을 구하시오.

0596 중

사차방정식 $x^4-3x^3+2x^2+2x-4=0$의 두 허근을 α, β라 할 때, $\alpha^2+\beta^2$의 값을 구하시오.

| 개념원리 수학(상) 157쪽 |

유형 **02** 공통부분이 있는 사차방정식의 풀이

(1) 공통부분을 한 문자로 치환한 후 인수분해한다.

(2) $(\ )(\ )(\ )(\ )=k\,(k$는 상수)의 꼴

⇨ 두 일차식의 상수항의 합이 서로 같아지도록 두 개씩 짝을 지어 전개한 후 공통부분을 치환한다.

0597 대표문제

다음 중 사차방정식 $(x^2+4x)^2-3(x^2+4x)-10=0$의 근이 <u>아닌</u> 것은?

① -5 ② $-2-\sqrt{2}$ ③ $-2+\sqrt{2}$

④ 1 ⑤ 3

0598 중

사차방정식 $(x^2-2x-4)(x^2-2x-2)-3=0$의 모든 근의 곱을 구하시오.

0599 중

사차방정식 $(x-1)(x-3)(x+5)(x+7)+63=0$의 모든 양수인 근의 합을 구하시오.

0600 중

사차방정식 $x(x+1)(x+2)(x+3)-3=0$의 두 허근을 α, β라 할 때, $(\alpha-\beta)^2$의 값을 구하시오.

유형 03 복이차방정식의 풀이 $-$ $x^4+ax^2+b=0$의 꼴

(1) $x^2=t$로 치환하여 좌변을 인수분해한다.

(2) 인수분해가 안 될 때 $\Rightarrow$ $A^2-B^2=0$의 꼴로 변형한 후 좌변을 인수분해한다.

0601 대표문제

사차방정식 $x^4-6x^2+1=0$의 모든 양수인 근의 곱은?

① 1　　　　　② $\sqrt{2}$　　　　　③ $2\sqrt{2}$

④ 4　　　　　⑤ $2+2\sqrt{2}$

0602 중

사차방정식 $x^4-10x^2+9=0$의 네 근을 α, β, γ, δ라 할 때, $|\alpha|+|\beta|+|\gamma|+|\delta|$의 값을 구하시오.

0603 중

사차방정식 $x^4-20x^2+4=0$의 네 실근 중 가장 큰 근을 α, 가장 작은 근을 β라 할 때, $\alpha-\beta$의 값을 구하시오.

0604 중

사차방정식 $x^4-11x^2+25=0$의 네 근을 α, β, γ, δ라 할 때, $\dfrac{1}{\alpha}+\dfrac{1}{\beta}+\dfrac{1}{\gamma}+\dfrac{1}{\delta}$의 값을 구하시오.

유형 04 상반방정식의 풀이 $-$ $ax^4+bx^3+cx^2+bx+a=0$의 꼴

(ⅰ) 양변을 x^2으로 나눈다.

(ⅱ) $x+\dfrac{1}{x}=t$로 치환하여 t에 대한 이차방정식을 푼다.

$\Rightarrow x^2+\dfrac{1}{x^2}=\left(x+\dfrac{1}{x}\right)^2-2=t^2-2$임을 이용한다.

(ⅲ) t의 값을 구한 후 $x+\dfrac{1}{x}=t$에 대입하여 x의 값을 구한다.

0605 대표문제

사차방정식 $x^4-4x^3+5x^2-4x+1=0$의 한 실근을 α라 할 때, $\alpha+\dfrac{1}{\alpha}$의 값은?

① -1　　　　　② 1　　　　　③ 3

④ 5　　　　　⑤ 7

0606 중 서술형

사차방정식 $x^4-3x^3-2x^2-3x+1=0$의 두 실근의 합을 구하시오.

0607 중

사차방정식 $x^4-2x^3-x^2-2x+1=0$의 두 실근의 합을 a, 두 허근의 곱을 b라 할 때, $a+b$의 값을 구하시오.

07 여러 가지 방정식

| 개념원리 수학(상) 160쪽 |

유형 05 근이 주어진 삼·사차방정식

방정식 $f(x)=0$의 한 근이 α이면 $\Rightarrow f(\alpha)=0$
$\Rightarrow f(x)=(x-\alpha)Q(x)$

0608 대표문제
삼차방정식 $x^3+ax+6=0$의 한 근이 -3이다. 이 방정식의 다른 두 근을 α, β라 할 때, $a+\alpha+\beta$의 값은? (단, a는 실수)

① -4 ② -2 ③ 0
④ 2 ⑤ 4

0609 중 하
삼차방정식 $2x^3+x^2+ax+b=0$의 한 근이 $\sqrt{3}$일 때, 유리수 a, b에 대하여 ab의 값을 구하시오.

0610 중
삼차방정식 $x^3+ax^2+7bx-12b=0$의 두 근이 2, 3일 때, 나머지 한 근을 구하시오. (단, a, b는 실수)

0611 중
사차방정식 $x^4+4x^3-2ax^2-(2a+1)x-10=0$의 한 근이 2일 때, 나머지 세 근 중 두 허근의 합을 구하시오.
(단, a는 실수)

| 개념원리 수학(상) 161쪽 |

유형 06 삼차방정식의 근의 조건

주어진 삼차방정식을 $(x-\alpha)(ax^2+bx+c)=0$의 꼴로 변형한 후 이차방정식의 판별식을 이용한다.

0612 대표문제
삼차방정식 $x^3-(a-3)x^2+ax-4=0$이 중근을 갖도록 하는 모든 실수 a의 값의 합은?

① -1 ② 0 ③ 1
④ 12 ⑤ 17

0613 중
삼차방정식 $x^3-4x^2+(k+4)x-2k=0$의 근이 모두 실수가 되도록 하는 실수 k의 최댓값을 구하시오.

0614 중
삼차방정식 $3x^3+3x^2+kx+k=0$이 한 실근과 두 허근을 가질 때, 실수 k의 값의 범위를 구하시오.

0615 상 중
삼차방정식 $x^3+3x^2+(a-4)x-a=0$의 실근이 한 개뿐일 때, 정수 a의 최솟값을 구하시오.

| 개념원리 수학(상) 168쪽 |

유형 07 삼차방정식의 근과 계수의 관계

삼차방정식 $ax^3+bx^2+cx+d=0$의 세 근을 α, β, γ라 하면

$$\alpha+\beta+\gamma=-\frac{b}{a},\ \alpha\beta+\beta\gamma+\gamma\alpha=\frac{c}{a},\ \alpha\beta\gamma=-\frac{d}{a}$$

0616 대표문제

삼차방정식 $x^3-5x^2+9x-5=0$의 세 근을 α, β, γ라 할 때, $\dfrac{\beta+\gamma}{\alpha}+\dfrac{\gamma+\alpha}{\beta}+\dfrac{\alpha+\beta}{\gamma}$의 값은?

① 6   ② 7   ③ 8
④ 9   ⑤ 10

0617 중

삼차방정식 $x^3+3x^2+4x-9=0$의 세 근을 α, β, γ라 할 때, $(1-\alpha)(1-\beta)(1-\gamma)$의 값을 구하시오.

0618 중 서술형

삼차방정식 $x^3+3x^2-5x+1=0$의 세 근을 α, β, γ라 할 때, $\dfrac{1}{\alpha^2}+\dfrac{1}{\beta^2}+\dfrac{1}{\gamma^2}$의 값을 구하시오.

0619 중

삼차방정식 $x^3+12x^2+ax+b=0$의 세 근의 비가 $1:2:3$일 때, 실수 a, b에 대하여 $a+b$의 값을 구하시오.

| 개념원리 수학(상) 169쪽 |

유형 08 세 수를 근으로 하는 삼차방정식

세 수 α, β, γ를 근으로 하고 x^3의 계수가 1인 삼차방정식

$$\Rightarrow x^3-\underbrace{(\alpha+\beta+\gamma)}_{\text{세 근의 합}}x^2+\underbrace{(\alpha\beta+\beta\gamma+\gamma\alpha)}_{\substack{\text{두 근끼리의}\\\text{곱의 합}}}x-\underbrace{\alpha\beta\gamma}_{\text{세 근의 곱}}=0$$

0620 대표문제

삼차방정식 $x^3+3x^2-2x-1=0$의 세 근을 α, β, γ라 할 때, $x^3+ax^2+bx+c=0$은 $\dfrac{1}{\alpha}$, $\dfrac{1}{\beta}$, $\dfrac{1}{\gamma}$을 세 근으로 하는 삼차방정식이다. 이때 실수 a, b, c에 대하여 abc의 값은?

① -12 ② -6 ③ 6
④ 12   ⑤ 18

0621 중

삼차방정식 $x^3+2x+1=0$의 세 근을 α, β, γ라 할 때, $\alpha+\beta$, $\beta+\gamma$, $\gamma+\alpha$를 세 근으로 하고 x^3의 계수가 1인 삼차방정식을 구하시오.

0622 중

삼차방정식 $x^3-4x^2-x+a=0$의 세 근을 α, β, γ라 할 때, $x^3+bx^2+cx+12=0$은 $\alpha+1$, $\beta+1$, $\gamma+1$을 세 근으로 하는 삼차방정식이다. 이때 실수 a, b, c에 대하여 $a+b+c$의 값을 구하시오.

0623 상중

x^3의 계수가 1인 삼차식 $f(x)$에 대하여

$$f(1)=f(2)=f(4)=-1$$

이 성립할 때, 방정식 $f(x)=0$의 모든 근의 곱을 구하시오.

유형 **09**　삼차방정식의 켤레근

(1) 계수가 유리수인 삼차방정식의 한 근이 $p+q\sqrt{m}$이면 $p-q\sqrt{m}$도 근이다. (단, p, q는 유리수, $q\neq0$, $\sqrt{m}$은 무리수)

(2) 계수가 실수인 삼차방정식의 한 근이 $p+qi$이면 $p-qi$도 근이다. (단, p, q는 실수, $q\neq0$, $i=\sqrt{-1}$)

0624　◀대표문제

삼차방정식 $x^3+ax^2+bx-3=0$의 한 근이 $1+\sqrt{2}$일 때, 유리수 a, b에 대하여 ab의 값은?

① 7　　　　　② 5　　　　　③ -3

④ -5　　　　⑤ -7

0625　중

삼차방정식 $x^3+ax^2+bx+14=0$의 한 근이 $2-\sqrt{3}i$일 때, 나머지 두 근의 합은? (단, a, b는 실수)

① $-2+\sqrt{3}i$　　② $-1+\sqrt{3}i$　　③ $\sqrt{3}i$

④ $1+\sqrt{3}i$　　　⑤ $2+\sqrt{3}i$

0626　중

삼차방정식 $ax^3+bx^2+cx-4=0$의 두 근이 $\dfrac{2}{1-i}$, 2일 때, 실수 a, b, c에 대하여 $a+b+c$의 값을 구하시오.

0627　중

계수가 유리수이고 x^3의 계수가 1인 삼차방정식 $f(x)=0$의 두 근이 -1, $1-\sqrt{5}$일 때, $f(2)$의 값을 구하시오.

유형 **10**　삼차방정식의 활용

(ⅰ) 구하려는 것을 미지수 x로 놓는다.

(ⅱ) 주어진 조건을 이용하여 방정식을 세운다.

(ⅲ) 방정식을 풀고 구한 해가 문제의 조건에 맞는지 확인한다.

0628　◀대표문제

밑면의 반지름의 길이와 높이가 각각 4 m인 원기둥 모양의 물탱크가 있다. 이 물탱크의 밑면의 반지름의 길이를 적당히 늘이고, 같은 길이만큼 높이를 줄여 새로운 원기둥 모양의 물탱크를 만들었더니 물탱크의 부피가 처음과 같았다. 이때 새로운 물탱크의 밑면의 반지름의 길이는?

① 6 m　　　　② $(2+2\sqrt{5})$ m　　③ $(4+\sqrt{5})$ m

④ $(4+2\sqrt{2})$ m　　⑤ $(5+\sqrt{5})$ m

0629　중

오른쪽 그림과 같이 한 모서리의 길이가 x m인 정육면체에서 밑면의 가로, 세로의 길이가 모두 1 m이고 높이가 $\dfrac{x}{3}$ m인 직육면체 모양으로 구멍을 파내었더니 남은 부분의 부피가 26 m³가 되었다. 이때 x의 값은?

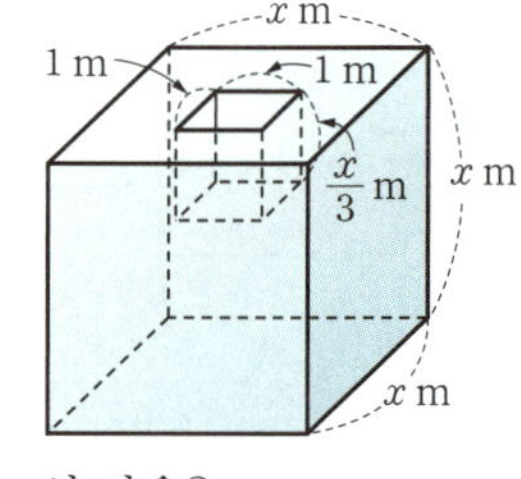

① 2　　　　　② $\dfrac{7}{3}$　　　　③ $\dfrac{8}{3}$

④ 3　　　　　⑤ $\dfrac{10}{3}$

0630　중

오른쪽 그림은 크기가 같은 정육면체 5개를 쌓아서 만든 입체도형이다. 이 입체도형의 부피를 V, 겉넓이를 S라 하면 $V+S=40$인 관계가 성립할 때, 이 정육면체의 한 모서리의 길이를 구하시오.

| **개념원리** 수학(상) 177쪽 |

유형 **11** 일차방정식과 이차방정식으로 이루어진 연립이차방정식

(ⅰ) 일차방정식을 x 또는 y에 대하여 정리한다.

(ⅱ) (ⅰ)을 이차방정식에 대입하여 푼다.

0631 대표문제

연립방정식 $\begin{cases} x-y=-1 \\ x^2+y^2=5 \end{cases}$ 의 해를 $x=\alpha$, $y=\beta$라 할 때, $\alpha^2+\beta^2-\alpha\beta$의 값은?

① 1 ② 3 ③ 5

④ 7 ⑤ 9

0632 중

연립방정식 $\begin{cases} x+y=-3 \\ x^2+3xy+y^2=5 \end{cases}$ 의 해가 $x=\alpha$, $y=\beta$일 때, $\alpha^2+\beta^2$의 값을 구하시오.

0633 중 서술형

연립방정식 $\begin{cases} x-y=2 \\ x+y=a \end{cases}$ 의 해가 연립방정식 $\begin{cases} x^2+y^2=10 \\ x+by=1 \end{cases}$ 을 만족시킬 때, 실수 a, b에 대하여 $a+b$의 값을 구하시오.

(단, $a>0$)

| **개념원리** 수학(상) 178쪽 |

유형 **12** 두 이차방정식으로 이루어진 연립이차방정식

(ⅰ) 한 이차방정식에서 이차식을 두 일차식의 곱으로 인수분해한다.

(ⅱ) (ⅰ)에서 얻은 두 일차방정식을 다른 이차방정식에 대입하여 푼다.

0634 대표문제

연립방정식 $\begin{cases} x^2-y^2=0 \\ x^2-xy+2y^2=4 \end{cases}$ 의 해를 $x=\alpha$, $y=\beta$라 할 때, $\alpha+\beta$의 최댓값을 M, 최솟값을 m이라 하자. 이때 $M-m$의 값을 구하시오.

0635 중

연립방정식 $\begin{cases} x^2-2xy-3y^2=0 \\ x^2+y^2=40 \end{cases}$ 을 만족시키는 정수 x, y에 대하여 xy의 값을 구하시오.

0636 중

연립방정식 $\begin{cases} x^2-3xy+2y^2=0 \\ x^2+2xy-3y^2=20 \end{cases}$ 의 해를 $x=\alpha$, $y=\beta$라 할 때, $\alpha^2+\beta^2$의 값을 구하시오.

0637 중

연립방정식 $\begin{cases} 2x^2+3xy-2y^2=0 \\ x^2+xy=12 \end{cases}$ 를 만족시키는 x, y에 대하여 xy의 최솟값은?

① 8 ② -6 ③ -12

④ -16 ⑤ -20

07 여러 가지 방정식

유형 13 x, y에 대한 대칭식인 연립이차방정식

$x+y=u$, $xy=v$일 때, x, y는 t에 대한 이차방정식
$t^2-ut+v=0$의 두 근임을 이용하여 x, y의 값을 구한다.

0638 ◀대표문제

연립방정식 $\begin{cases} x^2+y^2=13 \\ xy=-6 \end{cases}$ 을 만족시키는 실수 x, y에 대하여
x^3-y^3의 최댓값을 M, 최솟값을 m이라 할 때, $M-m$의 값
을 구하시오.

0639 중

연립방정식 $\begin{cases} xy+x+y=-5 \\ x^2+xy+y^2=7 \end{cases}$ 의 해를 $x=\alpha$, $y=\beta$라 할 때,
$|\alpha-\beta|$의 최댓값을 구하시오.

0640 상중

두 연립방정식 $\begin{cases} ax-y=1 \\ xy=12 \end{cases}$, $\begin{cases} x+y=b \\ x^2+y^2=25 \end{cases}$ 의 공통인 해가 존
재할 때, 자연수 a, b에 대하여 $a+b$의 값을 구하시오.

유형 14 연립이차방정식의 해의 조건

일차방정식을 이차방정식에 대입한 후 이차방정식의 판별식을 이
용한다.

0641 ◀대표문제

연립방정식 $\begin{cases} x+y=a \\ x^2+y^2=18 \end{cases}$ 이 오직 한 쌍의 해를 갖도록 하는
양수 a의 값을 구하시오.

0642 중

연립방정식 $\begin{cases} x+y=2(a-3) \\ xy=a^2+4 \end{cases}$ 가 실근을 가질 때, 실수 a의
최댓값을 구하시오.

0643 중 서술형

연립방정식 $\begin{cases} 2x-y=k \\ x^2+2x-2y=0 \end{cases}$ 의 실근이 존재하지 않도록 하
는 정수 k의 최솟값을 구하시오.

유형 15　공통인 근을 갖는 방정식

주어진 두 이차방정식의 공통인 근을 α라 하고 $x=\alpha$를 대입한 후 α^2항을 소거하여 α를 구한다.

0644 대표문제

서로 다른 두 이차방정식

$$x^2+kx+3=0,\ x^2+3x+k=0$$

이 오직 한 개의 공통인 근 α를 가질 때, $k+\alpha$의 값은?

(단, k는 실수)

① -4　　　　② -3　　　　③ -2

④ -1　　　　⑤ 0

0645 중하

두 이차방정식

$$x^2+(m+2)x-4=0,\ x^2+(m+4)x-6=0$$

이 공통인 근을 갖도록 하는 실수 m의 값과 그때의 공통인 근을 구하시오.

0646 중

서로 다른 두 이차방정식

$$x^2+kx+2k+2=0,\ x^2-x-k^2-k=0$$

이 오직 한 개의 공통인 근을 가질 때, 실수 k의 값은?

① $-\dfrac{3}{2}$　　　　② $-\dfrac{1}{3}$　　　　③ $-\dfrac{1}{4}$

④ 0　　　　⑤ $\dfrac{1}{2}$

유형 16　연립방정식의 활용

(ⅰ) 구하려는 것을 미지수 x, y로 놓는다.

(ⅱ) 주어진 조건을 이용하여 연립방정식을 세운다.

(ⅲ) 방정식을 풀고 구한 해가 문제의 조건에 맞는지 확인한다.

0647 대표문제

지름의 길이가 10인 원에 직사각형이 내접하고 있다. 직사각형의 둘레의 길이가 28일 때, 이 직사각형의 긴 변의 길이는?

① 4　　　　② 5　　　　③ 6

④ 7　　　　⑤ 8

0648 중

두 자리 자연수에서 각 자리의 숫자의 제곱의 합은 73이고, 일의 자리의 숫자와 십의 자리의 숫자를 바꾼 수와 처음 수의 합이 121일 때, 처음 수를 구하시오.

(단, 십의 자리의 숫자가 일의 자리의 숫자보다 크다.)

0649 중　서술형

반지름의 길이가 서로 다른 두 원 O_1, O_2가 있다. 두 원의 둘레의 길이의 합은 12π이고, 넓이의 합은 20π일 때, 두 원의 반지름의 길이의 차를 구하시오.

0650 상중

오른쪽 그림과 같이 한 변의 길이가 5인 정사각형 ABCD 안에 선분 BC를 반지름으로 하는 사분원이 있다. 호 BD 위의 한 점 P에서 $\overline{AB}$, $\overline{AD}$에 내린 수선의 발을 각각 Q, R라 하자. 직사각형 AQPR의 둘레의 길이가 8일 때, 직사각형 AQPR의 넓이를 구하시오.

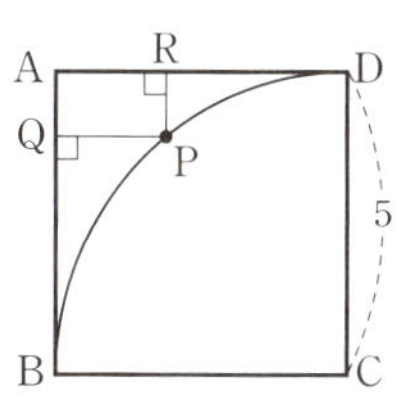

| **개념원리** 수학(상) 171쪽 |

유형 17 | **방정식 $x^3=1$, $x^3=-1$의 허근의 성질**

(1) 방정식 $x^3=1$의 한 허근이 ω이면 다른 한 허근은 $\overline{\omega}$이다.

   (단, $\overline{\omega}$는 ω의 켤레복소수이다.)

   ① $\omega^3=1$, $\omega^2+\omega+1=0$ ② $\omega+\overline{\omega}=-1$, $\omega\overline{\omega}=1$

   ③ $\omega^2=\overline{\omega}=\dfrac{1}{\omega}$

(2) 방정식 $x^3=-1$의 한 허근이 ω이면 다른 한 허근은 $\overline{\omega}$이다.

   (단, $\overline{\omega}$는 ω의 켤레복소수이다.)

   ① $\omega^3=-1$, $\omega^2-\omega+1=0$ ② $\omega+\overline{\omega}=1$, $\omega\overline{\omega}=1$

   ③ $\omega^2=-\overline{\omega}=-\dfrac{1}{\omega}$

0651 대표문제

방정식 $x^3=1$의 한 허근을 ω라 할 때, $\dfrac{\omega+1}{\omega^2}+\dfrac{\omega^2}{\omega+1}$의 값을 구하시오.

0652 중

방정식 $x^2+x+1=0$의 한 근을 ω라 할 때,
$\omega^{101}+\omega^{100}+\omega^{99}+\omega^{98}+\omega^{97}$의 값은?

① -2 ② -1 ③ 0
④ 1 ⑤ 2

0653 중

방정식 $x^3=-1$의 한 허근을 ω라 할 때,
$$\omega^6+\omega^5-\omega^4+\omega^3-\omega^2+\omega-1=a+b\omega$$
를 만족시키는 실수 a, b에 대하여 $a+b$의 값은?

① -1 ② 0 ③ 1
④ 2 ⑤ 3

0654 중

$\omega=\dfrac{1-\sqrt{3}i}{2}$일 때, $\dfrac{\omega}{1+\omega}-\dfrac{\omega^2}{1-\omega^2}$의 값은?

① -2 ② -1 ③ 1
④ 2 ⑤ 3

0655 중

방정식 $x^3=-1$의 한 허근을 ω라 할 때, **보기**에서 옳은 것만을 있는 대로 고르시오. (단, $\overline{\omega}$는 ω의 켤레복소수이다.)

● 보기 ●
ㄱ. $\omega^2-\omega+1=0$ ㄴ. $\omega\overline{\omega}=1$
ㄷ. $\omega^5-\omega^4-1=-1$ ㄹ. $\overline{\omega}=-\omega^2$
ㅁ. $\omega^{2019}+\dfrac{1}{\omega^{2019}}=2$
ㅂ. $1-\omega+\omega^2-\omega^3+\omega^4-\omega^5+\cdots-\omega^{99}=-1$

0656 상중

방정식 $x^3+1=0$의 한 허근을 ω라 할 때, $\dfrac{(2\omega-3)\overline{(2\omega-3)}}{(\omega+1)\overline{(\omega+1)}}$의 값을 구하시오. (단, $\overline{\omega}$는 ω의 켤레복소수이다.)

0657 상중

방정식 $x^3=1$의 한 허근을 ω라 하고 자연수 n에 대하여 $f(n)=\omega^{2n+1}$이라 할 때,
$f(1)+f(2)+f(3)+\cdots+f(10)$의 값을 구하시오.

유형 18 정수 조건의 부정방정식

(일차식)×(일차식)=(정수) 꼴로 변형하여 곱해서 정수가 되는
두 일차식의 값을 구한다.

0658 대표문제
방정식 $2xy-4x-3y-4=0$을 만족시키는 자연수 x, y에
대하여 $x+y$의 최댓값은?

① 8   ② 12   ③ 14
④ 16   ⑤ 20

0659 중
방정식 $x^2+xy+x+2y=5$를 만족시키는 정수 x, y에 대하
여 xy의 최댓값을 구하시오.

0660 중
방정식 $\dfrac{1}{x}+\dfrac{1}{y}=\dfrac{1}{4}$을 만족시키는 양의 정수 x, y의 순서쌍
(x, y)의 개수는?

① 1   ② 2   ③ 3
④ 4   ⑤ 5

0661 상중
이차방정식 $x^2-(m+2)x+2m+2=0$의 두 근이 모두 양
의 정수일 때, 상수 m의 값을 구하시오.

유형 19 실수 조건의 부정방정식

(1) $A^2+B^2=0$의 꼴로 변형하여 A, B가 실수일 때, $A=0$,
    $B=0$임을 이용한다.
(2) 한 문자에 대하여 내림차순으로 정리한 후 판별식 $D\geq0$임을
    이용한다.

0662 대표문제
실수 x, y에 대하여 $9x^2+6xy+2y^2-4y+4=0$이 성립할
때, $x-y$의 값은?

① $-\dfrac{8}{3}$ ② $-\dfrac{2}{3}$ ③ 1
④ $\dfrac{4}{3}$ ⑤ 2

0663 중
방정식 $(x^2+y^2-20)^2+(x-y-2)^2=0$을 만족시키는 실수
x, y에 대하여 xy의 값을 구하시오.

0664 상중
방정식 $x^2-4xy+5y^2+2x-8y+5=0$을 만족시키는 실수
x, y에 대하여 $x+y$의 값을 구하시오.

0665

삼차방정식 $x^3+2x^2+5x+4=0$의 모든 허근의 합은?

① -2 ② -1 ③ 0
④ 1 ⑤ 2

0666

사차방정식 $x^4+2x^3+x^2-2x-2=0$의 두 허근을 α, β라 할 때, $\alpha^3+\beta^3$의 값을 구하시오.

0667

사차방정식 $(x-3)(x-2)(x+1)(x+2)=21$의 두 실근의 곱은?

① -10 ② -9 ③ -5
④ 1 ⑤ 5

0668

사차방정식 $x^4-7x^2+9=0$의 모든 양수인 근의 합은?

① $\sqrt{13}$ ② 2 ③ 3
④ $2\sqrt{13}$ ⑤ 7

0669

사차방정식 $x^4+2x^3+3x^2+2x+1=0$의 한 근을 α라 할 때, $\alpha+\dfrac{1}{\alpha}$의 값은?

① -3 ② -2 ③ -1
④ 1 ⑤ 2

0670

사차방정식 $x^4+ax^3-x^2+ax+b=0$의 두 근이 -2, 1일 때, 나머지 두 근의 곱은? (단, a, b는 실수)

① -2 ② -1 ③ 1
④ 2 ⑤ 3

0671 교육청 기출

사차방정식 $x^4-x^3+ax+b=0$의 두 근이 1, -2일 때, 나머지 두 근 α, β에 대하여 $|\alpha^4+\beta^4|$의 값을 구하시오.

(단, a, b는 상수)

0672

두 방정식

$$x^2+x-6=0, \quad x^3-(a-4)x^2-4(a-1)x-4a=0$$

이 공통인 근을 갖도록 하는 모든 실수 a의 값의 합을 구하시오.

0673

삼차방정식 $x^3+x^2+3(a-2)x-6a=0$에 대하여 **보기**에서 옳은 것만을 있는 대로 고른 것은? (단, a는 실수)

> **보기**
>
> ㄱ. 적어도 하나의 실근을 갖는다.
> ㄴ. 오직 하나의 실근을 갖도록 하는 정수 a의 최솟값은 1이다.
> ㄷ. 중근을 갖도록 하는 실수 a는 2개이다.

① ㄱ   ② ㄴ   ③ ㄱ, ㄴ
④ ㄴ, ㄷ   ⑤ ㄱ, ㄴ, ㄷ

0674

삼차방정식 $x^3+2x^2+3x-1=0$의 세 근을 α, β, γ라 할 때, $(\alpha+\beta+2)(\beta+\gamma+2)(\gamma+\alpha+2)$의 값은?

① -12 ② -2 ③ -1
④ 2 ⑤ 12

0675

삼차방정식 $x^3+3x^2+ax-6=0$의 세 근 중 두 근은 절댓값이 같고 부호가 서로 다를 때, 상수 a의 값은?

① -4 ② -2 ③ 4
④ 6 ⑤ 8

0676

x^3의 계수가 1인 삼차식 $f(x)$에 대하여

$$f(\alpha)=f(\beta)=f(\gamma)=2,\ \alpha\beta\gamma=5$$

일 때, 방정식 $f(x)=0$의 세 근의 곱을 구하시오.

0677

삼차방정식 $x^3+ax^2+bx+1=0$의 한 근이 $\sqrt{2}-1$일 때, 유리수 a, b에 대하여 $a+b$의 값은?

① -4 ② -3 ③ -2
④ -1 ⑤ 0

0678 중요

삼차방정식 $x^3-(a+1)x^2+bx-a=0$의 한 근이 $1-i$일 때, 나머지 두 근의 합은? (단, a, b는 실수)

① i ② $2i$ ③ $1+i$
④ $2-i$ ⑤ $2+i$

0679 중요

한 모서리의 길이가 자연수인 정육면체의 밑면의 가로의 길이를 1 cm 줄이고 밑면의 세로의 길이와 높이를 각각 2 cm, 3 cm씩 늘였더니 이 직육면체의 부피가 처음 정육면체의 부피의 $\dfrac{5}{2}$배가 되었다. 처음 정육면체의 부피를 구하시오.

0680

연립방정식 $\begin{cases} 2x+y=1 \\ 3x^2-y^2=2 \end{cases}$ 를 만족시키는 x, y에 대하여 xy의 최솟값을 구하시오.

0681

연립방정식 $\begin{cases} 2x^2+xy-y^2=0 \\ x^2+xy+y^2=7 \end{cases}$ 의 해를 $x=\alpha$, $y=\beta$라 할 때, $\alpha+\beta$의 최댓값은?

① 2   ② 3   ③ 4

④ 5   ⑤ 6

0682

연립방정식 $\begin{cases} x^2+y^2+x+y=2 \\ x^2+xy+y^2=1 \end{cases}$ 을 만족시키는 x, y를 좌표평면 위의 점 (x, y)로 나타낼 때, 이 점들을 꼭짓점으로 하는 사각형의 넓이를 구하시오.

0683

연립방정식 $\begin{cases} 2x+y=k \\ x^2+y^2=5 \end{cases}$ 가 오직 한 쌍의 해를 가질 때, 양수 k의 값을 구하시오.

0684

두 이차방정식
$$x^2+ax+b=0, \ x^2+bx+a=0$$
이 오직 한 개의 공통인 근을 가질 때, 공통인 근이 아닌 나머지 근을 각각 p, q라 하면 $pq=-6$이다. 실수 a, b에 대하여 a^2+b^2의 값은? (단, $a \neq b$)

① 2   ② 5   ③ 10

④ 13   ⑤ 18

0685

직각삼각형 ABC의 내접원의 반지름의 길이가 1, 외접원의 반지름의 길이가 4일 때, 직각삼각형 ABC의 세 변 중 가장 짧은 변의 길이를 구하시오.

0686

방정식 $x^3=-1$의 한 허근을 ω라 할 때,
$$(1-\omega)(1+\omega^2)(1-\omega^3)(1+\omega^4)(1-\omega^5)(1+\omega^6)$$
의 값을 구하시오.

0687

방정식 $x^3=1$의 한 허근을 ω라 할 때, **보기**에서 옳은 것만을 있는 대로 고른 것은? (단, $\overline{\omega}$는 ω의 켤레복소수이다.)

> ● 보기 ●
>
> ㄱ. $\omega^{10}=\omega$
>
> ㄴ. $\dfrac{\omega^2}{1+\omega}+\dfrac{\overline{\omega}}{1+\overline{\omega}^2}=-2$
>
> ㄷ. $1+\omega^2+\omega^4+\omega^6+\cdots+\omega^{200}=-\omega$

① ㄱ   ② ㄱ, ㄴ   ③ ㄱ, ㄷ

④ ㄴ, ㄷ   ⑤ ㄱ, ㄴ, ㄷ

0688

이차방정식 $x^2-mx+m+5=0$의 두 근이 모두 음의 정수일 때, 상수 m의 값을 구하시오.

 **서술형 주관식**

0689

사차방정식 $x^4-15x^2+ax+b=0$의 두 근이 -1, 2일 때, 나머지 두 근 α, β에 대하여 $\dfrac{\alpha}{\beta}$의 값을 구하시오.

$$\text{(단, } a,\ b\text{는 실수, } \alpha>\beta\text{)}$$

0690

삼차방정식 $x^3+(a+1)x^2-a=0$이 중근을 갖도록 하는 모든 실수 a의 값의 합을 구하시오.

0691

삼차방정식 $x^3+x^2-5x-3=0$의 세 근을 α, β, γ라 할 때, $\dfrac{\gamma}{\alpha\beta}+\dfrac{\alpha}{\beta\gamma}+\dfrac{\beta}{\gamma\alpha}$의 값을 구하시오.

0692

연립방정식 $\begin{cases} 2x^2-3xy-2y^2=0 \\ x^2+2y^2=54 \end{cases}$ 를 만족시키는 x, y에 대하여 xy의 최댓값을 구하시오.

 **실력 up**

0693 교육청 기출

다음 그림과 같이 원 밖의 점 P에서 원에 그은 접선의 접점을 A라 하고, 점 P를 지나는 직선이 원과 만나는 두 점을 B, C라 하자.

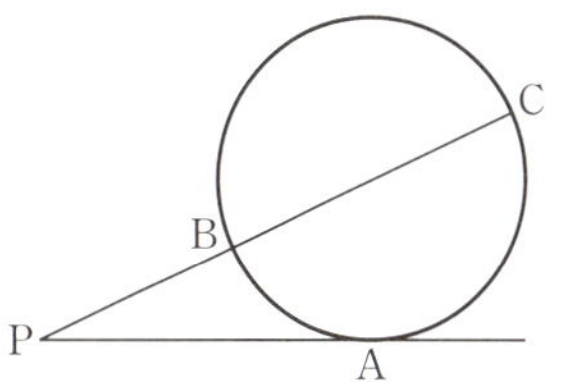

$\overline{PB}=x^2-x+4$, $\overline{BC}=2x$, $\overline{PA}=2\sqrt{6}x$가 되도록 하는 모든 x의 값의 합을 구하시오.

0694

삼차방정식 $x^3+px^2+qx+2=0$이 한 실근과 두 허근 α, α^2을 가질 때, 실수 p, q에 대하여 $p+q$의 값을 구하시오.

0695 창의·융합

다항식 $f(x)=x^2-x+1$일 때, $f(x^9)$을 $f(x)$로 나누었을 때의 나머지는?

① 0   ② 1   ③ 3

④ $x+2$ ⑤ $2x+1$

08 · 1 연립부등식의 뜻과 해

1 연립부등식 : 두 개 이상의 부등식을 한 쌍으로 묶어서 나타낸 것
2 연립부등식의 해 : 연립부등식을 이루는 각 부등식의 공통인 해
3 연립부등식을 푼다 : 연립부등식의 해를 구하는 것

▌ 부등식 $ax>b$의 해는
① $a>0 \Rightarrow x>\dfrac{b}{a}$
② $a<0 \Rightarrow x<\dfrac{b}{a}$
③ $a=0$
$\Rightarrow \begin{cases} b \geq 0$이면 해는 없다. \\ b<0$이면 해는 모든 실수 \end{cases}$

08 · 2 연립일차부등식

1 연립일차부등식 : 일차부등식으로만 이루어진 연립부등식
2 연립일차부등식의 풀이
(i) 각각의 일차부등식을 푼다.
(ii) 각 부등식의 해를 수직선 위에 나타낸다.
(iii) 공통부분을 찾아 주어진 연립부등식의 해를 구한다.

> **참고** 연립부등식에서 각 부등식의 공통인 해가 없으면 연립부등식의 해는 없다고 한다.

① $\begin{cases} x \leq a \\ x \geq b \end{cases}$ (단, $a<b$)
② $\begin{cases} x < a \\ x \geq a \end{cases}$
③ $\begin{cases} x < a \\ x > a \end{cases}$

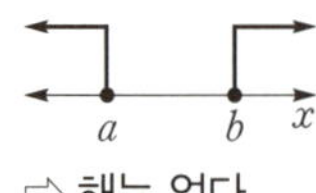
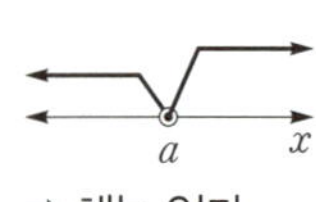
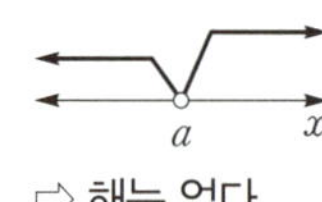

⇨ 해는 없다.　　⇨ 해는 없다.　　⇨ 해는 없다.

08 · 3 $A<B<C$의 꼴의 연립부등식

연립부등식 $A<B<C$를 풀 때는 연립부등식 $\begin{cases} A<B \\ B<C \end{cases}$의 꼴로 고쳐서 푼다.

▌ 연립부등식 $A<B<C$를
$\begin{cases} A<B \\ A<C \end{cases}$ 또는 $\begin{cases} A<C \\ B<C \end{cases}$의 꼴로 고쳐
서 풀지 않도록 주의한다.

08 · 4 절댓값 기호를 포함한 부등식

1 $a>0$일 때
(1) $|x|<a \Rightarrow -a<x<a$
(2) $|x|>a \Rightarrow x<-a$ 또는 $x>a$

2 절댓값 기호를 포함한 부등식의 풀이
(i) 절댓값 기호 안의 식의 값이 0이 되는 x의 값을 기준으로 범위를 나눈다.
(ii) 각 범위에서 절댓값 기호를 없앤 후 식을 정리하여 해를 구한다.

이때 $|x-a| = \begin{cases} -(x-a) & (x<a) \\ x-a & (x \geq a) \end{cases}$ 임을 이용한다.

(iii) (ii)에서 구한 해를 합친 x의 값의 범위를 구한다.

▌ 구간 나누기
① $|x-a|$인 경우
(i) $x<a$　　(ii) $x \geq a$
② $|x-a|+|x-b|$인 경우
(단, $a<b$)
(i) $x<a$　　(ii) $a \leq x<b$
(iii) $x \geq b$

정답과 풀이 **80쪽**

08·1 연립부등식의 뜻과 해

[0696 ~ 0699] 다음 연립부등식의 해를 구하시오.

0696 $\begin{cases} x>1 \\ x<8 \end{cases}$
　　　　0697 $\begin{cases} x\geq-4 \\ x<3 \end{cases}$

0698 $\begin{cases} x>2 \\ x\geq-5 \end{cases}$
　　　　0699 $\begin{cases} x\leq6 \\ x<-7 \end{cases}$

08·2 연립일차부등식

[0700 ~ 0701] 다음 연립부등식을 푸시오.

0700 $\begin{cases} x-3>1 \\ 2x-8<x+4 \end{cases}$

0701 $\begin{cases} x+5\geq11 \\ 3x-2>-x+6 \end{cases}$

[0702 ~ 0703] 다음 연립부등식을 푸시오.

0702 $\begin{cases} \dfrac{x}{3}-\dfrac{x+4}{2}\leq-1 \\ \dfrac{2x+1}{5}<3 \end{cases}$

0703 $\begin{cases} 0.1x+0.2<0.5 \\ 0.4x\leq0.3(x+3) \end{cases}$

[0704 ~ 0705] 다음 연립부등식을 푸시오.

0704 $\begin{cases} -x+1\geq-1 \\ 4x-7\geq3-x \end{cases}$

0705 $\begin{cases} 3(x+4)>2(1-x) \\ 0.1x\leq-0.3 \end{cases}$

08·3 $A<B<C$의 꼴의 연립부등식

0706 연립부등식 $2x+5<4x-7<9x-2$의 해를 구하려고 한다. 다음 물음에 답하시오.

⑴ 부등식 $2x+5<4x-7$의 해를 구하시오.
⑵ 부등식 $4x-7<9x-2$의 해를 구하시오.
⑶ 연립부등식 $2x+5<4x-7<9x-2$의 해를 구하시오.

[0707 ~ 0708] 다음 연립부등식을 푸시오.

0707 $-3\leq x+2\leq17-4x$

0708 $x-2<3x-4\leq x+9$

08·4 절댓값 기호를 포함한 부등식

[0709 ~ 0711] 다음 부등식을 푸시오.

0709 $|6-x|<3$

0710 $|3x-2|\geq5$

0711 $2|x-1|<x$

0712 부등식 $|x+1|+|x-5|\leq8$에 대하여 다음 물음에 답하시오.

⑴ $x<-1$일 때, 부등식의 해를 구하시오.
⑵ $-1\leq x<5$일 때, 부등식의 해를 구하시오.
⑶ $x\geq5$일 때, 부등식의 해를 구하시오.
⑷ ⑴, ⑵, ⑶의 해를 수직선 위에 나타내시오.

$$\longleftrightarrow$$
$$x$$

⑸ 부등식의 해를 구하시오.

유형 익/히/기

| 개념원리 수학(상) 194쪽 |

유형 01 연립일차부등식의 풀이

(i) 각각의 일차부등식을 푼다.

(ii) 각 부등식의 해를 수직선 위에 나타낸다.

(iii) 공통부분을 찾아 주어진 연립부등식의 해를 구한다.

0713 대표문제

연립부등식 $\begin{cases} 3x+2 \leq 2(x-1) \\ x+1 > 3(x-3)+2 \end{cases}$ 를 푸시오.

0714 중

연립부등식 $\begin{cases} 6(x-1) < x+4 \\ 5-3(x+3) \leq 2x+11 \end{cases}$ 의 해가 $a \leq x < b$일 때, 실수 a, b에 대하여 $b-a$의 값을 구하시오.

0715 중

연립부등식 $\begin{cases} \dfrac{x+1}{2} \geq \dfrac{3x-4}{5} \\ \dfrac{2x-3}{3} - \dfrac{x+1}{4} < \dfrac{x-3}{2} \end{cases}$ 을 만족시키는 x의 값 중 가장 큰 정수를 M, 가장 작은 정수를 m이라 할 때, $M-m$의 값을 구하시오.

중요

| 개념원리 수학(상) 195쪽 |

유형 02 $A<B<C$의 꼴의 연립부등식

연립부등식 $\begin{cases} A<B \\ B<C \end{cases}$ 의 꼴로 고쳐서 푼다.

0716 대표문제

연립부등식 $2(x-5) < 5x-1 \leq 4(2-x)$를 만족시키는 모든 정수 x의 값의 합을 구하시오.

0717 중

다음 중 연립부등식 $8x-5 < 2x+7 \leq -(3x+8)$의 해가 아닌 것은?

① -10　　　② -9　　　③ -5
④ -3　　　⑤ -2

0718 중

연립부등식 $0.3x-1 < 0.5x + \dfrac{2}{5} \leq 3+0.3x$의 해가 $a < x \leq b$일 때, 실수 a, b에 대하여 $a-b$의 값을 구하시오.

0719 상 중

연립부등식 $1 - \dfrac{2(1-x)}{3} < \dfrac{3x+5}{4} \leq \dfrac{x-1}{2} + 1$을 만족시키는 x에 대하여 $A = -x+3$일 때, A의 값의 범위를 구하시오.

유형 03 특수한 해를 갖는 연립일차부등식

(1) 연립부등식의 해가 없는 경우
⇨ 수직선 위에서 두 일차부등식의 해의 공통부분이 없다.

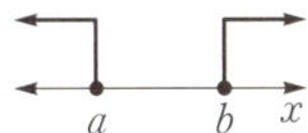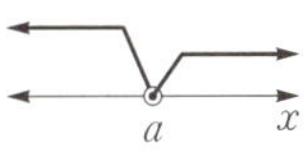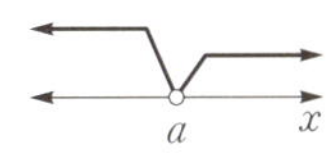

(2) 연립부등식의 해가 하나뿐인 경우
⇨ 수직선 위에서 두 일차부등식의 해의 공통부분이 $x=a$뿐이다.

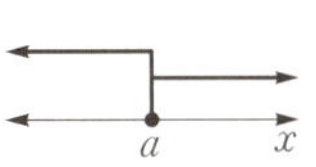

0720 대표문제

다음 연립부등식 중 해가 <u>없는</u> 것은?

① $\begin{cases} 4x-1 \geq 2(x-2)+1 \\ x+4 > 2x-1 \end{cases}$
② $\begin{cases} 4(3-x) < x-8 \\ 2(x-6) < 3(x-4) \end{cases}$

③ $\begin{cases} \dfrac{x-1}{2} - \dfrac{x-2}{3} \geq 0 \\ 7x-5 < 2x+15 \end{cases}$
④ $\begin{cases} 5x+13 > -3(x+1) \\ \dfrac{2x+4}{3} \leq \dfrac{x-2}{2} - x \end{cases}$

⑤ $\begin{cases} 0.5x-0.2 \geq 0.4x-0.8 \\ 4(x-2) \leq 3x-14 \end{cases}$

0721 중하

다음 중 연립부등식 $\begin{cases} 2x+5 < x+4 \\ \dfrac{1}{3}(x-6) \geq -2 \end{cases}$ 의 해를 수직선 위에 바르게 나타낸 것은?

① 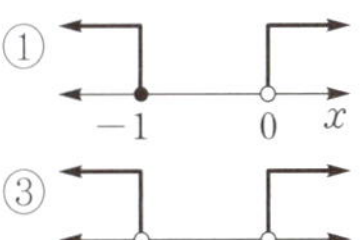
②
③ 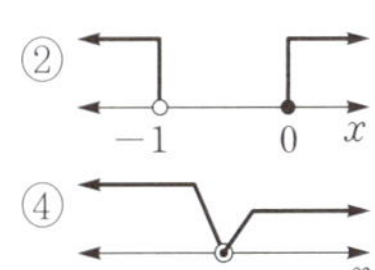
④
⑤

0722 중 서술형

연립부등식 $\begin{cases} \dfrac{x+2}{3} \leq \dfrac{2x+3}{5} \\ \dfrac{3(1-x)}{2} \geq -x+1 \end{cases}$ 을 푸시오.

유형 04 연립일차부등식의 해가 주어진 경우

(ⅰ) 각각의 부등식을 푼다.
(ⅱ) 주어진 연립부등식의 해와 비교하여 미정계수를 구한다.

0723 대표문제

연립부등식 $\begin{cases} 5x-a > 2(x-1) \\ 3x \leq 1+b+x \end{cases}$ 의 해가 $2 < x \leq 4$일 때, 실수 a, b에 대하여 $a+b$의 값을 구하시오.

0724 중

연립부등식 $\begin{cases} 3x-5 \leq 13 \\ -x+1 > 3x+a \end{cases}$ 의 해를 수직선 위에 나타내면 오른쪽 그림과 같을 때, 실수 a의 값을 구하시오.

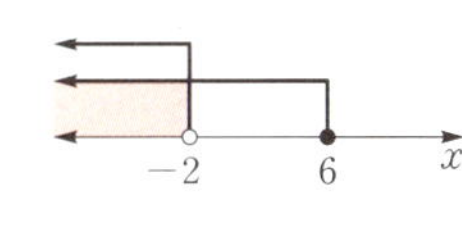

0725 중

연립부등식 $x+a \leq 2x-3 \leq -(x+b)$의 해가 $4 \leq x \leq 6$일 때, 실수 a, b에 대하여 $a-b$의 값을 구하시오.

0726 중

연립부등식 $\begin{cases} \dfrac{5}{6}x - \dfrac{1}{2} \leq \dfrac{x}{3} + a \\ x+2 \leq 5(2x-b) \end{cases}$ 의 해가 $x=3$일 때, 실수 a, b에 대하여 $a+b$의 값을 구하시오.

유형 05 연립일차부등식이 해를 갖거나 해가 없는 경우

(1) 연립부등식이 해를 갖는 경우
⇨ 각 부등식의 해를 수직선 위에 나타내었을 때 공통부분이 있어야 한다.
(2) 연립부등식의 해가 없는 경우
⇨ 각 부등식의 해를 수직선 위에 나타내었을 때 공통부분이 없어야 한다.

0727 대표문제

연립부등식 $\begin{cases} \dfrac{3-2x}{2} \le a \\ 3x+6 > 5x \end{cases}$ 가 해를 갖도록 하는 정수 a의 최솟

값을 구하시오.

0728 중

연립부등식 $3x-4 \le 2(3-x) \le 2x+a$가 해를 갖도록 하는 실수 a의 값의 범위를 구하시오.

0729 중

연립부등식 $\begin{cases} \dfrac{2x+5}{3} + \dfrac{x-3}{2} > -1 \\ 5x-7 < 4(x-k) \end{cases}$ 의 해가 없을 때, 실수 k

의 값의 범위를 구하시오.

0730 중 서술형

연립부등식 $\begin{cases} \dfrac{1}{2}x+1 < 3x-a \\ 0.2(5-2x) \ge 0.3x-0.4 \end{cases}$ 의 해가 없을 때, 정수

a의 최솟값을 구하시오.

유형 06 연립일차부등식의 활용

연립부등식의 활용 문제는 다음과 같은 순서로 푼다.
(ⅰ) 미지수 x 정하기
(ⅱ) 연립부등식 세우기
(ⅲ) 연립부등식 풀기
(ⅳ) 확인하기

0731 대표문제

16 %의 소금물 200 g이 있다. 이 소금물에 소금을 더 넣어 20 % 이상 25 % 이하의 소금물을 만들려고 할 때, 더 넣어야 하는 소금의 양을 구하시오.

0732 중

연속하는 세 홀수의 합이 119 이상 129 미만일 때, 세 홀수 중 가장 큰 홀수를 구하시오.

0733 중

현재 미국 화폐에 대한 자국통화표시환율은 US$1＝\1200으로 우리나라 돈 1200원을 미국 돈 1달러로 바꿀 수 있다고 한다. 8만 원 이상 10만 원 이하의 돈을 환전하여 1달러짜리 지폐와 10달러짜리 지폐를 합하여 총 30장이 되도록 할 때, 10달러짜리 지폐는 몇 장인지 구하시오.

0734 중

다음 표는 두 식품 A, B의 100 g당 열량과 단백질의 양을 나타낸 것이다. 두 식품 A, B를 합하여 300 g을 섭취하여 열량을 400 kcal 이상, 단백질을 24 g 이상 얻으려고 할 때, 섭취해야 하는 식품 B의 양의 범위를 구하시오.

식품 ＼ 성분	열량(kcal)	단백질(g)
A	100	12
B	250	6

| 개념원리 수학(상) 203쪽 |

유형 **07**　$|ax+b|<c,\ |ax+b|>c$의 꼴의 부등식

$|ax+b|<c$ 또는 $|ax+b|>c\ (c>0)$의 꼴의 부등식은

(1) $|ax+b|<c \Rightarrow -c<ax+b<c$

(2) $|ax+b|>c \Rightarrow ax+b<-c$ 또는 $ax+b>c$

임을 이용하여 절댓값 기호를 없앤 후 푼다.

0735　대표문제

부등식 $|2x-4|<6$의 해가 $a<x<b$일 때, 실수 a, b에 대하여 $b-a$의 값을 구하시오.

0736　중

부등식 $|5-3x|\leq7$을 만족시키는 정수 x의 개수는?

① 3　　　　　② 5　　　　　③ 7

④ 9　　　　　⑤ 11

0737　중

부등식 $|2x-a|>4$의 해가 $x<b$ 또는 $x>3$일 때, 실수 a, b에 대하여 $a+b$의 값을 구하시오.

0738　중

다음 부등식을 푸시오.

$$1<|x-2|<3$$

| 개념원리 수학(상) 204쪽 |

유형 **08**　$|ax+b|<cx+d$의 꼴의 부등식

$|ax+b|<cx+d$의 꼴의 부등식은

$\Rightarrow$ 절댓값 기호 안의 식의 값이 0이 되는 x의 값인 $-\dfrac{b}{a}\ (a\neq0)$ 를 기준으로 하여 x의 값의 범위를 $x<-\dfrac{b}{a},\ x\geq-\dfrac{b}{a}$로 나누어 푼다.

0739　대표문제

부등식 $|x-1|\leq3x-1$을 만족시키는 정수 x의 최솟값은?

① -3　　　　② -2　　　　③ -1

④ 1　　　　　⑤ 2

0740　중

부등식 $|3x-1|>2x+7$의 해가 $x<a$ 또는 $x>b$일 때, 실수 a, b에 대하여 $b-5a$의 값은?

① 2　　　　　② 6　　　　　③ 14

④ 20　　　　　⑤ 33

0741　중

부등식 $2|-x+1|<x+7$의 해가 $x<a$에 포함되도록 하는 실수 a의 값의 범위를 구하시오.

| 개념원리 수학(상) 204쪽 |

유형 **09**　절댓값 기호가 두 개인 부등식

일차식 $f(x)$, $g(x)$에 대하여 $f(a)=0$, $g(b)=0$ $(a<b)$일 때, $|f(x)|+|g(x)|<c$ $(c>0)$의 꼴의 부등식은

➡ x의 값의 범위를 $x<a$, $a\le x<b$, $x\ge b$인 경우로 나누어 푼다.

0742 〔대표문제〕

부등식 $2|x-1|+3|x+1|<6$을 만족시키는 모든 정수 x의 값의 합을 구하시오.

0743 〔중〕

부등식 $\sqrt{(3-x)^2}+2|x+1|<9$의 해가 $a<x<b$일 때, 실수 a, b에 대하여 $b-a$의 값은?

① -6　　　　② -3　　　　③ 3
④ 6　　　　⑤ 9

0744 〔중〕 〔서술형〕

부등식 $|2x+1|-4|x-2|>x-1$을 만족시키는 정수 x의 개수를 구하시오.

0745 〔상중〕

부등식 $|4-|x-3||\le 5$의 해가 $a\le x\le b$일 때, 실수 a, b에 대하여 $a+b$의 값을 구하시오.

유형 **10**　절댓값 기호를 포함한 부등식의 해가 없거나 무수히 많은 경우

(1) $|ax+b|<c$의 해가 없다. ➡ $c\le 0$
(2) $|ax+b|\le c$의 해가 없다. ➡ $c<0$
(3) $|ax+b|>c$의 해가 모든 실수이다. ➡ $c<0$
(4) $|ax+b|\ge c$의 해가 모든 실수이다. ➡ $c\le 0$

0746 〔대표문제〕

부등식 $|x-2|\le k+2$의 해가 존재하도록 하는 실수 k의 값의 범위는?

① $k>-3$　　　　② $k\ge -2$　　　　③ $k<0$
④ $k<-3$　　　　⑤ $k\le -2$

0747 〔중〕

부등식 $|x-4|\le \dfrac{3}{4}k-9$의 해가 존재하지 않도록 하는 양의 정수 k의 개수는?

① 8　　　　② 9　　　　③ 10
④ 11　　　　⑤ 12

0748 〔중〕

부등식 $|3x-4|+2>a$의 해가 모든 실수가 되도록 하는 실수 a의 값의 범위는?

① $a\ge -2$　　　　② $a>-2$　　　　③ $a<2$
④ $a\le 2$　　　　⑤ $a\ge 2$

유형 up

| 개념원리 수학(상) 198쪽 |

유형 **11** 정수인 해의 개수가 주어진 연립일차부등식

연립부등식의 정수인 해가 n개인 경우
(i) 각 부등식의 해를 수직선 위에 나타낸다.
(ii) 공통부분이 n개의 정수를 포함하도록 미지수의 값의 범위를 구한다.

0749 대표문제

연립부등식 $\begin{cases} 1-x \geq -3 \\ 5x-a > 3(x+2) \end{cases}$ 를 만족시키는 정수 x가 5개일 때, 실수 a의 값의 범위는?

① $-10 \leq a < -8$ ② $-10 < a \leq -8$
③ $-8 \leq a < -6$ ④ $-8 < a \leq -6$
⑤ $-6 \leq a < -4$

0750 중

연립부등식 $\begin{cases} 3x+3 < 2(4-x) \\ x+a \leq 2x+2 \end{cases}$ 를 만족시키는 정수 x가 -1과 0뿐일 때, 실수 a의 값의 범위를 구하시오.

0751 중

연립부등식 $2x+a < 3 - \dfrac{2-x}{2} < \dfrac{3x-1}{3}$ 을 만족시키는 정수 x가 3개일 때, 실수 a의 최솟값을 구하시오.

0752 상중 서술형

연립부등식 $\begin{cases} |2x+3| < 5 \\ |x-a| \leq 4 \end{cases}$ 를 만족시키는 정수 x가 4개일 때, 자연수 a의 값을 구하시오.

| 개념원리 수학(상) 199쪽 |

유형 **12** 연립일차부등식의 활용 — 과부족

(1) 물건을 한 사람에게 k개씩 나누어 주는 경우
 ⇨ 사람의 수를 x로 놓는다.
(2) 한 의자에 n명씩 앉으면 k개의 의자가 남는 경우
 ⇨ 의자의 개수를 x로 놓고 마지막 의자에는 1명~n명이 앉을 수 있음을 이용하여 부등식을 세운다.

0753 대표문제

학생들에게 사탕을 나누어 주는데 한 학생에게 4개씩 나누어 주면 12개가 남고, 7개씩 나누어 주면 마지막 한 학생은 2개 이상 6개 미만을 받는다고 한다. 이때 사탕의 개수는?

① 30 ② 31 ③ 32
④ 33 ⑤ 34

0754 상중

어느 반 학생들이 긴 의자에 앉으려고 한다. 한 의자에 3명씩 앉으면 학생이 5명 남고, 4명씩 앉으면 의자가 3개 남을 때, 다음 중 의자의 개수가 될 수 <u>없는</u> 것은?

① 17 ② 18 ③ 19
④ 20 ⑤ 21

0755 상중

어느 회사에서 워크숍을 가는데 승용차 한 대에 4명씩 타면 11명이 타지 못하고, 5명씩 타면 승용차 2대가 남는다고 한다. 이때 승용차는 최소 몇 대인가?

① 21대 ② 22대 ③ 23대
④ 24대 ⑤ 25대

0756

다음 중 연립부등식 $\begin{cases} x+2>4x-13 \\ 3(x-1) \geq 2x-3 \end{cases}$ 을 만족시키는 x의 값이 될 수 <u>없는</u> 것은?

① 1 ② 2 ③ 3
④ 4 ⑤ 5

0757

연립부등식 $\begin{cases} 1.2x-2 \leq 0.8x+3.2 \\ 3-\dfrac{x-2}{4} < \dfrac{2x-3}{2} \end{cases}$ 의 해가 $a<x \leq b$일 때, 실수 a, b에 대하여 $a-b$의 값을 구하시오.

0758

연립부등식 $4x+1 \leq 2x+a < 5x-b$를 연립부등식 $\begin{cases} 4x+1 \leq 2x+a \\ 4x+1 < 5x-b \end{cases}$ 로 잘못 변형하여 풀었더니 해가 $-3<x \leq 3$이었다. 원래 부등식의 해를 구하시오. (단, a, b는 실수)

0759

연립부등식 $\begin{cases} 5(x-2) \leq 2x-7 \\ \dfrac{1}{2}x+1 > \dfrac{a}{3}x-1 \end{cases}$ 의 해가 $-4<x \leq b$일 때, 실수 a, b에 대하여 $a+b$의 값을 구하시오. $\left(단, a<\dfrac{3}{2}\right)$

0760

연립부등식 $\begin{cases} 2x-3>x+1 \\ 2x+a \leq 10 \end{cases}$ 의 해가 없을 때, 실수 a의 값의 범위를 구하시오.

0761

6 %의 설탕물과 12 %의 설탕물을 섞어서 8 % 이상 10 % 이하의 설탕물 600 g을 만들려고 한다. 이때 섞어야 할 6 %의 설탕물의 양을 구하시오.

0762

부등식 $|x-a| \leq 3$의 해가 $3 \leq x \leq b$일 때, 실수 a, b에 대하여 $a+b$의 값은?

① 7 ② 9 ③ 11
④ 13 ⑤ 15

0763 교육청 기출

부등식 $2|x-1|+x \leq 4$를 만족시키는 모든 정수 x의 값의 합은?

① -2 ② -1 ③ 0
④ 1 ⑤ 2

0764

부등식 $||x-2|-3|\leq4$를 만족시키는 정수 x의 개수를 구하시오.

0765

부등식 $\left|\dfrac{3}{4}x+1\right|-a<\dfrac{1}{2}$의 해가 존재하지 않도록 하는 정수 a의 최댓값을 구하시오.

0766

연립부등식 $\begin{cases} 0.3(2x+5)>0.7(x+1) \\ 2x-1>a \end{cases}$ 를 만족시키는 정수 x가 1개뿐일 때, 다음 중 실수 a의 값이 될 수 있는 것은?

① 7 ② 9 ③ 11
④ 13 ⑤ 15

0767

학생들이 야영을 하는데 한 텐트에 5명씩 자면 2명이 남고, 6명씩 자면 1개의 텐트가 남는다고 한다. 이때 학생 수는 최대 몇 명인지 구하시오.

0768

연립부등식 $\begin{cases} 4x-(3x-2)<2x \\ 5x-15\leq2(x+1) \end{cases}$ 의 해 중 가장 큰 정수를 M, 가장 작은 정수를 m이라 할 때, $M-m$의 값을 구하시오.

0769

구리 25 %, 아연 30 %인 합금 A와 구리 20 %, 아연 35 % 인 합금 B를 합하여 300 g을 가지고 구리를 63 g 이상, 아연을 100 g 이상을 얻으려고 할 때, 합금 A의 양의 범위를 구하시오.

 실력 up

0770

자연수 a, b에 대하여 부등식 $|x-a|+|x|\leq b$를 만족시키는 정수 x의 개수를 $f(a,\ b)$라 하자. 이때 $f(n,\ n+3)=5$를 만족시키는 자연수 n의 값을 구하시오.

0771 ···· 창의·융합

부등식 $|x-a[a]|<b[b]$의 해가 $-13<x<23$일 때, 양수 a, b에 대하여 $b-a$의 값은?

(단, $[x]$는 x보다 크지 않은 최대의 정수이다.)

① $-\dfrac{5}{2}$ ② -1 ③ $\dfrac{1}{2}$
④ 2 ⑤ $\dfrac{9}{2}$

09·1 이차부등식과 이차함수의 관계

1 이차부등식

부등식의 모든 항을 좌변으로 이항하여 정리하였을 때, 좌변이 x에 대한 이차식인 부등식을 x에 대한 **이차부등식**이라 한다.

2 이차부등식의 해와 이차함수의 그래프의 관계

이차식 $f(x)=ax^2+bx+c$에 대하여

(1) 이차부등식 $f(x)>0$의 해
  - ⇨ $y=f(x)$에서 $y>0$을 만족시키는 x의 값의 범위
  - ⇨ $y=f(x)$의 그래프가 x축보다 위쪽에 있는 부분의 x의 값의 범위
(2) 이차부등식 $f(x)<0$의 해
  - ⇨ $y=f(x)$에서 $y<0$을 만족시키는 x의 값의 범위
  - ⇨ $y=f(x)$의 그래프가 x축보다 아래쪽에 있는 부분의 x의 값의 범위

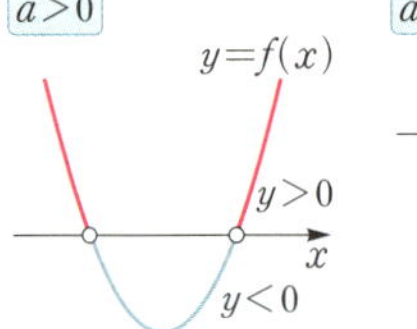

> 이차부등식 $f(x)\geq 0$과 $f(x)\leq 0$의 해는 $y=f(x)$의 그래프가 x축과 만나는 부분까지 포함하여 생각한다.

09·2 이차부등식의 해

이차방정식 $ax^2+bx+c=0\ (a>0)$의 판별식을 $D=b^2-4ac$, 두 실근을 $\alpha,\ \beta\ (\alpha\leq\beta)$라 하면 이차부등식의 해는 다음과 같다.

	$D>0$	$D=0$	$D<0$
$y=ax^2+bx+c$의 그래프	$\alpha\ \beta$	$\alpha(=\beta)$	
$ax^2+bx+c>0$의 해	$x<\alpha$ 또는 $x>\beta$	$x\neq\alpha$인 모든 실수	모든 실수
$ax^2+bx+c\geq 0$의 해	$x\leq\alpha$ 또는 $x\geq\beta$	모든 실수	모든 실수
$ax^2+bx+c<0$의 해	$\alpha<x<\beta$	없다.	없다.
$ax^2+bx+c\leq 0$의 해	$\alpha\leq x\leq\beta$	$x=\alpha$	없다.

> $a<0$인 경우에는 주어진 이차부등식의 양변에 -1을 곱하여 x^2의 계수를 양수로 바꾸어 푼다. 이때 부등호의 방향이 바뀌는 것에 주의한다.

09·3 이차부등식의 작성

(1) 해가 $x<\alpha$ 또는 $x>\beta\ (\alpha<\beta)$이고 x^2의 계수가 1인 이차부등식은
  - ⇨ $(x-\alpha)(x-\beta)>0$, 즉 $x^2-(\alpha+\beta)x+\alpha\beta>0$
(2) 해가 $\alpha<x<\beta$이고 x^2의 계수가 1인 이차부등식은
  - ⇨ $(x-\alpha)(x-\beta)<0$, 즉 $x^2-(\alpha+\beta)x+\alpha\beta<0$

> 이차부등식의 해가 주어지고 x^2의 계수가 a인 이차부등식은 (1), (2)에서 구한 이차부등식의 양변에 a를 곱하여 구한다. 이때 $a<0$이면 부등호의 방향이 바뀌는 것에 주의한다.

정답과 풀이 89쪽

09·1   이차부등식과 이차함수의 관계

0772 이차함수 $y=f(x)$의 그래프가 오른쪽 그림과 같을 때, 다음 이차부등식의 해를 구하시오.

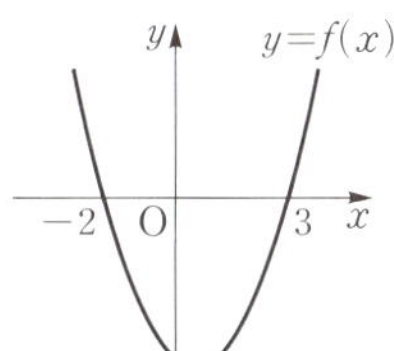

(1) $f(x)>0$
(2) $f(x)\leq 0$

[0773 ~ 0774] 이차함수 $y=ax^2+bx+c$의 그래프와 직선 $y=mx+n$이 오른쪽 그림과 같을 때, 다음 이차부등식의 해를 구하시오.

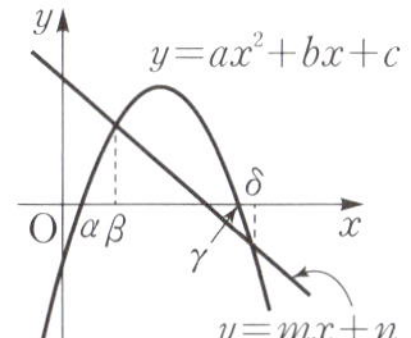

0773 $ax^2+bx+c>0$

0774 $ax^2+bx+c\leq mx+n$

09·2   이차부등식의 해

[0775 ~ 0779] 다음 이차부등식을 푸시오.

0775 $x^2-2x-15<0$

0776 $3x^2-2x-1\leq 0$

0777 $5x^2-9x-2>0$

0778 $2x^2+5x-3\geq 0$

0779 $-x^2+4x-3\geq 0$

[0780 ~ 0783] 다음 이차부등식을 푸시오.

0780 $4x^2-4x+1>0$

0781 $4x^2-12x+9\geq 0$

0782 $x^2+2x+1<0$

0783 $9x^2-6x+1\leq 0$

[0784 ~ 0787] 다음 이차부등식을 푸시오.

0784 $x^2-x+2>0$

0785 $2x^2-4x+5<0$

0786 $x^2\geq 2(x-1)$

0787 $9x^2\leq -12x-4$

09·3   이차부등식의 작성

[0788 ~ 0792] 해가 다음과 같고 x^2의 계수가 1인 이차부등식을 구하시오.

0788 $x<-2$ 또는 $x>4$

0789 $x\leq 1$ 또는 $x\geq 3$

0790 $-1<x<4$

0791 $-2\leq x\leq 3$

0792 $x\neq 6$인 모든 실수

+ 개념 플러스

09·4 이차부등식이 항상 성립할 조건

이차방정식 $ax^2+bx+c=0$의 판별식을 D라 할 때, 모든 실수 x에 대하여

(1) $ax^2+bx+c>0$이 성립 $\Rightarrow$ **$a>0,\ D<0$**

(2) $ax^2+bx+c\geq0$이 성립 $\Rightarrow$ **$a>0,\ D\leq0$**

(3) $ax^2+bx+c<0$이 성립 $\Rightarrow$ **$a<0,\ D<0$**

(4) $ax^2+bx+c\leq0$이 성립 $\Rightarrow$ **$a<0,\ D\leq0$**

참고 (1) 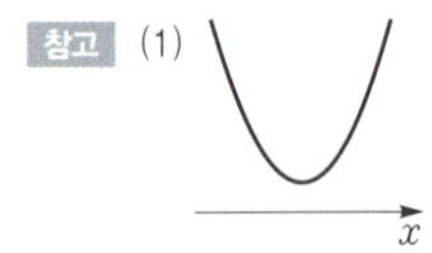 (2) 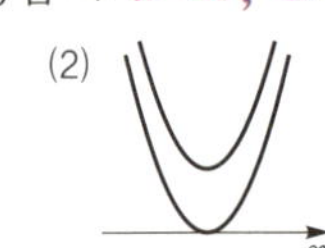 (3) 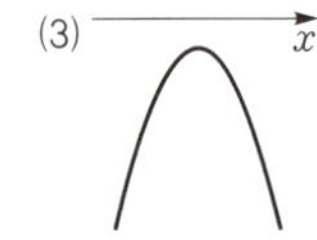 (4) 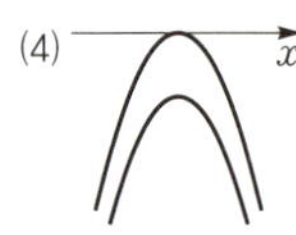

모든 실수 x에 대하여
① $f(x)>0$이면 $\Rightarrow$ $y=f(x)$의 그래프가 x축보다 항상 위쪽에 있다.
② $f(x)<0$이면 $\Rightarrow$ $y=f(x)$의 그래프가 x축보다 항상 아래쪽에 있다.

09·5 연립이차부등식

1 연립이차부등식

연립부등식에서 차수가 가장 높은 부등식이 이차부등식일 때, 이 연립부등식을 연립이차부등식이라 한다.

연립이차부등식은 다음 중 하나의 꼴이다.
$\begin{cases} \text{일차부등식} \\ \text{이차부등식} \end{cases}$, $\begin{cases} \text{이차부등식} \\ \text{이차부등식} \end{cases}$

2 연립이차부등식의 풀이

연립부등식을 이루고 있는 각 부등식의 해를 구한 다음 이들의 공통부분을 구한다.

(1) 연립부등식 $\begin{cases} f(x)>0 \\ g(x)>0 \end{cases}$의 해

  $\Rightarrow$ 두 부등식 $f(x)>0$, $g(x)>0$을 풀어 공통부분을 구한다.

(2) 연립부등식 $f(x)<g(x)<h(x)$의 해

  $\Rightarrow$ 두 부등식 $f(x)<g(x)$, $g(x)<h(x)$를 풀어 공통부분을 구한다.

연립부등식을 이루고 있는 각 부등식의 해의 공통부분이 없으면 연립부등식의 해는 없다.

09·6 이차방정식의 실근의 조건

1 이차방정식의 실근의 부호

계수가 실수인 이차방정식 $ax^2+bx+c=0$의 두 실근을 α, β, 판별식을 D라 하면

(1) 두 근이 모두 양수 $\Rightarrow D\geq0,\ \alpha+\beta>0,\ \alpha\beta>0$

(2) 두 근이 모두 음수 $\Rightarrow D\geq0,\ \alpha+\beta<0,\ \alpha\beta>0$

(3) 두 근이 서로 다른 부호 $\Rightarrow \alpha\beta<0$

참고 (3)에서 $\alpha\beta=\dfrac{c}{a}<0$이면 $ac<0$이므로 항상 $D=b^2-4ac>0$이다.

이차방정식의 근의 부호는 이차방정식이 실근을 갖는 경우에만 생각할 수 있다.

2 이차방정식의 근의 분리

이차방정식 $ax^2+bx+c=0\ (a>0)$의 판별식을 D, $f(x)=ax^2+bx+c$라 할 때

(1) 두 근이 모두 p보다 크다. $\Rightarrow D\geq0,\ f(p)>0,\ -\dfrac{b}{2a}>p$

(2) 두 근이 모두 p보다 작다. $\Rightarrow D\geq0,\ f(p)>0,\ -\dfrac{b}{2a}<p$

(3) 두 근 사이에 p가 있다. $\Rightarrow f(p)<0$

(4) 두 근이 모두 p, $q\ (p<q)$ 사이에 있다. $\Rightarrow D\geq0,\ f(p)>0,\ f(q)>0,\ p<-\dfrac{b}{2a}<q$

참고 (3)에서 $a>0$, $f(p)<0$이면 $y=f(x)$의 그래프가 반드시 x축과 서로 다른 두 점에서 만나므로 항상 $D>0$이다. 또, 축의 위치는 알 수 없으므로 생각하지 않는다.

이차방정식 $f(x)=0$의 근의 조건이 주어진 경우에는 $y=f(x)$의 그래프를 그린 후 다음 세 가지 조건을 조사한다.
(ⅰ) $f(x)=0$의 판별식 D의 값의 부호
(ⅱ) 경계에서의 함숫값의 부호
(ⅲ) $y=f(x)$의 그래프의 축의 위치

📖 교과서 문제 정복하기

<table>
<tr><td>09 · 4</td><td>이차부등식이 항상 성립할 조건</td></tr>
</table>

[0793 ~ 0795] 모든 실수 x에 대하여 다음 이차부등식이 성립하도록 하는 실수 k의 값의 범위를 구하시오.

0793 $x^2+kx+2>0$

0794 $-x^2+4x-k+2<0$

0795 $-x^2+2kx-3k\leq0$

<table>
<tr><td>09 · 5</td><td>연립이차부등식</td></tr>
</table>

0796 연립부등식 $\begin{cases} x^2-5x+6\geq0 \\ x^2+4<5x \end{cases}$ 에 대하여 다음 물음에 답하시오.

(1) 이차부등식 $x^2-5x+6\geq0$을 푸시오.
(2) 이차부등식 $x^2+4<5x$를 푸시오.
(3) (1), (2)의 해를 수직선 위에 나타내시오.

$$\xleftarrow{\hspace{4cm}}\xrightarrow{\hspace{1cm}} \quad x$$

(4) 연립부등식의 해를 구하시오.

[0797 ~ 0799] 다음 연립부등식을 푸시오.

0797 $\begin{cases} 2x+5>x+2 \\ x^2+4x-5<0 \end{cases}$

0798 $\begin{cases} 2x^2-5x+2<0 \\ 4x^2+12x+9\geq0 \end{cases}$

0799 $2x+6\leq x^2+3<2x+11$

<table>
<tr><td>09 · 6</td><td>이차방정식의 실근의 조건</td></tr>
</table>

0800 이차방정식 $x^2-x-2k+1=0$의 두 근이 모두 양수일 때, 실수 k의 값의 범위를 구하시오.

0801 이차방정식 $x^2+(k-1)x+4=0$의 두 근이 모두 음수일 때, 실수 k의 값의 범위를 구하시오.

0802 이차방정식 $x^2+kx+k^2-4=0$의 두 근의 부호가 서로 다를 때, 실수 k의 값의 범위를 구하시오.

0803 x^2의 계수가 양수인 이차방정식 $f(x)=0$의 판별식을 D, 이차함수 $y=f(x)$의 그래프의 축의 방정식을 $x=a$라 할 때, 다음 □ 안에 $>$, $\geq$, $<$, $\leq$ 중 알맞은 것을 써넣으시오.

(1) 두 근이 모두 -1보다 크다.
$\Rightarrow D\,\square\,0,\ f(-1)\,\square\,0,\ a\,\square\,-1$

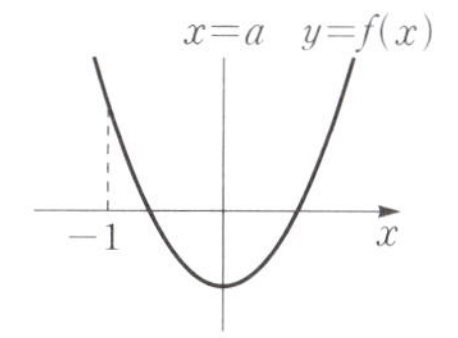

(2) 두 근이 모두 3보다 작다.
$\Rightarrow D\,\square\,0,\ f(3)\,\square\,0,\ a\,\square\,3$

(3) 두 근 사이에 2가 있다.
$\Rightarrow f(2)\,\square\,0$

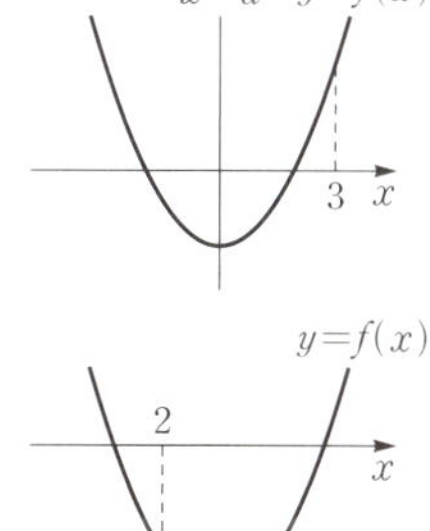

0804 이차방정식 $x^2-2kx+2-k=0$의 두 근이 모두 1보다 작을 때, 실수 k의 값의 범위를 구하시오.

0805 이차방정식 $x^2-kx+1+5k=0$의 두 근 사이에 1이 있을 때, 실수 k의 값의 범위를 구하시오.

| 개념원리 수학(상) 209쪽 |

유형 **01** 그래프를 이용한 부등식의 풀이

(1) 부등식 $f(x)>0$의 해
  $\Rightarrow$ $y=f(x)$의 그래프가 x축보다 위쪽에 있는 부분의 x의 값의 범위
(2) 부등식 $f(x)>g(x)$의 해
  $\Rightarrow$ $y=f(x)$의 그래프가 $y=g(x)$의 그래프보다 위쪽에 있는 부분의 x의 값의 범위

0806 대표문제

이차함수 $y=ax^2+bx+c$의 그래프와 직선 $y=mx+n$이 오른쪽 그림과 같을 때, 이차부등식 $ax^2+(b-m)x+c-n\geq0$의 해를 구하시오. (단, $a,\,b,\,c,\,m,\,n$은 실수)

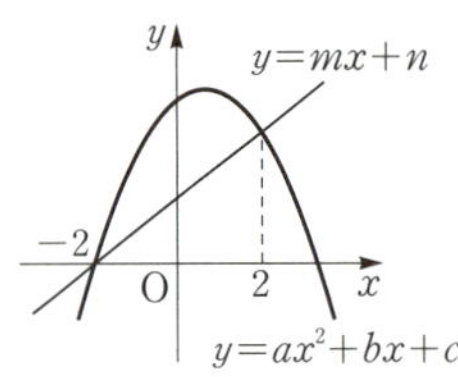

0807 중하

이차함수 $y=f(x)$의 그래프가 오른쪽 그림과 같을 때, 이차부등식 $f(x)\leq0$의 해를 구하시오.

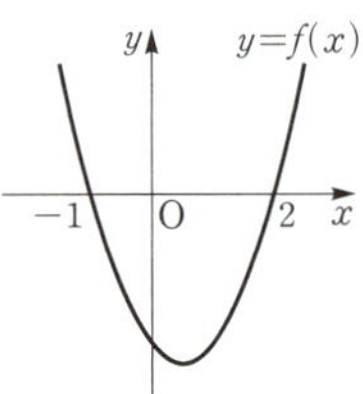

0808 중

두 이차함수 $y=f(x)$, $y=g(x)$의 그래프가 오른쪽 그림과 같을 때, 부등식 $f(x)g(x)\geq0$의 해를 구하시오. (단, $a<b<c<d$)

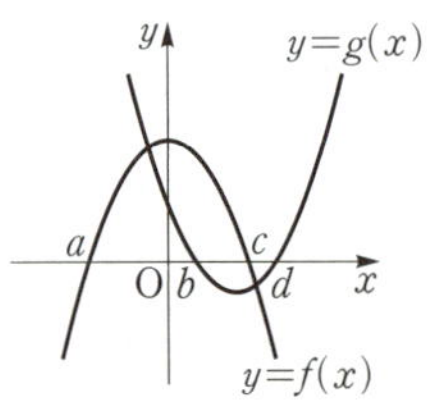

| 개념원리 수학(상) 210쪽 |

중요

유형 **02** 이차부등식의 풀이

이차방정식 $f(x)=0$의 판별식을 D라 할 때, 이차부등식 $f(x)>0$의 해는 다음과 같이 구한다.
(1) $D>0$이면 $f(x)$를 인수분해하거나 근의 공식을 이용한다.
(2) $D=0$ 또는 $D<0$이면 $f(x)=a(x-p)^2+q$의 꼴로 변형한다.

0809 대표문제

이차부등식 $x^2-2x-7\geq0$의 해가 $x\leq\alpha$ 또는 $x\geq\beta$일 때, $\beta-\alpha$의 값을 구하시오.

0810 중하

이차부등식 $-2x^2+7x+6\geq2x+3$을 만족시키는 정수 x의 개수를 구하시오.

0811 중

다음 이차부등식 중 해가 존재하지 <u>않는</u> 것은?

① $x^2-6x+9>0$ ② $4x^2+4x+1\leq0$
③ $9x^2\geq6x-1$ ④ $12x-9>4x^2$
⑤ $x^2+2x-3\leq0$

0812 중

다음 중 이차부등식 $x^2+6x-7\geq0$과 해가 같은 것은?

① $|x+3|\leq4$ ② $|x+3|\geq4$ ③ $|x-3|\geq2$
④ $|x-3|\leq3$ ⑤ $|x+2|\leq5$

유형 03 절댓값 기호를 포함한 이차부등식

$$|A| = \begin{cases} -A & (A<0) \\ A & (A\geq0) \end{cases}$$ 임을 이용하여 절댓값 기호를 없앤다.

이때 A가 x에 대한 다항식이면 $A=0$이 되는 x의 값을 기준으로 범위를 나누어 푼다.

0813 대표문제

부등식 $x^2-x-5\leq|2x-1|$을 만족시키는 정수 x의 개수는?

① 5 ② 6 ③ 7
④ 8 ⑤ 9

0814 중 서술형

부등식 $x^2+2|x|-3<0$의 해를 구하시오.

0815 중

다음 중 부등식 $|x^2-5x|<6$의 해가 <u>아닌</u> 것은?

① 0 ② $\dfrac{3}{2}$ ③ 3
④ 4 ⑤ $\dfrac{17}{3}$

유형 04 해가 주어진 이차부등식

(1) 해가 $x<\alpha$ 또는 $x>\beta$ $(\alpha<\beta)$이고 x^2의 계수가 1인 이차부 등식
$\Rightarrow (x-\alpha)(x-\beta)>0$

(2) 해가 $\alpha<x<\beta$이고 x^2의 계수가 1인 이차부등식
$\Rightarrow (x-\alpha)(x-\beta)<0$

0816 대표문제

이차부등식 $ax^2+bx+10>0$의 해가 $x<-5$ 또는 $x>-1$일 때, 실수 a, b에 대하여 $b-a$의 값을 구하시오.

0817 중

이차부등식 $x^2-2kx-3k\leq0$의 해가 $x=-3$일 때, 실수 k의 값을 구하시오.

0818 중

이차부등식 $ax^2+bx+3a-1\geq0$의 해가 $3-\sqrt{3}\leq x\leq3+\sqrt{3}$일 때, 유리수 a, b에 대하여 ab의 값을 구하시오.

0819 상 중

이차부등식 $ax^2+bx+c>0$의 해가 $\dfrac{1}{7}<x<\dfrac{1}{2}$일 때, 이차부등식 $4cx^2+2bx+a>0$을 만족시키는 모든 정수 x의 값의 합을 구하시오. (단, a, b, c는 실수)

| 개념원리 수학(상) 215쪽 |

유형 05 부등식 $f(x)<0$과 부등식 $f(ax+b)<0$의 관계

(1) $f(x)=p(x-\alpha)(x-\beta)$이면
$\Rightarrow f(ax+b)=p(ax+b-\alpha)(ax+b-\beta)$
(2) $f(x)<0$의 해가 $\alpha<x<\beta$이면
$\Rightarrow f(ax+b)<0$의 해는 $\alpha<ax+b<\beta$

0820 대표문제

이차부등식 $f(x)<0$의 해가 $x<-3$ 또는 $x>2$일 때, 부등식 $f(-x)\geq0$의 해를 구하시오.

0821 중

이차부등식 $f(x)<0$의 해가 $-1<x<2$일 때, 부등식 $f(2x+1)\leq0$의 해는 $\alpha\leq x\leq\beta$이다. 이때 $\alpha+\beta$의 값을 구하시오.

0822 상중

이차부등식 $f(x)\geq0$의 해가 $-2\leq x\leq2$일 때, 다음 중 부등식 $f(2019-x)<0$의 해가 될 수 없는 것은?

① 2013 ② 2015 ③ 2018
④ 2022 ⑤ 2023

0823 상중

이차부등식 $ax^2+bx+c\leq0$의 해가 $1\leq x\leq5$일 때, 이차부등식 $a(x-5)^2+b(x-5)+c<0$을 만족시키는 모든 정수 x의 값의 합을 구하시오. (단, a, b, c는 실수)

| 개념원리 수학(상) 217쪽 |

유형 06 이차부등식의 해가 한 개일 조건

(1) $ax^2+bx+c\geq0$의 해가 한 개일 조건 $\Rightarrow a<0$, $b^2-4ac=0$
(2) $ax^2+bx+c\leq0$의 해가 한 개일 조건 $\Rightarrow a>0$, $b^2-4ac=0$

0824 대표문제

이차부등식 $2x^2-(k+3)x+2k\leq0$의 해가 단 한 개뿐일 때, 모든 실수 k의 값의 합을 구하시오.

0825 중

이차부등식 $(k+1)x^2-2(k+1)x-5\geq0$이 단 하나의 해를 갖도록 하는 실수 k의 값을 구하시오.

| 개념원리 수학(상) 217쪽 |

유형 07 이차부등식이 해를 가질 조건

이차부등식 $ax^2+bx+c>0$이 해를 가질 조건
(1) $a>0$ $\Rightarrow$ 이차부등식은 항상 해를 갖는다.
(2) $a<0$ $\Rightarrow$ $b^2-4ac>0$

0826 대표문제

이차부등식 $2x^2+6x-a<0$이 해를 갖도록 하는 정수 a의 최솟값은?

① -5 ② -4 ③ -3
④ 0 ⑤ 2

0827 상중

다음 중 부등식 $ax^2+4ax-8>0$이 해를 갖도록 하는 실수 a의 값이 아닌 것은?

① -3 ② -2 ③ 3
④ 5 ⑤ 9

| 개념원리 수학(상) 216쪽 |

유형 **08** 이차부등식이 항상 성립할 조건

모든 실수 x에 대하여
(1) $ax^2+bx+c>0$이 성립할 조건 $\Rightarrow a>0,\ b^2-4ac<0$
(2) $ax^2+bx+c\geq0$이 성립할 조건 $\Rightarrow a>0,\ b^2-4ac\leq0$
(3) $ax^2+bx+c<0$이 성립할 조건 $\Rightarrow a<0,\ b^2-4ac<0$
(4) $ax^2+bx+c\leq0$이 성립할 조건 $\Rightarrow a<0,\ b^2-4ac\leq0$

0828 대표문제

이차부등식 $ax^2+6x\leq8-a$가 모든 실수 x에 대하여 성립하도록 하는 정수 a의 최댓값을 구하시오.

0829 중 하

이차부등식 $3x^2-2(k+1)x+k+1>0$의 해가 모든 실수일 때, 정수 k의 개수는?

① 2 　　　　② 3 　　　　③ 4
④ 5 　　　　⑤ 6

0830 중

이차부등식 $ax^2-2(a+2)x+2a+1<0$의 해가 모든 실수가 되도록 하는 실수 a의 값의 범위를 구하시오.

0831 상 중

모든 실수 x에 대하여 $\sqrt{kx^2+2x+k}$가 실수가 되도록 하는 실수 k의 최솟값을 구하시오.

| 개념원리 수학(상) 217쪽 |

유형 **09** 이차부등식이 해를 갖지 않을 조건

이차부등식 $ax^2+bx+c>0$이 해를 갖지 않을 조건
$\Rightarrow$ 이차부등식 $ax^2+bx+c\leq0$의 해는 모든 실수이다.
$\Rightarrow a<0,\ b^2-4ac\leq0$

0832 대표문제

이차부등식 $x^2+2(n+1)x-4(n+1)<0$이 해를 갖지 않도록 하는 정수 n의 개수를 구하시오.

0833 중

이차부등식 $ax^2+2x>ax+2$가 해를 갖지 않을 때, 다음 중 옳은 것은? (단, a는 실수)

① $-3<a<-2$　　② $a=-2$　　　　③ $-2<a<0$
④ $0<a<2$　　　　⑤ $a=2$

0834 상 중 　서술형

부등식 $(k-2)x^2-2(k-2)x+4\leq0$이 해를 갖지 않도록 하는 실수 k의 최솟값을 구하시오.

유형 **10**　제한된 범위에서 항상 성립하는 이차부등식

(1) $\alpha \leq x \leq \beta$에서 이차부등식 $f(x) > 0$이 항상 성립한다.
　⇨ $\alpha \leq x \leq \beta$에서 $(f(x)$의 최솟값$) > 0$이다.
(2) $\alpha \leq x \leq \beta$에서 이차부등식 $f(x) < 0$이 항상 성립한다.
　⇨ $\alpha \leq x \leq \beta$에서 $(f(x)$의 최댓값$) < 0$이다.

0835 　대표문제

$3 \leq x \leq 6$에서 이차부등식 $-x^2 + 4x - 3 + 4k \geq 0$이 항상 성립할 때, 정수 k의 최솟값은?

① 2　　　　　② 3　　　　　③ 4
④ 5　　　　　⑤ 6

0836 　중

$-2 \leq x \leq 2$에서 이차부등식 $3x^2 + ax - 2a^2 < 0$이 항상 성립하도록 하는 실수 a의 값의 범위를 구하시오.

0837 　상중

두 이차함수 $f(x) = x^2 + 3x - 2$, $g(x) = -x^2 + 3x + a + 1$에 대하여 $-1 \leq x \leq 3$에서 부등식 $f(x) \leq g(x)$가 항상 성립할 때, 실수 a의 최솟값을 구하시오.

유형 **11**　이차부등식과 두 그래프의 위치 관계 − 특정한 범위에서 성립

함수 $y = f(x)$의 그래프가 함수 $y = g(x)$의 그래프보다
(1) 위쪽에 있는 부분의 x의 값의 범위
　⇨ 부등식 $f(x) > g(x)$의 해
(2) 아래쪽에 있는 부분의 x의 값의 범위
　⇨ 부등식 $f(x) < g(x)$의 해

0838 　대표문제

이차함수 $y = x^2 - ax + 5$의 그래프가 직선 $y = x - 3$보다 위쪽에 있는 부분의 x의 값의 범위가 $x < 2$ 또는 $x > b$일 때, 실수 a, b에 대하여 $a + b$의 값을 구하시오. (단, $b > 2$)

0839 　중하

이차함수 $y = x^2 - 2x - 8$의 그래프가 이차함수 $y = -2x^2 + x - 2$의 그래프보다 아래쪽에 있는 부분의 x의 값의 범위는?

① $-2 < x < 1$　　② $-1 < x < 2$　　③ $-1 < x < 3$
④ $1 < x < 3$　　⑤ $2 < x < 3$

0840 　중

이차함수 $y = -x^2 + px + 3$의 그래프가 직선 $y = a$보다 위쪽에 있는 부분의 x의 값의 범위가 $1 < x < 3$일 때, 실수 a, p에 대하여 $a - p$의 값을 구하시오.

| **개념원리** 수학(상) 212쪽 |

유형 **12**　이차부등식과 두 그래프의 위치 관계
　　　　　　− 항상 성립

함수 $y=f(x)$의 그래프가 함수 $y=g(x)$의 그래프보다

(1) 항상 위쪽에 있으면

　　⇨ 모든 실수 x에 대하여 부등식 $f(x)>g(x)$가 성립

(2) 항상 아래쪽에 있으면

　　⇨ 모든 실수 x에 대하여 부등식 $f(x)<g(x)$가 성립

0841　대표문제

이차함수 $y=-x^2+4x-6$의 그래프가 직선 $y=a(x-2)+1$보다 항상 아래쪽에 있도록 하는 실수 a의 값의 범위를 $\alpha<a<\beta$라 할 때, $\alpha\beta$의 값은?

① -18　　　　② -12　　　　③ $-8\sqrt{3}$

④ 4　　　　　⑤ $2\sqrt{3}$

0842　중　서술형

이차함수 $y=x^2+(k+1)x+3$의 그래프가 직선 $y=x-1$보다 항상 위쪽에 있도록 하는 정수 k의 개수를 구하시오.

0843　중

이차함수 $y=kx^2+5x+2k-6$의 그래프가 직선 $y=-3x+k$보다 항상 아래쪽에 있도록 하는 실수 k의 값의 범위는?

① $k<-2$　　　　　② $-2<k<8$

③ $k>8$　　　　　　④ $k<-2$ 또는 $k>8$

⑤ $k<0$ 또는 $k>8$

유형 **13**　이차부등식의 활용

(ⅰ) 주어진 조건에 맞게 부등식을 세운다.

(ⅱ) 부등식을 풀어 해를 구한다. 이때 미지수의 범위에 주의한다.

0844　대표문제

가로, 세로의 길이가 각각 4 m, 8 m인 직사각형 모양의 텃밭이 있다. 가로, 세로의 길이를 각각 x m만큼 늘인 텃밭의 넓이가 현재의 3배 이상이 되도록 하는 x의 최솟값을 구하시오.

0845　중

지면으로부터 높이가 15 m인 건물에서 똑바로 위로 던진 공의 t초 후의 지면으로부터의 공의 높이를 h m라 할 때,
$$h=-5t^2+25t+15$$
인 관계가 성립한다고 한다. 공의 높이가 35 m 이상인 시간은 몇 초 동안인가?

① 1초　　　　② 2초　　　　③ 3초

④ 4초　　　　⑤ 5초

0846　상중

어느 카페에서 커피 한 잔의 가격이 3800원이면 하루에 400잔이 판매되고, 가격을 100원씩 할인할 때마다 하루 판매량이 50잔씩 늘어난다고 한다. 이 커피의 하루 판매 총액이 260만 원 이상이 되도록 할 때, 커피 한 잔의 최소 가격을 구하시오.

유형 익/히/기

| 개념원리 수학(상) 223쪽 |

유형 14   연립이차부등식의 풀이

(i) 주어진 각 부등식의 해를 구한다.

(ii) (i)에서 구한 해의 공통부분을 구한다.

0847 대표문제

연립부등식 $\begin{cases} 3x^2-8x-16<0 \\ 2x^2-7x+6\geq0 \end{cases}$ 을 만족시키는 정수 x의 개수를 구하시오.

0848 중

연립부등식 $5x+1\leq2x^2+3<2x+27$의 해는?

① 해는 없다.　　② $2<x\leq4$　　③ $-3<x<4$

④ $-3<x\leq\dfrac{1}{2}$ 또는 $2\leq x<4$　　⑤ 모든 실수

0849 중

연립부등식 $\begin{cases} x^2\leq4x \\ x^2+x\geq6 \end{cases}$ 의 해와 이차부등식

$ax^2+2bx-(a+3b)\geq0$의 해가 같을 때, 실수 a, b에 대하여 $\dfrac{b}{a}$의 값을 구하시오.

유형 15   절댓값 기호를 포함한 연립부등식의 풀이

양수 k에 대하여

(1) $|f(x)|<k \Rightarrow -k<f(x)<k$

(2) $|f(x)|>k \Rightarrow f(x)<-k$ 또는 $f(x)>k$

0850 대표문제

다음 중 연립부등식 $\begin{cases} |x-2|<3 \\ x^2-3x>0 \end{cases}$ 의 해가 될 수 있는 것은?

① $-1<x<0$　　② $-1\leq x<3$　　③ $-1<x<5$

④ $0<x<3$　　⑤ $0<x<5$

0851 중

연립부등식 $\begin{cases} |x+4|\leq5 \\ x^2-x-2\leq0 \end{cases}$ 의 해가 $a\leq x\leq b$일 때, 실수 a, b에 대하여 $b-a$의 값을 구하시오.

0852 중

연립부등식 $\begin{cases} x^2-3|x|<0 \\ x^2-x<6 \end{cases}$ 을 만족시키는 모든 정수 x의 값의 합을 구하시오.

0853 상중 서술형

연립부등식 $\begin{cases} |x^2-4|<3x \\ 2x^2-3x-5<0 \end{cases}$ 을 만족시키는 정수 x의 개수를 구하시오.

| 개념원리 수학(상) 224쪽 |

유형 16 해가 주어진 연립이차부등식

(ⅰ) 연립부등식을 풀어 해를 수직선 위에 나타낸다.

(ⅱ) 주어진 해와 비교하여 미정계수의 범위를 구한다.

0854 대표문제

연립부등식 $\begin{cases} x^2+3x-10\leq 0 \\ x^2+(k+1)x-k-2<0 \end{cases}$ 의 해가 $1<x\leq 2$일 때, 실수 k의 값의 범위를 구하시오.

0855 중

연립부등식 $\begin{cases} x^2-2x-a<0 \\ x^2-2x+b\geq 0 \end{cases}$ 의 해가 $-1<x\leq 0$ 또는 $2\leq x<3$이 되도록 하는 실수 a, b에 대하여 $a+b$의 값을 구하시오.

0856 중

연립부등식 $\begin{cases} (x+1)^2\leq x+7 \\ x^2-2(k-1)x+(k+3)(k-5)>0 \end{cases}$ 이 해를 갖지 않도록 하는 실수 k의 최댓값을 M, 최솟값을 m이라 할 때, $M-m$의 값을 구하시오.

| 개념원리 수학(상) 225쪽 |

유형 17 연립이차부등식의 활용

(ⅰ) 주어진 조건에 맞게 부등식을 세운다.

(ⅱ) 각 부등식의 해를 구한 후, 공통부분을 구한다. 이때 미지수의 값의 범위에 주의한다.

0857 대표문제

세 변의 길이가 $n-5$, n, $n+5$인 삼각형이 둔각삼각형이 되도록 하는 자연수 n의 개수를 구하시오.

0858 중

한 모서리의 길이가 a cm인 정육면체를 밑면의 가로의 길이는 2 cm 줄이고, 높이는 3 cm 늘여서 새로운 직육면체를 만들었다. 이때 새로운 직육면체의 부피가 원래의 정육면체의 부피보다 작도록 하는 모든 자연수 a의 값의 합을 구하시오.

0859 상 중

오른쪽 그림과 같이 가로의 길이가 10 m, 세로의 길이가 7 m인 직사각형 모양의 화단의 둘레에 폭이 x m인 길을 만들려고 한다. 길의 넓이가 60 m^2 이상 168 m^2 이하가 되도록

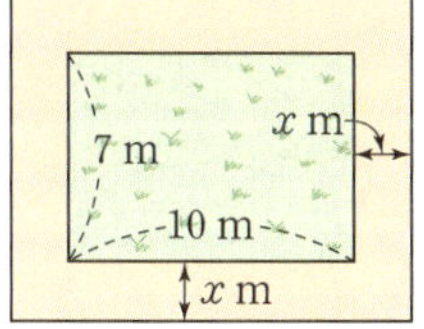

하는 x의 값의 범위가 $a\leq x\leq b$일 때, $a+b$의 값을 구하시오.

| **개념원리** 수학(상) 225쪽 |

유형 18 이차방정식의 근의 판별과 이차부등식

이차방정식 $ax^2+bx+c=0$의 판별식을 D라 할 때

(1) 서로 다른 두 실근 $\Rightarrow D>0$

(2) 중근 $\Rightarrow D=0$

(3) 서로 다른 두 허근 $\Rightarrow D<0$

0860 대표문제

다음 중 이차방정식 $x^2+(k+2)x+k^2+1=0$이 서로 다른 두 실근을 갖도록 하는 실수 k의 값이 될 수 있는 것은?

① -3 ② -2 ③ -1

④ 0 ⑤ 1

0861 중

이차방정식 $x^2-2kx+16=0$은 허근을 갖고, 이차방정식 $x^2+4kx-k+5=0$은 서로 다른 두 실근을 갖도록 하는 정수 k의 개수를 구하시오.

0862 중 서술형

이차방정식 $x^2+2(a-1)x+a^2-3=0$은 중근을 갖고, 이차방정식 $x^2-(b+2)x+a+b=0$은 허근을 갖도록 하는 정수 b의 최댓값을 구하시오. (단, a는 실수)

0863 상중

두 이차방정식 $x^2-ax+a=0$, $x^2-2x+2-a^2=0$ 중 적어도 하나가 실근을 갖도록 하는 실수 a의 값의 범위는?

① $a\leq0$ 또는 $a\geq1$ ② $a\leq-1$ 또는 $a\geq2$

③ $a\leq-2$ 또는 $a\geq3$ ④ $0\leq a\leq1$

⑤ $-1\leq a\leq2$

| **개념원리** 수학(상) 229쪽 |

유형 19 이차방정식의 실근의 부호

이차방정식 $ax^2+bx+c=0$의 판별식을 D라 할 때

(1) 두 근이 모두 양수이다. $\Rightarrow D\geq0,\ -\dfrac{b}{a}>0,\ \dfrac{c}{a}>0$

(2) 두 근이 모두 음수이다. $\Rightarrow D\geq0,\ -\dfrac{b}{a}<0,\ \dfrac{c}{a}>0$

(3) 두 근이 서로 다른 부호이다. $\Rightarrow \dfrac{c}{a}<0$

0864 대표문제

이차방정식 $x^2-(a+4)x-\dfrac{a}{2}=0$의 두 근이 모두 양수일 때, 실수 a의 값의 범위를 구하시오.

0865 중

이차방정식 $kx^2+3kx+5=0$의 두 근이 모두 음수가 되도록 하는 실수 k의 최솟값은?

① $\dfrac{4}{3}$ ② $\dfrac{20}{9}$ ③ 4

④ $\dfrac{32}{5}$ ⑤ $\dfrac{19}{2}$

0866 중

이차방정식 $-x^2+(a^2-5a+4)x-a+6=0$의 두 근의 부호가 서로 다르고 음의 근의 절댓값이 양의 근보다 작을 때, 실수 a의 값의 범위를 구하시오.

| 개념원리 수학(상) 230쪽, 231쪽 |

유형 **20** 정수인 해의 조건이 주어진 연립이차부등식

연립부등식의 정수인 해의 개수가 주어지면
(ⅰ) 연립부등식을 풀어 해를 수직선 위에 나타낸다.
(ⅱ) 주어진 해와 비교하여 미정계수의 범위를 구한다.

0867 대표문제

연립부등식 $\begin{cases} x^2-7x+10<0 \\ x^2-(a+1)x+a\leq0 \end{cases}$ 을 만족시키는 정수 x가

오직 한 개뿐일 때, 정수 a의 값은?

① 2　　　　　② 3　　　　　③ 4
④ 5　　　　　⑤ 6

0868 중

연립부등식 $\begin{cases} x^2-x>2 \\ 2x^2-2ax-5x+5a<0 \end{cases}$ 을 만족시키는 정수 x

가 -3과 -2뿐일 때, 실수 a의 값의 범위는?

① $-4\leq a\leq-3$　② $-4\leq a<-3$　③ $-4<a\leq-3$
④ $-3\leq a\leq-2$　⑤ $-3\leq a<-2$

0869 중

연립부등식 $\begin{cases} |x-a|\leq1 \\ x^2-5x-14\leq0 \end{cases}$ 을 만족시키는 모든 정수 x의

값의 합이 15일 때, 정수 a의 값을 구하시오.

유형 **21** 이차방정식의 근의 분리

이차방정식 $ax^2+bx+c=0\ (a>0)$의 판별식을 D라 하고,
$f(x)=ax^2+bx+c$라 할 때

⑴ 두 근이 모두 p보다 크다.　⇨ $D\geq0,\ f(p)>0,\ -\dfrac{b}{2a}>p$

⑵ 두 근이 모두 p보다 작다.　⇨ $D\geq0,\ f(p)>0,\ -\dfrac{b}{2a}<p$

⑶ 두 근 사이에 p가 있다.　　⇨ $f(p)<0$

0870 대표문제

이차방정식 $x^2-2kx+4=0$의 두 근이 모두 1보다 클 때, 실수 k의 값의 범위는?

① $k>1$
② $k\leq-2$ 또는 $k\geq2$
③ $-2\leq k<1$
④ $1<k\leq2$
⑤ $2\leq k<\dfrac{5}{2}$

0871 중

이차방정식 $x^2-5x+a=0$의 한 근만이 이차방정식
$x^2-x-2=0$의 두 근 사이에 있도록 하는 정수 a의 개수를
구하시오.

0872 상중

이차방정식 $x^2-2px+p+2=0$의 두 근이 모두 3보다 작은
양수일 때, 실수 p의 최솟값을 구하시오.

0873 상중 서술형

이차방정식 $ax^2-2x+a-2=0$의 두 근을 α, β라 할 때,
$-1<\alpha<0$, $2<\beta<3$이 되도록 하는 실수 a의 값의 범위를
구하시오.

0874

두 이차함수 $y=f(x)$, $y=g(x)$의 그래프가 오른쪽 그림과 같을 때, 부등식 $f(x)<g(x)$의 해는 $a<x<b$ 이다. 이때 $a+b$의 값을 구하시오.

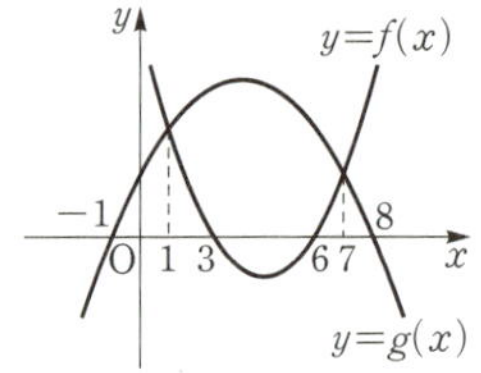

0875

다음 **보기**의 이차부등식 중 해가 <u>없는</u> 것만을 있는 대로 고르시오.

> ● 보기 ●
>
> ㄱ. $x^2-x-3\leq0$ 　　ㄴ. $-3x^2+2x-3>0$
>
> ㄷ. $-x^2+6x-9>0$ 　　ㄹ. $x^2-2x+5>0$

0876

다음 중 부등식 $(x+1)(x-1)<|x-5|$와 해가 같은 것은?

① $2x-1<3$ 　② $3x+4>-8$ 　③ $x^2-2x<0$

④ $x^2+x-6<0$ 　⑤ $x^2+4x-12>0$

0877 중요

이차부등식 $ax^2+bx+c<0$의 해가 $x<-1$ 또는 $x>5$일 때, 이차부등식 $a(x-2)^2-b(x-2)+c>0$의 해는?

(단, a, b, c는 실수)

① $-1<x<5$ 　　② $1<x<7$

③ $-3<x<3$ 　　④ $x<1$ 또는 $x>7$

⑤ $x<-3$ 또는 $x>5$

0878

이차부등식 $f(x)<0$의 해가 $x<-2$ 또는 $x>1$일 때, 부등식 $f(1-2x)<f(-1)$의 해는?

① $-\dfrac{1}{2}<x<1$ 　　② $x<-\dfrac{1}{2}$ 또는 $x>1$

③ $\dfrac{1}{2}<x<1$ 　　④ $x<\dfrac{1}{2}$ 또는 $x>1$

⑤ $-1<x<\dfrac{1}{2}$

0879

이차부등식 $(k-2)x^2-(k+1)x+2k-2\leq0$은 $k=\alpha$일 때, 오직 하나의 해 β를 갖는다. 이때 $\alpha+\beta$의 값을 구하시오.

0880 교육청 기출

이차부등식 $ax^2+bx+c\geq0$의 해가 오직 $x=3$뿐일 때, 부등식 $bx^2+cx+6a<0$을 만족시키는 정수 x의 개수는?

① 1 　　② 2 　　③ 3

④ 4 　　⑤ 5

0881

이차부등식 $ax^2+2ax-5>0$이 해를 갖도록 하는 실수 a의 값의 범위는?

① $-5<a<0$ 　　② $0<a<5$

③ $a<-5$ 또는 $a>0$ 　　④ $a<0$ 또는 $a>5$

⑤ $a\neq0$인 모든 실수

0882

모든 실수 x에 대하여 부등식 $mx^2+2mx+4>(x+1)^2$이 성립하도록 하는 실수 m의 값의 범위를 구하시오.

0883

모든 실수 x에 대하여 $\sqrt{kx^2-2kx-2}$가 허수가 되도록 하는 실수 k의 값의 범위는?

① $-2<k\leq2$ ② $-2<k\leq0$

③ $-2<k<1$ ④ $0<k<2$

⑤ $0<k\leq2$

0884

두 이차함수 $f(x)=x^2+4x-3$, $g(x)=-x^2+4x+k+2$에 대하여 $-2\leq x\leq2$에서 부등식 $f(x)<g(x)$가 항상 성립하도록 하는 정수 k의 최솟값을 구하시오.

0885

이차함수 $y=x^2-ax+b$의 그래프가 직선 $y=3x-2$보다 위쪽에 있는 부분의 x의 값의 범위가 $x<-2$ 또는 $x>3$일 때, 실수 a, b에 대하여 $a+b$의 값을 구하시오.

0886

두 다항식 $f(x)=2x^2+5x+2$, $g(x)=(a-1)x+b$에 대하여 부등식 $x-2\leq g(x)\leq f(x)$가 모든 실수 x에 대하여 항상 성립할 때, b의 값의 범위는 $\alpha\leq b\leq\beta$이다. 이때 $\beta-\alpha$의 값은? (단, a, b는 실수)

① 1 ② $\dfrac{3}{2}$ ③ 2

④ $\dfrac{5}{2}$ ⑤ 3

0887

오른쪽 그림과 같이 가로의 길이가 25 m, 세로의 길이가 15 m인 직사각형 모양의 땅에 일정한 폭의 도로를 만들었다. 도로를 제외한 땅의 넓이가 200 m² 이상이 되도록 할 때, 도로의 폭의 범위는?

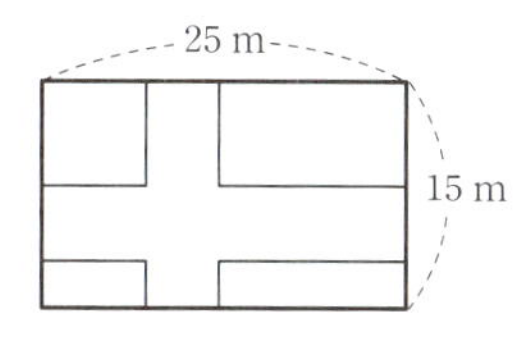

① 0 m 초과 5 m 이하   ② 0 m 초과 10 m 이하

③ 5 m 초과 10 m 이하   ④ 5 m 초과 15 m 이하

⑤ 10 m 초과 15 m 이하

0888

연립부등식 $\begin{cases} x^2-x-1\geq-x^2+4x+2 \\ -x-15<-x^2+x \end{cases}$ 를 만족시키는 모든 정수 x의 값의 합을 구하시오.

0889 중요

이차부등식 $x^2-2x-3>3|x-1|$의 해가 이차부등식 $ax^2+2x+b<0$의 해와 같을 때, 실수 a, b에 대하여 $a+b$의 값을 구하시오.

0890 중요

연립부등식 $\begin{cases} |x+2| \le a \\ x^2+6x-(2a+3)(2a-3) > 0 \end{cases}$ 의 해가 없을 때, 양수 a의 최솟값을 구하시오.

0891

연립부등식 $\begin{cases} x^2+ax+b \ge 0 \\ x^2+cx+d \le 0 \end{cases}$ 의 해가 $1 \le x \le 3$ 또는 $x=4$일 때, $a+b+c+d$의 값을 구하시오. (단, a, b, c, d는 실수)

0892

a, b, c가 실수일 때, 연립부등식
$$\begin{cases} (x-a)(x-b) > 0 \\ (x-b)(x-c) > 0 \end{cases}$$
의 해가 $x < -2$ 또는 $x > 8$이다. 이차부등식 $x^2+ax-c < 0$을 만족시키는 정수 x의 개수를 구하시오. (단, $a < b < c$)

0893

어느 타일 공장에서 직사각형 모양의 타일 규격을 A와 B의 두 가지로 정하려고 한다. A와 B의 가로의 길이는 같고, A의 세로의 길이는 가로의 길이보다 10 cm만큼 길고, B의 세로의 길이는 가로의 길이보다 30 cm만큼 짧다고 한다. A의 넓이를 2000 cm² 이상, B의 넓이를 1800 cm² 이하가 되도록 할 때, 타일의 가로의 길이의 범위를 구하시오.

0894 중요

이차방정식 $x^2+3kx+1=0$은 실근을 갖고, 이차방정식 $x^2+kx+k=0$은 허근을 가질 때, 모든 정수 k의 값의 합을 구하시오.

0895 교육청 기출

이차방정식 $x^2+(a^2-4a+3)x-a+2=0$의 두 근의 부호가 서로 다르고 음의 근의 절댓값이 양의 근보다 클 때, 실수 a의 값의 범위는?

① $a > 3$ ② $a > 2$ ③ $1 < a < 2$

④ $2 < a < 3$ ⑤ $a < 1$ 또는 $a > 3$

0896

연립부등식 $\begin{cases} 2x^2-5x-3 > 0 \\ x^2-ax+a-1 < 0 \end{cases}$ 을 만족시키는 정수 x가 두 개만 존재하도록 하는 실수 a의 값의 범위를 구하시오.

(단, $a > 2$)

0897

이차방정식 $x^2-(a-1)x+a+4=0$의 한 근만이 이차방정식 $x^2-5x+6=0$의 두 근 사이에 있을 때, 다음 중 실수 a의 값이 될 수 있는 것은?

① 7   ② 8   ③ 9

④ 10   ⑤ 11

 **서술형 주관식**

0898

이차부등식 $ax^2+5x+b>0$의 해가 $\dfrac{1}{3}<x<\dfrac{1}{2}$일 때, 실수 a, b에 대하여 $a-b$의 값을 구하시오.

0899

이차부등식 $(k+1)x^2+2x+3k+1>0$이 해를 갖지 않도록 하는 정수 k의 최댓값을 구하시오.

0900

세 실수 a, b, c $(a<b<c)$에 대하여 연립부등식
$$\begin{cases} (x-a)(x-b)>0 \\ (x-b)(x-c)>0 \end{cases}$$
의 해가 $x<-4$ 또는 $x>3$이다. 이때 이차부등식 $x^2+ax+c<0$의 해를 구하시오.

0901

연립부등식 $\begin{cases} x^2-6x+8>0 \\ x^2-(a+7)x+7a<0 \end{cases}$을 만족시키는 정수 x의 개수가 4일 때, 실수 a의 값의 범위를 구하시오. (단, $a<7$)

 **실력 up**

0902 교육청 기출

0이 아닌 실수 p에 대하여 이차함수 $f(x)=x^2+px+p$의 그래프의 꼭짓점을 A, 이 이차함수의 그래프가 y축과 만나는 점을 B라 할 때, 두 점 A, B를 지나는 직선 l의 방정식을 $y=g(x)$라 하자. 부등식 $f(x)-g(x)\leq0$을 만족시키는 정수 x의 개수가 10이 되도록 하는 정수 p의 최댓값을 M, 최솟값을 m이라 할 때, $M-m$의 값은?

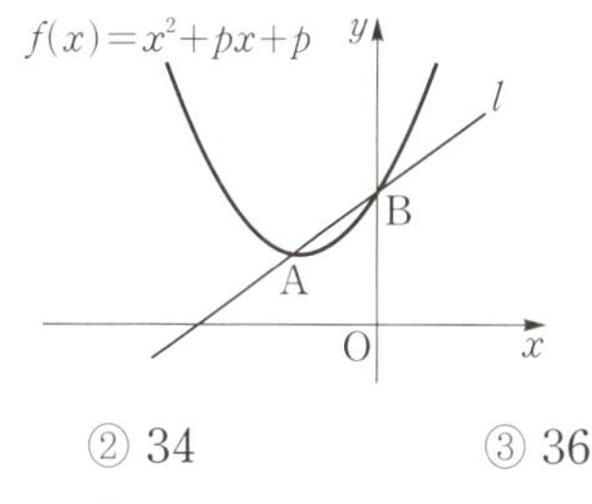

① 32   ② 34   ③ 36
④ 38   ⑤ 40

0903

부등식 $[x+1]^2-[x+6]-15\leq0$을 만족시키는 실수 x에 대하여 부등식 $-x^2+2ax+a^2+1>0$이 항상 성립하도록 하는 실수 a의 값의 범위를 구하시오.

(단, $[x]$는 x보다 크지 않은 최대의 정수이다.)

0904 창의·융합

어떤 실수 x에 대하여 $(x-2)(x-5)$를 소수점 아래 첫째 자리에서 반올림한 값이 $2x+6$과 같다고 한다. 이때 모든 실수 x의 값의 합을 구하시오.

그대의 인생을 최후에 해야 할 일로 시작 하지 마라.

그대의 인생을 최후에 해야 할 일로 시작하지 마라.
많은 사람들은 처음에 휴식을 취하고 노력은 마지막으로 미룬다.
그러나 중요한 일은 처음에 하고, 부수적인 일은 여력이 있을 때 하는 것이다.

어떤 이들은 싸우지도 않고 승리하려 한다. 또 어떤 이들은 중요하지 않은 일
을 배우기 시작하고 영예와 유용함을 얻을 수 있는 일의 습득은 인생의 마지
막으로 미룬다. 이들은 행복을 얻는 일은 시작도 안했는데 벌써 현기증을 느
낀다.

배우고 사는 데에도 방법이 있어야 한다.
오늘 바로 내일을, 그리고 더 먼 훗날을 생각하라.

III

도형의 방정식

10 평면좌표

10 · 1 두 점 사이의 거리

1 수직선 위의 두 점 사이의 거리

수직선 위의 두 점 $A(x_1)$, $B(x_2)$ 사이의 거리는
$$\overline{AB}=|x_2-x_1|$$

2 좌표평면 위의 두 점 사이의 거리

좌표평면 위의 두 점 $A(x_1, y_1)$, $B(x_2, y_2)$ 사이의 거리는
$$\overline{AB}=\sqrt{(x_2-x_1)^2+(y_2-y_1)^2}=\sqrt{(x_1-x_2)^2+(y_1-y_2)^2}$$

원점 O와 점 $A(x_1, y_1)$ 사이의 거리
$\Rightarrow \overline{OA}=\sqrt{x_1{}^2+y_1{}^2}$

10 · 2 선분의 내분점과 외분점

1 내분과 외분

(1) 점 P가 선분 AB 위에 있고
$$\overline{AP}:\overline{PB}=m:n \ (m>0, \ n>0)$$
일 때, 점 P는 선분 AB를 $m:n$으로 내분한다고 하며 점 P를 선분 AB의 내분점이라 한다.

(2) 점 Q가 선분 AB의 연장선 위에 있고
$$\overline{AQ}:\overline{BQ}=m:n \ (m>0, \ n>0, \ m\neq n)$$
일 때, 점 Q는 선분 AB를 $m:n$으로 외분한다고 하며
점 Q를 선분 AB의 외분점이라 한다.

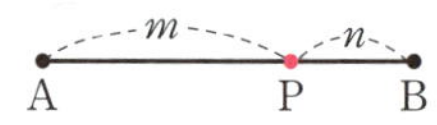
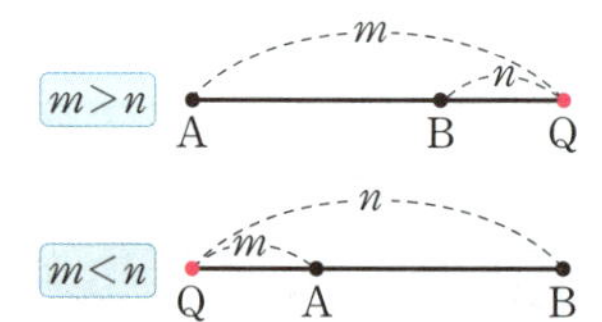

2 수직선 위의 선분의 내분점과 외분점

수직선 위의 두 점 $A(x_1)$, $B(x_2)$에 대하여 선분 AB를 $m:n \ (m>0, \ n>0)$으로 내분하는 점 P와 외분하는 점 Q의 좌표는 각각
$$P\left(\frac{mx_2+nx_1}{m+n}\right), \ Q\left(\frac{mx_2-nx_1}{m-n}\right) \ (단, \ m\neq n)$$

참고 두 점 $A(x_1)$, $B(x_2)$에 대하여 선분 AB의 중점 M의 좌표는 $M\left(\dfrac{x_1+x_2}{2}\right)$

$m\neq n$인 두 양수 m, n에 대하여 선분 AB를 $m:n$으로 내분(외분)하는 점과 선분 BA를 $m:n$으로 내분(외분)하는 점은 다르다.

3 좌표평면 위의 선분의 내분점과 외분점

좌표평면 위의 두 점 $A(x_1, y_1)$, $B(x_2, y_2)$에 대하여 선분 AB를 $m:n \ (m>0, \ n>0)$으로 내분하는 점 P와 외분하는 점 Q의 좌표는 각각
$$P\left(\frac{mx_2+nx_1}{m+n}, \ \frac{my_2+ny_1}{m+n}\right), \ Q\left(\frac{mx_2-nx_1}{m-n}, \ \frac{my_2-ny_1}{m-n}\right) \ (단, \ m\neq n)$$

참고 두 점 $A(x_1, y_1)$, $B(x_2, y_2)$에 대하여 선분 AB의 중점 M의 좌표는 $M\left(\dfrac{x_1+x_2}{2}, \ \dfrac{y_1+y_2}{2}\right)$

10 · 3 삼각형의 무게중심

좌표평면 위의 세 점 $A(x_1, y_1)$, $B(x_2, y_2)$, $C(x_3, y_3)$을 꼭짓점으로 하는 삼각형 ABC의 무게중심 G의 좌표는
$$G\left(\frac{x_1+x_2+x_3}{3}, \ \frac{y_1+y_2+y_3}{3}\right)$$

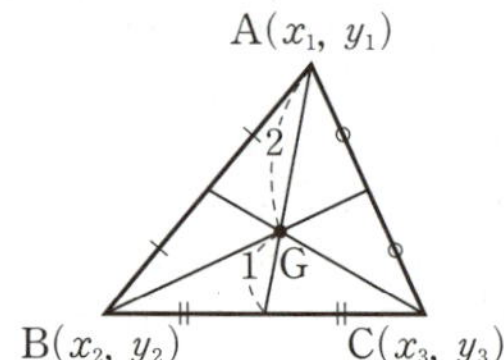

삼각형의 무게중심은 세 중선을 꼭짓점으로부터 각각 2 : 1로 내분한다.

📖 교과서 문제 정/복/하/기

10·1   **두 점 사이의 거리**

[0905~0907] 수직선 위의 다음 두 점 사이의 거리를 구하시오.

0905 $A(3)$, $B(7)$

0906 $A(-2)$, $B(8)$

0907 $A(-5)$, $B(-9)$

[0908~0909] 수직선 위에서 다음 점의 좌표를 모두 구하시오.

0908   점 $P(4)$에서 거리가 3인 점 R

0909   점 $Q(-5)$에서 거리가 5인 점 S

[0910~0913] 좌표평면 위의 다음 두 점 사이의 거리를 구하시오.

0910 $A(2, -1)$, $B(3, 5)$

0911 $A(-4, -2)$, $B(1, -7)$

0912 $O(0, 0)$, $A(4, -5)$

0913 $A(a, 0)$, $B(0, b)$

10·2   **선분의 내분점과 외분점**

0914   수직선 위의 두 점 $A(10)$, $B(-4)$에 대하여 다음을 구하시오.

⑴ 선분 AB를 2 : 3으로 내분하는 점 P의 좌표

⑵ 선분 AB를 1 : 2로 외분하는 점 Q의 좌표

⑶ 선분 AB의 중점 M의 좌표

0915   두 점 $A(-3)$, $B(a)$에 대하여 선분 AB의 중점이 $M(1)$일 때, a의 값을 구하시오.

0916   좌표평면 위의 두 점 $A(-1, 2)$, $B(5, -3)$에 대하여 다음을 구하시오.

⑴ 선분 AB를 3 : 2로 내분하는 점 P의 좌표

⑵ 선분 AB를 2 : 1로 외분하는 점 Q의 좌표

⑶ 선분 AB의 중점 M의 좌표

0917   두 점 $A(a, 4)$, $B(-2, b)$에 대하여 선분 AB의 중점의 좌표가 $(2, 1)$일 때, ab의 값을 구하시오.

10·3   **삼각형의 무게중심**

[0918~0920] 다음 세 점 A, B, C를 꼭짓점으로 하는 삼각형 ABC의 무게중심 G의 좌표를 구하시오.

0918 $A(1, 2)$, $B(2, -1)$, $C(-6, 2)$

0919 $A(-1, 2)$, $B(5, 1)$, $C(2, -3)$

0920 $A(a, 5-\sqrt{5})$, $B(1-2a, \sqrt{5})$, $C(2+a, 1)$

0921   세 점 $A(5, a)$, $B(2, 3)$, $C(b, -1)$을 꼭짓점으로 하는 삼각형 ABC의 무게중심의 좌표가 $(3, -1)$일 때, $a+b$의 값을 구하시오.

유형 익/히/기

| 개념원리 수학(상) 235쪽 |

유형 01 두 점 사이의 거리

좌표평면 위의 두 점 $A(x_1, y_1)$, $B(x_2, y_2)$ 사이의 거리
$$\Rightarrow \overline{AB} = \sqrt{(x_2-x_1)^2 + (y_2-y_1)^2}$$

0922 대표문제

두 점 $A(4, a)$, $B(a, 4)$에 대하여 $\overline{AB} = 5\sqrt{2}$일 때, a의 값을 구하시오. (단, $a > 0$)

0923 중하

세 점 $A(-1, 2)$, $B(2, 3)$, $C(a, 1)$에 대하여 $\overline{AC} = \overline{BC}$일 때, a의 값은?

① 1 　　　 ② 2 　　　 ③ 3
④ 4 　　　 ⑤ 5

0924 중

네 점 $A(3, a)$, $B(7, -1)$, $C(-a, 4)$, $D(-1, 2)$에 대하여 $\overline{AB} = 2\overline{CD}$일 때, 모든 a의 값의 곱을 구하시오.

0925 중

두 점 $A(a, -5)$, $B(1, a)$에 대하여 선분 AB의 길이가 최소가 되도록 하는 실수 a의 값을 구하시오.

유형 02 같은 거리에 있는 점의 좌표

| 개념원리 수학(상) 236쪽 |

(1) 두 점 A, B에서 같은 거리에 있는 점을 P라 하면
$$\Rightarrow \overline{AP} = \overline{BP}에서 \overline{AP}^2 = \overline{BP}^2$$

(2) 점 P의 위치에 따라 다음을 이용한다.
　① 점 P가 x축 위의 점이면 $\Rightarrow P(a, 0)$
　② 점 P가 y축 위의 점이면 $\Rightarrow P(0, b)$
　③ 점 $P(a, b)$가 직선 $y = mx + n$ 위의 점이면
　　$\Rightarrow b = am + n$

0926 대표문제

두 점 $A(1, 3)$, $B(5, -1)$에서 같은 거리에 있는 점 $P(a, b)$가 직선 $y = 2x - 7$ 위의 점일 때, $a+b$의 값을 구하시오.

0927 중

두 점 $A(2, 1)$, $B(-1, 4)$에서 같은 거리에 있는 x축 위의 점을 P, y축 위의 점을 Q라 할 때, 선분 PQ의 길이를 구하시오.

0928 중

세 점 $A(8, 4)$, $B(3, -1)$, $C(6, 8)$을 꼭짓점으로 하는 삼각형 ABC의 외심의 좌표를 구하시오.

0929 상중

세 학교 A, B, C에서 같은 거리에 있는 지점에 도서관을 지으려고 한다. 세 학교 A, B, C의 위치가 오른쪽 그림과 같을 때, 도서관과 각 학교 사이의 거리는 몇 km인지 구하시오.

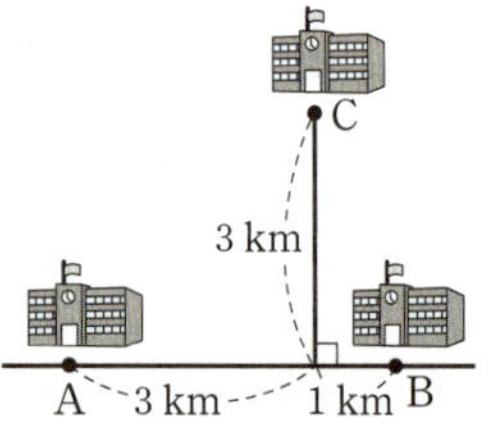

유형 03 삼각형의 세 변의 길이와 모양

삼각형 ABC의 세 변의 길이를 각각 a, b, c라 할 때
(1) $a=b=c$ ⇨ 정삼각형
(2) $a^2+b^2=c^2$ ⇨ c가 빗변인 직각삼각형
(3) $a=b$ 또는 $b=c$ 또는 $c=a$ ⇨ 이등변삼각형

0930 대표문제

세 점 A$(4, 2)$, B$(0, -4)$, C$(-2, -2)$를 꼭짓점으로 하는 삼각형 ABC는 어떤 삼각형인가?

① 정삼각형 　　　　② $\angle A=90°$인 직각삼각형
③ $\angle B=90°$인 직각삼각형 ④ $\overline{AB}=\overline{BC}$인 이등변삼각형
⑤ $\overline{AB}=\overline{AC}$인 이등변삼각형

0931 서술형

세 점 A$(0, 1)$, B$(1, -2)$, C$(3, 2)$를 꼭짓점으로 하는 삼각형 ABC의 넓이를 구하시오.

0932

세 점 A$(a, 1)$, B$(-1, 2)$, C$(3, 4)$를 꼭짓점으로 하는 삼각형 ABC가 $\angle A=90°$인 직각삼각형일 때, 양수 a의 값을 구하시오.

0933

좌표평면 위의 정삼각형 ABC에 대하여 A$(2, 4)$, B$(-2, -4)$일 때, 꼭짓점 C의 좌표를 구하시오.
　　　　　　　　(단, 점 C는 제4사분면 위의 점이다.)

유형 04 두 점 사이의 거리의 활용

(1) 실수 x, y, a, b에 대하여
$\sqrt{(x-a)^2+(y-b)^2}$ ⇨ 두 점 (x, y), (a, b) 사이의 거리
(2) 두 점 A, B와 임의의 점 P에 대하여
$\overline{AP}+\overline{BP}$의 값이 최소인 경우는 점 P가 $\overline{AB}$ 위에 있을 때이다.
⇨ $\overline{AP}+\overline{BP}\geq\overline{AB}$

0934 대표문제

실수 x, y에 대하여 $\sqrt{x^2+y^2}+\sqrt{(x-2)^2+(y+1)^2}$의 최솟값을 구하시오.

0935

두 점 A$(-2, -4)$, B$(3, 8)$과 임의의 점 P에 대하여 $\overline{AP}+\overline{PB}$의 최솟값은?

① 7 　　　　② 9 　　　　③ 11
④ 13 　　　　⑤ 15

0936

실수 x, y에 대하여
$$\sqrt{(x-1)^2+(y+3)^2}+\sqrt{(x+4)^2+(y-2)^2}$$
의 최솟값을 구하시오.

유형 05 거리의 제곱의 합의 최솟값

두 점 A, B와 임의의 점 P(x, y)에 대하여
$\overline{PA}^2+\overline{PB}^2$의 최솟값

⇨ 두 점 사이의 거리를 구하는 공식을 이용하여 이차식을 세운 후 이차함수의 최솟값을 구한다.

0937 대표문제

두 점 A$(1, 4)$, B$(5, 3)$과 x축 위의 점 P에 대하여
$\overline{AP}^2+\overline{BP}^2$의 최솟값은?

① 31　　　　　② 32　　　　　③ 33
④ 34　　　　　⑤ 35

0938 중

두 점 A$(4, 2)$, B$(2, 6)$과 임의의 점 P에 대하여
$\overline{PA}^2+\overline{PB}^2$의 값이 최소일 때, 점 P의 좌표는?

① $(1, 2)$　　　　② $(2, 1)$　　　　③ $(3, 2)$
④ $(3, 4)$　　　　⑤ $(4, 3)$

0939 상 중

세 점 A$(1, 8)$, B$(-3, 5)$, C$(2, -1)$과 직선 $y=x+3$ 위의 점 P에 대하여 $\overline{AP}^2+\overline{BP}^2+\overline{CP}^2$의 값이 최소일 때, 점 P의 좌표를 구하시오.

유형 06 좌표를 이용한 도형의 성질

(ⅰ) 도형의 한 변이 좌표축 위에 오도록 도형을 좌표평면 위에 놓는다.
(ⅱ) 도형의 꼭짓점에 해당하는 점의 좌표를 미지수를 사용하여 나타낸다.
(ⅲ) 두 점 사이의 거리를 구하는 공식을 이용하여 주어진 등식이 성립함을 확인한다.

0940 대표문제

다음은 삼각형 ABC에서 변 BC의 중점을 M이라 할 때,
$$\overline{AB}^2+\overline{AC}^2=2(\overline{AM}^2+\overline{BM}^2)$$
이 성립함을 보이는 과정이다.

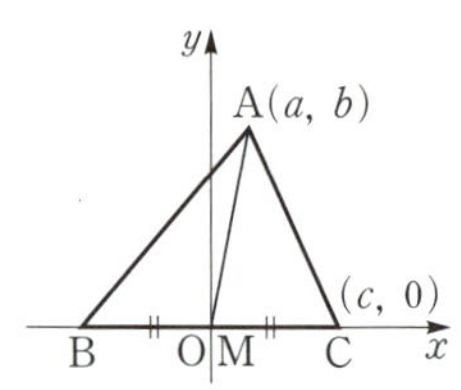

위의 과정에서 (가), (나)에 알맞은 것을 써넣으시오.

0941 중

다음은 직사각형 ABCD의 내부에 점 P가 있을 때,
$$\overline{PA}^2+\overline{PC}^2=\overline{PB}^2+\overline{PD}^2$$
이 성립함을 보이는 과정이다.

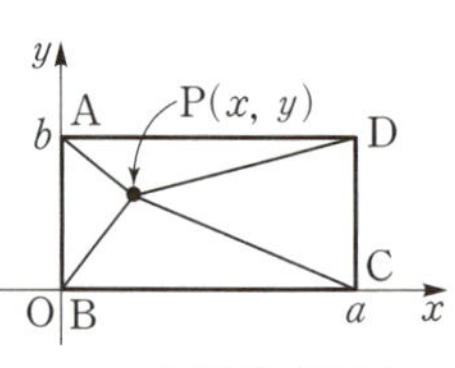

위의 과정에서 (가)~(라)에 알맞은 것을 써넣으시오.

| 개념원리 수학(상) 246쪽 |

유형 **07** 선분의 내분점과 외분점

두 점 $A(x_1, y_1)$, $B(x_2, y_2)$에 대하여 $\overline{AB}$를 $m:n\,(m>0, n>0)$
으로 내분하는 점을 P, 외분하는 점을 Q, 중점을 M이라 하면

(1) $P\left(\dfrac{mx_2+nx_1}{m+n}, \dfrac{my_2+ny_1}{m+n}\right)$

(2) $Q\left(\dfrac{mx_2-nx_1}{m-n}, \dfrac{my_2-ny_1}{m-n}\right)$ (단, $m\neq n$)

(3) $M\left(\dfrac{x_1+x_2}{2}, \dfrac{y_1+y_2}{2}\right)$

0942 대표문제

두 점 $A(4, -3)$, $B(-1, 2)$에 대하여 선분 AB를 $2:3$으
로 내분하는 점을 P, 외분하는 점을 Q라 할 때, 선분 PQ의
중점의 좌표를 구하시오.

0943 중

두 점 P, Q에 대하여 선분 PQ를 삼등분하는 점 중에서 점 P
에 가까운 점을 P◎Q라 하자. 이때 세 점 $A(-5, 4)$,
$B(3, -1)$, $C(6, -4)$에 대하여 A◎(B◎C)의 좌표를 구
하시오.

0944 중

두 점 $A(2, 15)$, $B(11, m)$에 대하여 선분 AB를 $5:2$로
외분하는 점의 좌표가 $(n, -5)$일 때, $m+n$의 값을 구하시
오.

0945 중 서술형

세 점 $A(2, a+1)$, $B(b+1, -1)$, $C(a-1, b+1)$에 대하
여 선분 AB를 $2:1$로 내분하는 점의 좌표가 $(2, 1)$이고, 선
분 BC를 $3:2$로 외분하는 점의 좌표가 (x, y)일 때, $|x-y|$
의 값을 구하시오.

| 개념원리 수학(상) 248쪽 |

유형 **08** 등식을 만족시키는 선분의 연장선 위의 점 구하기

$m\overline{AB}=n\overline{BC}\,(m>0, n>0)$이면
$\overline{AB}:\overline{BC}=n:m$이므로

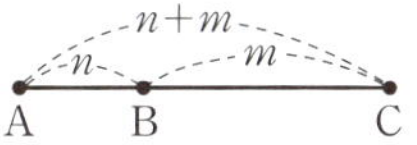

(1) 점 B는 $\overline{AC}$를 $n:m$으로 내분하는 점
(2) 점 C는 $\overline{AB}$를 $(n+m):m$으로 외분하는 점

0946 대표문제

두 점 $A(-1, 0)$, $B(5, 2)$에 대하여 선분 AB의 연장선 위
에 $3\overline{AB}=2\overline{BC}$를 만족시키는 점을 $C(a, b)$라 할 때, $a+b$
의 값은? (단, $a>0$)

① 11 ② 13 ③ 15
④ 17 ⑤ 19

0947 중

두 점 $A(-1, 2)$, $B(1, 4)$에 대하여 선분 AB의 점 B의 방
향으로의 연장선 위에 $2\overline{AB}=\overline{BC}$를 만족시키는 점 C의 좌표
는?

① $(-5, 3)$ ② $(-1, 8)$ ③ $(3, 5)$
④ $(5, 8)$ ⑤ $(6, 10)$

0948 상 중

두 점 $A(-5, 0)$, $B(1, 3)$을 이은 직선 AB 위에
$\overline{AB}=3\overline{BC}$를 만족시키는 점 $C(a, b)$의 좌표를 모두 구하시
오.

유형 09 선분의 내분점과 외분점의 활용

(1) 제1사분면 $(+, +)$, 제2사분면 $(-, +)$
제3사분면 $(-, -)$, 제4사분면 $(+, -)$
(2) 점 $P(a, b)$가 직선 $y=mx+n$ 위의 점인 경우
⇨ $x=a, y=b$를 $y=mx+n$에 대입한다.

0949 대표문제

두 점 $A(1, -3)$, $B(-4, 6)$에 대하여 선분 AB를
$k : (2-k)$로 내분하는 점이 제2사분면 위에 있을 때, 실수
k의 값의 범위를 구하시오.

0950 중

두 점 $A(4, -3)$, $B(2, a)$에 대하여 선분 AB를 $(4-t):t$
로 외분하는 점의 좌표가 $(1, 6)$일 때, a의 값은?

① 2   ② 3   ③ 4
④ 5   ⑤ 6

0951 중

두 점 $A(-6, 4)$, $B(5, -6)$을 이은 선분 AB가 y축과 만
나는 점에 의하여 $m : n$으로 내분될 때, $m-n$의 값을 구하
시오. (단, m, n은 서로소인 자연수이다.)

0952 중

두 점 $A(-1, 1)$, $B(2, 4)$에 대하여 선분 AB를 $k : 5$로 외
분하는 점이 직선 $y=-x-4$ 위에 있을 때, 실수 k의 값을
구하시오.

유형 10 삼각형의 무게중심

세 점 $A(x_1, y_1)$, $B(x_2, y_2)$, $C(x_3, y_3)$을 꼭짓점으로 하는 삼각
형 ABC의 무게중심 G의 좌표는
⇨ $G\left(\dfrac{x_1+x_2+x_3}{3}, \dfrac{y_1+y_2+y_3}{3}\right)$

▶ 삼각형의 세 변을 각각 $m : n$ $(m>0, n>0)$으로 내분하는
점을 연결한 삼각형의 무게중심은 원래의 삼각형의 무게중심
과 일치한다.

0953 대표문제

세 점 $A(a, b)$, $B(-b, 4)$, $C(-2, 5)$를 꼭짓점으로 하는
삼각형 ABC의 무게중심의 좌표가 $(1, -2)$일 때, $a+b$의
값은?

① -35 ② -25 ③ -15
④ -5 ⑤ 5

0954 중하

세 점 $A(2, 4)$, $B(x_1, y_1)$, $C(x_2, y_2)$를 꼭짓점으로 하는 삼
각형 ABC의 무게중심의 좌표가 $(6, 8)$일 때, 선분 BC의 중
점의 좌표는?

① $(8, 9)$ ② $(8, 10)$ ③ $(9, 9)$
④ $(9, 10)$ ⑤ $(10, 9)$

0955 중 서술형

삼각형 ABC에서 꼭짓점 A의 좌표가 $(3, 2)$이고 $\overline{BC}$의 중
점의 좌표가 $(0, 4)$, 무게중심의 좌표가 (x, y)일 때, $x+y$
의 값을 구하시오.

0956 중
삼각형 ABC의 세 변의 중점이 각각 $P(-1, 1)$, $Q(1, 2)$, $R(0, 3)$일 때, 삼각형 ABC의 무게중심의 좌표는 $G(x, y)$라 하자. 이때 $x+3y$의 값을 구하시오.

0957 중
세 점 $A(-2, 3)$, $B(1, -4)$, $C(4, 7)$을 꼭짓점으로 하는 삼각형 ABC에서 $\overline{AB}$, $\overline{BC}$, $\overline{CA}$를 $2:1$로 내분하는 점을 각각 P, Q, R라 할 때, 삼각형 PQR의 무게중심의 좌표는 (a, b)이다. 이때 $a-b$의 값은?

① -2　　　② -1　　　③ 0
④ 1　　　⑤ 2

0958 상중
삼각형 ABC에 대하여 $\overline{PA}^2+\overline{PB}^2+\overline{PC}^2$의 값이 최소가 되도록 하는 점 P의 위치는?

① △ABC의 외심　　　② △ABC의 내심
③ △ABC의 무게중심　　　④ $\overline{AB}$의 중점
⑤ $\overline{AC}$를 $2:1$로 내분하는 점

| 유형 **11** | 사각형에서 중점의 활용 |

(1) 평행사변형
　⇨ 두 대각선의 중점이 일치한다.
(2) 마름모
　⇨ 두 대각선의 중점이 일치하고 네 변의 길이가 모두 같다.

0959 대표문제
평행사변형 ABCD에서 세 꼭짓점이 $A(-1, 3)$, $B(0, 0)$, $C(3, 2)$일 때, 꼭짓점 D의 좌표를 구하시오.

0960 중하
네 점 $A(a, 4)$, $B(1, 1)$, $C(b, 2)$, $D(-3, c)$를 꼭짓점으로 하는 사각형 ABCD가 평행사변형일 때, $a+b+c$의 값을 구하시오.

0961 중
네 점 $A(a, b)$, $B(c, 3)$, $C(-2, -4)$, $D(d, -5)$를 꼭짓점으로 하는 평행사변형 ABCD의 두 대각선의 교점이 직선 $y=-x$ 위에 있을 때, $a+b+c+d$의 값은?

① 6　　　② 7　　　③ 8
④ 9　　　⑤ 10

0962 중
네 점 $A(a, 1)$, $B(2, 3)$, $C(4, 4)$, $D(b, 2)$를 꼭짓점으로 하는 사각형 ABCD가 마름모일 때, 다음 중 ab의 값이 될 수 있는 것을 모두 고르면? (정답 2개)

① 0　　　② 3　　　③ 10
④ 15　　　⑤ 20

유형 up

| 개념원리 수학(상) 250쪽 |

유형 **12** 삼각형의 내각의 이등분선의 성질

삼각형 ABC에서 ∠BAD=∠CAD이면
$\Rightarrow \overline{\text{AB}} : \overline{\text{AC}} = \overline{\text{BD}} : \overline{\text{DC}}$
$\Rightarrow$ 점 D는 $\overline{\text{BC}}$를 $\overline{\text{AB}} : \overline{\text{AC}}$로 내분하는 점

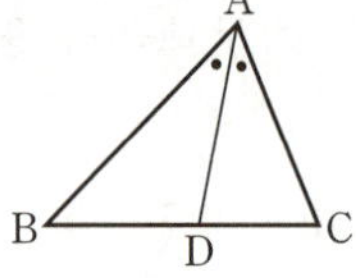

0963 대표문제

오른쪽 그림과 같이 세 점 A$(1, 4)$, B$(-4, -8)$, C$(5, 1)$을 꼭짓점으로 하는 삼각형 ABC에서 ∠A의 이등분선이 변 BC와 만나는 점을 D라 할 때, 점 D의 좌표를 구하시오.

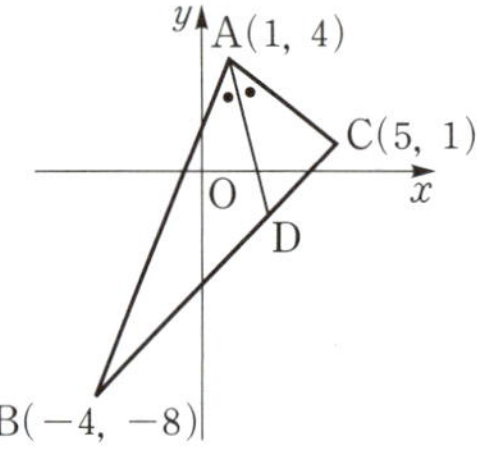

0964 중

세 점 A$(-2, 3)$, B$(6, 9)$, C$(10, 6)$을 꼭짓점으로 하는 삼각형 ABC에서 ∠B의 이등분선이 변 AC와 만나는 점을 D(a, b)라 할 때, $a-b$의 값은?

① 1　　　　② 2　　　　③ 3
④ 4　　　　⑤ 5

0965 중

세 점 A$(5, 4)$, B$(1, 1)$, C$(8, 0)$을 꼭짓점으로 하는 삼각형 ABC에서 ∠A의 이등분선이 변 BC와 만나는 점을 D라 할 때, 삼각형 DAB와 삼각형 DAC의 넓이의 비는 $p : q$이다. 이때 $p+q$의 값을 구하시오.

(단, p, q는 서로소인 자연수이다.)

유형 **13** 자취의 방정식 − 점의 자취

(1) 점 P(a, b)가 직선 $y=mx+n$ 위를 움직인다.
$\Rightarrow b=ma+n$
(2) 점 P가 어떤 등식을 만족시킨다.
$\Rightarrow$ P(x, y)의 좌표를 등식에 대입한다.

0966 대표문제

직선 $y=3x+2$ 위를 움직이는 점 A와 점 B$(3, 2)$를 이은 선분 AB를 $2 : 1$로 내분하는 점의 자취의 방정식은?

① $3x-y=0$
② $3x+y+2=0$
③ $3x-y+2=0$
④ $3x+y+4=0$
⑤ $3x-y-4=0$

0967 상중

두 점 A$(-1, 2)$, B$(2, 4)$에 대하여 $\overline{\text{PA}}^2 - \overline{\text{PB}}^2 = 9$를 만족시키는 점 P의 자취의 방정식을 구하시오.

0968 상중

두 점 A$(-1, 5)$, B$(2, 3)$에서 같은 거리에 있는 점 P의 자취의 방정식을 구하시오.

0969

두 점 $A(2, t)$, $B(t, 8)$ 사이의 거리가 6 이하가 되도록 하는 정수 t의 개수는?

① 4   ② 5   ③ 6
④ 7   ⑤ 8

0970

세 점 $A(1, 3)$, $B(-3, 5)$, $C(-1, -1)$로부터 같은 거리에 있는 점을 $P(a, b)$라 할 때, $a-b$의 값을 구하시오.

0971

세 점 $A(-1, -1)$, $B(2, 4)$, $C(3, 0)$을 꼭짓점으로 하는 삼각형 ABC는 어떤 삼각형인가?

① $\angle A = 90°$인 직각삼각형
② $\angle C = 90°$인 직각이등변삼각형
③ $\overline{AB} = \overline{AC}$인 이등변삼각형
④ $\overline{AB} = \overline{BC}$인 이등변삼각형
⑤ 정삼각형

0972

실수 x, y에 대하여
$$\sqrt{(x+1)^2+(y+2)^2}+\sqrt{(x-2)^2+(y-2)^2}$$
의 최솟값은?

① 2   ② $3\sqrt{2}$ ③ 5
④ 6   ⑤ $5\sqrt{2}$

0973

오른쪽 그림과 같이 점 P는 원점으로부터 북쪽으로 10 km 떨어진 지점에서 출발하여 남쪽 방향으로 시속 8 km로 움직이고, 점 Q는 원점에서 출발하여 동쪽 방향으로 시속 6 km로 움직인다. 두 점 P, Q가 동시에 출발할 때, P, Q 사이의 거리가 최소가 되는 것은 출발한 지 몇 시간 후인지 구하시오.

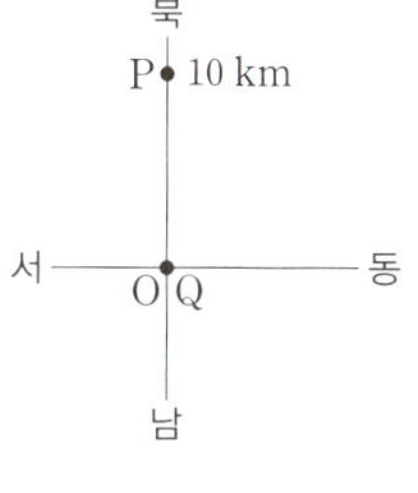

0974

두 점 $A(4, -2)$, $B(k, 6)$과 y축 위의 점 P에 대하여 $\overline{AP}^2 + \overline{BP}^2$의 최솟값이 57일 때, 양수 k의 값은?

① 1   ② 2   ③ 3
④ 4   ⑤ 5

0975

다음은 삼각형 ABC의 변 BC 위의 점 D에 대하여 $\overline{BD} = 2\overline{CD}$일 때, $\overline{AB}^2 + 2\overline{AC}^2 = 3(\overline{AD}^2 + 2\overline{CD}^2)$이 성립함을 보이는 과정이다.

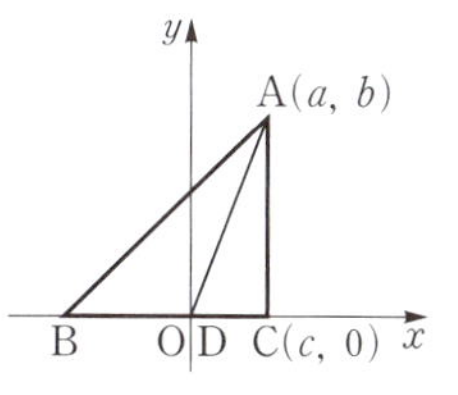

오른쪽 그림과 같이 변 BC를 x축 위에 놓고 $\overline{BD} = 2\overline{CD}$인 점 D가 원점 O가 되도록 좌표평면을 잡는다.
이때 삼각형 ABC의 세 꼭짓점을 $A(a, b)$, $B(\boxed{(가)}, 0)$, $C(c, 0)$이라 하면
$$\overline{AB}^2 + 2\overline{AC}^2 = 3(\boxed{(나)}), \quad \overline{AD}^2 + 2\overline{CD}^2 = \boxed{(나)}$$
$$\therefore \overline{AB}^2 + 2\overline{AC}^2 = 3(\overline{AD}^2 + 2\overline{CD}^2)$$

위의 과정에서 (가), (나)에 알맞은 것을 차례대로 나열한 것은?

① $-2a$, $a^2+b^2+2c^2$ ② $-2a$, $a^2+2b^2+c^2$
③ $-2b$, $a^2+b^2+2c^2$ ④ $-2c$, $a^2+b^2+2c^2$
⑤ $-2c$, $a^2+2b^2+c^2$

0976

두 점 $A(8, -4)$, $B(3, 1)$을 이은 선분 AB를 $2 : 3$으로 내분하는 점 P와 외분하는 점 Q에 대하여 선분 PQ의 중점의 좌표를 구하시오.

0977

두 점 $A(-1, -1)$, $B(2, 4)$를 이은 선분 AB의 연장선 위에 $4\overline{AC} = 3\overline{BC}$를 만족시키는 점을 $C(a, b)$라 할 때, $a+b$의 값을 구하시오. (단, $a < 0$)

0978

두 점 $A(-2, 0)$, $B(0, 7)$을 이은 선분 AB를 $1 : k$로 내분하는 점이 직선 $x+2y=2$ 위에 있을 때, 양수 k의 값은?

① 1   ② 2   ③ 3

④ 4   ⑤ 5

0979 교육청 기출

점 $A(1, 6)$을 한 꼭짓점으로 하는 삼각형 ABC의 두 변 AB, AC의 중점을 각각 $M(x_1, y_1)$, $N(x_2, y_2)$라 하자. $x_1+x_2=2$, $y_1+y_2=4$일 때, 삼각형 ABC의 무게중심의 좌표는?

① $\left(\dfrac{1}{2}, \dfrac{2}{3}\right)$ ② $\left(\dfrac{1}{2}, 1\right)$ ③ $\left(1, \dfrac{2}{3}\right)$

④ $(1, 2)$ ⑤ $(2, 1)$

0980 중요

삼각형 ABC에서 꼭짓점 A의 좌표가 $(3, -2)$이고 $\overline{AB}$의 중점 M의 좌표가 $(4, 2)$, 무게중심 G의 좌표가 $\left(\dfrac{4}{3}, 2\right)$일 때, $\overline{BC}$를 $2 : 1$로 내분하는 점의 좌표는 (a, b)라 한다. 이때 $a+b$의 값을 구하시오.

0981

마름모 ABCD에서 세 꼭짓점의 좌표가 각각 $A(1, 1)$, $B(3, 5)$, $D(a, b)$이고 대각선 AC의 중점의 좌표가 $(4, 2)$일 때, $a+b$의 값을 구하시오.

0982 중요

네 점 $A(0, 5)$, $B(1, a)$, $C(ab, 1)$, $D(7, b)$에 대하여 사각형 ABCD가 평행사변형일 때, a^3+b^3의 값은?

① 68   ② 72   ③ 76

④ 80   ⑤ 82

서술형 주관식

0983
세 점 $O(0, 0)$, $A(2, 0)$, $B(a, \sqrt{3})$을 꼭짓점으로 하는 삼각형 OAB가 정삼각형이 되도록 하는 실수 a의 값을 구하시오.

0984
두 점 $A(0, 2)$, $B(5, -3)$에 대하여 선분 AB를 $t : (1-t)$로 내분하는 점 P가 x축 위의 점일 때, 선분 OP를 $t : (1+t)$로 외분하는 점의 x좌표를 구하시오. (단, O는 원점)

0985
평행사변형 $ABCD$에서 $A(3, 2)$, $B(4, 4)$, $C(k, 2)$이고 사각형 $ABCD$의 둘레의 길이가 $6\sqrt{5}$일 때, k가 될 수 있는 값을 모두 구하시오.

0986   교육청 기출
좌표평면 위의 두 점 $P(3, 4)$, $Q(12, 5)$에 대하여 $\angle POQ$의 이등분선과 선분 PQ의 교점의 x좌표를 $\dfrac{b}{a}$라 할 때, $a+b$의 값을 구하시오.

(단, 점 O는 원점이고 a와 b는 서로소인 자연수이다.)

실력 up

0987
세 점 $A(0, 3)$, $B(-5, -9)$, $C(4, 0)$을 꼭짓점으로 하는 삼각형 ABC가 있다. 오른쪽 그림과 같이 $\overline{AC} = \overline{AD}$가 되도록 점 D를 선분 AB 위에 잡는다. 점 A를 지나면서 선분 DC와 평행한 직선이 선분 BC의 연장선과 만나는 점을 $P(a, b)$라 할 때, $a-b$의 값은?

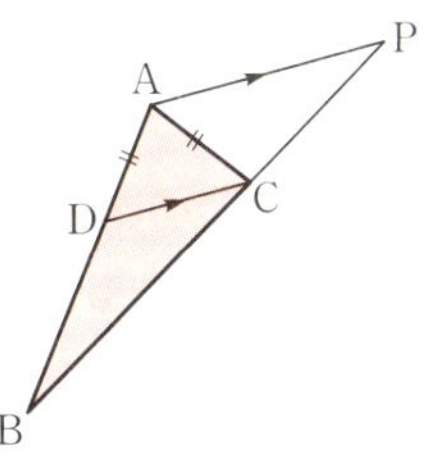

① -1 ② 1 ③ 2

④ 3 ⑤ 4

0988
오른쪽 그림과 같은 삼각형 ABC에서 $\overline{AB}=6$, $\overline{BC}=6$, $\overline{GM}=\sqrt{2}$이고, 점 G가 삼각형 ABC의 무게중심일 때, $\overline{AC}$의 길이를 구하시오.

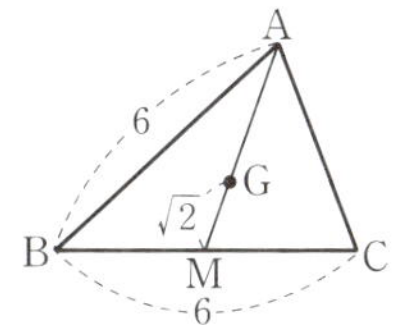

0989   창의·융합
오른쪽 그림과 같이 소매상 A, B, C가 위치한 직선 도로의 어느 한 지점에 도매상을 세우려고 한다. 운반 비용은 도매상에서 각 소매상에 이르는 거리의 제곱의 합에 비례한다고 할 때, 운반 비용을 최소로 하는 도매상의 위치는?

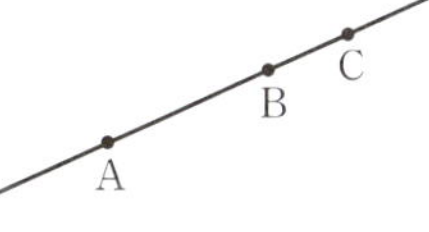

(단, $\overline{AB}=2\overline{BC}$)

① $\overline{AB}$의 중점   ② $\overline{BC}$의 중점

③ $\overline{AC}$의 중점   ④ $\overline{AB}$를 $5 : 1$로 내분하는 점

⑤ $\overline{AB}$를 $4 : 1$로 내분하는 점

11 직선의 방정식

+ 개념 플러스

11·1 직선의 방정식

1 점 $(x_1,\ y_1)$을 지나고 기울기가 m인 직선의 방정식 : $y-y_1=m(x-x_1)$

2 서로 다른 두 점 $(x_1,\ y_1)$, $(x_2,\ y_2)$를 지나는 직선의 방정식

(1) $x_1\neq x_2$이면 $y-y_1=\dfrac{y_2-y_1}{x_2-x_1}(x-x_1)$

(2) $x_1=x_2$이면 $x=x_1$

3 x절편이 a, y절편이 b인 직선의 방정식 : $\dfrac{x}{a}+\dfrac{y}{b}=1$ (단, $ab\neq0$)

참고 $x,\ y$에 대한 일차방정식 $ax+by+c=0$이 나타내는 도형은 직선이다.

▌ **좌표축에 평행한 직선의 방정식**
① 점 $(a,\ b)$를 지나고 y축에 평행한 직선 $\Rightarrow x=a$
② 점 $(a,\ b)$를 지나고 x축에 평행한 직선 $\Rightarrow y=b$

11·2 두 직선의 교점을 지나는 직선

1 정점을 지나는 직선

직선 $ax+by+c+k(a'x+b'y+c')=0$은 실수 k의 값에 관계없이 항상 두 직선 $ax+by+c=0$, $a'x+b'y+c'=0$의 교점을 지나는 직선이다.

2 두 직선의 교점을 지나는 직선의 방정식

두 직선 $ax+by+c=0$, $a'x+b'y+c'=0$의 교점을 지나는 직선 중 $a'x+b'y+c'=0$을 제외한 직선의 방정식은

$$ax+by+c+k(a'x+b'y+c')=0 \ \text{(단, } k\text{는 실수)}$$

11·3 두 직선의 위치 관계

두 직선의 위치 관계	평행하다.	일치한다.	수직이다.	한 점에서 만난다.
$\begin{cases} y=mx+n \\ y=m'x+n' \end{cases}$	$m=m',\ n\neq n'$ 기울기는 같고, y절편은 다르다.	$m=m',\ n=n'$ 기울기와 y절편이 각각 같다.	$mm'=-1$ 기울기의 곱이 -1이다.	$m\neq m'$ 기울기가 다르다.
$\begin{cases} ax+by+c=0 \\ a'x+b'y+c'=0 \end{cases}$ (단, $abc\neq0$, $a'b'c'\neq0$)	$\dfrac{a}{a'}=\dfrac{b}{b'}\neq\dfrac{c}{c'}$	$\dfrac{a}{a'}=\dfrac{b}{b'}=\dfrac{c}{c'}$	$aa'+bb'=0$	$\dfrac{a}{a'}\neq\dfrac{b}{b'}$

▌ 두 직선 $ax+by+c=0$,
$a'x+b'y+c'=0$이 서로 수직이면
$\left(-\dfrac{a}{b}\right)\times\left(-\dfrac{a'}{b'}\right)=-1$
이므로 $aa'=-bb'$
$\therefore aa'+bb'=0$

11·4 점과 직선 사이의 거리

점 $(x_1,\ y_1)$과 직선 $ax+by+c=0$ $(ab\neq0)$ 사이의 거리 d는

$$d=\dfrac{|ax_1+by_1+c|}{\sqrt{a^2+b^2}}$$

참고 원점과 직선 $ax+by+c=0$ $(ab\neq0)$ 사이의 거리는 $\dfrac{|c|}{\sqrt{a^2+b^2}}$

▌ 점과 직선 사이의 거리는 그 점에서 직선에 내린 수선의 발까지의 거리이다.

▌ 평행한 두 직선 사이의 거리는 직선 위의 한 점과 다른 직선 사이의 거리와 같다.

---

11 · 1   직선의 방정식

[0990 ~ 0991] 다음 직선의 방정식을 구하시오.

0990   점 $(1, -1)$을 지나고 기울기가 2인 직선

0991   점 $(0, 3)$을 지나고 기울기가 -5인 직선

[0992 ~ 0993] 다음 두 점을 지나는 직선의 방정식을 구하시오.

0992 $(2, 3)$, $(4, -3)$

0993 $(6, 4)$, $(-3, 4)$

0994 x절편이 -7, y절편이 5인 직선의 방정식을 구하시오.

0995   세 실수 a, b, c가 다음을 만족시킬 때, 직선 $ax+by+c=0$이 지나는 사분면을 모두 구하시오.

⑴ $a>0$, $b>0$, $c<0$

⑵ $a>0$, $b=0$, $c<0$

11 · 2   두 직선의 교점을 지나는 직선

0996   직선 $(4x+5y+3)+k(2x+3y+1)=0$이 실수 k의 값에 관계없이 항상 지나는 점의 좌표를 구하시오.

0997   직선 $(k+2)x-(2k-1)y+k-1=0$이 실수 k의 값에 관계없이 항상 지나는 점의 좌표를 구하시오.

0998   두 직선 $2x-3y-1=0$, $2x-4y+1=0$의 교점과 원점을 지나는 직선의 방정식을 구하시오.

11 · 3   두 직선의 위치 관계

0999   직선 $2x+y-4=0$과의 위치 관계가 다음과 같은 직선을 **보기**에서 찾으시오.

> ● 보기 ●
> ㄱ. $4x+y=0$ ㄴ. $4x+2y+1=0$
> ㄷ. $x-2y+5=0$ ㄹ. $3x-4y+2=0$

⑴ 평행   ⑵ 수직

1000   두 직선 $y=-\dfrac{1}{2}x+5$, $y=(a+1)x+4$의 위치 관계가 다음과 같을 때, 상수 a의 값을 구하시오.

⑴ 평행   ⑵ 수직

1001   두 직선 $x+ay+1=0$, $(a-1)x+2y+1=0$의 위치 관계가 다음과 같을 때, 상수 a의 값을 구하시오.

⑴ 평행   ⑵ 일치   ⑶ 수직

1002   점 $(2, -3)$을 지나고 직선 $3x+2y+1=0$에 평행한 직선의 방정식을 구하시오.

1003   점 $(-2, 1)$을 지나고 직선 $y=-3x+1$에 수직인 직선의 방정식을 구하시오.

11 · 4   점과 직선 사이의 거리

[1004 ~ 1006] 다음 점과 직선 사이의 거리를 구하시오.

1004   점 $(1, 4)$, 직선 $x-2y+2=0$

1005   점 $(-3, 2)$, 직선 $6x+8y-3=0$

1006   원점, 직선 $4x-3y+6=0$

1007   평행한 두 직선 $x-y-3=0$, $x-y+3=0$ 사이의 거리를 구하시오.

유형 익/히/기

| 개념원리 수학(상) 262쪽 |

유형 **01** 기울기와 한 점이 주어진 직선의 방정식

(1) 기울기가 m이고 y절편이 n인 직선의 방정식
$\Rightarrow y=mx+n$

(2) 기울기가 m이고 점 (x_1, y_1)을 지나는 직선의 방정식
$\Rightarrow y-y_1=m(x-x_1)$

▶ 직선이 x축의 양의 방향과 이루는 각의 크기가 $\theta °$일 때
$\Rightarrow$ (직선의 기울기)$=\tan\theta °$ (단, $0° \leq \theta < 90°$)

1008 대표문제

두 점 $(-4, 2)$, $(6, 8)$을 이은 선분의 중점을 지나고 기울기가 -2인 직선의 방정식을 구하시오.

1009 중하

점 $(1, 2)$를 지나고 직선 $y=-3x+1$과 평행한 직선의 방정식이 $y=ax+b$일 때, 상수 a, b에 대하여 $a-b$의 값을 구하시오.

1010 중

직선 $ax-y+b=0$은 점 $(-1, -1)$을 지나고 직선 $3x-y-5=0$과 기울기가 같을 때, 상수 a, b에 대하여 ab의 값을 구하시오.

1011 중

직선 $y=(m-2)x-n-1$이 점 $(2, -1)$을 지나고 x축의 양의 방향과 이루는 각의 크기가 $45°$일 때, 상수 m, n에 대하여 $m+n$의 값을 구하시오.

| 개념원리 수학(상) 263쪽 |

유형 **02** 두 점을 지나는 직선의 방정식

두 점 (x_1, y_1), (x_2, y_2)를 지나는 직선의 방정식

(1) $x_1 \neq x_2$이면 $y-y_1=\dfrac{y_2-y_1}{x_2-x_1}(x-x_1)$

(2) $x_1=x_2$이면 $x=x_1$

1012 대표문제

두 점 $(-2, 3)$, $(3, -2)$를 지나는 직선 위에 두 점 $(-5, a)$, $(b, 2)$가 있을 때, $a-b$의 값은?

① -7　　　② -1　　　③ 1
④ 5　　　⑤ 7

1013 상 서술형

두 점 A$(6, -4)$, B$(1, 1)$에 대하여 선분 AB를 $2:3$으로 내분하는 점과 점 $(-1, 3)$을 지나는 직선의 y절편을 구하시오.

1014 중

세 점 A$(3, 5)$, B$(4, 1)$, C$(-1, 3)$을 꼭짓점으로 하는 삼각형 ABC의 무게중심을 G라 할 때, 직선 CG의 방정식을 구하시오.

유형 03 x절편과 y절편이 주어진 직선의 방정식

x절편이 a, y절편이 b인 직선의 방정식

$\Rightarrow \dfrac{x}{a}+\dfrac{y}{b}=1$ (단, $ab\neq 0$)

1015 대표문제

점 $(-2,\ 4)$를 지나는 직선이 x절편과 y절편의 절댓값이 같고 부호가 반대일 때, 이 직선의 x절편을 구하시오.

1016 중

직선 $2x+3y=k$와 x축 및 y축으로 둘러싸인 삼각형의 넓이가 3일 때, 양수 k의 값을 구하시오.

유형 04   세 점이 한 직선 위에 있을 조건

세 점 A, B, C가 한 직선 위에 있다.
$\Rightarrow$ (직선 AB의 기울기)=(직선 BC의 기울기)
　　　　　　 =(직선 AC의 기울기)
$\Rightarrow$ 세 점 A, B, C가 삼각형을 이루지 않는다.

1017 대표문제

세 점 A$(1,\ 3)$, B$(a,\ 5)$, C$(3,\ 2a+3)$이 한 직선 위에 있을 때, 이 직선의 방정식을 구하시오. (단, $a>0$)

1018 중

세 점 A$(k,\ -1)$, B$(2,\ k)$, C$(5,\ 7)$이 삼각형을 이루지 않도록 하는 모든 실수 k의 값의 합을 구하시오.

유형 05   도형의 넓이를 이등분하는 직선의 방정식

(1) 삼각형에서 한 꼭짓점을 지나면서 그 넓이를 이등분하면
　 $\Rightarrow$ 직선은 주어진 꼭짓점의 대변의 중점을 지난다.
(2) 직사각형의 넓이를 이등분하면
　 $\Rightarrow$ 직선은 직사각형의 대각선의 교점을 지난다.

1019 대표문제

세 점 A$(3,\ 3)$, B$(5,\ -5)$, C$(-1,\ 1)$을 꼭짓점으로 하는 삼각형 ABC의 넓이를 점 A를 지나는 직선 $y=ax+b$가 이등분할 때, 상수 a, b에 대하여 $a+b$의 값을 구하시오.

1020 중

직선 $\dfrac{x}{2}+\dfrac{y}{4}=1$과 x축 및 y축으로 둘러싸인 삼각형의 넓이를 직선 $y=mx$가 이등분할 때, 상수 m의 값은?

① 1   ② 2   ③ 3
④ 4   ⑤ 5

1021 상중

오른쪽 그림과 같이 좌표평면 위에 있는 두 직사각형의 넓이를 동시에 이등분하는 직선의 x절편과 y절편의 곱을 구하시오.

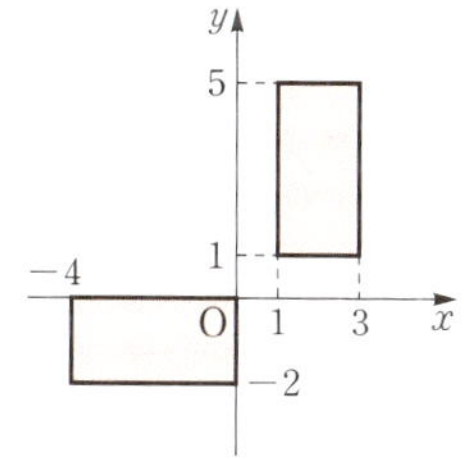

유형 **06** 계수의 부호와 그래프의 개형

(1) $ax+by+c=0$ $(b\neq0)$을 $y=-\dfrac{a}{b}x-\dfrac{c}{b}$ 의 꼴로 변형한 후 기울기와 y절편의 부호를 정한다.

(2) $AB>0 \Rightarrow A,\ B$의 부호가 같다.

$AB<0 \Rightarrow A,\ B$의 부호가 다르다.

1022 대표문제

$ab<0$, $bc<0$일 때, 직선 $ax+by+c=0$이 지나지 <u>않는</u> 사분면은?

① 제1사분면 ② 제2사분면 ③ 제3사분면

④ 제4사분면 ⑤ 제1, 2사분면

1023 중하

직선 $3x+ay+b=0$이 제1, 3, 4사분면을 지날 때, 직선 $ax+by+2=0$이 지나는 사분면을 모두 구하시오.

1024 중

직선 $ax+by-2=0$이 오른쪽 그림과 같을 때, 직선 $-x+ay-b=0$의 개형은?

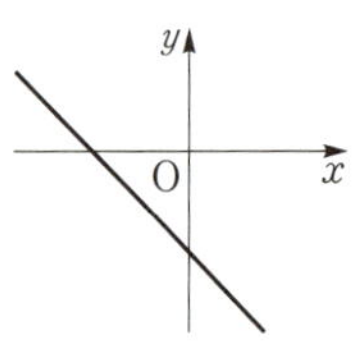

① 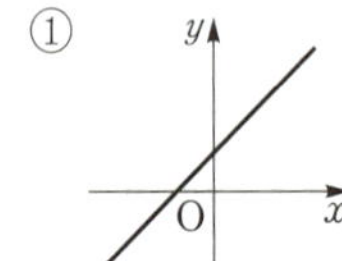 ② 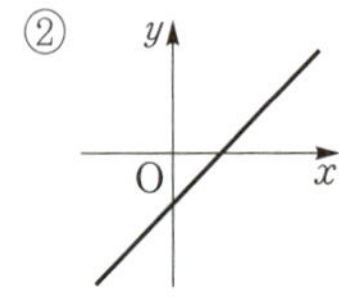 ③ 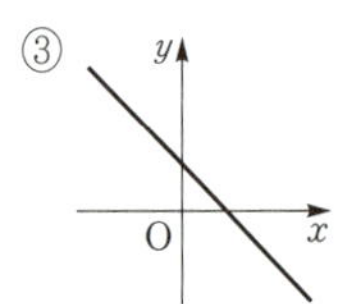

④ 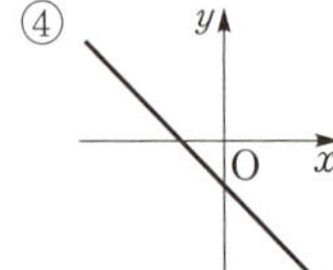 ⑤ 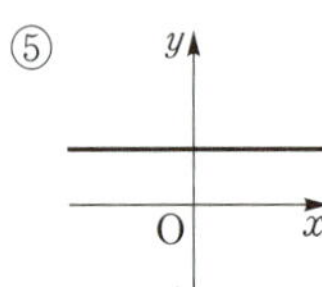

유형 **07** 정점을 지나는 직선

직선 $ax+by+c+k(a'x+b'y+c)=0$은 실수 k의 값에 관계없이 항상 두 직선 $ax+by+c=0$, $a'x+b'y+c'=0$의 교점을 지난다.

1025 대표문제

직선 $mx+y+3m-4=0$이 실수 m의 값에 관계없이 항상 점 P를 지날 때, 선분 OP의 길이를 구하시오. (단, O는 원점)

1026 중

직선 $(2k+1)x-(k-1)y-5k-4=0$이 실수 k의 값에 관계없이 항상 점 P를 지날 때, 기울기가 -2이고 점 P를 지나는 직선의 방정식은?

① $2x+y=0$ ② $2x+y-3=0$

③ $2x+y+3=0$ ④ $2x+y-7=0$

⑤ $2x+y+7=0$

1027 상중

직선 $-2x+y=3$ 위의 점 $(a,\ b)$에 대하여 직선 $2ax-3by=9$가 항상 지나는 점의 좌표는?

① $(-6,\ -2)$ ② $(-3,\ -1)$ ③ $(-1,\ 3)$

④ $(3,\ -1)$ ⑤ $(6,\ 2)$

유형 **08** 두 직선의 교점을 지나는 직선의 방정식

두 직선 $ax+by+c=0$, $a'x+b'y+c'=0$의 교점을 지나는 직선의 방정식
$\Rightarrow ax+by+c+k(a'x+b'y+c')=0$ (단, k는 실수)

1028 대표문제

두 직선 $2x-3y-1=0$, $x+y-3=0$의 교점과 점 $(1, 1)$을 지나는 직선의 방정식이 $ax+by-1=0$일 때, 상수 a, b에 대하여 $a-b$의 값을 구하시오.

1029 중

다음 중 점 $(1, -1)$과 두 직선 $x+y+1=0$, $2x-y-1=0$의 교점을 지나는 직선 위에 있는 점의 좌표는?

① $(-1, -1)$ ② $(0, -2)$ ③ $(1, -3)$
④ $(2, -4)$ ⑤ $(3, -5)$

1030 중

두 직선 $5x+15y-7=0$, $x+5y-11=0$의 교점과 점 $(5, -6)$을 지나는 직선이 좌표축에 의하여 잘린 선분의 길이를 구하시오.

1031 중

두 직선 $ax+(a+1)y+2=0$, $(a-6)x+ay-2=0$의 교점과 원점을 지나는 직선의 기울기가 2일 때, 상수 a의 값을 구하시오.

유형 **09** 두 직선의 위치 관계

두 직선 $ax+by+c=0$, $a'x+b'y+c'=0$에 대하여
(1) 평행: $\dfrac{a}{a'}=\dfrac{b}{b'}\neq\dfrac{c}{c'}$
(2) 일치: $\dfrac{a}{a'}=\dfrac{b}{b'}=\dfrac{c}{c'}$
(3) 수직: $aa'+bb'=0$
▶ 두 직선이 수직이면 $\Rightarrow$ (두 직선의 기울기의 곱)$=-1$

1032 대표문제

두 직선 $2x-ky+1=0$, $(k+1)x-y+k=0$이 서로 평행할 때의 k의 값을 a, 일치할 때의 k의 값을 b라 할 때, $a-b$의 값을 구하시오. (단, k는 상수)

1033 중하

두 직선 $3x+(a-1)y+2a-1=0$, $(a-2)x-2y+2a+3=0$이 서로 수직이 되도록 하는 상수 a의 값을 구하시오.

1034 중

두 직선 $-2x+ay+3=0$, $bx+cy+11=0$이 서로 수직이고 두 직선의 교점의 좌표가 $(-1, 5)$일 때, 상수 a, b, c에 대하여 abc의 값은?

① -2 ② -1 ③ 2
④ 3 ⑤ 4

1035 중 서술형

직선 $x-ay+1=0$이 직선 $x+(b-2)y-1=0$과 평행하고, 직선 $(a+1)x-(b-1)y+1=0$과 수직일 때, 상수 a, b에 대하여 a^2+b^2의 값을 구하시오.

| 개념원리 수학(상) 277쪽 |

유형 10 — 한 직선에 평행 또는 수직인 직선의 방정식

(1) 평행한 두 직선 ⇨ 기울기는 같고, y절편은 다르다.
(2) 수직인 두 직선 ⇨ 기울기의 곱이 -1이다.

1036 대표문제

두 점 $(-3, 5)$, $(5, -7)$을 지나는 직선에 평행하고
점 $(2, 5)$를 지나는 직선의 방정식이 $ax+2y+b=0$일 때,
상수 a, b에 대하여 $a+b$의 값은?

① -13 ② -9 ③ -5
④ -1 ⑤ 3

1037 중

두 점 $A(-3, 1)$, $B(6, 4)$를 지나는 직선에 수직이고, 선분
AB를 $1:2$로 내분하는 점을 지나는 직선의 방정식을 구하시
오.

1038 중

오른쪽 그림과 같이 점 $A(6, 11)$에서
직선 $x+3y-9=0$에 내린 수선의 발을
$H(a, b)$라 할 때, ab의 값은?

① -12 ② 0
③ 6 ④ 10
⑤ 14

| 개념원리 수학(상) 275쪽 |

유형 11 — 선분의 수직이등분선의 방정식

선분 AB의 수직이등분선을 l이라 하면
(1) 수직 조건
　(직선 l의 기울기)×(직선 AB의 기울기)
　$=-1$
(2) 이등분 조건
　직선 l이 선분 AB의 중점 M을 지난다.

1039 대표문제

두 점 $A(a, 3)$, $B(4, 5)$에 대하여 선분 AB의 수직이등분선
의 방정식이 $y=-x+b$일 때, $a+b$의 값을 구하시오.

(단, b는 상수)

1040 중

두 점 $A(1, 3)$, $B(-3, 5)$에 대하여 선분 AB의 수직이등
분선의 방정식은?

① $y=\dfrac{1}{2}x+\dfrac{9}{2}$ ② $y=\dfrac{1}{2}x+4$ ③ $y=-2x+7$
④ $y=2x+2$ ⑤ $y=2x+6$

1041 중

두 점 $A(a, 3)$, $B(b, 5)$에 대하여 선분 AB의 수직이등분선
의 방정식이 $2x+y-4=0$일 때, a^2+b^2의 값을 구하시오.

1042 상 중

세 점 $A(1, 0)$, $B(7, 2)$, $C(3, 6)$을 꼭짓점으로 하는 삼각
형 ABC의 세 변의 수직이등분선이 만나는 점의 좌표를 구하
시오.

유형 **12** 세 직선의 위치 관계

세 직선이 삼각형을 이루지 않는 경우

(1) 세 직선이 모두 평행할 때

(2) 세 직선 중 두 직선이 평행할 때

(3) 세 직선이 한 점에서 만날 때

1043 대표문제

세 직선 $x+2y=0$, $x-y+3=0$, $ax+y+a+1=0$이 삼각형을 이루지 않도록 하는 모든 상수 a의 값의 곱을 구하시오.

1044 중하

세 직선 $3x+y=8$, $2x+y=5$, $kx+y=-7$이 한 점에서 만날 때, 상수 k의 값을 구하시오.

1045 중 서술형

세 직선 $x+2y-6=0$, $4x-3y-12=0$, $ax+y-1=0$으로 둘러싸인 삼각형이 직각삼각형이 되도록 하는 모든 상수 a의 값의 합을 구하시오.

1046 상중

서로 다른 세 직선

$$ax+y+5=0, \ 2x+by-4=0, \ x+2y+3=0$$

에 의하여 좌표평면이 네 부분으로 나누어질 때, 상수 a, b에 대하여 $a+b$의 값을 구하시오.

유형 **13** 점과 직선 사이의 거리

점 (x_1, y_1)과 직선 $ax+by+c=0$ 사이의 거리

$$\Rightarrow \frac{|ax_1+by_1+c|}{\sqrt{a^2+b^2}}$$

이때 직선의 방정식을 반드시 $ax+by+c=0$의 꼴로 고쳐 생각한다.

1047 대표문제

점 $(a, 3)$에서 두 직선 $2x-y+1=0$, $x+2y-1=0$에 이르는 거리가 같을 때, 양수 a의 값을 구하시오.

1048 중하

점 $(2, 6)$과 직선 $3x+4y+k=0$ 사이의 거리가 8일 때, 양수 k의 값을 구하시오.

1049 중

직선 $x+y+(x-y)k-2=0$은 실수 k의 값에 관계없이 점 A를 지난다. 점 A와 직선 $2x-y+b=0$ 사이의 거리가 $\sqrt{5}$일 때, 모든 상수 b의 값의 합을 구하시오.

1050 상중

점 $(1, -2)$와 직선 $x-2y-4+k(2x+y)=0$ 사이의 거리를 $f(k)$라 할 때, $f(k)$의 최댓값을 구하시오. (단, k는 실수)

유형 익/히/기

| **개념원리** 수학(상) 286쪽 |

| **개념원리** 수학(상) 287쪽 |

유형 **14** 평행한 두 직선 사이의 거리

평행한 두 직선 l_1, l_2 사이의 거리
(i) 직선 l_1 위의 한 점의 좌표 (x_1, y_1)을 구한다.
(ii) 점 (x_1, y_1)과 직선 l_2 사이의 거리를 구한다.

1051 대표문제

평행한 두 직선 $x+2y+1=0$, $x+2y+k=0$ 사이의 거리가 $4\sqrt{5}$가 되도록 하는 모든 실수 k의 값의 합은?

① -3 ② -2 ③ 1
④ 2 ⑤ 3

1052 중

직선 $x-y+3=0$ 위의 한 점 A와 직선 $x-y-1=0$ 위의 한 점 B에 대하여 선분 AB의 길이의 최솟값을 구하시오.

1053 중

평행한 두 직선 $ax+2y-1=0$, $3x+(a-1)y-1=0$ 사이의 거리를 구하시오. (단, a는 실수)

1054 중

오른쪽 그림과 같이 평행한 두 직선 $x-y+7=0$, $x+ay-1=0$ 위에 사각형 ABCD가 정사각형이 되도록 네 점 A, B, C, D를 잡을 때, 이 정사각형의 넓이를 구하시오.

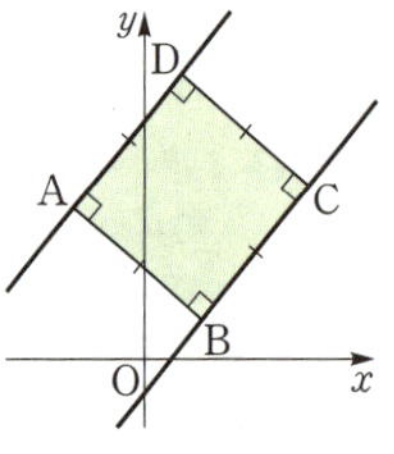

유형 **15** 세 꼭짓점의 좌표가 주어진 삼각형의 넓이

삼각형 ABC에서 밑변을 $\overline{BC}$로 잡을 때,
삼각형 ABC의 넓이
(i) $\overline{BC}$의 길이를 구한다.
(ii) 점 A와 직선 BC 사이의 거리 d를 구한다.
(iii) $\triangle ABC = \dfrac{1}{2} \times \overline{BC} \times d$

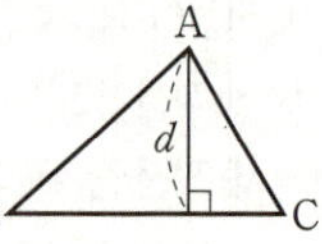

1055 대표문제

세 점 A$(3, 4)$, B$(2, 0)$, C$(4, 2)$를 꼭짓점으로 하는 삼각형 ABC의 넓이를 구하시오.

1056 중

세 점 A$(2, 3)$, B$(-2, -1)$, C$(a, -3)$을 꼭짓점으로 하는 삼각형 ABC의 넓이가 16일 때, 자연수 a의 값을 구하시오.

1057 상중

오른쪽 그림과 같이 두 점 O$(0, 0)$, A$(4, 1)$과 직선 $x-4y+12=0$ 위의 한 점 P를 꼭짓점으로 하는 삼각형 OAP의 넓이를 구하시오.

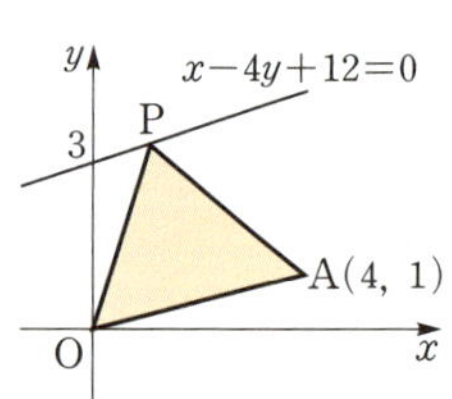

1058 상중 서술형

세 직선 $x-2y-2=0$, $x+5y-9=0$, $4x-y+6=0$으로 만들어지는 삼각형의 넓이를 구하시오.

| 개념원리 수학(상) 269쪽 |

유형 16   정점을 지나는 직선의 활용

직선 $y-b=m(x-a)$는 m의 값에 관계없이 항상 점 (a, b)를 지난다.

1059 대표문제

두 직선 $x+y-2=0$, $mx-y-4m+3=0$이 제1사분면에서 만나도록 하는 실수 m의 값의 범위를 구하시오.

1060 중

직선 $y=m(x-1)+3$이 두 점 $A(3, 4)$, $B(5, -1)$ 사이를 지나도록 하는 실수 m의 값의 범위가 $\alpha < m < \beta$일 때, $\alpha+\beta$의 값은?

① $-\dfrac{3}{2}$ ② $-\dfrac{1}{2}$ ③ $\dfrac{1}{2}$

④ 1 ⑤ 3

1061 상중

직선 $kx-y+3k-1=0$이 오른쪽 그림의 직사각형과 만나도록 하는 실수 k의 최댓값을 구하시오.

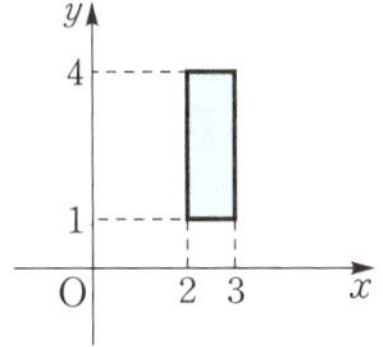

| 개념원리 수학(상) 288쪽 |

유형 17   자취의 방정식 − 점과 직선 사이의 거리

(ⅰ) 구하는 점의 좌표를 $P(x, y)$로 놓는다.

(ⅱ) 점 P와 주어진 직선 사이의 거리를 구하는 공식을 이용하여 자취의 방정식을 구한다.

1062 대표문제

다음 **보기** 중 두 직선 $x+2y+1=0$, $2x-y-3=0$이 이루는 각의 이등분선의 방정식인 것만을 있는 대로 고른 것은?

┌─ 보기 ─
ㄱ. $x-3y-4=0$ ㄴ. $x-2y-5=0$
ㄷ. $2x+y+1=0$ ㄹ. $3x+y-2=0$
└

① ㄱ, ㄴ   ② ㄱ, ㄹ   ③ ㄴ, ㄷ
④ ㄴ, ㄹ   ⑤ ㄷ, ㄹ

1063 중

두 직선 $2x+3y+a=0$, $2x-3y+1=0$이 이루는 각을 이등분하는 직선이 점 $(2, 1)$을 지날 때, 모든 실수 a의 값의 합을 구하시오.

1064 상중

점 P에서 두 직선 $2x+y-2=0$, $x+2y-2=0$에 내린 수선의 발을 각각 R, S라 할 때, $\overline{PR}=2\overline{PS}$를 만족시키는 점 P의 자취의 방정식을 구하시오. $\left(\text{단, } x \neq \dfrac{2}{3}\right)$

11 직선의 방정식

1065

점 $(\sqrt{3}, -1)$을 지나고 x축의 양의 방향과 이루는 각의 크기가 $30°$인 직선의 방정식을 구하시오.

1066

오른쪽 그림과 같이 네 점 $O(0, 0)$, $A(1, 5)$, $B(7, 0)$, $C(5, -3)$을 꼭짓점으로 하는 사각형 $OABC$에서 두 대각선의 교점의 좌표를 구하시오.

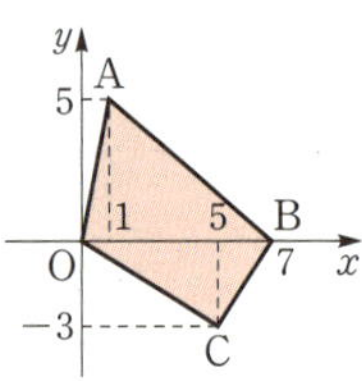

1067

제3사분면을 지나지 않는 직선 $\dfrac{x}{a}+\dfrac{y}{b}=1$과 x축 및 y축으로 둘러싸인 부분의 넓이가 9일 때, 상수 a, b에 대하여 ab의 값을 구하시오.

1068

세 점 $A(k, 5)$, $B(-1, 3)$, $C(-k, -1)$이 한 직선 위에 있을 때, 실수 k의 값은?

① -1 ② -2 ③ -3

④ -4 ⑤ -5

1069

다음 **보기** 중 세 점이 한 직선 위에 있는 것만을 있는 대로 고르시오.

• 보기 •

ㄱ. $A(-1, 5)$, $B(2, 9)$, $C(4, 15)$
ㄴ. $A(1, -1)$, $B(3, -5)$, $C(4, -7)$
ㄷ. $A(2, 0)$, $B(3, 4)$, $C(4, 6)$

1070

세 점 $A(-1, 1)$, $B(5, -1)$, $C(4, 3)$을 꼭짓점으로 하는 삼각형 ABC에서 선분 AB 위의 한 점 P에 대하여 삼각형 APC와 삼각형 PBC의 넓이의 비가 $2 : 1$일 때, 두 점 C, P를 지나는 직선의 방정식은?

① $3x-10y-31=0$ ② $3x-10y+31=0$
③ $10x-3y-31=0$ ④ $10x-3y+31=0$
⑤ $10x+3y-31=0$

1071

직선 $ax+by+c=0$이 오른쪽 그림과 같을 때, 직선 $bx-cy+a=0$이 지나지 <u>않</u>는 사분면은?

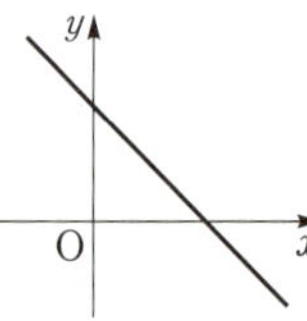

① 제1사분면   ② 제2사분면
③ 제3사분면   ④ 제4사분면
⑤ 제1, 4사분면

1072

직선 $(k-1)x-(2k+1)y+4k+a=0$이 실수 k의 값에 관계없이 항상 점 $(2, b)$를 지날 때, $a+b$의 값은?

(단, a는 상수)

① -4 ② -2 ③ 3

④ 6 ⑤ 8

1073 중요

직선 $x+2y-1+k(3x-y+1)=0$에 대한 다음 **보기**의 설명 중 옳은 것만을 있는 대로 고른 것은?

▶ 보기 ◀

ㄱ. 두 직선 $x+2y=1$, $3x-y=-1$의 교점을 지난다.

ㄴ. $k=2$일 때, 직선의 기울기는 0이다.

ㄷ. y축에 평행한 직선이 존재한다.

① ㄱ   ② ㄴ   ③ ㄱ, ㄷ

④ ㄴ, ㄷ   ⑤ ㄱ, ㄴ, ㄷ

1074 교육청 기출

세 직선

$$l : x-ay+2=0,$$
$$m : 4x+by+2=0,$$
$$n : x-(b-3)y-2=0$$

에 대하여 두 직선 l과 m은 수직이고 두 직선 l과 n은 평행할 때, a^2+b^2의 값을 구하시오. (단, a, b는 상수)

1075

오른쪽 그림과 같이 두 점 $A(0, 6)$, $B(-8, 0)$을 지나는 직선 l과 두 점 B, C를 지나는 직선 m이 있다.
$\angle ABO=\angle BCO$일 때, 직선 m의 방정식을 구하시오. (단, O는 원점)

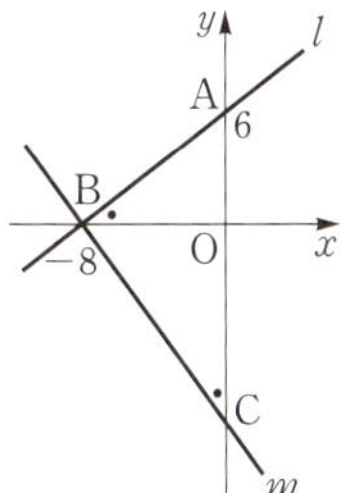

1076

두 점 $A(2, 3)$, B에 대하여 직선 $x+2y-4=0$이 선분 AB를 수직이등분할 때, 점 B의 좌표를 구하시오.

1077

오른쪽 그림과 같이 네 점 $A(1, 5)$, B, $C(9, 1)$, D를 꼭짓점으로 하는 마름모 ABCD에서 두 점 B, D를 지나는 직선 l의 방정식이 $2x+ay+b=0$일 때, 상수 a, b에 대하여 ab의 값은?

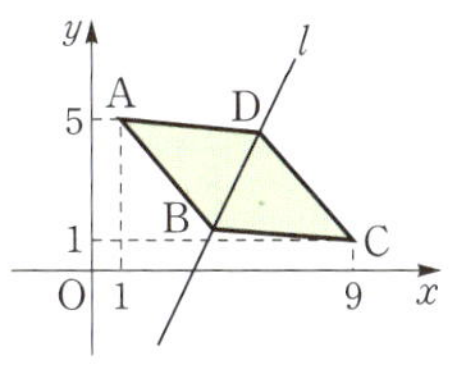

① 3 ② 5 ③ 7

④ 9 ⑤ 11

1078

세 직선 $4x+y-3=0$, $3x-2y+5=0$, $ax+2y+4=0$에 의하여 생기는 교점이 2개가 되도록 하는 상수 a의 값을 모두 구하시오.

1079

서로 다른 세 직선

$$3x-y+5=0,\ ax+2y-1=0,\ x+by+7=0$$

에 의하여 좌표평면이 네 부분으로 나누어질 때, 상수 a, b에 대하여 ab의 값을 구하시오.

1080

두 직선 $x+y+1=0$, $2x-y=0$의 교점을 지나는 직선과 원점 사이의 거리의 최댓값을 구하시오.

1081

두 직선 $x+y-3=0$, $x-y-1=0$의 교점을 지나고 점 $(5, 3)$에서의 거리가 2인 직선의 방정식은?

(단, 직선의 기울기는 0이 아니다.)

① $5x-12y-19=0$ ② $5x+12y-19=0$
③ $12x-5y-19=0$ ④ $12x+5y-19=0$
⑤ $12x+5y+19=0$

1082 💡중요

평행한 두 직선 $3x+4y=8$, $3x+4y=k$ 사이의 거리가 4일 때, 모든 실수 k의 값의 합을 구하시오.

1083

세 점 $A(1, 1)$, $B(3, 2)$, $C(2, k)$를 꼭짓점으로 하는 삼각형 ABC의 넓이가 $\dfrac{5}{2}$가 되도록 하는 모든 실수 k의 값의 합은?

① 2   ② 3   ③ 4
④ 5   ⑤ 6

1084

두 직선 $x-2y-2=0$, $mx-y+2m-1=0$이 제4사분면에서 만나도록 하는 실수 m의 값의 범위를 구하시오.

1085

두 직선 $x+4y+3=0$, $4x+y+12=0$이 이루는 각의 이등분선 중 기울기가 양수인 직선의 방정식은?

① $x-y-3=0$ ② $x-y+1=0$
③ $x-y+3=0$ ④ $x-2y+1=0$
⑤ $2x-y+1=0$

  **서술형 주관식**

1086

직선 $y=mx+3$이 세 점 $A(0, 3)$, $B(4, 1)$, $C(1, 4)$를 꼭짓점으로 하는 삼각형 ABC의 넓이를 이등분할 때, 상수 m의 값을 구하시오.

1087

직선 $(a+1)x-(a-3)y+a-15=0$은 실수 a의 값에 관계없이 항상 점 A를 지난다. 점 A와 직선 $2x-y+p=0$ 사이의 거리가 $\sqrt{5}$일 때, 모든 실수 p의 값의 합을 구하시오.

1088

직선 $x+ay+1=0$이 직선 $3x-by+1=0$과 수직이고 직선 $x-(b+2)y-1=0$과 평행할 때, 상수 a, b에 대하여 a^3+b^3의 값을 구하시오.

1089

어느 두 직선도 서로 평행하지 않은 세 직선
$$x-y+a=0,\ 2x-y+1=0,\ 3x-2y-a=0$$
이 삼각형을 이루지 않도록 하는 실수 a의 값을 구하시오.

 **실력 up**

1090

오른쪽 그림과 같이 세 직선 $x+2y-3=0$, $y=1$, $x-y+6=0$으로 둘러싸인 삼각형 ABC의 외심과 직선 $x-y+6=0$ 사이의 거리를 구하시오.

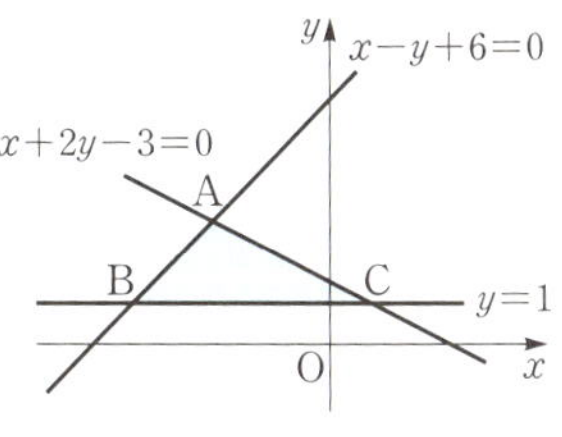

1091 교육청 기출

그림과 같이 한 변의 길이가 10인 정사각형 ABCD에 내접하는 원이 있다. 선분 BC를 $1:2$로 내분하는 점을 P라 하자. 선분 AP가 정사각형 ABCD에 내접하는 원과 만나는 두 점을 Q, R라 할 때, 선분 QR의 길이는?

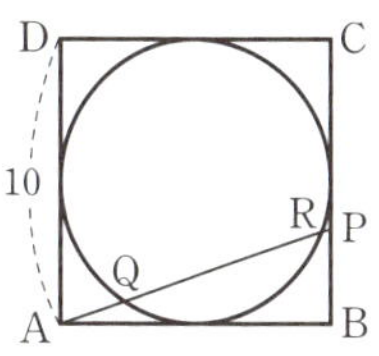

① $2\sqrt{11}$ ② $4\sqrt{3}$ ③ $2\sqrt{13}$
④ $2\sqrt{14}$ ⑤ $2\sqrt{15}$

1092 창의·융합

오른쪽 그림과 같이 폭이 10 m인 두 직선도로가 수직으로 만나고 있다. A 지점에 있는 사람이 건물에 가려 보이지 않는 B 지점에 있는 사람을 보기 위해 움직일 때, 그 최단 거리를 구하시오.

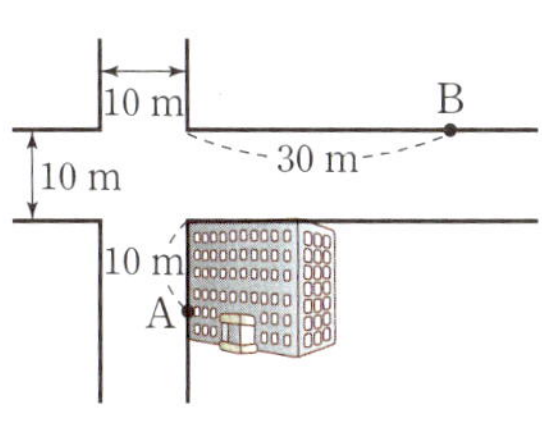

12 원의 방정식

12·1 원의 방정식

1 원의 방정식
중심의 좌표가 (a, b)이고 반지름의 길이가 r인 원의 방정식은
$$(x-a)^2+(y-b)^2=r^2$$
참고 중심이 원점이고 반지름의 길이가 r인 원의 방정식은 $x^2+y^2=r^2$

2 이차방정식 $x^2+y^2+Ax+By+C=0$이 나타내는 도형
x, y에 대한 이차방정식 $x^2+y^2+Ax+By+C=0\ (A^2+B^2-4C>0)$은
중심의 좌표가 $\left(-\dfrac{A}{2},\ -\dfrac{B}{2}\right)$, 반지름의 길이가 $\dfrac{\sqrt{A^2+B^2-4C}}{2}$인 원을 나타낸다.

12·2 두 원의 교점을 지나는 직선과 원의 방정식

1 두 원의 교점을 지나는 직선의 방정식 (공통인 현의 방정식)
두 점에서 만나는 두 원 $x^2+y^2+ax+by+c=0$, $x^2+y^2+a'x+b'y+c'=0$의 교점을 지나는 직선의 방정식은
$$x^2+y^2+ax+by+c-(x^2+y^2+a'x+b'y+c')=0$$

2 두 원의 교점을 지나는 원의 방정식
두 점에서 만나는 두 원 $x^2+y^2+ax+by+c=0$, $x^2+y^2+a'x+b'y+c'=0$의 교점을 지나는 원 중에서 $x^2+y^2+a'x+b'y+c'=0$을 제외한 원의 방정식은
$$x^2+y^2+ax+by+c+k(x^2+y^2+a'x+b'y+c')=0 \ (단,\ k\neq -1인\ 실수)$$

12·3 원과 직선의 위치 관계

1 원의 방정식과 직선의 방정식에서 한 문자를 소거하여 얻은 이차방정식의 판별식을 D라 하면 원과 직선의 위치 관계는
 ⑴ $D>0 \Rightarrow$ 서로 다른 두 점에서 만난다.
 ⑵ $D=0 \Rightarrow$ 한 점에서 만난다. (접한다.)
 ⑶ $D<0 \Rightarrow$ 만나지 않는다.

2 원의 중심과 직선 사이의 거리를 d, 원의 반지름의 길이를 r라 하면 원과 직선의 위치 관계는
 ⑴ $d<r \Rightarrow$ 서로 다른 두 점에서 만난다.
 ⑵ $d=r \Rightarrow$ 한 점에서 만난다. (접한다.)
 ⑶ $d>r \Rightarrow$ 만나지 않는다.

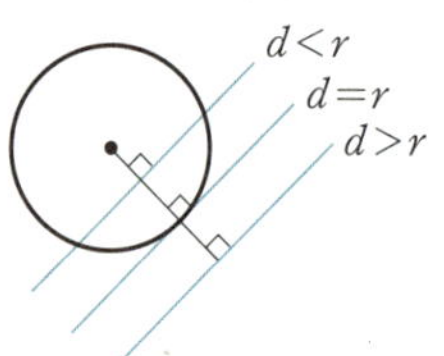

12·4 원의 접선의 방정식

1 기울기가 주어진 원의 접선의 방정식
원 $x^2+y^2=r^2$에 접하고 기울기가 m인 직선의 방정식은
$$y=mx\pm r\sqrt{m^2+1}$$

2 원 위의 점에서의 접선의 방정식
원 $x^2+y^2=r^2$ 위의 점 $(x_1,\ y_1)$에서의 접선의 방정식은
$$x_1x+y_1y=r^2$$

+ 개념 플러스

▌ **축에 접하는 원의 방정식**
 ① x축에 접하는 원의 방정식
  $\Rightarrow (x-a)^2+(y-b)^2=b^2$
 ② y축에 접하는 원의 방정식
  $\Rightarrow (x-a)^2+(y-b)^2=a^2$
 ③ x축, y축에 동시에 접하는 원의 방정식
  $\Rightarrow (x\pm a)^2+(y\pm a)^2=a^2$

▌ 원의 방정식은 x^2과 y^2의 계수가 같고 xy항이 없는 x, y에 대한 이차방정식이다.

▌ $k=-1$이면 두 원의 교점을 지나는 직선의 방정식이다. 즉, 두 원의 공통인 현의 방정식은
$(a-a')x+(b-b')y+c-c'=0$

▌ 한 원에서 기울기가 같은 접선은 2개이다.

12·1 원의 방정식

[1093 ~ 1094] 다음 방정식이 나타내는 원의 중심의 좌표와 반지름의 길이를 구하시오.

1093 $(x-4)^2+(y-1)^2=25$

1094 $x^2+(y-3)^2=9$

[1095 ~ 1096] 다음 방정식이 나타내는 원의 중심의 좌표와 반지름의 길이를 구하시오.

1095 $x^2+y^2-4x=0$

1096 $x^2+y^2-2x-6y+6=0$

[1097 ~ 1098] 다음 그림과 같은 원의 방정식을 구하시오.

1097 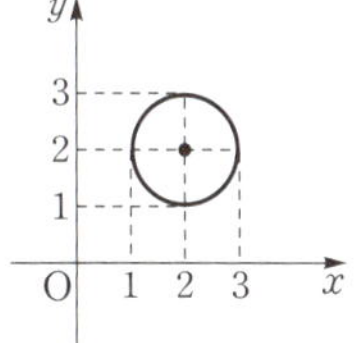 **1098** 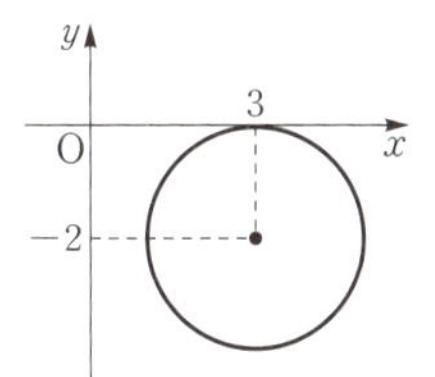

[1099 ~ 1104] 다음 원의 방정식을 구하시오.

1099 중심이 원점이고 반지름의 길이가 3인 원

1100 중심이 점 $(2, -1)$이고 반지름의 길이가 5인 원

1101 중심이 점 $(-3, 2)$이고 점 $(-2, 0)$을 지나는 원

1102 중심이 점 $(-2, 3)$이고 x축에 접하는 원

1103 중심이 점 $(4, -1)$이고 y축에 접하는 원

1104 중심이 점 $(-2, -2)$이고 x축, y축에 동시에 접하는 원

12·2 두 원의 교점을 지나는 직선과 원의 방정식

1105 두 원 $x^2+y^2=4$, $x^2+y^2-6x-8y+9=0$의 교점을 지나는 직선의 방정식을 구하시오.

1106 두 원 $x^2+y^2=9$, $(x-4)^2+(y-2)^2=9$의 공통인 현의 방정식을 구하시오.

1107 두 원 $x^2+y^2-4y=0$, $x^2+y^2-2x=0$의 교점과 점 $(2, 3)$을 지나는 원의 방정식을 구하시오.

12·3 원과 직선의 위치 관계

[1108 ~ 1109] 원 O와 직선 l의 방정식이 다음과 같을 때, 이차방정식의 판별식을 이용하여 원 O와 직선 l의 위치 관계를 말하시오.

1108 $O: x^2+y^2=36,\ l: x-y+3=0$

1109 $O: x^2+y^2+4x-2y+4=0,\ l: x-2y-1=0$

[1110 ~ 1111] 원 O와 직선 l의 방정식이 다음과 같을 때, 원의 중심과 직선 사이의 거리를 이용하여 원 O와 직선 l의 교점의 개수를 구하시오.

1110 $O: (x-1)^2+(y-2)^2=25,\ l: 2x-y+5=0$

1111 $O: x^2+y^2-8x+6y+9=0,\ l: 3x+y+11=0$

12·4 원의 접선의 방정식

1112 원 $x^2+y^2=5$에 접하고 기울기가 2인 직선의 방정식을 구하시오.

1113 원 $x^2+y^2=4$ 위의 점 $(1, \sqrt{3})$에서의 접선의 방정식을 구하시오.

유형 익/히/기

| **개념원리** 수학(상) 295쪽, 296쪽 |

유형 **01** 중심에 대한 조건이 주어진 원의 방정식

(1) 중심이 x축 위에 있는 원의 방정식
$$\Rightarrow (x-a)^2+y^2=r^2$$
(2) 중심이 y축 위에 있는 원의 방정식
$$\Rightarrow x^2+(y-b)^2=r^2$$
(3) 중심이 $y=f(x)$의 그래프 위에 있는 원의 방정식
$$\Rightarrow (x-a)^2+\{y-f(a)\}^2=r^2$$

1114 대표문제

중심이 x축 위에 있고 두 점 $(0, -4)$, $(1, 3)$을 지나는 원의 반지름의 길이는?

① 3 　　　 ② $\dfrac{5\sqrt{2}}{2}$ 　　　 ③ $\dfrac{5\sqrt{3}}{2}$

④ 5 　　　 ⑤ $5\sqrt{2}$

1115 중

원 $(x-3)^2+(y+2)^2=1$과 중심이 같고 점 $(5, 1)$을 지나는 원의 넓이를 구하시오.

1116 중

중심이 y축 위에 있고 두 점 $(-1, 2)$, $(3, 4)$를 지나는 원에 대하여 **보기**에서 옳은 것만을 있는 대로 고르시오.

> **보기**
> ㄱ. 중심의 좌표는 $(0, 5)$이다.
> ㄴ. 점 $(3, 6)$을 지난다.
> ㄷ. 넓이는 $\sqrt{10}\pi$이다.

1117 중

중심이 직선 $y=2x-1$ 위에 있고 두 점 $(1, 4)$, $(3, 2)$를 지나는 원의 중심의 좌표를 (a, b), 반지름의 길이를 r라 할 때, $a+b+r^2$의 값을 구하시오.

| **개념원리** 수학(상) 295쪽 |

유형 **02** 두 점을 지름의 양 끝 점으로 하는 원의 방정식

두 점 A, B를 지름의 양 끝 점으로 하는 원
$$\Rightarrow (원의 중심)=(\overline{AB}의 중점), (반지름의 길이)=\dfrac{1}{2}\overline{AB}$$

1118 대표문제

두 점 $A(-1, 2)$, $B(5, 6)$을 지름의 양 끝 점으로 하는 원의 방정식을 $(x-a)^2+(y-b)^2=r^2$이라 할 때, 실수 a, b, r에 대하여 $a+b+r^2$의 값을 구하시오.

1119 중

다음 중 두 점 $(2, 4)$, $(4, -2)$를 지름의 양 끝 점으로 하는 원 위의 점인 것은?

① $(0, 1)$ 　　　 ② $(1, 2)$ 　　　 ③ $(2, -1)$

④ $(3, 5)$ 　　　 ⑤ $(6, 2)$

1120 중 서술형

직선 $4x-5y+40=0$이 x축, y축과 만나는 점을 각각 P, Q라 할 때, 두 점 P, Q를 지름의 양 끝 점으로 하는 원의 방정식을 구하시오.

유형 03 원이 되기 위한 조건

방정식 $x^2+y^2+Ax+By+C=0$이 나타내는 도형이 원이 되려면

$\Rightarrow \left(x+\dfrac{A}{2}\right)^2+\left(y+\dfrac{B}{2}\right)^2=\dfrac{A^2+B^2-4C}{4}$ 로 변형했을 때,

$\dfrac{A^2+B^2-4C}{4}>0$이어야 한다.

1121 대표문제

방정식 $x^2+y^2+4x-6y+k+10=0$이 원을 나타내도록 하는 정수 k의 최댓값을 구하시오.

1122 중하

다음 중 원의 방정식이 <u>아닌</u> 것은?

① $x^2+y^2+6x=0$ ② $x^2+y^2+2x-8y-8=0$

③ $x^2+y^2+x+y+1=0$ ④ $x^2+y^2+4x+2y-1=0$

⑤ $x^2+y^2-2x+4y=0$

1123 중

방정식 $x^2+y^2+2kx-5k^2-6k-4=0$이 반지름의 길이가 2 이하인 원을 나타내도록 하는 실수 k의 값의 범위는?

① $-2\leq k\leq 0$ ② $-1\leq k\leq 0$ ③ $-\dfrac{1}{2}\leq k\leq \dfrac{1}{2}$

④ $0\leq k\leq 1$ ⑤ $1\leq k\leq 6$

1124 상중

방정식 $x^2+y^2-4x+a^2-4a-1=0$이 원을 나타낼 때, 원의 넓이가 최대가 되도록 하는 원의 반지름의 길이를 구하시오.

(단, a는 실수)

유형 04 세 점을 지나는 원의 방정식

(ⅰ) 원의 중심의 좌표를 $P(a, b)$로 놓는다.

(ⅱ) 원의 중심과 세 점 사이의 거리가 각각 같음을 이용하여 a, b 사이의 관계식을 구한다.

(ⅲ) (ⅱ)를 이용하여 원의 중심의 좌표와 반지름의 길이를 구한다.

1125 대표문제

세 점 $A(3, 4)$, $B(2, -1)$, $C(-3, 0)$을 지나는 원의 중심의 좌표를 (a, b), 반지름의 길이를 r라 할 때, $a+b+r$의 값을 구하시오.

1126 중

네 점 $A(-5, 0)$, $B(1, 2)$, $C(3, 4)$, $D(k, 16)$이 한 원 위에 있을 때, 양수 k의 값은?

① 3 ② 4 ③ 5

④ 6 ⑤ 7

1127 상중

세 점 $A(1, 2)$, $B(2, 1)$, $C(3, 1)$을 꼭짓점으로 하는 삼각형 ABC의 외접원의 넓이를 구하시오.

유형 05 x축 또는 y축에 접하는 원의 방정식

(1) 중심의 좌표가 (a, b)이고 y축에 접하는 원

  ⇨ (반지름의 길이)$=|$(중심의 x좌표)$|$

  $=|a|$

  ⇨ $(x-a)^2+(y-b)^2=a^2$

(2) 중심의 좌표가 (a, b)이고 x축에 접하는 원

  ⇨ (반지름의 길이)$=|$(중심의 y좌표)$|$

  $=|b|$

  ⇨ $(x-a)^2+(y-b)^2=b^2$

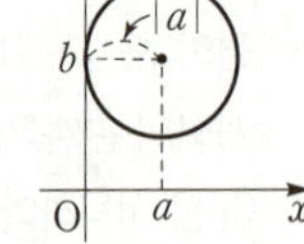
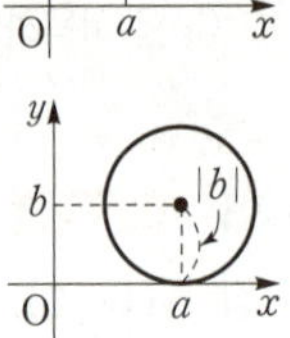

1128 대표문제

중심이 직선 $y=x+1$ 위에 있고 점 $(-1, -1)$을 지나며 x축에 접하는 원의 방정식은?

① $x^2+(y+1)^2=1$ ② $(x+2)^2+y^2=1$

③ $(x-2)^2+(y+1)^2=1$ ④ $(x+2)^2+(y+1)^2=1$

⑤ $(x-2)^2+(y-2)^2=1$

1129 중

두 점 $(1, 1)$, $(2, 2)$를 지나고 x축에 접하는 두 원의 반지름의 길이의 합을 구하시오.

1130 중

y축에 접하는 원 $x^2+y^2-6x+2ky+10=0$의 중심이 제4사분면 위에 있을 때, 실수 k의 값을 구하시오.

1131 상중 서술형

원 $x^2+y^2+2ax-4y+b=0$이 점 $(3, -1)$을 지나고 y축에 접할 때, 실수 a, b에 대하여 $a+b$의 값을 구하시오.

유형 06 x축, y축에 동시에 접하는 원의 방정식

x축과 y축에 동시에 접하고 반지름의 길이가 r인 원

  ⇨ (반지름의 길이)

  $=|$(중심의 x좌표)$|$

  $=|$(중심의 y좌표)$|$

  ⇨ $(x\pm r)^2+(y\pm r)^2=r^2$

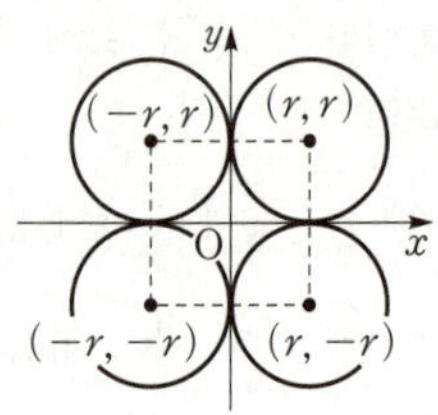

1132 대표문제

점 $(2, 1)$을 지나고 x축과 y축에 동시에 접하는 두 원의 중심 사이의 거리를 구하시오.

1133 중하

중심의 좌표가 $(-2, 2)$이고 x축과 y축에 동시에 접하는 원이 점 $(-4, a)$를 지날 때, 실수 a의 값을 구하시오.

1134 중

중심이 직선 $x-y-2=0$ 위에 있고, 제4사분면에서 x축과 y축에 동시에 접하는 원의 넓이를 구하시오.

1135 중

원 $x^2+y^2+4x+2ay+10-b=0$이 x축과 y축에 동시에 접할 때, 양수 a, b에 대하여 $a+b$의 값은?

① 5 ② 6 ③ 7

④ 8 ⑤ 9

| 개념원리 수학(상) 305쪽 |

유형 **07** 원 밖의 한 점에서 원에 이르는 거리의 최대·최소

원 밖의 한 점에서 원에 이르는 거리의
최대·최소
⇨ 최댓값: $\overline{PB}=\overline{PO}+\overline{OB}=d+r$
⇨ 최솟값: $\overline{PA}=\overline{PO}-\overline{OA}=d-r$

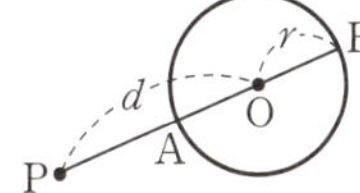

1136 대표문제
점 $A(-2, 1)$과 원 $x^2+y^2-4x+8y+4=0$ 위의 점 P에 대하여 선분 AP의 길이의 최댓값을 M, 최솟값을 m이라 할 때, Mm의 값은?

① 16   ② 19   ③ 22
④ 25   ⑤ 28

1137 중
점 $(3, -6)$에서 원 $x^2+y^2=r^2$에 이르는 거리의 최댓값이 $4\sqrt{5}$일 때, 양수 r의 값을 구하시오.

1138 상중
원 $x^2+y^2=4$ 위의 점 $P(a, b)$에 대하여 $\sqrt{(a+4)^2+(b-3)^2}$의 최댓값은?

① 3   ② 5   ③ 7
④ 9   ⑤ 11

유형 **08** 두 원의 교점을 지나는 직선의 방정식

두 원 $x^2+y^2+ax+by+c=0$, $x^2+y^2+a'x+b'y+c'=0$의 교점을 지나는 직선의 방정식
⇨ $x^2+y^2+ax+by+c-(x^2+y^2+a'x+b'y+c')=0$

1139 대표문제
두 원 $x^2+y^2-8x=0$, $x^2+y^2-6x-4y+3=0$의 교점을 지나는 직선이 직선 $y=ax+6$과 수직일 때, 실수 a의 값을 구하시오.

1140 중
두 원 $(x-2)^2+y^2=10$, $x^2+y^2+y-5=0$의 공통인 현의 방정식이 $y=ax+b$일 때, 실수 a, b에 대하여 $a+b$의 값은?

① -5 ② -4 ③ -3
④ -2 ⑤ -1

1141 중
두 원 $x^2+y^2+x=0$, $x^2+y^2-2x+y=0$의 교점을 지나는 직선과 평행하고 점 $(1, 1)$을 지나는 직선의 방정식을 구하시오.

1142 상중
원 $x^2+y^2+ax+2y-3a=0$이 원 $x^2+y^2+2x-2y-2=0$의 둘레를 이등분할 때, 실수 a의 값을 구하시오.

| 개념원리 수학(상) 305쪽 |

유형 **09** 두 원의 교점을 지나는 원의 방정식

두 원 $x^2+y^2+ax+by+c=0$, $x^2+y^2+a'x+b'y+c'=0$의 교점을 지나는 원의 방정식

$\Rightarrow x^2+y^2+ax+by+c+k(x^2+y^2+a'x+b'y+c')=0$

(단, $k\neq-1$)

1143 대표문제

두 원 $x^2+y^2=1$, $(x-1)^2+(y-1)^2=1$의 교점과 점 $(3, 1)$을 지나는 원의 방정식을 $x^2+y^2+Ax+By+C=0$이라 할 때, 실수 A, B, C에 대하여 $A+B+C$의 값을 구하시오.

1144 중

두 원 $x^2+y^2-6x+2=0$, $x^2+y^2-2x-8y+4=0$의 교점과 점 $(1, 0)$을 지나는 원의 넓이를 구하시오.

1145 중

두 원 $x^2+y^2-6y+4=0$, $x^2+y^2+ax-4y+2=0$의 교점과 원점을 지나는 원의 넓이가 10π일 때, 양수 a의 값을 구하시오.

1146 중

두 원 $x^2+y^2-8x+4y-8=0$, $x^2+y^2+4x-8y-14=0$의 교점을 지나고 중심이 y축 위에 있는 원의 둘레의 길이를 구하시오.

| 개념원리 수학(상) 311쪽 |

유형 **10** 원과 직선이 서로 다른 두 점에서 만날 때

(1) 판별식을 이용

원과 직선의 방정식에서 한 문자를 소거하여 얻은 이차방정식의 판별식을 D라 하면

$\Rightarrow D>0$

(2) 원의 중심과 직선 사이의 거리를 이용

원의 중심과 직선 사이의 거리를 d, 원의 반지름의 길이를 r라 하면

$\Rightarrow d<r$

1147 대표문제

원 $(x+1)^2+(y-2)^2=5$와 직선 $y=2x-k$가 서로 다른 두 점에서 만나도록 하는 정수 k의 개수는?

① 3 　　　② 5 　　　③ 7

④ 9 　　　⑤ 11

1148 중

원 $(x+2)^2+(y-3)^2=a$와 직선 $3x+4y+2=0$이 서로 다른 두 점에서 만나도록 하는 자연수 a의 최솟값은?

① 2 　　　② 3 　　　③ 4

④ 5 　　　⑤ 6

1149 중

원 $(x-1)^2+y^2=1$과 직선 $y=mx+1$이 서로 다른 두 점에서 만날 때, 실수 m의 값의 범위를 구하시오.

유형 11 　원과 직선이 접할 때

(1) 판별식을 이용

　원과 직선의 방정식에서 한 문자를 소거하여 얻은 이차방정식의 판별식을 D라 하면

　$\Rightarrow D=0$

(2) 원의 중심과 직선 사이의 거리를 이용

　원의 중심과 직선 사이의 거리를 d, 원의 반지름의 길이를 r라 하면

　$\Rightarrow d=r$

1150 대표문제

원 $(x-2)^2+y^2=2$와 직선 $y=-x+k$가 접할 때, 양수 k의 값은?

① 1　　　　② 2　　　　③ 3

④ 4　　　　⑤ 5

1151 중

직선 $x-2y+k=0$이 중심의 좌표가 $(-2, 3)$이고 넓이가 5π인 원에 접하도록 하는 모든 실수 k의 값의 합을 구하시오.

1152 중

x축, y축 및 직선 $5x+12y-8=0$에 동시에 접하고 중심이 제1사분면 위에 있는 두 원 중 큰 원의 넓이를 구하시오.

유형 12 　원과 직선이 만나지 않을 때

(1) 판별식을 이용

　원과 직선의 방정식에서 한 문자를 소거하여 얻은 이차방정식의 판별식을 D라 하면

　$\Rightarrow D<0$

(2) 원의 중심과 직선 사이의 거리를 이용

　원의 중심과 직선 사이의 거리를 d, 원의 반지름의 길이를 r라 하면

　$\Rightarrow d>r$

1153 대표문제

다음 중 원 $(x+1)^2+y^2=1$과 직선 $y=mx-2m$이 만나지 않도록 하는 실수 m의 값이 <u>아닌</u> 것은?

① -1　　　② $-\dfrac{1}{2}$　　　③ $\dfrac{1}{4}$

④ $\dfrac{1}{2}$　　　⑤ 2

1154 중

원 $(x-a)^2+y^2=1$과 직선 $x+y-3=0$이 만나지 않을 때, 자연수 a의 최솟값을 구하시오.

1155 중 서술형

두 점 $(-2, -1)$, $(4, -3)$을 지름의 양 끝 점으로 하는 원이 직선 $y=3x+k$와 만나지 않도록 하는 자연수 k의 최솟값을 구하시오.

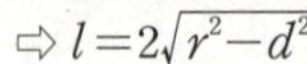

유형 13 현의 길이

반지름의 길이가 r인 원에서 중심으로부터 d만
큼 떨어진 현의 길이를 l이라 하면
$$\Rightarrow l=2\sqrt{r^2-d^2}$$

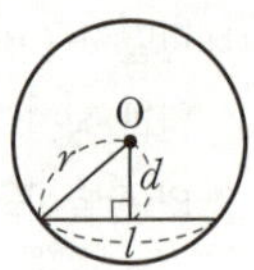

1156 대표문제

원 $x^2+y^2-2x-4y+1=0$과 직선 $x-y+2=0$의 두 교점
을 A, B라 할 때, 선분 AB의 길이를 구하시오.

1157 중하

원 $x^2+y^2-4x+10y+9=0$이 y축과 만나서 생기는 현의 길
이를 구하시오.

1158 중

원 $x^2+y^2=9$와 직선 $y=x+k$가 만나서 생기는 현의 길이가
$4\sqrt{2}$일 때, 양수 k의 값은?

① 1   ② $\sqrt{2}$ ③ $\sqrt{3}$
④ 2   ⑤ $\sqrt{5}$

1159 중 서술형

원 $(x+2)^2+(y-1)^2=4$와 직선 $3x-4y+5=0$의 두 교점
을 지나는 원 중에서 넓이가 최소인 원의 넓이를 구하시오.

유형 14 원 밖의 한 점에서 접점까지의 거리

중심의 좌표가 (a, b)이고 반지름
의 길이가 r인 원 밖의 한 점
(x_1, y_1)에서 원에 그은 접선의 길
이
$$\Rightarrow \sqrt{(x_1-a)^2+(y_1-b)^2-r^2}$$

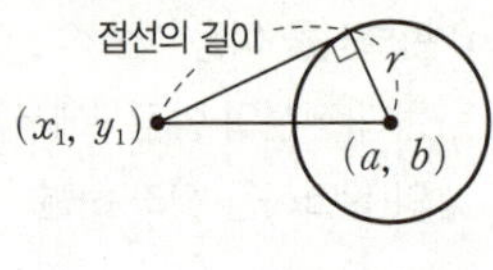

1160 대표문제

점 A$(-2, 3)$에서 원 $x^2+y^2-2x+4y-4=0$에 그은 접선
의 접점을 B라 할 때, 선분 AB의 길이는?

① $2\sqrt{5}$ ② $\sqrt{21}$ ③ $2\sqrt{6}$
④ 5   ⑤ $2\sqrt{7}$

1161 중

점 P$(a, 0)$에서 원 $x^2+y^2+4x-8y+4=0$에 그은 접선의
길이가 10일 때, 양수 a의 값은?

① 6   ② 7   ③ 8
④ 9   ⑤ 10

1162 중

오른쪽 그림과 같이 점 P$(0, -4)$에
서 원 $x^2+y^2=4$에 그은 두 접선의
접점을 A, B라 할 때, 사각형
OAPB의 넓이를 구하시오.
(단, O는 원점)

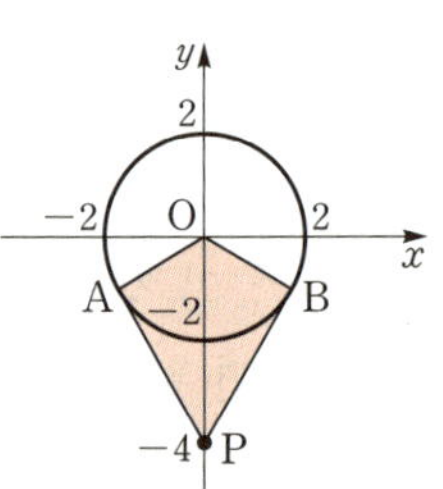

| 개념원리 수학(상) 313쪽 |

유형 **15**   원 위의 점과 직선 사이의 거리의 최대·최소

원 위의 점과 직선 사이의 거리의 최대·최소
⇨ 최댓값: $\overline{PB}=\overline{PO}+\overline{OB}=d+r$
   최솟값: $\overline{PA}=\overline{PO}-\overline{OA}=d-r$

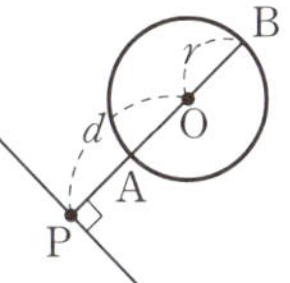

1163 대표문제

원 $x^2+y^2+2x-6y+2=0$ 위의 점에서 직선 $x-y-1=0$
에 이르는 거리의 최댓값을 a, 최솟값을 b라 할 때, $a+b$의
값을 구하시오.

1164 중

원 $(x-1)^2+(y+2)^2=8$ 위의 점과 직선 $y=x+3$ 사이의
최단 거리는?

① 1 ② $\sqrt{2}$ ③ $\sqrt{3}$
④ 2 ⑤ $2\sqrt{2}$

1165 중 서술형

원 $x^2+y^2=4$ 위의 점과 직선 $3x-4y+k=0$ 사이의 거리의
최댓값이 5일 때, 양수 k의 값을 구하시오.

1166 중

원 $x^2+y^2-10x+6y+25=0$ 위의 점 P와 직선
$x+2y-9=0$ 사이의 거리가 정수인 점 P의 개수를 구하시
오.

| 개념원리 수학(상) 316쪽 |

유형 **16**   기울기가 주어진 원의 접선의 방정식

(1) 원 $x^2+y^2=r^2$에 접하고 기울기가 m인 직선의 방정식은
   ⇨ $y=mx\pm r\sqrt{m^2+1}$
(2) 원 $(x-a)^2+(y-b)^2=r^2$에 접하고 기울기가 m인 직선의
   방정식
   ⇨ 접선의 방정식을 $y=mx+k$로 놓고, 원의 중심과 접선 사
   이의 거리가 반지름의 길이와 같음을 이용한다.

1167 대표문제

직선 $x+2\sqrt{2}y-8=0$에 수직이고 원 $x^2+y^2=9$에 접하는 두
직선이 y축과 만나는 점을 각각 P, Q라 할 때, 선분 PQ의 길
이는?

① 12 ② 14 ③ 16
④ 18 ⑤ 20

1168 중

원 $(x-1)^2+(y+2)^2=4$에 접하고 기울기가 2인 두 직선의
y절편의 곱은?

① -4 ② -2 ③ -1
④ 2 ⑤ 4

1169 중

원 $x^2+y^2-6x+2y+8=0$에 접하고 x축의 양의 방향과 이
루는 각의 크기가 45°인 접선의 방정식을 구하시오.

유형 익/히/기

| **개념원리** 수학(상) 317쪽 |

유형 **17** 원 위의 점에서의 접선의 방정식

(1) 원 $x^2+y^2=r^2$ 위의 점 $(x_1,\ y_1)$에서의 접선의 방정식
 $\Rightarrow x_1x+y_1y=r^2$
(2) 원 $(x-a)^2+(y-b)^2=r^2$ 위의 점 $(x_1,\ y_1)$에서의 접선의
 방정식
 ① $(x_1-a)(x-a)+(y_1-b)(y-b)=r^2$
 ② 접선이 두 점 $(a,\ b)$, $(x_1,\ y_1)$을 지나는 직선과 수직임을
  이용한다.

1170 대표문제

원 $x^2+y^2=20$ 위의 점 $(a,\ b)$에서의 접선의 기울기가 3일
때, ab의 값은?

① -9 ② -6 ③ -3
④ 3 ⑤ 6

1171 중

원 $x^2+y^2=25$ 위의 점 $(-3,\ a)$에서의 접선이 점 $(5,\ b)$를
지날 때, $a+b$의 값을 구하시오. (단, $a>0$)

1172 중

원 $(x-3)^2+(y+1)^2=8$ 위의 점 $(5,\ 1)$에서의 접선과
x축, y축으로 둘러싸인 도형의 넓이를 구하시오.

1173 중

원 $x^2+y^2=5$ 위의 점 $(-2,\ 1)$에서의 접선이 원
$x^2+y^2-6x-4y+a=0$에 접할 때, 실수 a의 값을 구하시오.

| **개념원리** 수학(상) 318쪽 |

유형 **18** 원 밖의 한 점에서 원에 그은 접선의 방정식

원 밖의 한 점 $(a,\ b)$에서 그은 접선의 방정식을
$y-b=m(x-a)$로 놓고, 원의 중심과 접선 사이의 거리가 반지
름의 길이와 같음을 이용한다.

1174 대표문제

점 $(1,\ 2)$에서 원 $(x+2)^2+(y-1)^2=1$에 그은 두 접선의
기울기의 합은?

① $\dfrac{1}{2}$ ② $\dfrac{3}{4}$ ③ 1
④ $\dfrac{5}{4}$ ⑤ $\dfrac{3}{2}$

1175 중

두 원 $O:x^2+y^2=1$, $O':x^2+(y+2)^2=1$에 대하여 직선 l
이 원 O에 접하고 원 O'의 넓이를 이등분할 때, 기울기가 양
수인 직선 l의 방정식을 구하시오.

1176 상중

원 $(x-3)^2+(y+5)^2=r^2$ 밖의 한 점 $A(1,\ 1)$에서 원에 그
은 두 접선이 서로 수직일 때, 양수 r의 값을 구하시오.

| 개념원리 수학(상) 301쪽 |

유형 19 자취의 방정식

두 정점으로부터의 거리의 비가 일정한 점의 자취
⇨ 두 점 A, B에 대하여 $\overline{AP}:\overline{BP}=m:n\ (m\neq n)$을 만족시
키는 점 P의 자취는 선분 AB를 $m:n$으로 내분하는 점과 외
분하는 점을 지름의 양 끝 점으로 하는 원이다.

1177 대표문제

점 A$(2,\ -1)$과 원 $(x+2)^2+(y+1)^2=4$ 위의 점 P에 대
하여 선분 AP의 중점의 자취의 길이를 구하시오.

1178 중

두 점 A$(-3,\ 0)$, B$(1,\ 0)$에 대하여 $\overline{AP}^2+\overline{BP}^2=16$을 만
족시키는 점 P가 나타내는 도형의 방정식은?

① $x^2+y^2=4$ ② $(x-1)^2+y^2=4$
③ $(x+1)^2+y^2=4$ ④ $(x-1)^2+y^2=16$
⑤ $(x+1)^2+y^2=16$

1179 상중

두 점 A$(-2,\ 0)$, B$(2,\ 0)$으로부터의 거리의 비가 $3:1$인
점 P에 대하여 삼각형 PAB의 넓이의 최댓값은?

① 3 ② 4 ③ 5
④ 6 ⑤ 7

| 개념원리 수학(상) 306쪽 |

유형 20 공통인 현의 길이

반지름의 길이가 r인 원 O의 중심에서
두 원 O, O'의 공통인 현에 이르는 거
리가 d일 때, 공통인 현의 길이 l은
⇨ $l=2\sqrt{r^2-d^2}$

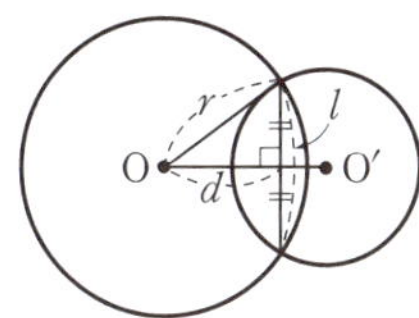

1180 대표문제

두 원 $x^2+y^2=9$, $x^2+y^2+4x+3y+1=0$의 공통인 현의 길
이를 구하시오.

1181 중

두 원 $O:x^2+y^2=4$, $O':(x-1)^2+(y-1)^2=4$의 두 교점
을 A, B라 할 때, 원 O'의 중심 O'에 대하여 삼각형 O'AB의
넓이를 구하시오.

1182 중 서술형

두 원 $x^2+y^2=5$, $(x+2)^2+(y+1)^2=4$의 두 교점을 지나
는 원 중에서 넓이가 최소인 원의 넓이를 구하시오.

1183 상중

두 원 $x^2+y^2+2x-4y-4=0$, $x^2+y^2-6x-10y+2k=0$
의 공통인 현의 길이가 $2\sqrt{5}$가 되도록 하는 양수 k의 값은?

① 4 ② 6 ③ 8
④ 10 ⑤ 12

1184

원 $x^2+y^2-4x+ay-3=0$의 반지름의 길이가 4일 때, 원점과 원의 중심 사이의 거리를 구하시오. (단, a는 실수)

1185

직선 $y=2x+k$가 원 $(x+2)^2+(y+3)^2=20$의 둘레를 이등분할 때, 실수 k의 값을 구하시오.

1186 중요

중심이 직선 $y=x+1$ 위에 있고 두 점 $(1, 6)$, $(-3, 2)$를 지나는 원의 중심의 좌표를 (a, b)라 할 때, $2a+b$의 값은?

① 1 ② 2 ③ 3
④ 4 ⑤ 5

1187

두 점 $A(1, 0)$, $B(5, 0)$에 대하여 선분 AB의 중점과 선분 AB를 $1:3$으로 외분하는 점을 지름의 양 끝 점으로 하는 원의 방정식은?

① $x^2+y^2=4$ ② $(x-1)^2+y^2=4$
③ $(x-1)^2+y^2=16$ ④ $x^2+(y-1)^2=4$
⑤ $x^2+(y-1)^2=16$

1188

방정식 $x^2+y^2+2(m-1)x-2my+3m^2-2=0$이 원의 방정식이 되도록 하는 정수 m의 개수는?

① 1 ② 2 ③ 3
④ 4 ⑤ 5

1189

세 점 $A(1, 1)$, $B(-1, 1)$, $C(3, 5)$를 지나는 원에 대하여 **보기**에서 옳은 것만을 있는 대로 고른 것은?

┌─ 보기 ●──
ㄱ. 중심의 좌표는 $(0, 4)$이다.

ㄴ. 점 $(0, 3)$을 지난다.

ㄷ. 넓이는 10π이다.
└────

① ㄱ ② ㄴ ③ ㄱ, ㄷ
④ ㄴ, ㄷ ⑤ ㄱ, ㄴ, ㄷ

1190

원 $x^2+y^2+4x-2y-10=0$과 중심이 같고 x축에 접하는 원의 넓이를 $a\pi$, y축에 접하는 원의 넓이를 $b\pi$라 할 때, 유리수 a, b에 대하여 $a-b$의 값을 구하시오.

1191

점 $(4, -2)$를 지나고 x축과 y축에 동시에 접하는 두 원의 반지름의 길이의 합은?

① 6   ② 8   ③ 10
④ 12   ⑤ 14

1192

원 $x^2+y^2=4$ 위의 점 P와 원 밖의 한 점 $A(-4, a)$에 대하여 $\overline{AP}$의 길이의 최솟값이 3일 때, 양수 a의 값을 구하시오.

1193

두 원 $x^2+y^2-1=0$, $x^2+y^2-6x-8y+21=0$ 위를 움직이는 점을 각각 P, Q라 할 때, 선분 PQ의 길이의 최댓값 M과 최솟값 m에 대하여 $M-m$의 값은?

① 4   ② 5   ③ 6
④ 7   ⑤ 8

1194

두 원 $(x+2)^2+(y-1)^2=4$, $x^2+y^2=4$의 공통인 현의 중점의 좌표를 구하시오.

1195

두 원 $x^2+y^2-ax+2ay=0$, $x^2+y^2-6=0$의 교점과 두 점 $(1, 1)$, $(4, -2)$를 지나는 원의 방정식이 $x^2+y^2+Ax+By+C=0$일 때, 상수 A, B, C에 대하여 $A-B-C$의 값은? (단, a는 실수)

① -1 ② -2 ③ -3
④ -4 ⑤ -5

1196

원 $x^2+y^2=9$와 직선 $y=2x+k$의 위치 관계에 대하여 다음 중 옳은 것은?

① $k<-3\sqrt{5}$이면 교점은 2개이다.
② $k=-3\sqrt{5}$이면 교점은 1개이다.
③ $k<-\sqrt{5}$이면 교점은 0개이다.
④ $k=\sqrt{5}$이면 교점은 1개이다.
⑤ $k>3\sqrt{5}$이면 교점은 2개이다.

1197

원 $x^2+y^2-2x-4y+1=0$과 직선 $y=x+k$가 서로 다른 두 점에서 만날 때, 정수 k의 개수는?

① 2   ② 3   ③ 4
④ 5   ⑤ 6

1198

두 직선 $x+2y-3=0$, $x+2y-7=0$에 동시에 접하고 중심이 직선 $y=2x$ 위에 있는 원의 중심의 좌표가 (a, b), 넓이가 $c\pi$일 때, $a+b+5c$의 값을 구하시오. (단, c는 유리수)

1199

다음 중 원 $(x-a)^2+(y-2)^2=8$과 직선 $y=x+3$이 만나지 않도록 하는 실수 a의 값이 <u>아닌</u> 것은?

① -10 ② -7 ③ -4
④ 4 ⑤ 7

1200

원 $(x-1)^2+(y-1)^2=25$와 직선 $y=x+k$가 두 점 A, B에서 만나고 $\overline{AB}=8$일 때, 양수 k의 값은?

① $2\sqrt{2}$ ② $3\sqrt{2}$ ③ $2\sqrt{5}$
④ $3\sqrt{5}$ ⑤ $4\sqrt{5}$

1201

점 P$(4, 5)$에서 원 $(x-1)^2+(y-2)^2=2$에 그은 두 접선의 접점을 A, B라 할 때, 선분 AB의 길이를 구하시오.

1202

원 $x^2+y^2-6x-2y+8=0$ 위의 점 P와 두 점 A$(0, 1)$, B$(4, 5)$에 대하여 삼각형 PAB의 넓이의 최댓값을 구하시오.

1203

직선 $x+\sqrt{3}y-1=0$에 수직이고 원 $x^2+y^2=12$에 접하는 직선의 방정식을 구하시오.

1204

원 $(x+2)^2+(y-1)^2=r^2$ 밖의 한 점 A$(2, 3)$에서 원에 그은 두 접선이 서로 수직일 때, 양수 r의 값은?

① $\sqrt{10}$ ② 3 ③ $2\sqrt{2}$
④ $\sqrt{7}$ ⑤ $\sqrt{6}$

1205

두 점 A$(-4, 0)$, B$(1, 0)$에 대하여 $\overline{PA}:\overline{PB}=3:2$를 만족시키는 점 P의 자취의 길이를 구하시오.

1206

두 원 $O: x^2+y^2=4$, $O': (x+1)^2+(y-2)^2=9$의 두 교점을 A, B라 할 때, 원 O'의 중심 O'에 대하여 삼각형 O'AB의 넓이를 구하시오.

 **서술형 주관식**

1207

점 $(2, 3)$을 중심으로 하고 y축에 접하는 원의 방정식이 $x^2+y^2+ax+by+c=0$일 때, 실수 a, b, c에 대하여 $a+b+c$의 값을 구하시오.

1208

원 $x^2+y^2-2ax+2y-6=0$이 원 $x^2+y^2+2x-4=0$의 둘레를 이등분할 때, 상수 a의 값을 구하시오.

1209 중요

두 원 $x^2+y^2-4x-6y+7=0$, $x^2+y^2-ax=0$의 교점과 점 $(0, 1)$을 지나는 원의 넓이가 32π일 때, 양수 a의 값을 구하시오.

1210

원 $x^2+y^2=25$ 위의 점 $(-3, 4)$에서의 접선이 중심의 좌표가 $(-6, 8)$인 원 O에 접할 때, 원 O의 넓이를 구하시오.

 **실력 up**

1211 교육청 기출

좌표평면 위의 두 점 $A(-\sqrt{5}, -1)$, $B(\sqrt{5}, 3)$과 직선 $y=x-2$ 위의 서로 다른 두 점 P, Q에 대하여 $\angle APB=\angle AQB=90°$일 때, 선분 PQ의 길이를 l이라 하자. l^2의 값을 구하시오.

1212

오른쪽 그림과 같이 원 $x^2+y^2=16$을 점 $(2, 0)$에서 x축과 접하도록 접었을 때, 다음 중 직선 PQ의 방정식은?

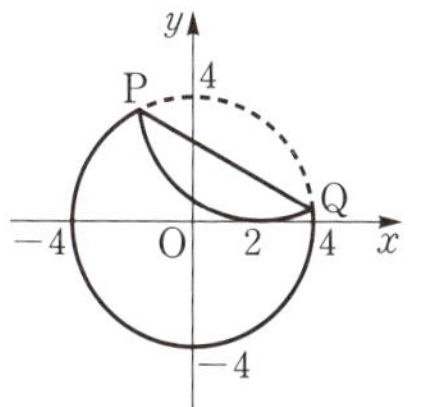

① $x-2y-5=0$ ② $x+2y-5=0$

③ $x+2y+5=0$ ④ $2x+y-5=0$

⑤ $2x+y+5=0$

1213 창의·융합

점 $A(-2, 0)$과 중심이 C인 원 $x^2+y^2-4x=0$ 위를 움직이는 점 P에 대하여 삼각형 ACP의 넓이가 자연수가 되도록 하는 점 P의 개수를 구하시오.

13 도형의 이동

+ 개념 플러스

13·1 점의 평행이동

1 평행이동
도형을 일정한 방향으로 일정한 거리만큼 이동하는 것

2 점의 평행이동
점 $P(x, y)$를 x축의 방향으로 a만큼, y축의 방향으로 b만큼 평행이
동한 점 P'의 좌표는

$$(x+a,\ y+b)$$

참고 점 (x, y)를 x축의 방향으로 a만큼, y축의 방향으로 b만큼 평행이동
하는 것을

$$(x, y) \longrightarrow (x+a, y+b)$$

와 같이 나타낸다.

> x축의 방향으로 a만큼 평행이동한다
> 는 것은 $a>0$일 때는 양의 방향으로,
> $a<0$일 때는 음의 방향으로 $|a|$만큼
> 평행이동함을 뜻한다.

13·2 도형의 평행이동

방정식 $f(x, y)=0$이 나타내는 도형을 x축의 방향으로 a만큼,
y축의 방향으로 b만큼 평행이동한 도형의 방정식은

$$f(x-a,\ y-b)=0$$

→ x 대신 $x-a$, y 대신 $y-b$를 대입

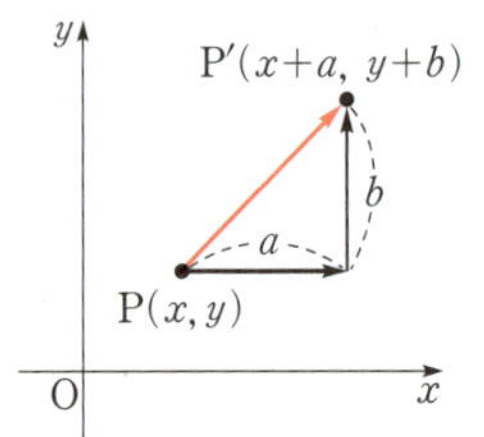

참고

점 (x, y)	x축의 방향으로 a만큼	점 $(x+a, y+b)$
도형 $f(x, y)=0$	y축의 방향으로 b만큼 평행이동 →	도형 $f(x-a, y-b)=0$

> 평행이동에 의하여 점은 점으로, 직선
> 은 기울기가 같은 직선으로, 원은 반지
> 름의 길이가 같은 원으로 옮겨진다.

13·3 점의 대칭이동

1 대칭이동
도형을 주어진 점 또는 직선에 대하여 대칭인 도형으로 옮기는 것

2 점의 대칭이동
점 (x, y)를 x축, y축, 원점, 직선 $y=x$에 대하여 대칭이동한 점의 좌표는 다음과 같다.

x축에 대한 대칭이동	y축에 대한 대칭이동	원점에 대한 대칭이동	직선 $y=x$에 대한 대칭이동

$(x, -y)$ → y좌표의 부호가 반대	$(-x, y)$ → x좌표의 부호가 반대	$(-x, -y)$ → x좌표, y좌표의 부호가 반대	(y, x) → x좌표와 y좌표를 서로 바꿈

> 원점에 대하여 대칭이동한 것은 x축에
> 대하여 대칭이동한 후 y축에 대하여
> 대칭이동한 것과 같다.

> 점 (x, y)를 직선 $y=-x$에 대하여
> 대칭이동한 점의 좌표
> $\Rightarrow (-y, -x)$

📖 교과서 문제 정/복/하/기

13 · 1 점의 평행이동

[1214 ~ 1217] 다음 점을 x축의 방향으로 1만큼, y축의 방향으로 -1만큼 평행이동한 점의 좌표를 구하시오.

1214 $(-1,\ 0)$　　**1215** $(3,\ 2)$

1216 $(2,\ -2)$　　**1217** $(-3,\ -5)$

[1218 ~ 1221] 평행이동 $(x,\ y) \longrightarrow (x+2,\ y-3)$에 의하여 다음 점이 옮겨지는 점의 좌표를 구하시오.

1218 $(3,\ 1)$　　**1219** $(-1,\ 5)$

1220 $(6,\ -2)$　　**1221** $(10,\ 7)$

[1222 ~ 1225] 평행이동 $(x,\ y) \longrightarrow (x-4,\ y+6)$에 의하여 다음 점으로 옮겨지는 점의 좌표를 구하시오.

1222 $(4,\ 5)$　　**1223** $(0,\ 7)$

1224 $(6,\ -8)$　　**1225** $(-3,\ -10)$

1226 평행이동 $(x,\ y) \longrightarrow (x+a,\ y+b)$에 의하여 점 $(-1,\ 1)$이 점 $(1,\ -2)$로 옮겨질 때, a, b의 값을 구하시오.

13 · 2 도형의 평행이동

[1227 ~ 1229] 다음 도형을 x축의 방향으로 3만큼, y축의 방향으로 -5만큼 평행이동한 도형의 방정식을 구하시오.

1227 $x-4y+3=0$

1228 $y=2x^2+5x+2$

1229 $(x-2)^2+(y+1)^2=6$

[1230 ~ 1232] 평행이동 $(x,\ y) \longrightarrow (x+2,\ y-1)$에 의하여 다음 도형이 옮겨지는 도형의 방정식을 구하시오.

1230 $y=-2x-3$

1231 $y=-x^2+4$

1232 $(x+2)^2+(y-1)^2=1$

1233 평행이동 $(x,\ y) \longrightarrow (x-5,\ y+4)$에 의하여 직선 $x+y-6=0$으로 옮겨지는 직선의 방정식을 구하시오.

1234 평행이동 $(x,\ y) \longrightarrow (x+a,\ y+b)$에 의하여 원 $(x-1)^2+(y+2)^2=5$가 원 $(x-5)^2+(y+3)^2=5$로 옮겨질 때, a, b의 값을 구하시오.

1235 도형 $f(x,\ y)=0$을 도형 $f(x-3,\ y+6)=0$으로 옮기는 평행이동에 의하여 직선 $x+3y+5=0$이 옮겨지는 직선의 방정식을 구하시오.

1236 도형 $f(x,\ y)=0$을 도형 $f(x+2,\ y+5)=0$으로 옮기는 평행이동에 의하여 포물선 $y=-x^2$으로 옮겨지는 포물선의 방정식을 구하시오.

13 · 3 점의 대칭이동

1237 점 $(-1,\ 3)$을 다음 점 또는 직선에 대하여 대칭이동한 점의 좌표를 구하시오.

(1) x축　　　　　　(2) y축

(3) 원점　　　　　　(4) 직선 $y=x$

(5) 직선 $y=-x$

13·4　도형의 대칭이동

방정식 $f(x, y)=0$이 나타내는 도형을 x축, y축, 원점, 직선 $y=x$에 대하여 대칭이동한 도형의 방정식은 다음과 같다.

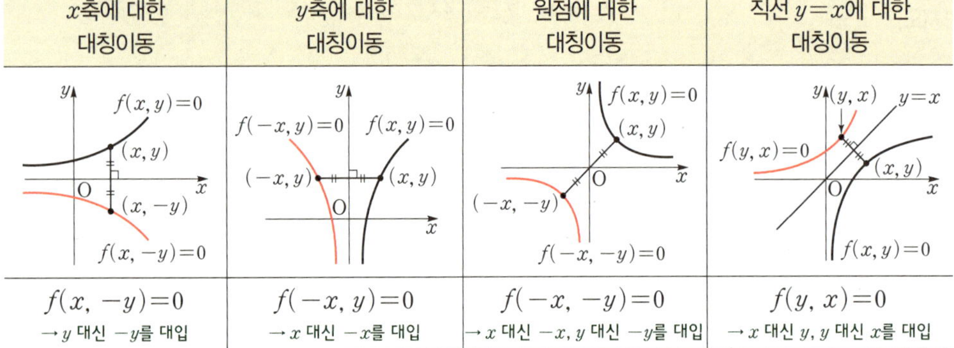

x축에 대한 대칭이동	y축에 대한 대칭이동	원점에 대한 대칭이동	직선 $y=x$에 대한 대칭이동
$f(x, -y)=0$	$f(-x, y)=0$	$f(-x, -y)=0$	$f(y, x)=0$
→ y 대신 $-y$를 대입	→ x 대신 $-x$를 대입	→ x 대신 $-x$, y 대신 $-y$를 대입	→ x 대신 y, y 대신 x를 대입

> 방정식 $f(x, y)=0$이 나타내는 도형을 직선 $y=-x$에 대하여 대칭이동한 도형의 방정식
> $\Rightarrow f(-y, -x)=0$

참고

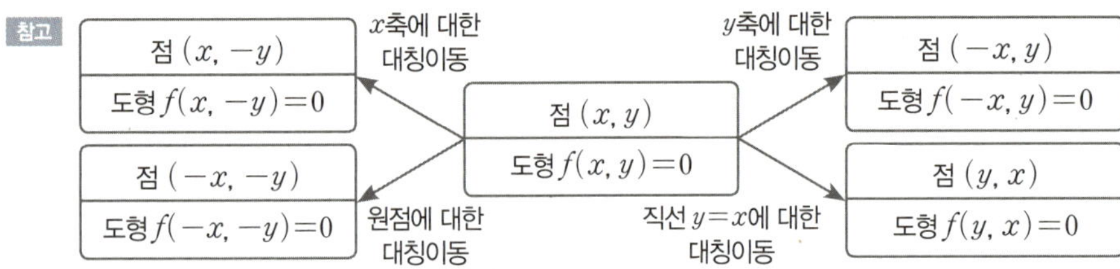

13·5　점에 대한 대칭이동

1 점 $\mathrm{P}(x, y)$를 점 $\mathrm{A}(a, b)$에 대하여 대칭이동한 점을 P'이라 하면
　　$\mathrm{P}'(2a-x, 2b-y)$
　　　　→ x 대신 $2a-x$, y 대신 $2b-y$를 대입
2 방정식 $f(x, y)=0$이 나타내는 도형을 점 $\mathrm{A}(a, b)$에 대하여 대칭이동한 도형의 방정식은
　　$f(2a-x, 2b-y)=0$

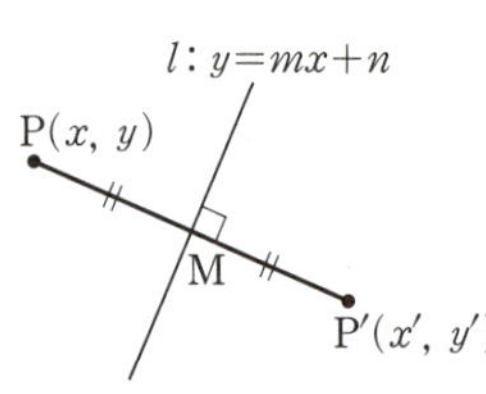

> 점 P'의 좌표를 (x', y')이라 하면 점 A는 선분 PP'의 중점이므로
> $a=\dfrac{x+x'}{2},\ b=\dfrac{y+y'}{2}$
> $\therefore x'=2a-x,\ y'=2b-y$
> $\therefore \mathrm{P}'(2a-x, 2b-y)$

13·6　직선에 대한 대칭이동

점 $\mathrm{P}(x, y)$를 직선 $l: y=mx+n$에 대하여 대칭이동한 점을 $\mathrm{P}'(x', y')$이라 하면

(1) **중점 조건**: $\overline{\mathrm{PP}'}$의 중점 M이 직선 l 위에 있다.

　　$\Rightarrow \dfrac{y+y'}{2}=m\times\dfrac{x+x'}{2}+n$

(2) **수직 조건**: $\overline{\mathrm{PP}'}$은 직선 l과 수직이다.

　　$\Rightarrow \dfrac{y'-y}{x'-x}\times m=-1$ ←（수직인 두 직선의 기울기의 곱）$=-1$

📖 교과서 문제 정복하기 ────────

13·4 도형의 대칭이동

[1238~1240] 주어진 방정식이 나타내는 도형을 다음 점 또는 직선에 대하여 대칭이동한 도형의 방정식을 구하시오.

1238 $x-y+8=0$

(1) x축 (2) y축

(3) 원점 (4) 직선 $y=x$

(5) 직선 $y=-x$

1239 $y=x^2-x+2$

(1) x축 (2) y축

(3) 원점 (4) 직선 $y=x$

(5) 직선 $y=-x$

1240 $(x+1)^2+(y-5)^2=36$

(1) x축 (2) y축

(3) 원점 (4) 직선 $y=x$

(5) 직선 $y=-x$

13·5 점에 대한 대칭이동

[1241~1243] 다음 두 점이 점 P에 대하여 대칭일 때, 점 P의 좌표를 구하시오.

1241 $(-4, 6)$, $(8, 4)$

1242 $(7, -2)$, $(3, -10)$

1243 $(-5, 9)$, $(-9, 5)$

[1244~1246] 다음 점의 좌표를 구하시오.

1244 점 $(1, 4)$를 점 $(-2, 2)$에 대하여 대칭이동한 점

1245 점 $(-2, -5)$를 점 $(1, -3)$에 대하여 대칭이동한 점

1246 점 $(3, -6)$을 점 $(5, -2)$에 대하여 대칭이동한 점

1247 직선 $3x-y-2=0$ 위의 점 (a, b)를 점 $(-2, -1)$에 대하여 대칭이동한 점의 좌표를 (p, q)라 할 때, 다음 물음에 답하시오.

(1) a, b를 p, q에 대한 식으로 나타내시오.

(2) 직선 $3x-y-2=0$을 점 $(-2, -1)$에 대하여 대칭이동한 직선의 방정식을 구하시오.

13·6 직선에 대한 대칭이동

1248 점 $A(3, -1)$을 직선 $x-y+1=0$에 대하여 대칭이동한 점이 $B(a, b)$일 때, 다음 물음에 답하시오.

(1) 두 점 A, B를 이은 선분의 중점의 좌표를 구하시오.

(2) 두 점 A, B를 지나는 직선의 기울기를 구하시오.

(3) 점 B의 좌표를 구하시오.

1249 점 $P(5, -4)$를 직선 $x-3y-7=0$에 대하여 대칭이동한 점의 좌표를 구하시오.

유형 익/히/기

| 개념원리 수학(상) 326쪽 |

유형 01 점의 평행이동

점 (x, y)를 x축의 방향으로 m만큼, y축의 방향으로 n만큼 평행이동한 점의 좌표

$\Rightarrow x$ 대신 $x+m$, y 대신 $y+n$을 대입한다.

$(x+m, y+n)$

1250 대표문제

점 $(-3, 2)$를 점 $(1, -4)$로 옮기는 평행이동에 의하여 점 $(5, -2)$로 옮겨지는 점의 좌표를 구하시오.

1251 중 하

평행이동 $(x, y) \rightarrow (x-3, y+2)$에 의하여 점 $(-1, 3)$이 직선 $y=mx-7$ 위의 점으로 옮겨질 때, 상수 m의 값은?

① -5 ② -3 ③ -1

④ 1 ⑤ 3

1252 중

두 점 $\mathrm{A}(-2, a)$, $\mathrm{B}(b, 6)$을 각각 두 점 $\mathrm{A}'(1, 4)$, $\mathrm{B}'(5, 10)$으로 옮기는 평행이동에 의하여 점 (a, b)가 옮겨지는 점의 좌표를 구하시오.

1253 중

점 $\mathrm{A}(-1, 7)$을 x축의 방향으로 a만큼, y축의 방향으로 3만큼 평행이동하였더니 원점 O로부터의 거리가 처음의 거리의 2배가 되었다. 이때 양수 a의 값을 구하시오.

| 개념원리 수학(상) 327쪽 |

유형 02 도형의 평행이동 — 직선

직선 $ax+by+c=0$을 x축의 방향으로 m만큼, y축의 방향으로 n만큼 평행이동한 직선의 방정식

$\Rightarrow x$ 대신 $x-m$, y 대신 $y-n$을 대입한다.

$a(x-m)+b(y-n)+c=0$

1254 대표문제

직선 $ax-2y-a+1=0$을 x축의 방향으로 4만큼, y축의 방향으로 n만큼 평행이동한 직선의 방정식이 $3x-2y-6=0$일 때, $a+n$의 값은? (단, a는 상수)

① 3 ② 4 ③ 5

④ 6 ⑤ 7

1255 중

점 $(2, 1)$을 점 $(3, 4)$로 옮기는 평행이동 $(x, y) \rightarrow (x+a, y+b)$에 의하여 직선 $3x-2y+4=0$이 점 $(3, c)$를 지나는 직선으로 옮겨진다고 한다. 이때 $a+b+c$의 값을 구하시오.

1256 중

직선 $y=ax+b$를 x축의 방향으로 -1만큼, y축의 방향으로 2만큼 평행이동하면 직선 $y=2x+1$과 y축 위의 점에서 수직으로 만날 때, 상수 a, b에 대하여 $a-b$의 값을 구하시오.

1257 중 서술형

직선 $y=x-3$을 x축의 방향으로 m만큼, y축의 방향으로 -2만큼 평행이동한 직선과 직선 $y=-x-1$을 y축의 방향으로 n만큼 평행이동한 직선의 교점이 $(4, -2)$일 때, $m+n$의 값을 구하시오.

유형 03 　도형의 평행이동 − 포물선, 원

(1) 포물선 $y=ax^2+bx+c$를 x축의 방향으로 m만큼, y축의 방향으로 n만큼 평행이동한 포물선의 방정식
$$\Rightarrow y-n=a(x-m)^2+b(x-m)+c$$

(2) 원 $(x-a)^2+(y-b)^2=r^2$을 x축의 방향으로 m만큼, y축의 방향으로 n만큼 평행이동한 원의 방정식
$$\Rightarrow (x-m-a)^2+(y-n-b)^2=r^2$$

(3) 포물선의 평행이동은 꼭짓점의 평행이동으로, 원의 평행이동은 원의 중심의 평행이동으로 생각한다.

1258 　대표문제

원 $(x-3)^2+y^2=1$이 평행이동 $(x,\ y) \longrightarrow (x+a,\ y-b)$에 의하여 원 $x^2+y^2+2x-4y+4=0$으로 옮겨질 때, ab의 값을 구하시오.

1259 　중 하

다음 **보기**의 도형 중 평행이동하여 원 $x^2+y^2+6x-2y+5=0$과 겹쳐지는 것만을 있는 대로 고르시오.

> ● 보기 ●
> ㄱ. $(x+1)^2+(y-3)^2=5$
> ㄴ. $(x+3)^2+(y-1)^2=9$
> ㄷ. $x^2+y^2+6x+4y+8=0$

1260 　중

원점을 점 $(2,\ 1)$로 옮기는 평행이동에 의하여 포물선 $y=x^2+6x+1$이 옮겨지는 포물선의 꼭짓점의 좌표를 $(m,\ n)$이라 할 때, $m+n$의 값을 구하시오.

1261 　중

포물선 $y=4x^2+8x-5$를 x축의 방향으로 a만큼, y축의 방향으로 $a+2$만큼 평행이동한 포물선의 꼭짓점이 x축 위에 있을 때, 이 꼭짓점의 x좌표를 구하시오.

유형 04 　평행이동의 활용

(1) 직선이 원의 넓이를 이등분한다. ⇨ 직선이 원의 중심을 지난다.

(2) 직선이 원에 접한다. ⇨ 원의 중심과 직선 사이의 거리가 원의 반지름의 길이와 같다.

1262 　대표문제

직선 $y=3x-1$을 x축의 방향으로 a만큼, y축의 방향으로 $2a$만큼 평행이동한 직선이 원 $(x-1)^2+(y+2)^2=1$의 넓이를 이등분할 때, a의 값을 구하시오.

1263 　중

원 $x^2+y^2=1$을 y축의 방향으로 a만큼 평행이동하였더니 직선 $4x+3y+2=0$과 접하였다. 이때 양수 a의 값을 구하시오.

1264 　중

직선 $y=3x+2$를 x축의 방향으로 k만큼, y축의 방향으로 2만큼 평행이동한 직선이 포물선 $y=4x^2-5x-1$에 접할 때, k의 값은?

① 1　　　　　② 2　　　　　③ 3
④ 4　　　　　⑤ 5

1265 　중

평행이동 $(x,\ y) \longrightarrow (x+a,\ y+b)$에 의하여 원 $(x+2)^2+(y-3)^2=16$이 옮겨지는 원이 x축과 y축에 모두 접할 때, $a+b$의 값을 구하시오.

（단, 평행이동한 원의 중심은 제 1 사분면 위에 있다.）

| 개념원리 수학(상) 333쪽 |

유형 05 점의 대칭이동

점 (x, y)를 대칭이동한 점의 좌표
(1) x축에 대한 대칭이동 ⇨ y좌표의 부호를 바꾼다.
(2) y축에 대한 대칭이동 ⇨ x좌표의 부호를 바꾼다.
(3) 원점에 대한 대칭이동 ⇨ x좌표, y좌표의 부호를 모두 바꾼다.
(4) 직선 $y=x$에 대한 대칭이동 ⇨ x좌표와 y좌표를 서로 바꾼다.

1266 대표문제

점 $P(2, -1)$을 직선 $y=x$에 대하여 대칭이동한 점을 Q, x축에 대하여 대칭이동한 점을 R라 할 때, 삼각형 PQR의 무게중심의 좌표를 구하시오.

1267 중

직선 $y=3x$ 위의 점 $P(a, b)$를 x축, y축에 대하여 대칭이동한 점을 각각 Q, R라 하자. 삼각형 PQR의 넓이가 54일 때, 양수 a의 값을 구하시오.

1268 중

점 (a, b)를 x축에 대하여 대칭이동한 점이 제3사분면 위에 있을 때, 점 $(a-b, ab)$를 원점에 대하여 대칭이동한 후 x축에 대하여 대칭이동한 점은 제 몇 사분면 위에 있는지 구하시오.

1269 중

좌표평면 위의 점 P를 다음과 같이 세 가지 방법으로 대칭이동하려고 한다.

> ㈎ x축에 대한 대칭이동
> ㈏ 원점에 대한 대칭이동
> ㈐ y축에 대한 대칭이동

점 $P(-2, -1)$을 ㈎→ ㈏→ ㈐→ ㈎→ ㈏→ ㈐→ … 의 순서로 100번 이동한 후의 점의 좌표가 (a, b)일 때, $a-b$의 값을 구하시오.

| 개념원리 수학(상) 334쪽 |

유형 06 도형의 대칭이동 — 직선

도형 $f(x, y)=0$을 대칭이동한 도형의 방정식
(1) x축에 대한 대칭이동 ⇨ y 대신 $-y$를 대입한다.
(2) y축에 대한 대칭이동 ⇨ x 대신 $-x$를 대입한다.
(3) 원점에 대한 대칭이동 ⇨ x 대신 $-x$, y 대신 $-y$를 대입한다.
(4) 직선 $y=x$에 대한 대칭이동 ⇨ x 대신 y, y 대신 x를 대입한다.

1270 대표문제

직선 $y=\dfrac{1}{3}x+2$를 y축에 대하여 대칭이동한 직선에 수직이고 점 $(-6, 2)$를 지나는 직선의 방정식을 구하시오.

1271 중 하

직선 $x+5y-6=0$을 직선 $y=x$에 대하여 대칭이동한 직선을 l_1, 직선 l_1을 원점에 대하여 대칭이동한 직선을 l_2라 할 때, 직선 l_2의 기울기를 구하시오.

1272 중

다음 중 점 $(4, -7)$을 점 $(4, 7)$로 옮기는 대칭이동에 의하여 직선 $2x-3y+5=0$이 옮겨지는 직선의 방정식은?

① $2x+3y+5=0$　　② $2x+3y-5=0$
③ $2x-3y-5=0$　　④ $3x+2y+5=0$
⑤ $3x-2y-5=0$

유형 **07** 도형의 대칭이동 ─ 포물선, 원

대칭이동하여도 포물선의 폭이나 원의 반지름의 길이는 변하지 않는다.

1273 대표문제

중심이 점 $(3, -2)$이고 반지름의 길이가 k인 원을 x축에 대하여 대칭이동하였더니 점 $(3, -3)$을 지났다. 이때 양수 k의 값을 구하시오.

1274 중

원 $x^2+y^2-2ax-6y+4=0$을 y축에 대하여 대칭이동한 원의 중심이 직선 $y=-\dfrac{1}{2}x+\dfrac{1}{2}$ 위에 있을 때, 상수 a의 값은?

① 1   ② 3   ③ 5
④ 7   ⑤ 9

1275 중

포물선 $y=x^2+ax+b$를 원점에 대하여 대칭이동한 포물선의 꼭짓점의 좌표가 $(-2, 7)$일 때, 상수 a, b에 대하여 $a+b$의 값은?

① -8 ② -7 ③ -6
④ -5 ⑤ -4

1276 중

원 $x^2+y^2-4x+10y-5=0$을 직선 $y=x$에 대하여 대칭이동하면 y축과 서로 다른 두 점에서 만난다. 이때 두 점 사이의 거리를 구하시오.

유형 **08** 대칭이동의 활용

(1) 직선이 원의 넓이를 이등분한다. ⇨ 직선이 원의 중심을 지난다.
(2) 직선이 원에 접한다. ⇨ 원의 중심과 직선 사이의 거리가 원의 반지름의 길이와 같다.

1277 대표문제

직선 $4x+3y+a=0$을 원점에 대하여 대칭이동하였더니 원 $(x-3)^2+(y+1)^2=9$에 접하였다. 이때 양수 a의 값은?

① 14   ② 16   ③ 18
④ 24   ⑤ 25

1278 중 서술형

원 $x^2+y^2-4x-2y=0$을 x축에 대하여 대칭이동한 원과 직선 $y=x+k$가 서로 다른 두 점에서 만날 때, 실수 k의 값의 범위를 구하시오.

1279 상중

원 $(x-a)^2+(y+1)^2=9$를 원점에 대하여 대칭이동한 후 직선 $y=x$에 대하여 대칭이동하였더니 직선 $3x-2y+1=0$에 의하여 원의 넓이가 이등분되었다. 이때 상수 a의 값을 구하시오.

유형 익/히/기

유형 09 도형의 평행이동과 대칭이동

점 또는 도형을 두 번 이상 평행이동과 대칭이동하는 경우
⇨ 이동 순서에 주의하여 점의 좌표 또는 도형의 방정식을 구한다.

1280 대표문제

포물선 $y=x^2+x+a$를 x축의 방향으로 2만큼, y축의 방향으로 -1만큼 평행이동한 후 x축에 대하여 대칭이동하였더니 포물선 $y=-x^2+3x+6$이 되었다. 이때 상수 a의 값을 구하시오.

1281 중하

점 P를 x축의 방향으로 1만큼, y축의 방향으로 2만큼 평행이동한 후 x축에 대하여 대칭이동하였더니 점 $(-3,2)$가 되었다. 이때 점 P의 좌표를 구하시오.

1282 중

원 $(x+2)^2+(y+2)^2=16$을 x축의 방향으로 -1만큼 평행이동한 후 직선 $y=-x$에 대하여 대칭이동한 원이 x축과 만나는 두 교점을 P, Q라 할 때, 선분 PQ의 길이는?

① $\sqrt{7}$ ② $2\sqrt{7}$ ③ $3\sqrt{7}$
④ $4\sqrt{7}$ ⑤ $5\sqrt{7}$

1283 중

원 $(x-p)^2+(y-q)^2=16$을 x축에 대하여 대칭이동한 후 y축의 방향으로 3만큼 평행이동한 원이 x축과 y축에 동시에 접할 때, 두 양수 p, q에 대하여 $p+q$의 값을 구하시오.

유형 10 점에 대한 대칭이동

점 $P(x,y)$를 점 (a,b)에 대하여 대칭이동한 점을 $P'(x',y')$이라 하면 점 (a,b)는 선분 PP'의 중점이다.
⇨ $\dfrac{x+x'}{2}=a$, $\dfrac{y+y'}{2}=b$

1284 대표문제

점 $(a,8)$을 점 $(-4,6)$에 대하여 대칭이동한 점의 좌표가 $(-6,b)$일 때, ab의 값은?

① -2 ② -4 ③ -6
④ -8 ⑤ -10

1285 중

원 $x^2+y^2-2x+6y+1=0$을 점 $(2,1)$에 대하여 대칭이동한 원의 방정식은?

① $(x-3)^2+(y-5)^2=9$ ② $(x+3)^2+(y-5)^2=9$
③ $(x-2)^2+(y-5)^2=9$ ④ $(x+2)^2+(y-5)^2=9$
⑤ $(x-1)^2+(y-2)^2=9$

1286 중

두 포물선 $y=x^2-2x+3$, $y=-x^2+6x-5$가 점 P에 대하여 대칭일 때, 점 P의 좌표를 구하시오.

유형 11 　직선에 대한 대칭이동

점 $P(x, y)$를 직선 l에 대하여 대칭
이동한 점을 $P'(x', y')$이라 하면

(1) 중점 조건
　　⇨ 선분 PP'의 중점 M이 직선 l
　　　 위에 있다.

(2) 수직 조건
　　⇨ (직선 PP'과 직선 l의 두 기울기의 곱)$=-1$

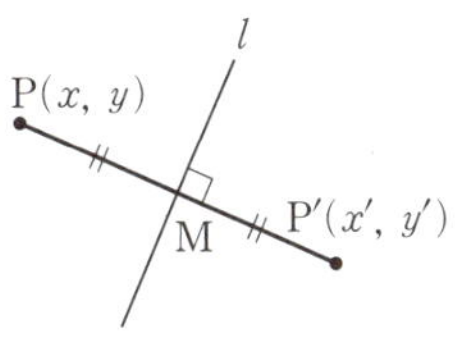

1287 　대표문제

두 점 $P(1, 5)$, $Q(3, 3)$이 직선 l에 대하여 대칭일 때, 직선
l과 x축, y축으로 둘러싸인 삼각형의 넓이를 구하시오.

1288

점 $(-6, -1)$을 직선 $2x+y+3=0$에 대하여 대칭이동한
점의 좌표를 (a, b)라 할 때, $a+b$의 값은?

① -5　　　　　② -3　　　　　③ -2

④ 3　　　　　⑤ 5

1289

원 $(x+2)^2+(y+1)^2=5$를 직선 $y=x-2$에 대하여 대칭이
동한 원의 방정식을 구하시오.

1290 　서술형

두 원 $x^2+y^2=9$, $(x-2)^2+(y+4)^2=9$가 직선
$ax+by+5=0$에 대하여 대칭일 때, 상수 a, b에 대하여
$a+b$의 값을 구하시오.

유형 12 　선분의 길이의 합의 최솟값

두 점 A, B와 직선 l 위의 점 P에 대하
여 점 A를 직선 l에 대하여 대칭이동한
점을 A′이라 하면

　⇨ $\overline{AP}+\overline{BP}=\overline{A'P}+\overline{BP} \geq \overline{A'B}$이므
　　로 $\overline{AP}+\overline{BP}$의 최솟값은 $\overline{A'B}$의 길
　　이와 같다.

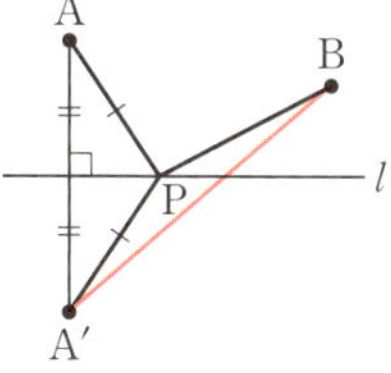

1291 　대표문제

두 점 $A(1, 2)$, $B(5, 9)$와 직선 $y=x$ 위의 점 P에 대하여
$\overline{AP}+\overline{BP}$의 최솟값은?

① $\sqrt{71}$　　　　② $6\sqrt{2}$　　　　③ $\sqrt{73}$

④ $\sqrt{74}$　　　　⑤ $5\sqrt{3}$

1292

오른쪽 그림과 같이 두 점 $A(3, 4)$,
$B(4, 3)$과 y축 위의 점 P, x축 위
의 점 Q에 대하여 $\overline{AP}+\overline{PQ}+\overline{QB}$
의 최솟값은?

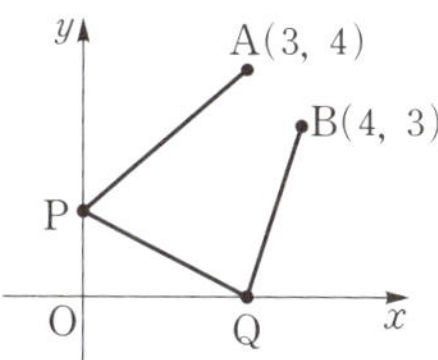

① $6\sqrt{2}$　　　　② $7\sqrt{2}$　　　　③ $8\sqrt{2}$

④ $9\sqrt{2}$　　　　⑤ $10\sqrt{2}$

1293

두 점 $A(-5, 1)$, $B(-3, 7)$과 y축 위의 점 P에 대하여
$\overline{AP}+\overline{BP}$의 최솟값과 그때의 점 P의 좌표를 구하시오.

 **유형 up**

유형 13 도형 $f(x, y)=0$의 평행이동과 대칭이동

도형이 어떻게 이동하였는지 알아본다.

(1) 도형 $f(x, y)=0 \rightarrow f(x-m, y-n)=0$

⇨ x축의 방향으로 m만큼, y축의 방향으로 n만큼 평행이동

(2) 도형 $f(x, y)=0 \rightarrow f(x, -y)=0$

⇨ x축에 대하여 대칭이동

(3) 도형 $f(x, y)=0 \rightarrow f(-x, y)=0$

⇨ y축에 대하여 대칭이동

(4) 도형 $f(x, y)=0 \rightarrow f(-x, -y)=0$

⇨ 원점에 대하여 대칭이동

(5) 도형 $f(x, y)=0 \rightarrow f(y, x)=0$

⇨ 직선 $y=x$에 대하여 대칭이동

1294 대표문제

방정식 $f(x, y)=0$이 나타내는 도형이 오른쪽 그림과 같을 때, 다음 중 방정식 $f(y, x)=0$이 나타내는 도형은?

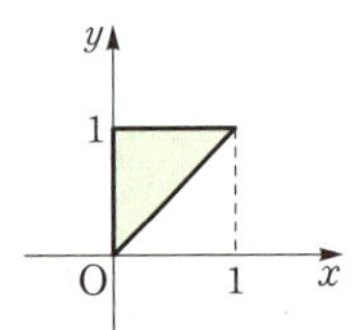

① 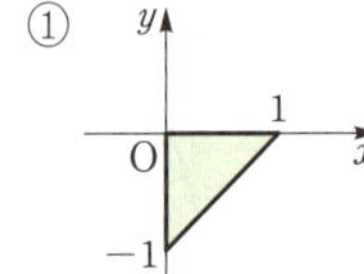   ② 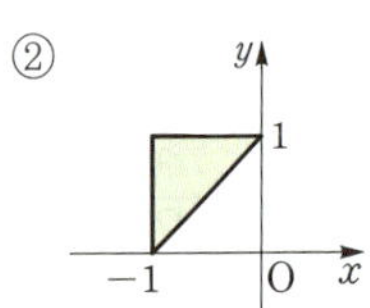

③ 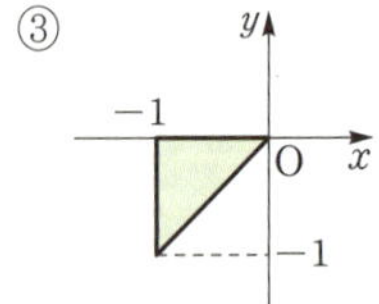   ④ 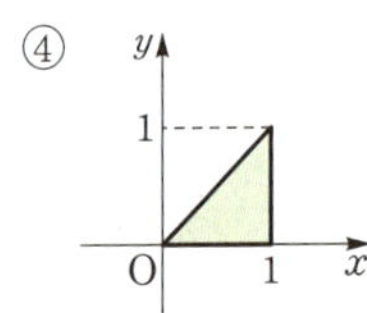

⑤ 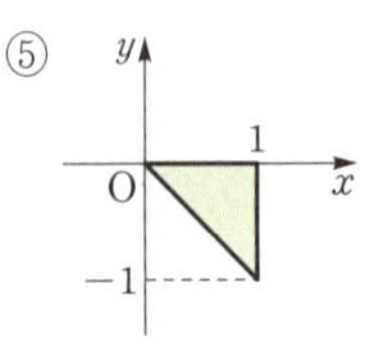

1295 상중

방정식 $f(x, y)=0$이 나타내는 도형이 오른쪽 그림과 같을 때, 다음 중 방정식 $f(-x, y-1)=0$이 나타내는 도형은?

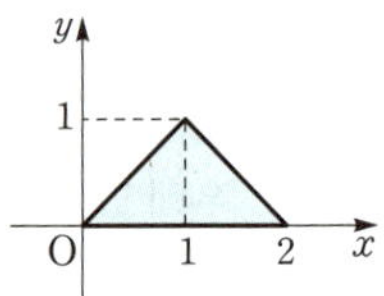

① 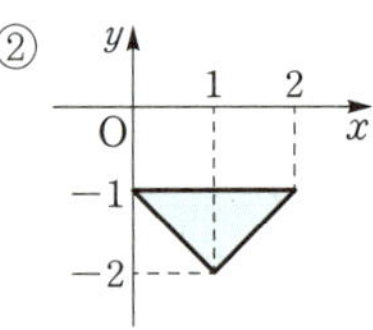   ② 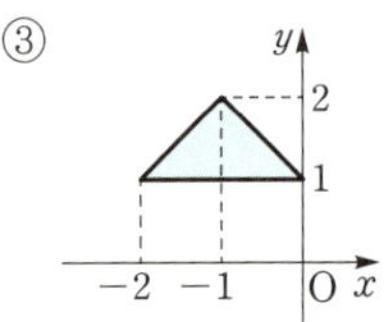

③ 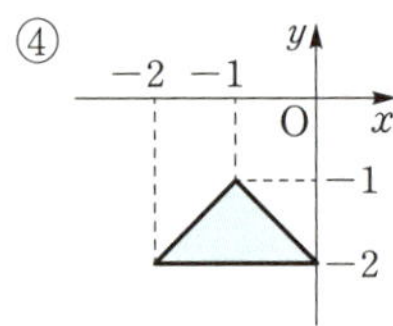   ④ 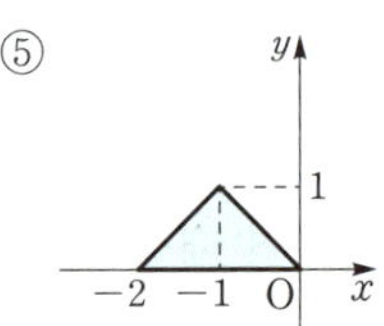

⑤

1296 상중

두 방정식 $f(x, y)=0$과 $g(x, y)=0$이 나타내는 도형이 오른쪽 그림과 같을 때, 다음 중 옳은 것은?

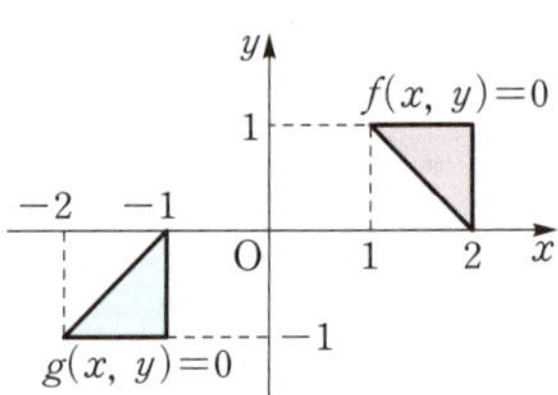

① $g(x, y)=f(x-3, y)$

② $g(x, y)=f(x+3, y)$

③ $g(x, y)=f(x+3, -y)$

④ $g(x, y)=f(-x-3, -y)$

⑤ $g(x, y)=f(-x+3, -y)$

1297

평행이동 $(x, y) \longrightarrow (x+a, y-2)$에 의하여 점 $(4, -1)$이 점 $(2, b)$로 옮겨질 때, $a+b$의 값은?

① -5 ② -3 ③ -1
④ 1 ⑤ 3

1298

직선 $y=3x-4$를 x축의 방향으로 m만큼, y축의 방향으로 -3만큼 평행이동한 직선과 직선 $y=3x-4$ 사이의 거리가 $\sqrt{10}$일 때, 양수 m의 값을 구하시오.

1299

도형 $f(x, y)=0$을 도형 $f(x+3, y-1)=0$으로 옮기는 평행이동에 의하여 원 $x^2+y^2-4x+2y+a=0$이 옮겨지는 원의 중심의 좌표가 $(-1, b)$이고 반지름의 길이가 3일 때, $a+b$의 값은? (단, a는 상수)

① -4 ② -2 ③ 0
④ 2 ⑤ 4

1300

점 $A(-3, 5)$를 x축에 대하여 대칭이동한 점을 B, 직선 $y=x$에 대하여 대칭이동한 점을 C라 할 때, 삼각형 ABC의 넓이를 구하시오.

1301

다음 **보기** 중 직선 $y=x$에 대하여 대칭이동하였을 때 처음의 도형과 일치하는 도형인 것만을 있는 대로 고른 것은?

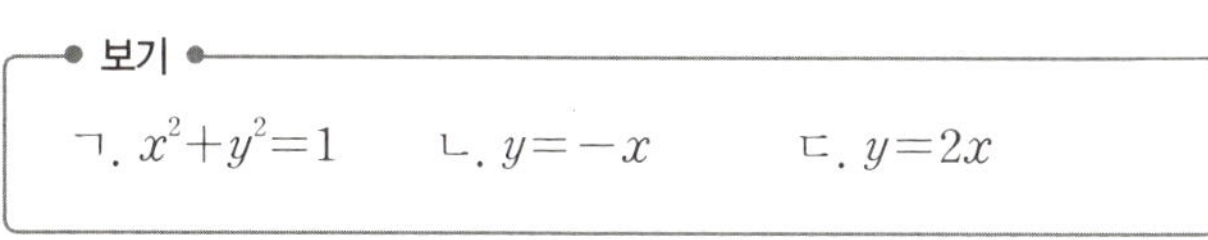

① ㄱ ② ㄷ ③ ㄱ, ㄴ
④ ㄴ, ㄷ ⑤ ㄱ, ㄴ, ㄷ

1302

직선 $y=2x+k$를 원점에 대하여 대칭이동하였더니 원 $x^2+y^2=10$에 접하였다. 이때 양수 k의 값은?

① $\sqrt{2}$ ② $2\sqrt{2}$ ③ $3\sqrt{2}$
④ $4\sqrt{2}$ ⑤ $5\sqrt{2}$

1303

점 $(-2, 5)$를 원점에 대하여 대칭이동한 후 x축의 방향으로 3만큼, y축의 방향으로 -2만큼 평행이동하였다. 그리고 이 점을 다시 직선 $y=x$에 대하여 대칭이동하였더니 점 (a, b)가 되었을 때, $a+b$의 값을 구하시오.

1304

두 포물선 $y=x^2+2x+3$, $y=-x^2+6x-13$이 점 (a, b)에 대하여 대칭일 때, ab의 값을 구하시오.

1305

원 $x^2+y^2-2x-4y+1=0$을 직선 $y=ax+b$에 대하여 대칭이동하였더니 원 $x^2+y^2-6x-12y+41=0$이 되었다. 이때 상수 a, b에 대하여 $a+b$의 값을 구하시오.

1306

오른쪽 그림과 같이 바닥이 가로의 길이가 60 m이고 세로의 길이가 50 m인 직사각형 모양인 방이 있다. 이 방의 바닥에 있는 다람쥐가 왼쪽 아래에서

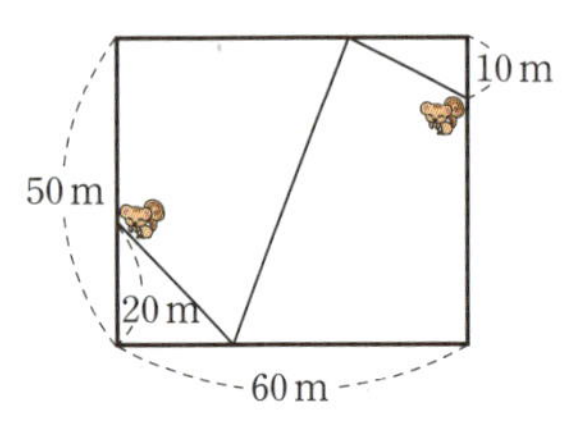

위쪽으로 20 m만큼 떨어진 지점에서 출발하여 그림과 같이 2개의 벽면을 거쳐 오른쪽 위에서 아래쪽으로 10 m만큼 떨어진 지점에 도달했을 때, 이 다람쥐가 움직인 최단 거리를 구하시오. (단, 다람쥐는 바닥에서만 움직인다.)

1307

방정식 $f(x, y)=0$이 나타내는 도형이 오른쪽 그림과 같을 때, 다음 중 방정식 $f(-y, x)=0$이 나타내는 도형은?

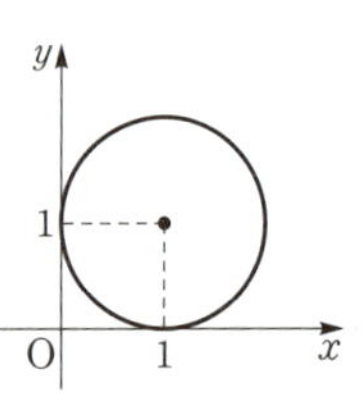

① 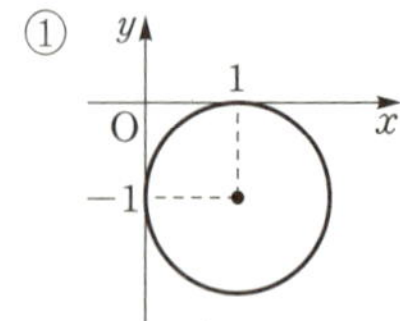

② 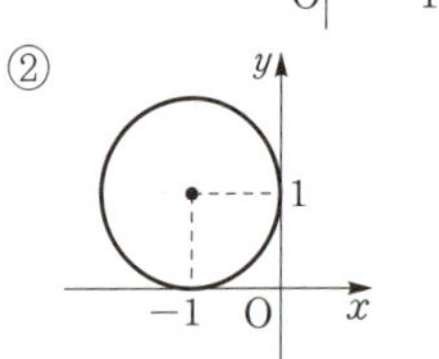

③ 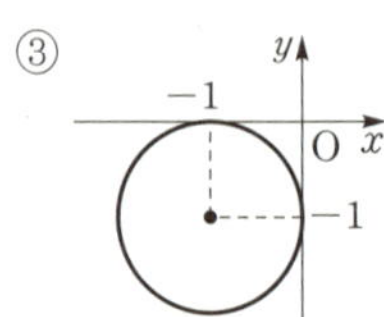

④ 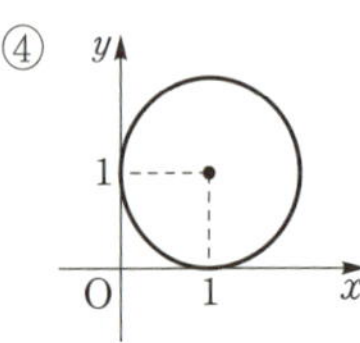

⑤ 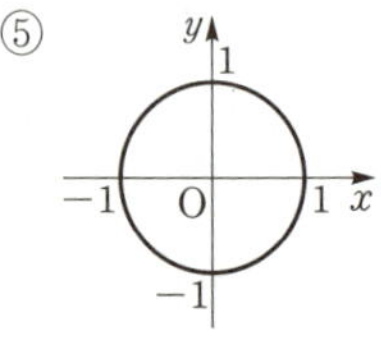

1308

두 점 A$(a, 3)$, B$(-2, b)$를 각각 두 점 A$'(6, -2)$, B$'(1, 4)$로 옮기는 평행이동에 의하여 점 (b, a)가 옮겨지는 점의 좌표를 구하시오.

1309

원 $(x+a)^2+(y+b)^2=9$를 직선 $y=x$에 대하여 대칭이동한 후 x축의 방향으로 -2만큼 평행이동한 원이 x축과 y축에 동시에 접하였다. 이때 상수 a, b에 대하여 ab의 최댓값을 구하시오.

1310

두 점 A$(1, -1)$, B$(3, 2)$와 직선 $4x-6y+3=0$ 위의 점 P에 대하여 $\overline{AP}+\overline{PB}$의 최솟값을 k, 이때의 점 P의 좌표를 (s, t)라 할 때, kst의 값을 구하시오.

1311 창의·융합 교육청 기출

오른쪽 그림과 같이 좌표평면에서 세 점 O$(0, 0)$, A$(4, 0)$, B$(0, 3)$을 꼭짓점으로 하는 삼각형 OAB를 평행이동한 도형을 삼각형 O$'$A$'$B$'$이라 하자. 점 A$'$의 좌표가 $(9, 2)$일 때, 삼각형 O$'$A$'$B$'$에 내접하는 원의 방정식은 $x^2+y^2+ax+by+c=0$이다. $a+b+c$의 값을 구하시오. (단, a, b, c는 상수이다.)

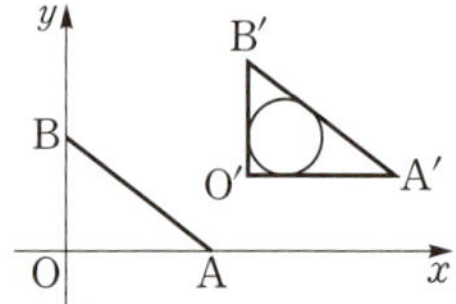

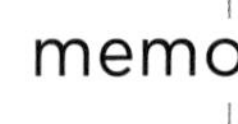

개념원리와 만나는 모든 방법

다양한 이벤트, 동기부여 콘텐츠 등
공부 자극에 필요한 모든 콘텐츠를 보고 싶다면?

개념원리 공식 인스타그램
@wonri_with

교재 속 QR코드 문제 풀이 영상 공부법까지
수학 공부에 필요한 모든 것

개념원리 공식 유튜브 채널
youtube.com/개념원리2022

개념원리에서 만들어지는 모든 콘텐츠를
정기적으로 받고 싶다면?

개념원리 공식
카카오뷰 채널

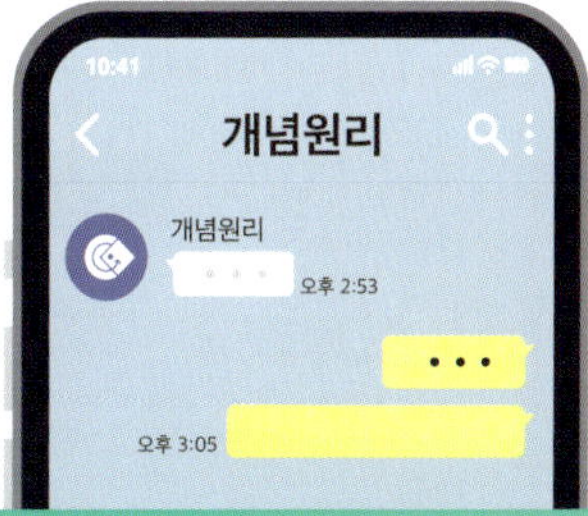

개념원리
교재 소개

문제 난이도

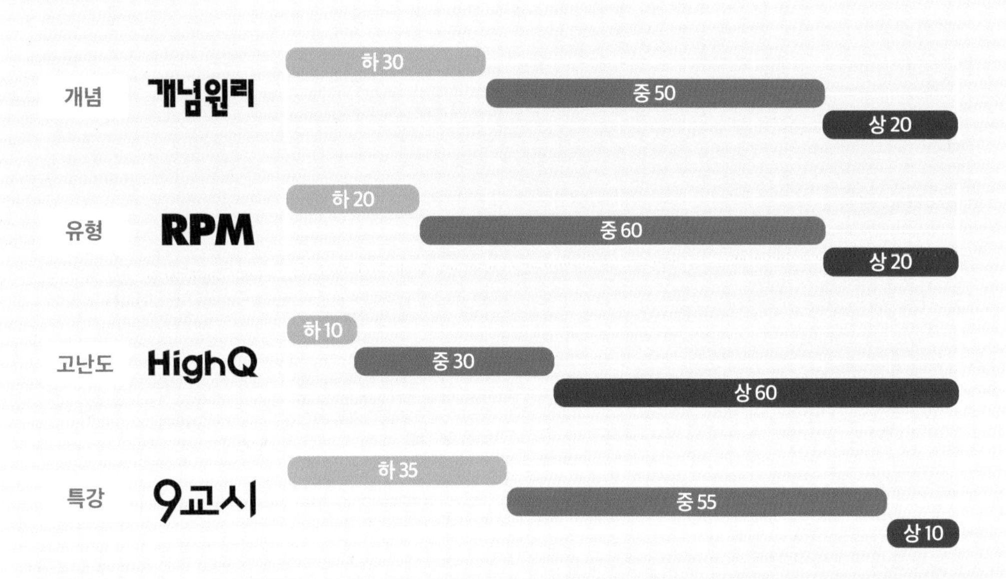

고등

개념원리 | 수학의 시작 — 개념

하나를 알면 10개, 20개를 풀 수 있는 개념원리 수학

수학(상), 수학(하), 수학Ⅰ, 수학Ⅱ, 확률과 통계, 미적분, 기하

RPM | 유형의 완성 — 유형

다양한 유형의 문제를 통해 수학의 문제 해결력을 높일 수 있는 RPM

수학(상), 수학(하), 수학Ⅰ, 수학Ⅱ, 확률과 통계, 미적분, 기하

High Q | 고난도 정복 (고1 내신 대비) — 고난도

최고를 향한 핵심 고난도 문제서 High Q

수학(상), 수학(하)

9교시 | 학교 안 개념원리 — 특강

쉽고 빠르게 정리하는 9종 교과서 시크릿

수학(상), 수학(하), 수학Ⅰ

중등

개념원리 | 수학의 시작 — 개념

하나를 알면 10개, 20개를 풀 수 있는 개념원리 수학

중학수학 1-1, 1-2, 2-1, 2-2, 3-1, 3-2

RPM | 유형의 완성 — 유형

다양한 유형의 문제를 통해 수학의 문제 해결력을 높일 수 있는 RPM

중학수학 1-1, 1-2, 2-1, 2-2, 3-1, 3-2

내신부터 수능까지 전 강좌 무제한 수강
MEGAPASS next
메가패스 구매 시, 개념원리 포함 메가스터디 전 강좌 무제한 수강 가능

www.megastudy.net

개념원리
RPM

수학(상)

개념원리 RPM 수학(상)

정답과 풀이

┃ 친절한 풀이   정확하고 이해하기 쉬운 친절한 풀이

┃ 다른 풀이   수학적 사고력을 키우는 다양한 해결 방법 제시

┃ 서술형 분석   모범 답안과 단계별 배점 제시로 서술형 문제 완벽 대비

교재 만족도 조사

개념원리는 모든 학생들의 의견을 소중하게 생각합니다.

· 참여 혜택 : 매월 10분을 추첨해서 문화상품권 1만원을 드립니다.
· 당첨자 발표 : 매월 초 개별 연락

01 | 다항식의 연산

📖 교과서 문제 정복하기

본문 7쪽, 9쪽

0001 답 (1) $3x^3y^2+2x^2y-5xy^3+y-7$

(2) $-7+(2x^2+1)y+3x^3y^2-5xy^3$

0002 $(x^2+xy+3y^2)+(2x^2-2xy+y^2)$
$=x^2+xy+3y^2+2x^2-2xy+y^2$
$=3x^2-xy+4y^2$ 답 $3x^2-xy+4y^2$

0003 $(3x^2+2xy-y^2)-(x^2-5xy-4y^2)$
$=3x^2+2xy-y^2-x^2+5xy+4y^2$
$=2x^2+7xy+3y^2$ 답 $2x^2+7xy+3y^2$

0004 $(5x^2+2xy)-(xy-3y^2)+(y^2+4xy)$
$=5x^2+2xy-xy+3y^2+y^2+4xy$
$=5x^2+5xy+4y^2$ 답 $5x^2+5xy+4y^2$

0005 (1) $A-2B=(3x^2-4xy+2y^2)-2(x^2-xy-3y^2)$
$=3x^2-4xy+2y^2-2x^2+2xy+6y^2$
$=x^2-2xy+8y^2$

(2) $3B-(4A+B)$
$=3B-4A-B=-4A+2B$
$=-4(3x^2-4xy+2y^2)+2(x^2-xy-3y^2)$
$=-12x^2+16xy-8y^2+2x^2-2xy-6y^2$
$=-10x^2+14xy-14y^2$

답 (1) $x^2-2xy+8y^2$ (2) $-10x^2+14xy-14y^2$

0006 (1) $A-B+C$
$=(x^3+2x^2+3)-(3x^3+x^2-x-4)+(-2x^2+x-1)$
$=x^3+2x^2+3-3x^3-x^2+x+4-2x^2+x-1$
$=-2x^3-x^2+2x+6$

(2) $2A-(B-3C)$
$=2A-B+3C$
$=2(x^3+2x^2+3)-(3x^3+x^2-x-4)+3(-2x^2+x-1)$
$=2x^3+4x^2+6-3x^3-x^2+x+4-6x^2+3x-3$
$=-x^3-3x^2+4x+7$

(3) $(A+2B)-(B-C)$
$=A+2B-B+C=A+B+C$
$=(x^3+2x^2+3)+(3x^3+x^2-x-4)+(-2x^2+x-1)$
$=x^3+2x^2+3+3x^3+x^2-x-4-2x^2+x-1$
$=4x^3+x^2-2$

답 (1) $-2x^3-x^2+2x+6$ (2) $-x^3-3x^2+4x+7$

(3) $4x^3+x^2-2$

0007 $2a(a^2-3a+6)=2a^3-6a^2+12a$

답 $2a^3-6a^2+12a$

0008 $(x+3)(x^2-x+1)=x^3-x^2+x+3x^2-3x+3$
$=x^3+2x^2-2x+3$

답 x^3+2x^2-2x+3

0009 $(2a^2+3ab-5b^2)(a-4b)$
$=2a^3-8a^2b+3a^2b-12ab^2-5ab^2+20b^3$
$=2a^3-5a^2b-17ab^2+20b^3$

답 $2a^3-5a^2b-17ab^2+20b^3$

0010 $(2x+5)^2=(2x)^2+2\times 2x\times 5+5^2$
$=4x^2+20x+25$ 답 $4x^2+20x+25$

0011 $(3x-2)^2=(3x)^2-2\times 3x\times 2+2^2$
$=9x^2-12x+4$ 답 $9x^2-12x+4$

0012 $(3x+y)(3x-y)=(3x)^2-y^2$
$=9x^2-y^2$ 답 $9x^2-y^2$

0013 $(x+2)(x+3)=x^2+(2+3)x+2\times 3$
$=x^2+5x+6$ 답 x^2+5x+6

0014 $(2x+5)(3x-4)$
$=(2\times 3)x^2+\{2\times(-4)+5\times 3\}x+5\times(-4)$
$=6x^2+7x-20$ 답 $6x^2+7x-20$

0015 $(2x-y-3z)^2$
$=(2x)^2+(-y)^2+(-3z)^2+2\times 2x\times(-y)$
$\qquad +2\times(-y)\times(-3z)+2\times(-3z)\times 2x$
$=4x^2+y^2+9z^2-4xy+6yz-12zx$

답 $4x^2+y^2+9z^2-4xy+6yz-12zx$

0016 $(x+1)^3=x^3+3\times x^2\times 1+3\times x\times 1^2+1^3$
$=x^3+3x^2+3x+1$

답 x^3+3x^2+3x+1

0017 $(x-2y)^3=x^3-3\times x^2\times 2y+3\times x\times(2y)^2-(2y)^3$
$=x^3-6x^2y+12xy^2-8y^3$

답 $x^3-6x^2y+12xy^2-8y^3$

0018 $(a+2)(a^2-2a+4)=a^3+2^3=a^3+8$ 답 a^3+8

0019 $(3x-1)(9x^2+3x+1)=(3x)^3-1^3=27x^3-1$

답 $27x^3-1$

0020 $(x+1)(x+2)(x+3)$
$=x^3+(1+2+3)x^2+(1\times2+2\times3+3\times1)x+1\times2\times3$
$=x^3+6x^2+11x+6$ 답 $x^3+6x^2+11x+6$

0021 $(a-b+1)(a^2+b^2+ab-a+b+1)$
$=\{a+(-b)+1\}$
$\qquad\qquad\{a^2+(-b)^2+1^2-a\times(-b)-(-b)\times1-1\times a\}$
$=a^3+(-b)^3+1^3-3\times a\times(-b)\times1$
$=a^3-b^3+3ab+1$ 답 $a^3-b^3+3ab+1$

0022 $(4x^2+6xy+9y^2)(4x^2-6xy+9y^2)$
$=\{(2x)^2+2x\times3y+(3y)^2\}\{(2x)^2-2x\times3y+(3y)^2\}$
$=(2x)^4+(2x)^2(3y)^2+(3y)^4$
$=16x^4+36x^2y^2+81y^4$ 답 $16x^4+36x^2y^2+81y^4$

0023 (1) $x^2+y^2=(x+y)^2-2xy=3^2-2\times(-2)=13$
(2) $x^3+y^3=(x+y)^3-3xy(x+y)$
$\qquad\qquad=3^3-3\times(-2)\times3=45$

답 (1) 13   (2) 45

0024 (1) $x^2+y^2=(x-y)^2+2xy=(-4)^2+2\times3=22$
(2) $x^3-y^3=(x-y)^3+3xy(x-y)$
$\qquad\qquad=(-4)^3+3\times3\times(-4)$
$\qquad\qquad=-64-36=-100$

답 (1) 22   (2) −100

0025 (1) $x^2+\dfrac{1}{x^2}=\left(x+\dfrac{1}{x}\right)^2-2=4^2-2=14$
(2) $\left(x-\dfrac{1}{x}\right)^2=\left(x+\dfrac{1}{x}\right)^2-4=4^2-4=12$
$\therefore x-\dfrac{1}{x}=\pm\sqrt{12}=\pm2\sqrt{3}$

답 (1) 14   (2) ±2√3

0026 (1) $x+y=(1+\sqrt{2})+(1-\sqrt{2})=2$,
$xy=(1+\sqrt{2})(1-\sqrt{2})=-1$이므로
$x^3+y^3=(x+y)^3-3xy(x+y)$
$\qquad\qquad=2^3-3\times(-1)\times2=14$
(2) $x-y=(1+\sqrt{2})-(1-\sqrt{2})=2\sqrt{2}$,
$xy=(1+\sqrt{2})(1-\sqrt{2})=-1$이므로
$x^3-y^3=(x-y)^3+3xy(x-y)$
$\qquad\qquad=(2\sqrt{2})^3+3\times(-1)\times2\sqrt{2}=10\sqrt{2}$

답 (1) 14   (2) 10√2

0027 $a^2+b^2+c^2=(a+b+c)^2-2(ab+bc+ca)$
$\qquad\qquad=9^2-2\times8=65$ 답 **65**

0028
$$\begin{array}{r}
x^2+\boxed{6}x \\
x-1\,\overline{\smash{\big)}\,x^3+5x^2-6x+1} \\
\underline{x^3-x^2} \\
\boxed{6}x^2-6x \\
\underline{\boxed{6}x^2-\boxed{6}x} \\
\boxed{1}
\end{array}$$

답 (가) 6 (나) 6 (다) 6 (라) 6 (마) 1

0029
$$\begin{array}{r}
2x^2-2x-2 \\
2x+1\,\overline{\smash{\big)}\,4x^3-2x^2-6x+1} \\
\underline{4x^3+2x^2} \\
-4x^2-6x \\
\underline{-4x^2-2x} \\
-4x+1 \\
\underline{-4x-2} \\
3
\end{array}$$

$\therefore$ 몫: $2x^2-2x-2$, 나머지: 3

답 몫: $2x^2-2x-2$, 나머지: 3

0030
$$\begin{array}{r}
2x-1 \\
x^2+2x-1\,\overline{\smash{\big)}\,2x^3+3x^2+5} \\
\underline{2x^3+4x^2-2x} \\
-x^2+2x+5 \\
\underline{-x^2-2x+1} \\
4x+4
\end{array}$$

$\therefore$ 몫: $2x-1$, 나머지: $4x+4$

답 몫: $2x-1$, 나머지: $4x+4$

0031
$$\begin{array}{r}
3x^2+3x+1 \\
x^2-x-1\,\overline{\smash{\big)}\,3x^4-5x^2-2x+1} \\
\underline{3x^4-3x^3-3x^2} \\
3x^3-2x^2-2x \\
\underline{3x^3-3x^2-3x} \\
x^2+x+1 \\
\underline{x^2-x-1} \\
2x+2
\end{array}$$

$\therefore$ 몫: $3x^2+3x+1$, 나머지: $2x+2$

답 몫: $3x^2+3x+1$, 나머지: $2x+2$

0032
$$\begin{array}{r}
3x-1 \\
x^2+1\,\overline{\smash{\big)}\,3x^3-x^2+4x+3} \\
\underline{3x^3+3x} \\
-x^2+x+3 \\
\underline{-x^2-1} \\
x+4
\end{array}$$

$\therefore 3x^3-x^2+4x+3=(x^2+1)(3x-1)+x+4$

답 풀이 참조

$$\begin{array}{r}
2x+2 \\
x^2-x-1\ \overline{\smash{\big)}\ 2x^3\qquad\ +x-3} \\
\underline{2x^3-2x^2-2x\quad} \\
2x^2+3x-3 \\
\underline{2x^2-2x-2} \\
5x-1
\end{array}$$

$\therefore 2x^3+x-3=(x^2-x-1)(2x+2)+5x-1$

답 풀이 참조

0034

$$\begin{array}{r|rrrr}
\boxed{2} & 1 & 4 & -5 & \boxed{3} \\
& & \boxed{2} & 12 & 14 \\
\hline
& 1 & 6 & \boxed{7} & \boxed{17}
\end{array}$$

따라서 구하는 몫은 $\boxed{x^2+6x+7}$, 나머지는 $\boxed{17}$ 이다.

답 (가) 2 (나) 3 (다) 2 (라) 7 (마) 17 (바) x^2+6x+7 (사) 17

0035

$$\begin{array}{r|rrrr}
-2 & 1 & 3 & 3 & 2 \\
& & -2 & -2 & -2 \\
\hline
& 1 & 1 & 1 & 0
\end{array}$$

$\therefore$ 몫: x^2+x+1, 나머지: 0

답 몫: x^2+x+1, 나머지: 0

0036

$$\begin{array}{r|rrrr}
3 & 3 & -7 & 0 & -10 \\
& & 9 & 6 & 18 \\
\hline
& 3 & 2 & 6 & 8
\end{array}$$

$\therefore$ 몫: $3x^2+2x+6$, 나머지: 8

답 몫: $3x^2+2x+6$, 나머지: 8

0037

$$\begin{array}{r|rrrr}
\dfrac{3}{2} & 2 & -1 & 1 & -9 \\
& & 3 & 3 & 6 \\
\hline
& 2 & 2 & 4 & -3
\end{array}$$

$\therefore$ 몫: $2x^2+2x+4$, 나머지: -3

답 몫: $2x^2+2x+4$, 나머지: -3

📖 유형 익히기

본문 10~15쪽

0038 $A-2(A-2B)+C$
$=A-2A+4B+C$
$=-A+4B+C$
$=-(x^2-2xy+y^2)+4(2x^2+xy-2y^2)+(-x^2+2xy-y^2)$
$=-x^2+2xy-y^2+8x^2+4xy-8y^2-x^2+2xy-y^2$
$=6x^2+8xy-10y^2$

답 $6x^2+8xy-10y^2$

0039 $A-2(X-B)=3A$에서
$A-2X+2B=3A,\ 2X=2B-2A$
$\therefore X=B-A$
$\quad=(3x^2+3xy-y^2)-(2x^2-xy+y^2)$
$\quad=x^2+4xy-2y^2$

답 $x^2+4xy-2y^2$

0040 $(3x^3+x^2-x+1)\bigstar(-x^3-x^2+3x-5)$
$=(3x^3+x^2-x+1)-2(-x^3-x^2+3x-5)$
$=3x^3+x^2-x+1+2x^3+2x^2-6x+10$
$=5x^3+3x^2-7x+11$

답 ④

0041 $A+B=2x^2+3xy-5y^2$ $\cdots\cdots$ ㉠
$A-2B=8x^2-6xy-2y^2$ $\cdots\cdots$ ㉡
㉠$-$㉡을 하면 $3B=-6x^2+9xy-3y^2$
$\therefore B=-2x^2+3xy-y^2$

㉮

이것을 ㉠에 대입하면
$A+(-2x^2+3xy-y^2)=2x^2+3xy-5y^2$
$\therefore A=4x^2-4y^2$

㉯

$\therefore 2A+B=2(4x^2-4y^2)+(-2x^2+3xy-y^2)$
$\qquad\quad=8x^2-8y^2-2x^2+3xy-y^2$
$\qquad\quad=6x^2+3xy-9y^2$

즉, $a=6,\ b=3,\ c=-9$이므로
$a+b+c=0$

㉰

답 0

단계	채점요소	배점
㉮	다항식 B 구하기	30%
㉯	다항식 A 구하기	30%
㉰	$a+b+c$의 값 구하기	40%

0042 $(1+2x+3x^2+4x^3)(4+3x+2x^2+x^3)$의 전개식에서 x^4항은
$2x\times x^3+3x^2\times 2x^2+4x^3\times 3x=2x^4+6x^4+12x^4=20x^4$
따라서 x^4의 계수는 20이다.

답 ④

0043 $(2x-y+1)(x+3y-2)$의 전개식에서 xy항은
$2x\times 3y+(-y)\times x=6xy-xy=5xy$
따라서 xy의 계수는 5이다.

답 5

0044 $(x^2-2x+1)(x^2+3x+k)$의 전개식에서 x^2항은
$x^2\times k+(-2x)\times 3x+1\times x^2=kx^2-6x^2+x^2$
$\qquad\qquad\qquad\qquad\qquad=(k-5)x^2$
이때 x^2의 계수가 5이므로
$k-5=5 \quad \therefore k=10$

답 10

0045 $(x+2x^2+3x^3+\cdots+10x^{10})^2$
$=(x+2x^2+3x^3+\cdots+10x^{10})(x+2x^2+3x^3+\cdots+10x^{10})$
이 식의 전개식에서 x^5항은
$x\times4x^4+2x^2\times3x^3+3x^3\times2x^2+4x^4\times x$
$=4x^5+6x^5+6x^5+4x^5=20x^5$
따라서 x^5의 계수는 20이다.   답 **20**

0046 ① $(2x-1)^2=(2x)^2-2\times2x\times1+1^2$
$\qquad\qquad\quad=4x^2-4x+1$
② $(2x+3y)^3$
$\quad=(2x)^3+3\times(2x)^2\times3y+3\times2x\times(3y)^2+(3y)^3$
$\quad=8x^3+36x^2y+54xy^2+27y^3$
③ $(x-y+z)^2$
$\quad=x^2+(-y)^2+z^2+2\times x\times(-y)+2\times(-y)\times z$
$\qquad\qquad\qquad\qquad\qquad\qquad\qquad+2\times z\times x$
$\quad=x^2+y^2+z^2-2xy-2yz+2zx$
④ $(x+y+2z)(x^2+y^2+4z^2-xy-2yz-2zx)$
$\quad=x^3+y^3+(2z)^3-3\times x\times y\times2z$
$\quad=x^3+y^3+8z^3-6xyz$
⑤ $(4x^2+2xy+y^2)(4x^2-2xy+y^2)$
$\quad=\{(2x)^2+2x\times y+y^2\}\{(2x)^2-2x\times y+y^2\}$
$\quad=(2x)^4+(2x)^2\times y^2+y^4$
$\quad=16x^4+4x^2y^2+y^4$
따라서 다항식의 전개가 옳지 않은 것은 ⑤이다.   답 **⑤**

0047 $(x-2)(x+2)(x^2+2x+4)(x^2-2x+4)$
$=\{(x-2)(x^2+2x+4)\}\{(x+2)(x^2-2x+4)\}$
$=(x^3-8)(x^3+8)$
$=x^6-64$ 답 **①**

0048 $(3x+y)(9x^2-3xy+y^2)-(x-3y)(x^2+3xy+9y^2)$
$=(3x+y)\{(3x)^2-3x\times y+y^2\}$
$\qquad\qquad\qquad\qquad\qquad-(x-3y)\{x^2+x\times3y+(3y)^2\}$
$=\{(3x)^3+y^3\}-\{x^3-(3y)^3\}$
$=27x^3+y^3-(x^3-27y^3)$
$=26x^3+28y^3$
따라서 $a=26$, $b=28$이므로
$a-b=-2$ 답 -2

0049 $x+y+z=4$에서
$x+y=4-z$, $y+z=4-x$, $z+x=4-y$이므로
$(x+y)(y+z)(z+x)$
$=(4-z)(4-x)(4-y)$
$=4^3-4^2(x+y+z)+4(xy+yz+zx)-xyz$
$=64-16\times4+4\times5-2$
$=18$ 답 **18**

0050 $x^2+x=t$로 놓으면
$(x^2+x+1)(x^2+x-2)=(t+1)(t-2)=t^2-t-2$
$\qquad\qquad\qquad\qquad\quad=(x^2+x)^2-(x^2+x)-2$
$\qquad\qquad\qquad\qquad\quad=x^4+2x^3+x^2-x^2-x-2$
$\qquad\qquad\qquad\qquad\quad=x^4+2x^3-x-2$
따라서 $a=1$, $b=0$, $c=-1$이므로
$a-b+c=0$ 답 **③**

0051 $(a+b-c^2)(a-b+c^2)=\{a+(b-c^2)\}\{a-(b-c^2)\}$
$b-c^2=t$로 놓으면
$(주어진\ 식)=(a+t)(a-t)=a^2-t^2$
$\qquad\qquad\quad=a^2-(b-c^2)^2$
$\qquad\qquad\quad=a^2-(b^2-2bc^2+c^4)$
$\qquad\qquad\quad=a^2-b^2-c^4+2bc^2$ 답 $a^2-b^2-c^4+2bc^2$

0052 $(x-3)(x-5)(x-1)(x+1)$
$=\{(x-3)(x-1)\}\{(x-5)(x+1)\}$
$=(x^2-4x+3)(x^2-4x-5)$
$x^2-4x=t$로 놓으면
$(주어진\ 식)=(t+3)(t-5)$
$\qquad\qquad\quad=t^2-2t-15$
$\qquad\qquad\quad=(x^2-4x)^2-2(x^2-4x)-15$
$\qquad\qquad\quad=x^4-8x^3+16x^2-2x^2+8x-15$
$\qquad\qquad\quad=x^4-8x^3+14x^2+8x-15$
     답 $x^4-8x^3+14x^2+8x-15$

0053 $(5+2a)^3=A$, $(5-2a)^3=B$로 놓으면
$\{(5+2a)^3-(5-2a)^3\}^2-\{(5+2a)^3+(5-2a)^3\}^2$
$=(A-B)^2-(A+B)^2=-4AB$
$=-4(5+2a)^3(5-2a)^3$
$=-4\{(5+2a)(5-2a)\}^3$
$=-4(25-4a^2)^3$
$=-4(25-4\times7)^3\ (\because a=\sqrt7)$
$=-4\times(-27)=108$ 답 **108**

0054 $x^2+y^2=(x-y)^2+2xy$에서
$8=2^2+2xy$ $\therefore xy=2$
$\therefore x^3-y^3=(x-y)^3+3xy(x-y)$
$\qquad\qquad\quad=2^3+3\times2\times2=20$ 답 **④**

0055 $x^3+y^3=(x+y)^3-3xy(x+y)$에서
$4=1^3-3xy\times1$ $\therefore xy=-1$
$\therefore \dfrac{y}{x}+\dfrac{x}{y}=\dfrac{x^2+y^2}{xy}$
$\qquad\qquad=\dfrac{(x+y)^2-2xy}{xy}$
$\qquad\qquad=\dfrac{1^2-2\times(-1)}{-1}=-3$ 답 -3

0056 $a=2+\sqrt{3}$, $b=2-\sqrt{3}$에서

$a-b=(2+\sqrt{3})-(2-\sqrt{3})=2\sqrt{3}$

$ab=(2+\sqrt{3})(2-\sqrt{3})=4-3=1$

$$\cdots\cdots ㉮$$

$$\therefore \frac{a^2}{b}-\frac{b^2}{a}=\frac{a^3-b^3}{ab}=\frac{(a-b)^3+3ab(a-b)}{ab}$$
$$=\frac{(2\sqrt{3})^3+3\times 1\times 2\sqrt{3}}{1}$$
$$=30\sqrt{3}$$

$$\cdots\cdots ㉯$$

답 $30\sqrt{3}$

단계	채점요소	배점
㉮	$a-b$, ab의 값 구하기	40 %
㉯	$\dfrac{a^2}{b}-\dfrac{b^2}{a}$의 값 구하기	60 %

0057 $x^2+y^2=(x+y)^2-2xy$에서

$7=(\sqrt{5})^2-2xy$ $\therefore xy=-1$

$\therefore x^4+y^4=(x^2+y^2)^2-2x^2y^2$
$$=7^2-2\times(-1)^2=47$$

답 **47**

0058 $x\neq 0$이므로 $x^2-3x-1=0$의 양변을 x로 나누면

$x-3-\dfrac{1}{x}=0$ $\therefore x-\dfrac{1}{x}=3$

$\therefore x^3-\dfrac{1}{x^3}=\left(x-\dfrac{1}{x}\right)^3+3\left(x-\dfrac{1}{x}\right)$
$$=3^3+3\times 3=36$$

답 ⑤

참고 $x=0$을 $x^2-3x-1=0$에 대입하면 $-1\neq 0$이므로 $x\neq 0$이다.

0059 $\left(x+\dfrac{1}{x}\right)^2=x^2+\dfrac{1}{x^2}+2=3+2=5$에서

$x+\dfrac{1}{x}=\sqrt{5}\ (\because x>0)$

$\therefore x^3+\dfrac{1}{x^3}=\left(x+\dfrac{1}{x}\right)^3-3\left(x+\dfrac{1}{x}\right)$
$$=(\sqrt{5})^3-3\sqrt{5}=2\sqrt{5}$$

답 ①

0060 $x\neq 0$이므로 $x^2-2x-1=0$의 양변을 x로 나누면

$x-2-\dfrac{1}{x}=0$ $\therefore x-\dfrac{1}{x}=2$

$\therefore x^3+2x^2+3x-\dfrac{3}{x}+\dfrac{2}{x^2}-\dfrac{1}{x^3}$
$$=\left(x^3-\dfrac{1}{x^3}\right)+2\left(x^2+\dfrac{1}{x^2}\right)+3\left(x-\dfrac{1}{x}\right)$$
$$=\left\{\left(x-\dfrac{1}{x}\right)^3+3\left(x-\dfrac{1}{x}\right)\right\}+2\left\{\left(x-\dfrac{1}{x}\right)^2+2\right\}+3\left(x-\dfrac{1}{x}\right)$$
$$=(2^3+3\times 2)+2(2^2+2)+3\times 2$$
$$=32$$

답 ②

0061 $a^2+b^2+c^2=(a+b+c)^2-2(ab+bc+ca)$에서

$6=2^2-2(ab+bc+ca)$ $\therefore ab+bc+ca=-1$

$a^3+b^3+c^3=(a+b+c)(a^2+b^2+c^2-ab-bc-ca)+3abc$에서

$8=2\times\{6-(-1)\}+3abc$

$3abc=-6$ $\therefore abc=-2$

답 **−2**

0062 $a^2+b^2+c^2=(a+b+c)^2-2(ab+bc+ca)$에서

$8=4^2-2(ab+bc+ca)$ $\therefore ab+bc+ca=4$

$(ab+bc+ca)^2=a^2b^2+b^2c^2+c^2a^2+2(ab^2c+abc^2+a^2bc)$
$$=a^2b^2+b^2c^2+c^2a^2+2abc(a+b+c)$$

에서 $4^2=a^2b^2+b^2c^2+c^2a^2+2\times(-3)\times 4$

$\therefore a^2b^2+b^2c^2+c^2a^2=40$

답 **40**

0063 $x^2+y^2+z^2=(x+y+z)^2-2(xy+yz+zx)$에서

$18=6^2-2(xy+yz+zx)$ $\therefore xy+yz+zx=9$

$\dfrac{1}{x}+\dfrac{1}{y}+\dfrac{1}{z}=3$, 즉 $\dfrac{xy+yz+zx}{xyz}=3$에서

$\dfrac{9}{xyz}=3$ $\therefore xyz=3$

$\therefore x^3+y^3+z^3$
$$=(x+y+z)(x^2+y^2+z^2-xy-yz-zx)+3xyz$$
$$=6\times(18-9)+3\times 3=63$$

답 ③

0064 $a^2+b^2+c^2=(a+b+c)^2-2(ab+bc+ca)$에서

$8=0^2-2(ab+bc+ca)$ $\therefore ab+bc+ca=-4$

$(a^2+b^2+c^2)^2=a^4+b^4+c^4+2(a^2b^2+b^2c^2+c^2a^2)$에서

$8^2=a^4+b^4+c^4+2(a^2b^2+b^2c^2+c^2a^2)$

$$\cdots\cdots ㉠$$

$(ab+bc+ca)^2=a^2b^2+b^2c^2+c^2a^2+2abc(a+b+c)$에서

$(-4)^2=a^2b^2+b^2c^2+c^2a^2+2abc\times 0$

$\therefore a^2b^2+b^2c^2+c^2a^2=16$

$$\cdots\cdots ㉡$$

㉡을 ㉠에 대입하면

$64=a^4+b^4+c^4+2\times 16$

$\therefore a^4+b^4+c^4=64-32=32$

답 **32**

0065 $(2+1)(2^2+1)(2^4+1)(2^8+1)$
$$=(2-1)(2+1)(2^2+1)(2^4+1)(2^8+1)$$
$$=(2^2-1)(2^2+1)(2^4+1)(2^8+1)$$
$$=(2^4-1)(2^4+1)(2^8+1)$$
$$=(2^8-1)(2^8+1)$$
$$=2^{16}-1$$

답 ①

0066 $9\times 11\times(10^2+1)\times(10^4+1)$
$$=(10-1)(10+1)(10^2+1)(10^4+1)$$
$$=(10^2-1)(10^2+1)(10^4+1)$$
$$=(10^4-1)(10^4+1)$$
$$=10^8-1$$

답 ④

0067 $1015=a$로 놓으면

$$\frac{1014\times(1015^2+1015+1)}{1015\times1016+1}=\frac{(a-1)(a^2+a+1)}{a(a+1)+1}$$
$$=\frac{(a-1)(a^2+a+1)}{a^2+a+1}=a-1$$
$$=1015-1=1014 \qquad \text{답 } ②$$

0068 $100=a$로 놓으면

$$101^2+98\times102=(a+1)^2+(a-2)(a+2)$$
$$=a^2+2a+1+a^2-4$$
$$=2a^2+2a-3$$
$$=2\times100^2+2\times100-3$$
$$=20197$$

따라서 주어진 수는 다섯 자리 자연수이다.

$$\therefore n=5 \qquad \text{답 } \mathbf{5}$$

0069

$$
\begin{array}{r}
x-1 \\
x^2+x+1\,\overline{)\,x^3\quad\ -2x+1} \\
\underline{x^3+x^2+\ x\quad} \\
-x^2-3x+1 \\
\underline{-x^2-\ x-1} \\
-2x+2
\end{array}
$$

따라서 $Q(x)=x-1$, $R(x)=-2x+2$이므로
$Q(2)+R(-3)=1+8=9$

$$\text{답 } \mathbf{9}$$

0070

$$
\begin{array}{r}
x^2+2x\ +1 \\
2x-1\,\overline{)\,2x^3+3x^2\qquad +6} \\
\underline{2x^3-\ x^2\quad} \\
4x^2 \\
\underline{4x^2-2x} \\
2x+6 \\
\underline{2x-1} \\
7
\end{array}
$$

따라서 $a=2$, $b=4$, $c=2$, $d=7$이므로
$a+b+c+d=15$

$$\text{답 } \mathbf{15}$$

0071

$$
\begin{array}{r}
2x-3 \\
x^2-x-2\,\overline{)\,2x^3-5x^2+4x+1} \\
\underline{2x^3-2x^2-4x\quad} \\
-3x^2+8x+1 \\
\underline{-3x^2+3x+6} \\
5x-5
\end{array}
$$

따라서 몫은 $2x-3$, 나머지는 $5x-5$이므로
$a=2$, $b=-3$, $c=5$, $d=-5$
$$\therefore ab-cd=-6-(-25)=19 \qquad \text{답 } ⑤$$

0072 $2x^4+5x^2+12x-10=A(2x^2+2x-3)-x+5$
이므로
$$A(2x^2+2x-3)=2x^4+5x^2+13x-15$$
$$\therefore A=(2x^4+5x^2+13x-15)\div(2x^2+2x-3)$$

$$
\begin{array}{r}
x^2-\ x\ +5 \\
2x^2+2x-3\,\overline{)\,2x^4\qquad+\ 5x^2+13x-15} \\
\underline{2x^4+2x^3-\ 3x^2\quad} \\
-2x^3+\ 8x^2+13x \\
\underline{-2x^3-\ 2x^2+\ 3x} \\
10x^2+10x-15 \\
\underline{10x^2+10x-15} \\
0
\end{array}
$$

$$\therefore A=x^2-x+5 \qquad \text{답 } \boldsymbol{x^2-x+5}$$

0073 $f(x)=(x+1)(2x-5)+6=2x^2-3x+1$

$$
\begin{array}{r}
2x-1 \\
x-1\,\overline{)\,2x^2-3x+1} \\
\underline{2x^2-2x\quad} \\
-\ x+1 \\
\underline{-\ x+1} \\
0
\end{array}
$$

따라서 $f(x)$를 $x-1$로 나누었을 때의 몫은 $2x-1$, 나머지는 0
이다.

$$\text{답 몫: } \boldsymbol{2x-1}\text{, 나머지: } \mathbf{0}$$

0074 직사각형의 세로의 길이를 A라 하면
$$(x+3)A=x^3-x^2-5x+21$$
$$\therefore A=(x^3-x^2-5x+21)\div(x+3)$$

$$
\begin{array}{r}
x^2-4x\ +7 \\
x+3\,\overline{)\,x^3-\ x^2-\ 5x+21} \\
\underline{x^3+3x^2\quad} \\
-4x^2-\ 5x \\
\underline{-4x^2-12x} \\
7x+21 \\
\underline{7x+21} \\
0
\end{array}
$$

$$\therefore A=x^2-4x+7$$

따라서 직사각형의 세로의 길이는 x^2-4x+7이다.

$$\text{답 } \boldsymbol{x^2-4x+7}$$

0075 $A=(x+1)(x+2)+2=x^2+3x+4$
$B=(x+1)(2x+1)+3=2x^2+3x+4$

㉮

$$\therefore xA+B=x(x^2+3x+4)+2x^2+3x+4$$
$$=x^3+3x^2+4x+2x^2+3x+4$$
$$=x^3+5x^2+7x+4$$

㉯

$$\begin{array}{r}
x+4 \\
x^2+x+1 \overline{) \ x^3+5x^2+7x+4} \\
\underline{x^3+\ x^2+\ x} \\
4x^2+6x+4 \\
\underline{4x^2+4x+4} \\
2x
\end{array}$$

따라서 $xA+B$를 x^2+x+1로 나누었을 때의 몫은 $x+4$, 나머지는 $2x$이다.

답 몫: $x+4$, 나머지: $2x$

단계	채점요소	배점
㉮	다항식 A, B 구하기	40%
㉯	$xA+B$ 계산하기	20%
㉰	$xA+B$를 x^2+x+1로 나누었을 때의 몫과 나머지 구하기	40%

0076 $f(x)=\left(x-\dfrac{2}{3}\right)Q(x)+R$

$\qquad =\dfrac{1}{3}(3x-2)Q(x)+R$

$\qquad =(3x-2)\times\dfrac{1}{3}Q(x)+R$

따라서 $f(x)$를 $3x-2$로 나누었을 때의 몫은 $\dfrac{1}{3}Q(x)$, 나머지는 R이다.

답 몫: $\dfrac{1}{3}Q(x)$, 나머지: R

0077 $f(x)=(ax+b)Q(x)+R$

$\qquad =a\left(x+\dfrac{b}{a}\right)Q(x)+R$

$\qquad =\left(x+\dfrac{b}{a}\right)\times aQ(x)+R$

따라서 $f(x)$를 $x+\dfrac{b}{a}$로 나누었을 때의 몫은 $aQ(x)$, 나머지는 R이다.

답 ④

0078 $f(x)=\left(x-\dfrac{1}{2}\right)Q(x)+R$

이므로 이 식의 양변에 x를 곱하면

$xf(x)=x\left(x-\dfrac{1}{2}\right)Q(x)+Rx$

$\qquad =\dfrac{x}{2}(2x-1)Q(x)+\dfrac{R}{2}(2x-1)+\dfrac{R}{2}$

$\qquad =(2x-1)\left\{\dfrac{x}{2}Q(x)+\dfrac{R}{2}\right\}+\dfrac{R}{2}$

따라서 $xf(x)$를 $2x-1$로 나누었을 때의 몫은 $\dfrac{x}{2}Q(x)+\dfrac{R}{2}$, 나머지는 $\dfrac{R}{2}$이다.

답 ①

0079 다항식 $3x^3-2x^2-5x+1$을 $x-2$로 나누었을 때의 몫과 나머지를 조립제법을 이용하여 구하면

$$\begin{array}{r|rrrr}
2 & 3 & -2 & -5 & 1 \\
 & & 6 & 8 & 6 \\
\hline
 & 3 & 4 & 3 & 7
\end{array}$$

따라서 $a=8$, $b=4$, $R=7$이므로
$a+b+R=19$

답 19

0080 주어진 조립제법에서 □ 안에 알맞은 수를 구하면 다음과 같으므로

$$\begin{array}{r|rrrr}
3 & a & b & c & d \\
 & & 3 & 3 & -9 \\
\hline
 & 1 & 1 & -3 & -4
\end{array}$$

$a=1$, $b+3=1$, $c+3=-3$, $d+(-9)=-4$
$\therefore a=1$, $b=-2$, $c=-6$, $d=5$
따라서 $f(x)=x^3-2x^2-6x+5$이므로
$f(-1)=-1-2+6+5=8$

답 8

0081 주어진 조립제법에서 $2a=-3$이므로 $a=-\dfrac{3}{2}$

따라서 조립제법에서 □ 안에 알맞은 수를 구하면 오른쪽과 같다.
$b-3=2$, $c+3=7$
$\therefore b=5$, $c=4$

$$\begin{array}{r|rrrr}
-\dfrac{3}{2} & 2 & b & 1 & c \\
 & & -3 & -3 & 3 \\
\hline
 & 2 & 2 & -2 & 7
\end{array}$$

$\therefore abc=\left(-\dfrac{3}{2}\right)\times5\times4=-30$

$2x^3+5x^2+x+4$를 $x+\dfrac{3}{2}$으로 나누었을 때의 몫은 $2x^2+2x-2$, 나머지는 7이므로

$2x^3+5x^2+x+4=\left(x+\dfrac{3}{2}\right)(2x^2+2x-2)+7$

$\qquad =\left(x+\dfrac{3}{2}\right)\times2(x^2+x-1)+7$

$\qquad =(2x+3)(x^2+x-1)+7$

따라서 주어진 다항식을 $2x+3$으로 나누었을 때의 몫은 x^2+x-1이다.

답 ②

유형 up

본문 16쪽

0082 $a-b=1$, $a-c=3$을 변끼리 빼면
$-b+c=-2$ $\quad\therefore b-c=2$
$\therefore a^2+b^2+c^2-ab-bc-ca$

$\qquad =\dfrac{1}{2}(2a^2+2b^2+2c^2-2ab-2bc-2ca)$

$\qquad =\dfrac{1}{2}\{(a^2-2ab+b^2)+(b^2-2bc+c^2)+(c^2-2ca+a^2)\}$

$\qquad =\dfrac{1}{2}\{(a-b)^2+(b-c)^2+(c-a)^2\}$

$\qquad =\dfrac{1}{2}\{1^2+2^2+(-3)^2\}=7$

답 ①

0083 $a^2+b^2+c^2+ab+bc+ca$

$=\dfrac{1}{2}(2a^2+2b^2+2c^2+2ab+2bc+2ca)$

$=\dfrac{1}{2}\{(a^2+2ab+b^2)+(b^2+2bc+c^2)+(c^2+2ca+a^2)\}$

$=\dfrac{1}{2}\{(a+b)^2+(b+c)^2+(c+a)^2\}$

$=\dfrac{1}{2}\{(3+\sqrt{2})^2+(3-\sqrt{2})^2+4^2\}$

$=\dfrac{1}{2}(11+6\sqrt{2}+11-6\sqrt{2}+16)=19$

답 19

0084 $a^3+b^3+c^3=3abc$이므로

$(a+b+c)(a^2+b^2+c^2-ab-bc-ca)$

$=a^3+b^3+c^3-3abc=0$

이때 $a+b+c=15$, 즉 $a+b+c\neq0$이므로

$a^2+b^2+c^2-ab-bc-ca=0$

$\dfrac{1}{2}\{(a-b)^2+(b-c)^2+(c-a)^2\}=0$

$\therefore a=b=c$

$a+b+c=15$에서 $a=b=c=5$

$\therefore abc=5\times5\times5=125$

답 125

0085 상자의 밑면의 가로와 세로의 길이, 높이를 각각 a, b, c 라 하면 모든 모서리의 길이의 합이 28이므로

$4(a+b+c)=28$ $\therefore a+b+c=7$

상자의 겉넓이가 24이므로

$2(ab+bc+ca)=24$

$\therefore a^2+b^2+c^2=(a+b+c)^2-2(ab+bc+ca)$

$\qquad\qquad\quad=7^2-24=25$

따라서 상자의 대각선의 길이는

$\sqrt{a^2+b^2+c^2}=\sqrt{25}=5$

답 5

0086 직사각형의 가로와 세로의 길이를 각각 x cm, y cm라 하면 직사각형의 대각선의 길이는 부채꼴의 반지름의 길이와 같으므로

$\sqrt{x^2+y^2}=11$ $\therefore x^2+y^2=11^2$

직사각형의 둘레의 길이가 30 cm이므로

$2(x+y)=30$ $\therefore x+y=15$

이때 직사각형의 넓이는 xy cm^{2}이므로

$x^2+y^2=(x+y)^2-2xy$에서

$11^2=15^2-2xy$, $2xy=104$ $\therefore xy=52$

따라서 직사각형의 넓이는 52 cm^{2}이다.

답 52 cm^2

0087 세 정사각형의 넓이의 합이 75이므로

$a^2+b^2+c^2=75$

세 정사각형의 둘레의 길이의 합이 52이므로

$4a+4b+4c=52$ $\therefore a+b+c=13$

한편 $S_A=a^2$, $S_D=(a+b)(a+c)$이므로

$S_D-S_A=(a+b)(a+c)-a^2$

$\qquad\qquad=ab+bc+ca$

이때 $a^2+b^2+c^2=(a+b+c)^2-2(ab+bc+ca)$에서

$75=13^2-2(ab+bc+ca)$ $\therefore ab+bc+ca=47$

$\therefore S_D-S_A=47$

답 47

본문 17~19쪽

0088 $A-2X=B$에서 $2X=A-B$

$\therefore X=\dfrac{1}{2}(A-B)$

$\qquad=\dfrac{1}{2}\{(4x^3+x^2-3x-2)-(x^2-3x+2)\}$

$\qquad=\dfrac{1}{2}(4x^3+x^2-3x-2-x^2+3x-2)$

$\qquad=\dfrac{1}{2}(4x^3-4)=2x^3-2$

답 ④

0089 $(2x-1)^3(x-3)^2$

$=(8x^3-12x^2+6x-1)(x^2-6x+9)$

이 식의 전개식에서 x^3항은

$8x^3\times9+(-12x^2)\times(-6x)+6x\times x^2$

$=72x^3+72x^3+6x^3=150x^3$

따라서 x^3의 계수는 150이다.

답 150

0090 $(2x+y-1)^2=3$에서

$4x^2+y^2+(-1)^2+4xy-2y-4x=3$

$\therefore 4x^2+y^2+4xy-4x-2y=2$

답 ②

0091 $(x-1)(x+1)(x^2+x+1)(x^2-x+1)$

$=\{(x-1)(x^2+x+1)\}\{(x+1)(x^2-x+1)\}$

$=(x^3-1)(x^3+1)$

$=x^6-1=4-1\,(\because x^6=4)$

$=3$

답 ③

0092 $a^2+5a-1=0$에서 $a^2+5a=1$

$\therefore (a+1)(a+2)(a+3)(a+4)$

$\quad=\{(a+1)(a+4)\}\{(a+2)(a+3)\}$

$\quad=(a^2+5a+4)(a^2+5a+6)$

$\quad=(1+4)(1+6)\,(\because a^2+5a=1)$

$\quad=35$

답 ⑤

0093 $x^2+xy+y^2=(x+y)^2-xy$에서

$10=3^2-xy$ $\therefore xy=-1$

$\therefore x^3+y^3=(x+y)^3-3xy(x+y)$

$\qquad\qquad=3^3-3\times(-1)\times3=36$

답 36

0094 $\left(x+\dfrac{1}{x}\right)^2=\left(x-\dfrac{1}{x}\right)^2+4=(\sqrt{5})^2+4=9$에서

$x+\dfrac{1}{x}=3\ (\because x>0)$

$\therefore x^3+\dfrac{1}{x^3}=\left(x+\dfrac{1}{x}\right)^3-3\left(x+\dfrac{1}{x}\right)$

$\qquad\qquad\ =3^3-3\times3=18$ 답 **18**

0095 $a^2+b^2+c^2=(a+b+c)^2-2(ab+bc+ca)$에서

$7=3^2-2(ab+bc+ca)$

$\therefore ab+bc+ca=1$

$a+b+c=3$에서

$a+b=3-c,\ b+c=3-a,\ c+a=3-b$

$\therefore (a+b)(b+c)(c+a)$

$\quad=(3-c)(3-a)(3-b)$

$\quad=3^3-3^2(a+b+c)+3(ab+bc+ca)-abc$

$\quad=27-9\times3+3\times1-1=2$ 답 ④

0096 $a^2+b^2+c^2=(a+b+c)^2-2(ab+bc+ca)$에서

$5=(\sqrt{3})^2-2(ab+bc+ca)\qquad\therefore ab+bc+ca=-1$

$\therefore a^3+b^3+c^3$

$\quad=(a+b+c)(a^2+b^2+c^2-ab-bc-ca)+3abc$

$\quad=\sqrt{3}\{5-(-1)\}+3\times(-\sqrt{3})$

$\quad=6\sqrt{3}-3\sqrt{3}=3\sqrt{3}$ 답 ⑤

0097 $1+\sqrt{2}-\sqrt{3}=x,\ 1-\sqrt{2}+\sqrt{3}=y$라 하면

$x+y=2$

$xy=\{1+(\sqrt{2}-\sqrt{3})\}\{1-(\sqrt{2}-\sqrt{3})\}=1^2-(\sqrt{2}-\sqrt{3})^2$

$\quad=1-(5-2\sqrt{6})=-4+2\sqrt{6}$

$\therefore (1+\sqrt{2}-\sqrt{3})^3+(1-\sqrt{2}+\sqrt{3})^3$

$\quad=x^3+y^3=(x+y)^3-3xy(x+y)$

$\quad=2^3-3\times(-4+2\sqrt{6})\times2$

$\quad=32-12\sqrt{6}$ 답 $32-12\sqrt{6}$

0098 $x^4+5x^3+3x^2-13x+9=A(x^2+2x-2)-5x+7$

이므로

$A(x^2+2x-2)=x^4+5x^3+3x^2-8x+2$

$\therefore A=(x^4+5x^3+3x^2-8x+2)\div(x^2+2x-2)$

$$
\begin{array}{r}
x^2+3x-1 \\[2pt]
x^2+2x-2\ \overline{)\ x^4+5x^3+3x^2-8x+2} \\[2pt]
\underline{x^4+2x^3-2x^2} \\[2pt]
3x^3+5x^2-8x \\[2pt]
\underline{3x^3+6x^2-6x} \\[2pt]
-\,x^2-2x+2 \\[2pt]
\underline{-\,x^2-2x+2} \\[2pt]
0
\end{array}
$$

$\therefore A=x^2+3x-1$ 답 x^2+3x-1

0099 직육면체의 높이를 A라 하면

$(x-1)(x+2)A=x^3+5x^2+2x-8$

$(x^2+x-2)A=x^3+5x^2+2x-8$

$\therefore A=(x^3+5x^2+2x-8)\div(x^2+x-2)$

$$
\begin{array}{r}
x+4 \\[2pt]
x^2+x-2\ \overline{)\ x^3+5x^2+2x-8} \\[2pt]
\underline{x^3+\ x^2-2x} \\[2pt]
4x^2+4x-8 \\[2pt]
\underline{4x^2+4x-8} \\[2pt]
0
\end{array}
$$

$\therefore A=x+4$

따라서 직육면체의 높이는 $x+4$이다. 답 $x+4$

0100 $f(x)=(2x+1)Q(x)+R$

$\qquad\ =2\left(x+\dfrac{1}{2}\right)Q(x)+R$

$\qquad\ =\left(x+\dfrac{1}{2}\right)\times2Q(x)+R$

따라서 $f(x)$를 $x+\dfrac{1}{2}$로 나누었을 때의 몫은 $2Q(x)$, 나머지는 R이다. 답 **몫: $2Q(x)$, 나머지: R**

0101 주어진 조립제법에서 $\square$ 안에 알맞은 수를 구하면 다음과 같다.

$\dfrac{1}{3}$	9	0	-4	-2
		3	$\boxed{1}$	$\boxed{-1}$
	9	3	-3	$\boxed{-3}$

즉, $f(x)=9x^3-4x-2$이고 $f(x)$를 $x-\dfrac{1}{3}$로 나누었을 때의 몫은 $9x^2+3x-3$, 나머지는 -3이므로

$f(x)=\left(x-\dfrac{1}{3}\right)(9x^2+3x-3)-3$

$\qquad\ =\left(x-\dfrac{1}{3}\right)\times3(3x^2+x-1)-3$

$\qquad\ =(3x-1)(3x^2+x-1)-3$

따라서 $Q(x)=3x^2+x-1,\ R=-3$이므로

$f(-1)+Q(2)+R=-7+13-3=3$ 답 **3**

0102 $a^2+b^2+c^2-ab-bc-ca$

$=\dfrac{1}{2}\{(a-b)^2+(b-c)^2+(c-a)^2\}=0$ …… ㉠

이때 삼각형의 세 변의 길이 $a,\ b,\ c$에 대하여

$(a-b)^2\geq0,\ (b-c)^2\geq0,\ (c-a)^2\geq0$이므로 ㉠에 의하여

$(a-b)^2=0,\ (b-c)^2=0,\ (c-a)^2=0$

$\therefore a=b,\ b=c,\ c=a$

따라서 삼각형 ABC는 $a=b=c$인 정삼각형이다. 답 ③

0103 $\dfrac{1}{x}+\dfrac{1}{y}=\dfrac{x+y}{xy}=\dfrac{3}{xy}=3$에서

$xy=1$

$\cdots\cdots$ ㉮

$\therefore x^3+y^3=(x+y)^3-3xy(x+y)$

$\cdots\cdots$ ㉯

$\qquad\qquad =3^3-3\times1\times3=18$

$\cdots\cdots$ ㉰

답 **18**

단계	채점요소	배점
㉮	xy의 값 구하기	30%
㉯	x^3+y^3의 식 변형하기	40%
㉰	x^3+y^3의 값 구하기	30%

0104 $x\neq0$이므로 $x^2-x-1=0$의 양변을 x로 나누면

$x-1-\dfrac{1}{x}=0\qquad\therefore x-\dfrac{1}{x}=1$

$\cdots\cdots$ ㉮

$x^2+\dfrac{1}{x^2}=\left(x-\dfrac{1}{x}\right)^2+2=1^2+2=3$이므로

$\cdots\cdots$ ㉯

$2x^2-x-3+\dfrac{1}{x}+\dfrac{2}{x^2}=2\left(x^2+\dfrac{1}{x^2}\right)-\left(x-\dfrac{1}{x}\right)-3$

$\qquad\qquad\qquad\qquad =2\times3-1-3$

$\qquad\qquad\qquad\qquad =2$

$\cdots\cdots$ ㉰

답 **2**

단계	채점요소	배점
㉮	$x-\dfrac{1}{x}$의 값 구하기	30%
㉯	$x^2+\dfrac{1}{x^2}$의 값 구하기	30%
㉰	주어진 식의 값 구하기	40%

0105

$$\begin{array}{r}x+3\\x^2+x+2\,\overline{)\,x^3+4x^2+5x+a}\\\underline{x^3+x^2+2x}\\3x^2+3x+a\\\underline{3x^2+3x+6}\\a-6\end{array}$$

$\cdots\cdots$ ㉮

이때 나머지가 0이어야 하므로

$a-6=0\qquad\therefore a=6$

$\cdots\cdots$ ㉯

답 **6**

단계	채점요소	배점
㉮	x^3+4x^2+5x+a를 x^2+x+2로 나누기	60%
㉯	a의 값 구하기	40%

0106 직사각형의 가로의 길이를 x, 세로의 길이를 y라 하면 둘레의 길이가 34이므로

$2(x+y)=34\qquad\therefore x+y=17$

$\cdots\cdots$ ㉮

직사각형의 대각선의 길이는 원의 지름의 길이와 같으므로

$\sqrt{x^2+y^2}=13\qquad\therefore x^2+y^2=169$

$\cdots\cdots$ ㉯

이때 직사각형의 넓이는 xy이므로

$x^2+y^2=(x+y)^2-2xy$에서

$169=17^2-2xy,\ 2xy=120\qquad\therefore xy=60$

따라서 직사각형의 넓이는 60이다.

$\cdots\cdots$ ㉰

답 **60**

단계	채점요소	배점
㉮	$x+y$의 값 구하기	20%
㉯	x^2+y^2의 값 구하기	40%
㉰	직사각형의 넓이 구하기	40%

0107 $(x+1)(x+2)(x+3)\times\cdots\times(x+10)$의 전개식에서 x^9항은

$x^9\times10+x^8\times9x+x^7\times8x^2+\cdots+x\times2x^8+1\times x^9$

$=(1+2+\cdots+8+9+10)x^9=55x^9$

따라서 x^9의 계수는 55이다.

답 ②

0108 $x^2+y^2=(x+y)^2-2xy$에서

$2=1^2-2xy\qquad\therefore xy=-\dfrac{1}{2}$

$x^3+y^3=(x+y)^3-3xy(x+y)$

$\qquad\qquad =1^3-3\times\left(-\dfrac{1}{2}\right)\times1=\dfrac{5}{2}$

$x^4+y^4=(x^2+y^2)^2-2x^2y^2=2^2-2\times\left(-\dfrac{1}{2}\right)^2=\dfrac{7}{2}$

$\therefore x^7+y^7+x^4y^3+x^3y^4=x^4(x^3+y^3)+y^4(x^3+y^3)$

$\qquad\qquad\qquad\qquad\quad =(x^3+y^3)(x^4+y^4)$

$\qquad\qquad\qquad\qquad\quad =\dfrac{5}{2}\times\dfrac{7}{2}=\dfrac{35}{4}$

답 $\dfrac{35}{4}$

0109 처음 직육면체의 부피는

$(a+b)^2(a+2b)=a^3+4a^2b+5ab^2+2b^3$

즉 12개의 작은 직육면체 중 부피가 a^3인 직육면체는 1개, 부피가 a^2b인 직육면체는 4개, 부피가 ab^2인 직육면체는 5개, 부피가 b^3인 직육면체는 2개이다.

따라서 부피가 150인 작은 직육면체는 5개이므로 $ab^2=150$

$ab^2=150=6\times5^2=150\times1^2$이고, a, b는 서로소인 자연수이므로

$a=6,\ b=5$ 또는 $a=150,\ b=1$

$\therefore a+2b=6+2\times5=16$ 또는 $a+2b=150+2\times1=152$

답 **16 또는 152**

02 | 항등식과 나머지정리

0110 ㄱ. 특정한 x의 값에 대해서만 등식이 성립한다.

ㄴ. 주어진 등식의 좌변을 전개하여 정리하면
$$(x-1)^2+x-1=x^2-2x+1+x-1=x^2-x$$
이므로 x의 값에 관계없이 등식이 항상 성립한다.

ㄷ. 주어진 등식의 좌변을 전개하여 정리하면
$$(x+2)(x-3)=x^2-x-6$$
이므로 x의 값에 관계없이 등식이 항상 성립한다.

ㄹ. 주어진 등식의 우변을 전개하여 정리하면
$$3(x-1)+5=3x+2$$
이므로 x의 값에 관계없이 등식이 항상 성립한다.

ㅁ. 주어진 등식의 우변을 전개하여 정리하면
$$x(x-8)+10=x^2-8x+10$$
이므로 옳지 않은 등식이다.

따라서 x에 대한 항등식은 ㄴ, ㄷ, ㄹ이다.   답 **ㄴ, ㄷ, ㄹ**

0111 주어진 등식이 x에 대한 항등식이므로
$$a+c=0, \ -(b-3)=0, \ a-2b=0$$
$$\therefore a=6, \ b=3, \ c=-6 \qquad \text{답 } \boldsymbol{a=6, b=3, c=-6}$$

0112 주어진 등식의 좌변을 전개하여 정리하면
$$(x-2)(ax+3)=ax^2+(3-2a)x-6 \text{이므로}$$
$$ax^2+(3-2a)x-6=2x^2+bx+c$$
이 등식이 x에 대한 항등식이므로
$$a=2, \ 3-2a=b, \ -6=c$$
$$\therefore a=2, \ b=-1, \ c=-6 \qquad \text{답 } \boldsymbol{a=2, b=-1, c=-6}$$

0113 주어진 등식의 우변을 전개하여 정리하면
$$a(x+1)^2+b(x+1)+c=ax^2+(2a+b)x+a+b+c \text{이므로}$$
$$2x^2+x+5=ax^2+(2a+b)x+a+b+c$$
이 등식이 x에 대한 항등식이므로
$$a=2, \ 2a+b=1, \ a+b+c=5$$
$$\therefore a=2, \ b=-3, \ c=6 \qquad \text{답 } \boldsymbol{a=2, b=-3, c=6}$$

0114 주어진 등식의 양변에 $x=0$, $x=1$, $x=2$를 각각 대입하면
$$-c=1, \ b=3, \ 2a+2b+c=7$$
$$\therefore a=1, \ b=3, \ c=-1 \qquad \text{답 } \boldsymbol{a=1, b=3, c=-1}$$

다른풀이 주어진 등식의 좌변을 전개하여 정리하면
$$ax^2+(-a+b+c)x-c=x^2+x+1$$
이 등식이 x에 대한 항등식이므로

$$a=1, \ -a+b+c=1, \ -c=1$$
$$\therefore a=1, \ b=3, \ c=-1$$

0115 주어진 등식이 x, y에 대한 항등식이므로
$$a+b+2=0, \ 2a+3b+3=0$$
두 식을 연립하여 풀면
$$a=-3, \ b=1 \qquad \text{답 } \boldsymbol{a=-3, b=1}$$

0116 $a(x-y)-b(x+y)-1=(a-b)x-(a+b)y-1$
이므로
$$(a-b)x-(a+b)y-1=3x-9y+c$$
이 등식이 x, y에 대한 항등식이므로
$$a-b=3, \ -(a+b)=-9, \ -1=c$$
$$\therefore a=6, \ b=3, \ c=-1 \qquad \text{답 } \boldsymbol{a=6, b=3, c=-1}$$

0117 (1) $f(1)=1-2+5-6=-2$

(2) $f(-3)=-27-18-15-6=-66$

답 (1) $\boldsymbol{-2}$ (2) $\boldsymbol{-66}$

0118 (1) $f\left(\dfrac{1}{2}\right)=3\times\left(\dfrac{1}{2}\right)^2-4\times\dfrac{1}{2}+\dfrac{1}{4}=-1$

(2) $f\left(-\dfrac{2}{3}\right)=3\times\left(-\dfrac{2}{3}\right)^2-4\times\left(-\dfrac{2}{3}\right)+\dfrac{1}{4}=\dfrac{17}{4}$

답 (1) $\boldsymbol{-1}$ (2) $\boldsymbol{\dfrac{17}{4}}$

0119 $f(x)=x^3+ax^2+2x+4$로 놓으면 $f(-2)=4$이므로
$$-8+4a-4+4=4 \qquad \therefore a=3 \qquad \text{답 } \boldsymbol{3}$$

0120 (1) $f(2)=0$이므로 $16-20+2k-4=0$
$$2k=8 \qquad \therefore k=4$$
(2) $f(-2)=0$이므로 $-16-20-2k-4=0$
$$-2k=40 \qquad \therefore k=-20$$

답 (1) $\boldsymbol{4}$ (2) $\boldsymbol{-20}$

0121 $f(1)=0, f(-2)=0$이므로
$$1+a+b-6=0, \ -8+4a-2b-6=0$$
$$\therefore a+b=5, \ 2a-b=7$$
두 식을 연립하여 풀면 $a=4$, $b=1$ 답 $\boldsymbol{a=4, b=1}$

0122 주어진 등식의 우변을 전개하여 정리하면
$$(x-1)(x^2+bx-c)=x^3+(b-1)x^2+(-b-c)x+c$$
이므로

$x^3-ax+3=x^3+(b-1)x^2+(-b-c)x+c$

이 등식이 x에 대한 항등식이므로

$0=b-1$, $-a=-b-c$, $3=c$

따라서 $a=4$, $b=1$, $c=3$이므로

$a+b+c=8$

답 **8**

0123 $a(x+y)-b(2x-y)=(a-2b)x+(a+b)y$
$$=2x+5y$$

이 등식이 x, y에 대한 항등식이므로

$a-2b=2$, $a+b=5$

따라서 $a=4$, $b=1$이므로

$a-b=3$

답 **3**

0124 $a \odot x=ax+x$, $x \odot b=bx+b$, $x \odot 3=3x+3$
이므로
$(a \odot x)-(x \odot b)=(ax+x)-(bx+b)$
$$=(a-b+1)x-b$$
$$=3x+3$$

이 등식이 x에 대한 항등식이므로

$a-b+1=3$, $-b=3$

따라서 $a=-1$, $b=-3$이므로

$a+b=-4$

답 **−4**

0125 $x^3+5x+a=(x^2+x-1)Q(x)+bx+3$이 x에 대한
항등식이므로 $Q(x)$는 x에 대한 일차식이어야 한다.

이때 좌변의 최고차항의 계수가 1이므로

$Q(x)=x+c$ (c는 상수)로 놓으면

$x^3+5x+a=(x^2+x-1)(x+c)+bx+3$
$$=x^3+(c+1)x^2+(b+c-1)x-c+3$$

이 등식이 x에 대한 항등식이므로

$0=c+1$, $5=b+c-1$, $a=-c+3$

따라서 $a=4$, $b=7$, $c=-1$이므로

$ab=28$

답 **③**

0126 주어진 등식의 양변에 $x=0$을 대입하면

$3=-c$ $\quad \therefore c=-3$

양변에 $x=1$을 대입하면

$2=2a$ $\quad \therefore a=1$

양변에 $x=-1$을 대입하면

$8=2b$ $\quad \therefore b=4$

$\therefore abc=-12$

답 **①**

0127 주어진 등식의 양변에 $x=1$을 대입하면

$c=2$

양변에 $x=2$를 대입하면

$b+c=3$, $b+2=3$ $\quad \therefore b=1$

양변에 $x=0$을 대입하면

$2a-b+c=3$, $2a-1+2=3$ $\quad \therefore a=1$

$\therefore a^2+b^2+c^2=1+1+4=6$

답 **6**

0128 주어진 등식의 양변에 $x=1$을 대입하면

$c=19$

양변에 $x=2$를 대입하면

$36=a+b+c$, $a+b+19=36$ $\quad \therefore a+b=17$ $\quad \cdots\cdots$ ㉠

양변에 $x=0$을 대입하면

$10=a-b+c$, $a-b+19=10$ $\quad \therefore a-b=-9$ $\quad \cdots\cdots$ ㉡

㉠, ㉡을 연립하여 풀면 $a=4$, $b=13$

$\therefore 2a+b-c=2$

답 **2**

0129 주어진 등식의 양변에 $x=-1$을 대입하면

$-1-a+b=0$ $\quad \therefore a-b=-1$ $\quad \cdots\cdots$ ㉠

양변에 $x=2$를 대입하면

$32-4a+b=0$ $\quad \therefore 4a-b=32$ $\quad \cdots\cdots$ ㉡

㉠, ㉡을 연립하여 풀면 $a=11$, $b=12$

$\therefore x^5-11x^2+12=(x+1)(x-2)f(x)$

양변에 $x=1$을 대입하면

$1-11+12=(1+1)(1-2)f(1)$

$-2f(1)=2$ $\quad \therefore f(1)=-1$

답 **−1**

0130 주어진 등식을 k에 대하여 정리하면

$(x^2-4)k+2y^2-18=0$

이 등식은 k에 대한 항등식이므로

$x^2-4=0$, $2y^2-18=0$ $\quad \therefore x^2=4$, $y^2=9$

$\therefore x^2+y^2=13$

답 **13**

0131 주어진 방정식이 $x=1$을 근으로 가지므로

$1+(m-2)+(m+2)p+q=0$

이 등식을 m에 대하여 정리하면

$(1+p)m+2p+q-1=0$

이 등식은 m에 대한 항등식이므로

$1+p=0$, $2p+q-1=0$

따라서 $p=-1$, $q=3$이므로 $p+q=2$

답 **④**

0132 $y-x=1$에서 $y=x+1$

이것을 주어진 등식에 대입하면

$ax^2+2ax+b(x+1)^2-cx-(x+1)-1=0$

$(a+b)x^2+(2a+2b-c-1)x+b-2=0$

이 등식은 x에 대한 항등식이므로

$a+b=0$, $2a+2b-c-1=0$, $b-2=0$

따라서 $a=-2$, $b=2$, $c=-1$이므로

$a+b+c=-1$

답 **①**

참고 $x=y-1$을 대입해서 y에 대한 식으로 정리해도 결과는 같다.

0133 $x+2y=1$에서 $x=1-2y$

이것을 주어진 등식에 대입하면

$3a(1-2y)+by=15$

$(-6a+b)y+3a-15=0$

이 등식은 y에 대한 항등식이므로

$-6a+b=0$, $3a-15=0$

따라서 $a=5$, $b=30$이므로 $a+b=35$ 답 **35**

0134 주어진 등식의 양변에 $x=1$을 대입하면

$2^{15}=a_0+a_1+\cdots+a_{14}+a_{15}$ ······ ㉠

양변에 $x=-1$을 대입하면

$0=a_0-a_1+\cdots+a_{14}-a_{15}$ ······ ㉡

㉠$-$㉡을 하면

$2^{15}=2(a_1+a_3+\cdots+a_{13}+a_{15})$

$\therefore a_1+a_3+\cdots+a_{13}+a_{15}=2^{14}$ 답 ②

0135 주어진 등식의 양변에 $x=1$을 대입하면

$0=a_0+a_1+a_2+\cdots+a_6$ ······ ㉠

         ㉮

양변에 $x=-1$을 대입하면

$4^3=a_0-a_1+a_2-a_3+\cdots+a_6$ ······ ㉡

         ㉯

㉠$+$㉡을 하면

$64=2(a_0+a_2+a_4+a_6)$

$\therefore a_0+a_2+a_4+a_6=32$

         ㉰

     답 **32**

단계	채점요소	배점
㉮	$x=1$을 대입하여 정리하기	30%
㉯	$x=-1$을 대입하여 정리하기	30%
㉰	$a_0+a_2+a_4+a_6$의 값 구하기	40%

0136 주어진 등식의 양변에 $x=2$를 대입하면

$2^{50}+1=a_{50}+a_{49}+a_{48}+\cdots+a_1+a_0$ ······ ㉠

양변에 $x=0$을 대입하면

$1=a_{50}-a_{49}+a_{48}-\cdots-a_1+a_0$ ······ ㉡

㉠$-$㉡을 하면

$2^{50}=2(a_{49}+a_{47}+\cdots+a_3+a_1)$

$\therefore a_{49}+a_{47}+\cdots+a_3+a_1=2^{49}$ 답 ⑤

0137 x^3+ax^2+b를 x^2+x-2로 나누었을 때의 몫을 $x+c$ (c는 상수)라 하면

$x^3+ax^2+b=(x^2+x-2)(x+c)+2x+3$

$\qquad\qquad\quad =x^3+(1+c)x^2+cx-2c+3$

이 등식이 x에 대한 항등식이므로

$a=1+c$, $0=c$, $b=-2c+3$

따라서 $a=1$, $b=3$, $c=0$이므로

$ab=3$ 답 ④

참고 x^3+ax^2+b의 최고차항의 계수가 1, x^2+x-2의 최고차항의 계수가 1이므로 몫은 $x+c$ (c는 상수)의 꼴이다.

0138 x^3+8x^2+5x-a를 x^2+3x+b로 나누었을 때의 몫을 $x+c$ (c는 상수)라 하면

$x^3+8x^2+5x-a=(x^2+3x+b)(x+c)$

$\qquad\qquad\qquad =x^3+(c+3)x^2+(b+3c)x+bc$

이 등식이 x에 대한 항등식이므로

$8=c+3$, $5=b+3c$, $-a=bc$

따라서 $a=50$, $b=-10$, $c=5$이므로

$a+b=40$ 답 **40**

0139 x^3+ax-8을 x^2+4x+b로 나누었을 때의 몫을 $x+c$ (c는 상수)라 하면

$x^3+ax-8=(x^2+4x+b)(x+c)+3x+4$

$\qquad\qquad =x^3+(c+4)x^2+(b+4c+3)x+bc+4$

이 등식이 x에 대한 항등식이므로

$0=c+4$, $a=b+4c+3$, $-8=bc+4$

따라서 $a=-10$, $b=3$, $c=-4$이므로

$a+b=-7$ 답 ④

다른풀이

$$
\begin{array}{r}
x-4 \\
x^2+4x+b \overline{\smash{\big)}\, x^3+ax-8} \\
\underline{x^3+4x^2+bx} \\
-4x^2+(a-b)x-8 \\
\underline{-4x^2-16x-4b} \\
(a-b+16)x-8+4b
\end{array}
$$

이때 나머지가 $3x+4$이므로

$(a-b+16)x-8+4b=3x+4$

이 등식이 x에 대한 항등식이므로

$a-b+16=3$, $-8+4b=4$

따라서 $a=-10$, $b=3$이므로

$a+b=-7$

0140 $f(x)$, $g(x)$를 $x-3$으로 나누었을 때의 나머지가 각각 2, -2이므로

$f(3)=2$, $g(3)=-2$

따라서 $3f(x)+2g(x)$를 $x-3$으로 나누었을 때의 나머지는

$3f(3)+2g(3)=3\times2+2\times(-2)=2$ 답 ④

0141 $f(x)+g(x)$가 $x-2$로 나누어떨어지므로

$f(2)+g(2)=0$ ······ ㉠

$f(x)-g(x)$를 $x-2$로 나누었을 때의 나머지가 4이므로

$f(2)-g(2)=4$ ······ ㉡

         ㉮

㉠, ㉡을 연립하여 풀면
$f(2)=2$, $g(2)=-2$

────────────────────────────────────── ❹

따라서 $f(x)g(x)$를 $x-2$로 나누었을 때의 나머지는
$f(2)g(2)=-4$

────────────────────────────────────── ❺

답 −4

단계	채점요소	배점
㉮	$f(2)$, $g(2)$에 대한 식 구하기	40%
㉯	$f(2)$, $g(2)$의 값 구하기	30%
㉰	$f(x)g(x)$를 $x-2$로 나누었을 때의 나머지 구하기	30%

0142 $f(x)=x^4+ax^3+bx^2-2$로 놓으면
$f(1)=1+a+b-2=3$
$\therefore a+b=4$ ...... ㉠
$f(-1)=1-a+b-2=-3$
$\therefore -a+b=-2$ ...... ㉡
㉠, ㉡을 연립하여 풀면 $a=3$, $b=1$
$\therefore ab=3$ 답 ⑤

0143 $f(x)=ax^5+bx^3+cx-4$로 놓으면
$f(1)=a+b+c-4=3$　　$\therefore a+b+c=7$
$f(x)$를 $x+1$로 나누었을 때의 나머지는 $f(-1)$이므로
$f(-1)=-a-b-c-4$
$\qquad\quad =-(a+b+c)-4$
$\qquad\quad =-7-4=-11$ 답 −11

0144 나머지정리에 의하여
$f(-1)=3$, $f(-2)=-1$
다항식 $f(x)$를 x^2+3x+2로 나누었을 때의 몫을 $Q(x)$, 나머지를 $R(x)=ax+b$ (a, b는 상수)라 하면
$f(x)=(x^2+3x+2)Q(x)+ax+b$
$\qquad =(x+1)(x+2)Q(x)+ax+b$
양변에 $x=-1$, $x=-2$를 각각 대입하면
$f(-1)=-a+b=3$ ...... ㉠
$f(-2)=-2a+b=-1$ ...... ㉡
㉠, ㉡을 연립하여 풀면 $a=4$, $b=7$
따라서 $R(x)=4x+7$이므로
$R(1)=4+7=11$ 답 ⑤

0145 나머지정리에 의하여
$f(-2)=6$, $f(2)=2$
$(x^2+x+1)f(x)$를 x^2-4로 나누었을 때의 몫을 $Q(x)$, 나머지를 $ax+b$ (a, b는 상수)라 하면
$(x^2+x+1)f(x)=(x^2-4)Q(x)+ax+b$
$\qquad\qquad\qquad =(x+2)(x-2)Q(x)+ax+b$

양변에 $x=-2$, $x=2$를 각각 대입하면
$3f(-2)=-2a+b=18$ ...... ㉠
$7f(2)=2a+b=14$ ...... ㉡
㉠, ㉡을 연립하여 풀면 $a=-1$, $b=16$
따라서 구하는 나머지는 $-x+16$이다. 답 −x+16

0146 $f(x)$를 x^2-3x+2로 나누었을 때의 몫을 $Q_1(x)$라 하면
$f(x)=(x^2-3x+2)Q_1(x)+4$
$\qquad =(x-1)(x-2)Q_1(x)+4$
양변에 $x=2$를 대입하면
$f(2)=4$

────────────────────────────────────── ㉮

$f(x)$를 x^2-2x-3으로 나누었을 때의 몫을 $Q_2(x)$라 하면
$f(x)=(x^2-2x-3)Q_2(x)+4x-3$
$\qquad =(x-3)(x+1)Q_2(x)+4x-3$
양변에 $x=3$을 대입하면
$f(3)=9$

────────────────────────────────────── ㉯

$f(x)$를 x^2-5x+6으로 나누었을 때의 몫을 $Q(x)$, 나머지를 $ax+b$ (a, b는 상수)라 하면
$f(x)=(x^2-5x+6)Q(x)+ax+b$
$\qquad =(x-2)(x-3)Q(x)+ax+b$

────────────────────────────────────── ㉰

양변에 $x=2$, $x=3$을 각각 대입하면
$f(2)=2a+b=4$ ...... ㉠
$f(3)=3a+b=9$ ...... ㉡
㉠, ㉡을 연립하여 풀면 $a=5$, $b=-6$
따라서 구하는 나머지는 $5x-6$이다.

────────────────────────────────────── ㉱

답 5x−6

단계	채점요소	배점
㉮	$f(2)$의 값 구하기	20%
㉯	$f(3)$의 값 구하기	20%
㉰	$f(x)$를 x^2-5x+6으로 나누었을 때의 식 구하기	30%
㉱	나머지 구하기	30%

0147 $f(x)$를 $(x^2-1)(x-2)$로 나누었을 때의 몫을 $Q(x)$, 나머지를 ax^2+bx+c (a, b, c는 상수)라 하면
$f(x)=(x^2-1)(x-2)Q(x)+ax^2+bx+c$
그런데 $f(x)$를 x^2-1로 나누었을 때의 나머지가 $2x+3$이므로 ax^2+bx+c를 x^2-1로 나누었을 때의 나머지가 $2x+3$이 되어야 한다.
$\therefore f(x)=(x^2-1)(x-2)Q(x)+a(x^2-1)+2x+3$ ...... ㉠

한편, $f(x)$를 $x-2$로 나누었을 때의 나머지가 4이므로 ㉠에서
$f(2)=3a+7=4$　　$\therefore a=-1$
따라서 구하는 나머지는
$-(x^2-1)+2x+3=-x^2+2x+4$　　　　답 $-x^2+2x+4$

0148 $x^{11}-x^9+x^7-1$을 x^3-x로 나누었을 때의 몫을 $Q(x)$,
나머지를 $R(x)=ax^2+bx+c$ $(a,\ b,\ c$는 상수)라 하면
$$x^{11}-x^9+x^7-1=(x^3-x)Q(x)+ax^2+bx+c$$
$$=x(x+1)(x-1)Q(x)+ax^2+bx+c$$
$$\cdots\cdots ㉠$$
㉠의 양변에 $x=0$을 대입하면 $c=-1$
㉠의 양변에 $x=-1$을 대입하면 $a-b+c=-2$
$a-b-1=-2$　　$\therefore a-b=-1$　　　　$\cdots\cdots ㉡$
㉠의 양변에 $x=1$을 대입하면 $a+b+c=0$
$a+b-1=0$　　$\therefore a+b=1$　　　　$\cdots\cdots ㉢$
㉡, ㉢을 연립하여 풀면 $a=0,\ b=1$
따라서 $R(x)=x-1$이므로 $R(3)=2$　　　　답 **2**

0149 $f(x)$를 $(x-1)(x-2)(x-3)$으로 나누었을 때의 몫을 $Q(x)$, 나머지를 $R(x)=ax^2+bx+c$ $(a,\ b,\ c$는 상수)라 하면
$$f(x)=(x-1)(x-2)(x-3)Q(x)+ax^2+bx+c$$
$f(x)$가 $(x-1)(x-2)$로 나누어떨어지므로
$$ax^2+bx+c=a(x-1)(x-2)$$
$$\therefore f(x)=(x-1)(x-2)(x-3)Q(x)$$
$$+a(x-1)(x-2)\ \ \cdots\cdots ㉠$$
또, $f(x)$를 $(x-2)(x-3)$으로 나누었을 때의 몫을 $Q'(x)$라 하면
$$f(x)=(x-2)(x-3)Q'(x)+x-2$$
즉, $f(3)=1$이므로 ㉠의 양변에 $x=3$을 대입하면
$f(3)=2a=1$　　$\therefore a=\dfrac{1}{2}$
따라서 $R(x)=\dfrac{1}{2}(x-1)(x-2)$이므로
$R(0)=\dfrac{1}{2}\times(-1)\times(-2)=1$　　　　답 ①

0150 $f(x)$를 x^2-x-2로 나누었을 때의 몫을 $Q(x)$라 하면
$$f(x)=(x^2-x-2)Q(x)+2x-4$$
$$=(x+1)(x-2)Q(x)+2x-4$$
이 등식의 양변에 $x=-1$을 대입하면
$f(-1)=-6$
따라서 $f(2x-3)$을 $x-1$로 나누었을 때의 나머지는
$f(2\times1-3)=f(-1)=-6$　　　　답 ①

0151 $f(x)$를 $x-2$로 나누었을 때의 몫을 $Q(x)$라 하면
$$f(x)=(x-2)Q(x)+R$$
이 등식의 양변에 $x=2$를 대입하면
$f(2)=R$
따라서 $f(2x-2)$를 $x-2$로 나누었을 때의 나머지는
$f(2\times2-2)=f(2)=R$　　　　답 ①

0152 $f(x)$를 $(3x-2)(x-2)$로 나누었을 때의 몫을 $Q(x)$라 하면
$$f(x)=(3x-2)(x-2)Q(x)+2x-5$$
이 등식의 양변에 $x=2$를 대입하면
$f(2)=-1$
따라서 $f(3x-7)$을 $x-3$으로 나누었을 때의 나머지는
$f(3\times3-7)=f(2)=-1$　　　　답 -1

0153 $f(x)+g(x)$를 $x-1$로 나누었을 때의 나머지가 6이므로
$f(1)+g(1)=6$　　　　$\cdots\cdots ㉠$
$2f(x)+g(x)$를 $x-1$로 나누었을 때의 나머지가 8이므로
$2f(1)+g(1)=8$　　　　$\cdots\cdots ㉡$
㉡$-$㉠을 하면 $f(1)=2$
따라서 $f(3x-5)$를 $x-2$로 나누었을 때의 나머지는
$f(3\times2-5)=f(1)=2$　　　　답 ②

0154 $f(x)$를 $x-2$로 나누었을 때의 몫이 $Q(x)$, 나머지가 3이므로
$$f(x)=(x-2)Q(x)+3$$　　$\cdots\cdots ㉠$
또, $Q(x)$를 $x+2$로 나누었을 때의 몫을 $Q'(x)$라 하면
$$Q(x)=(x+2)Q'(x)-1$$　　$\cdots\cdots ㉡$
㉡을 ㉠에 대입하면
$$f(x)=(x-2)\{(x+2)Q'(x)-1\}+3$$
$$=(x-2)(x+2)Q'(x)-x+5$$
이 등식의 양변에 $x=-2$를 대입하면
$f(-2)=7$
따라서 $xf(x)$를 $x+2$로 나누었을 때의 나머지는
$-2f(-2)=-2\times7=-14$　　　　답 ②

0155 $f(x)$를 x^2+x+1로 나누었을 때의 몫이 $Q(x)$, 나머지가 $x+7$이므로
$$f(x)=(x^2+x+1)Q(x)+x+7$$　　$\cdots\cdots ㉠$
또, $Q(x)$를 $x-1$로 나누었을 때의 몫을 $Q'(x)$라 하면
$$Q(x)=(x-1)Q'(x)+2$$　　$\cdots\cdots ㉡$
㉡을 ㉠에 대입하면
$$f(x)=(x^2+x+1)\{(x-1)Q'(x)+2\}+x+7$$
$$=(x^3-1)Q'(x)+2x^2+3x+9$$
따라서 $R(x)=2x^2+3x+9$이므로
$R(-3)=18-9+9=18$　　　　답 **18**

0156 $x^{2018}+x^{2017}+x$를 $x-1$로 나누었을 때의 나머지를
R (R는 상수)라 하면
$$x^{2018}+x^{2017}+x=(x-1)Q(x)+R \qquad \cdots\cdots \ \text{㉠}$$
㉠의 양변에 $x=1$을 대입하면
$$R=3$$
한편, $Q(x)$를 $x+1$로 나누었을 때의 나머지는 $Q(-1)$이므로
㉠의 양변에 $x=-1$을 대입하면
$$-1=-2Q(-1)+3$$
$$\therefore Q(-1)=2 \qquad\qquad \text{답 } 2$$

0157 $f(x)=x^4+kx^2+3x+7$이 $x+1$로 나누어떨어지므로
$$f(-1)=1+k-3+7=0$$
$$\therefore k=-5 \qquad\qquad \text{답 } ⑤$$

0158 $f(x)=x^3+ax^2+bx-2$라 하면 $f(x)$가 $x-1$, $x-2$
로 각각 나누어떨어지므로
$$f(1)=1+a+b-2=0 \quad \therefore a+b=1 \qquad \cdots\cdots \ \text{㉠}$$
$$f(2)=8+4a+2b-2=0 \quad \therefore 2a+b=-3 \qquad \cdots\cdots \ \text{㉡}$$
㉠, ㉡을 연립하여 풀면 $a=-4$, $b=5$
$$\therefore a-b=-9 \qquad\qquad \text{답 } -9$$

0159 $f(x-2)f(x+1)$이 $x-2$로 나누어떨어지므로
$$f(2-2)f(2+1)=0, \ \text{즉} \ f(0)f(3)=0$$
$$\therefore f(0)=0 \ \text{또는} \ f(3)=0$$
이때 $f(x)=x^3-ax^2+x-3$에 대하여 $f(0)=-3$이므로
$$f(3)=0$$
따라서 $f(3)=27-9a+3-3=0$이므로
$$a=3 \qquad\qquad \text{답 } 3$$

0160 $f(-2)=f(-1)=f(1)=2$에서
$$f(-2)-2=0, \ f(-1)-2=0, \ f(1)-2=0$$이므로
$f(x)-2$는 $x+2$, $x+1$, $x-1$로 각각 나누어떨어진다.

$\cdots\cdots$ ㉮

이때 $f(x)$는 x^3의 계수가 1인 삼차식이므로
$$f(x)-2=(x+2)(x+1)(x-1)$$
$$\therefore f(x)=(x+2)(x+1)(x-1)+2$$

$\cdots\cdots$ ㉯

따라서 $f(x)$를 $x+3$으로 나누었을 때의 나머지는
$$f(-3)=(-1)\times(-2)\times(-4)+2=-6$$

$\cdots\cdots$ ㉰

답 -6

단계	채점요소	배점
㉮	$f(x)-2$가 $x+2$, $x+1$, $x-1$로 나누어떨어짐을 이해하기	30 %
㉯	$f(x)$ 구하기	50 %
㉰	$f(x)$를 $x+3$으로 나누었을 때의 나머지 구하기	20 %

0161 $f(x)$가 x^2+x-2, 즉 $(x-1)(x+2)$로 나누어떨어지
므로
$$f(1)=1+a+b+2=0$$
$$\therefore a+b=-3 \qquad\qquad \cdots\cdots \ \text{㉠}$$
$$f(-2)=-8+4a-2b+2=0$$
$$\therefore 2a-b=3 \qquad\qquad \cdots\cdots \ \text{㉡}$$
㉠, ㉡을 연립하여 풀면 $a=0$, $b=-3$
$$\therefore a-b=3 \qquad\qquad \text{답 } ⑤$$

0162 $f(x)=x^3-5x^2+ax+b$라 하면
$f(x)$가 $(x+1)(x-2)$로 나누어떨어지므로
$$f(-1)=-1-5-a+b=0$$
$$\therefore a-b=-6 \qquad\qquad \cdots\cdots \ \text{㉠}$$
$$f(2)=8-20+2a+b=0$$
$$\therefore 2a+b=12 \qquad\qquad \cdots\cdots \ \text{㉡}$$
㉠, ㉡을 연립하여 풀면 $a=2$, $b=8$
$$\therefore f(x)=x^3-5x^2+2x+8$$
따라서 $f(x)$를 $x-3$으로 나누었을 때의 나머지는
$$f(3)=27-45+6+8=-4 \qquad\qquad \text{답 } -4$$

0163 $f(x)-3$이 x^2-x-6, 즉 $(x+2)(x-3)$으로 나누어
떨어지므로
$$f(-2)-3=0, \ f(3)-3=0$$
$$\therefore f(-2)=3, \ f(3)=3$$
$f(x-2)$를 x^2-5x로 나누었을 때의 몫을 $Q(x)$, 나머지를
$ax+b$ (a, b는 상수)라 하면
$$\begin{aligned} f(x-2)&=(x^2-5x)Q(x)+ax+b\\ &=x(x-5)Q(x)+ax+b \end{aligned} \qquad \cdots\cdots \ \text{㉠}$$
㉠의 양변에 $x=0$을 대입하면
$$f(-2)=b=3$$
㉠의 양변에 $x=5$를 대입하면
$$f(3)=5a+b=3 \quad \therefore a=0$$
따라서 구하는 나머지는 3이다.

답 ②

📖 유형 **up**

본문 28쪽

0164 $1000=x$라 하면 $998=x-2$
x^{11}을 $x-2$로 나누었을 때의 몫을 $Q(x)$, 나머지를 R라 하면
$$x^{11}=(x-2)Q(x)+R \qquad\qquad \cdots\cdots \ \text{㉠}$$
㉠의 양변에 $x=2$를 대입하면
$$R=2^{11}$$
㉠의 양변에 $x=1000$을 대입하면
$$1000^{11}=998Q(1000)+2^{11}$$

이때 $2^{11}=2048$이고 1000^{11}을 998로 나누었을 때의 나머지는
$0\leq$(나머지)<998이므로 앞의 등식을 변형하면
$$1000^{11}=998Q(1000)+2048$$
$$=998\{Q(1000)+2\}+52$$
따라서 1000^{11}을 998로 나누었을 때의 나머지는 52이다. 답 ③

0165 $97=x$라 하면 $98=x+1$
x^7을 $x+1$로 나누었을 때의 몫을 $Q(x)$, 나머지를 R라 하면
$$x^7=(x+1)Q(x)+R \qquad \cdots\cdots \,\text{㉠}$$
㉠의 양변에 $x=-1$을 대입하면 $R=-1$
㉠의 양변에 $x=97$을 대입하면
$$97^7=98Q(97)-1$$
$$=98\{Q(97)-1\}+97$$
따라서 97^7을 98로 나누었을 때의 나머지는 97이다. 답 **97**

0166 $3=x$라 하면 $4=x+1$
$x^{99}+x^{100}+x^{101}$을 $x+1$로 나누었을 때의 몫을 $Q(x)$, 나머지를 R라 하면
$$x^{99}+x^{100}+x^{101}=(x+1)Q(x)+R \qquad \cdots\cdots \,\text{㉠}$$
㉠의 양변에 $x=-1$을 대입하면 $R=-1$
㉠의 양변에 $x=3$을 대입하면
$$3^{99}+3^{100}+3^{101}=4Q(3)-1=4\{Q(3)-1\}+3$$
따라서 $3^{99}+3^{100}+3^{101}$을 4로 나누었을 때의 나머지는 3이다.

답 **3**

0167

$$
\begin{array}{r|rrrr}
2 & 1 & -1 & -3 & 6 \\
  &   & 2 & 2 & -2 \\
\hline
2 & 1 & 1 & -1 & 4 \to d \\
  &   & 2 & 6 & \\
\hline
2 & 1 & 3 & 5 \to c & \\
  &   & 2 & & \\
\hline
  & 1 & 5 \to b & & \\
\end{array}
$$
a

위의 조립제법에서
$$x^3-x^2-3x+6=(x-2)(x^2+x-1)+4$$
$$=(x-2)\{(x-2)(x+3)+5\}+4$$
$$=(x-2)[(x-2)\{(x-2)+5\}+5]+4$$
$$=(x-2)\{(x-2)^2+5(x-2)+5\}+4$$
$$=(x-2)^3+5(x-2)^2+5(x-2)+4$$
이므로 $a=1$, $b=5$, $c=5$, $d=4$
$$\therefore abcd=100$$ 답 **100**

다른풀이 $x-2=y$라 하면 $x=y+2$이므로
$$(y+2)^3-(y+2)^2-3(y+2)+6=ay^3+by^2+cy+d$$
$$y^3+5y^2+5y+4=ay^3+by^2+cy+d$$
$$\therefore a=1, b=5, c=5, d=4$$
$$\therefore abcd=100$$

0168

$$
\begin{array}{r|rrrr}
-1 & -1 & 1 & 2 & -1 \\
   &   & 1 & -2 & 0 \\
\hline
-1 & -1 & 2 & 0 & -1 \to d \\
   &   & 1 & -3 & \\
\hline
-1 & -1 & 3 & -3 \to c & \\
   &   & 1 & & \\
\hline
   & -1 & 4 \to b & & \\
\end{array}
$$
a

이므로 $a=-1$, $b=4$, $c=-3$, $d=-1$
$$\therefore ab+cd=-1$$ 답 -1

0169

$$
\begin{array}{r|rrrr}
-\dfrac{1}{2} & 2 & -3 & -4 & 2 \\[4pt]
              &   & -1 & 2 & 1 \\
\hline
-\dfrac{1}{2} & 2 & -4 & -2 & 3 \\[4pt]
              &   & -1 & \dfrac{5}{2} & \\
\hline
-\dfrac{1}{2} & 2 & -5 & \dfrac{1}{2} & \\[4pt]
              &   & -1 & & \\
\hline
              & 2 & -6 & & \\
\end{array}
$$

이므로
$$2x^3-3x^2-4x+2$$
$$=2\left(x+\frac{1}{2}\right)^3-6\left(x+\frac{1}{2}\right)^2+\frac{1}{2}\left(x+\frac{1}{2}\right)+3$$
$$=\frac{1}{4}(2x+1)^3-\frac{3}{2}(2x+1)^2+\frac{1}{4}(2x+1)+3$$
$$\therefore a=\frac{1}{4}, b=-\frac{3}{2}, c=\frac{1}{4}, d=3$$
$$\therefore a+b+c-d=-4$$ 답 ②

0170 주어진 등식의 좌변을 전개하여 정리하면
$$(x-1)(x+a)=x^2+(a-1)x-a$$
이므로
$$x^2+(a-1)x-a=bx^2-3x+2$$
이 등식이 x에 대한 항등식이므로
$$1=b, a-1=-3, -a=2$$
$$\therefore a=-2, b=1$$
$$\therefore a+b=-1$$ 답 ①

0171 주어진 등식의 양변에 $x=1$을 대입하면

$15=3b$ $\therefore b=5$

양변에 $x=-2$를 대입하면

$-18=9c$ $\therefore c=-2$

양변에 $x=0$을 대입하면

$0=-2a+2b+c$

$\therefore a=4$

$\therefore a-b-3c=5$ 답 ④

0172 $\dfrac{ax+by+6}{x+2y+2}=k$ (k는 상수)라 하면

$ax+by+6=k(x+2y+2)$

$\qquad\qquad\quad =kx+2ky+2k$

이 등식이 x, y에 대한 항등식이므로

$a=k$, $b=2k$, $6=2k$

따라서 $k=3$, $a=3$, $b=6$이므로

$b-a=3$ 답 ④

0173 주어진 등식의 양변에 $x=1$을 대입하면

$2^{10}=a_{20}+a_{19}+a_{18}+\cdots+a_1+a_0$ $\cdots\cdots$ ㉠

양변에 $x=-1$을 대입하면

$2^{10}=a_{20}-a_{19}+a_{18}-\cdots-a_1+a_0$ $\cdots\cdots$ ㉡

㉠+㉡을 하면

$2\times2^{10}=2(a_{20}+a_{18}+a_{16}+\cdots+a_2+a_0)$

$\therefore a_{20}+a_{18}+a_{16}+\cdots+a_2+a_0=2^{10}$

한편, 주어진 등식의 양변에 $x=0$을 대입하면

$a_0=1$

$\therefore a_{20}+a_{18}+a_{16}+\cdots+a_2=2^{10}-1$ 답 ①

0174 $3x^3+ax^2+2x+1$을 x^2+2x로 나누었을 때의 몫을 $3x+c$ (c는 상수)라 하면

$3x^3+ax^2+2x+1=(x^2+2x)(3x+c)+10x+b$

$\qquad\qquad\qquad\qquad =3x^3+(6+c)x^2+(2c+10)x+b$

이 등식이 x에 대한 항등식이므로

$a=6+c$, $2=2c+10$, $1=b$

따라서 $a=2$, $b=1$, $c=-4$이므로

$b-a=-1$ 답 -1

0175 $f(-1)=1-a+b=2$ $\therefore a-b=-1$ $\cdots\cdots$ ㉠

$f(1)=1+a+b=8$ $\therefore a+b=7$ $\cdots\cdots$ ㉡

㉠, ㉡을 연립하여 풀면 $a=3$, $b=4$

따라서 $f(x)=x^2+3x+4$이므로

$f(2)=4+6+4=14$ 답 **14**

0176 $f(x)$를 $(x-1)(x+1)$로 나누었을 때의 몫을 $Q(x)$, 나머지를 $R(x)=ax+b$ (a, b는 상수)라 하면

$f(x)=(x-1)(x+1)Q(x)+ax+b$

$f(1)=a+b=5$ $\cdots\cdots$ ㉠

$f(-1)=-a+b=-3$ $\cdots\cdots$ ㉡

㉠, ㉡을 연립하여 풀면 $a=4$, $b=1$

따라서 $R(x)=4x+1$이므로

$R(2)=4\times2+1=9$ 답 **9**

0177 $f(x)$를 x^2-5x+6으로 나누었을 때의 몫을 $Q(x)$, 나머지를 $ax+b$ (a, b는 상수)라 하면

$f(x)=(x^2-5x+6)Q(x)+ax+b$

$\qquad =(x-2)(x-3)Q(x)+ax+b$ $\cdots\cdots$ ㉠

한편, $8f(x+2)=f(2x)+7x^2$ $\cdots\cdots$ ㉡

㉡의 양변에 $x=0$을 대입하면

$8f(2)=f(0)+0$

이때 $f(0)=8$이므로 $f(2)=1$

㉡의 양변에 $x=1$을 대입하면

$8f(3)=f(2)+7=8$ $\therefore f(3)=1$

㉠의 양변에 $x=2$를 대입하면

$f(2)=2a+b=1$ $\cdots\cdots$ ㉢

㉠의 양변에 $x=3$을 대입하면

$f(3)=3a+b=1$ $\cdots\cdots$ ㉣

㉢, ㉣을 연립하여 풀면 $a=0$, $b=1$

따라서 $f(x)$를 x^2-5x+6으로 나누었을 때의 나머지는 1이다.

답 **1**

0178 $f(x)$를 $(x-1)(x-2)^2$으로 나누었을 때의 몫을 $Q(x)$, 나머지를 ax^2+bx+c (a, b, c는 상수)라 하면

$f(x)=(x-1)(x-2)^2Q(x)+ax^2+bx+c$ $\cdots\cdots$ ㉠

$f(x)$를 $(x-2)^2$으로 나누었을 때의 나머지가 $6x+1$이므로

㉠에서 ax^2+bx+c를 $(x-2)^2$으로 나누었을 때의 나머지도 $6x+1$이다.

즉, $ax^2+bx+c=a(x-2)^2+6x+1$이므로

$f(x)=(x-1)(x-2)^2Q(x)+a(x-2)^2+6x+1$ $\cdots\cdots$ ㉡

한편, $f(x)$를 $x-1$로 나누었을 때의 나머지가 6이므로

$f(1)=a+7=6$ $\therefore a=-1$

따라서 구하는 나머지는 ㉡에서

$-(x-2)^2+6x+1=-x^2+10x-3$

답 $-x^2+10x-3$

0179 $f(-1)+g(-1)=8$ $\cdots\cdots$ ㉠

$f(-1)-g(-1)=4$ $\cdots\cdots$ ㉡

㉠, ㉡을 연립하여 풀면

$f(-1)=6$, $g(-1)=2$

따라서 $x+f(x)g(x)$를 $x+1$로 나누었을 때의 나머지는

$-1+f(-1)g(-1)=-1+6\times2=11$ 답 ⑤

0180 $P(x)=(x-2)Q(x)+3$ …… ㉠

$Q(x)$를 $x-1$로 나누었을 때의 몫을 $Q'(x)$라 하면

$Q(x)=(x-1)Q'(x)+2$ …… ㉡

㉡을 ㉠에 대입하면

$$P(x)=(x-2)\{(x-1)Q'(x)+2\}+3$$
$$=(x-1)(x-2)Q'(x)+2x-1$$

따라서 $P(x)$를 $(x-1)(x-2)$로 나누었을 때의 나머지는

$R(x)=2x-1$

$\therefore R(3)=2\times3-1=5$ 답 ①

0181 $f(x)-1$을 x^2-3x+2로 나누었을 때의 몫을 $Q(x)$라

하면

$f(x)-1=(x^2-3x+2)Q(x)$

$\therefore f(x)=(x-1)(x-2)Q(x)+1$

위의 식에 x 대신 $x+1$을 대입하면

$$f(x+1)=x(x-1)Q(x+1)+1$$
$$=(x^2-x)Q(x+1)+1$$

따라서 $f(x+1)$을 x^2-x로 나누었을 때의 나머지는 1이다.

답 **1**

0182 $2^{751}=(2^3)^{250}\times2=2\times8^{250}$

$8=x$라 하면 $9=x+1$

$2\times x^{250}$을 $x+1$로 나누었을 때의 몫을 $Q(x)$, 나머지를 R라 하

면

$2\times x^{250}=(x+1)Q(x)+R$ …… ㉠

㉠의 양변에 $x=-1$을 대입하면

$2\times(-1)^{250}=R$

$\therefore R=2$

㉠의 양변에 $x=8$을 대입하면

$2\times8^{250}=9Q(8)+2$

따라서 2^{751}을 9로 나누었을 때의 나머지는 2이다.   답 **2**

0183 $f(x)$를 $x+1$로 나누었을 때의 몫을 $g(x)$,

$g(x)$를 $x-2$로 나누었을 때의 몫을 $h(x)$라 하면

$f(x)=(x+1)g(x)+5$

$g(x)=(x-2)h(x)-4$

$h(x)=(x+2)-3=x-1$이므로

$$g(x)=(x-2)(x-1)-4$$
$$=x^2-3x-2$$

$$f(x)=(x+1)(x^2-3x-2)+5$$
$$=x^3-2x^2-5x+3$$

따라서 $f(x)$를 $x-3$으로 나누었을 때의 나머지는

$f(3)=27-18-15+3=-3$ 답 **−3**

0184 $a+b=1$에서 $b=1-a$ …… ㉠

$a^2x+by+z=a$에 ㉠을 대입하면

$a^2x+(1-a)y+z=a$

이 등식을 a에 대하여 정리하면

$xa^2-(y+1)a+y+z=0$

                     ㉮

이 등식은 a에 대한 항등식이므로

$x=0,\ y+1=0,\ y+z=0$

$\therefore x=0,\ y=-1,\ z=1$

                     ㉯

$\therefore 2x+y+z=0$

                     ㉰

답 **0**

단계	채점요소	배점
㉮	$b=1-a$를 주어진 등식에 대입하여 a에 대하여 정리하기	50 %
㉯	$x,\ y,\ z$의 값 구하기	30 %
㉰	$2x+y+z$의 값 구하기	20 %

0185 $(x+1)f(x)$를 $x-2$로 나누었을 때의 나머지가 3이므로

$(2+1)f(2)=3$

$\therefore f(2)=1$

$f(2)=4+2a+b=1$에서

$2a+b=-3$ …… ㉠

                     ㉮

$(x-2)f(x)$를 $x+1$로 나누었을 때의 나머지가 6이므로

$(-1-2)f(-1)=6$

$\therefore f(-1)=-2$

$f(-1)=1-a+b=-2$에서

$a-b=3$ …… ㉡

                     ㉯

㉠, ㉡을 연립하여 풀면

$a=0,\ b=-3$

$\therefore a^2+b^2=9$

                     ㉰

답 **9**

단계	채점요소	배점
㉮	$f(2)$의 값을 이용하여 식 세우기	40 %
㉯	$f(-1)$의 값을 이용하여 식 세우기	40 %
㉰	a^2+b^2의 값 구하기	20 %

0186 $f(x)$를 x^3+1로 나누었을 때의 몫을 $Q(x)$, 나머지를

$R(x)=ax^2+bx+c\ (a,\ b,\ c$는 상수$)$라 하면

$f(x)=(x^3+1)Q(x)+ax^2+bx+c$

그런데 나머지 ax^2+bx+c를 x^2-x+1로 나누었을 때의 나머

지가 $2x-4$이므로

$$R(x)=a(x^2-x+1)+2x-4$$
$$\therefore f(x)=(x^3+1)Q(x)+a(x^2-x+1)+2x-4 \quad \cdots\cdots \,\text{㉠}$$

㉮

$f(-1)=3$이므로 ㉠에서
$$3a-6=3 \quad \therefore a=3$$
$$\therefore R(x)=3(x^2-x+1)+2x-4=3x^2-x-1$$

㉯

$$\therefore R(2)=3\times 2^2-2-1=9$$

㉰

답 9

단계	채점요소	배점
㉮	$f(x)$에 대한 식 세우기	50%
㉯	$R(x)$ 구하기	30%
㉰	$R(2)$의 값 구하기	20%

0187 $f(x)$가 $(x+1)(x+2)$로 나누어떨어지므로
$$f(-1)=-1+a-b+2=0 \quad \therefore a-b=-1 \quad \cdots\cdots \,\text{㉠}$$
$$f(-2)=-8+4a-2b+2=0 \quad \therefore 2a-b=3 \quad \cdots\cdots \,\text{㉡}$$

㉮

㉠, ㉡을 연립하여 풀면 $a=4$, $b=5$
$$\therefore f(x)=x^3+4x^2+5x+2$$

㉯

따라서 $f(1-x)$를 $x-5$로 나누었을 때의 나머지는
$$f(1-5)=f(-4)=-64+64-20+2=-18$$

㉰

답 -18

단계	채점요소	배점
㉮	인수정리를 이용하여 식 세우기	30%
㉯	$f(x)$ 구하기	30%
㉰	나머지 구하기	40%

0188 $1+x+x^2+\cdots+x^{501}$을 $x-1$로 나누었을 때의 나머지를 R (R는 상수)라 하면
$$1+x+x^2+\cdots+x^{501}=(x-1)Q(x)+R \quad \cdots\cdots \,\text{㉠}$$
㉠의 양변에 $x=1$을 대입하면
$$R=502$$
한편, $Q(x)$를 $x+1$로 나누었을 때의 나머지는 $Q(-1)$이므로
㉠의 양변에 $x=-1$을 대입하면
$$1-1+1-1+\cdots+1-1=-2Q(-1)+502$$
$$0=-2Q(-1)+502$$
$$\therefore Q(-1)=251$$

답 251

0189 $x^n(x^2+ax+b)$를 $(x-2)^n$으로 나누었을 때의 몫을 $Q(x)$라 하면
$$x^n(x^2+ax+b)=(x-2)^nQ(x)+2^n(x-2) \quad \cdots\cdots \,\text{㉠}$$
㉠의 양변에 $x=2$를 대입하면
$$2^n(4+2a+b)=0$$
$$\therefore b=-4-2a \;(\because 2^n\neq 0) \quad \cdots\cdots \,\text{㉡}$$
㉡을 ㉠에 대입하면
$$x^n(x^2+ax-4-2a)=(x-2)^nQ(x)+2^n(x-2)$$
$$x^n(x-2)(x+2+a)=(x-2)^nQ(x)+2^n(x-2)$$
$$\therefore x^n(x+2+a)=(x-2)^{n-1}Q(x)+2^n \quad \cdots\cdots \,\text{㉢}$$
㉢의 양변에 $x=2$를 대입하면
$$2^n(4+a)=2^n,\; 4+a=1 \quad \therefore a=-3$$
이것을 ㉡에 대입하면 $b=2$
$$\therefore ab=-6$$

답 -6

0190 $f(x)$를 $(x-a)(x-b)$로 나누었을 때의 몫을 $Q(x)$라 하면
$$f(x)=(x-a)(x-b)Q(x)+R(x) \quad \cdots\cdots \,\text{㉠}$$
ㄱ. ㉠은 x에 대한 항등식이므로 양변에 $x=a$를 대입하면
$$f(a)=R(a)$$
$$\therefore f(a)-R(a)=0 \;\text{(참)}$$
ㄴ. $R(x)=x$라 하면
$$f(x)=(x-a)(x-b)+x$$이므로
$$f(a)-R(b)=a-b$$
$$f(b)-R(a)=b-a$$
이때 $a\neq b$이므로
$$f(a)-R(b)\neq f(b)-R(a) \;\text{(거짓)}$$
ㄷ. $R(x)$는 일차 이하의 다항식이므로
$$R(x)=px+q \;(p,\,q\text{는 상수})$$라 하면
$$f(a)=pa+q,\; f(b)=pb+q$$에서
$$af(b)-bf(a)=abp+aq-(abp+bq)$$
$$=(a-b)q$$
이때 $R(0)=q$이므로
$$af(b)-bf(a)=(a-b)R(0) \;\text{(참)}$$
따라서 옳은 것은 ㄱ, ㄷ이다.

답 ③

03 인수분해

📖 **교과서 문제** 정복하기 본문 33쪽

0191 $1-x-y+xy=1-x-y(1-x)=(1-x)(1-y)$

답 $(1-x)(1-y)$

0192 $ac-bd-ad+bc=ac-ad-bd+bc$
$=a(c-d)+b(c-d)$
$=(a+b)(c-d)$

답 $(a+b)(c-d)$

0193 $4x^2+20xy+25y^2=(2x)^2+2\times 2x\times 5y+(5y)^2$
$=(2x+5y)^2$ 답 $(2x+5y)^2$

0194 $64x^2-9y^2=(8x)^2-(3y)^2$
$=(8x+3y)(8x-3y)$

답 $(8x+3y)(8x-3y)$

0195 $(2x+y)^2-(x-y)^2$
$=(2x+y+x-y)\{2x+y-(x-y)\}$
$=3x(x+2y)$ 답 $3x(x+2y)$

0196 $x^2+8x+12=x^2+(2+6)x+2\times 6$
$=(x+2)(x+6)$ 답 $(x+2)(x+6)$

0197 $3x^2+2x-8=(x+2)(3x-4)$ 답 $(x+2)(3x-4)$

0198 $6x^2+5xy-6y^2=(2x+3y)(3x-2y)$

답 $(2x+3y)(3x-2y)$

0199 $a^2+b^2+c^2-2ab-2bc+2ca$
$=a^2+(-b)^2+c^2+2\times a\times(-b)+2\times(-b)\times c+2\times c\times a$
$=(a-b+c)^2$ 답 $(a-b+c)^2$

0200 $x^2+y^2+1+2(xy+x+y)$
$=x^2+y^2+1^2+2\times x\times y+2\times y\times 1+2\times 1\times x$
$=(x+y+1)^2$ 답 $(x+y+1)^2$

0201 $x^3-6x^2+12x-8=x^3-3\times x^2\times 2+3\times x\times 2^2-2^3$
$=(x-2)^3$ 답 $(x-2)^3$

0202 $x^3+9x^2y+27xy^2+27y^3$
$=x^3+3\times x^2\times 3y+3\times x\times (3y)^2+(3y)^3$
$=(x+3y)^3$ 답 $(x+3y)^3$

0203 $x^3-8=x^3-2^3=(x-2)(x^2+2x+4)$

답 $(x-2)(x^2+2x+4)$

0204 $a^4+a^2+1=a^4+a^2\times 1^2+1^4$
$=(a^2+a+1)(a^2-a+1)$

답 $(a^2+a+1)(a^2-a+1)$

0205 $x^4+4x^2y^2+16y^4=x^4+x^2\times(2y)^2+(2y)^4$
$=(x^2+2xy+4y^2)(x^2-2xy+4y^2)$

답 $(x^2+2xy+4y^2)(x^2-2xy+4y^2)$

0206 $a^3-b^3+c^3+3abc$
$=a^3+(-b)^3+c^3-3\times a\times(-b)\times c$
$=(a-b+c)(a^2+b^2+c^2+ab+bc-ca)$

답 $(a-b+c)(a^2+b^2+c^2+ab+bc-ca)$

0207 $x^3+y^3-3xy+1$
$=x^3+y^3+1^3-3\times x\times y\times 1$
$=(x+y+1)(x^2+y^2+1-xy-x-y)$

답 $(x+y+1)(x^2+y^2+1-xy-x-y)$

0208 $x+1=t$로 놓으면
$(x+1)^2-3(x+1)+2=t^2-3t+2=(t-1)(t-2)$
$=(x+1-1)(x+1-2)$
$=x(x-1)$ 답 $x(x-1)$

0209 $x^2+5x=t$로 놓으면
$(x^2+5x+4)(x^2+5x+2)-24$
$=(t+4)(t+2)-24=t^2+6t-16=(t+8)(t-2)$
$=(x^2+5x+8)(x^2+5x-2)$

답 $(x^2+5x+8)(x^2+5x-2)$

0210 $x+1=X$, $x-3=Y$로 놓으면
$2(x+1)^2+(x+1)(x-3)-(x-3)^2$
$=2X^2+XY-Y^2=(2X-Y)(X+Y)$
$=\{2(x+1)-(x-3)\}(x+1+x-3)$
$=(x+5)(2x-2)=2(x+5)(x-1)$ 답 $2(x+5)(x-1)$

0211 $x^2=t$로 놓으면
$x^4+5x^2-6=t^2+5t-6=(t-1)(t+6)$
$=(x^2-1)(x^2+6)=(x+1)(x-1)(x^2+6)$

답 $(x+1)(x-1)(x^2+6)$

0212 $x^4+9x^2+25=(x^4+10x^2+25)-x^2$
$=(x^2+5)^2-x^2$
$=(x^2+x+5)(x^2-x+5)$

답 $(x^2+x+5)(x^2-x+5)$

0213 주어진 식을 x에 대하여 내림차순으로 정리하면
$$x^2+y^2-2xy-3x+3y+2=x^2-(2y+3)x+y^2+3y+2$$
$$=x^2-(2y+3)x+(y+1)(y+2)$$
$$=\{x-(y+1)\}\{x-(y+2)\}$$
$$=(x-y-1)(x-y-2)$$

답 $(x-y-1)(x-y-2)$

0214 주어진 식을 차수가 가장 낮은 x에 대하여 내림차순으로 정리하면
$$y^2+xy-a^2-ax=(y-a)x+y^2-a^2$$
$$=(y-a)x+(y+a)(y-a)$$
$$=(y-a)(x+y+a)$$

답 $(y-a)(x+y+a)$

0215 $f(x)=x^3-2x^2-5x+6$이라 하면
$f(1)=0$이므로 조립제법을 이용하여 인수분해하면

$$\begin{array}{r|rrrr}
1 & 1 & -2 & -5 & 6 \\
  &   & 1 & -1 & -6 \\
\hline
  & 1 & -1 & -6 & \,0 \\
\end{array}$$

$$f(x)=(x-1)(x^2-x-6)$$
$$=(x-1)(x+2)(x-3)$$

답 $(x-1)(x+2)(x-3)$

0216 $f(x)=x^4-3x^3+3x^2+x-6$이라 하면
$f(-1)=0,\ f(2)=0$이므로 조립제법을 이용하여 인수분해하면

$$\begin{array}{r|rrrrr}
-1 & 1 & -3 & 3 & 1 & -6 \\
   &   & -1 & 4 & -7 & 6 \\
\hline
 2 & 1 & -4 & 7 & -6 & \,0 \\
   &   & 2 & -4 & 6 & \\
\hline
   & 1 & -2 & 3 & \,0 & \\
\end{array}$$

$$f(x)=(x+1)(x-2)(x^2-2x+3)$$

답 $(x+1)(x-2)(x^2-2x+3)$

0217 ③ $2x^2-5x+3=(x-1)(2x-3)$ 답 ③

0218 $x^2-y^2-x+y=x^2-y^2-(x-y)$
$$=(x+y)(x-y)-(x-y)$$
$$=(x-y)(x+y-1)$$
따라서 주어진 식의 인수인 것은 ④이다.   답 ④

0219 $x^2-(2a+3)x+(a+1)(a+2)$
$$=\{x-(a+1)\}\{x-(a+2)\}=(x-a-1)(x-a-2)$$
이때 두 일차식의 합이 $2x+1$이므로

$(x-a-1)+(x-a-2)=2x+1$
$2x-2a-3=2x+1,\ -2a-3=1 \qquad \therefore a=-2$ 답 -2

0220 $a^4+2a^2c^2-2b^2c^2-b^4$
$$=(a^4-b^4)+2c^2(a^2-b^2)=(a^2+b^2)(a^2-b^2)+2c^2(a^2-b^2)$$
$$=(a^2-b^2)(a^2+b^2+2c^2)=(a+b)(a-b)(a^2+b^2+2c^2)$$

답 $(a+b)(a-b)(a^2+b^2+2c^2)$

0221 $(a-2b)^3-125b^3$
$$=(a-2b)^3-(5b)^3$$
$$=(a-2b-5b)\{(a-2b)^2+(a-2b)\times 5b+(5b)^2\}$$
$$=(a-7b)(a^2-4ab+4b^2+5ab-10b^2+25b^2)$$
$$=(a-7b)(a^2+ab+19b^2)$$

답 ④

0222 $x^6-y^6=(x^3)^2-(y^3)^2=(x^3+y^3)(x^3-y^3)$
$$=(x+y)(x^2-xy+y^2)(x-y)(x^2+xy+y^2)$$
따라서 x^6-y^6의 인수가 아닌 것은 ③이다.   답 ③

0223 ㄱ. $x^3+27=x^3+3^3=(x+3)(x^2-3x+9)$
ㄴ. $27x^3-64y^3=(3x)^3-(4y)^3$
$$=(3x-4y)(9x^2+12xy+16y^2)$$
ㄷ. $x^3-6x^2y+12xy^2-8y^3$
$$=x^3-3\times x^2\times 2y+3\times x\times(2y)^2-(2y)^3$$
$$=(x-2y)^3$$
ㄹ. $x^3-y^3+8z^3+6xyz$
$$=x^3+(-y)^3+(2z)^3-3\times x\times(-y)\times 2z$$
$$=(x-y+2z)(x^2+y^2+4z^2+xy+2yz-2zx)$$
따라서 옳은 것은 ㄱ, ㄷ이다.   답 ②

0224 $(x-1)(x-3)(x+2)(x+4)+24$
$$=\{(x-1)(x+2)\}\{(x-3)(x+4)\}+24$$
$$=(x^2+x-2)(x^2+x-12)+24$$
$x^2+x=t$로 놓으면
$$(주어진\ 식)=(t-2)(t-12)+24$$
$$=t^2-14t+48=(t-6)(t-8)$$
$$=(x^2+x-6)(x^2+x-8)$$
$$=(x+3)(x-2)(x^2+x-8)$$
따라서 $a=3,\ b=-2,\ c=-8$ 또는 $a=-2,\ b=3,\ c=-8$이므로
$$a+b+c=-7$$

답 ③

0225 $x^2-x=t$로 놓으면
$$(주어진\ 식)=(t+2)(t-5)+6=t^2-3t-4$$
$$=(t+1)(t-4)$$
$$=(x^2-x+1)(x^2-x-4)$$

답 $(x^2-x+1)(x^2-x-4)$

0226 $(x^2-2x)^2+2x^2-4x-15$
$=(x^2-2x)^2+2(x^2-2x)-15$
$x^2-2x=t$로 놓으면
(주어진 식)$=t^2+2t-15=(t-3)(t+5)$
$\qquad\qquad=(x^2-2x-3)(x^2-2x+5)$
$\qquad\qquad=(x+1)(x-3)(x^2-2x+5)$
따라서 주어진 식의 인수가 아닌 것은 ④이다.   답 ④

0227 $(x-1)(x-2)(x-3)(x-4)+k$
$=\{(x-1)(x-4)\}\{(x-2)(x-3)\}+k$
$=(x^2-5x+4)(x^2-5x+6)+k$

———————————————————————— ㉮

$x^2-5x=t$로 놓으면
(주어진 식)$=(t+4)(t+6)+k$
$\qquad\qquad=t^2+10t+24+k$ …… ㉠

———————————————————————— ㉯

주어진 식이 x에 대한 이차식의 완전제곱식으로 인수분해되려면
㉠이 t에 대한 완전제곱식이 되어야 하므로
$$24+k=\left(\frac{10}{2}\right)^2=25 \qquad \therefore k=1$$

———————————————————————— ㉰

답 **1**

단계	채점요소	배점
㉮	주어진 식을 공통부분이 생기도록 짝을 지어 전개하기	40 %
㉯	공통부분을 치환하여 정리하기	20 %
㉰	k의 값 구하기	40 %

0228 $x^2=X$로 놓으면
$x^4-5x^2+4=X^2-5X+4=(X-1)(X-4)$
$\qquad\qquad\quad=(x^2-1)(x^2-4)$
$\qquad\qquad\quad=(x+1)(x-1)(x+2)(x-2)$
이때 $a<b<c<d$이므로
$a=-2,\ b=-1,\ c=1,\ d=2$
$\therefore ad-bc=-3$ 답 **-3**

0229 $x^2=X$로 놓으면
$x^4-50x^2+625=X^2-50X+625=(X-25)^2$
$\qquad\qquad\qquad=(x^2-25)^2=\{(x+5)(x-5)\}^2$
$\qquad\qquad\qquad=(x+5)^2(x-5)^2$
이때 $a>b$이므로 $a=5,\ b=-5$
$\therefore a-b=10$ 답 **10**

0230 $a^4+4=(a^4+4a^2+4)-4a^2=(a^2+2)^2-(2a)^2$
$\qquad\qquad=(a^2+2a+2)(a^2-2a+2)$
따라서 주어진 식의 인수인 것은 ⑤이다.   답 ⑤

0231 $x^4-6x^2y^2+y^4=(x^4-2x^2y^2+y^4)-4x^2y^2$
$\qquad\qquad\qquad=(x^2-y^2)^2-(2xy)^2$
$\qquad\qquad\qquad=(x^2+2xy-y^2)(x^2-2xy-y^2)$
따라서 $a=2,\ b=1$ 또는 $a=-2,\ b=1$이므로
$a^2+b^2=5$ 답 **5**

0232 주어진 식을 x에 대하여 내림차순으로 정리한 후 인수분해하면
$x^2+xy-2y^2+x+5y-2=x^2+(y+1)x-(2y^2-5y+2)$
$\qquad\qquad\qquad=x^2+(y+1)x-(2y-1)(y-2)$
$\qquad\qquad\qquad=\{x+(2y-1)\}\{x-(y-2)\}$
$\qquad\qquad\qquad=(x+2y-1)(x-y+2)$
따라서 주어진 식의 인수인 것은 ④이다.   답 ④

0233 주어진 식을 y에 대하여 내림차순으로 정리한 후 인수분해하면
$x^3-(2+y)x^2+(2y-3)x+3y$
$=(-x^2+2x+3)y+x^3-2x^2-3x$
$=-(x^2-2x-3)y+x(x^2-2x-3)$
$=(x^2-2x-3)(x-y)$
$=(x+1)(x-3)(x-y)$ 답 **$(x+1)(x-3)(x-y)$**

0234 주어진 식을 x에 대하여 내림차순으로 정리한 후 인수분해하면
$2x^2+2y^2+5xy+3x+3y+1$
$=2x^2+(5y+3)x+(2y^2+3y+1)$
$=2x^2+(5y+3)x+(y+1)(2y+1)$
$=(x+2y+1)(2x+y+1)$
따라서 $a=1,\ b=2,\ c=2$이므로 $a+b+c=5$ 답 ③

0235 주어진 식을 x에 대하여 내림차순으로 정리하면
$x^2-xy-6y^2+ax+8y-2$
$=x^2-(y-a)x-(6y^2-8y+2)$
$=x^2-(y-a)x-2(3y^2-4y+1)$
$=x^2-(y-a)x-2(3y-1)(y-1)$

———————————————————————— ㉮

주어진 식이 $x,\ y$에 대한 두 일차식의 곱으로 인수분해되려면
$2(y-1)-(3y-1)=-(y-a)$

———————————————————————— ㉯

$-y-1=-y+a \qquad \therefore a=-1$

———————————————————————— ㉰

답 **-1**

단계	채점요소	배점
㉮	주어진 식을 x에 대하여 내림차순으로 정리하기	40 %
㉯	주어진 식이 $x,\ y$에 대한 두 일차식의 곱으로 인수분해되는 조건 알기	40 %
㉰	a의 값 구하기	20 %

0236 $f(x)=2x^3-x^2-5x-2$라 하면
$f(-1)=0$이므로 조립제법을 이용하여 인수분해하면

$$\begin{array}{r|rrrr}
-1 & 2 & -1 & -5 & -2 \\
& & -2 & 3 & 2 \\
\hline
& 2 & -3 & -2 & 0
\end{array}$$

$f(x)=(x+1)(2x^2-3x-2)=(x+1)(2x+1)(x-2)$
따라서 $a=1,\ b=1,\ c=-2$ 또는 $a=-2,\ b=1,\ c=1$이므로
$a^2+b^2+c^2=1^2+1^2+(-2)^2=6$ 　　　　　　답 **6**

0237 $f(x)=x^4-3x^3-3x^2+11x-6$이라 하면
$f(1)=0,\ f(3)=0$이므로 조립제법을 이용하여 인수분해하면

$$\begin{array}{r|rrrrr}
1 & 1 & -3 & -3 & 11 & -6 \\
& & 1 & -2 & -5 & 6 \\
\hline
3 & 1 & -2 & -5 & 6 & 0 \\
& & 3 & 3 & -6 & \\
\hline
& 1 & 1 & -2 & 0 &
\end{array}$$

$f(x)=(x-1)(x-3)(x^2+x-2)=(x-1)^2(x-3)(x+2)$
따라서 주어진 식의 인수가 아닌 것은 ⑤이다. 　　답 ⑤

0238 $f(x)$가 $x+1$로 나누어떨어지므로
$f(-1)=-1+2+4+a=0$ 　　$\therefore a=-5$
따라서 $f(x)=x^3+2x^2-4x-5$이므로 조립제법을 이용하여 인수분해하면

$$\begin{array}{r|rrrr}
-1 & 1 & 2 & -4 & -5 \\
& & -1 & -1 & 5 \\
\hline
& 1 & 1 & -5 & 0
\end{array}$$

$f(x)=(x+1)(x^2+x-5)$
따라서 $f(x)$의 인수인 것은 ③이다. 　　　　답 ③

0239 $f(x)=x^3+ax^2+bx+2$라 하면
$f(x)$가 $(x+1)^2$을 인수로 가지므로
$f(-1)=-1+a-b+2=0$ 　　$\therefore b=a+1$ 　　　$\cdots\cdots$ ㉠
따라서 $f(x)=x^3+ax^2+(a+1)x+2$이므로 조립제법을 이용하여 인수분해하면

$$\begin{array}{r|rrrr}
-1 & 1 & a & a+1 & 2 \\
& & -1 & -a+1 & -2 \\
\hline
-1 & 1 & a-1 & 2 & 0 \\
& & -1 & -a+2 & \\
\hline
& 1 & a-2 & -a+4 &
\end{array}$$

$f(x)$가 $(x+1)^2$을 인수로 가지므로 $-a+4=0$ 　　$\therefore a=4$
$a=4$를 ㉠에 대입하면 $b=4+1=5$
$\therefore ab=4\times5=20$ 　　　　　　　　　　答 ⑤

0240 주어진 식을 a에 대하여 내림차순으로 정리한 후 인수분해하면

$a(b+c)^2+b(c+a)^2+c(a+b)^2-4abc$
$=a(b^2+2bc+c^2)+b(c^2+2ca+a^2)+c(a^2+2ab+b^2)-4abc$
$=ab^2+2abc+ac^2+bc^2+2abc+a^2b+ca^2+2abc+b^2c-4abc$
$=(b+c)a^2+(b^2+2bc+c^2)a+b^2c+bc^2$
$=(b+c)a^2+(b+c)^2a+bc(b+c)$
$=(b+c)\{a^2+(b+c)a+bc\}$
$=(b+c)(a+b)(a+c)$
$=(a+b)(b+c)(c+a)$ 　　　答 $(a+b)(b+c)(c+a)$

참고 b나 c에 대하여 내림차순으로 정리한 후 인수분해해도 그 결과는 같다.

0241 $[a,\ b,\ c]+[b,\ c,\ a]+[c,\ a,\ b]$
$=a^2(b-c)+b^2(c-a)+c^2(a-b)$
$=(b-c)a^2-(b^2-c^2)a+b^2c-bc^2$
$=(b-c)a^2-(b+c)(b-c)a+bc(b-c)$
$=(b-c)\{a^2-(b+c)a+bc\}$
$=(b-c)(a-b)(a-c)=-(a-b)(b-c)(c-a)$
따라서 주어진 식의 인수인 것은 ①이다. 　　답 ①

0242 주어진 식의 분자를 a에 대하여 내림차순으로 정리한 후 인수분해하면
$ab(a-b)+bc(b-c)+ca(c-a)$
$=a^2b-ab^2+b^2c-bc^2+c^2a-ca^2$
$=(b-c)a^2-(b^2-c^2)a+b^2c-bc^2$
$=(b-c)a^2-(b+c)(b-c)a+bc(b-c)$
$=(b-c)\{a^2-(b+c)a+bc\}$
$=(b-c)(a-b)(a-c)=-(a-b)(b-c)(c-a)$
$\therefore$ (주어진 식)$=\dfrac{-(a-b)(b-c)(c-a)}{(a-b)(b-c)(c-a)}=-1$ 　答 -1

0243 $x^4+5x^3-4x^2+5x+1$
$=x^2\left(x^2+5x-4+\dfrac{5}{x}+\dfrac{1}{x^2}\right)=x^2\left(x^2+\dfrac{1}{x^2}+5x+\dfrac{5}{x}-4\right)$
$=x^2\left\{\left(x+\dfrac{1}{x}\right)^2+5\left(x+\dfrac{1}{x}\right)-6\right\}=x^2\left(x+\dfrac{1}{x}+6\right)\left(x+\dfrac{1}{x}-1\right)$
$=x\left(x+\dfrac{1}{x}+6\right)\times x\left(x+\dfrac{1}{x}-1\right)=(x^2+6x+1)(x^2-x+1)$
따라서 주어진 식의 인수인 것은 ①이다. 　　답 ①

0244 $x^4+3x^3-8x^2+3x+1$
$=x^2\left(x^2+3x-8+\dfrac{3}{x}+\dfrac{1}{x^2}\right)=x^2\left\{x^2+\dfrac{1}{x^2}+3\left(x+\dfrac{1}{x}\right)-8\right\}$
$=x^2\left\{\left(x+\dfrac{1}{x}\right)^2+3\left(x+\dfrac{1}{x}\right)-10\right\}$
$=x^2\left(x+\dfrac{1}{x}+5\right)\left(x+\dfrac{1}{x}-2\right)$
$=(x^2+5x+1)(x^2-2x+1)=(x^2+5x+1)(x-1)^2$
따라서 $a=5,\ b=1,\ c=1$이므로
$abc=5$ 　　　　　　　　　　　　　　　　答 **5**

0245 $x^4+4x^3+5x^2+4x+1$

$=x^2\left(x^2+4x+5+\dfrac{4}{x}+\dfrac{1}{x^2}\right)$

$=x^2\left\{x^2+\dfrac{1}{x^2}+4\left(x+\dfrac{1}{x}\right)+5\right\}$

$=x^2\left\{\left(x+\dfrac{1}{x}\right)^2+4\left(x+\dfrac{1}{x}\right)+3\right\}$

$=x^2\left(x+\dfrac{1}{x}+1\right)\left(x+\dfrac{1}{x}+3\right)$

$=(x^2+x+1)(x^2+3x+1)$

따라서 두 이차식의 합은

$(x^2+x+1)+(x^2+3x+1)=2x^2+4x+2$ 답 ③

0246 $a^3-b^3+a^2b-ab^2=a^3+a^2b-ab^2-b^3$

$\qquad\qquad\qquad\quad =a^2(a+b)-b^2(a+b)$

$\qquad\qquad\qquad\quad =(a+b)(a^2-b^2)$

$\qquad\qquad\qquad\quad =(a+b)(a+b)(a-b)$

$\qquad\qquad\qquad\quad =(a+b)^2(a-b)$

$\qquad\qquad\qquad\quad =\{(a-b)^2+4ab\}(a-b)$

$\qquad\qquad\qquad\quad =(3^2+4\times2)\times3=51$

답 **51**

0247 $x=2+\sqrt{3},\ y=2-\sqrt{3}$에서

$x+y=4,\ x-y=2\sqrt{3},\ xy=1$

$\therefore\ x^4-yx^3-y^3x+y^4=x^3(x-y)-y^3(x-y)$

$\qquad\qquad\qquad\quad =(x-y)(x^3-y^3)$

$\qquad\qquad\qquad\quad =(x-y)(x-y)(x^2+xy+y^2)$

$\qquad\qquad\qquad\quad =(x-y)^2(x^2+xy+y^2)$

$\qquad\qquad\qquad\quad =(x-y)^2\{(x+y)^2-xy\}$

$\qquad\qquad\qquad\quad =(2\sqrt{3})^2\times(4^2-1)=180$

답 **180**

0248 $(a+b+c)(ab+bc+ca)-abc$

$=a^2b+abc+ca^2+ab^2+b^2c+abc+abc+bc^2+c^2a-abc$

$=(b+c)a^2+(b^2+2bc+c^2)a+b^2c+bc^2$

$\cdots\cdots$ ㉮

$=(b+c)a^2+(b+c)^2a+bc(b+c)$

$=(b+c)\{a^2+(b+c)a+bc\}$

$=(b+c)(a+b)(a+c)$

$\cdots\cdots$ ㉯

$=2\times3\times4=24$

$\cdots\cdots$ ㉰

답 **24**

단계	채점요소	배점
㉮	한 문자에 대하여 내림차순으로 정리하기	40%
㉯	주어진 식을 인수분해하기	40%
㉰	식의 값 구하기	20%

0249 $a^3+b^3+c^3=3abc$에서 $a^3+b^3+c^3-3abc=0$이므로

$a^3+b^3+c^3-3abc$

$=(a+b+c)(a^2+b^2+c^2-ab-bc-ca)$

$=\dfrac{1}{2}(a+b+c)(2a^2+2b^2+2c^2-2ab-2bc-2ca)$

$=\dfrac{1}{2}(a+b+c)$

$\qquad\times\{(a^2-2ab+b^2)+(b^2-2bc+c^2)+(c^2-2ca+a^2)\}$

$=\dfrac{1}{2}(a+b+c)\{(a-b)^2+(b-c)^2+(c-a)^2\}=0$

이때 $a>0,\ b>0,\ c>0$에서 $a+b+c>0$이므로

$(a-b)^2+(b-c)^2+(c-a)^2=0$ $\therefore\ a=b=c$

$\therefore\ \dfrac{b-c}{a}-\dfrac{a}{b}+\dfrac{a+b}{c}=0-\dfrac{b}{b}+\dfrac{2c}{c}=-1+2=1$ 답 ④

0250 $100=x$로 놓으면

$\dfrac{99^3\times101^3}{9998\times10000+1}=\dfrac{(x-1)^3(x+1)^3}{(x^2-2)x^2+1}$

$\qquad\qquad\qquad\quad =\dfrac{(x^2-1)^3}{x^4-2x^2+1}=\dfrac{(x^2-1)^3}{(x^2-1)^2}$

$\qquad\qquad\qquad\quad =x^2-1=100^2-1=9999$ 답 **9999**

0251 $15^2-13^2+11^2-9^2+7^2-5^2+3^2-1^2$

$=(15+13)(15-13)+(11+9)(11-9)$

$\qquad\qquad\qquad +(7+5)(7-5)+(3+1)(3-1)$

$=28\times2+20\times2+12\times2+4\times2$

$=2(28+20+12+4)=2\times64=128$ 답 ③

0252 $f(1)=0,\ f(-2)=0$이므로 $f(x)$를 조립제법을 이용하여 인수분해하면

```
  1 │  1   -1   -3    5   -2
    │       1    0   -3    2
 -2 │  1    0   -3    2 │  0
    │      -2    4   -2
    │  1   -2    1 │  0
```

$f(x)=(x-1)(x+2)(x^2-2x+1)=(x-1)^3(x+2)$

$\therefore\ f(11)=(11-1)^3(11+2)=1000\times13=13000$ 답 ③

0253 $21=x$로 놓으면

$21\times23\times25\times27+15=x(x+2)(x+4)(x+6)+15$

$\qquad\qquad\quad =\{x(x+6)\}\{(x+2)(x+4)\}+15$

$\qquad\qquad\quad =(x^2+6x)(x^2+6x+8)+15$

$\qquad\qquad\quad =t(t+8)+15 \quad\leftarrow x^2+6x=t$

$\qquad\qquad\quad =t^2+8t+15=(t+3)(t+5)$

$\qquad\qquad\quad =(x^2+6x+3)(x^2+6x+5)$

$\qquad\qquad\quad =(x^2+6x+3)(x^2+6x+3+2)$

$\qquad\qquad\quad =n(n+2)$

$\therefore\ n=x^2+6x+3=21^2+6\times21+3=570$ 답 **570**

0254
$$16-9x^2+6xy-y^2=16-(9x^2-6xy+y^2)$$
$$=4^2-(3x-y)^2$$
$$=(4+3x-y)(4-3x+y)$$

이때 $3x+y+4=0$에서
$4+3x=-y$, $y+4=-3x$
$\therefore$ (주어진 식)$=(-y-y)(-3x-3x)$
$$=(-2y)(-6x)=12xy \qquad \text{답 ④}$$

0255 $xy+z=1$에서 $z=1-xy$를 주어진 식에 대입하면
$2xy-x^2y-xy^2-xyz$
$=2xy-x^2y-xy^2-xy(1-xy)$
$=x^2y^2-x^2y-xy^2+xy$
$=xy(xy-x-y+1)$
$=xy(x-1)(y-1)$
이때 $xy+z=1$에서 $xy=1-z$
$\therefore$ (주어진 식)$=(1-z)(x-1)(y-1)$
$$=(1-x)(1-y)(1-z) \qquad \text{답 ③}$$

0256 주어진 식을 y에 대하여 내림차순으로 정리한 후 인수분해하면
$xyz+x^2y+xy-x-z-1$
$=xy(x+z+1)-(x+z+1)$
$=(x+z+1)(xy-1)$
이때 $x+y+z=-1$이므로 $x+z+1=-y$
$\therefore$ (주어진 식)$=-y(xy-1) \qquad \text{답 ④}$

0257 $a^3+a^2b-ac^2+ab^2+b^3-bc^2$
$=-(a+b)c^2+a^3+a^2b+ab^2+b^3$
$=-(a+b)c^2+a^2(a+b)+b^2(a+b)$
$=(a+b)(-c^2+a^2+b^2)=0$
이때 a, b, c는 삼각형의 세 변의 길이이므로
$a+b>0$
즉, $-c^2+a^2+b^2=0$이므로
$a^2+b^2=c^2$
따라서 주어진 조건을 만족시키는 삼각형은 빗변의 길이가 c인 직각삼각형이다.   답 ⑤

0258 $b^2-ba-c^2+ca=(c-b)a+b^2-c^2$
$$=(c-b)a+(b-c)(b+c)$$
$$=(c-b)a-(c-b)(b+c)$$
$$=(c-b)\{a-(b+c)\}$$
$$=(c-b)(a-b-c)=0 \qquad ㉮$$

이때 a, b, c는 삼각형의 세 변의 길이이므로 $a<b+c$
즉, $a-b-c\neq0$이므로
$c-b=0 \qquad \therefore b=c \qquad\qquad ㉯$

따라서 주어진 조건을 만족시키는 삼각형은 $b=c$인 이등변삼각형이다. $\qquad\qquad ㉰$

답 $b=c$인 이등변삼각형

단계	채점요소	배점
㉮	주어진 식의 좌변을 인수분해하기	50 %
㉯	a, b, c 사이의 관계식 구하기	30 %
㉰	삼각형의 모양 구하기	20 %

0259 $a^3+b^3+c^3-3abc$
$=(a+b+c)(a^2+b^2+c^2-ab-bc-ca)$
$=\dfrac{1}{2}(a+b+c)\{(a-b)^2+(b-c)^2+(c-a)^2\}=0$
이때 a, b, c는 삼각형의 세 변의 길이이므로
$a+b+c>0$
즉, $(a-b)^2+(b-c)^2+(c-a)^2=0$이므로
$a=b=c$
따라서 주어진 조건을 만족시키는 삼각형은 정삼각형이다.
정삼각형의 둘레의 길이가 6이므로
$a+b+c=3a=6 \qquad \therefore a=2$
따라서 한 변의 길이가 2인 정삼각형의 넓이는
$$\dfrac{\sqrt{3}}{4}\times2^2=\sqrt{3} \qquad \text{답 } \sqrt{3}$$

참고 한 변의 길이가 a인 정삼각형의 넓이는 $\dfrac{\sqrt{3}}{4}a^2$이다.

0260 ① $16x^2-36y^2=(4x)^2-(6y)^2$
$$=(4x+6y)(4x-6y)$$
$$=4(2x+3y)(2x-3y)$$
② $x^4-16=(x^2)^2-4^2$
$$=(x^2+4)(x^2-4)$$
$$=(x^2+4)(x+2)(x-2)$$
③ $x^3+8=(x+2)(x^2-2x+4)$
④ $x^2-y^2+2yz-z^2=x^2-(y^2-2yz+z^2)$
$$=x^2-(y-z)^2$$
$$=(x+y-z)(x-y+z)$$

⑤ $a^3-a^2c-ab^2+b^2c=a^2(a-c)-b^2(a-c)$
$\qquad\qquad\qquad\quad =(a-c)(a^2-b^2)$
$\qquad\qquad\qquad\quad =(a-c)(a+b)(a-b)$ 답 ④

0261 $x(x+1)(x+2)(x+3)-24$
$=\{x(x+3)\}\{(x+1)(x+2)\}-24$
$=(x^2+3x)(x^2+3x+2)-24$
$x^2+3x=t$로 놓으면
(주어진 식)$=t(t+2)-24=t^2+2t-24$
$\qquad\qquad =(t+6)(t-4)$
$\qquad\qquad =(x^2+3x+6)(x^2+3x-4)$
$\qquad\qquad =(x^2+3x+6)(x+4)(x-1)$
따라서 주어진 식의 인수인 것은 ②이다.   답 ②

0262 $x^4+4x^2+16=(x^4+8x^2+16)-4x^2$
$\qquad\qquad\qquad =(x^2+4)^2-(2x)^2$
$\qquad\qquad\qquad =(x^2+2x+4)(x^2-2x+4)$
따라서 $a=2$, $b=4$, $c=2$, $d=4$이므로
$a+b+c+d=2+4+2+4=12$ 답 **12**

0263 $x^4+5x^2+9=x^4+6x^2+9-x^2$
$\qquad\qquad\qquad =(x^2+3)^2-x^2$
$\qquad\qquad\qquad =(x^2+x+3)(x^2-x+3)$
$x^4+2x^3+x^2-9=x^2(x^2+2x+1)-9$
$\qquad\qquad\qquad\quad =x^2(x+1)^2-9$
$\qquad\qquad\qquad\quad =(x^2+x)^2-3^2$
$\qquad\qquad\qquad\quad =(x^2+x+3)(x^2+x-3)$
따라서 두 다항식의 공통인수는 x^2+x+3이다.   답 ③

0264 $x^2+3xy+2y^2-x-3y-2$
$=x^2+(3y-1)x+2y^2-3y-2$
$=x^2+(3y-1)x+(2y+1)(y-2)$
$=(x+2y+1)(x+y-2)$
따라서 두 일차식의 합은
$(x+2y+1)+(x+y-2)=2x+3y-1$ 답 ⑤

0265 $f(x)=3x^3+ax^2-5x+2$라 하면
$f(x)$는 $x-2$를 인수로 가지므로
$f(2)=24+4a-10+2=0$ $\therefore a=-4$
따라서 $f(x)=3x^3-4x^2-5x+2$
이므로 조립제법을 이용하여 인수
분해하면

$$\begin{array}{r|rrrr} 2 & 3 & -4 & -5 & 2 \\ & & 6 & 4 & -2 \\ \hline & 3 & 2 & -1 & 0 \end{array}$$

$f(x)=(x-2)(3x^2+2x-1)$
$\qquad =(x-2)(x+1)(3x-1)$
따라서 $b=1$, $c=-1$이므로 $a+b-c=-2$ 답 **-2**

0266 $(x-y)^3+(y-z)^3+(z-x)^3$
$=x^3-3x^2y+3xy^2-y^3+y^3-3y^2z+3yz^2-z^3$
$\qquad\qquad\qquad\qquad\qquad +z^3-3z^2x+3zx^2-x^3$
$=-3x^2y+3xy^2-3y^2z+3yz^2-3z^2x+3zx^2$
$=-3\{(y-z)x^2-(y^2-z^2)x+y^2z-yz^2\}$
$=-3\{(y-z)x^2-(y+z)(y-z)x+(y-z)yz\}$
$=-3(y-z)\{x^2-(y+z)x+yz\}$
$=-3(y-z)(x-y)(x-z)$
$=3(x-y)(y-z)(z-x)$ 답 $3(x-y)(y-z)(z-x)$

0267 $x^4-2x^3-13x^2-2x+1$
$=x^2\left(x^2-2x-13-\dfrac{2}{x}+\dfrac{1}{x^2}\right)$
$=x^2\left\{\left(x+\dfrac{1}{x}\right)^2-2\left(x+\dfrac{1}{x}\right)-15\right\}$
$=x^2\left(x+\dfrac{1}{x}+3\right)\left(x+\dfrac{1}{x}-5\right)$
$=(x^2+3x+1)(x^2-5x+1)$ 답 ④

0268 $(a+b+c)^2=a^2+b^2+c^2+2(ab+bc+ca)$에서
$3^2=1+2(ab+bc+ca)$ $\therefore ab+bc+ca=4$
$a^3+b^3+c^3-3abc=(a+b+c)(a^2+b^2+c^2-ab-bc-ca)$에서
$a^3+b^3+c^3-3\times1=3\times(1-4)$
$\therefore a^3+b^3+c^3=-6$ 답 **-6**

0269 $11=x$로 놓으면
$11\times12\times13\times14+1$
$=x(x+1)(x+2)(x+3)+1$
$=\{x(x+3)\}\{(x+1)(x+2)\}+1$
$=(x^2+3x)(x^2+3x+2)+1$
$=(x^2+3x)^2+2(x^2+3x)+1$
$=(x^2+3x+1)^2$
$=(11^2+3\times11+1)^2$
$=155^2$
$\therefore \sqrt{11\times12\times13\times14+1}=\sqrt{155^2}=155$ 답 **155**

0270 $1-a^2-4b^2+4ab=1-(a^2+4b^2-4ab)$
$\qquad\qquad\qquad\qquad =1^2-(a-2b)^2$
$\qquad\qquad\qquad\qquad =(1+a-2b)(1-a+2b)$
이때 $a+2b+1=0$에서 $1+a=-2b$, $1+2b=-a$
$\therefore$ (주어진 식)$=(-2b-2b)(-a-a)$
$\qquad\qquad\qquad =(-4b)(-2a)=8ab$ 답 ⑤

다른풀이 $a+2b+1=0$에서 $a=-2b-1$

$$\therefore\ 1-a^2-4b^2+4ab=1-(-2b-1)^2-4b^2+4(-2b-1)b$$
$$=1-4b^2-4b-1-4b^2-8b^2-4b$$
$$=-16b^2-8b$$
$$=8b(-2b-1)=8ab$$

0271 두 정육면체의 부피의 차가 7이므로
$$a^3-b^3=7$$
$$\therefore\ (a-b)(a^2+ab+b^2)=7 \qquad \cdots\cdots\ \bigcirc$$
두 정육면체의 한 면의 둘레의 길이의 차가 4이므로
$$4a-4b=4 \qquad \therefore\ a-b=1 \qquad \cdots\cdots\ \bigcirc$$
$\bigcirc$을 $\bigcirc$에 대입하면
$$a^2+ab+b^2=7$$

답 **7**

0272 $f(x)=x^4+ax^3+bx^2-4x-4$라 하면
$f(x)$가 $x-1$, $x-2$를 인수로 가지므로
$$f(1)=1+a+b-4-4=0$$
$$\therefore\ a+b=7 \qquad \cdots\cdots\ \bigcirc$$
$$f(2)=16+8a+4b-8-4=0$$
$$\therefore\ 2a+b=-1 \qquad \cdots\cdots\ \bigcirc$$
$\bigcirc$, $\bigcirc$을 연립하여 풀면
$$a=-8,\ b=15$$

⑦

따라서 $f(x)=x^4-8x^3+15x^2-4x-4$이므로 조립제법을 이용하여 인수분해하면

```
1 | 1   -8    15   -4   -4
  |       1   -7    8    4
2 | 1   -7     8    4  | 0
  |       2  -10   -4
    1   -5    -2  | 0
```

$$f(x)=(x-1)(x-2)(x^2-5x-2)$$
따라서 $Q(x)=x^2-5x-2$이므로

⑭

$$Q(-3)=9+15-2=22$$

⑭

답 **22**

단계	채점요소	배점
⑦	a, b의 값 구하기	40%
⑭	$Q(x)$ 구하기	40%
⑮	$Q(-3)$의 값 구하기	20%

0273 $ab(a+b)-bc(b+c)+ca(a-c)$
$$=a^2b+ab^2-b^2c-bc^2+ca^2-c^2a$$
$$=(b+c)a^2+(b^2-c^2)a-b^2c-bc^2$$
$$=(b+c)a^2+(b+c)(b-c)a-bc(b+c)$$
$$=(b+c)\{a^2+(b-c)a-bc\}$$
$$=(b+c)(a-c)(a+b)=0$$

⑦

이때 $a+b>0$, $b+c>0$이므로
$$a-c=0 \qquad \therefore\ a=c$$

⑭

$a=c$를 $a^2-ac+c^2=4$에 대입하면
$$a^2-a^2+a^2=4,\ a^2=4$$
$$\therefore\ a=c=2\ (\because a>0)$$
$$\therefore\ a^3+c^3=2^3+2^3=16$$

⑮

답 **16**

단계	채점요소	배점
⑦	주어진 식의 좌변을 인수분해하기	40%
⑭	$a=c$임을 알기	20%
⑮	a^3+c^3의 값 구하기	40%

0274 $15=x$로 놓으면
$$15^3+15^2-15+2=x^3+x^2-x+2$$
$f(x)=x^3+x^2-x+2$라 하면 $f(-2)=0$이므로 조립제법을 이용하여 인수분해하면
$$f(x)=(x+2)(x^2-x+1)$$
$$=(15+2)(15^2-15+1)$$
$$=17\times211$$

```
-2 | 1    1   -1    2
   |     -2    2   -2
     1   -1    1 |  0
```

따라서 $a=17$, $b=211$ 또는 $a=211$, $b=17$이므로
$$a+b=228$$

답 **228**

0275 $\sqrt{5}=x$, $\sqrt{2}=y$라 하면
A상자 한 개의 부피는 x^3, B상자 한 개의 부피는 x^2y, C상자 한 개의 부피는 xy^2, D상자 한 개의 부피는 y^3이다.
따라서 A상자 1개, B상자 6개, C상자 12개, D상자 8개를 겹치지 않게 빈틈없이 이어 붙여서 만든 정육면체의 부피는
$$x^3+6x^2y+12xy^2+8y^3$$
$$=x^3+3\times x^2\times 2y+3\times x\times(2y)^2+(2y)^3$$
$$=(x+2y)^3$$
이므로 정육면체의 한 모서리의 길이는 $x+2y$이다.
즉, $x+2y=\sqrt{5}+2\sqrt{2}$이므로
$$a=2,\ b=1$$
$$\therefore\ a+b=3$$

답 **3**

04 복소수

📖 교과서 문제 정복하기

0276 답 **실수부분: 0, 허수부분: 4**

0277 답 **실수부분: $1+\sqrt{2}$, 허수부분: 0**

0278 답 **실수부분: -5, 허수부분: $-\sqrt{3}$**

0279 답 **실수부분: $\dfrac{3}{2}$, 허수부분: $-\dfrac{1}{2}$**

0280 $a+bi$에서 $b=0$이면 실수, $b\neq0$이면 허수, $a=0$, $b\neq0$이면 순허수이다.

ㄷ. $4i^2=-4$

따라서 실수는 ㄷ, ㅁ, ㅂ, 허수는 ㄱ, ㄴ, ㄹ, 순허수는 ㄱ, ㄴ이다. 답 **풀이 참조**

0281 $3x+(y-1)i=6-i$에서
$3x=6$, $y-1=-1$
$\therefore x=2,\ y=0$ 답 $x=2,\ y=0$

0282 $(x+1)+(y-1)i=2+4i$에서
$x+1=2$, $y-1=4$
$\therefore x=1,\ y=5$ 답 $x=1,\ y=5$

0283 $(x-y)+(2x+3y)i=3+i$에서
$x-y=3$, $2x+3y=1$
두 식을 연립하여 풀면
$x=2,\ y=-1$ 답 $x=2,\ y=-1$

0284 $\overline{-5+7i}=-5-7i$ 답 $-5-7i$

0285 $\overline{3i-1}=-3i-1$ 답 $-3i-1$

0286 $\overline{i}=-i$ 답 $-i$

0287 $\overline{7}=7$ 답 7

0288 $(5+i)+(-2+6i)=(5-2)+(1+6)i$
$=3+7i$ 답 $3+7i$

0289 $(7+2i)-(4-3i)=(7-4)+(2+3)i$
$=3+5i$ 답 $3+5i$

0290 $(3+4i)(1-2i)=3-6i+4i-8i^2$
$=3-2i-8\times(-1)$
$=11-2i$ 답 $11-2i$

0291 $\dfrac{5-3i}{1+i}=\dfrac{(5-3i)(1-i)}{(1+i)(1-i)}=\dfrac{5-5i-3i+3i^2}{1-i^2}$
$=\dfrac{2-8i}{2}=1-4i$ 답 $1-4i$

0292 $x^2+xy+y^2=(2+i)^2+(2+i)(2-i)+(2-i)^2$
$=(3+4i)+(4+1)+(3-4i)$
$=11$ 답 11

다른풀이 $x=2+i,\ y=2-i$이므로
$x+y=(2+i)+(2-i)=4$, $xy=(2+i)(2-i)=5$
$\therefore x^2+xy+y^2=(x+y)^2-xy$
$=4^2-5=11$

0293 $\dfrac{1}{x}+\dfrac{1}{y}=\dfrac{1}{2+i}+\dfrac{1}{2-i}=\dfrac{2-i+2+i}{(2+i)(2-i)}$
$=\dfrac{4}{4-i^2}=\dfrac{4}{5}$ 답 $\dfrac{4}{5}$

다른풀이 $x+y=4$, $xy=5$이므로
$\dfrac{1}{x}+\dfrac{1}{y}=\dfrac{x+y}{xy}=\dfrac{4}{5}$

0294 $i^{25}=(i^4)^6\times i=i$ 답 i

0295 $(-i)^5=-i^5=-i^4\times i=-i$ 답 $-i$

0296 $-i^7=-i^4\times i^3=-(-i)=i$ 답 i

0297 $i^{100}+i^{200}=(i^4)^{25}+(i^4)^{50}=1+1=2$ 답 2

0298 $\sqrt{-3}=\sqrt{3}i$ 답 $\sqrt{3}i$

0299 $\sqrt{-25}=\sqrt{25}i=5i$ 답 $5i$

0300 $-\sqrt{-32}=-\sqrt{32}i=-4\sqrt{2}i$ 답 $-4\sqrt{2}i$

0301 $\pm\sqrt{-1}=\pm i$ 답 $\pm i$

0302 $\pm\sqrt{-8}=\pm\sqrt{8}\,i=\pm2\sqrt{2}\,i$ 답 $\pm2\sqrt{2}\,i$

0303 $\sqrt{-2}\sqrt{-8}=\sqrt{2}\,i\times\sqrt{8}\,i=\sqrt{16}\,i^2=-4$ 답 -4

0304 $\dfrac{\sqrt{15}}{\sqrt{-3}}=\dfrac{\sqrt{15}}{\sqrt{3}\,i}=\dfrac{\sqrt{15}\,i}{\sqrt{3}\,i^2}=-\sqrt{5}\,i$ 답 $-\sqrt{5}\,i$

0305 $\dfrac{\sqrt{-12}}{\sqrt{-4}}=\dfrac{\sqrt{12}\,i}{\sqrt{4}\,i}=\sqrt{3}$ 답 $\sqrt{3}$

0306 $\sqrt{-3}\sqrt{-6}-\dfrac{\sqrt{8}}{\sqrt{-16}}=\sqrt{3}\,i\times\sqrt{6}\,i-\dfrac{2\sqrt{2}}{4i}$

$\qquad\qquad\qquad\qquad=\sqrt{18}\,i^2-\dfrac{\sqrt{2}\,i}{2i^2}$

$\qquad\qquad\qquad\qquad=-3\sqrt{2}+\dfrac{\sqrt{2}}{2}\,i$

답 $-3\sqrt{2}+\dfrac{\sqrt{2}}{2}\,i$

0307 ① 모든 실수는 복소수이므로 0도 복소수이다.

③ $2-5i$는 순허수가 아니다.

⑤ -9의 제곱근은 $\pm\sqrt{-9}=\pm3i$이다.

따라서 옳은 것은 ②, ④이다. 답 ②, ④

0308 $1+\sqrt{-4}=1+2i$, $i^2+1=-1+1=0$

따라서 보기 중 허수는 $3i$, $1+\sqrt{-4}$, $2-5i$의 3개이다. 답 3

0309 $(1+2i)(4-5i)+\dfrac{-1+3i}{1+i}$

$=4-5i+8i-10i^2+\dfrac{(-1+3i)(1-i)}{(1+i)(1-i)}$

$=14+3i+\dfrac{-1+i+3i-3i^2}{2}$

$=14+3i+1+2i=15+5i$

따라서 $a=15$, $b=5$이므로

$a+b=20$ 답 20

0310 $3(1+4i)+(4-5i)-7(2-i)$

$=3+12i+4-5i-14+7i$

$=-7+14i$ 답 $-7+14i$

0311 $(2+\sqrt{3}\,i)^2+(2-\sqrt{3}\,i)^2$

$=(4+4\sqrt{3}\,i+3i^2)+(4-4\sqrt{3}\,i+3i^2)$

$=1+4\sqrt{3}\,i+1-4\sqrt{3}\,i$

$=2$ 답 ②

0312 $(3-i)*(2+5i)$

$=2(3-i)(2+5i)-(3-i)+(2+5i)$

$=2(6+15i-2i-5i^2)-3+i+2+5i$

$=22+26i-1+6i$

$=21+32i$

따라서 구하는 실수부분은 21이다. 답 21

0313 $x=\dfrac{1+\sqrt{2}\,i}{3}$에서 $3x-1=\sqrt{2}\,i$

양변을 제곱하면 $9x^2-6x+1=-2$

$9x^2-6x=-3$　　∴ $3x^2-2x=-1$

∴ $6x^2-4x+3=2(3x^2-2x)+3$

$\qquad\qquad\qquad=2\times(-1)+3=1$ 답 ④

0314 $z=\dfrac{3-i}{1-i}=\dfrac{(3-i)(1+i)}{(1-i)(1+i)}=\dfrac{4+2i}{2}=2+i$에서

$z-2=i$

양변을 제곱하면 $z^2-4z+4=-1$

∴ $z^2-4z+5=0$

∴ $z^3-4z^2+5z+3=z(z^2-4z+5)+3$

$\qquad\qquad\qquad\qquad=z\times0+3=3$ 답 ③

0315 $x^2+(i-5)x-i+4=(x^2-5x+4)+(x-1)i$

이 복소수가 순허수가 되려면

$x^2-5x+4=0$, $x-1\neq0$

(i) $x^2-5x+4=0$에서 $(x-1)(x-4)=0$

$\quad$ ∴ $x=1$ 또는 $x=4$

(ii) $x-1\neq0$에서 $x\neq1$

(i), (ii)에서 $x=4$ 답 4

0316 $z=i(x+i)^2=i(x^2+2xi-1)$

$\qquad\qquad=-2x+(x^2-1)i$ ⋯⋯ ㉠

z가 실수가 되려면

$x^2-1=0$, $x^2=1$　　∴ $x=\pm1$

이때 음수 x의 값이 a이므로 $a=-1$

$x=-1$을 ㉠에 대입하면 $z=2$이므로 $b=2$

∴ $a-b=-3$ 답 -3

0317 z^2이 실수가 되려면 z는 실수 또는 순허수이어야 하므로

⸺⸺⸺⸺⸺⸺⸺⸺⸺⸺ ㉮

$a^2-3a+2=0$ 또는 $a^2+a-2=0$

(i) $a^2-3a+2=0$에서 $(a-1)(a-2)=0$

$\quad$ ∴ $a=1$ 또는 $a=2$

(ii) $a^2+a-2=0$에서 $(a+2)(a-1)=0$

$\quad$ ∴ $a=-2$ 또는 $a=1$

(i), (ii)에서 $a=-2$ 또는 $a=1$ 또는 $a=2$

⸺⸺⸺⸺⸺⸺⸺⸺⸺⸺ ㉯

따라서 구하는 모든 실수 a의 값의 합은
$$(-2)+1+2=1$$

❸

답 1

단계	채점요소	배점
㉮	z^2이 실수가 되려면 z는 실수 또는 순허수임을 알기	30%
㉯	a의 값 구하기	50%
㉰	a의 값의 합 구하기	20%

0318 $z=(1+i)a^2+(2+i)a-(3+2i)$
$$=(a^2+2a-3)+(a^2+a-2)i$$
z^2이 양의 실수가 되려면 z는 0이 아닌 실수이어야 하므로
$a^2+2a-3\neq0$, $a^2+a-2=0$
(i) $a^2+2a-3\neq0$에서 $(a+3)(a-1)\neq0$
$\quad\therefore a\neq-3,\ a\neq1$
(ii) $a^2+a-2=0$에서 $(a+2)(a-1)=0$
$\quad\therefore a=-2$ 또는 $a=1$
(i), (ii)에서 $a=-2$

답 ②

0319 $(3+2i)x+(2-3i)y=5-i$에서
$3x+2xi+2y-3yi=5-i$
$(3x+2y)+(2x-3y)i=5-i$
복소수가 서로 같을 조건에 의하여
$3x+2y=5$, $2x-3y=-1$
두 식을 연립하여 풀면 $x=1$, $y=1$
$\therefore x+y=2$

답 2

0320 $\dfrac{x}{1-i}+\dfrac{y}{1+i}=\dfrac{x(1+i)+y(1-i)}{(1-i)(1+i)}$
$$=\frac{x+y}{2}+\frac{x-y}{2}i$$
즉, $\dfrac{x+y}{2}+\dfrac{x-y}{2}i=10-7i$이므로
$(x+y)+(x-y)i=20-14i$
복소수가 서로 같을 조건에 의하여
$x+y=20$, $x-y=-14$
두 식을 연립하여 풀면 $x=3$, $y=17$
$\therefore 2x-y=-11$

답 −11

0321 $(1+2i)x+\dfrac{2-yi}{1-2i}=3-2i$의 양변에 $1-2i$를 곱하면
$(1+2i)(1-2i)x+2-yi=(3-2i)(1-2i)$
$5x+2-yi=-1-8i$
복소수가 서로 같을 조건에 의하여
$5x+2=-1$, $-y=-8$ $\quad\therefore x=-\dfrac{3}{5}$, $y=8$
$\therefore 5x+y=5\times\left(-\dfrac{3}{5}\right)+8=5$

답 5

 $(1+2i)x+\dfrac{2-yi}{1-2i}$
$$=(1+2i)x+\frac{(2-yi)(1+2i)}{(1-2i)(1+2i)}$$
$$=(1+2i)x+\frac{(2+2y)+(4-y)i}{5}$$
$$=\frac{5x+2y+2}{5}+\frac{10x-y+4}{5}i$$
즉, $\dfrac{5x+2y+2}{5}+\dfrac{10x-y+4}{5}i=3-2i$이므로
$(5x+2y+2)+(10x-y+4)i=15-10i$
복소수가 서로 같을 조건에 의하여
$5x+2y+2=15$, $10x-y+4=-10$
$\therefore 5x+2y=13$, $10x-y=-14$
두 식을 연립하여 풀면 $x=-\dfrac{3}{5}$, $y=8$
$\therefore 5x+y=5\times\left(-\dfrac{3}{5}\right)+8=5$

0322 $x^2+y^2i+2x+2yi-3-8i=0$에서
$(x^2+2x-3)+(y^2+2y-8)i=0$
복소수가 서로 같을 조건에 의하여
$x^2+2x-3=0$, $y^2+2y-8=0$
(i) $x^2+2x-3=0$에서
$\quad(x+3)(x-1)=0$ $\quad\therefore x=-3$ 또는 $x=1$
(ii) $y^2+2y-8=0$에서
$\quad(y+4)(y-2)=0$ $\quad\therefore y=-4$ 또는 $y=2$
(i), (ii)에서 $x+y$의 값은
① $-3+(-4)=-7$ $\qquad$③ $1+(-4)=-3$
④ $-3+2=-1$ $\qquad$⑤ $1+2=3$
따라서 $x+y$의 값이 될 수 없는 것은 ② -5이다.

답 ②

0323 $z=a+bi$ (a, b는 실수)라 하면
$\bar{z}=a-bi$이므로
ㄱ. $z\bar{z}=(a+bi)(a-bi)=a^2+b^2=0$에서
$\quad a=0$, $b=0$ $\quad\therefore z=0$
ㄴ. $\bar{z}=a-bi$가 순허수이면
$\quad a=0$, $b\neq0$
$\quad$따라서 $z=bi$이므로 z도 순허수이다.
ㄷ. $\dfrac{1}{z}+\dfrac{1}{\bar{z}}=\dfrac{1}{a+bi}+\dfrac{1}{a-bi}$
$\qquad=\dfrac{a-bi+a+bi}{a^2+b^2}=\dfrac{2a}{a^2+b^2}$
즉, $\dfrac{1}{z}+\dfrac{1}{\bar{z}}$은 실수이다.
따라서 옳은 것은 ㄱ, ㄴ이다.

답 ㄱ, ㄴ

0324 $\bar{z}=-z$에서 $z+\bar{z}=0$이므로 z는 0 또는 순허수이다.
④ $z=i(1-i)=i+1$
⑤ $z=(\sqrt{5}i-1)i^2=-\sqrt{5}i+1$
따라서 조건을 만족시키는 복소수 z는 ②이다.

답 ②

0325 $z=\bar{z}$이고 $z\neq0$이므로 z는 0이 아닌 실수이다.

$z=(x^2-4)+(x^2-x-2)i$에서

$x^2-4\neq0$, $x^2-x-2=0$

(i) $x^2-4\neq0$에서 $(x+2)(x-2)\neq0$

$\qquad\therefore x\neq-2$, $x\neq2$

(ii) $x^2-x-2=0$에서 $(x+1)(x-2)=0$

$\qquad\therefore x=-1$ 또는 $x=2$

(i), (ii)에서 $x=-1$ 답 -1

0326 $z=a+bi$ (a, b는 실수)라 하면 $\bar{z}=a-bi$

$(1+i)z+3\bar{z}=10-i$에서

$(1+i)(a+bi)+3(a-bi)=10-i$

$a+bi+ai-b+3a-3bi=10-i$

$(4a-b)+(a-2b)i=10-i$

복소수가 서로 같을 조건에 의하여

$4a-b=10$, $a-2b=-1$

두 식을 연립하여 풀면 $a=3$, $b=2$

$\therefore z=3+2i$ 답 ④

0327 $z=a+bi$ (a, b는 실수)라 하면 $\bar{z}=a-bi$

$(1+i)\bar{z}+(1-i)z=4$에서

$(1+i)(a-bi)+(1-i)(a+bi)=4$

$a-bi+ai+b+a+bi-ai+b=4$

$2a+2b=4$ $\quad\therefore a+b=2$

따라서 보기에서 $a+b=2$를 만족시키는 복소수는 ㄱ, ㄴ이다.

답 ④

0328 $z=a+bi$ (a, b는 실수)라 하면 $\bar{z}=a-bi$

--- ㉮

$z\bar{z}=7$에서 $(a+bi)(a-bi)=7$ $\quad\therefore a^2+b^2=7$ ······ ㉠

$z\bar{z}=7$에서 $\bar{z}=\dfrac{7}{z}$이므로 $z+\dfrac{7}{z}=z+\bar{z}=4$

즉, $(a+bi)+(a-bi)=4$이므로 $2a=4$ $\quad\therefore a=2$

--- ㉯

$a=2$를 ㉠에 대입하면

$4+b^2=7$, $b^2=3$ $\quad\therefore b=\pm\sqrt{3}$

--- ㉰

$\therefore z=2\pm\sqrt{3}i$

--- ㉱

답 $2\pm\sqrt{3}i$

단계	채점요소	배점
㉮	$z=a+bi$로 놓기	20%
㉯	a의 값 구하기	40%
㉰	b의 값 구하기	30%
㉱	복소수 z를 모두 구하기	10%

0329 $z=a+bi$ (a, b는 실수)라 하면

$z-zi=(a+bi)-(a+bi)i$

$\qquad\quad=(a+b)+(b-a)i$

이므로

$\overline{z-zi}=(a+b)-(b-a)i=2+i$

복소수가 서로 같을 조건에 의하여

$a+b=2$, $-(b-a)=1$

두 식을 연립하여 풀면 $a=\dfrac{3}{2}$, $b=\dfrac{1}{2}$

따라서 $z=\dfrac{3}{2}+\dfrac{1}{2}i$이므로

$2z-i=2\left(\dfrac{3}{2}+\dfrac{1}{2}i\right)-i=3$ 답 3

0330 $i+i^2+i^3+i^4+\cdots+i^{3002}$

$=(i+i^2+i^3+i^4)+\cdots+(i^{2997}+i^{2998}+i^{2999}+i^{3000})+i^{3001}+i^{3002}$

$=(i-1-i+1)+\cdots+(i-1-i+1)+i-1$

$=i-1$ 답 ④

0331 $i+2i^2+3i^3+\cdots+49i^{49}+50i^{50}$

$=(i-2-3i+4)+\cdots+(45i-46-47i+48)+49i-50$

$=(2-2i)+\cdots+(2-2i)+49i-50$

$=12(2-2i)+49i-50=-26+25i$

따라서 $x=-26$, $y=25$이므로

$x+y=-1$ 답 -1

0332 $x=1+\dfrac{1}{i}+\dfrac{1}{i^2}+\dfrac{1}{i^3}+\cdots+\dfrac{1}{i^{10}}$

$\quad=\left(1+\dfrac{1}{i}+\dfrac{1}{i^2}+\dfrac{1}{i^3}\right)+\left(\dfrac{1}{i^4}+\dfrac{1}{i^5}+\dfrac{1}{i^6}+\dfrac{1}{i^7}\right)$

$\qquad\qquad\qquad+\dfrac{1}{i^8}+\dfrac{1}{i^9}+\dfrac{1}{i^{10}}$

$\quad=\left(1+\dfrac{1}{i}-1-\dfrac{1}{i}\right)+\left(1+\dfrac{1}{i}-1-\dfrac{1}{i}\right)+1+\dfrac{1}{i}-1$

$\quad=\dfrac{1}{i}=-i$

$\therefore x+\dfrac{2}{x}=-i+\dfrac{2}{-i}=-i+2i=i$ 답 ⑤

0333 $\dfrac{1+i}{1-i}=\dfrac{(1+i)^2}{(1-i)(1+i)}=\dfrac{2i}{2}=i$

$\dfrac{1-i}{1+i}=\dfrac{(1-i)^2}{(1+i)(1-i)}=\dfrac{-2i}{2}=-i$

$\therefore\left(\dfrac{1+i}{1-i}\right)^{2051}-\left(\dfrac{1-i}{1+i}\right)^{2051}=i^{2051}-(-i)^{2051}$

$\qquad\qquad=(i^4)^{512}\times i^3-\{(-i)^4\}^{512}\times(-i)^3$

$\qquad\qquad=i^3-(-i)^3$

$\qquad\qquad=2i^3=-2i$ 답 ①

0334 $(1-i)^{30}=\{(1-i)^2\}^{15}=(-2i)^{15}$

$\qquad\qquad=(-2)^{15}\times(i^4)^3\times i^3=2^{15}i$

$$(1+i)^{30}=\{(1+i)^2\}^{15}=(2i)^{15}$$
$$=2^{15}\times(i^4)^3\times i^3=-2^{15}i$$
$$\therefore (1-i)^{30}+(1+i)^{30}=2^{15}i+(-2^{15}i)=0 \qquad \text{답 } \mathbf{0}$$

0335 $z^2=\left(\dfrac{1-i}{\sqrt2}\right)^2=\dfrac{-2i}{2}=-i$ 이므로 $z^4=-1$

$\therefore 1+z^2+z^4+z^6+z^8=(1+z^2)+z^4(1+z^2)+z^8$
$$=(1+z^2)-(1+z^2)+z^8$$
$$=z^8=(z^4)^2$$
$$=(-1)^2=1 \qquad \text{답 } \mathbf{1}$$

다른풀이 $z^2=-i$ 이므로

$1+z^2+z^4+z^6=1-i-1+i=0$
$\therefore 1+z^2+z^4+z^6+z^8=0+z^8=(z^2)^4$
$$=(-i)^4=1$$

0336 $\dfrac{1-i}{1+i}=\dfrac{(1-i)^2}{(1+i)(1-i)}=\dfrac{-2i}{2}=-i$

$\dfrac{1+i}{1-i}=\dfrac{(1+i)^2}{(1-i)(1+i)}=\dfrac{2i}{2}=i$

$\therefore f\left(\dfrac{1-i}{1+i}\right)+f\left(\dfrac{1+i}{1-i}\right)=f(-i)+f(i)$
$$=\left(\dfrac{1-i}{1+i}\right)^{1002}+\left(\dfrac{1+i}{1-i}\right)^{1002}$$
$$=(-i)^{1002}+i^{1002}$$
$$=\{(-i)^4\}^{250}\times(-i)^2+(i^4)^{250}\times i^2$$
$$=-1-1$$
$$=-2 \qquad \text{답 } ⑤$$

0337 ① $\sqrt{-2}\sqrt{3}=\sqrt2\,i\times\sqrt3=\sqrt6\,i=\sqrt{-6}$
② $\sqrt{-2}\sqrt{-3}=\sqrt2\,i\times\sqrt3\,i=\sqrt6\,i^2=-\sqrt6$
③ $\dfrac{\sqrt{-2}}{\sqrt3}=\dfrac{\sqrt2\,i}{\sqrt3}=\sqrt{\dfrac23}\,i=\sqrt{-\dfrac23}$
④ $\dfrac{\sqrt{-2}}{\sqrt{-3}}=\dfrac{\sqrt2\,i}{\sqrt3\,i}=\sqrt{\dfrac23}$
⑤ $\dfrac{\sqrt2}{\sqrt{-3}}=\dfrac{\sqrt2}{\sqrt3\,i}=\dfrac{\sqrt2\,i}{\sqrt3\,i^2}=-\sqrt{\dfrac23}\,i=-\sqrt{-\dfrac23}$

따라서 옳지 않은 것은 ⑤이다. $\qquad \text{답 } ⑤$

0338 $\dfrac{\sqrt{32}}{\sqrt{-2}}+\dfrac{\sqrt{-48}}{\sqrt{-4}}+\sqrt{-2}\sqrt{-6}$

$=\dfrac{\sqrt{32}}{\sqrt2\,i}+\dfrac{\sqrt{48}\,i}{\sqrt4\,i}+\sqrt2\,i\times\sqrt6\,i$

$=-4i+\sqrt{12}-\sqrt{12}=-4i$

$\cdots\cdots$ ㉮

따라서 $-4i=a+bi$ 이므로 복소수가 서로 같을 조건에 의하여
$a=0,\ b=-4$

$\cdots\cdots$ ㉯

$\therefore a-b=4$

$\cdots\cdots$ ㉰

답 **4**

단계	채점요소	배점
㉮	주어진 식의 좌변을 간단히 하기	60%
㉯	$a,\ b$의 값 구하기	20%
㉰	$a-b$의 값 구하기	20%

0339 $(\sqrt3+\sqrt{-3})(2\sqrt3-\sqrt{-3})+\sqrt{-3}\sqrt{-27}+\dfrac{\sqrt{27}}{\sqrt{-3}}$

$=(\sqrt3+\sqrt3\,i)(2\sqrt3-\sqrt3\,i)+\sqrt3\,i\times3\sqrt3\,i+\dfrac{3\sqrt3}{\sqrt3\,i}$

$=6-3i+6i+3-9-3i=0 \qquad \text{답 } \mathbf{0}$

0340 $-1<x<1$ 이므로

$x+1>0,\ x-1<0,\ 1-x>0,\ -x-1<0$

$\therefore \sqrt{x+1}\times\sqrt{x-1}\times\sqrt{1-x}\times\sqrt{-x-1}$
$$=\sqrt{x+1}\times\sqrt{-(1-x)}\times\sqrt{1-x}\times\sqrt{-(x+1)}$$
$$=\sqrt{x+1}\times\sqrt{1-x}\,i\times\sqrt{1-x}\times\sqrt{x+1}\,i$$
$$=\sqrt{1-x^2}\,i\times\sqrt{1-x^2}\,i$$
$$=-(1-x^2)=x^2-1 \qquad \text{답 } \boldsymbol{x^2-1}$$

0341 $\dfrac{\sqrt a}{\sqrt b}=-\sqrt{\dfrac ab}$ 이므로 $a>0,\ b<0$

$\therefore \sqrt{(a-b)^2}-2|a|+\sqrt{b^2}=|a-b|-2|a|+|b|$
$$=a-b-2a-b$$
$$=-a-2b \qquad \text{답 } \boldsymbol{-a-2b}$$

0342 $\dfrac{\sqrt{4-a}}{\sqrt{1-a}}=-\sqrt{\dfrac{4-a}{1-a}}$ 이므로 $4-a>0,\ 1-a<0$

따라서 $a-1>0,\ a-4<0$ 이므로
$\sqrt{(a-1)^2}+|a-4|=|a-1|+|a-4|$
$$=(a-1)-(a-4)=3 \qquad \text{답 } \mathbf{3}$$

0343 $\sqrt a\sqrt b=-\sqrt{ab}$ 이므로 $a<0,\ b<0$

ㄱ. $\sqrt{ab^2}=|b|\sqrt a=-b\sqrt a$

ㄴ. $\dfrac{\sqrt b}{\sqrt a}=\sqrt{\dfrac ba}$

ㄷ. $\sqrt{a^2}\sqrt{b^2}=|a||b|=(-a)\times(-b)=ab$

ㄹ. $a+b<0$ 이므로 $|a+b|=-a-b$
$|a|+|b|=-a-b$
$\therefore |a+b|=|a|+|b|$

따라서 옳은 것은 ㄱ, ㄹ이다. $\qquad \text{답 } ④$

📝 **유형 up**

0344 ㄱ. $\alpha=a+bi$ ($a,\ b$는 실수)라 하면 $\overline\alpha=a-bi$
$\alpha=\overline\alpha$ 에서 $a+bi=a-bi$ $\therefore b=0$
따라서 $\alpha=a$ 이므로 실수이다.

ㄴ. $\alpha=1$, $\beta=i$이면 $\alpha^2+\beta^2=0$이지만 $\alpha\neq0$, $\beta\neq0$이다.

ㄷ. $\overline{(\alpha-i)(\beta+i)}=\overline{(\alpha-i)}\times\overline{(\beta+i)}$
$\qquad\qquad\qquad\quad=(\overline{\alpha}+i)\times(\overline{\beta}-i)$
$\qquad\qquad\qquad\quad=\overline{\alpha}\overline{\beta}-\overline{\alpha}i+\overline{\beta}i+1$
$\qquad\qquad\qquad\quad=\overline{\alpha}\overline{\beta}-(\overline{\alpha}-\overline{\beta})i+1$

따라서 옳은 것은 ㄱ뿐이다.   답 ㄱ

0345 $z+\omega$, $z\omega$가 모두 실수이므로 z와 ω는 서로 켤레복소수이다.

즉, $\overline{z}=\omega$, $\overline{\omega}=z$

$z=\overline{\omega}=a+bi$ (a, b는 실수, $b\neq0$)라 하면 $\overline{z}=\omega=a-bi$

ㄱ. $\overline{z-\omega}=\overline{z}-\overline{\omega}=-2bi$, $z+\omega=2a$이므로
$\overline{z-\omega}\neq z+\omega$

ㄴ. $\overline{z}-\omega=0$, $z-\overline{\omega}=0$이므로
$\overline{z}-\omega=z-\overline{\omega}$

ㄷ. $z\omega$는 실수이므로
$\overline{z\omega}=z\omega$

따라서 옳은 것은 ㄴ, ㄷ이다.   답 ④

0346 복소수 $\dfrac{1}{z^2-1}$이 실수이므로

$\dfrac{1}{z^2-1}=\overline{\left(\dfrac{1}{z^2-1}\right)}$, $\dfrac{1}{z^2-1}=\dfrac{1}{\overline{z^2-1}}$

$z^2-1=\overline{z^2-1}$, $z^2-1=\overline{z}^2-1$

$z^2-\overline{z}^2=0$ $\therefore$ $(z+\overline{z})(z-\overline{z})=0$

이때 z는 허수이므로 $z\neq\overline{z}$

$\therefore$ $z+\overline{z}=0$ 답 ④

0347 $\alpha\overline{\alpha}-\overline{\alpha}\beta-\alpha\overline{\beta}+\beta\overline{\beta}=\alpha(\overline{\alpha}-\overline{\beta})-\beta(\overline{\alpha}-\overline{\beta})$
$\qquad\qquad\qquad\qquad\qquad=(\alpha-\beta)(\overline{\alpha}-\overline{\beta})$
$\qquad\qquad\qquad\qquad\qquad=(\alpha-\beta)\overline{(\alpha-\beta)}$

이때 $\alpha=5-3i$, $\beta=3-2i$이므로

$\alpha-\beta=(5-3i)-(3-2i)=2-i$

$\overline{\alpha-\beta}=2+i$

$\therefore$ (주어진 식)$=(2-i)(2+i)=5$ 답 5

0348 $\overline{z_1}+2\overline{z_2}=\overline{z_1+2z_2}=2+5i$이므로

$z_1+2z_2=\overline{2+5i}=2-5i$

$\overline{z_1}\times\overline{z_2}=\overline{z_1z_2}=3-4i$이므로

$z_1z_2=\overline{3-4i}=3+4i$

$\therefore$ $(z_1-1)(2z_2-1)=2z_1z_2-(z_1+2z_2)+1$
$\qquad\qquad\qquad\qquad=2(3+4i)-(2-5i)+1$
$\qquad\qquad\qquad\qquad=6+8i-2+5i+1$
$\qquad\qquad\qquad\qquad=5+13i$ 답 $5+13i$

0349 $\overline{\alpha}+\beta=i$이므로 $\alpha+\overline{\beta}=\overline{\overline{\alpha}+\beta}=\overline{i}=-i$

$\overline{\alpha}\beta=-1$이므로 $\alpha\overline{\beta}=\overline{(\overline{\alpha}\beta)}=\overline{(-1)}=-1$

$\therefore$ $\dfrac{1}{\alpha}+\dfrac{1}{\overline{\beta}}=\dfrac{\overline{\beta}+\alpha}{\alpha\overline{\beta}}=\dfrac{-i}{-1}=i$ 답 ④

0350 $z\overline{z}=2$에서 $z=\dfrac{2}{\overline{z}}$ $\therefore$ $\dfrac{1}{z}=\dfrac{\overline{z}}{2}$

$\omega\overline{\omega}=2$에서 $\omega=\dfrac{2}{\overline{\omega}}$ $\therefore$ $\dfrac{1}{\omega}=\dfrac{\overline{\omega}}{2}$

$\therefore$ $\dfrac{1}{z}+\dfrac{1}{\omega}=\dfrac{\overline{z}}{2}+\dfrac{\overline{\omega}}{2}=\dfrac{\overline{z}+\overline{\omega}}{2}=\dfrac{\overline{z+\omega}}{2}$
$\qquad\qquad\quad=\dfrac{\overline{2i}}{2}=\dfrac{-2i}{2}=-i$ 답 $-i$

0351 ① $(2-3i)+(5+4i)=7+i$

② $-3i-(-2+5i)=-3i+2-5i=2-8i$

③ $(1+i^2)(1-i^2)=(1-1)(1+1)=0$

④ $(5-i)^2=25-10i-1=24-10i$

⑤ $\dfrac{i}{2-i}=\dfrac{i(2+i)}{(2-i)(2+i)}=\dfrac{2i-1}{5}=-\dfrac{1}{5}+\dfrac{2}{5}i$

따라서 옳은 것은 ⑤이다.   답 ⑤

0352 $f(1, 4)+f(2, 8)+f(3, 12)+\cdots+f(17, 68)$
$=\dfrac{1-4i}{1+4i}+\dfrac{2-8i}{2+8i}+\dfrac{3-12i}{3+12i}+\cdots+\dfrac{17-68i}{17+68i}$
$=\dfrac{1-4i}{1+4i}+\dfrac{1-4i}{1+4i}+\dfrac{1-4i}{1+4i}+\cdots+\dfrac{1-4i}{1+4i}$
$=17\times\dfrac{1-4i}{1+4i}=17\times\dfrac{(1-4i)^2}{(1+4i)(1-4i)}$
$=17\times\dfrac{-15-8i}{17}=-15-8i$ 답 $-15-8i$

0353 $x+y=\dfrac{1+\sqrt{3}i}{2}+\dfrac{1-\sqrt{3}i}{2}=1$

$xy=\dfrac{1+\sqrt{3}i}{2}\times\dfrac{1-\sqrt{3}i}{2}=\dfrac{4}{4}=1$

$\therefore$ $x^3-2x^2y-2xy^2+y^3=x^3+y^3-2xy(x+y)$
$\qquad\qquad\qquad\qquad\quad=(x+y)^3-3xy(x+y)-2xy(x+y)$
$\qquad\qquad\qquad\qquad\quad=(x+y)^3-5xy(x+y)$
$\qquad\qquad\qquad\qquad\quad=1^3-5\times1\times1=-4$ 답 -4

0354 $z=(1+i)a^2-(5+4i)a+6+3i$
$\qquad=(a^2-5a+6)+(a^2-4a+3)i$

z^2이 음의 실수가 되려면 z가 순허수이어야 하므로

$a^2-5a+6=0$, $a^2-4a+3\neq0$

(i) $a^2-5a+6=0$에서 $(a-2)(a-3)=0$

$\therefore a=2$ 또는 $a=3$

(ii) $a^2-4a+3\neq0$에서 $(a-1)(a-3)\neq0$

$\therefore a\neq1,\ a\neq3$

(i), (ii)에서 $a=2$ 답 **2**

0355 $(4+i)x+\dfrac{10y}{1-2i}=(4+i)x+\dfrac{10y(1+2i)}{(1-2i)(1+2i)}$

$\qquad\qquad\qquad\quad=(4+i)x+2y(1+2i)$

$\qquad\qquad\qquad\quad=(4x+2y)+(x+4y)i$

즉, $(4x+2y)+(x+4y)i=8+9i$이므로

복소수가 서로 같을 조건에 의하여

$4x+2y=8,\ x+4y=9$

두 식을 연립하여 풀면 $x=1,\ y=2$

$\therefore x^2+y^2=5$ 답 ⑤

0356 $z=\dfrac{3+i}{1+i}+\dfrac{a-i}{1-i}$

$\qquad=\dfrac{(3+i)(1-i)+(a-i)(1+i)}{(1+i)(1-i)}$

$\qquad=\dfrac{4-2i+a+ai-i+1}{2}$

$\qquad=\dfrac{a+5}{2}+\dfrac{a-3}{2}i$

$\bar{z}=\dfrac{a+5}{2}-\dfrac{a-3}{2}i$

$z=\bar{z}$이므로 $\dfrac{a-3}{2}=-\dfrac{a-3}{2}$

$a-3=0\qquad\therefore a=3$ 답 ③

다른풀이 $z=\bar{z}$이므로 z는 실수이다.

즉, $z=\dfrac{a+5}{2}+\dfrac{a-3}{2}i$에서

$\dfrac{a-3}{2}=0\qquad\therefore a=3$

0357 $z=a+bi\,(a,\ b$는 실수$)$라 하면 $\bar{z}=a-bi$

$(1+i)z+2i\bar{z}=-1+3i$에서

$(1+i)(a+bi)+2i(a-bi)=-1+3i$

$a+bi+ai-b+2ai+2b=-1+3i$

$(a+b)+(3a+b)i=-1+3i$

복소수가 서로 같을 조건에 의하여

$a+b=-1,\ 3a+b=3$

두 식을 연립하여 풀면 $a=2,\ b=-3$이므로

$z=2-3i$

$\therefore z\bar{z}=(2-3i)(2+3i)=13$ 답 **13**

0358 $\dfrac{4-3i}{3+4i}=\dfrac{(4-3i)(3-4i)}{(3+4i)(3-4i)}=\dfrac{-25i}{25}=-i$이므로

$f(n)=(-i)^n$

$f(1)+2f(2)+3f(3)+4f(4)=-i-2+3i+4=2+2i$

$5f(5)+6f(6)+7f(7)+8f(8)=-5i-6+7i+8=2+2i$

$$\vdots$$

$97f(97)+98f(98)+99f(99)+100f(100)$

$\quad=-97i-98+99i+100=2+2i$

$\therefore f(1)+2f(2)+3f(3)+4f(4)+\cdots+100f(100)$

$\quad=25(2+2i)=50+50i$

따라서 $a=50,\ b=50$이므로

$a-b=0$ 답 ①

0359 $b<a<0$이므로

$a-b>0,\ b-a<0,\ -a>0,\ -b>0$

$\therefore \dfrac{\sqrt{a-b}}{\sqrt{b-a}}+\dfrac{\sqrt{a}}{\sqrt{-a}}+\dfrac{\sqrt{-b}}{\sqrt{b}}$

$\quad=-\sqrt{\dfrac{a-b}{b-a}}+\sqrt{\dfrac{a}{-a}}+\left(-\sqrt{\dfrac{-b}{b}}\right)$

$\quad=-\sqrt{\dfrac{a-b}{-(a-b)}}+\sqrt{-1}-\sqrt{-1}$

$\quad=-\sqrt{-1}$

$\quad=-i$ 답 ④

0360 ㄱ. $\overline{z-\omega}=\bar{z}-\bar{\omega}$

ㄴ. $z=i$이면 $z^2=-1$로 실수이지만

$\quad(z-1)^2=(i-1)^2=-2i$이므로 허수이다.

ㄷ. $z=\bar{\omega}$이면 $\bar{z}=\overline{(\bar{\omega})}=\omega$

$\quad z=a+bi\,(a,\ b$는 실수$)$라 하면 $\bar{z}=a-bi$이므로

$\quad z+\omega=z+\bar{z}=a+bi+a-bi=2a,$

$\quad z\omega=z\bar{z}=(a+bi)(a-bi)=a^2+b^2$

$\quad$즉, $z+\omega,\ z\omega$는 모두 실수이다.

따라서 옳은 것은 ㄱ, ㄷ이다. 답 ③

0361 $a\bar{a}+\bar{a}\beta+a\bar{\beta}+\beta\bar{\beta}=a(\bar{a}+\bar{\beta})+\beta(\bar{a}+\bar{\beta})$

$\qquad\qquad\qquad\qquad\quad=(a+\beta)(\bar{a}+\bar{\beta})$

$\qquad\qquad\qquad\qquad\quad=(a+\beta)\overline{(a+\beta)}$

이때 $a=1+i,\ \beta=-2+3i$이므로

$a+\beta=(1+i)+(-2+3i)=-1+4i$

$\overline{a+\beta}=-1-4i$

$\therefore$ (주어진 식)$=(-1+4i)(-1-4i)=17$ 답 ④

0362 $z=(1+i)x+(1-i)y-2+6i$

$\qquad=(x+y-2)+(x-y+6)i$

$\bar{z}=(x+y-2)-(x-y+6)i$

$z\bar{z}=0$에서

$\{(x+y-2)+(x-y+6)i\}\{(x+y-2)-(x-y+6)i\}=0$

$(x+y-2)^2+(x-y+6)^2=0$

이때 x, y는 실수이므로
$x+y-2=0$, $x-y+6=0$
두 식을 연립하여 풀면
$x=-2$, $y=4$

$$\cdots\cdots ㉯$$

$\therefore x^2+y^2=(-2)^2+4^2=20$

$$\cdots\cdots ㉰$$

답 20

단계	채점요소	배점
㉮	z를 간단히 하고 $\bar{z}$ 구하기	30 %
㉯	x, y의 값 구하기	50 %
㉰	x^2+y^2의 값 구하기	20 %

0363 $\sqrt{a}\sqrt{b}=-\sqrt{ab}$이므로 $a<0$, $b<0$
$\dfrac{\sqrt{d}}{\sqrt{c}}=-\sqrt{\dfrac{d}{c}}$이므로 $c<0$, $d>0$

$$\cdots\cdots ㉮$$

따라서 $b+c<0$, $a-d<0$이므로

$$\cdots\cdots ㉯$$

$\sqrt{a^2}-|b|-\sqrt{c^2}+\sqrt{(b+c)^2}-|a-d|$
$=|a|-|b|-|c|+|b+c|-|a-d|$
$=-a-(-b)-(-c)-(b+c)-\{-(a-d)\}$
$=-a+b+c-b-c+a-d$
$=-d$

$$\cdots\cdots ㉰$$

답 $-d$

단계	채점요소	배점
㉮	a, b, c, d의 부호 정하기	30 %
㉯	$b+c$, $a-d$의 부호 정하기	30 %
㉰	식 간단히 하기	40 %

0364 주사위를 던져서 0, 3, 5가 적어도 한 번 나오면 나온 수들의 곱이 -32가 될 수 없다.
(i) 2가 3번, $2i$가 2번 나오는 경우
$2^3\times(2i)^2=8\times(-4)=-32$ $\therefore n=5$
(ii) 2가 3번, $2i$가 1번, $1+i$가 2번 나오는 경우
$2^3\times2i\times(1+i)^2=8\times2i\times2i=-32$ $\therefore n=6$
(iii) 2가 3번, $1+i$가 4번 나오는 경우
$2^3\times(1+i)^4=8\times(-4)=-32$ $\therefore n=7$
(i), (ii), (iii)에서 가능한 모든 n의 값의 합은
$5+6+7=18$

답 18

0365 $z_1=1+2i$이므로
$z_2=\overline{z_1}+(1+i)=(1-2i)+(1+i)=2-i$
$z_3=\overline{z_2}+(1+i)=(2+i)+(1+i)=3+2i$
$z_4=\overline{z_3}+(1+i)=(3-2i)+(1+i)=4-i$
$z_5=\overline{z_4}+(1+i)=(4+i)+(1+i)=5+2i$
$\vdots$
따라서 z_n의 실수부분은 n이고 허수부분은 n이 홀수이면 2, n이 짝수이면 -1이다.
$\therefore z_{100}=100-i$

답 $\mathbf{100-i}$

05 | 이차방정식

📖 교과서 문제 정복하기

본문 55쪽

0366 $x^2-5x+4=0$에서 $(x-1)(x-4)=0$

$\therefore x=1$ 또는 $x=4$ 답 $x=1$ 또는 $x=4$

0367 $10x^2-x-3=0$에서 $(2x+1)(5x-3)=0$

$\therefore x=-\dfrac{1}{2}$ 또는 $x=\dfrac{3}{5}$ 답 $x=-\dfrac{1}{2}$ 또는 $x=\dfrac{3}{5}$

0368 $x^2+3x+1=0$에서

$x=\dfrac{-3\pm\sqrt{3^2-4\times1\times1}}{2\times1}=\dfrac{-3\pm\sqrt{5}}{2}$ 답 $x=\dfrac{-3\pm\sqrt{5}}{2}$

0369 $x^2-8x+28=0$에서

$x=\dfrac{-(-4)\pm\sqrt{(-4)^2-1\times28}}{1}$

$=4\pm\sqrt{-12}=4\pm2\sqrt{3}i$ 답 $x=4\pm2\sqrt{3}i$

0370 $2x^2-7x-4=0$에서 $(2x+1)(x-4)=0$

$\therefore x=-\dfrac{1}{2}$ 또는 $x=4$ (실근)   답 $x=-\dfrac{1}{2}$ 또는 $x=4$, 실근

0371 $4x^2-12x+9=0$에서 $(2x-3)^2=0$

$\therefore x=\dfrac{3}{2}$ (실근)   답 $x=\dfrac{3}{2}$, 실근

0372 $x^2+2x+3=0$에서

$x=\dfrac{-1\pm\sqrt{1^2-3}}{1}=-1\pm\sqrt{2}i$ (허근)

답 $x=-1\pm\sqrt{2}i$, 허근

0373 보기에 주어진 각 이차방정식의 판별식을 D라 하면

ㄱ. $D=(-5)^2-4\times1\times2=17>0$

ㄴ. $D=(-3)^2-4\times1\times5=-11<0$

ㄷ. $\dfrac{D}{4}=(-4)^2-4\times4=0$

ㄹ. $\dfrac{D}{4}=(-3)^2-1\times9=0$

ㅁ. $D=(-3)^2-4\times2\times2=-7<0$

ㅂ. $\dfrac{D}{4}=3^2-1\times4=5>0$

(1) 서로 다른 두 실근을 가지면 $D>0$이므로 ㄱ, ㅂ

(2) 중근(서로 같은 두 실근)을 가지면 $D=0$이므로 ㄷ, ㄹ

(3) 서로 다른 두 허근을 가지면 $D<0$이므로 ㄴ, ㅁ

답 (1) ㄱ, ㅂ   (2) ㄷ, ㄹ   (3) ㄴ, ㅁ

0374 이차방정식 $x^2-3x+k=0$의 판별식을 D라 하면

$D=(-3)^2-4\times1\times k=9-4k$

(1) 서로 다른 두 실근을 가지려면 $D>0$이어야 하므로

$D=9-4k>0$ $\therefore k<\dfrac{9}{4}$

(2) 중근을 가지려면 $D=0$이어야 하므로

$D=9-4k=0$ $\therefore k=\dfrac{9}{4}$

(3) 서로 다른 두 허근을 가지려면 $D<0$이어야 하므로

$D=9-4k<0$ $\therefore k>\dfrac{9}{4}$

답 (1) $k<\dfrac{9}{4}$ (2) $k=\dfrac{9}{4}$ (3) $k>\dfrac{9}{4}$

0375 이차방정식 $x^2+2x-2=0$에서 근과 계수의 관계에 의하여

(1) $\alpha+\beta=-2$

(2) $\alpha\beta=-2$

(3) $\alpha^2\beta+\alpha\beta^2=\alpha\beta(\alpha+\beta)=(-2)\times(-2)=4$

(4) $\dfrac{\alpha}{\beta}+\dfrac{\beta}{\alpha}=\dfrac{\alpha^2+\beta^2}{\alpha\beta}=\dfrac{(\alpha+\beta)^2-2\alpha\beta}{\alpha\beta}$

$=\dfrac{(-2)^2-2\times(-2)}{-2}=-4$

답 (1) -2 (2) -2 (3) 4 (4) -4

0376 $x^2-(-1+2)x+(-1)\times2=0$

$\therefore x^2-x-2=0$ 답 $x^2-x-2=0$

0377 $x^2-\{(3+2\sqrt{2})+(3-2\sqrt{2})\}x$
$\qquad\qquad\qquad+(3+2\sqrt{2})(3-2\sqrt{2})=0$

$\therefore x^2-6x+1=0$ 답 $x^2-6x+1=0$

0378 $x^2-\{(2+i)+(2-i)\}x+(2+i)(2-i)=0$

$\therefore x^2-4x+5=0$ 답 $x^2-4x+5=0$

0379 $x^2+2x-4=0$에서 근의 공식에 의하여

$x=-1\pm\sqrt{1^2-1\times(-4)}=-1\pm\sqrt{5}$

$\therefore x^2+2x-4=\{x-(-1+\sqrt{5})\}\{x-(-1-\sqrt{5})\}$

$\qquad\qquad=(x+1-\sqrt{5})(x+1+\sqrt{5})$

답 $(x+1-\sqrt{5})(x+1+\sqrt{5})$

0380 $x^2+25=0$에서 $x^2=-25$

$x=\pm\sqrt{-25}=\pm5i$

$\therefore x^2+25=(x-5i)(x+5i)$ 답 $(x-5i)(x+5i)$

0381 $2x^2-3x+2=0$에서 근의 공식에 의하여

$x=\dfrac{-(-3)\pm\sqrt{(-3)^2-4\times2\times2}}{2\times2}=\dfrac{3\pm\sqrt{-7}}{4}=\dfrac{3\pm\sqrt{7}i}{4}$

$$\therefore 2x^2-3x+2=2\left(x-\frac{3+\sqrt{7}i}{4}\right)\left(x-\frac{3-\sqrt{7}i}{4}\right)$$

$$\text{답 } 2\left(x-\frac{3+\sqrt{7}i}{4}\right)\left(x-\frac{3-\sqrt{7}i}{4}\right)$$

0382 a, b가 유리수이고 주어진 이차방정식의 한 근이 $2+\sqrt{3}$
이므로 다른 한 근은 $2-\sqrt{3}$이다.
따라서 근과 계수의 관계에 의하여
$(2+\sqrt{3})+(2-\sqrt{3})=-a$, $(2+\sqrt{3})(2-\sqrt{3})=b$
$\therefore a=-4$, $b=1$ 답 $a=-4$, $b=1$

0383 a, b가 실수이고 주어진 이차방정식의 한 근이 $3+2i$이
므로 다른 한 근은 $3-2i$이다.
따라서 근과 계수의 관계에 의하여
$(3+2i)+(3-2i)=-a$, $(3+2i)(3-2i)=b$
$\therefore a=-6$, $b=13$ 답 $a=-6$, $b=13$

📝 유형 익히기
본문 56~62쪽

0384 $(x-5)(x+3)=-x(x+1)$에서
$x^2-2x-15=-x^2-x$, $2x^2-x-15=0$
$(2x+5)(x-3)=0$ $\therefore x=-\dfrac{5}{2}$ 또는 $x=3$ 답 ②

0385 근의 공식을 이용하여 해를 구하면
$$x=\frac{-(-7)\pm\sqrt{(-7)^2-4\times3\times5}}{2\times3}=\frac{7\pm\sqrt{11}i}{6}$$
따라서 $a=7$, $b=11$이므로 $a+b=18$ 답 **18**

0386 $(x\odot x)-(x\odot 1)=4$에서
$x^2-x-x-(x-x-1)=4$
$x^2-2x-3=0$, $(x+1)(x-3)=0$
$\therefore x=-1$ 또는 $x=3$
따라서 모든 실수 x의 값의 합은
$-1+3=2$ 답 ④

0387 주어진 방정식의 양변에 $\sqrt{2}+1$을 곱하면
$(\sqrt{2}+1)(\sqrt{2}-1)x^2-(\sqrt{2}+1)(3-\sqrt{2})x+\sqrt{2}(\sqrt{2}+1)=0$
$x^2-(1+2\sqrt{2})x+\sqrt{2}(\sqrt{2}+1)=0$
$(x-\sqrt{2})\{x-(\sqrt{2}+1)\}=0$
$\therefore x=\sqrt{2}$ 또는 $x=\sqrt{2}+1$
이때 $\alpha>\beta$이므로 $\alpha=\sqrt{2}+1$, $\beta=\sqrt{2}$
$\therefore \alpha-\beta=1$ 답 **1**

0388 이차방정식 $x^2-ax+2\sqrt{3}=0$의 한 근이 $1+\sqrt{3}$이므로
$(1+\sqrt{3})^2-a(1+\sqrt{3})+2\sqrt{3}=0$
$1+2\sqrt{3}+3-a(1+\sqrt{3})+2\sqrt{3}=0$
$a(1+\sqrt{3})=4+4\sqrt{3}$
$\therefore a=\dfrac{4+4\sqrt{3}}{1+\sqrt{3}}=4$ 답 ④

0389 이차방정식 $x^2+(k+2)x-2k=0$의 한 근이 1이므로
$1+k+2-2k=0$ $\therefore k=3$

                                                  ㉮

$k=3$을 주어진 방정식에 대입하면
$x^2+5x-6=0$, $(x+6)(x-1)=0$
$\therefore x=-6$ 또는 $x=1$
따라서 다른 한 근은 -6이므로 $\alpha=-6$

                                                  ㉯

$\therefore k+\alpha=-3$

                                                  ㉰

                          답 -3

단계	채점요소	배점
㉮	k의 값 구하기	40 %
㉯	α의 값 구하기	40 %
㉰	$k+\alpha$의 값 구하기	20 %

0390 $x=1$이 이차방정식 $kx^2+ax+(k+1)b=0$의 근이므로
$k+a+(k+1)b=0$
$(1+b)k+a+b=0$
이 등식이 k의 값에 관계없이 항상 성립하므로
$1+b=0$, $a+b=0$
따라서 $a=1$, $b=-1$이므로
$a-b=2$ 답 **2**

0391 이차방정식 $x^2-2x-1=0$의 한 근이 α이므로
$\alpha^2-2\alpha-1=0$
이때 $\alpha\neq0$이므로 양변을 α로 나누면
$\alpha-2-\dfrac{1}{\alpha}=0$ $\therefore \alpha-\dfrac{1}{\alpha}=2$
$\therefore \alpha^3-\dfrac{1}{\alpha^3}=\left(\alpha-\dfrac{1}{\alpha}\right)^3+3\left(\alpha-\dfrac{1}{\alpha}\right)$
$\qquad\qquad=2^3+3\times2$
$\qquad\qquad=14$ 답 **14**

0392 $x^2-|x-2|-4=0$에서
(i) $x<2$일 때, $x^2+(x-2)-4=0$
   $x^2+x-6=0$, $(x+3)(x-2)=0$
   $\therefore x=-3$ 또는 $x=2$
   그런데 $x<2$이므로 $x=-3$

(ii) $x\geq2$일 때, $x^2-(x-2)-4=0$

$\quad x^2-x-2=0,\ (x+1)(x-2)=0$

$\quad \therefore x=-1$ 또는 $x=2$

$\quad$ 그런데 $x\geq2$이므로 $x=2$

(i), (ii)에서 $x=-3$ 또는 $x=2$

따라서 모든 근의 합은 $(-3)+2=-1$　　　　　답 -1

0393 $x^2-2|x|-2=0$에서

(i) $x<0$일 때, $x^2+2x-2=0$　　$\therefore x=-1\pm\sqrt{3}$

$\quad$ 그런데 $x<0$이므로 $x=-1-\sqrt{3}$

(ii) $x\geq0$일 때, $x^2-2x-2=0$　　$\therefore x=1\pm\sqrt{3}$

$\quad$ 그런데 $x\geq0$이므로 $x=1+\sqrt{3}$

(i), (ii)에서 $x=-1-\sqrt{3}$ 또는 $x=1+\sqrt{3}$

답 $x=-1-\sqrt{3}$ 또는 $x=1+\sqrt{3}$

0394 $|2\circledcirc x|=|2x+2+x|=|3x+2|$이므로

$|3x+2|=x^2-2$

(i) $x<-\dfrac{2}{3}$일 때, $-(3x+2)=x^2-2$

$\quad x^2+3x=0,\ x(x+3)=0$

$\quad \therefore x=0$ 또는 $x=-3$

$\quad$ 그런데 $x<-\dfrac{2}{3}$이므로 $x=-3$

(ii) $x\geq-\dfrac{2}{3}$일 때, $3x+2=x^2-2$

$\quad x^2-3x-4=0,\ (x+1)(x-4)=0$

$\quad \therefore x=-1$ 또는 $x=4$

$\quad$ 그런데 $x\geq-\dfrac{2}{3}$이므로 $x=4$

(i), (ii)에서 $x=-3$ 또는 $x=4$

따라서 모든 실수 x의 값의 곱은 $(-3)\times4=-12$　　답 ①

0395 $\sqrt{(x-1)^2}=|x-1|$이므로

$x^2-|x|-2=|x-1|$

(i) $x<0$일 때, $x^2+x-2=-(x-1)$

$\quad x^2+2x-3=0,\ (x+3)(x-1)=0$

$\quad \therefore x=-3$ 또는 $x=1$

$\quad$ 그런데 $x<0$이므로 $x=-3$

(ii) $0\leq x<1$일 때, $x^2-x-2=-(x-1)$

$\quad x^2-3=0$　　$\therefore x=\pm\sqrt{3}$

$\quad$ 그런데 $0\leq x<1$이므로 해는 없다.

(iii) $x\geq1$일 때, $x^2-x-2=x-1$

$\quad x^2-2x-1=0$　　$\therefore x=1\pm\sqrt{2}$

$\quad$ 그런데 $x\geq1$이므로 $x=1+\sqrt{2}$

(i), (ii), (iii)에서 $x=-3$ 또는 $x=1+\sqrt{2}$

따라서 모든 근의 합은

$\quad -3+(1+\sqrt{2})=-2+\sqrt{2}$　　　　답 $-2+\sqrt{2}$

0396 잔디가 깔리지 않는 땅의 넓이가 78 m²이므로

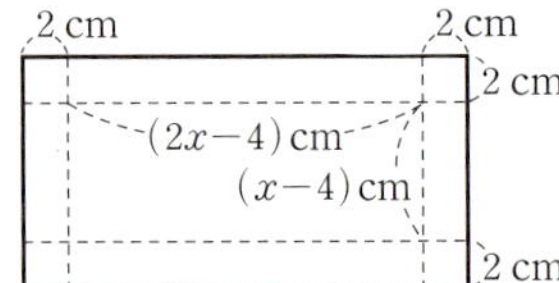

$(16-x)(12-2x)=78$

$2x^2-44x+114=0$

$x^2-22x+57=0$

$(x-3)(x-19)=0$

$\therefore x=3$ 또는 $x=19$

그런데 $x>0$, $12-2x>0$에서 $0<x<6$이므로

$x=3$　　　　　답 3

0397 세로의 길이를 x cm라 하면 가로의 길이는 $2x$ cm이므로 직육면체 모양의 상자의 부피는

$2(2x-4)(x-4)\ \mathrm{cm}^3$

이 상자의 부피가 192 cm³이므로

$2(2x-4)(x-4)=192,\ 2x^2-12x+16=96$

$x^2-6x-40=0,\ (x+4)(x-10)=0$

$\therefore x=-4$ 또는 $x=10$

그런데 $2x-4>0$, $x-4>0$에서 $x>4$이므로

$x=10$

따라서 처음 종이의 가로의 길이는 20 cm, 세로의 길이는 10 cm이다.　　　답 **가로: 20 cm, 세로: 10 cm**

0398 처음 물건의 가격을 a라 하면

$x\ \%$ 인상한 가격은 $a\left(1+\dfrac{x}{100}\right)$

다시 이 가격을 $x\ \%$ 인하한 가격은

$a\left(1+\dfrac{x}{100}\right)\left(1-\dfrac{x}{100}\right)$ ⋯⋯ ㉠

㉠이 처음 물건의 가격 a보다 9 % 낮으므로

$a\left(1+\dfrac{x}{100}\right)\left(1-\dfrac{x}{100}\right)=a\left(1-\dfrac{9}{100}\right)$

$1-\dfrac{x^2}{100^2}=1-\dfrac{9}{100}$

$x^2=900$　　$\therefore x=30\ (\because x>0)$　　답 ③

0399 이차방정식 $x^2-5x+k+2=0$의 판별식을 D라 하면

$D=(-5)^2-4(k+2)>0$

$17-4k>0$　　$\therefore k<\dfrac{17}{4}$

따라서 가장 큰 정수 k의 값은 4이다.　　답 ②

0400 이차방정식 $(m^2+4)x^2+2(m+2)x+2=0$의 판별식을 D라 하면

$\dfrac{D}{4}=(m+2)^2-2(m^2+4)\geq0$

$-m^2+4m-4\geq0,\ (m-2)^2\leq0$　　$\therefore m=2$　　답 ⑤

0401 이차방정식 $(x-1)^2-k(2x-1)+12=0$, 즉
$x^2-2(k+1)x+k+13=0$의 판별식을 D라 하면
$$\frac{D}{4}=\{-(k+1)\}^2-(k+13)=0$$
$k^2+k-12=0,\ (k+4)(k-3)=0$
$\therefore k=-4$ 또는 $k=3$
따라서 모든 실수 k의 값의 합은
$-4+3=-1$ 답 -1

0402 이차방정식 $x^2-2(k-a)x+(k^2-6k+b)=0$의 판별
식을 D라 하면
$$\frac{D}{4}=\{-(k-a)\}^2-(k^2-6k+b)=0$$
$k^2-2ak+a^2-k^2+6k-b=0$
$(6-2a)k+a^2-b=0$
이 등식이 k의 값에 관계없이 항상 성립해야 하므로
$6-2a=0,\ a^2-b=0$
따라서 $a=3,\ b=9$이므로
$a+b=12$ 답 **12**

0403 이차방정식 $x^2+ax+3-a=0$의 판별식을 D_1이라 하면
$D_1=a^2-4(3-a)=0$
$a^2+4a-12=0,\ (a+6)(a-2)=0$
$\therefore a=2\ (\because a>0)$
$a=2$를 $2x^2-ax+a+1=0$에 대입하면
$2x^2-2x+3=0$ …… ㉠
㉠의 판별식을 D_2라 하면
$$\frac{D_2}{4}=(-1)^2-2\times3=-5<0$$
따라서 ㉠은 서로 다른 두 허근을 갖는다. 답 ③

0404 이차방정식 $x^2+6x-a=0$의 판별식을 D_1이라 하면
$$\frac{D_1}{4}=3^2-(-a)<0 \qquad \therefore a<-9$$

㉮

이차방정식 $x^2+3x-(a+1)=0$의 판별식을 D_2라 하면
$D_2=3^2-4\{-(a+1)\}=4a+13$
이때 $a<-9$이므로
$D_2=4a+13<-23<0$

㉯

따라서 이차방정식 $x^2+3x-(a+1)=0$은 서로 다른 두 허근을
갖는다.

㉰

답 **서로 다른 두 허근**

단계	채점요소	배점
㉮	a의 값의 범위 구하기	30 %
㉯	이차방정식 $x^2+3x-(a+1)=0$의 판별식의 부호 알기	50 %
㉰	근을 판별하기	20 %

0405 $\sqrt{a}\sqrt{b}=-\sqrt{ab}$이므로
$a<0,\ b<0$
이차방정식 $x^2+ax+b=0$의 판별식을 D라 하면
$D=a^2-4b$
이때 $a<0,\ b<0$이므로 $a^2>0,\ -4b>0$
$\therefore D=a^2-4b>0$
따라서 이차방정식 $x^2+ax+b=0$은 서로 다른 두 실근을 갖는
다. 답 **서로 다른 두 실근**

0406 $(k+1)x^2+(2k+3)x+k+3$이 x에 대한 이차식이므
로 $k\neq-1$
또, 이 식이 완전제곱식이 되려면 x에 대한 이차방정식
$(k+1)x^2+(2k+3)x+k+3=0$의 판별식을 D라 할 때
$D=(2k+3)^2-4(k+1)(k+3)=0$
$-4k-3=0 \qquad \therefore k=-\dfrac{3}{4}$ 답 ①

0407 $ax^2+2(k-1)x+k^2+a-bk$가 x에 대한 이차식이므
로 $a\neq0$
또, 이 식이 완전제곱식이 되려면 x에 대한 이차방정식
$ax^2+2(k-1)x+k^2+a-bk=0$의 판별식을 D라 할 때
$$\frac{D}{4}=(k-1)^2-a(k^2+a-bk)=0$$
$\therefore (1-a)k^2+(ab-2)k+1-a^2=0$
이 등식이 k의 값에 관계없이 항상 성립하므로
$1-a=0,\ ab-2=0,\ 1-a^2=0$
$\therefore a=1,\ b=2$
$\therefore a+b=3$ 답 **3**

0408 주어진 이차식이 $(x-n)^2$의 꼴로 인수분해되려면 완전
제곱식이 되어야 하므로 x에 대한 이차방정식
$x^2-mx+2m+5=0$의 판별식을 D라 할 때
$D=(-m)^2-4(2m+5)=0$
$m^2-8m-20=0,\ (m+2)(m-10)=0$
$\therefore m=10\ (\because m>0)$
따라서 주어진 이차식은 $x^2-10x+25$이고 이것은 $(x-5)^2$으로
인수분해되므로 $n=5$
$\therefore m+n=15$ 답 **15**

0409 $(a-c)x^2+2bx+a+c$가 x에 대한 이차식이므로
$a-c\neq0 \qquad \therefore a\neq c$
또, 이 식이 완전제곱식이므로 x에 대한 이차방정식
$(a-c)x^2+2bx+a+c=0$의 판별식을 D라 할 때
$$\frac{D}{4}=b^2-(a-c)(a+c)=0$$
$b^2-a^2+c^2=0 \qquad \therefore b^2+c^2=a^2$
따라서 삼각형 ABC는 빗변의 길이가 a인 직각삼각형이다.

답 **빗변의 길이가 a인 직각삼각형**

0410 근과 계수의 관계에 의하여

$\alpha+\beta=3,\ \alpha\beta=1$

$\therefore \dfrac{\beta^2}{\alpha}+\dfrac{\alpha^2}{\beta}=\dfrac{\alpha^3+\beta^3}{\alpha\beta}$

$\qquad\qquad =\dfrac{(\alpha+\beta)^3-3\alpha\beta(\alpha+\beta)}{\alpha\beta}$

$\qquad\qquad =\dfrac{3^3-3\times1\times3}{1}=18$ 답 **18**

0411 근과 계수의 관계에 의하여

$\alpha+\beta=2\ (①),\ \alpha\beta=\dfrac{1}{4}\ (②)$

③ $(\alpha-\beta)^2=(\alpha+\beta)^2-4\alpha\beta=2^2-4\times\dfrac{1}{4}=3$

$\quad \therefore |\alpha-\beta|=\sqrt{3}$

④ $\alpha^2+\beta^2=(\alpha+\beta)^2-2\alpha\beta=2^2-2\times\dfrac{1}{4}=\dfrac{7}{2}$

⑤ $\dfrac{1}{1+\alpha}+\dfrac{1}{1+\beta}=\dfrac{1+\beta+1+\alpha}{(1+\alpha)(1+\beta)}$

$\qquad\qquad\qquad =\dfrac{(\alpha+\beta)+2}{1+(\alpha+\beta)+\alpha\beta}$

$\qquad\qquad\qquad =\dfrac{2+2}{1+2+\dfrac{1}{4}}=\dfrac{16}{13}$

따라서 옳지 않은 것은 ⑤이다. 답 **⑤**

0412 근과 계수의 관계에 의하여

$\alpha+\beta=4,\ \alpha\beta=1$ $\qquad\qquad\cdots\cdots\ ㉠$

$\therefore (\sqrt{\alpha}+\sqrt{\beta})^2=\alpha+\beta+2\sqrt{\alpha}\sqrt{\beta}$

$\qquad\qquad\qquad =\alpha+\beta+2\sqrt{\alpha\beta}\ (\because ㉠에서\ \alpha>0,\ \beta>0)$

$\qquad\qquad\qquad =4+2=6$

$\therefore \sqrt{\alpha}+\sqrt{\beta}=\sqrt{6}$ 답 $\sqrt{6}$

0413 근과 계수의 관계에 의하여

$\alpha+\beta=-2,\ \alpha\beta=\dfrac{3}{2}$

$\therefore \dfrac{\alpha^2+\beta^2}{(\alpha-\beta)^2}=\dfrac{(\alpha+\beta)^2-2\alpha\beta}{(\alpha+\beta)^2-4\alpha\beta}$

$\qquad\qquad =\dfrac{(-2)^2-2\times\dfrac{3}{2}}{(-2)^2-4\times\dfrac{3}{2}}=-\dfrac{1}{2}$ 답 $-\dfrac{1}{2}$

0414 이차방정식 $x^2-2x-4=0$의 두 근이 α, β이므로

$\alpha^2-2\alpha-4=0$에서 $\alpha^2-3\alpha+1=-\alpha+5$

$\beta^2-2\beta-4=0$에서 $\beta^2-3\beta+1=-\beta+5$

근과 계수의 관계에 의하여

$\alpha+\beta=2,\ \alpha\beta=-4$

$\therefore (\alpha^2-3\alpha+1)(\beta^2-3\beta+1)=(-\alpha+5)(-\beta+5)$

$\qquad\qquad\qquad\qquad\qquad =\alpha\beta-5(\alpha+\beta)+25$

$\qquad\qquad\qquad\qquad\qquad =-4-5\times2+25$

$\qquad\qquad\qquad\qquad\qquad =11$ 답 **③**

0415 α가 주어진 이차방정식의 근이므로

$\alpha^2-7\alpha+5=0$에서 $\alpha^2=7\alpha-5$

근과 계수의 관계에 의하여 $\alpha+\beta=7$

$\therefore \alpha^2+7\beta=(7\alpha-5)+7\beta=7(\alpha+\beta)-5$

$\qquad\qquad\qquad =7\times7-5=44$ 답 **44**

0416 이차방정식 $x^2-5x+2=0$의 두 근이 α, β이므로

$\alpha^2-5\alpha+2=0,\ \beta^2-5\beta+2=0$

$\therefore \alpha^2-4\alpha+2=\alpha,\ \beta^2-4\beta+2=\beta$

$\qquad\qquad\qquad\qquad\qquad\qquad\qquad\qquad ㉮$

근과 계수의 관계에 의하여

$\alpha+\beta=5,\ \alpha\beta=2$

$\qquad\qquad\qquad\qquad\qquad\qquad\qquad\qquad ㉯$

$\therefore \dfrac{\beta}{\alpha^2-4\alpha+2}+\dfrac{\alpha}{\beta^2-4\beta+2}=\dfrac{\beta}{\alpha}+\dfrac{\alpha}{\beta}=\dfrac{\alpha^2+\beta^2}{\alpha\beta}$

$\qquad\qquad\qquad\qquad\qquad =\dfrac{(\alpha+\beta)^2-2\alpha\beta}{\alpha\beta}$

$\qquad\qquad\qquad\qquad\qquad =\dfrac{5^2-2\times2}{2}=\dfrac{21}{2}$

$\qquad\qquad\qquad\qquad\qquad\qquad\qquad\qquad ㉰$

답 $\dfrac{21}{2}$

단계	채점요소	배점
㉮	분모를 간단히 나타내기	30%
㉯	근과 계수의 관계 이용하기	30%
㉰	식의 값 구하기	40%

0417 근과 계수의 관계에 의하여

$\alpha+\beta=k+1,\ \alpha\beta=k-1$

$(\alpha-\beta)^2=(\alpha+\beta)^2-4\alpha\beta=5$에서

$(k+1)^2-4(k-1)=5$

$k^2-2k=0,\ k(k-2)=0$

$\therefore k=2\ (\because k>0)$ 답 **2**

0418 근과 계수의 관계에 의하여

$\alpha+\beta=2k-1,\ \alpha\beta=k$

$\therefore \alpha^2\beta+\alpha+\alpha\beta^2+\beta=\alpha\beta(\alpha+\beta)+(\alpha+\beta)$

$\qquad\qquad\qquad\qquad =(\alpha+\beta)(\alpha\beta+1)$

$\qquad\qquad\qquad\qquad =(2k-1)(k+1)$

$\qquad\qquad\qquad\qquad =2k^2+k-1$

$\alpha^2\beta+\alpha+\alpha\beta^2+\beta=9$에서

$2k^2+k-1=9,\ 2k^2+k-10=0$

$(2k+5)(k-2)=0$

$\therefore k=2\ (\because k는 정수)$ 답 **②**

0419 근과 계수의 관계에 의하여

$\alpha+\beta=-3,\ \alpha\beta=k$

$|\alpha|+|\beta|=7$의 양변을 제곱하면
$$|\alpha|^2+2|\alpha||\beta|+|\beta|^2=49,\ \alpha^2+2|\alpha\beta|+\beta^2=49$$
$$(\alpha+\beta)^2-2\alpha\beta+2|\alpha\beta|=49,\ (-3)^2-2k+2|k|=49$$
$$\therefore\ |k|-k=20$$
(ⅰ) $k<0$이면 $-k-k=20$ $\therefore\ k=-10$
(ⅱ) $k\geq0$이면 $0=20$이므로 k의 값은 없다.
(ⅰ), (ⅱ)에서 $k=-10$ 답 -10

0420 주어진 이차방정식의 두 근을 2α, $3\alpha\ (\alpha\neq0)$라 하면 근과 계수의 관계에 의하여
$$2\alpha+3\alpha=k+1 \quad \therefore\ k=5\alpha-1 \qquad \cdots\cdots\ \text{㉠}$$
$$2\alpha\times3\alpha=k \quad \therefore\ k=6\alpha^2 \qquad \cdots\cdots\ \text{㉡}$$
㉠을 ㉡에 대입하면
$$5\alpha-1=6\alpha^2,\ 6\alpha^2-5\alpha+1=0$$
$$(2\alpha-1)(3\alpha-1)=0$$
$$\therefore\ \alpha=\frac{1}{2}\ \text{또는}\ \alpha=\frac{1}{3} \qquad \cdots\cdots\ \text{㉢}$$
㉢을 ㉠에 대입하면
$$k=\frac{3}{2}\ \text{또는}\ k=\frac{2}{3}$$
따라서 모든 실수 k의 값의 곱은 $\dfrac{3}{2}\times\dfrac{2}{3}=1$ 답 **1**

0421 주어진 이차방정식의 두 근을 α, $\alpha+2$라 하면 근과 계수의 관계에 의하여
$$\alpha+(\alpha+2)=-2 \quad \therefore\ \alpha=-2$$
$$\alpha(\alpha+2)=m^2-2m \qquad \cdots\cdots\ \text{㉠}$$
$\alpha=-2$를 ㉠에 대입하면
$$m^2-2m=0,\ m(m-2)=0$$
$$\therefore\ m=0\ \text{또는}\ m=2$$
따라서 모든 실수 m의 값의 합은 $0+2=2$ 답 ⑤

0422 주어진 이차방정식의 두 근을 α, $\alpha+1$(α는 자연수)이라 하면 근과 계수의 관계에 의하여
$$\alpha+(\alpha+1)=m \quad \therefore\ m=2\alpha+1 \qquad \cdots\cdots\ \text{㉠}$$
$$\alpha(\alpha+1)=m+1 \quad \therefore\ \alpha^2+\alpha=m+1 \qquad \cdots\cdots\ \text{㉡}$$
㉠을 ㉡에 대입하면
$$\alpha^2+\alpha=(2\alpha+1)+1,\ \alpha^2-\alpha-2=0$$
$$(\alpha-2)(\alpha+1)=0 \quad \therefore\ \alpha=2\ (\because\ \alpha\text{는 자연수})$$
$\alpha=2$를 ㉠에 대입하면
$$m=5$$
답 **5**

0423 주어진 이차방정식의 두 근을 α, β라 하면 두 근의 절댓값이 같고 부호가 서로 다르므로
$$\alpha+\beta=0,\ \alpha\beta<0$$
근과 계수의 관계에 의하여

$$\alpha+\beta=-\frac{m^2+m-6}{3}=0 \qquad \cdots\cdots\ \text{㉠}$$
$$\alpha\beta=\frac{-m+1}{3}<0 \qquad \cdots\cdots\ \text{㉡}$$
㉠에서 $m^2+m-6=0,\ (m+3)(m-2)=0$
$$\therefore\ m=-3\ \text{또는}\ m=2$$
㉡에서 $m>1$
따라서 구하는 m의 값은 2이다. 답 **2**

0424 이차방정식 $x^2+ax+b=0$의 두 근이 α, β이므로 근과 계수의 관계에 의하여
$$\alpha+\beta=-a,\ \alpha\beta=b \qquad \cdots\cdots\ \text{㉠}$$
이차방정식 $x^2+bx+a=0$의 두 근이 $\alpha+1$, $\beta+1$이므로 근과 계수의 관계에 의하여
$$(\alpha+1)+(\beta+1)=-b,\ (\alpha+1)(\beta+1)=a$$
$$\therefore\ (\alpha+\beta)+2=-b,\ \alpha\beta+(\alpha+\beta)+1=a \qquad \cdots\cdots\ \text{㉡}$$
㉠을 ㉡에 대입하면
$$-a+2=-b,\ b-a+1=a$$
$$\therefore\ a-b=2,\ 2a-b=1$$
두 식을 연립하여 풀면 $a=-1,\ b=-3$
$$\therefore\ ab=3$$
답 **3**

0425 이차방정식 $x^2-ax+5=0$의 두 근이 α, β이므로 근과 계수의 관계에 의하여
$$\alpha+\beta=a,\ \alpha\beta=5 \qquad \cdots\cdots\ \text{㉠}$$
이차방정식 $x^2+bx+15=0$의 두 근이 $\alpha+\beta$, $\alpha\beta$이므로 근과 계수의 관계에 의하여
$$(\alpha+\beta)+\alpha\beta=-b,\ (\alpha+\beta)\alpha\beta=15 \qquad \cdots\cdots\ \text{㉡}$$
㉠을 ㉡에 대입하면
$$a+5=-b,\ a\times5=15$$
두 식을 연립하여 풀면 $a=3,\ b=-8$
$$\therefore\ a+b=-5$$
답 ②

0426 이차방정식 $x^2+3x+1=0$의 두 근이 α, β이므로 근과 계수의 관계에 의하여
$$\alpha+\beta=-3,\ \alpha\beta=1 \qquad \cdots\cdots\ \text{㉠}$$
이차방정식 $x^2+ax+b=0$의 두 근이 $\alpha-\dfrac{1}{\alpha}$, $\beta-\dfrac{1}{\beta}$이므로 근과 계수의 관계에 의하여
$$\left(\alpha-\frac{1}{\alpha}\right)+\left(\beta-\frac{1}{\beta}\right)=-a,\ \left(\alpha-\frac{1}{\alpha}\right)\left(\beta-\frac{1}{\beta}\right)=b$$
$$\therefore\ \alpha+\beta-\left(\frac{1}{\alpha}+\frac{1}{\beta}\right)=\alpha+\beta-\frac{\alpha+\beta}{\alpha\beta}=-a$$
$$\alpha\beta-\left(\frac{\beta}{\alpha}+\frac{\alpha}{\beta}\right)+\frac{1}{\alpha\beta}=\alpha\beta+\frac{1}{\alpha\beta}-\frac{\alpha^2+\beta^2}{\alpha\beta}$$
$$\qquad\qquad\qquad =\alpha\beta+\frac{1}{\alpha\beta}-\frac{(\alpha+\beta)^2-2\alpha\beta}{\alpha\beta}$$
$$\qquad\qquad\qquad =b \qquad \cdots\cdots\ \text{㉡}$$

㉠을 ㉡에 대입하면

$$-3-\frac{-3}{1}=-a \qquad \therefore a=0$$

$$1+\frac{1}{1}-\frac{(-3)^2-2\times1}{1}=b \qquad \therefore b=-5$$

$$\therefore a-b=5 \hfill \text{답 ④}$$

0427 이차방정식 $x^2-5x+3=0$의 두 근이 α, β이므로 근과 계수의 관계에 의하여

$$\alpha+\beta=5,\ \alpha\beta=3$$

이때

$$(3-\alpha)+(3-\beta)=6-(\alpha+\beta)=6-5=1$$

$$(3-\alpha)(3-\beta)=9-3(\alpha+\beta)+\alpha\beta$$
$$=9-3\times5+3=-3$$

이므로 $3-\alpha$, $3-\beta$를 두 근으로 하고 x^2의 계수가 1인 이차방정식은

$$x^2-x-3=0 \hfill \text{답 ③}$$

0428 이차방정식 $2x^2+3x+1=0$의 두 근이 α, β이므로 근과 계수의 관계에 의하여

$$\alpha+\beta=-\frac{3}{2},\ \alpha\beta=\frac{1}{2}$$

이때

$$\left(\alpha+\frac{1}{\beta}\right)+\left(\beta+\frac{1}{\alpha}\right)=(\alpha+\beta)+\left(\frac{1}{\alpha}+\frac{1}{\beta}\right)=(\alpha+\beta)+\frac{\alpha+\beta}{\alpha\beta}$$

$$=-\frac{3}{2}+\frac{-\frac{3}{2}}{\frac{1}{2}}=-\frac{9}{2}$$

$$\left(\alpha+\frac{1}{\beta}\right)\left(\beta+\frac{1}{\alpha}\right)=\alpha\beta+\frac{1}{\alpha\beta}+2$$

$$=\frac{1}{2}+2+2=\frac{9}{2}$$

이므로 $\alpha+\frac{1}{\beta}$, $\beta+\frac{1}{\alpha}$을 두 근으로 하고 x^2의 계수가 2인 이차방정식은

$$2\left(x^2+\frac{9}{2}x+\frac{9}{2}\right)=0 \qquad \therefore 2x^2+9x+9=0$$

따라서 $a=9$, $b=9$이므로

$$a+b=18 \hfill \text{답 18}$$

0429 이차방정식 $x^2-2x-1=0$의 두 근이 α, β이므로 근과 계수의 관계에 의하여

$$\alpha+\beta=2,\ \alpha\beta=-1 \hfill \text{㉮}$$

이때

$$\alpha^2+\beta^2=(\alpha+\beta)^2-2\alpha\beta=2^2-2\times(-1)=6$$

$$\alpha^2\beta^2=(\alpha\beta)^2=(-1)^2=1 \hfill \text{㉯}$$

이므로 α^2, β^2을 두 근으로 하고 x^2의 계수가 1인 이차방정식은

$$x^2-6x+1=0 \hfill \text{㉰}$$

$$\therefore a=-6,\ b=1 \hfill \text{㉱}$$

$$\text{답}\ a=-6,\ b=1$$

단계	채점요소	배점
㉮	근과 계수의 관계 이용하기	20%
㉯	α^2, β^2의 합과 곱 구하기	50%
㉰	이차방정식 구하기	20%
㉱	a, b의 값 구하기	10%

0430 이차방정식 $x^2+ax+b=0$의 두 근이 2, α이므로 근과 계수의 관계에 의하여

$$2+\alpha=-a,\ 2\alpha=b \qquad \therefore a=-2-\alpha,\ b=2\alpha \hfill \text{……㉠}$$

이차방정식 $x^2-(a+1)x+b-1=0$의 두 근이 1, β이므로

$$1+\beta=a+1,\ \beta=b-1 \qquad \therefore a=\beta,\ b=\beta+1 \hfill \text{……㉡}$$

㉠을 ㉡에 대입하면

$$-2-\alpha=\beta,\ 2\alpha=\beta+1$$

$$\therefore \alpha+\beta=-2,\ 2\alpha-\beta=1$$

두 식을 연립하여 풀면 $\alpha=-\frac{1}{3}$, $\beta=-\frac{5}{3}$

이때 $-\frac{1}{3}+\left(-\frac{5}{3}\right)=-2$, $\left(-\frac{1}{3}\right)\times\left(-\frac{5}{3}\right)=\frac{5}{9}$이므로

α, β, 즉 $-\frac{1}{3}$, $-\frac{5}{3}$를 두 근으로 하고 x^2의 계수가 9인 이차방정식은

$$9\left(x^2+2x+\frac{5}{9}\right)=0 \qquad \therefore 9x^2+18x+5=0$$

따라서 $p=18$, $q=5$이므로

$$p-q=13 \hfill \text{답 13}$$

0431 a, b가 유리수이므로 이차방정식 $x^2+ax+2b=0$의 한 근이 $3+\sqrt{5}$이면 다른 한 근은 $3-\sqrt{5}$이다.

근과 계수의 관계에 의하여

$$(3+\sqrt{5})+(3-\sqrt{5})=-a,\ (3+\sqrt{5})(3-\sqrt{5})=2b$$

따라서 $a=-6$, $b=2$이므로 $a-b=-8$ \hfill 답 ①

0432 m, n이 실수이므로 이차방정식 $x^2+mx+n=0$의 한 근이 $-1-i$이면 다른 한 근은 $-1+i$이다.

근과 계수의 관계에 의하여

$$(-1-i)+(-1+i)=-m,\ (-1-i)(-1+i)=n$$이므로

$$m=2,\ n=2$$

이때 $\frac{1}{2}+2=\frac{5}{2}$, $\frac{1}{2}\times2=1$이므로 $\frac{1}{m}$, n, 즉 $\frac{1}{2}$, 2를 두 근으로 하고 x^2의 계수가 2인 이차방정식은

$$2\left(x^2-\frac{5}{2}x+1\right)=0 \qquad \therefore 2x^2-5x+2=0$$

$$\text{답}\ 2x^2-5x+2=0$$

0433 $\dfrac{1}{1-i}=\dfrac{1+i}{(1-i)(1+i)}=\dfrac{1+i}{2}=\dfrac{1}{2}+\dfrac{1}{2}i$

a,b가 실수이므로 이차방정식 $x^2+ax+b=0$의 한 근이

$\dfrac{1}{2}+\dfrac{1}{2}i$이면 다른 한 근은 $\dfrac{1}{2}-\dfrac{1}{2}i$이다.

　⋯⋯⋯⋯⋯⋯⋯⋯⋯⋯⋯⋯⋯⋯⋯⋯⋯⋯ ㉮

근과 계수의 관계에 의하여

$\left(\dfrac{1}{2}+\dfrac{1}{2}i\right)+\left(\dfrac{1}{2}-\dfrac{1}{2}i\right)=-a,\ \left(\dfrac{1}{2}+\dfrac{1}{2}i\right)\left(\dfrac{1}{2}-\dfrac{1}{2}i\right)=b$

이므로 $a=-1,\ b=\dfrac{1}{2}$

$\therefore f(x)=x^2-x+\dfrac{1}{2}$

　⋯⋯⋯⋯⋯⋯⋯⋯⋯⋯⋯⋯⋯⋯⋯⋯⋯⋯ ㉯

따라서 $f(x)$를 $x-2$로 나누었을 때의 나머지는

$f(2)=2^2-2+\dfrac{1}{2}=\dfrac{5}{2}$

　⋯⋯⋯⋯⋯⋯⋯⋯⋯⋯⋯⋯⋯⋯⋯⋯⋯⋯ ㉰

답 $\dfrac{5}{2}$

단계	채점요소	배점
㉮	다른 한 근 구하기	30%
㉯	$f(x)$ 구하기	40%
㉰	$f(x)$를 $x-2$로 나누었을 때의 나머지 구하기	30%

유형 Up

본문 63쪽

0434 주어진 식을 x에 대하여 내림차순으로 정리하면

$x^2+(y-1)x-6y^2+7y-k$

x에 대한 이차방정식 $x^2+(y-1)x-6y^2+7y-k=0$의 판별식을 D라 하면

$D=(y-1)^2-4(-6y^2+7y-k)=25y^2-30y+4k+1$

이 완전제곱식이어야 한다.

즉, y에 대한 이차방정식 $25y^2-30y+4k+1=0$의 판별식을 D'이라 하면

$\dfrac{D'}{4}=(-15)^2-25(4k+1)=0$

$225-100k-25=0,\ 100k=200$

$\therefore k=2$

답 **2**

0435 주어진 식을 x에 대하여 내림차순으로 정리하면

$2x^2-(3y+3)x+ay^2+y+1$

x에 대한 이차방정식 $2x^2-(3y+3)x+ay^2+y+1=0$의 판별식을 D라 하면

$D=\{-(3y+3)\}^2-4\times2\times(ay^2+y+1)$

　$=(9-8a)y^2+10y+1$

이 완전제곱식이어야 한다.

즉, $a\neq\dfrac{9}{8}$이고, y에 대한 이차방정식 $(9-8a)y^2+10y+1=0$

의 판별식을 D'이라 하면

$\dfrac{D'}{4}=5^2-(9-8a)=0$

$25-9+8a=0,\ 8a=-16$

$\therefore a=-2$

답 -2

0436 소라는 x^2의 계수와 상수항을 바르게 보고 풀었으므로

(두 근의 곱) $=\dfrac{c}{a}=(-3)\times4=-12$

$\therefore c=-12a$

민혁이는 x^2의 계수와 x의 계수를 바르게 보고 풀었으므로

(두 근의 합) $=-\dfrac{b}{a}=(-2+\sqrt5)+(-2-\sqrt5)=-4$

$\therefore b=4a$

따라서 주어진 이차방정식은

$ax^2+4ax-12a=0,\ x^2+4x-12=0\ (\because a\neq0)$

$(x+6)(x-2)=0\quad\therefore x=-6$ 또는 $x=2$

답 $x=-6$ 또는 $x=2$

0437 이차방정식 $ax^2+bx+c=0$에서 근의 공식을

$x=\dfrac{-b\pm\sqrt{b^2-ac}}{2a}$로 잘못 적용하여 얻은 두 근이 $-6,\ 1$이므로

$\dfrac{-b+\sqrt{b^2-ac}}{2a}+\dfrac{-b-\sqrt{b^2-ac}}{2a}=-\dfrac{b}{a}=-5$

$\therefore b=5a$

$\dfrac{-b+\sqrt{b^2-ac}}{2a}\times\dfrac{-b-\sqrt{b^2-ac}}{2a}=\dfrac{c}{4a}=-6$

$\therefore c=-24a$

따라서 주어진 이차방정식은

$ax^2+5ax-24a=0,\ x^2+5x-24=0\ (\because a\neq0)$

$(x+8)(x-3)=0\quad\therefore x=-8$ 또는 $x=3$

답 $x=-8$ 또는 $x=3$

0438 이차방정식 $f(x)=0$의 두 근을 $\alpha,\ \beta$라 하면

$\alpha+\beta=5$

$f(\alpha)=0,\ f(\beta)=0$이므로 $f(3x+1)=0$이려면

$3x+1=\alpha$ 또는 $3x+1=\beta$

$\therefore x=\dfrac{\alpha-1}{3}$ 또는 $x=\dfrac{\beta-1}{3}$

따라서 이차방정식 $f(3x+1)=0$의 두 근의 합은

$\dfrac{\alpha-1}{3}+\dfrac{\beta-1}{3}=\dfrac{\alpha+\beta-2}{3}=\dfrac{5-2}{3}=1$

답 **1**

0439 이차방정식 $f(x)=0$의 두 근을 $\alpha,\ \beta$라 하면

$\alpha\beta=16$

$f(\alpha)=0$, $f(\beta)=0$이므로 $f(4x)=0$이려면
$4x=\alpha$ 또는 $4x=\beta$
$\therefore x=\dfrac{\alpha}{4}$ 또는 $x=\dfrac{\beta}{4}$
따라서 이차방정식 $f(4x)=0$의 두 근의 곱은
$$\dfrac{\alpha}{4}\times\dfrac{\beta}{4}=\dfrac{\alpha\beta}{16}=\dfrac{16}{16}=1$$
답 ①

0440 이차방정식 $f(x)=0$의 두 근이 α, β이므로
$f(\alpha)=0$, $f(\beta)=0$
$f(2x+5)=0$이려면 $2x+5=\alpha$ 또는 $2x+5=\beta$
$\therefore x=\dfrac{\alpha-5}{2}$ 또는 $x=\dfrac{\beta-5}{2}$
따라서 이차방정식 $f(2x+5)=0$의 두 근의 곱은
$$\dfrac{\alpha-5}{2}\times\dfrac{\beta-5}{2}=\dfrac{\alpha\beta-5(\alpha+\beta)+25}{4}$$
$$=\dfrac{-4-15+25}{4}=\dfrac{3}{2}$$
답 $\dfrac{3}{2}$

0441 $2x^2-3=(x+1)(x-5)$에서
$2x^2-3=x^2-4x-5$, $x^2+4x+2=0$
$\therefore x=-2\pm\sqrt{2^2-1\times2}=-2\pm\sqrt{2}$
답 ③

0442 $x^2-(a+2)x+2a=0$에 $x=3$을 대입하면
$9-3(a+2)+2a=0$ $\therefore a=3$
$a=3$을 이차방정식 $x^2+ax-a^2-1=0$에 대입하면
$x^2+3x-10=0$, $(x+5)(x-2)=0$
$\therefore x=-5$ 또는 $x=2$
답 $x=-5$ 또는 $x=2$

0443 $|x^2+(a+2)x+a^2|=1$에 $x=-2$를 대입하면
$|(-2)^2+(a+2)\times(-2)+a^2|=1$
$|a^2-2a|=1$ $\therefore a^2-2a=\pm1$
(i) $a^2-2a=1$일 때,
   $a^2-2a-1=0$ $\therefore a=1\pm\sqrt{2}$
(ii) $a^2-2a=-1$일 때,
   $a^2-2a+1=0$, $(a-1)^2=0$ $\therefore a=1$
따라서 모든 실수 a의 값의 곱은
$(1+\sqrt{2})\times(1-\sqrt{2})\times1=-1$
답 -1

0444 (i) $x<1$일 때, $x^2-3(x-1)-7=0$
   $x^2-3x-4=0$, $(x+1)(x-4)=0$
   $\therefore x=-1$ 또는 $x=4$
   그런데 $x<1$이므로 $x=-1$

(ii) $x\geq1$일 때, $x^2+3(x-1)-7=0$
   $x^2+3x-10=0$, $(x+5)(x-2)=0$
   $\therefore x=-5$ 또는 $x=2$
   그런데 $x\geq1$이므로 $x=2$
(i), (ii)에서 $x=-1$ 또는 $x=2$이므로 주어진 방정식의 모든 근의 합은 1이다.
답 ②

0445 처음 땅의 한 변의 길이를 x m라 하면 도로를 제외한 나머지 땅의 넓이는 $(x-12)(x-20)(\text{m}^2)$
도로의 넓이는 $x^2-(x-12)(x-20)(\text{m}^2)$
도로의 넓이가 처음 땅의 넓이의 $\dfrac{1}{4}$이므로
$x^2-(x-12)(x-20)=\dfrac{1}{4}x^2$, $x^2-128x+960=0$
$(x-8)(x-120)=0$ $\therefore x=8$ 또는 $x=120$
그런데 $x>20$이므로 $x=120$
따라서 처음 땅의 한 변의 길이는 120 m이다.
답 **120 m**

0446 이차방정식 $x^2+2(k-2)x+k^2+k-6=0$의 판별식을 D라 하면
$$\dfrac{D}{4}=(k-2)^2-(k^2+k-6)<0$$
$-5k+10<0$ $\therefore k>2$
따라서 가장 작은 자연수 k의 값은 3이다.
답 ①

0447 이차방정식 $x^2+(am+b)x+m^2+c+2=0$의 판별식을 D라 하면
$D=(am+b)^2-4(m^2+c+2)=0$
$a^2m^2+2abm+b^2-4m^2-4c-8=0$
$(a^2-4)m^2+2abm+b^2-4c-8=0$
이 등식이 m의 값에 관계없이 항상 성립해야 하므로
$a^2-4=0$, $2ab=0$, $b^2-4c-8=0$
따라서 $a^2=4$, $b=0$, $c=-2$이므로
$a^2+b^2+c^2=4+0+4=8$
답 8

0448 $\dfrac{\sqrt{a}}{\sqrt{a-2}}=-\sqrt{\dfrac{a}{a-2}}$이므로 $a>0$, $a-2<0$
$\therefore 0<a<2$
이때 a는 정수이므로 $a=1$
ㄱ. $x^2+ax+a=0$, 즉 $x^2+x+1=0$의 판별식을 D라 하면
   $D=1^2-4\times1\times1=-3<0$
   이므로 서로 다른 두 허근을 갖는다.
ㄴ. $2x^2+(a-1)x+2a=0$, 즉 $2x^2+2=0$의 판별식을 D라 하면
   $D=0-4\times2\times2=-16<0$
   이므로 서로 다른 두 허근을 갖는다.

ㄷ. $x^2-ax+a-4=0$, 즉 $x^2-x-3=0$의 판별식을 D라 하면
$$D=(-1)^2-4\times1\times(-3)=13>0$$

이므로 서로 다른 두 실근을 갖는다.

따라서 항상 허근을 갖는 이차방정식은 ㄱ, ㄴ이다.　　　답 ㄱ, ㄴ

0449 주어진 식을 x에 대하여 내림차순으로 정리하면
$$x^2-(a+b)x+ab+x^2-(b+c)x+bc+x^2-(c+a)x+ca$$
$$=3x^2-2(a+b+c)x+ab+bc+ca$$

이 이차식이 완전제곱식이 되려면 이차방정식
$3x^2-2(a+b+c)x+ab+bc+ca=0$이 중근을 가져야 하므로 판별식을 D라 할 때
$$\frac{D}{4}=(a+b+c)^2-3(ab+bc+ca)=0$$
$$a^2+b^2+c^2-ab-bc-ca=0$$
$$\frac{1}{2}\{(a-b)^2+(b-c)^2+(c-a)^2\}=0$$

a, b, c가 실수이므로
$$a-b=0,\ b-c=0,\ c-a=0$$
$$\therefore a=b=c$$

따라서 a, b, c를 세 변의 길이로 하는 삼각형은 정삼각형이다.

답 **정삼각형**

0450 근과 계수의 관계에 의하여
$$\alpha+\beta=-\frac{3}{2},\ \alpha\beta=-2$$
$$\therefore \frac{\beta}{\alpha+1}+\frac{\alpha}{\beta+1}=\frac{\beta(\beta+1)+\alpha(\alpha+1)}{(\alpha+1)(\beta+1)}$$
$$=\frac{\beta^2+\beta+\alpha^2+\alpha}{\alpha\beta+(\alpha+\beta)+1}$$
$$=\frac{(\alpha+\beta)^2-2\alpha\beta+(\alpha+\beta)}{\alpha\beta+(\alpha+\beta)+1}$$
$$=\frac{\left(-\frac{3}{2}\right)^2-2\times(-2)-\frac{3}{2}}{-2-\frac{3}{2}+1}$$
$$=\frac{\frac{19}{4}}{-\frac{5}{2}}=-\frac{19}{10}$$

답 ③

0451 이차방정식 $x^2-5x+2=0$의 두 근이 α, β이므로
$\alpha^2-5\alpha+2=0$에서 $\alpha^2-4\alpha+2=\alpha$
$\beta^2-5\beta+2=0$에서 $\beta^2-4\beta+2=\beta$
근과 계수의 관계에 의하여 $\alpha\beta=2$이므로
$$(\alpha^2-4\alpha+2)(\beta^2-4\beta+2)=\alpha\beta=2$$

답 **2**

0452 이차방정식 $x^2-2x+k=0$의 두 근이 α, β이므로
근과 계수의 관계에 의하여
$$\alpha+\beta=2,\ \alpha\beta=k　　　　\cdots\cdots ㉠$$
$|\alpha-\beta|=4$에서 $(\alpha-\beta)^2=16$이므로

$$(\alpha+\beta)^2-4\alpha\beta=16　　　　\cdots\cdots ㉡$$

㉠을 ㉡에 대입하면
$$2^2-4k=16　　\therefore k=-3$$

답 ③

0453 주어진 이차방정식의 두 근을 α, 2α $(\alpha\neq0)$라 하면 근과 계수의 관계에 의하여
$$\alpha+2\alpha=-(k+1)　　\therefore k=-3\alpha-1　　\cdots\cdots ㉠$$
$$\alpha\times2\alpha=2$에서 $\alpha^2=1　　\therefore \alpha=-1 \text{ 또는 } \alpha=1　　\cdots\cdots ㉡$$

㉡을 ㉠에 대입하면
$$k=2 \text{ 또는 } k=-4$$

그런데 k는 자연수이므로 $k=2$

답 **2**

0454 주어진 이차방정식의 두 근을 α, $\alpha+1$ (α는 정수)이라 하면 근과 계수의 관계에 의하여
$$\alpha+(\alpha+1)=2k+1　　\therefore \alpha=k　　\cdots\cdots ㉠$$
$$\alpha(\alpha+1)=k^2+2k+3　　\cdots\cdots ㉡$$

㉠을 ㉡에 대입하면
$$k(k+1)=k^2+2k+3$$
$$\therefore k=-3$$

답 -3

0455 이차방정식 $x^2+4x-2=0$의 두 근이 α, β이므로 근과 계수의 관계에 의하여
$$\alpha+\beta=-4,\ \alpha\beta=-2$$
이때
$$\frac{1}{\alpha}+\frac{1}{\beta}=\frac{\alpha+\beta}{\alpha\beta}=\frac{-4}{-2}=2$$
$$\frac{1}{\alpha}\times\frac{1}{\beta}=\frac{1}{\alpha\beta}=-\frac{1}{2}$$

이므로 $\dfrac{1}{\alpha}$, $\dfrac{1}{\beta}$을 두 근으로 하고 x^2의 계수가 2인 이차방정식은
$$2\left(x^2-2x-\frac{1}{2}\right)=0　　\therefore 2x^2-4x-1=0$$

답 ③

0456 이차방정식 $\dfrac{1}{2}x^2+x+1=0$, 즉 $x^2+2x+2=0$의 근은
$$x=-1\pm\sqrt{1^2-1\times2}=-1\pm i$$
$$\therefore \frac{1}{2}x^2+x+1=\frac{1}{2}\{x-(-1+i)\}\{x-(-1-i)\}$$
$$=\frac{1}{2}(x+1-i)(x+1+i)$$

따라서 $\dfrac{1}{2}x^2+x+1$의 인수인 것은 ⑤이다.　　답 ⑤

0457 a, b가 유리수이므로 이차방정식 $x^2+ax+b=0$의 한 근이 $2-\sqrt{3}$이면 다른 한 근은 $2+\sqrt{3}$이다.
근과 계수의 관계에 의하여
$$(2-\sqrt{3})+(2+\sqrt{3})=-a,\ (2-\sqrt{3})(2+\sqrt{3})=b$$
$$\therefore a=-4,\ b=1$$

따라서 이차방정식 $x^2-bx+a=0$, 즉 $x^2-x-4=0$을 풀면

$$x=\frac{1\pm\sqrt{17}}{2}$$

답 $x=\dfrac{1\pm\sqrt{17}}{2}$

0458 주어진 식을 x에 대하여 내림차순으로 정리하면

$$x^2+2(y+2)x-2y^2-4y+a$$

이때 x에 대한 이차방정식 $x^2+2(y+2)x-2y^2-4y+a=0$의 판별식을 D라 하면

$$\frac{D}{4}=(y+2)^2-(-2y^2-4y+a)=3y^2+8y+4-a$$

가 완전제곱식이어야 한다.

따라서 y에 대한 이차방정식 $3y^2+8y+4-a=0$의 판별식을 D'이라 하면

$$\frac{D'}{4}=4^2-3(4-a)=0$$

$4+3a=0$ $\qquad \therefore a=-\dfrac{4}{3}$

답 $-\dfrac{4}{3}$

0459 이차방정식 $x^2+px+q=0$에서

A는 q의 값을 바르게 보고 풀었으므로

(두 근의 곱)$=q=(-5)\times(-1)=5$

B는 p의 값을 바르게 보고 풀었으므로

(두 근의 합)$=-p=(3+2i)+(3-2i)=6$

$\therefore p=-6$

$\therefore p+q=-1$

답 -1

0460 방정식 $f(x)=0$이 -1을 근으로 가지므로

$$f(-1)=0$$

이때 보기의 각 식의 좌변에 $x=2$를 대입하면

① $f(-x-1)=f(-3)$ ② $f(x+1)=f(3)$

③ $f(2x-1)=f(3)$ ④ $f(2x+2)=f(6)$

⑤ $f(x^2-5)=f(-1)$

따라서 2를 반드시 근으로 갖는 방정식은 ⑤이다.

답 ⑤

0461 이차방정식 $f(x)=0$의 두 근이 α, β이므로

$$f(\alpha)=0, f(\beta)=0$$

$f(3x-4)=0$이려면

$3x-4=\alpha$ 또는 $3x-4=\beta$

$\therefore x=\dfrac{\alpha+4}{3}$ 또는 $x=\dfrac{\beta+4}{3}$

따라서 이차방정식 $f(3x-4)=0$의 두 근의 합은

$$\frac{\alpha+4}{3}+\frac{\beta+4}{3}=\frac{\alpha+\beta+8}{3}=\frac{7+8}{3}=5$$

답 5

0462 $x=2$가 $x^2+(a+k)x+(k-1)b=0$의 근이므로

$$4+2a+2k+kb-b=0$$

$$\therefore (2+b)k+4+2a-b=0$$

······ ㉮

이 등식이 k의 값에 관계없이 항상 성립하므로

$$2+b=0, 4+2a-b=0$$

따라서 $a=-3$, $b=-2$이므로

······ ㉯

$$ab=6$$

······ ㉰

답 6

단계	채점요소	배점
㉮	$x=2$를 주어진 방정식에 대입하여 k에 대한 식으로 나타내기	30%
㉯	a, b의 값 구하기	50%
㉰	ab의 값 구하기	20%

0463 근과 계수의 관계에 의하여 주어진 이차방정식의 두 근의 곱이 $-12<0$이므로 두 근의 부호는 서로 다르다.

주어진 이차방정식의 두 근을 $-\alpha$, 3α라 하면 근과 계수의 관계에 의하여

$-\alpha+3\alpha=-2(m+1)$ $\qquad \therefore m=-\alpha-1$ ······ ㉠

$(-\alpha)\times3\alpha=-12$에서 $\alpha^2=4$

$\therefore \alpha=-2$ 또는 $\alpha=2$ ······ ㉡

······ ㉮

㉡을 ㉠에 대입하면

$\alpha=-2$일 때 $m=1$

$\alpha=2$일 때 $m=-3$

······ ㉯

따라서 모든 실수 m의 값의 곱은 -3이다.

······ ㉰

답 -3

단계	채점요소	배점
㉮	α의 값 구하기	50%
㉯	m의 값 구하기	30%
㉰	모든 실수 m의 값의 곱 구하기	20%

0464 이차방정식 $x^2+ax+b=0$의 두 근이 1, α이므로

$$1+\alpha=-a, \alpha=b$$

$\therefore a=-\alpha-1, b=\alpha$ ······ ㉠

이차방정식 $x^2+bx+a=0$의 두 근이 -3, β이므로

$$-3+\beta=-b, -3\beta=a$$

$\therefore a=-3\beta, b=-\beta+3$ ······ ㉡

······ ㉮

㉠을 ㉡에 대입하면

$-\alpha-1=-3\beta, \alpha=-\beta+3$

$\therefore \alpha-3\beta=-1, \alpha+\beta=3$

두 식을 연립하여 풀면

$$\alpha=2, \beta=1$$

······ ㉯

따라서 α, β, 즉 2, 1을 두 근으로 하고 x^2의 계수가 1인 이차방 정식은

$$x^2-(2+1)x+2\times1=0$$

$$\therefore x^2-3x+2=0$$

⋯⋯ ㉢

답 $x^2-3x+2=0$

단계	채점요소	배점
㉮	a, b를 α, β에 대한 식으로 나타내기	40%
㉯	α, β의 값 구하기	30%
㉢	이차방정식 구하기	30%

0465 $\dfrac{1}{1+2i}=\dfrac{1-2i}{(1+2i)(1-2i)}=\dfrac{1-2i}{5}=\dfrac{1}{5}-\dfrac{2}{5}i$

a, b가 실수이므로 이차방정식 $5x^2+ax+b=0$의 한 근이 $\dfrac{1}{5}-\dfrac{2}{5}i$이면 다른 한 근은 $\dfrac{1}{5}+\dfrac{2}{5}i$이다.

⋯⋯ ㉮

근과 계수의 관계에 의하여

$$\left(\dfrac{1}{5}-\dfrac{2}{5}i\right)+\left(\dfrac{1}{5}+\dfrac{2}{5}i\right)=-\dfrac{a}{5} \quad \therefore a=-2$$

$$\left(\dfrac{1}{5}-\dfrac{2}{5}i\right)\left(\dfrac{1}{5}+\dfrac{2}{5}i\right)=\dfrac{b}{5} \quad \therefore b=1$$

⋯⋯ ㉯

$$\therefore a+b=-1$$

⋯⋯ ㉢

답 -1

단계	채점요소	배점
㉮	다른 한 근 구하기	30%
㉯	a, b의 값 구하기	50%
㉢	$a+b$의 값 구하기	20%

0466 이차방정식 $x^2-ax+2=0$의 서로 다른 두 실근이 α, β 이므로 근과 계수의 관계에 의하여

$\alpha+\beta=a$, $\alpha\beta=2$

ㄱ. 주어진 이차방정식의 판별식을 D라 하면

$\quad D=a^2-8>0 \quad \therefore a^2>8$

$\quad \therefore \alpha^2+\beta^2=(\alpha+\beta)^2-2\alpha\beta=a^2-4>4$

ㄴ. $\alpha\beta=2>0$이므로 두 근의 부호는 서로 같다.

$\quad \therefore |\alpha+\beta|=|\alpha|+|\beta|$

ㄷ. $a>4$이면 $\dfrac{1}{a}<\dfrac{1}{4}$

$\quad$ 이때 $\alpha\beta=2$이므로 $\beta>0$이고 $\beta=\dfrac{2}{a}<\dfrac{1}{2}$

$\quad \therefore 0<\beta<\dfrac{1}{2}$

따라서 옳은 것은 ㄱ, ㄴ, ㄷ이다.

답 ㄱ, ㄴ, ㄷ

0467 계수가 실수인 이차방정식 $x^2-px+p+3=0$의 한 허 근이 α이므로 $\alpha=a+bi$ (a, b는 실수, $b\neq0$)라 하면 $\overline{\alpha}=a-bi$이고 다른 한 근은 $\overline{\alpha}$이다.

근과 계수의 관계에 의하여

$$\alpha+\overline{\alpha}=(a+bi)+(a-bi)=2a=p \quad \therefore a=\dfrac{p}{2} \quad \cdots\cdots ㉠$$

$$\alpha\overline{\alpha}=(a+bi)(a-bi)=a^2+b^2=p+3 \quad \cdots\cdots ㉡$$

㉠을 ㉡에 대입하면

$$\left(\dfrac{p}{2}\right)^2+b^2=p+3$$

$$\therefore b^2=-\dfrac{p^2}{4}+p+3 \quad \cdots\cdots ㉢$$

이때

$$\alpha^3=(a+bi)^3=(a^3-3ab^2)+(3a^2b-b^3)i$$

이므로 α^3이 실수가 되려면

$3a^2b-b^3=0$, $b(3a^2-b^2)=0$

이때 $b\neq0$이므로 $3a^2-b^2=0 \quad \therefore b^2=3a^2 \quad \cdots\cdots ㉣$

㉠, ㉢을 ㉣에 대입하면

$$-\dfrac{p^2}{4}+p+3=3\times\left(\dfrac{p}{2}\right)^2$$

$$\therefore p^2-p-3=0$$

따라서 근과 계수의 관계에 의하여 모든 실수 p의 값의 곱은 -3 이다.

답 ②

0468

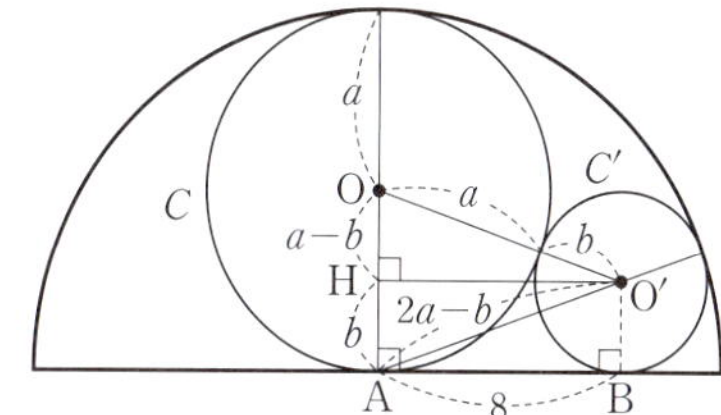

두 원 C, C'의 중심을 각각 O, O'이라 하고, 원 C의 반지름의 길 이를 a, 원 C'의 반지름의 길이를 b라 하자. 점 O'에서 $\overline{OA}$에 내 린 수선의 발을 H라 하면

직각삼각형 OHO'에서

$$(a+b)^2=(a-b)^2+8^2 \quad \therefore ab=16 \quad \cdots\cdots ㉠$$

직각삼각형 O'HA에서

$$(2a-b)^2=b^2+8^2, \ a^2-ab=16 \quad \cdots\cdots ㉡$$

㉠을 ㉡에 대입하면

$a^2=32 \quad \therefore a=4\sqrt{2} \ (\because a>0)$

$a=4\sqrt{2}$를 ㉠에 대입하면 $b=2\sqrt{2}$

이때 $a+b=6\sqrt{2}$, $ab=16$이므로 두 원 C, C'의 반지름의 길이, 즉 a, b를 두 근으로 하고 x^2의 계수가 1인 이차방정식은

$$x^2-6\sqrt{2}x+16=0$$

답 ③

06 | 이차방정식과 이차함수

📖 교과서 문제 정복하기

본문 69쪽

0469 $3x^2-6x=0$에서
$3x(x-2)=0$ $\quad \therefore x=0$ 또는 $x=2$ 답 **0, 2**

0470 $-x^2+4x-3=0$에서
$x^2-4x+3=0,\ (x-1)(x-3)=0$
$\therefore x=1$ 또는 $x=3$ 답 **1, 3**

0471 이차방정식 $2x^2-7x+4=0$의 판별식을 D라 하면
$D=(-7)^2-4\times2\times4=17>0$
따라서 주어진 이차함수의 그래프와 x축의 교점은 2개이다.
답 **2**

0472 이차방정식 $-x^2+2x-1=0$의 판별식을 D라 하면
$$\frac{D}{4}=1^2-(-1)\times(-1)=0$$
따라서 주어진 이차함수의 그래프와 x축의 교점은 1개이다.
답 **1**

0473 이차방정식 $x^2+3x+5=0$의 판별식을 D라 하면
$D=3^2-4\times1\times5=-11<0$
따라서 주어진 이차함수의 그래프와 x축의 교점은 0개이다.
답 **0**

0474 이차방정식 $x^2-4x+k=0$의 판별식을 D라 하면
$$\frac{D}{4}=(-2)^2-1\times k=4-k$$
(1) $\dfrac{D}{4}=4-k>0$ $\quad \therefore k<4$
(2) $\dfrac{D}{4}=4-k=0$ $\quad \therefore k=4$
(3) $\dfrac{D}{4}=4-k<0$ $\quad \therefore k>4$
답 (1) $\boldsymbol{k<4}$ (2) $\boldsymbol{k=4}$ (3) $\boldsymbol{k>4}$

0475 이차방정식 $x^2+6x+k=0$의 판별식을 D라 하면
$$\frac{D}{4}=3^2-1\times k=9-k$$
주어진 이차함수의 그래프가 x축과 만나려면 $D\geq0$이어야 하므로
$9-k\geq0$ $\quad \therefore k\leq9$ 답 $\boldsymbol{k\leq9}$

0476 $x^2+2x+2=-2x-1$에서
$x^2+4x+3=0,\ (x+3)(x+1)=0$
$\therefore x=-3$ 또는 $x=-1$ 답 $\boldsymbol{-3,\ -1}$

0477 $-x^2+6x-9=2x-5$에서
$x^2-4x+4=0,\ (x-2)^2=0$ $\quad \therefore x=2$ 답 **2**

0478 이차방정식 $x^2-3x-2=x-7$, 즉 $x^2-4x+5=0$의
판별식을 D라 하면
$$\frac{D}{4}=(-2)^2-1\times5=-1<0$$
따라서 주어진 이차함수의 그래프와 직선은 만나지 않는다.
답 **만나지 않는다.**

0479 이차방정식 $x^2+2x-1=-3x+5$, 즉 $x^2+5x-6=0$
의 판별식을 D라 하면
$D=5^2-4\times1\times(-6)=49>0$
따라서 주어진 이차함수의 그래프와 직선은 서로 다른 두 점에서
만난다. 답 **서로 다른 두 점에서 만난다.**

0480 이차방정식 $-x^2+4x+1=2x+2$, 즉 $x^2-2x+1=0$
의 판별식을 D라 하면
$$\frac{D}{4}=(-1)^2-1\times1=0$$
따라서 주어진 이차함수의 그래프와 직선은 한 점에서 만난다.
(접한다.) 답 **한 점에서 만난다. (접한다.)**

0481 이차방정식 $x^2-4x+1=2x+k$, 즉 $x^2-6x+1-k=0$
의 판별식을 D라 하면
$$\frac{D}{4}=(-3)^2-1\times(1-k)=8+k$$
(1) $\dfrac{D}{4}=8+k>0$ $\quad \therefore k>-8$
(2) $\dfrac{D}{4}=8+k=0$ $\quad \therefore k=-8$
(3) $\dfrac{D}{4}=8+k<0$ $\quad \therefore k<-8$
답 (1) $\boldsymbol{k>-8}$ (2) $\boldsymbol{k=-8}$ (3) $\boldsymbol{k<-8}$

0482 이차방정식 $-2x^2+x-1=4x+k$, 즉
$2x^2+3x+k+1=0$의 판별식을 D라 하면
$D=3^2-4\times2\times(k+1)=1-8k$
주어진 이차함수의 그래프와 직선이 만나려면 $D\geq0$이어야 하므
로 $1-8k\geq0$ $\quad \therefore k\leq\dfrac{1}{8}$ 답 $\boldsymbol{k\leq\dfrac{1}{8}}$

0483 $y=2x^2+2x=2\left(x+\dfrac{1}{2}\right)^2-\dfrac{1}{2}$
따라서 $x=-\dfrac{1}{2}$일 때 최솟값은 $-\dfrac{1}{2}$이고, 최댓값은 없다.
답 **최댓값: 없다., 최솟값: $\boldsymbol{-\dfrac{1}{2}}$**

0484 $y=-x^2+2x-7=-(x-1)^2-6$

따라서 $x=1$일 때 최댓값은 -6이고, 최솟값은 없다.

답 최댓값 : -6, 최솟값 : 없다.

0485 $-1\leq x\leq 2$에서 $y=f(x)$의 그래프
는 오른쪽 그림과 같고, 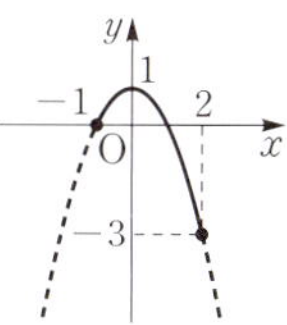
$f(-1)=0,\ f(0)=1,\ f(2)=-3$
따라서 최댓값은 1, 최솟값은 -3이다.

답 최댓값 : 1, 최솟값 : -3

0486 $f(x)=x^2-2x+3$
$\qquad\quad =(x-1)^2+2$

이므로 $0\leq x\leq 3$에서 $y=f(x)$의 그래프는 오
른쪽 그림과 같고, 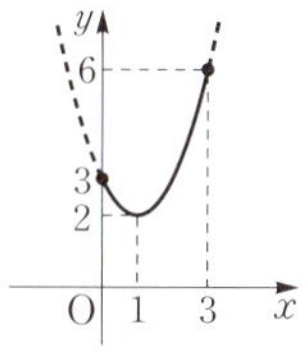
$f(0)=3,\ f(1)=2,\ f(3)=6$
따라서 최댓값은 6, 최솟값은 2이다.

답 최댓값 : 6, 최솟값 : 2

0487 $f(x)=2x^2+4x-7$
$\qquad\quad =2(x+1)^2-9$

이므로 $0\leq x\leq 2$에서 $y=f(x)$의 그래프는 오른
쪽 그림과 같고, 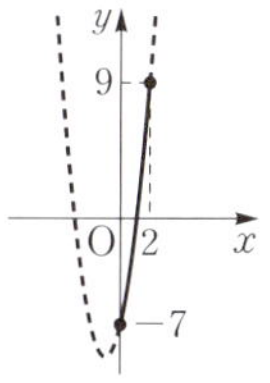
$f(0)=-7,\ f(2)=9$
따라서 최댓값은 9, 최솟값은 -7이다.

답 최댓값 : 9, 최솟값 : -7

0488 $f(x)=-\dfrac{1}{2}x^2+x+10$

$\qquad\quad =-\dfrac{1}{2}(x-1)^2+\dfrac{21}{2}$

이므로 $-4\leq x\leq -1$에서 $y=f(x)$의 그
래프는 오른쪽 그림과 같고, 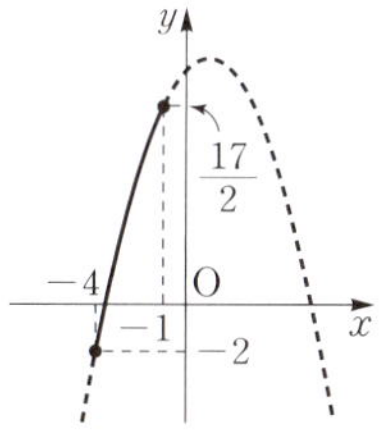
$f(-4)=-2,\ f(-1)=\dfrac{17}{2}$

따라서 최댓값은 $\dfrac{17}{2}$, 최솟값은 -2이다.

답 최댓값 : $\dfrac{17}{2}$, 최솟값 : -2

본문 70~75쪽

0489 이차함수 $y=2x^2+ax+b$의 그래프와 x축의 교점의 x
좌표가 -3, 2이므로 -3, 2는 이차방정식 $2x^2+ax+b=0$의
두 근이다.

따라서 근과 계수의 관계에 의하여

$-\dfrac{a}{2}=-3+2$에서 $a=2$

$\dfrac{b}{2}=(-3)\times 2$에서 $b=-12$

$\therefore a+b=-10$

답 ①

0490 이차함수 $y=x^2-ax+b$의 그래프와 x축의 교점의 x좌
표가 2, 3이므로 2, 3은 이차방정식 $x^2-ax+b=0$의 두 근이
다.

따라서 근과 계수의 관계에 의하여

$2+3=a,\ 2\times 3=b$ $\quad\therefore a=5,\ b=6$

이차함수 $y=x^2-bx+a$, 즉 $y=x^2-6x+5$의 그래프와 x축의
교점의 x좌표는 이차방정식 $x^2-6x+5=0$의 근이므로

$(x-1)(x-5)=0$ $\quad\therefore x=1$ 또는 $x=5$

따라서 구하는 두 점 사이의 거리는

$5-1=4$

답 **4**

0491 두 점 A, B의 x좌표를 각각 α, β $(\alpha>\beta)$라 하면 α, β
는 이차방정식 $x^2-6x+a=0$의 두 근이므로 근과 계수의 관계
에 의하여

$\alpha+\beta=6,\ \alpha\beta=a$ $\qquad\qquad\cdots\cdots$ ㉠

이때 $\overline{AB}=8$이므로 $\alpha-\beta=8$

양변을 제곱하면 $(\alpha-\beta)^2=64$

$\therefore (\alpha+\beta)^2-4\alpha\beta=64$ $\qquad\cdots\cdots$ ㉡

㉠을 ㉡에 대입하면

$36-4a=64$ $\quad\therefore a=-7$

답 ②

다른풀이 이차방정식 $x^2-6x+a=0$의 두 근을 α, $\alpha+8$이라 하
면 근과 계수의 관계에 의하여

$\alpha+(\alpha+8)=6$ $\qquad\qquad\cdots\cdots$ ㉠

$\alpha(\alpha+8)=a$ $\qquad\qquad\cdots\cdots$ ㉡

㉠에서 $2\alpha=-2$ $\quad\therefore \alpha=-1$

$\alpha=-1$을 ㉡에 대입하면

$(-1)\times(-1+8)=a$ $\quad\therefore a=-7$

0492 이차함수 $y=x^2-2kx+k^2-2k+4$의 그래프가 x축과
서로 다른 두 점에서 만나므로 이차방정식
$x^2-2kx+k^2-2k+4=0$의 판별식을 D라 하면

$\dfrac{D}{4}=(-k)^2-(k^2-2k+4)>0$

$2k-4>0$ $\quad\therefore k>2$

따라서 가장 작은 정수 k의 값은 3이다.

답 ④

0493 이차함수 $y=x^2+2ax-b^2+15$의 그래프가 x축과 만나
지 않으므로 이차방정식 $x^2+2ax-b^2+15=0$의 판별식을 D라
하면

$\dfrac{D}{4}=a^2-(-b^2+15)<0$

$\therefore a^2+b^2<15$

이를 만족시키는 자연수 a, b의 순서쌍 (a, b)는

$(1, 1)$, $(1, 2)$, $(1, 3)$, $(2, 1)$, $(2, 2)$, $(2, 3)$, $(3, 1)$, $(3, 2)$

의 8개이다.   답 **8**

0494 이차함수 $y=\dfrac{1}{2}kx^2-x-k+\dfrac{3}{2}$의 그래프가 x축과 한

점에서 만나므로 이차방정식 $\dfrac{1}{2}kx^2-x-k+\dfrac{3}{2}=0$의 판별식을

D_1이라 하면

$D_1=(-1)^2-4\times\dfrac{1}{2}k\times\left(-k+\dfrac{3}{2}\right)=0$

$2k^2-3k+1=0$, $(2k-1)(k-1)=0$

$\therefore k=\dfrac{1}{2}$ 또는 $k=1$ $\cdots\cdots$ ㉠

━━━━━━━━━━━━━━━━━━━━━━━━━ ㉮

이차함수 $y=-x^2+3x+k-3$의 그래프가 x축과 만나지 않으

므로 이차방정식 $-x^2+3x+k-3=0$의 판별식을 D_2라 하면

$D_2=3^2-4\times(-1)\times(k-3)<0$

$-3+4k<0$ $\therefore k<\dfrac{3}{4}$ $\cdots\cdots$ ㉡

━━━━━━━━━━━━━━━━━━━━━━━━━ ㉯

㉠, ㉡에서 $k=\dfrac{1}{2}$

━━━━━━━━━━━━━━━━━━━━━━━━━ ㉰

답 $\dfrac{1}{2}$

단계	채점요소	배점
㉮	$\dfrac{1}{2}kx^2-x-k+\dfrac{3}{2}=0$의 판별식을 이용하여 k의 값의 조건 구하기	40%
㉯	$-x^2+3x+k-3=0$의 판별식을 이용하여 k의 값의 조건 구하기	40%
㉰	k의 값 구하기	20%

0495 이차함수 $y=x^2+2ax+ak+k+b$의 그래프가 x축에

접하므로 이차방정식 $x^2+2ax+ak+k+b=0$의 판별식을 D

라 하면

$\dfrac{D}{4}=a^2-(ak+k+b)=0$

$\therefore a^2-b-k(a+1)=0$

이 식이 k의 값에 관계없이 항상 성립하므로

$a^2-b=0$, $a+1=0$

두 식을 연립하여 풀면 $a=-1$, $b=1$

$\therefore a+b=0$ 답 **0**

0496 이차함수 $y=3x^2-2x$의 그래프와 직선 $y=2x-a$가 서

로 다른 두 점에서 만나므로 이차방정식 $3x^2-2x=2x-a$, 즉

$3x^2-4x+a=0$의 판별식을 D라 하면

$\dfrac{D}{4}=(-2)^2-3a>0$ $\therefore a<\dfrac{4}{3}$ 답 $a<\dfrac{4}{3}$

0497 이차함수 $y=2x^2$의 그래프와 직선 $y=3x+k$가 접하므

로 이차방정식 $2x^2=3x+k$, 즉 $2x^2-3x-k=0$의 판별식을 D

라 하면

$D=(-3)^2-4\times2\times(-k)=0$

$9+8k=0$ $\therefore k=-\dfrac{9}{8}$ 답 $-\dfrac{9}{8}$

0498 이차함수 $y=x^2+2ax+a^2$의 그래프와 직선 $y=2x+1$

이 적어도 한 점에서 만나므로 이차방정식

$x^2+2ax+a^2=2x+1$, 즉 $x^2+2(a-1)x+a^2-1=0$의 판별

식을 D라 하면

$\dfrac{D}{4}=(a-1)^2-(a^2-1)\geq0$

$-2a+2\geq0$ $\therefore a\leq1$

따라서 가장 큰 실수 a의 값은 1이다.   답 **1**

0499 이차함수 $y=(k-3)x^2+3kx+5$의 그래프와 직선

$y=k(x-1)-2$가 만나지 않으므로 이차방정식

$(k-3)x^2+3kx+5=k(x-1)-2$, 즉

$(k-3)x^2+2kx+k+7=0$의 판별식을 D라 하면

$\dfrac{D}{4}=k^2-(k-3)(k+7)<0$

$-4k+21<0$ $\therefore k>\dfrac{21}{4}$

$\therefore a=\dfrac{21}{4}$ 답 ③

0500 직선 $y=ax+b$가 직선 $y=2x+8$에 평행하므로

$a=2$

직선 $y=2x+b$가 이차함수 $y=-x^2+2$의 그래프에 접하므로

이차방정식 $-x^2+2=2x+b$, 즉 $x^2+2x+b-2=0$의 판별식

을 D라 하면

$\dfrac{D}{4}=1^2-(b-2)=0$

$-b+3=0$ $\therefore b=3$

$\therefore a+b=5$ 답 ⑤

0501 직선 $y=-2x+1$을 x축의 방향으로 k만큼 평행이동

한 직선의 방정식은

$y=-2(x-k)+1$ $\therefore y=-2x+2k+1$

이 직선이 이차함수 $y=x^2-4x$의 그래프에 접하므로 이차방정

식 $x^2-4x=-2x+2k+1$, 즉 $x^2-2x-2k-1=0$의 판별식

을 D라 하면

$\dfrac{D}{4}=(-1)^2-(-2k-1)=0$

$2k+2=0$ $\therefore k=-1$ 답 -1

0502 이차함수 $y=x^2-3x+a$의 그래프가 점 $(2, 3)$을 지나 므로

$3=4-6+a$ $\therefore a=5$

또, 직선 $y=bx+c$도 점 $(2, 3)$을 지나므로

$3=2b+c$ $\therefore c=-2b+3$ $\cdots\cdots$ ㉠

이때 직선 $y=bx-2b+3$이 이차함수 $y=x^2-3x+5$의 그래프 에 접하므로 이차방정식 $x^2-3x+5=bx-2b+3$, 즉 $x^2-(b+3)x+2b+2=0$의 판별식을 D라 하면

$D=\{-(b+3)\}^2-4(2b+2)=0$

$b^2-2b+1=0$, $(b-1)^2=0$ $\therefore b=1$

$b=1$을 ㉠에 대입하면 $c=1$

$\therefore a+b+c=7$ 답 **7**

0503 구하는 직선의 방정식을 $y=mx+n$이라 하자.

이 직선이 이차함수 $y=x^2-2ax+a^2+2$의 그래프에 접하므로 이차방정식 $x^2-2ax+a^2+2=mx+n$, 즉 $x^2-(2a+m)x+a^2-n+2=0$의 판별식을 D라 하면

$D=\{-(2a+m)\}^2-4(a^2-n+2)=0$

$\therefore 4am+m^2+4n-8=0$

이 식이 a의 값에 관계없이 항상 성립하므로

$4m=0$, $m^2+4n-8=0$

두 식을 연립하여 풀면 $m=0$, $n=2$

따라서 구하는 직선의 방정식은 $y=2$ 답 $y=2$

0504 이차방정식 $-x^2+ax=x-b$, 즉 $x^2-(a-1)x-b=0$ 의 두 근이 -1, 5이므로 근과 계수의 관계에 의하여

$-1+5=a-1$에서 $a=5$

$(-1)\times5=-b$에서 $b=5$

$\therefore a+b=10$ 답 ⑤

0505 이차함수 $y=x^2-1$의 그래프와 직선 $y=ax+b$가 서로 다른 두 점 P, Q에서 만나므로 두 점 P, Q의 x좌표는 이차방정 식 $x^2-1=ax+b$, 즉 $x^2-ax-1-b=0$의 두 근과 같다.

이때 이차방정식 $x^2-ax-1-b=0$의 계수가 모두 유리수이고 한 근이 $1+\sqrt{3}$이므로 다른 한 근은 $1-\sqrt{3}$이다.

따라서 근과 계수의 관계에 의하여

$(1+\sqrt{3})+(1-\sqrt{3})=a$에서 $a=2$

$(1+\sqrt{3})(1-\sqrt{3})=-1-b$에서 $b=1$

$\therefore a+b=3$ 답 ③

0506 이차함수 $y=2x^2+3x+1$의 그래프와 직선 $y=5x+k$ 의 교점의 x좌표는 이차방정식 $2x^2+3x+1=5x+k$, 즉

$2x^2-2x+1-k=0$ $\cdots\cdots$ ㉠

의 실근과 같으므로 -2는 ㉠의 근이다.

$x=-2$를 ㉠에 대입하면

$8+4+1-k=0$ $\therefore k=13$

$k=13$을 ㉠에 대입하여 정리하면

$x^2-x-6=0$, $(x+2)(x-3)=0$

$\therefore x=-2$ 또는 $x=3$

따라서 점 B의 x좌표는 3이므로 $x=3$을 $y=5x+13$에 대입하 면 $y=15+13=28$

즉, 점 B의 좌표는 $(3, 28)$이다.   답 $(3, 28)$

0507 $y=-3x^2+6x+7=-3(x-1)^2+10$에서

$x=1$일 때 최댓값 10을 가지므로 $M=10$

$y=2x^2-8x+5=2(x-2)^2-3$에서

$x=2$일 때 최솟값 -3을 가지므로 $m=-3$

$\therefore M+m=7$ 답 **7**

0508 ① $x=2$일 때 최댓값 0을 갖는다.

② $y=-2x^2+6x=-2\left(x-\dfrac{3}{2}\right)^2+\dfrac{9}{2}$이므로

$x=\dfrac{3}{2}$일 때 최댓값 $\dfrac{9}{2}$를 갖는다.

③ $x=-1$일 때 최댓값 3을 갖는다.

④ $y=-x^2+2x+4=-(x-1)^2+5$이므로

$x=1$일 때 최댓값 5를 갖는다.

⑤ $x=0$일 때 최댓값 1을 갖는다.

따라서 최댓값이 가장 큰 것은 ④이다.   답 ④

0509 이차함수 $y=-\dfrac{1}{2}x^2+kx+4$의 그래프가 점 $(2, 10)$을 지나므로 $10=-2+2k+4$ $\therefore k=4$

따라서 $y=-\dfrac{1}{2}x^2+4x+4=-\dfrac{1}{2}(x-4)^2+12$이므로

$x=4$일 때 최댓값 12를 갖는다.   답 **12**

0510 x^2의 계수가 2이므로 주어진 이차함수의 식은

$y=2(x+5)(x-2)=2x^2+6x-20$

$\quad=2\left(x+\dfrac{3}{2}\right)^2-\dfrac{49}{2}$

따라서 $a=6$, $b=-20$이고, $x=-\dfrac{3}{2}$일 때 최솟값 $-\dfrac{49}{2}$를 가 지므로 $m=-\dfrac{49}{2}$

$\therefore a+b-m=\dfrac{21}{2}$ 답 $\dfrac{21}{2}$

0511 이차함수 $y=-2x^2+ax+b$가 $x=-2$에서 최댓값 13 을 가지므로

$y=-2(x+2)^2+13=-2x^2-8x+5$

따라서 $a=-8$, $b=5$이므로 $a+b=-3$ 답 -3

0512 $y=\dfrac{1}{4}x^2+x+2k+2=\dfrac{1}{4}(x+2)^2+2k+1$이므로

$x=-2$에서 최솟값 $2k+1$을 갖는다.

즉, $2k+1=11$이므로 $k=5$ 답 ⑤

0513 $y=-x^2+2kx-2k$
$$=-(x-k)^2+k^2-2k$$
이므로 $x=k$에서 최댓값 k^2-2k를 갖는다.

즉, $k^2-2k=8$이므로 $k^2-2k-8=0$

따라서 이차방정식의 근과 계수의 관계에 의하여 모든 실수 k의 값의 곱은 -8이다. 답 -8

참고 이차방정식 $k^2-2k-8=0$의 판별식을 D라 하면
$$\frac{D}{4}=(-1)^2-1\times(-8)=9>0$$
이므로 $k^2-2k-8=0$은 서로 다른 두 실근을 갖는다.

0514 이차함수 $y=ax^2+4x-a+1$이 $x=-1$에서 최솟값 b를 가지므로
$$y=a(x+1)^2+b=ax^2+2ax+a+b$$
즉, $2a=4$, $a+b=-a+1$이므로
$$a=2, \ b=-3$$
$$\therefore ab=-6$$ 답 ①

0515 이차함수 $y=-\dfrac{1}{3}x^2+4ax+b$의 그래프의 축의 방정식이 $x=-3$이고 최댓값이 6이므로 $x=-3$에서 최댓값 6을 갖는다.
$$\therefore y=-\frac{1}{3}(x+3)^2+6=-\frac{1}{3}x^2-2x+3$$
즉, $4a=-2$, $b=3$이므로 $a=-\dfrac{1}{2}$, $b=3$
$$\therefore ab=-\frac{3}{2}$$ 답 $-\dfrac{3}{2}$

0516 이차함수 $y=f(x)$가 $x=-1$에서 최댓값 4를 가지므로
$$f(x)=a(x+1)^2+4 \ (a<0)$$로 놓으면
이 이차함수의 그래프가 점 $(1, \ 0)$을 지나므로
$$0=4a+4 \qquad \therefore a=-1$$
따라서 $f(x)=-(x+1)^2+4$이므로
$$f(3)=-16+4=-12$$ 답 -12

0517 이차함수 $f(x)=x^2+ax+b$에 대하여 $f(-3)=f(5)$이므로
$$9-3a+b=25+5a+b \qquad \therefore a=-2$$

㉮

$f(x)=x^2-2x+b=(x-1)^2+b-1$이므로 $f(x)$는 $x=1$에서 최솟값 $b-1$을 갖는다.

즉, $a=1$, $b-1=-4$이므로 $a=1$, $b=-3$

㉯

$$\therefore a+ab=1+(-2)\times(-3)=7$$

㉰

답 7

0518 $y=x^2+6ax+18a+3$
$$=(x+3a)^2-9a^2+18a+3$$
이므로 $x=-3a$에서 최솟값 $-9a^2+18a+3$을 갖는다.
$$\therefore m=-9a^2+18a+3=-9(a-1)^2+12$$
따라서 m은 $a=1$일 때 최댓값 12를 갖는다. 답 12

0519 $f(x)=-\dfrac{1}{2}x^2-2x+k=-\dfrac{1}{2}(x+2)^2+2+k$

꼭짓점의 x좌표 -2가 $-4\le x\le 2$에 속하므로 최댓값은 $f(-2)=2+k$이다.

즉, $2+k=3$이므로 $k=1$

따라서 $f(x)=-\dfrac{1}{2}x^2-2x+1$에서 $f(-4)=1$, $f(2)=-5$이므로 최솟값은 -5이다. 답 -5

0520 $y=ax^2-4ax+b$
$$=a(x-2)^2-4a+b$$
$-1\le x\le 2$에서 이 이차함수의 그래프는 오른쪽 그림과 같다.

따라서 $x=-1$에서 최댓값 $5a+b$를 갖고, $x=2$에서 최솟값 $-4a+b$를 가지므로 $5a+b=7$, $-4a+b=1$

두 식을 연립하여 풀면 $a=\dfrac{2}{3}$, $b=\dfrac{11}{3}$
$$\therefore a-b=-3$$ 답 -3

0521 $f(x)=x^2-4x+5=(x-2)^2+1$

이라 하면 $0\le x\le a$에서 $y=f(x)$의 그래프는 오른쪽 그림과 같고 $f(2)=1$이므로 $a<2$

이때 $f(0)=5$이므로 $f(x)$는 $x=0$에서 최댓값 5를 갖고, $x=a$에서 최솟값 2를 갖는다.

즉, $f(a)=2$이므로
$$a^2-4a+5=2, \ a^2-4a+3=0$$
$$(a-1)(a-3)=0 \qquad \therefore a=1 \ (\because a<2)$$ 답 1

0522 $y=-x^2+2kx=-(x-k)^2+k^2$

(i) $k\ge 2$일 때,

꼭짓점의 x좌표 k가 $x\ge 2$에 속하므로 오른쪽 그림에서 $x=k$일 때 최댓값 k^2을 갖는다.

즉, $k^2=16$이므로 $k=4 \ (\because k\ge 2)$

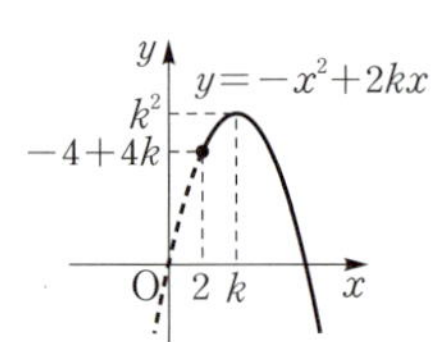

(ii) $k<2$일 때,

꼭짓점의 x좌표 k가 $x\geq2$에 속하지 않으므로 오른쪽 그림에서 $x=2$일 때 최댓값 $-4+4k$를 갖는다.

즉, $-4+4k=16$이므로 $k=5$

이때 $k<2$이므로 조건을 만족시키는 k의 값은 존재하지 않는다.

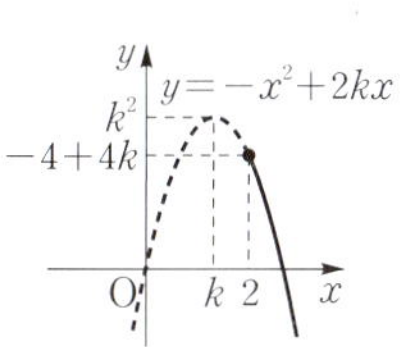

(i), (ii)에서 $k=4$ 　　　　　 답 **4**

523 $x^2+2x=t$로 놓으면

$t=x^2+2x=(x+1)^2-1$

$-1\leq x\leq1$이므로 오른쪽 그림에서

$-1\leq t\leq3$

이때 주어진 함수는

$y=t^2-4t+3$

　$=(t-2)^2-1 \ (-1\leq t\leq3)$

따라서 오른쪽 그림에서 $t=-1$일 때 최댓값 8을 갖는다.

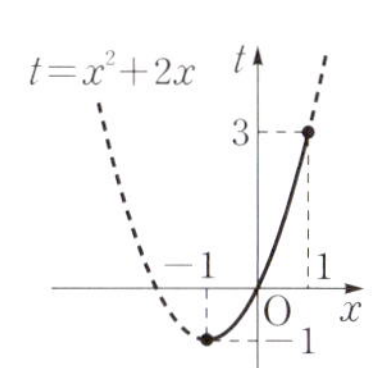

답 **8**

524 $x^2+2x-1=t$로 놓으면

$t=x^2+2x-1=(x+1)^2-2$

$-2\leq x\leq1$이므로 오른쪽 그림에서

$-2\leq t\leq2$

이때 주어진 함수는

$y=t^2+2(t+1)-3=t^2+2t-1$

　$=(t+1)^2-2 \ (-2\leq t\leq2)$

따라서 오른쪽 그림에서 $t=-1$일 때 최솟값 -2를 갖고, $t=2$일 때 최댓값 7을 가지므로 $M=7$, $m=-2$

$\therefore M+m=5$ 　　　　　 답 **5**

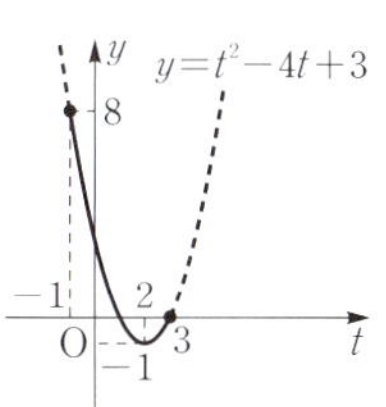

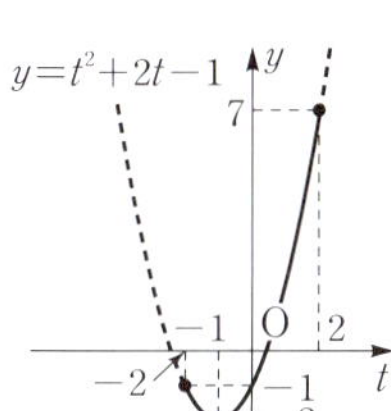

525 $x^2-4x+6=t$로 놓으면

$t=x^2-4x+6=(x-2)^2+2$이므로 $t\geq2$

이때 주어진 함수는

$y=-2t^2+12t+k=-2(t-3)^2+k+18 \ (t\geq2)$

따라서 $t=3$일 때 최댓값 $k+18$을 가지므로

$k+18=3$ 　　　 $\therefore k=-15$ 　　 답 ①

526 $x^2-2x+3=t$로 놓으면

$t=x^2-2x+3=(x-1)^2+2$이므로 $t\geq2$

이때 주어진 함수는

$y=-t^2+2(t-3)+1=-t^2+2t-5$

　$=-(t-1)^2-4 \ (t\geq2)$

따라서 오른쪽 그림에서 $t=2$일 때 최댓값 -5를 갖는다.

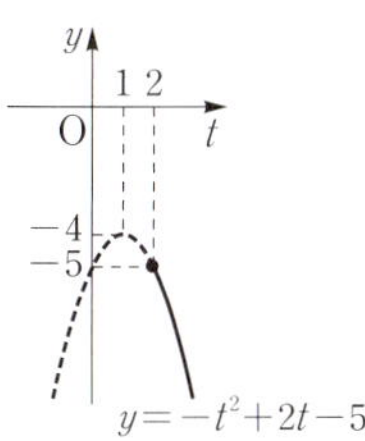

이때 $t=2$에서 $x^2-2x+3=2$

$x^2-2x+1=0, \ (x-1)^2=0$ 　　 $\therefore x=1$

즉, 주어진 함수는 $x=1$일 때 최댓값 -5를 가지므로

$a=1, \ b=-5$ 　　 $\therefore a+b=-4$ 　　 답 **-4**

527 $2x^2-12x+y^2+4y+18=2(x-3)^2+(y+2)^2-4$

이때 $x, \ y$가 실수이므로

$(x-3)^2\geq0, \ (y+2)^2\geq0$

$\therefore 2x^2-12x+y^2+4y+18\geq-4$

따라서 주어진 식의 최솟값은 -4이다. 　　 답 ②

528 $-x^2-y^2-2x+4y+10=-(x+1)^2-(y-2)^2+15$

이때 $x, \ y$가 실수이므로

$(x+1)^2\geq0, \ (y-2)^2\geq0$

$\therefore -x^2-y^2-2x+4y+10\leq15$

　　　　　　　　　　　　　　　　　　　　 ㉮

따라서 주어진 식은 $x=-1, \ y=2$일 때 최댓값 15를 가지므로

$a=-1, \ b=2, \ c=15$

$\therefore a+b+c=16$

　　　　　　　　　　　　　　　　　　　　 ㉯

답 **16**

단계	채점요소	배점
㉮	주어진 식을 변형하여 완전제곱식 꼴로 나타내기	50%
㉯	$a+b+c$의 값 구하기	50%

529 $x^2+4y^2+\dfrac{1}{2}z^2-2x+4y+2z+5$

$=(x-1)^2+4\left(y+\dfrac{1}{2}\right)^2+\dfrac{1}{2}(z+2)^2+1$

이때 $x, \ y, \ z$가 실수이므로

$(x-1)^2\geq0, \ \left(y+\dfrac{1}{2}\right)^2\geq0, \ (z+2)^2\geq0$

$\therefore x^2+4y^2+\dfrac{1}{2}z^2-2x+4y+2z+5\geq1$

따라서 주어진 식의 최솟값은 1이다. 　　 답 ①

530 $x+y+3=0$에서 $y=-x-3$

$\therefore x^2+2y^2=x^2+2(-x-3)^2=3x^2+12x+18$

　　　　　$=3(x+2)^2+6$

이때 $-3\leq x\leq0$이므로 $x=-2$일 때 최솟값 6을 갖고, $x=0$일 때 최댓값 18을 갖는다.

따라서 최댓값과 최솟값의 합은 $18+6=24$ 　　 답 **24**

531 $2x+y=4$에서 $y=-2x+4$

$\therefore xy=x(-2x+4)=-2x^2+4x=-2(x-1)^2+2$

이때 $-4\leq x\leq3$이므로 $x=1$일 때 최댓값 2를 갖고, $x=-4$일 때 최솟값 -48을 갖는다.

따라서 최댓값과 최솟값의 차는 $2-(-48)=50$ 　　 답 **50**

0532 $x+y=1$에서 $y=1-x$ $\quad$ …… ㉠

이때 $x\geq0$, $y\geq0$이므로

$x\geq0$, $y=1-x\geq0$ $\quad\therefore 0\leq x\leq1$

㉠을 $2x^2+y^2$에 대입하면

$2x^2+y^2=2x^2+(1-x)^2=3x^2-2x+1$

$\qquad\qquad\quad=3\left(x-\dfrac{1}{3}\right)^2+\dfrac{2}{3}$

따라서 $0\leq x\leq1$에서 $x=\dfrac{1}{3}$일 때 최솟값 $\dfrac{2}{3}$를 갖고, $x=1$일 때

최댓값 2를 갖는다. $\qquad$ 답 최댓값: 2, 최솟값: $\dfrac{2}{3}$

0533 점 $\mathrm{P}(a,\,b)$가 직선 $x-3y+4=0$ 위를 움직이므로

$a-3b+4=0$ $\quad\therefore a=3b-4$

$\therefore a^2-b^2=(3b-4)^2-b^2=8b^2-24b+16$

$\qquad\qquad=8\left(b-\dfrac{3}{2}\right)^2-2$

따라서 $b=\dfrac{3}{2}$일 때 최솟값 -2를 갖는다. $\qquad$ 답 -2

0534 $-x^2+9=0$에서 $x^2-9=0$

$(x+3)(x-3)=0$ $\quad\therefore x=-3$ 또는 $x=3$

즉, 이차함수 $y=-x^2+9$의 그래프와 x축의 교점의 x좌표는

-3, 3이다.

점 B의 좌표를 $(a,\,0)$ $(0<a<3)$이라 하면

$\mathrm{A}(-a,\,0)$, $\mathrm{C}(a,\,-a^2+9)$

$\therefore \overline{\mathrm{AB}}=2a$, $\overline{\mathrm{BC}}=-a^2+9$

직사각형 ABCD의 둘레의 길이를 l이라 하면

$l=2(2a-a^2+9)=-2a^2+4a+18$

$\quad=-2(a-1)^2+20$

이때 $0<a<3$이므로 $a=1$일 때 최댓값 20을 갖는다.

따라서 직사각형 ABCD의 둘레의 길이의 최댓값은 20이다.

$\qquad$ 답 **20**

0535 오른쪽 그림과 같이 우리

의 세로의 길이를 x m라 하면

전체 우리의 가로의 길이는

$(120-3x)$ m이다.

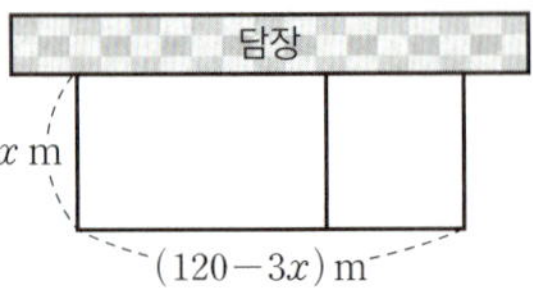

이때 $x>0$, $120-3x>0$이므로 $0<x<40$

전체 우리의 넓이를 y m^2라 하면

$y=x(120-3x)=-3x^2+120x$

$\quad=-3(x-20)^2+1200$

이때 $0<x<40$이므로 $x=20$일 때 최댓값 1200을 갖는다.

따라서 전체 우리의 최대 넓이는 1200 m^2이다. $\qquad$ 답 **1200 m²**

0536 $h(t)=-5t^2+30t+18=-5(t-3)^2+63$

$2\leq t\leq5$이고 $h(2)=58$, $h(3)=63$, $h(5)=43$이므로 이 공의

최소 높이는 43 m이다. $\qquad$ 답 **43 m**

0537 오른쪽 그림과 같이 직사각형

의 가로의 길이를 x m, 세로의 길이를

y m라 하면

$\triangle\mathrm{ABC}\backsim\triangle\mathrm{ADE}$ (AA 닮음)이므로

$10:x=8:(8-y)$

$8x=80-10y$ $\quad\therefore y=8-\dfrac{4}{5}x$

이때 $x>0$, $8-\dfrac{4}{5}x>0$이므로 $0<x<10$

직사각형의 넓이를 S m^2라 하면

$S=x\left(8-\dfrac{4}{5}x\right)=-\dfrac{4}{5}x^2+8x$

$\quad=-\dfrac{4}{5}(x-5)^2+20$

이때 $0<x<10$이므로 $x=5$일 때 최댓값 20을 갖는다.

$x=5$일 때 $y=8-\dfrac{4}{5}\times5=4$이므로 구하는 밭의 둘레의 길이는

$2(5+4)=18\,(\mathrm{m})$ $\qquad$ 답 **18 m**

0538 A패키지 상품의 예약자를 x명, 총 판매 금액을 y원이라

하면

(i) $0\leq x\leq30$일 때

$\quad y=50000x$

$\quad$ 따라서 예약자가 30명일 때 총 판매 금액의 최댓값은

$\quad$ 1500000원이다.

(ii) $30<x\leq45$일 때

$\quad$ (상품 가격)$=50000-(x-30)\times1000$

$\qquad\qquad\qquad=80000-1000x$

$\quad\therefore y=(80000-1000x)x$

$\qquad=-1000x^2+80000x$

$\qquad=-1000(x-40)^2+1600000$

$\quad$ 따라서 예약자가 40명일 때 총 판매 금액의 최댓값은

$\quad$ 1600000원이다.

(i), (ii)에서 총 판매 금액이 최대가 되려면 예약자 수는 40명이어

야 한다. $\qquad$ 답 **40명**

0539 액자의 가로와 세로의 길이를 각각 x cm, y cm라 하면

액자의 둘레의 길이가 216 cm이므로

$2(x+y)=216$ $\quad\therefore y=108-x$

이때 사진의 가로의 길이는 $(x-6)$ cm, 세로의 길이는

$y-12=108-x-12=96-x$ (cm)이고

$x-6>0$, $96-x>0$ $\quad\therefore 6<x<96$

사진의 넓이를 $S\ \mathrm{cm}^2$라 하면
$$S=(x-6)(96-x)=-x^2+102x-576$$
$$=-(x-51)^2+2025$$
이때 $6<x<96$이므로 $x=51$, 즉 $y=108-51=57$일 때 최댓값 2025를 갖는다. 따라서 사진의 넓이를 최대로 하는 액자의 짧은 변의 길이는 $51\ \mathrm{cm}$이다.　　　　　　　　　답 **51 cm**

0540 이차함수 $y=x^2-2kx+k$의 그래프가 x축과 만나는 두 점의 좌표를 $(\alpha,\ 0)$, $(\beta,\ 0)$ $(\alpha>\beta)$이라 하면 이차방정식 $x^2-2kx+k=0$의 두 근이 α, β이므로 근과 계수의 관계에 의하여
$$\alpha+\beta=2k,\ \alpha\beta=k \qquad\cdots\cdots\ \text{㉠}$$
이때 두 점 $(\alpha,\ 0)$, $(\beta,\ 0)$ 사이의 거리가 $2\sqrt{2}$이므로
$$\alpha-\beta=2\sqrt{2}$$
양변을 제곱하면 $(\alpha-\beta)^2=8$
$$\therefore (\alpha+\beta)^2-4\alpha\beta=8 \qquad\cdots\cdots\ \text{㉡}$$
㉠을 ㉡에 대입하면 $4k^2-4k=8$
$$k^2-k-2=0,\ (k+1)(k-2)=0$$
$$\therefore k=2\ (\because k>0) \qquad\qquad\text{답 } \mathbf{2}$$

0541 이차함수 $y=f(x)$의 그래프와 x축의 교점의 x좌표가 α, β이므로 α, β는 이차방정식 $f(x)=0$의 두 근이다.
즉, $f(\alpha)=0$, $f(\beta)=0$이므로 $f(x+5)=0$이려면
$$x+5=\alpha \text{ 또는 } x+5=\beta$$
$$\therefore x=\alpha-5 \text{ 또는 } x=\beta-5$$
따라서 이차방정식 $f(x+5)=0$의 두 근의 합은
$$(\alpha-5)+(\beta-5)=\alpha+\beta-10$$
$$=-3-10=-13 \qquad\text{답 } \mathbf{-13}$$

0542 이차함수 $y=-x^2+4x+2-k$의 그래프가 x축과 서로 다른 두 점에서 만나야 하므로 이차방정식 $-x^2+4x+2-k=0$의 판별식을 D라 하면
$$\frac{D}{4}=2^2-(-1)\times(2-k)>0$$
$$\therefore k<6$$
따라서 가장 큰 정수 k의 값은 5이다.　　　　답 ④

0543 이차함수 $y=x^2-2ax+2am-2m+b$의 그래프가 x축에 접하므로 이차방정식 $x^2-2ax+2am-2m+b=0$의 판별식을 D라 하면
$$\frac{D}{4}=(-a)^2-(2am-2m+b)=0$$
$$\therefore a^2-b-2m(a-1)=0$$

이 식이 m의 값에 관계없이 항상 성립하므로
$$a^2-b=0,\ a-1=0$$
두 식을 연립하여 풀면 $a=1$, $b=1$
$$\therefore ab=1 \qquad\qquad\text{답 ②}$$

0544 이차함수 $y=3x^2-4x+k$의 그래프와 직선 $y=8x+12$가 한 점에서 만나므로 이차방정식 $3x^2-4x+k=8x+12$, 즉 $3x^2-12x+k-12=0$의 판별식을 D라 하면
$$\frac{D}{4}=(-6)^2-3(k-12)=0$$
$$72-3k=0 \qquad\therefore k=24 \qquad\text{답 } \mathbf{24}$$

0545 이차함수 $y=x^2+2ax+b$의 그래프가 x축과 접하므로 이차방정식 $x^2+2ax+b=0$의 판별식을 D_1이라 하면
$$\frac{D_1}{4}=a^2-b=0$$
$$\therefore b=a^2 \qquad\qquad\cdots\cdots\ \text{㉠}$$
이차함수 $y=x^2+2ax+b$의 그래프가 직선 $y=4x$와 만나지 않으므로 이차방정식 $x^2+2ax+b=4x$, 즉 $x^2+2(a-2)x+b=0$의 판별식을 D_2라 하면
$$\frac{D_2}{4}=(a-2)^2-b<0 \qquad\cdots\cdots\ \text{㉡}$$
㉠을 ㉡에 대입하면
$$(a-2)^2-a^2<0,\ -4a+4<0$$
$$\therefore a>1 \qquad\qquad\text{답 ⑤}$$

0546 점 $(3,\ 2)$를 지나는 직선의 방정식을 $y=m(x-3)+2$, 즉 $y=mx-3m+2$로 놓자.
이 직선이 이차함수 $y=-x^2-2x+8$의 그래프에 접하므로 이차방정식 $-x^2-2x+8=mx-3m+2$, 즉 $x^2+(m+2)x-3m-6=0$의 판별식을 D라 하면
$$D=(m+2)^2-4(-3m-6)=0$$
$$\therefore m^2+16m+28=0$$
이 이차방정식의 두 실근이 두 접선의 기울기이므로 구하는 두 직선의 기울기의 곱은 근과 계수의 관계에 의하여 28이다.
$$\text{답 } \mathbf{28}$$

0547 이차방정식 $3x^2-ax+1=2x-b$, 즉 $3x^2-(a+2)x+1+b=0$의 두 근이 -2, 3이므로 근과 계수의 관계에 의하여
$$(-2)+3=\frac{a+2}{3}\text{에서 } a=1$$
$$(-2)\times3=\frac{1+b}{3}\text{에서 } b=-19$$
$$\therefore a+b=-18 \qquad\qquad\text{답 ②}$$

0548 $y=-x^2+2ax-a^2+2a-4$
$$=-(x-a)^2+2a-4$$

이므로 주어진 이차함수의 그래프의 꼭짓점의 좌표는
$(a, 2a-4)$
이때 꼭짓점이 직선 $4x-3y+2=0$ 위에 있으므로
$4a-3(2a-4)+2=0$ $\therefore a=7$
따라서 주어진 이차함수는 $y=-(x-7)^2+10$이므로 $x=7$일 때 최댓값 10을 갖는다.　　　　　　　　　　　　답 **10**

0549 $y=x^2-4ax+16a-5$
$\qquad\quad =(x-2a)^2-4a^2+16a-5$
이므로 $x=2a$일 때 최솟값 $-4a^2+16a-5$를 갖는다.
$\therefore f(a)=-4a^2+16a-5=-4(a-2)^2+11$
따라서 $f(a)$의 최댓값은 11이다.　　　　　　　　답 **11**

0550 이차함수 $y=ax^2+bx+c$가 $x=-2$일 때 최솟값 -4를 가지므로 그래프의 꼭짓점의 좌표는 $(-2, -4)$이고 $a>0$이다.
따라서 $y=a(x+2)^2-4$로 놓고 그래프가 오른쪽 그림과 같이 제4사분면을 지나지 않으려면 $(y$절편$)\geq 0$이어야 하므로
$4a-4\geq 0$ $\therefore a\geq 1$
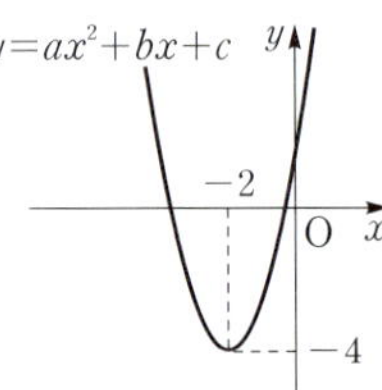
답 ③

0551 $y=x^2-2ax+1$
$\qquad\quad =(x-a)^2-a^2+1$
$a-5\leq x\leq a+1$에서 이 이차함수의 그래프는 오른쪽 그림과 같다.
따라서 $x=a-5$일 때 최댓값 $(a-5-a)^2-a^2+1$, 즉 $-a^2+26$을 가지므로
$-a^2+26=-10$, $a^2=36$
$\therefore a=6$ $(\because a>0)$　　　　　　　　　　答 ③
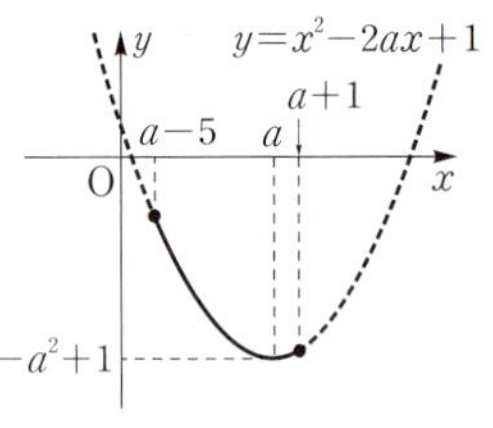

0552 ㈎에서 $4-2a+b=16+4a+b$ $\therefore a=-2$
$\therefore f(x)=x^2-2x+b=(x-1)^2+b-1$
$-3\leq x\leq 3$에서 $y=f(x)$의 그래프는 오른쪽 그림과 같다.
따라서 $x=-3$일 때 최댓값 $b+15$를 가지므로 ㈏에서
$b+15=20$ $\therefore b=5$
$\therefore a+b=3$　　　　　　　　　　　　　　　답 **3**

0553 $2x^2-8x+y^2+2y+6=2(x-2)^2+(y+1)^2-3$
이때 x, y가 실수이므로
$(x-2)^2\geq 0$, $(y+1)^2\geq 0$ $\therefore 2x^2-8x+y^2+2y+6\geq -3$
따라서 주어진 식의 최솟값은 -3이다.　　　　　答 ②

0554 장미 한 송이의 가격이 $(2000+10x)$원일 때 하루 판매량은 $(300-x)$송이이므로 하루 판매 금액을 y원이라 하면
$y=(2000+10x)(300-x)=-10x^2+1000x+600000$
$\qquad =-10(x-50)^2+625000 \ (0<x<300)$
따라서 $x=50$일 때 하루 판매 금액이 최대이므로 그때의 가격은
$2000+10\times 50=2500$(원)　　　　　　　　답 ⑤

0555 이차함수 $y=x^2+ax+b$의 그래프와 직선 $y=3x-2$의 한 교점의 x좌표가 $2-\sqrt{3}$이므로 $2-\sqrt{3}$은 이차방정식 $x^2+ax+b=3x-2$, 즉 $x^2+(a-3)x+b+2=0$의 한 근이다.
　　　　　　　　　　　　　　　　　　　　　　㉮

이때 이 이차방정식의 한 근이 $2-\sqrt{3}$이고 계수가 유리수이므로 다른 한 근은 $2+\sqrt{3}$이다.
　　　　　　　　　　　　　　　　　　　　　　㉯

따라서 근과 계수의 관계에 의하여
$(2-\sqrt{3})+(2+\sqrt{3})=-(a-3)$에서 $a=-1$
$(2-\sqrt{3})(2+\sqrt{3})=b+2$에서 $b=-1$
　　　　　　　　　　　　　　　　　　　　　　㉰

$\therefore a+b=-2$
　　　　　　　　　　　　　　　　　　　　　　㉱
　　　　　　　　　　　　　　　　　　　답 -2

단계	채점요소	배점
㉮	한 근이 $2-\sqrt{3}$인 이차방정식 세우기	30%
㉯	이차방정식의 다른 한 근 구하기	20%
㉰	a, b의 값 구하기	30%
㉱	$a+b$의 값 구하기	20%

0556 $x^2-4x=t$로 놓으면
$t=x^2-4x=(x-2)^2-4$
$-1\leq x\leq 3$이므로 오른쪽 그림에서
$-4\leq t\leq 5$
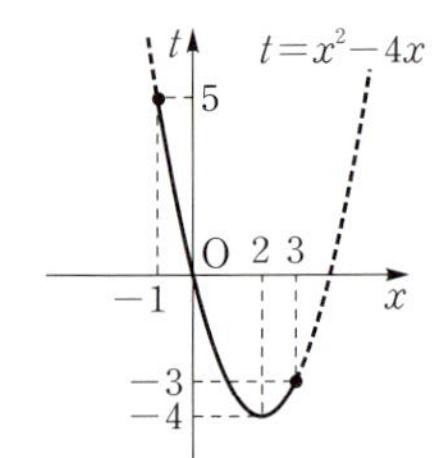
　　　　　　　　　　　　　　　　　　　　　　㉮

이때 주어진 함수는
$y=(t+1)^2-2(t-1)^2+5$
$\quad =-t^2+6t+4$
$\quad =-(t-3)^2+13 \ (-4\leq t\leq 5)$
따라서 오른쪽 그림에서 $t=3$일 때 최댓값 13을 갖고, $t=-4$일 때 최솟값 -36을 가지므로
$M=13, m=-36$
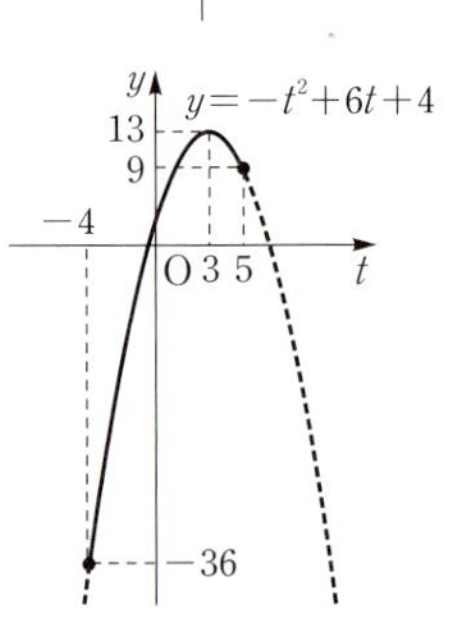
　　　　　　　　　　　　　　　　　　　　　　㉯

$\therefore M+m=-23$
　　　　　　　　　　　　　　　　　　　　　　㉰
　　　　　　　　　　　　　　　　　　답 -23

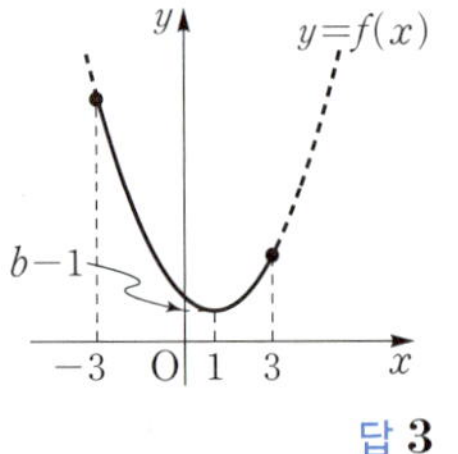

단계	채점요소	배점
㉮	공통부분을 t로 치환하고 t의 값의 범위 구하기	30%
㉯	M, m의 값 구하기	50%
㉰	$M+m$의 값 구하기	20%

0557 $2x+y^2=5$에서 $y^2=5-2x$　$\cdots\cdots$ ㉠

y가 실수이므로 $y^2=5-2x\geq0$　$\therefore x\leq\dfrac{5}{2}$

$\hfill$ ㉮

㉠을 x^2-3y^2에 대입하면
$$x^2-3y^2=x^2-3(5-2x)=x^2+6x-15$$
$$=(x+3)^2-24$$

$\hfill$ ㉯

이때 $x\leq\dfrac{5}{2}$이므로 $x=-3$일 때 최솟값 -24를 갖는다.

$\hfill$ ㉰

$\hfill$ **답** -24

단계	채점요소	배점
㉮	y를 x에 대한 식으로 나타내고 x의 값의 범위 구하기	40%
㉯	x^2-3y^2을 x에 대한 이차식으로 나타내기	40%
㉰	x^2-3y^2의 최솟값 구하기	20%

0558 오른쪽 그림과 같이 물받이의 높이를 x cm라 하면 단면은 가로의 길이가 $(10-2x)$ cm, 세로의 길이가 x cm인 직사각형이다.

색칠한 단면의 넓이를 y cm^{2}라 하면
$$y=x(10-2x)=-2x^2+10x$$
$$=-2\Big(x-\dfrac{5}{2}\Big)^2+\dfrac{25}{2}$$

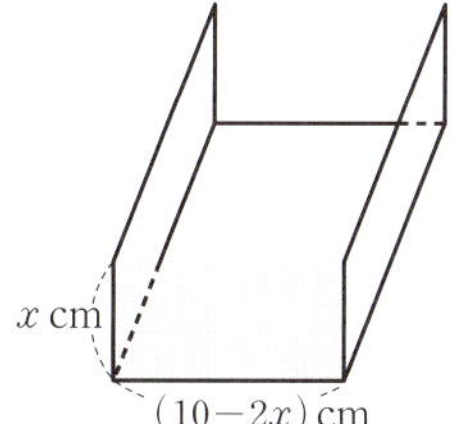

$\hfill$ ㉮

이때 $x>0$, $10-2x>0$이므로 $0<x<5$

$\hfill$ ㉯

따라서 $x=\dfrac{5}{2}$일 때 최댓값 $\dfrac{25}{2}$를 가지므로

$$S=\dfrac{25}{2},\ h=\dfrac{5}{2}$$

$\hfill$ ㉰

$\therefore S+h=\dfrac{25}{2}+\dfrac{5}{2}=15$

$\hfill$ ㉱

$\hfill$ **답** 15

단계	채점요소	배점
㉮	단면의 넓이에 대한 식 세우기	40%
㉯	x의 값의 범위 구하기	30%
㉰	S, h의 값 구하기	20%
㉱	$S+h$의 값 구하기	10%

0559 점 A는 이차함수 $y=x^2-3x+2$의 그래프와 y축의 교점이므로 A$(0, 2)$

또, 두 점 B, C는 이차함수 $y=x^2-3x+2$의 그래프와 x축의 교점이므로 두 점 B, C의 x좌표는

$x^2-3x+2=0$에서 $(x-1)(x-2)=0$

$\therefore x=1$ 또는 $x=2$

$\therefore$ B$(1, 0)$, C$(2, 0)$

점 P(a, b)는 이차함수 $y=x^2-3x+2$의 그래프 위의 점이므로
$$b=a^2-3a+2$$

이때 점 P가 점 A에서 점 C까지 움직이므로 $0\leq a\leq2$

$\therefore a+b+3=a+(a^2-3a+2)+3=(a-1)^2+4$

따라서 주어진 식은 $a=1$일 때 최솟값 4를 갖고, $a=0$ 또는 $a=2$일 때 최댓값 5를 가지므로 최댓값과 최솟값의 합은
$$5+4=9$$

$\hfill$ **답** 9

0560 $f(x)=x^2-2|x|+k$라 하면

(i) $-2\leq x<0$일 때,
$$f(x)=x^2+2x+k=(x+1)^2+k-1$$

(ii) $0\leq x\leq3$일 때,
$$f(x)=x^2-2x+k=(x-1)^2+k-1$$

(i), (ii)에서 $-2\leq x\leq3$일 때,

$y=f(x)$의 그래프는 오른쪽 그림과 같으므로 $x=3$일 때 최댓값 $k+3$을 갖는다.

즉, $k+3=4$이므로 $k=1$

이때 $f(x)$는 $x=-1$ 또는 $x=1$에서

최솟값 $k-1$을 가지므로 구하는 최솟값은 $1-1=0$

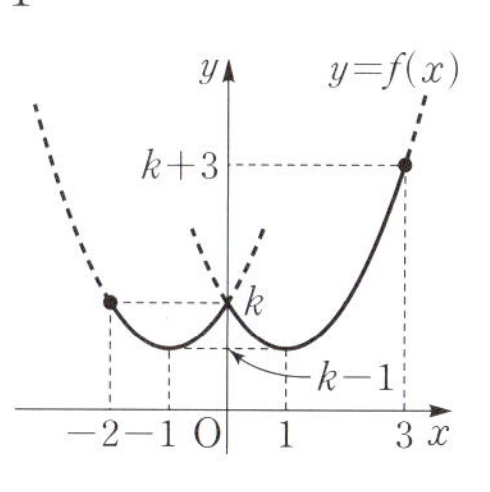

$\hfill$ **답** 0

0561 이차함수 $y=(x+a)(x+b)+1$의 그래프가 x축과 만나지 않으므로 이차방정식 $(x+a)(x+b)+1=0$, 즉

$x^2+(a+b)x+ab+1=0$의 판별식을 D라 하면
$$D=(a+b)^2-4(ab+1)<0$$

$(a-b)^2<4$　$\therefore |a-b|<2$

즉, 두 눈의 수의 차가 0 또는 1인 경우이다.

(i) $|a-b|=0$일 때

순서쌍 (a, b)는
$$(1, 1), (2, 2), (3, 3), (4, 4), (5, 5), (6, 6)$$
의 6개이다.

(ii) $|a-b|=1$일 때

순서쌍 (a, b)는
$$(1, 2), (2, 3), (3, 4), (4, 5), (5, 6),$$
$$(6, 5), (5, 4), (4, 3), (3, 2), (2, 1)$$
의 10개이다.

(i), (ii)에서 순서쌍 (a, b)는 모두 16개이므로 구하는 확률은
$$\dfrac{16}{36}=\dfrac{4}{9}$$

$\hfill$ **답** $\dfrac{4}{9}$

07 여러 가지 방정식

📖 교과서 문제 정복하기

본문 81쪽, 83쪽

0562 $x^3-27=0$의 좌변을 인수분해하면

$(x-3)(x^2+3x+9)=0$

$\therefore x=3$ 또는 $x=\dfrac{-3\pm3\sqrt{3}i}{2}$

답 $x=3$ 또는 $x=\dfrac{-3\pm3\sqrt{3}i}{2}$

0563 $x^3-x^2-12x=0$의 좌변을 인수분해하면

$x(x^2-x-12)=0,\ x(x+3)(x-4)=0$

$\therefore x=0$ 또는 $x=-3$ 또는 $x=4$

답 $x=0$ 또는 $x=-3$ 또는 $x=4$

0564 $x^4-8x=0$의 좌변을 인수분해하면

$x(x^3-8)=0,\ x(x-2)(x^2+2x+4)=0$

$\therefore x=0$ 또는 $x=2$ 또는 $x=-1\pm\sqrt{3}i$

답 $x=0$ 또는 $x=2$ 또는 $x=-1\pm\sqrt{3}i$

0565 $f(x)=x^3-4x^2+3x+2$로 놓으면

$f(2)=8-16+6+2=0$

조립제법을 이용하여 $f(x)$를 인수분해하면

$$
\begin{array}{r|rrrr}
2 & 1 & -4 & 3 & 2 \\
  &   & 2 & -4 & -2 \\
\hline
  & 1 & -2 & -1 & 0 \\
\end{array}
$$

$f(x)=(x-2)(x^2-2x-1)$

즉, 주어진 방정식은

$(x-2)(x^2-2x-1)=0$

$\therefore x=2$ 또는 $x=1\pm\sqrt{2}$

답 $x=2$ 또는 $x=1\pm\sqrt{2}$

0566 $f(x)=x^3+x+10$으로 놓으면

$f(-2)=-8-2+10=0$

조립제법을 이용하여 $f(x)$를 인수분해하면

$$
\begin{array}{r|rrrr}
-2 & 1 & 0 & 1 & 10 \\
   &   & -2 & 4 & -10 \\
\hline
   & 1 & -2 & 5 & 0 \\
\end{array}
$$

$f(x)=(x+2)(x^2-2x+5)$

즉, 주어진 방정식은

$(x+2)(x^2-2x+5)=0$

$\therefore x=-2$ 또는 $x=1\pm2i$

답 $x=-2$ 또는 $x=1\pm2i$

0567 $f(x)=x^4+x^3-x^2-7x-6$으로 놓으면

$f(-1)=1-1-1+7-6=0$

$f(2)=16+8-4-14-6=0$

조립제법을 이용하여 $f(x)$를 인수분해하면

$$
\begin{array}{r|rrrrr}
-1 & 1 & 1 & -1 & -7 & -6 \\
   &   & -1 & 0 & 1 & 6 \\
\hline
2 & 1 & 0 & -1 & -6 & 0 \\
  &   & 2 & 4 & 6 & \\
\hline
  & 1 & 2 & 3 & 0 & \\
\end{array}
$$

$f(x)=(x+1)(x-2)(x^2+2x+3)$

즉, 주어진 방정식은

$(x+1)(x-2)(x^2+2x+3)=0$

$\therefore x=-1$ 또는 $x=2$ 또는 $x=-1\pm\sqrt{2}i$

답 $x=-1$ 또는 $x=2$ 또는 $x=-1\pm\sqrt{2}i$

0568 $f(x)=x^4-3x^3+x^2+4$로 놓으면

$f(2)=16-24+4+4=0$

조립제법을 이용하여 $f(x)$를 인수분해하면

$$
\begin{array}{r|rrrrr}
2 & 1 & -3 & 1 & 0 & 4 \\
  &   & 2 & -2 & -2 & -4 \\
\hline
2 & 1 & -1 & -1 & -2 & 0 \\
  &   & 2 & 2 & 2 & \\
\hline
  & 1 & 1 & 1 & 0 & \\
\end{array}
$$

$f(x)=(x-2)^2(x^2+x+1)$

즉, 주어진 방정식은

$(x-2)^2(x^2+x+1)=0$

$\therefore x=2\,(중근)$ 또는 $x=\dfrac{-1\pm\sqrt{3}i}{2}$

답 $x=2\,(중근)$ 또는 $x=\dfrac{-1\pm\sqrt{3}i}{2}$

0569 $x^2+3x=t$로 놓으면 주어진 방정식은

$t^2-2t-8=0,\ (t+2)(t-4)=0$

$\therefore t=-2$ 또는 $t=4$

(ⅰ) $t=-2$, 즉 $x^2+3x=-2$일 때

$\quad x^2+3x+2=0,\ (x+2)(x+1)=0$

$\quad \therefore x=-2$ 또는 $x=-1$

(ⅱ) $t=4$, 즉 $x^2+3x=4$일 때

$\quad x^2+3x-4=0,\ (x+4)(x-1)=0$

$\quad \therefore x=-4$ 또는 $x=1$

(ⅰ), (ⅱ)에서 $x=-4$ 또는 $x=-2$ 또는 $x=-1$ 또는 $x=1$

답 $x=-4$ 또는 $x=-2$ 또는 $x=-1$ 또는 $x=1$

0570 $x^2+1=t$로 놓으면 주어진 방정식은

$4t^2-13t+10=0,\ (4t-5)(t-2)=0$

$\therefore t=\dfrac{5}{4}$ 또는 $t=2$

(ⅰ) $t=\dfrac{5}{4}$, 즉 $x^2+1=\dfrac{5}{4}$일 때

$\quad x^2=\dfrac{1}{4}\qquad \therefore x=\pm\dfrac{1}{2}$

(ii) $t=2$, 즉 $x^2+1=2$일 때

$\quad x^2=1 \qquad \therefore x=\pm 1$

(i), (ii)에서 $x=\pm\dfrac{1}{2}$ 또는 $x=\pm 1$

$$\text{답 } x=\pm\dfrac{1}{2} \text{ 또는 } x=\pm 1$$

0571 $x^2-2x=t$로 놓으면 주어진 방정식은

$t^2-5t-24=0$, $(t+3)(t-8)=0$

$\therefore t=-3$ 또는 $t=8$

(i) $t=-3$, 즉 $x^2-2x=-3$일 때

$\quad x^2-2x+3=0 \qquad \therefore x=1\pm\sqrt{2}i$

(ii) $t=8$, 즉 $x^2-2x=8$일 때

$\quad x^2-2x-8=0$, $(x+2)(x-4)=0$

$\quad \therefore x=-2$ 또는 $x=4$

(i), (ii)에서 $x=-2$ 또는 $x=4$ 또는 $x=1\pm\sqrt{2}i$

$$\text{답 } x=-2 \text{ 또는 } x=4 \text{ 또는 } x=1\pm\sqrt{2}i$$

0572 $x^2=t$로 놓으면 주어진 방정식은

$t^2-5t+4=0$, $(t-1)(t-4)=0$

$\therefore t=1$ 또는 $t=4$

따라서 $x^2=1$ 또는 $x^2=4$이므로

$x=\pm 1$ 또는 $x=\pm 2$ $\qquad$ 답 $x=\pm 1$ 또는 $x=\pm 2$

0573 $x^4+x^2+1=0$에서 $x^4+2x^2+1-x^2=0$

$(x^2+1)^2-x^2=0$, $(x^2+x+1)(x^2-x+1)=0$

$x^2+x+1=0$ 또는 $x^2-x+1=0$

$\therefore x=\dfrac{-1\pm\sqrt{3}i}{2}$ 또는 $x=\dfrac{1\pm\sqrt{3}i}{2}$

$$\text{답 } x=\dfrac{-1\pm\sqrt{3}i}{2} \text{ 또는 } x=\dfrac{1\pm\sqrt{3}i}{2}$$

0574 $3x^4-4x^3+6x^2-4x+3=0$의 양변을 x^2으로 나누면

$3x^2-4x+6-\dfrac{4}{x}+\dfrac{3}{x^2}=0$

$3\left(x^2+\dfrac{1}{x^2}+2\right)-4\left(x+\dfrac{1}{x}\right)=0$

$3\left(x+\dfrac{1}{x}\right)^2-4\left(x+\dfrac{1}{x}\right)=0$

$x+\dfrac{1}{x}=t$로 놓으면

$3t^2-4t=0$, $t(3t-4)=0 \qquad \therefore t=0$ 또는 $t=\dfrac{4}{3}$

(i) $t=0$, 즉 $x+\dfrac{1}{x}=0$일 때

$\quad x^2+1=0$, $x^2=-1 \qquad \therefore x=\pm i$

(ii) $t=\dfrac{4}{3}$, 즉 $x+\dfrac{1}{x}=\dfrac{4}{3}$일 때

$\quad 3x^2-4x+3=0 \qquad \therefore x=\dfrac{2\pm\sqrt{5}i}{3}$

(i), (ii)에서 $x=\pm i$ 또는 $x=\dfrac{2\pm\sqrt{5}i}{3}$

$$\text{답 } x=\pm i \text{ 또는 } x=\dfrac{2\pm\sqrt{5}i}{3}$$

0575 $x^4+5x^3+8x^2+5x+1=0$의 양변을 x^2으로 나누면

$x^2+5x+8+\dfrac{5}{x}+\dfrac{1}{x^2}=0$

$\left(x^2+\dfrac{1}{x^2}+2\right)+5\left(x+\dfrac{1}{x}\right)+6=0$

$\left(x+\dfrac{1}{x}\right)^2+5\left(x+\dfrac{1}{x}\right)+6=0$

$x+\dfrac{1}{x}=t$로 놓으면

$t^2+5t+6=0$, $(t+3)(t+2)=0$

$\therefore t=-3$ 또는 $t=-2$

(i) $t=-3$, 즉 $x+\dfrac{1}{x}=-3$일 때

$\quad x^2+3x+1=0 \qquad \therefore x=\dfrac{-3\pm\sqrt{5}}{2}$

(ii) $t=-2$, 즉 $x+\dfrac{1}{x}=-2$일 때

$\quad x^2+2x+1=0$, $(x+1)^2=0 \qquad \therefore x=-1 \text{ (중근)}$

(i), (ii)에서 $x=-1 \text{ (중근)}$ 또는 $x=\dfrac{-3\pm\sqrt{5}}{2}$

$$\text{답 } x=-1 \text{ (중근) 또는 } x=\dfrac{-3\pm\sqrt{5}}{2}$$

0576 삼차방정식의 근과 계수의 관계에 의하여

(1) $\alpha+\beta+\gamma=-\dfrac{4}{1}=-4$

(2) $\alpha\beta+\beta\gamma+\gamma\alpha=\dfrac{2}{1}=2$

(3) $\alpha\beta\gamma=-\dfrac{-6}{1}=6$

$$\text{답 } (1)\,-4 \quad (2)\,2 \quad (3)\,6$$

0577 삼차방정식의 근과 계수의 관계에 의하여

$\alpha+\beta+\gamma=5$, $\alpha\beta+\beta\gamma+\gamma\alpha=-2$, $\alpha\beta\gamma=-4$

(1) $\alpha^2+\beta^2+\gamma^2=(\alpha+\beta+\gamma)^2-2(\alpha\beta+\beta\gamma+\gamma\alpha)$

$\qquad =5^2-2\times(-2)=29$

(2) $\dfrac{1}{\alpha}+\dfrac{1}{\beta}+\dfrac{1}{\gamma}=\dfrac{\alpha\beta+\beta\gamma+\gamma\alpha}{\alpha\beta\gamma}=\dfrac{1}{2}$

(3) $(\alpha+1)(\beta+1)(\gamma+1)$

$\qquad =\alpha\beta\gamma+(\alpha+\beta+\gamma)+(\alpha\beta+\beta\gamma+\gamma\alpha)+1$

$\qquad =-4+5+(-2)+1=0$

$$\text{답 } (1)\,29 \quad (2)\,\dfrac{1}{2} \quad (3)\,0$$

0578 x^3의 계수가 1이고 세 근이 -2, 1, 3인 삼차방정식은

$x^3-(-2+1+3)x^2+\{(-2)\times 1+1\times 3+3\times(-2)\}x$

$\qquad\qquad -\{(-2)\times 1\times 3\}=0$

$\therefore x^3-2x^2-5x+6=0 \qquad$ 답 $x^3-2x^2-5x+6=0$

0579 x^3의 계수가 2이고 세 근이 -1, $3+\sqrt{5}$, $3-\sqrt{5}$인 삼차방정식은
$$2[x^3-(-1+3+\sqrt{5}+3-\sqrt{5})x^2$$
$$+\{(-1)\times(3+\sqrt{5})+(3+\sqrt{5})\times(3-\sqrt{5})+(3-\sqrt{5})\times(-1)\}x$$
$$-\{(-1)\times(3+\sqrt{5})\times(3-\sqrt{5})\}]=0$$
$$2(x^3-5x^2-2x+4)=0 \qquad \therefore 2x^3-10x^2-4x+8=0$$
$$\text{답}\ \boldsymbol{2x^3-10x^2-4x+8=0}$$

0580 x^3의 계수가 -1이고 세 근이 1, $2i$, $-2i$인 삼차방정식은
$$-[x^3-(1+2i-2i)x^2+\{1\times2i+2i\times(-2i)+(-2i)\times1\}x$$
$$-\{1\times2i\times(-2i)\}]=0$$
$$-(x^3-x^2+4x-4)=0 \qquad \therefore -x^3+x^2-4x+4=0$$
$$\text{답}\ \boldsymbol{-x^3+x^2-4x+4=0}$$

0581 주어진 삼차방정식의 계수가 유리수이므로 $1-\sqrt{3}$이 근이면 $1+\sqrt{3}$도 근이다.
따라서 주어진 방정식의 세 근이 -2, $1-\sqrt{3}$, $1+\sqrt{3}$이므로 삼차방정식의 근과 계수의 관계에 의하여
$$(-2)\times(1-\sqrt{3})+(1-\sqrt{3})\times(1+\sqrt{3})+(1+\sqrt{3})\times(-2)=a$$
$$\therefore a=-6$$
$$(-2)\times(1-\sqrt{3})\times(1+\sqrt{3})=-b \qquad \therefore b=-4$$
$$\therefore a+b=-10 \qquad\qquad\qquad \text{답}\ \boldsymbol{-10}$$

0582 주어진 삼차방정식의 계수가 실수이므로 $-2+3i$가 근이면 $-2-3i$도 근이다.
따라서 주어진 방정식의 세 근이 2, $-2+3i$, $-2-3i$이므로 삼차방정식의 근과 계수의 관계에 의하여
$$2+(-2+3i)+(-2-3i)=-a \qquad \therefore a=2$$
$$2\times(-2+3i)\times(-2-3i)=-b \qquad \therefore b=-26$$
$$\therefore ab=-52 \qquad\qquad\qquad \text{답}\ \boldsymbol{-52}$$

0583 주어진 삼차방정식의 계수가 실수이므로 $-2i$가 근이면 $2i$도 근이다.
나머지 한 근을 α라 하면 삼차방정식의 근과 계수의 관계에 의하여
$$\alpha+(-2i)+2i=-1 \qquad \therefore \alpha=-1$$
따라서 주어진 방정식의 세 근이 -1, $-2i$, $2i$이므로 삼차방정식의 근과 계수의 관계에 의하여
$$(-1)\times(-2i)+(-2i)\times2i+2i\times(-1)=a \qquad \therefore a=4$$
$$(-1)\times(-2i)\times2i=-b \qquad \therefore b=4$$
$$\therefore a-b=0 \qquad\qquad\qquad \text{답}\ \boldsymbol{0}$$

0584 $x^3=1$에서 $x^3-1=0$
$$(x-1)(x^2+x+1)=0$$
(1) ω는 $x^2+x+1=0$의 근이므로
$$\omega^2+\omega+1=0$$

(2) $x^2+x+1=0$의 두 근이 ω, $\overline{\omega}$이므로 이차방정식의 근과 계수의 관계에 의하여
$$\omega+\overline{\omega}=-1, \omega\overline{\omega}=1$$
$$\therefore \omega+\overline{\omega}-\omega\overline{\omega}=-1-1=-2$$
(3) $\omega^2+\omega+1=0$에서 $\omega^2+1=-\omega$이므로
$$\omega+\frac{1}{\omega}=\frac{\omega^2+1}{\omega}=\frac{-\omega}{\omega}=-1$$
(4) $\omega^3=1$, $\omega^2+\omega+1=0$이므로
$$\omega^{20}+\omega^{10}+1=(\omega^3)^6\times\omega^2+(\omega^3)^3\times\omega+1$$
$$=\omega^2+\omega+1=0$$
$$\text{답 (1) } \boldsymbol{0} \quad (2)\ \boldsymbol{-2} \quad (3)\ \boldsymbol{-1} \quad (4)\ \boldsymbol{0}$$

0585 $x^3=-1$에서 $x^3+1=0$
$$(x+1)(x^2-x+1)=0$$
(1) ω는 $x^2-x+1=0$의 근이므로
$$\omega^2-\omega+1=0$$
(2) $x^2-x+1=0$의 두 근이 ω, $\overline{\omega}$이므로 이차방정식의 근과 계수의 관계에 의하여
$$\omega+\overline{\omega}=1, \omega\overline{\omega}=1$$
$$\therefore \omega+\overline{\omega}+\omega\overline{\omega}=1+1=2$$
(3) $\omega^2-\omega+1=0$에서 $\omega^2+1=\omega$이므로
$$\omega+\frac{1}{\omega}=\frac{\omega^2+1}{\omega}=\frac{\omega}{\omega}=1$$
(4) $\omega^3=-1$, $\omega^2-\omega+1=0$이므로
$$\omega^{20}+\omega^{10}+1=(\omega^3)^6\times\omega^2+(\omega^3)^3\times\omega+1$$
$$=\omega^2-\omega+1=0$$
$$\text{답 (1) } \boldsymbol{0} \quad (2)\ \boldsymbol{2} \quad (3)\ \boldsymbol{1} \quad (4)\ \boldsymbol{0}$$

0586 $x-y=-2$에서 $y=x+2$ $\qquad\qquad$ ······ ㉠
㉠을 $x^2+y^2=20$에 대입하면
$$x^2+(x+2)^2=20, 2x^2+4x-16=0$$
$$x^2+2x-8=0, (x+4)(x-2)=0$$
$$\therefore x=-4 \text{ 또는 } x=2$$
㉠에서 $x=-4$일 때 $y=-2$, $x=2$일 때 $y=4$
따라서 구하는 해는
$$\begin{cases}x=-4\\y=-2\end{cases} \text{ 또는 } \begin{cases}x=2\\y=4\end{cases} \qquad \text{답}\ \begin{cases}\boldsymbol{x=-4}\\\boldsymbol{y=-2}\end{cases} \text{또는} \begin{cases}\boldsymbol{x=2}\\\boldsymbol{y=4}\end{cases}$$

0587 $x-3y=0$에서 $x=3y$ $\qquad\qquad$ ······ ㉠
㉠을 $x^2+y^2=40$에 대입하면
$$(3y)^2+y^2=40, 10y^2=40$$
$$y^2=4 \qquad \therefore y=\pm2$$
㉠에서 $y=2$일 때 $x=6$, $y=-2$일 때 $x=-6$
따라서 구하는 해는
$$\begin{cases}x=6\\y=2\end{cases} \text{ 또는 } \begin{cases}x=-6\\y=-2\end{cases} \qquad \text{답}\ \begin{cases}\boldsymbol{x=6}\\\boldsymbol{y=2}\end{cases} \text{또는} \begin{cases}\boldsymbol{x=-6}\\\boldsymbol{y=-2}\end{cases}$$

0588 $x+y=1$에서 $x=1-y$ ...... ㉠

㉠을 $4y^2-x^2=15$에 대입하면

$4y^2-(1-y)^2=15,\ 3y^2+2y-16=0$

$(3y+8)(y-2)=0$ ∴ $y=-\dfrac{8}{3}$ 또는 $y=2$

㉠에서 $y=-\dfrac{8}{3}$일 때 $x=\dfrac{11}{3}$, $y=2$일 때 $x=-1$

따라서 구하는 해는

$\begin{cases} x=\dfrac{11}{3} \\ y=-\dfrac{8}{3} \end{cases}$ 또는 $\begin{cases} x=-1 \\ y=2 \end{cases}$　　답 $\begin{cases} x=\dfrac{11}{3} \\ y=-\dfrac{8}{3} \end{cases}$ 또는 $\begin{cases} x=-1 \\ y=2 \end{cases}$

0589 $\begin{cases} x^2+xy-2y^2=0 & ...... ㉠ \\ x^2+2xy-y^2=8 & ...... ㉡ \end{cases}$

㉠에서 $(x-y)(x+2y)=0$ ∴ $x=y$ 또는 $x=-2y$

(i) $x=y$를 ㉡에 대입하면

$y^2+2y^2-y^2=8,\ 2y^2=8,\ y^2=4$ ∴ $y=\pm2$

∴ $x=2,\ y=2$ 또는 $x=-2,\ y=-2$

(ii) $x=-2y$를 ㉡에 대입하면

$(-2y)^2+2\times(-2y)\times y-y^2=8,\ -y^2=8$

$y^2=-8$ ∴ $y=\pm2\sqrt{2}i$

∴ $x=-4\sqrt{2}i,\ y=2\sqrt{2}i$ 또는 $x=4\sqrt{2}i,\ y=-2\sqrt{2}i$

(i), (ii)에서 구하는 해는

$\begin{cases} x=2 \\ y=2 \end{cases}$ 또는 $\begin{cases} x=-2 \\ y=-2 \end{cases}$ 또는 $\begin{cases} x=-4\sqrt{2}i \\ y=2\sqrt{2}i \end{cases}$ 또는 $\begin{cases} x=4\sqrt{2}i \\ y=-2\sqrt{2}i \end{cases}$

답 $\begin{cases} x=2 \\ y=2 \end{cases}$ 또는 $\begin{cases} x=-2 \\ y=-2 \end{cases}$ 또는 $\begin{cases} x=-4\sqrt{2}i \\ y=2\sqrt{2}i \end{cases}$ 또는 $\begin{cases} x=4\sqrt{2}i \\ y=-2\sqrt{2}i \end{cases}$

0590 $\begin{cases} 3x^2+2xy-y^2=0 & ...... ㉠ \\ x^2+y^2=12-2x & ...... ㉡ \end{cases}$

㉠에서 $(x+y)(3x-y)=0$ ∴ $y=-x$ 또는 $y=3x$

(i) $y=-x$를 ㉡에 대입하면

$x^2+(-x)^2=12-2x,\ x^2+x-6=0$

$(x+3)(x-2)=0$ ∴ $x=-3$ 또는 $x=2$

∴ $x=-3,\ y=3$ 또는 $x=2,\ y=-2$

(ii) $y=3x$를 ㉡에 대입하면

$x^2+(3x)^2=12-2x,\ 5x^2+x-6=0$

$(5x+6)(x-1)=0$ ∴ $x=-\dfrac{6}{5}$ 또는 $x=1$

∴ $x=-\dfrac{6}{5},\ y=-\dfrac{18}{5}$ 또는 $x=1,\ y=3$

(i), (ii)에서 구하는 해는

$\begin{cases} x=-3 \\ y=3 \end{cases}$ 또는 $\begin{cases} x=2 \\ y=-2 \end{cases}$ 또는 $\begin{cases} x=-\dfrac{6}{5} \\ y=-\dfrac{18}{5} \end{cases}$ 또는 $\begin{cases} x=1 \\ y=3 \end{cases}$

답 $\begin{cases} x=-3 \\ y=3 \end{cases}$ 또는 $\begin{cases} x=2 \\ y=-2 \end{cases}$ 또는 $\begin{cases} x=-\dfrac{6}{5} \\ y=-\dfrac{18}{5} \end{cases}$ 또는 $\begin{cases} x=1 \\ y=3 \end{cases}$

0591 $x+y=2$, $xy=-8$에서 x, y는 이차방정식

$t^2-2t-8=0$의 두 근이므로

$(t+2)(t-4)=0$

∴ $t=-2$ 또는 $t=4$

따라서 구하는 해는

$\begin{cases} x=-2 \\ y=4 \end{cases}$ 또는 $\begin{cases} x=4 \\ y=-2 \end{cases}$　　답 $\begin{cases} x=-2 \\ y=4 \end{cases}$ 또는 $\begin{cases} x=4 \\ y=-2 \end{cases}$

0592 $\begin{cases} x^2+y^2=10 & ...... ㉠ \\ xy=3 & ...... ㉡ \end{cases}$

㉠에서 $(x+y)^2-2xy=10$ ...... ㉢

㉡을 ㉢에 대입하면

$(x+y)^2-6=10,\ (x+y)^2=16$

∴ $x+y=\pm4$

(i) $x+y=4$, $xy=3$일 때, x, y는 이차방정식 $t^2-4t+3=0$의

　두 근이므로

$(t-1)(t-3)=0$ ∴ $t=1$ 또는 $t=3$

∴ $x=1,\ y=3$ 또는 $x=3,\ y=1$

(ii) $x+y=-4$, $xy=3$일 때, x, y는 이차방정식 $t^2+4t+3=0$

　의 두 근이므로

$(t+3)(t+1)=0$

∴ $t=-3$ 또는 $t=-1$

∴ $x=-3,\ y=-1$ 또는 $x=-1,\ y=-3$

(i), (ii)에서 구하는 해는

$\begin{cases} x=1 \\ y=3 \end{cases}$ 또는 $\begin{cases} x=3 \\ y=1 \end{cases}$ 또는 $\begin{cases} x=-3 \\ y=-1 \end{cases}$ 또는 $\begin{cases} x=-1 \\ y=-3 \end{cases}$

답 $\begin{cases} x=1 \\ y=3 \end{cases}$ 또는 $\begin{cases} x=3 \\ y=1 \end{cases}$ 또는 $\begin{cases} x=-3 \\ y=-1 \end{cases}$ 또는 $\begin{cases} x=-1 \\ y=-3 \end{cases}$

유형 익히기

본문 84~91쪽

0593 $f(x)=x^3-2x^2-9x+18$로 놓으면 $f(2)=0$이므로

조립제법을 이용하여 $f(x)$를 인수분해하면

$$\begin{array}{r|rrrr} 2 & 1 & -2 & -9 & 18 \\ & & 2 & 0 & -18 \\ \hline & 1 & 0 & -9 & 0 \end{array}$$

$f(x)=(x-2)(x^2-9)=(x-2)(x+3)(x-3)$

즉, 주어진 방정식은

$(x-2)(x+3)(x-3)=0$

∴ $x=2$ 또는 $x=-3$ 또는 $x=3$

따라서 가장 큰 근은 3, 가장 작은 근은 -3이므로 구하는 두 근의 곱은

$3\times(-3)=-9$　　답 ①

0594 $f(x)=x^3+x^2+2x+8$로 놓으면 $f(-2)=0$이므로 조립제법을 이용하여 $f(x)$를 인수분해하면

$$
\begin{array}{r|rrrr}
-2 & 1 & 1 & 2 & 8 \\
 & & -2 & 2 & -8 \\
\hline
 & 1 & -1 & 4 & 0
\end{array}
$$

$f(x)=(x+2)(x^2-x+4)$

즉, 주어진 방정식은 $(x+2)(x^2-x+4)=0$

$\therefore x=-2$ 또는 $x=\dfrac{1\pm\sqrt{15}i}{2}$

따라서 $\alpha=-2$, $\beta=1$, $\gamma=15$이므로

$\alpha+\beta+\gamma=-2+1+15=14$ 답 **14**

0595 $f(x)=x^4-4x^2+12x-9$로 놓으면

$f(1)=0$, $f(-3)=0$이므로 조립제법을 이용하여 $f(x)$를 인수분해하면

$$
\begin{array}{r|rrrrr}
1 & 1 & 0 & -4 & 12 & -9 \\
 & & 1 & 1 & -3 & 9 \\
\hline
-3 & 1 & 1 & -3 & 9 & 0 \\
 & & -3 & 6 & -9 & \\
\hline
 & 1 & -2 & 3 & 0 &
\end{array}
$$

$f(x)=(x-1)(x+3)(x^2-2x+3)$

즉, 주어진 방정식은 $(x-1)(x+3)(x^2-2x+3)=0$

$\therefore x=1$ 또는 $x=-3$ 또는 $x=1\pm\sqrt{2}i$

따라서 모든 실근의 합은 $1+(-3)=-2$ 답 **-2**

0596 $f(x)=x^4-3x^3+2x^2+2x-4$로 놓으면

$f(-1)=0$, $f(2)=0$이므로 조립제법을 이용하여 $f(x)$를 인수분해하면

$$
\begin{array}{r|rrrrr}
-1 & 1 & -3 & 2 & 2 & -4 \\
 & & -1 & 4 & -6 & 4 \\
\hline
2 & 1 & -4 & 6 & -4 & 0 \\
 & & 2 & -4 & 4 & \\
\hline
 & 1 & -2 & 2 & 0 &
\end{array}
$$

$f(x)=(x+1)(x-2)(x^2-2x+2)$

즉, 주어진 방정식은 $(x+1)(x-2)(x^2-2x+2)=0$

이때 두 허근 α, β는 이차방정식 $x^2-2x+2=0$의 두 근이므로 이차방정식의 근과 계수의 관계에 의하여

$\alpha+\beta=2$, $\alpha\beta=2$

$\therefore \alpha^2+\beta^2=(\alpha+\beta)^2-2\alpha\beta=2^2-2\times2=0$ 답 **0**

0597 $x^2+4x=t$로 놓으면 주어진 방정식은

$t^2-3t-10=0$, $(t+2)(t-5)=0$

$\therefore t=-2$ 또는 $t=5$

(i) $t=-2$, 즉 $x^2+4x=-2$일 때

$\quad x^2+4x+2=0$

$\quad \therefore x=-2\pm\sqrt{2}$

(ii) $t=5$, 즉 $x^2+4x=5$일 때

$\quad x^2+4x-5=0$, $(x+5)(x-1)=0$

$\quad \therefore x=-5$ 또는 $x=1$

(i), (ii)에서 주어진 방정식의 해는

$x=-2\pm\sqrt{2}$ 또는 $x=-5$ 또는 $x=1$

따라서 주어진 사차방정식의 근이 아닌 것은 ⑤이다.   답 ⑤

0598 $x^2-2x=t$로 놓으면 주어진 방정식은

$(t-4)(t-2)-3=0$, $t^2-6t+5=0$

$(t-1)(t-5)=0$ $\therefore t=1$ 또는 $t=5$

(i) $t=1$, 즉 $x^2-2x=1$일 때

$\quad x^2-2x-1=0$이므로 이차방정식의 근과 계수의 관계에 의하여 이 이차방정식의 두 근의 곱은 -1이다.

(ii) $t=5$, 즉 $x^2-2x=5$일 때

$\quad x^2-2x-5=0$이므로 이차방정식의 근과 계수의 관계에 의하여 이 이차방정식의 두 근의 곱은 -5이다.

(i), (ii)에서 주어진 방정식의 모든 근의 곱은

$(-1)\times(-5)=5$ 답 **5**

0599 $(x-1)(x-3)(x+5)(x+7)+63=0$에서

$\{(x-1)(x+5)\}\{(x-3)(x+7)\}+63=0$

$(x^2+4x-5)(x^2+4x-21)+63=0$

$x^2+4x=t$로 놓으면 주어진 방정식은

$(t-5)(t-21)+63=0$, $t^2-26t+168=0$

$(t-12)(t-14)=0$ $\therefore t=12$ 또는 $t=14$

(i) $t=12$, 즉 $x^2+4x=12$일 때

$\quad x^2+4x-12=0$, $(x+6)(x-2)=0$

$\quad \therefore x=-6$ 또는 $x=2$

(ii) $t=14$, 즉 $x^2+4x=14$일 때

$\quad x^2+4x-14=0$ $\therefore x=-2\pm3\sqrt{2}$

(i), (ii)에서 주어진 방정식의 양수인 근은 2, $-2+3\sqrt{2}$이므로 구하는 합은 $2+(-2+3\sqrt{2})=3\sqrt{2}$ 답 **$3\sqrt{2}$**

0600 $x(x+1)(x+2)(x+3)-3=0$에서

$\{x(x+3)\}\{(x+1)(x+2)\}-3=0$

$(x^2+3x)(x^2+3x+2)-3=0$

$x^2+3x=t$로 놓으면 주어진 방정식은

$t(t+2)-3=0$, $t^2+2t-3=0$

$(t+3)(t-1)=0$ $\therefore t=-3$ 또는 $t=1$

(i) $t=-3$, 즉 $x^2+3x=-3$일 때

$\quad x^2+3x+3=0$의 판별식을 D_1이라 하면

$\quad D_1=3^2-4\times1\times3=-3<0$

$\quad$ 이므로 이 이차방정식은 서로 다른 두 허근을 갖는다.

(ii) $t=1$, 즉 $x^2+3x=1$일 때

$\quad x^2+3x-1=0$의 판별식을 D_2라 하면

$\quad D_2=3^2-4\times1\times(-1)=13>0$

$\quad$ 이므로 이 이차방정식은 서로 다른 두 실근을 갖는다.

(i), (ii)에서 주어진 방정식의 두 허근 α, β는 이차방정식
$x^2+3x+3=0$의 두 근이므로 이차방정식의 근과 계수의 관계에
의하여
$\alpha+\beta=-3$, $\alpha\beta=3$
$$\therefore (\alpha-\beta)^2=(\alpha+\beta)^2-4\alpha\beta$$
$$=(-3)^2-4\times3$$
$$=-3$$
답 -3

0601 $x^4-6x^2+1=0$에서
$(x^4-2x^2+1)-4x^2=0$, $(x^2-1)^2-(2x)^2=0$
$(x^2+2x-1)(x^2-2x-1)=0$
$x^2+2x-1=0$ 또는 $x^2-2x-1=0$
$$\therefore x=-1\pm\sqrt{2} \text{ 또는 } x=1\pm\sqrt{2}$$
따라서 모든 양수인 근의 곱은
$(-1+\sqrt{2})(1+\sqrt{2})=1$
답 ①

0602 $x^2=t$로 놓으면 주어진 방정식은
$t^2-10t+9=0$, $(t-1)(t-9)=0$
$$\therefore t=1 \text{ 또는 } t=9$$
따라서 $x^2=1$ 또는 $x^2=9$이므로
$x=\pm1$ 또는 $x=\pm3$
$$\therefore |\alpha|+|\beta|+|\gamma|+|\delta|=|1|+|-1|+|3|+|-3|$$
$$=8$$
답 8

0603 $x^4-20x^2+4=0$에서
$(x^4-4x^2+4)-16x^2=0$, $(x^2-2)^2-(4x)^2=0$
$(x^2+4x-2)(x^2-4x-2)=0$
$x^2+4x-2=0$ 또는 $x^2-4x-2=0$
$$\therefore x=-2\pm\sqrt{6} \text{ 또는 } x=2\pm\sqrt{6}$$
따라서 주어진 방정식의 네 실근 중 가장 큰 근은 $2+\sqrt{6}$, 가장
작은 근은 $-2-\sqrt{6}$이므로
$\alpha=2+\sqrt{6}$, $\beta=-2-\sqrt{6}$
$$\therefore \alpha-\beta=4+2\sqrt{6}$$
답 $4+2\sqrt{6}$

0604 $x^4-11x^2+25=0$에서
$(x^4-10x^2+25)-x^2=0$, $(x^2-5)^2-x^2=0$
$(x^2+x-5)(x^2-x-5)=0$
$$\therefore x^2+x-5=0 \text{ 또는 } x^2-x-5=0$$
$x^2+x-5=0$의 두 근을 α, β라 하고 $x^2-x-5=0$의 두 근을
γ, δ라 하면 이차방정식의 근과 계수의 관계에 의하여
$\alpha+\beta=-1$, $\alpha\beta=-5$, $\gamma+\delta=1$, $\gamma\delta=-5$
$$\therefore \frac{1}{\alpha}+\frac{1}{\beta}+\frac{1}{\gamma}+\frac{1}{\delta}=\left(\frac{1}{\alpha}+\frac{1}{\beta}\right)+\left(\frac{1}{\gamma}+\frac{1}{\delta}\right)$$
$$=\frac{\alpha+\beta}{\alpha\beta}+\frac{\gamma+\delta}{\gamma\delta}$$
$$=\frac{1}{5}+\left(-\frac{1}{5}\right)$$
$$=0$$
답 0

0605 $x^4-4x^3+5x^2-4x+1=0$의 양변을 x^2으로 나누면
$$x^2-4x+5-\frac{4}{x}+\frac{1}{x^2}=0$$
$$\left(x^2+\frac{1}{x^2}+2\right)-4\left(x+\frac{1}{x}\right)+3=0$$
$$\left(x+\frac{1}{x}\right)^2-4\left(x+\frac{1}{x}\right)+3=0$$
$x+\dfrac{1}{x}=t$로 놓으면 $t^2-4t+3=0$
$(t-1)(t-3)=0$ $\therefore t=1$ 또는 $t=3$
(i) $t=1$, 즉 $x+\dfrac{1}{x}=1$일 때
　$x^2-x+1=0$의 판별식을 D_1이라 하면
　$D_1=(-1)^2-4\times1\times1=-3<0$
　이므로 이 이차방정식은 서로 다른 두 허근을 갖는다.
(ii) $t=3$, 즉 $x+\dfrac{1}{x}=3$일 때
　$x^2-3x+1=0$의 판별식을 D_2라 하면
　$D_2=(-3)^2-4\times1\times1=5>0$
　이므로 이 이차방정식은 서로 다른 두 실근을 갖는다.
(i), (ii)에서 α는 방정식 $x^2-3x+1=0$의 한 실근이므로
$\alpha^2-3\alpha+1=0$
양변을 α $(\alpha\neq0)$로 나누면
$\alpha-3+\dfrac{1}{\alpha}=0$ $\therefore \alpha+\dfrac{1}{\alpha}=3$
답 ③

0606 $x^4-3x^3-2x^2-3x+1=0$의 양변을 x^2으로 나누면
$$x^2-3x-2-\frac{3}{x}+\frac{1}{x^2}=0$$
$$\left(x^2+\frac{1}{x^2}+2\right)-3\left(x+\frac{1}{x}\right)-4=0$$
$$\left(x+\frac{1}{x}\right)^2-3\left(x+\frac{1}{x}\right)-4=0$$
$x+\dfrac{1}{x}=t$로 놓으면 $t^2-3t-4=0$
㉠

$(t+1)(t-4)=0$ $\therefore t=-1$ 또는 $t=4$
(i) $t=-1$, 즉 $x+\dfrac{1}{x}=-1$일 때
　$x^2+x+1=0$ $\therefore x=\dfrac{-1\pm\sqrt{3}i}{2}$
(ii) $t=4$, 즉 $x+\dfrac{1}{x}=4$일 때
　$x^2-4x+1=0$ $\therefore x=2\pm\sqrt{3}$
㉡

(i), (ii)에서 두 실근의 합은 $(2+\sqrt{3})+(2-\sqrt{3})=4$
㉢

답 4

단계	채점요소	배점
㉠	$x+\dfrac{1}{x}$을 t로 치환하여 t에 대한 이차방정식으로 나타내기	40%
㉡	주어진 방정식의 해 구하기	40%
㉢	두 실근의 합 구하기	20%

0607 $x^4-2x^3-x^2-2x+1=0$의 양변을 x^2으로 나누면

$x^2-2x-1-\dfrac{2}{x}+\dfrac{1}{x^2}=0$

$\left(x^2+\dfrac{1}{x^2}+2\right)-2\left(x+\dfrac{1}{x}\right)-3=0$

$\left(x+\dfrac{1}{x}\right)^2-2\left(x+\dfrac{1}{x}\right)-3=0$

$x+\dfrac{1}{x}=t$로 놓으면 $t^2-2t-3=0$

$(t+1)(t-3)=0$ $\therefore t=-1$ 또는 $t=3$

(i) $t=-1$, 즉 $x+\dfrac{1}{x}=-1$일 때

$\quad x^2+x+1=0$ $\therefore x=\dfrac{-1\pm\sqrt{3}i}{2}$

(ii) $t=3$, 즉 $x+\dfrac{1}{x}=3$일 때

$\quad x^2-3x+1=0$ $\therefore x=\dfrac{3\pm\sqrt{5}}{2}$

(i), (ii)에서 주어진 방정식의 두 실근의 합은 3, 두 허근의 곱은 1
이므로 $a=3$, $b=1$

$\therefore a+b=4$ 답 **4**

0608 $f(x)=x^3+ax+6$으로 놓으면 주어진 방정식의 한 근
이 -3이므로

$f(-3)=-27-3a+6=0$ $\therefore a=-7$

$f(x)=x^3-7x+6$이므로 조립

제법을 이용하여 $f(x)$를 인수분

해하면

-3	1	0	-7	6
		-3	9	-6
	1	-3	2	0

$f(x)=(x+3)(x^2-3x+2)$

즉, $(x+3)(x^2-3x+2)=0$

이때 α, β는 이차방정식 $x^2-3x+2=0$의 두 근이므로 이차방정
식의 근과 계수의 관계에 의하여 $\alpha+\beta=3$

$\therefore a+\alpha+\beta=-4$ 답 ①

0609 $2x^3+x^2+ax+b=0$의 한 근이 $\sqrt{3}$이므로

$2(\sqrt{3})^3+(\sqrt{3})^2+a\sqrt{3}+b=0$

$6\sqrt{3}+3+a\sqrt{3}+b=0$

$(3+b)+(6+a)\sqrt{3}=0$

a, b가 유리수이므로 $3+b=0$, $6+a=0$

따라서 $a=-6$, $b=-3$이므로 $ab=18$ 답 **18**

0610 $f(x)=x^3+ax^2+7bx-12b$로 놓으면 주어진 방정식의
두 근이 2, 3이므로

$f(2)=8+4a+14b-12b=0$, $f(3)=27+9a+21b-12b=0$

즉, $2a+b=-4$, $a+b=-3$

두 식을 연립하여 풀면 $a=-1$, $b=-2$

$f(x)=x^3-x^2-14x+24$이므
로 조립제법을 이용하여 $f(x)$를
인수분해하면

2	1	-1	-14	24
		2	2	-24
	1	1	-12	0

$f(x)=(x-2)(x^2+x-12)$

$\qquad =(x-2)(x-3)(x+4)$

즉, $(x-2)(x-3)(x+4)=0$에서

$x=2$ 또는 $x=3$ 또는 $x=-4$

따라서 나머지 한 근은 -4이다. 답 **-4**

0611 $f(x)=x^4+4x^3-2ax^2-(2a+1)x-10$으로 놓으면
주어진 방정식의 한 근이 2이므로

$f(2)=16+32-8a-4a-2-10=0$ $\therefore a=3$

$f(x)=x^4+4x^3-6x^2-7x-10$이므로 조립제법을 이용하여
$f(x)$를 인수분해하면

2	1	4	-6	-7	-10
		2	12	12	10
-5	1	6	6	5	0
		-5	-5	-5	
	1	1	1	0	

$f(x)=(x-2)(x+5)(x^2+x+1)$

즉, $(x-2)(x+5)(x^2+x+1)=0$에서 주어진 방정식의 두 허
근은 이차방정식 $x^2+x+1=0$의 두 근이다.

따라서 두 허근의 합은 이차방정식의 근과 계수의 관계에 의하여
-1이다. 답 **-1**

0612 $f(x)=x^3-(a-3)x^2+ax-4$로 놓으면 $f(1)=0$이므
로 조립제법을 이용하여 $f(x)$를 인수분해하면

1	1	$-a+3$	a	-4
		1	$-a+4$	4
	1	$-a+4$	4	0

$f(x)=(x-1)\{x^2+(-a+4)x+4\}$

이때 방정식 $f(x)=0$이 중근을 가지려면

(i) 방정식 $x^2+(-a+4)x+4=0$이 $x=1$을 근으로 가질 때

$\quad 1+(-a+4)+4=0$ $\therefore a=9$

(ii) 방정식 $x^2+(-a+4)x+4=0$이 중근을 가질 때

$\quad$ 이 이차방정식의 판별식을 D라 하면

$\quad D=(-a+4)^2-16=0$

$\quad a^2-8a=0$, $a(a-8)=0$

$\quad \therefore a=0$ 또는 $a=8$

(i), (ii)에서 모든 실수 a의 값의 합은

$9+0+8=17$ 답 ⑤

0613 $f(x)=x^3-4x^2+(k+4)x-2k$로 놓으면
$f(2)=0$이므로 조립제법을 이용
하여 $f(x)$를 인수분해하면

2	1	-4	$k+4$	$-2k$
		2	-4	$2k$
	1	-2	k	0

$f(x)=(x-2)(x^2-2x+k)$

이때 방정식 $f(x)=0$의 근이 모두
실수가 되려면 이차방정식 $x^2-2x+k=0$이 실근을 가져야 하므

로 이 이차방정식의 판별식을 D라 하면
$$\frac{D}{4}=1-k\geq0 \qquad \therefore k\leq1$$
따라서 실수 k의 최댓값은 1이다. 답 **1**

0614

$f(x)=3x^3+3x^2+kx+k$로 놓으면
$f(-1)=0$이므로 조립제법을 이
용하여 $f(x)$를 인수분해하면
$f(x)=(x+1)(3x^2+k)$

$$\begin{array}{r|rrrr}-1 & 3 & 3 & k & k \\ & & -3 & 0 & -k \\ \hline & 3 & 0 & k & 0\end{array}$$

이때 방정식 $f(x)=0$이 한 실근
과 두 허근을 가지려면 이차방정식 $3x^2+k=0$이 허근을 가져야
하므로 이 이차방정식의 판별식을 D라 하면
$$D=0-12k<0 \qquad \therefore k>0$$ 답 **$k>0$**

0615

$f(x)=x^3+3x^2+(a-4)x-a$로 놓으면
$f(1)=0$이므로 조립제법을 이용하
여 $f(x)$를 인수분해하면
$f(x)=(x-1)(x^2+4x+a)$

$$\begin{array}{r|rrrr}1 & 1 & 3 & a-4 & -a \\ & & 1 & 4 & a \\ \hline & 1 & 4 & a & 0\end{array}$$

이때 방정식 $f(x)=0$의 실근이 한 개뿐이려면

(i) 이차방정식 $x^2+4x+a=0$이 실근을 갖지 않을 때

　　이 이차방정식의 판별식을 D라 하면
$$\frac{D}{4}=4-a<0 \qquad \therefore a>4$$

(ii) 이차방정식 $x^2+4x+a=0$이 $x=1$을 중근으로 가질 때

　　이를 만족시키는 a의 값이 존재하지 않는다.

(i), (ii)에서 a의 값의 범위는 $a>4$이므로 정수 a의 최솟값은 5이
다. 답 **5**

0616

삼차방정식의 근과 계수의 관계에 의하여
$$\alpha+\beta+\gamma=5, \ \alpha\beta+\beta\gamma+\gamma\alpha=9, \ \alpha\beta\gamma=5$$
$$\begin{aligned}\therefore \ \frac{\beta+\gamma}{\alpha}+\frac{\gamma+\alpha}{\beta}+\frac{\alpha+\beta}{\gamma} &=\frac{5-\alpha}{\alpha}+\frac{5-\beta}{\beta}+\frac{5-\gamma}{\gamma} \\ &=\frac{5}{\alpha}-1+\frac{5}{\beta}-1+\frac{5}{\gamma}-1 \\ &=5\left(\frac{1}{\alpha}+\frac{1}{\beta}+\frac{1}{\gamma}\right)-3 \\ &=5\times\frac{\alpha\beta+\beta\gamma+\gamma\alpha}{\alpha\beta\gamma}-3 \\ &=5\times\frac{9}{5}-3 \\ &=6\end{aligned}$$ 답 ①

0617

삼차방정식의 근과 계수의 관계에 의하여
$$\alpha+\beta+\gamma=-3, \ \alpha\beta+\beta\gamma+\gamma\alpha=4, \ \alpha\beta\gamma=9$$
$$\begin{aligned}\therefore \ (1-\alpha)(1-\beta)(1-\gamma) &=1-(\alpha+\beta+\gamma)+(\alpha\beta+\beta\gamma+\gamma\alpha)-\alpha\beta\gamma \\ &=1-(-3)+4-9=-1\end{aligned}$$ 답 **-1**

0618

삼차방정식의 근과 계수의 관계에 의하여
$$\alpha+\beta+\gamma=-3, \ \alpha\beta+\beta\gamma+\gamma\alpha=-5, \ \alpha\beta\gamma=-1$$
⟶⟶⟶⟶⟶⟶⟶⟶⟶⟶⟶ ㉮

$$\begin{aligned}\therefore \ \frac{1}{\alpha^2}+\frac{1}{\beta^2}+\frac{1}{\gamma^2} &=\frac{\beta^2\gamma^2+\gamma^2\alpha^2+\alpha^2\beta^2}{\alpha^2\beta^2\gamma^2} \\ &=\frac{(\alpha\beta+\beta\gamma+\gamma\alpha)^2-2\alpha\beta\gamma(\alpha+\beta+\gamma)}{(\alpha\beta\gamma)^2} \\ &=\frac{(-5)^2-2\times(-1)\times(-3)}{(-1)^2} \\ &=19\end{aligned}$$
⟶⟶⟶⟶⟶⟶⟶⟶⟶⟶⟶ ㉯
답 **19**

단계	채점요소	배점
㉮	삼차방정식의 근과 계수의 관계 이용하기	40%
㉯	$\frac{1}{\alpha^2}+\frac{1}{\beta^2}+\frac{1}{\gamma^2}$의 값 구하기	60%

0619

주어진 삼차방정식의 세 근을 $\alpha, 2\alpha, 3\alpha \ (\alpha\neq0)$라 하면
삼차방정식의 근과 계수의 관계에 의하여
$\alpha+2\alpha+3\alpha=-12$에서 $6\alpha=-12 \qquad \therefore \alpha=-2$
따라서 세 근이 $-2, -4, -6$이므로
$$(-2)\times(-4)+(-4)\times(-6)+(-6)\times(-2)=a$$
$$(-2)\times(-4)\times(-6)=-b$$
$$\therefore a=44, \ b=48$$
$$\therefore a+b=92$$ 답 **92**

0620

삼차방정식의 근과 계수의 관계에 의하여
$$\alpha+\beta+\gamma=-3, \ \alpha\beta+\beta\gamma+\gamma\alpha=-2, \ \alpha\beta\gamma=1$$
$$\therefore \ \frac{1}{\alpha}+\frac{1}{\beta}+\frac{1}{\gamma}=\frac{\alpha\beta+\beta\gamma+\gamma\alpha}{\alpha\beta\gamma}=\frac{-2}{1}=-2$$
$$\frac{1}{\alpha\beta}+\frac{1}{\beta\gamma}+\frac{1}{\gamma\alpha}=\frac{\alpha+\beta+\gamma}{\alpha\beta\gamma}=\frac{-3}{1}=-3$$
$$\frac{1}{\alpha\beta\gamma}=\frac{1}{1}=1$$
즉, $\frac{1}{\alpha}, \frac{1}{\beta}, \frac{1}{\gamma}$을 세 근으로 하고 x^3의 계수가 1인 삼차방정식은
$$x^3+2x^2-3x-1=0$$
따라서 $a=2, \ b=-3, \ c=-1$이므로
$$abc=2\times(-3)\times(-1)=6$$ 답 ③

0621

삼차방정식의 근과 계수의 관계에 의하여
$$\alpha+\beta+\gamma=0, \ \alpha\beta+\beta\gamma+\gamma\alpha=2, \ \alpha\beta\gamma=-1$$
이때 $\alpha+\beta=-\gamma, \ \beta+\gamma=-\alpha, \ \gamma+\alpha=-\beta$이므로
$$\begin{aligned}(\alpha+\beta)+(\beta+\gamma)+(\gamma+\alpha) &=(-\gamma)+(-\alpha)+(-\beta) \\ &=-(\alpha+\beta+\gamma)=0\end{aligned}$$

$(\alpha+\beta)(\beta+\gamma)+(\beta+\gamma)(\gamma+\alpha)+(\gamma+\alpha)(\alpha+\beta)$
$=(-\gamma)(-\alpha)+(-\alpha)(-\beta)+(-\beta)(-\gamma)$
$=\alpha\beta+\beta\gamma+\gamma\alpha=2$
$(\alpha+\beta)(\beta+\gamma)(\gamma+\alpha)=(-\gamma)(-\alpha)(-\beta)$
$\qquad\qquad\qquad\qquad\qquad =-\alpha\beta\gamma=1$
따라서 $\alpha+\beta$, $\beta+\gamma$, $\gamma+\alpha$를 세 근으로 하고 x^3의 계수가 1인
삼차방정식은
$x^3+2x-1=0$ 답 $x^3+2x-1=0$

0622 삼차방정식의 근과 계수의 관계에 의하여
$\alpha+\beta+\gamma=4$, $\alpha\beta+\beta\gamma+\gamma\alpha=-1$, $\alpha\beta\gamma=-a$이므로
$(\alpha+1)+(\beta+1)+(\gamma+1)=\alpha+\beta+\gamma+3=-b$에서
$4+3=-b$ $\quad\therefore b=-7$
$(\alpha+1)(\beta+1)+(\beta+1)(\gamma+1)+(\gamma+1)(\alpha+1)$
$=\alpha\beta+\beta\gamma+\gamma\alpha+2(\alpha+\beta+\gamma)+3=c$에서
$-1+2\times4+3=c$ $\quad\therefore c=10$
$(\alpha+1)(\beta+1)(\gamma+1)$
$=\alpha\beta\gamma+(\alpha\beta+\beta\gamma+\gamma\alpha)+(\alpha+\beta+\gamma)+1=-12$에서
$-a+(-1)+4+1=-12$ $\quad\therefore a=16$
$\therefore a+b+c=16+(-7)+10=19$ 답 **19**

0623 $f(1)=f(2)=f(4)=-1$에서
$f(1)+1=f(2)+1=f(4)+1=0$이므로 삼차방정식
$f(x)+1=0$의 세 근이 1, 2, 4이다.
이때 1, 2, 4를 세 근으로 하고 x^3의 계수가 1인 삼차방정식은
$x^3-(1+2+4)x^2+(1\times2+2\times4+4\times1)x-1\times2\times4=0$
$\therefore x^3-7x^2+14x-8=0$
즉, $f(x)+1=x^3-7x^2+14x-8$이므로
$f(x)=x^3-7x^2+14x-9$
따라서 삼차방정식의 근과 계수의 관계에 의하여 방정식
$f(x)=0$의 모든 근의 곱은 9이다. 답 **9**

0624 계수가 유리수이므로 $1+\sqrt2$가 근이면 $1-\sqrt2$도 근이다.
나머지 한 근을 α라 하면 삼차방정식의 근과 계수의 관계에 의하여
$(1+\sqrt2)+(1-\sqrt2)+\alpha=-a$에서 $2+\alpha=-a$ $\quad\cdots\cdots\ \bigcirc$
$(1+\sqrt2)(1-\sqrt2)+(1-\sqrt2)\alpha+\alpha(1+\sqrt2)=b$에서
$-1+2\alpha=b$ $\qquad\cdots\cdots\ \bigcirc$
$(1+\sqrt2)(1-\sqrt2)\alpha=3$에서 $-\alpha=3$ $\quad\therefore \alpha=-3$
$\alpha=-3$을 $\bigcirc$, $\bigcirc$에 각각 대입하면 $a=1$, $b=-7$
$\therefore ab=-7$ 답 ⑤

0625 계수가 실수이므로 $2-\sqrt3i$가 근이면 $2+\sqrt3i$도 근이다.
나머지 한 근을 α라 하면 삼차방정식의 근과 계수의 관계에 의하여
$(2-\sqrt3i)(2+\sqrt3i)\alpha=-14$ $\quad\therefore \alpha=-2$
따라서 나머지 두 근의 합은
$(2+\sqrt3i)+(-2)=\sqrt3i$ 답 ③

0626 계수가 실수이므로 $\dfrac{2}{1-i}=1+i$가 근이면 $1-i$도 근이
다. 삼차방정식의 근과 계수의 관계에 의하여
$(1+i)+(1-i)+2=-\dfrac{b}{a}$에서 $\dfrac{b}{a}=-4$ $\qquad\cdots\cdots\ \bigcirc$
$(1+i)(1-i)+2(1-i)+2(1+i)=\dfrac{c}{a}$에서
$\dfrac{c}{a}=6$ $\qquad\cdots\cdots\ \bigcirc$
$2(1+i)(1-i)=\dfrac{4}{a}$에서 $a=1$
$a=1$을 $\bigcirc$, $\bigcirc$에 각각 대입하면 $b=-4$, $c=6$
$\therefore a+b+c=1+(-4)+6=3$ 답 **3**

0627 계수가 유리수이므로 $1-\sqrt5$가 근이면 $1+\sqrt5$도 근이다.
$-1+(1-\sqrt5)+(1+\sqrt5)=1$
$(-1)(1-\sqrt5)+(1-\sqrt5)(1+\sqrt5)+(1+\sqrt5)(-1)=-6$
$(-1)(1-\sqrt5)(1+\sqrt5)=4$
따라서 -1, $1-\sqrt5$, $1+\sqrt5$를 세 근으로 하고 x^3의 계수가 1인
삼차방정식은 $x^3-x^2-6x-4=0$이므로
$f(x)=x^3-x^2-6x-4$
$\therefore f(2)=8-4-12-4=-12$ 답 $-$**12**

0628 밑면의 반지름의 길이를 x m 늘였다고 하면 원래의 물
탱크의 부피와 새로운 물탱크의 부피가 같으므로
$\pi\times4^2\times4=\pi(4+x)^2(4-x)$
$64=-x^3-4x^2+16x+64$, $x^3+4x^2-16x=0$
$x(x^2+4x-16)=0$
$\therefore x=0$ 또는 $x=-2\pm2\sqrt5$
그런데 $0<x<4$이어야 하므로 $x=-2+2\sqrt5$
따라서 새로운 물탱크의 밑면의 반지름의 길이는
$4+x=4+(-2+2\sqrt5)=2+2\sqrt5$ (m) 답 ②

0629 구멍을 파낸 후 남은 부분의 부피가 26 m³이므로
$x^3-1\times1\times\dfrac{x}{3}=26$
$3x^3-x-78=0$, $(x-3)(3x^2+9x+26)=0$
이때 $x>1$인 실수이어야 하므로 $x=3$ 답 ④

0630 정육면체의 한 모서리의 길이를 x라 하면
$V=5x^3$, $S=20x^2$이므로 $V+S=40$에서
$5x^3+20x^2=40$
$x^3+4x^2-8=0$, $(x+2)(x^2+2x-4)=0$
$\therefore x=-2$ 또는 $x=-1\pm\sqrt5$
이때 $x>0$이어야 하므로 $x=-1+\sqrt5$
따라서 정육면체의 한 모서리의 길이는 $-1+\sqrt5$이다. 답 $-1+\sqrt5$

0631 $\begin{cases} x-y=-1 & \cdots\cdots \ \text{㉠} \\ x^2+y^2=5 & \cdots\cdots \ \text{㉡} \end{cases}$

㉠에서 $y=x+1$ $\cdots\cdots$ ㉢

㉢을 ㉡에 대입하면

$x^2+(x+1)^2=5,\ 2x^2+2x-4=0$

$x^2+x-2=0,\ (x+2)(x-1)=0$

$\therefore x=-2$ 또는 $x=1$

㉢에서 $x=-2$일 때 $y=-1$, $x=1$일 때 $y=2$

따라서 $\alpha=-2,\ \beta=-1$ 또는 $\alpha=1,\ \beta=2$이므로

$\alpha^2+\beta^2-\alpha\beta=3$ 　　　　　**답 ②**

0632 $\begin{cases} x+y=-3 & \cdots\cdots \ \text{㉠} \\ x^2+3xy+y^2=5 & \cdots\cdots \ \text{㉡} \end{cases}$

㉠에서 $y=-x-3$ $\cdots\cdots$ ㉢

㉢을 ㉡에 대입하면

$x^2+3x(-x-3)+(-x-3)^2=5,\ -x^2-3x+4=0$

$x^2+3x-4=0,\ (x+4)(x-1)=0$

$\therefore x=-4$ 또는 $x=1$

㉢에서 $x=-4$일 때 $y=1$, $x=1$일 때 $y=-4$

따라서 $\alpha=-4,\ \beta=1$ 또는 $\alpha=1,\ \beta=-4$이므로

$\alpha^2+\beta^2=17$ 　　　　　**답 17**

0633 $\begin{cases} x-y=2 \\ x+y=a \end{cases}$의 해가 $\begin{cases} x^2+y^2=10 \\ x+by=1 \end{cases}$의 해가 되므로 두 연립

방정식의 공통인 해는 연립방정식 $\begin{cases} x-y=2 & \cdots\cdots \ \text{㉠} \\ x^2+y^2=10 & \cdots\cdots \ \text{㉡} \end{cases}$을

만족시킨다. 　　　　　**㉮**

㉠에서 $y=x-2$ $\cdots\cdots$ ㉢

㉢을 ㉡에 대입하면

$x^2+(x-2)^2=10,\ 2x^2-4x-6=0$

$x^2-2x-3=0,\ (x+1)(x-3)=0$

$\therefore x=-1$ 또는 $x=3$

㉢에서 $x=-1$일 때 $y=-3$, $x=3$일 때 $y=1$ 　　　　　**㉯**

이때 $a=x+y>0$이므로 $x=3,\ y=1$ 　　$\therefore a=3+1=4$

또, $x+by=1$에서 $3+b=1$ 　　$\therefore b=-2$

$\therefore a+b=2$ 　　　　　**㉰**

　　　　　답 2

단계	채점요소	배점
㉮	연립방정식의 공통인 해가 $\begin{cases} x-y=2 \\ x^2+y^2=10 \end{cases}$을 만족시킴을 알기	30%
㉯	연립방정식 $\begin{cases} x-y=2 \\ x^2+y^2=10 \end{cases}$의 해 구하기	40%
㉰	$a+b$의 값 구하기	30%

0634 $\begin{cases} x^2-y^2=0 & \cdots\cdots \ \text{㉠} \\ x^2-xy+2y^2=4 & \cdots\cdots \ \text{㉡} \end{cases}$

㉠에서 $(x-y)(x+y)=0$

$\therefore y=x$ 또는 $y=-x$

(i) $y=x$를 ㉡에 대입하면

　$x^2-x\times x+2x^2=4,\ x^2=2$ 　$\therefore x=\pm\sqrt{2}$

　$\therefore x=\sqrt{2},\ y=\sqrt{2}$ 또는 $x=-\sqrt{2},\ y=-\sqrt{2}$

(ii) $y=-x$를 ㉡에 대입하면

　$x^2-x\times(-x)+2(-x)^2=4,\ x^2=1$ 　$\therefore x=\pm1$

　$\therefore x=1,\ y=-1$ 또는 $x=-1,\ y=1$

(i), (ii)에서 주어진 연립방정식의 해는

$\begin{cases} x=\sqrt{2} \\ y=\sqrt{2} \end{cases}$ 또는 $\begin{cases} x=-\sqrt{2} \\ y=-\sqrt{2} \end{cases}$ 또는 $\begin{cases} x=1 \\ y=-1 \end{cases}$ 또는 $\begin{cases} x=-1 \\ y=1 \end{cases}$

따라서 $\alpha+\beta$의 최댓값 M은 $2\sqrt{2}$, 최솟값 m은 $-2\sqrt{2}$이므로

$M-m=4\sqrt{2}$ 　　　　　**답 $4\sqrt{2}$**

0635 $\begin{cases} x^2-2xy-3y^2=0 & \cdots\cdots \ \text{㉠} \\ x^2+y^2=40 & \cdots\cdots \ \text{㉡} \end{cases}$

㉠에서 $(x+y)(x-3y)=0$

$\therefore x=-y$ 또는 $x=3y$

(i) $x=-y$를 ㉡에 대입하면

　$(-y)^2+y^2=40,\ y^2=20$ 　$\therefore y=\pm2\sqrt{5}$

　$\therefore x=-2\sqrt{5},\ y=2\sqrt{5}$ 또는 $x=2\sqrt{5},\ y=-2\sqrt{5}$

(ii) $x=3y$를 ㉡에 대입하면

　$(3y)^2+y^2=40,\ y^2=4$ 　$\therefore y=\pm2$

　$\therefore x=6,\ y=2$ 또는 $x=-6,\ y=-2$

$x,\ y$가 정수이므로 (i), (ii)에서

$x=6,\ y=2$ 또는 $x=-6,\ y=-2$

$\therefore xy=12$ 　　　　　**답 12**

0636 $\begin{cases} x^2-3xy+2y^2=0 & \cdots\cdots \ \text{㉠} \\ x^2+2xy-3y^2=20 & \cdots\cdots \ \text{㉡} \end{cases}$

㉠에서 $(x-y)(x-2y)=0$

$\therefore x=y$ 또는 $x=2y$

(i) $x=y$를 ㉡에 대입하면

　$y^2+2\times y\times y-3y^2=20$

　이때 $0=20$이므로 이를 만족시키는 $x,\ y$의 값은 존재하지 않는다.

(ii) $x=2y$를 ㉡에 대입하면

　$(2y)^2+2\times2y\times y-3y^2=20,\ y^2=4$ 　$\therefore y=\pm2$

　$\therefore x=4,\ y=2$ 또는 $x=-4,\ y=-2$

(i), (ii)에서

$\alpha=4,\ \beta=2$ 또는 $\alpha=-4,\ \beta=-2$

$\therefore \alpha^2+\beta^2=20$ 　　　　　**답 20**

0637 $\begin{cases} 2x^2+3xy-2y^2=0 & \cdots\cdots\ \text{㉠} \\ x^2+xy=12 & \cdots\cdots\ \text{㉡} \end{cases}$

㉠에서 $(2x-y)(x+2y)=0$

$\therefore y=2x$ 또는 $x=-2y$

(i) $y=2x$를 ㉡에 대입하면

$x^2+x\times2x=12$, $x^2=4$ $\quad\therefore x=\pm2$

$\therefore x=2,\ y=4$ 또는 $x=-2,\ y=-4$

(ii) $x=-2y$를 ㉡에 대입하면

$(-2y)^2+(-2y)\times y=12$, $y^2=6$ $\quad\therefore y=\pm\sqrt{6}$

$\therefore x=-2\sqrt{6},\ y=\sqrt{6}$ 또는 $x=2\sqrt{6},\ y=-\sqrt{6}$

(i), (ii)에서 xy의 최솟값은 -12이다. 답 ③

0638 $\begin{cases} x^2+y^2=13 & \cdots\cdots\ \text{㉠} \\ xy=-6 & \cdots\cdots\ \text{㉡} \end{cases}$

㉠에서 $(x+y)^2-2xy=13$ $\quad\cdots\cdots\ \text{㉢}$

㉡을 ㉢에 대입하면

$(x+y)^2+12=13$, $(x+y)^2=1$

$\therefore x+y=\pm1$

(i) $x+y=1$, $xy=-6$일 때

$x,\ y$는 이차방정식 $t^2-t-6=0$의 두 근이므로

$(t+2)(t-3)=0$ $\quad\therefore t=-2$ 또는 $t=3$

$\therefore x=-2,\ y=3$ 또는 $x=3,\ y=-2$

(ii) $x+y=-1$, $xy=-6$일 때

$x,\ y$는 이차방정식 $t^2+t-6=0$의 두 근이므로

$(t+3)(t-2)=0$ $\quad\therefore t=-3$ 또는 $t=2$

$\therefore x=-3,\ y=2$ 또는 $x=2,\ y=-3$

(i), (ii)에서 주어진 연립방정식의 해는

$\begin{cases} x=-2 \\ y=3 \end{cases}$ 또는 $\begin{cases} x=3 \\ y=-2 \end{cases}$ 또는 $\begin{cases} x=-3 \\ y=2 \end{cases}$ 또는 $\begin{cases} x=2 \\ y=-3 \end{cases}$

따라서 x^3-y^3의 최댓값 M은 35, 최솟값 m은 -35이므로

$M-m=70$ 답 **70**

0639 $\begin{cases} xy+x+y=-5 \\ x^2+xy+y^2=7 \end{cases}$ 에서 $\begin{cases} x+y+xy=-5 \\ (x+y)^2-xy=7 \end{cases}$

$x+y=u$, $xy=v$로 놓으면

$\begin{cases} u+v=-5 & \cdots\cdots\ \text{㉠} \\ u^2-v=7 & \cdots\cdots\ \text{㉡} \end{cases}$

㉠에서 $v=-u-5$ $\quad\cdots\cdots\ \text{㉢}$

㉢을 ㉡에 대입하면

$u^2-(-u-5)=7$, $u^2+u-2=0$

$(u+2)(u-1)=0$ $\quad\therefore u=-2$ 또는 $u=1$

㉢에서 $u=-2$일 때 $v=-3$, $u=1$일 때 $v=-6$

(i) $u=-2$, $v=-3$, 즉 $x+y=-2$, $xy=-3$일 때

$x,\ y$는 이차방정식 $t^2+2t-3=0$의 두 근이므로

$(t+3)(t-1)=0$ $\quad\therefore t=-3$ 또는 $t=1$

$\therefore x=-3,\ y=1$ 또는 $x=1,\ y=-3$

(ii) $u=1$, $v=-6$, 즉 $x+y=1$, $xy=-6$일 때

$x,\ y$는 이차방정식 $t^2-t-6=0$의 두 근이므로

$(t+2)(t-3)=0$

$\therefore t=-2$ 또는 $t=3$

$\therefore x=-2,\ y=3$ 또는 $x=3,\ y=-2$

(i), (ii)에서 주어진 연립방정식의 해는

$\begin{cases} x=-3 \\ y=1 \end{cases}$ 또는 $\begin{cases} x=1 \\ y=-3 \end{cases}$ 또는 $\begin{cases} x=-2 \\ y=3 \end{cases}$ 또는 $\begin{cases} x=3 \\ y=-2 \end{cases}$

따라서 $|\alpha-\beta|$의 최댓값은 5이다. 답 **5**

0640 두 연립방정식의 공통인 해는 연립방정식

$\begin{cases} xy=12 & \cdots\cdots\ \text{㉠} \\ x^2+y^2=25 & \cdots\cdots\ \text{㉡} \end{cases}$ 의 해와 같다.

㉡에서 $(x+y)^2-2xy=25$ $\quad\cdots\cdots\ \text{㉢}$

㉠을 ㉢에 대입하면

$(x+y)^2-24=25$, $(x+y)^2=49$

$\therefore x+y=\pm7$

이때 b는 자연수이므로 $b=x+y=7$

즉, $x+y=7$, $xy=12$일 때, $x,\ y$는 이차방정식 $t^2-7t+12=0$

의 두 근이므로

$(t-3)(t-4)=0$

$\therefore t=3$ 또는 $t=4$

따라서 두 연립방정식의 공통인 해는

$\begin{cases} x=3 \\ y=4 \end{cases}$ 또는 $\begin{cases} x=4 \\ y=3 \end{cases}$

$x=3,\ y=4$를 $ax-y=1$에 대입하면

$a=\dfrac{5}{3}$

$x=4,\ y=3$을 $ax-y=1$에 대입하면

$a=1$

이때 a는 자연수이므로 $a=1$

$\therefore a+b=8$ 답 **8**

0641 $\begin{cases} x+y=a & \cdots\cdots\ \text{㉠} \\ x^2+y^2=18 & \cdots\cdots\ \text{㉡} \end{cases}$

㉠에서 $y=-x+a$를 ㉡에 대입하면

$x^2+(-x+a)^2=18$, $2x^2-2ax+a^2-18=0$

주어진 연립방정식이 오직 한 쌍의 해를 가지려면 위의 이차방정식이 중근을 가져야 하므로 판별식을 D라 하면

$\dfrac{D}{4}=a^2-2(a^2-18)=0$

$a^2=36$ $\quad\therefore a=\pm6$

따라서 양수 a의 값은 6이다. 답 **6**

0642 $x,\ y$는 이차방정식 $t^2-2(a-3)t+a^2+4=0$의 두 근
이다.

주어진 연립방정식이 실근을 가지려면 앞의 이차방정식이 실근을 가져야 하므로 판별식을 D라 하면

$$\frac{D}{4}=(a-3)^2-(a^2+4)\geq 0$$

$$-6a+5\geq 0 \qquad \therefore a\leq \frac{5}{6}$$

따라서 실수 a의 최댓값은 $\frac{5}{6}$이다. 　　　　　　　　답 $\dfrac{5}{6}$

0643 $\begin{cases} 2x-y=k & \cdots\cdots ㉠ \\ x^2+2x-2y=0 & \cdots\cdots ㉡ \end{cases}$

㉠에서 $y=2x-k$를 ㉡에 대입하면

$$x^2+2x-2(2x-k)=0,\ x^2-2x+2k=0$$

　　　　　　　　　　　　　　　　　　　　⑦

주어진 연립방정식의 실근이 존재하지 않으려면 위의 이차방정식의 실근이 존재하지 않아야 하므로 판별식을 D라 하면

$$\frac{D}{4}=(-1)^2-2k<0$$

$$1-2k<0 \qquad \therefore k>\frac{1}{2}$$

　　　　　　　　　　　　　　　　　　　　④

따라서 정수 k의 최솟값은 1이다.

　　　　　　　　　　　　　　　　　　　　⑤

　　　　　　　　　　　　　　　　　　　　답 **1**

단계	채점요소	배점
⑦	x에 대한 이차방정식 세우기	30 %
④	k의 값의 범위 구하기	50 %
⑤	정수 k의 최솟값 구하기	20 %

0644 두 이차방정식의 공통인 근이 α이므로

$\begin{cases} \alpha^2+k\alpha+3=0 & \cdots\cdots ㉠ \\ \alpha^2+3\alpha+k=0 & \cdots\cdots ㉡ \end{cases}$

㉠$-$㉡을 하면 $(k-3)\alpha+3-k=0$

$(k-3)(\alpha-1)=0 \qquad \therefore k=3$ 또는 $\alpha=1$

(i) $k=3$일 때, 두 이차방정식은 일치하므로 서로 다른 두 이차방 정식이라는 조건을 만족시키지 않는다.

(ii) $\alpha=1$일 때, 이것을 ㉠에 대입하면

$1+k+3=0 \qquad \therefore k=-4$

(i), (ii)에서 $k+\alpha=-4+1=-3$ 　　　　답 ②

0645 두 이차방정식의 공통인 근을 α라 하면

$\begin{cases} \alpha^2+(m+2)\alpha-4=0 & \cdots\cdots ㉠ \\ \alpha^2+(m+4)\alpha-6=0 & \cdots\cdots ㉡ \end{cases}$

㉠$-$㉡을 하면 $-2\alpha+2=0 \qquad \therefore \alpha=1$

$\alpha=1$을 ㉠에 대입하면

$1+m+2-4=0 \qquad \therefore m=1$ 　　답 $m=1$, 공통인 근: 1

0646 두 이차방정식의 공통인 근을 α라 하면

$\begin{cases} \alpha^2+k\alpha+2k+2=0 & \cdots\cdots ㉠ \\ \alpha^2-\alpha-k^2-k=0 & \cdots\cdots ㉡ \end{cases}$

㉠$-$㉡을 하면

$$(k+1)\alpha+k^2+3k+2=0$$

$$(k+1)\alpha+(k+1)(k+2)=0$$

$$(k+1)(\alpha+k+2)=0$$

$$\therefore k=-1 \text{ 또는 } \alpha=-k-2$$

(i) $k=-1$일 때, 두 이차방정식은 일치하므로 서로 다른 두 이 차방정식이라는 조건을 만족시키지 않는다.

(ii) $\alpha=-k-2$일 때, 이것을 ㉠에 대입하면

$$(-k-2)^2+k(-k-2)+2k+2=0$$

$$4k+6=0 \qquad \therefore k=-\frac{3}{2}$$

(i), (ii)에서 $k=-\dfrac{3}{2}$ 　　　　　　　답 ①

0647 원에 내접하는 직사각형의 가로, 세로의 길이를 각각 x, y라 하면

$\begin{cases} 2(x+y)=28 \\ x^2+y^2=10^2 \end{cases}$

즉 $\begin{cases} x+y=14 & \cdots\cdots ㉠ \\ x^2+y^2=100 & \cdots\cdots ㉡ \end{cases}$

㉠에서 $y=14-x$ 　　　　　　　　　　$\cdots\cdots ㉢$

㉢을 ㉡에 대입하면

$$x^2+(14-x)^2=100,\ 2x^2-28x+96=0$$

$$x^2-14x+48=0,\ (x-6)(x-8)=0$$

$$\therefore x=6 \text{ 또는 } x=8$$

이것을 ㉢에 대입하면

$x=6,\ y=8$ 또는 $x=8,\ y=6$

따라서 직사각형의 긴 변의 길이는 8이다. 　　답 ⑤

0648 처음 두 자리 자연수의 십의 자리의 숫자를 x, 일의 자리의 숫자를 y $(x>y)$라 하면

$\begin{cases} x^2+y^2=73 & \cdots\cdots ㉠ \\ (10y+x)+(10x+y)=121 & \cdots\cdots ㉡ \end{cases}$

㉡에서

$$11(x+y)=121,\ x+y=11$$

$$\therefore y=11-x \qquad \cdots\cdots ㉢$$

㉢을 ㉠에 대입하면 $x^2+(11-x)^2=73$

$$2x^2-22x+48=0,\ x^2-11x+24=0$$

$$(x-3)(x-8)=0 \qquad \therefore x=3 \text{ 또는 } x=8$$

이것을 ㉢에 대입하면

$x=3,\ y=8$ 또는 $x=8,\ y=3$

그런데 $x>y$이므로 $x=8,\ y=3$

따라서 처음 수는 83이다. 　　　　　　　답 **83**

0649 두 원 O_1, O_2의 반지름의 길이를 각각 r_1, r_2라 하면

$$\begin{cases} 2\pi r_1+2\pi r_2=12\pi \\ \pi r_1{}^2+\pi r_2{}^2=20\pi \end{cases} \text{즉} \begin{cases} r_1+r_2=6 & \cdots\cdots \text{㉠} \\ r_1{}^2+r_2{}^2=20 & \cdots\cdots \text{㉡} \end{cases}$$

㉮

㉠에서 $r_2=6-r_1$ $\cdots\cdots$ ㉢

㉢을 ㉡에 대입하면 $r_1{}^2+(6-r_1)^2=20$

$2r_1{}^2-12r_1+16=0$, $r_1{}^2-6r_1+8=0$

$(r_1-2)(r_1-4)=0$ $\quad \therefore r_1=2$ 또는 $r_1=4$

이것을 ㉢에 대입하면

$r_1=2$, $r_2=4$ 또는 $r_1=4$, $r_2=2$

㉯

따라서 두 원의 반지름의 길이의 차는

$|r_1-r_2|=2$

㉰

답 2

단계	채점요소	배점
㉮	두 원의 반지름의 길이 r_1, r_2에 대한 연립방정식 세우기	40%
㉯	r_1, r_2의 값 구하기	40%
㉰	두 원의 반지름의 길이의 차 구하기	20%

0650 선분 PQ의 길이를 x, 선분 PR의 길이를 y라 하면

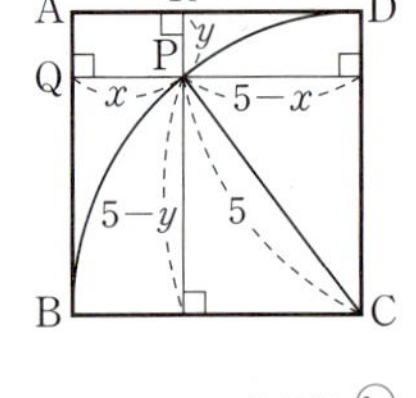

$$\begin{cases} 2(x+y)=8 \\ (5-x)^2+(5-y)^2=5^2 \end{cases}$$

즉, $\begin{cases} x+y=4 & \cdots\cdots \text{㉠} \\ x^2+y^2-10(x+y)+25=0 & \cdots\cdots \text{㉡} \end{cases}$

㉠을 ㉡에 대입하면

$x^2+y^2-40+25=0$, $x^2+y^2=15$

이때 $(x+y)^2-2xy=15$에서

$16-2xy=15$ $\quad \therefore xy=\dfrac{1}{2}$

따라서 직사각형 AQPR의 넓이는 $\dfrac{1}{2}$이다. 답 $\dfrac{1}{2}$

🔖 유형 Up

본문 92~93쪽

0651 $x^3=1$에서

$x^3-1=0$, $(x-1)(x^2+x+1)=0$

한 허근이 ω이므로 $\omega^3=1$, $\omega^2+\omega+1=0$

$$\therefore \frac{\omega+1}{\omega^2}+\frac{\omega^2}{\omega+1}=\frac{-\omega^2}{\omega^2}+\frac{\omega^2}{-\omega^2}$$
$$=-1+(-1)=-2$$

답 -2

0652 $x^2+x+1=0$의 양변에 $x-1$을 곱하면

$(x-1)(x^2+x+1)=0$, $x^3-1=0$ $\quad \therefore x^3=1$

즉, $x^3=1$, $x^2+x+1=0$의 한 허근이 ω이므로

$\omega^3=1$, $\omega^2+\omega+1=0$

$$\therefore \omega^{101}+\omega^{100}+\omega^{99}+\omega^{98}+\omega^{97}$$
$$=(\omega^3)^{33}\times\omega^2+(\omega^3)^{33}\times\omega+(\omega^3)^{33}+(\omega^3)^{32}\times\omega^2+(\omega^3)^{32}\times\omega$$
$$=(\omega^2+\omega+1)+(\omega^2+\omega)$$
$$=0+(-1)=-1$$

답 ②

0653 $x^3=-1$에서

$x^3+1=0$, $(x+1)(x^2-x+1)=0$

한 허근이 ω이므로 $\omega^3=-1$, $\omega^2-\omega+1=0$

$$\therefore \omega^6+\omega^5-\omega^4+\omega^3-\omega^2+\omega-1$$
$$=(\omega^3)^2+\omega^3\times\omega^2-\omega^3\times\omega+\omega^3-\omega^2+\omega-1$$
$$=1-\omega^2+\omega-1-\omega^2+\omega-1$$
$$=1-2(\omega^2-\omega+1)=1-2\times0=1$$

따라서 $a=1$, $b=0$이므로

$a+b=1+0=1$

답 ③

0654 $\omega=\dfrac{1-\sqrt{3}i}{2}$에서 $2\omega=1-\sqrt{3}i$

$2\omega-1=-\sqrt{3}i$

양변을 제곱하면 $4\omega^2-4\omega+1=-3$

$4\omega^2-4\omega+4=0$ $\quad \therefore \omega^2-\omega+1=0$

양변에 $\omega+1$을 곱하면

$(\omega+1)(\omega^2-\omega+1)=0$, $\omega^3+1=0$ $\quad \therefore \omega^3=-1$

$$\therefore \frac{\omega}{1+\omega}-\frac{\omega^2}{1-\omega^2}=\frac{\omega(1-\omega^2)-\omega^2(1+\omega)}{(1+\omega)(1-\omega^2)}$$
$$=\frac{\omega-\omega^3-\omega^2-\omega^3}{1+\omega-\omega^2-\omega^3}$$
$$=\frac{\omega-\omega^2+2}{\omega-\omega^2+2}=1$$

답 ③

0655 ㄱ. $x^3=-1$에서

$x^3+1=0$, $(x+1)(x^2-x+1)=0$

한 허근이 ω이므로

$\omega^3=-1$, $\omega^2-\omega+1=0$

ㄴ. ω는 방정식 $x^2-x+1=0$의 한 허근이므로 나머지 한 근은 $\overline{\omega}$이고 이차방정식의 근과 계수의 관계에 의하여

$\omega\overline{\omega}=1$

ㄷ. $\omega^5-\omega^4-1=\omega^3\times\omega^2-\omega^3\times\omega-1=-\omega^2+\omega-1$
$$=-(\omega^2-\omega+1)=0$$

ㄹ. $\omega\overline{\omega}=1$에서 $\overline{\omega}=\dfrac{1}{\omega}=\dfrac{-\omega^3}{\omega}=-\omega^2$

ㅁ. $\omega^{2019}+\dfrac{1}{\omega^{2019}}=(\omega^3)^{673}+\dfrac{1}{(\omega^3)^{673}}=-1+(-1)=-2$

ㅂ. $1-\omega+\omega^2-\omega^3+\omega^4-\omega^5+\cdots-\omega^{99}$
$$=(1-\omega+\omega^2)-\omega^3(1-\omega+\omega^2)+\cdots$$
$$+\omega^{96}(1-\omega+\omega^2)-\omega^{99}$$
$$=-\omega^{99}=-(\omega^3)^{33}=1$$

따라서 옳은 것은 ㄱ, ㄴ, ㄹ이다. 답 ㄱ, ㄴ, ㄹ

0656 $x^3+1=0$에서

$(x+1)(x^2-x+1)=0$

ω가 $x^2-x+1=0$의 한 허근이므로 $\overline{\omega}$도 $x^2-x+1=0$의 근이다.

이차방정식의 근과 계수의 관계에 의하여

$\omega+\overline{\omega}=1$, $\omega\overline{\omega}=1$

$$\therefore \frac{(2\omega-3)\overline{(2\omega-3)}}{(\omega+1)\overline{(\omega+1)}}=\frac{(2\omega-3)(2\overline{\omega}-3)}{(\omega+1)(\overline{\omega}+1)}$$
$$=\frac{4\omega\overline{\omega}-6(\omega+\overline{\omega})+9}{\omega\overline{\omega}+(\omega+\overline{\omega})+1}$$
$$=\frac{4-6+9}{1+1+1}=\frac{7}{3}$$

답 $\dfrac{7}{3}$

0657 $x^3=1$에서

$x^3-1=0$, $(x-1)(x^2+x+1)=0$

한 허근이 ω이므로 $\omega^3=1$, $\omega^2+\omega+1=0$

$f(n)=\omega^{2n+1}$이므로

$f(1)=\omega^3=1$, $f(2)=\omega^5=\omega^3\times\omega^2=\omega^2$,

$f(3)=\omega^7=(\omega^3)^2\times\omega=\omega$, $f(4)=\omega^9=(\omega^3)^3=1$,

$f(5)=\omega^{11}=(\omega^3)^3\times\omega^2=\omega^2$, $f(6)=\omega^{13}=(\omega^3)^4\times\omega=\omega$,

$f(7)=\omega^{15}=(\omega^3)^5=1$, $f(8)=\omega^{17}=(\omega^3)^5\times\omega^2=\omega^2$,

$f(9)=\omega^{19}=(\omega^3)^6\times\omega=\omega$, $f(10)=\omega^{21}=(\omega^3)^7=1$

$\therefore f(1)+f(2)+f(3)+\cdots+f(10)$
$=(1+\omega^2+\omega)+(1+\omega^2+\omega)+(1+\omega^2+\omega)+1$
$=1$

답 **1**

0658 $2xy-4x-3y-4=0$에서

$2x(y-2)-3(y-2)-10=0$

$\therefore (2x-3)(y-2)=10$

이때 x, y는 자연수이므로

$2x-3$	1	2	5	10
$y-2$	10	5	2	1

$\therefore \begin{cases} x=2 \\ y=12 \end{cases}$ 또는 $\begin{cases} x=4 \\ y=4 \end{cases}$

따라서 $x+y$의 최댓값은 14이다.

답 ③

0659 $x^2+xy+x+2y=5$에서

$(x+2)y+(x^2+x-2)=5$

$(x+2)y+(x+2)(x-1)=3$

$\therefore (x+2)(x+y-1)=3$

이때 x, y는 정수이므로

$x+2$	-3	-1	1	3
$x+y-1$	-1	-3	3	1

$\therefore \begin{cases} x=-5 \\ y=5 \end{cases}$ 또는 $\begin{cases} x=-3 \\ y=1 \end{cases}$ 또는 $\begin{cases} x=-1 \\ y=5 \end{cases}$ 또는 $\begin{cases} x=1 \\ y=1 \end{cases}$

따라서 xy의 최댓값은 1이다.

답 **1**

0660 $\dfrac{1}{x}+\dfrac{1}{y}=\dfrac{1}{4}$에서 $\dfrac{x+y}{xy}=\dfrac{1}{4}$

$4x+4y=xy$, $xy-4x-4y=0$

$x(y-4)-4(y-4)-16=0$

$\therefore (x-4)(y-4)=16$

이때 x, y는 양의 정수이므로

$x-4$	1	2	4	8	16
$y-4$	16	8	4	2	1

따라서 x, y의 순서쌍 (x, y)는

$(5, 20)$, $(6, 12)$, $(8, 8)$, $(12, 6)$, $(20, 5)$

의 5개이다.

답 ⑤

0661 이차방정식 $x^2-(m+2)x+2m+2=0$의 두 근을 α, β라 하면 이차방정식의 근과 계수의 관계에 의하여

$\alpha+\beta=m+2$ $\qquad\qquad$ ······ ㉠

$\alpha\beta=2m+2$ $\qquad\qquad$ ······ ㉡

㉡$-$㉠$\times2$를 하면

$\alpha\beta-2(\alpha+\beta)=-2$, $\alpha(\beta-2)-2(\beta-2)-4=-2$

$\therefore (\alpha-2)(\beta-2)=2$

이때 α, β가 양의 정수이므로

$\alpha-2$	1	2
$\beta-2$	2	1

$\therefore \begin{cases} \alpha=3 \\ \beta=4 \end{cases}$ 또는 $\begin{cases} \alpha=4 \\ \beta=3 \end{cases}$

㉠에서 $7=m+2$ $\quad \therefore m=5$

답 **5**

0662 $9x^2+6xy+2y^2-4y+4=0$에서

$(9x^2+6xy+y^2)+(y^2-4y+4)=0$

$(3x+y)^2+(y-2)^2=0$

이때 x, y가 실수이므로

$3x+y=0$, $y-2=0$

두 식을 연립하여 풀면 $x=-\dfrac{2}{3}$, $y=2$

$\therefore x-y=-\dfrac{2}{3}-2=-\dfrac{8}{3}$

답 ①

다른풀이 $9x^2+6xy+2y^2-4y+4=0$ $\qquad$ ······ ㉠

x가 실수이므로 x에 대한 이차방정식 ㉠의 판별식을 D라 하면

$$\frac{D}{4}=(3y)^2-9(2y^2-4y+4)\geq0$$

$-9y^2+36y-36\geq0$, $y^2-4y+4\leq0$, $(y-2)^2\leq0$

이때 y는 실수이므로

$y-2=0$ $\quad \therefore y=2$

$y=2$를 ㉠에 대입하면

$9x^2+12x+4=0$, $(3x+2)^2=0$ $\quad \therefore x=-\dfrac{2}{3}$

$\therefore x-y=-\dfrac{8}{3}$

0663 $(x^2+y^2-20)^2+(x-y-2)^2=0$에서 x, y가 실수이므로

$x^2+y^2-20=0$, $x-y-2=0$

$\therefore x^2+y^2=20$, $x-y=2$

$(x-y)^2=x^2+y^2-2xy$에서

$2^2=20-2xy$, $2xy=16$

$\therefore xy=8$ 답 **8**

참고 $x=y+2$를 $x^2+y^2-20=0$에 대입하여 x, y의 값을 구할 수도 있다.

0664 $x^2-4xy+5y^2+2x-8y+5=0$에서

$x^2-2(2y-1)x+(5y^2-8y+5)=0$ $\qquad\cdots\cdots$ ㉠

x가 실수이므로 x에 대한 이차방정식 ㉠의 판별식을 D라 하면

$\dfrac{D}{4}=(2y-1)^2-(5y^2-8y+5)\geq0$

$-y^2+4y-4\geq0$, $y^2-4y+4\leq0$, $(y-2)^2\leq0$

이때 y는 실수이므로

$y-2=0$ $\quad\therefore y=2$

$y=2$를 ㉠에 대입하면

$x^2-6x+9=0$, $(x-3)^2=0$ $\quad\therefore x=3$

$\therefore x+y=5$ 답 **5**

📖 **시험에 꼭 나오는 문제**	본문 94~97쪽

0665 $f(x)=x^3+2x^2+5x+4$로 놓으면 $f(-1)=0$이므로 조립제법을 이용하여 $f(x)$를 인수분해하면

$$\begin{array}{r|rrrr} -1 & 1 & 2 & 5 & 4 \\ & & -1 & -1 & -4 \\ \hline & 1 & 1 & 4 & 0 \end{array}$$

$f(x)=(x+1)(x^2+x+4)$

즉, 주어진 방정식은

$(x+1)(x^2+x+4)=0$

이때 주어진 방정식의 허근은 $x^2+x+4=0$의 근이므로 구하는 합은 이차방정식의 근과 계수의 관계에 의하여 -1이다. 답 ②

0666 $f(x)=x^4+2x^3+x^2-2x-2$로 놓으면 $f(1)=0$, $f(-1)=0$이므로 조립제법을 이용하여 $f(x)$를 인수분해하면

$$\begin{array}{r|rrrrr} 1 & 1 & 2 & 1 & -2 & -2 \\ & & 1 & 3 & 4 & 2 \\ \hline -1 & 1 & 3 & 4 & 2 & 0 \\ & & -1 & -2 & -2 & \\ \hline & 1 & 2 & 2 & 0 & \end{array}$$

$f(x)=(x-1)(x+1)(x^2+2x+2)$

즉, 주어진 방정식은

$(x-1)(x+1)(x^2+2x+2)=0$

이때 두 허근 α, β는 이차방정식 $x^2+2x+2=0$의 두 근이므로 이차방정식의 근과 계수의 관계에 의하여

$\alpha+\beta=-2$, $\alpha\beta=2$

$\therefore \alpha^3+\beta^3=(\alpha+\beta)^3-3\alpha\beta(\alpha+\beta)$

$\qquad\qquad\quad =(-2)^3-3\times2\times(-2)=4$ 답 **4**

0667 $(x-3)(x-2)(x+1)(x+2)=21$에서

$\{(x-3)(x+2)\}\{(x-2)(x+1)\}-21=0$

$(x^2-x-6)(x^2-x-2)-21=0$

$x^2-x=t$로 놓으면 주어진 방정식은

$(t-6)(t-2)-21=0$

$t^2-8t-9=0$, $(t+1)(t-9)=0$

$\therefore t=-1$ 또는 $t=9$

(i) $t=-1$, 즉 $x^2-x=-1$일 때

$\quad x^2-x+1=0$의 판별식을 D_1이라 하면

$\quad D_1=(-1)^2-4=-3<0$

이므로 이 이차방정식은 서로 다른 두 허근을 갖는다.

(ii) $t=9$, 즉 $x^2-x=9$일 때

$\quad x^2-x-9=0$의 판별식을 D_2라 하면

$\quad D_2=(-1)^2-4\times1\times(-9)=37>0$

이므로 이 이차방정식은 서로 다른 두 실근을 갖는다.

(i), (ii)에서 주어진 방정식의 두 실근은 이차방정식 $x^2-x-9=0$의 두 근이므로 이차방정식의 근과 계수의 관계에 의하여 두 실근의 곱은 -9이다. 답 ②

0668 $x^4-7x^2+9=0$에서

$(x^4-6x^2+9)-x^2=0$, $(x^2-3)^2-x^2=0$

$(x^2+x-3)(x^2-x-3)=0$

$x^2+x-3=0$ 또는 $x^2-x-3=0$

$\therefore x=\dfrac{-1\pm\sqrt{13}}{2}$ 또는 $x=\dfrac{1\pm\sqrt{13}}{2}$

따라서 모든 양수인 근의 합은

$\dfrac{-1+\sqrt{13}}{2}+\dfrac{1+\sqrt{13}}{2}=\dfrac{2\sqrt{13}}{2}=\sqrt{13}$ 답 ①

0669 $x^4+2x^3+3x^2+2x+1=0$의 양변을 x^2으로 나누면

$x^2+2x+3+\dfrac{2}{x}+\dfrac{1}{x^2}=0$

$\left(x^2+\dfrac{1}{x^2}+2\right)+2\left(x+\dfrac{1}{x}\right)+1=0$

$\left(x+\dfrac{1}{x}\right)^2+2\left(x+\dfrac{1}{x}\right)+1=0$

$x+\dfrac{1}{x}=t$로 놓으면

$t^2+2t+1=0$, $(t+1)^2=0$ $\quad\therefore t=-1$

즉, $x+\dfrac{1}{x}=-1$이므로

$\alpha+\dfrac{1}{\alpha}=-1$ 답 ③

0670 $f(x)=x^4+ax^3-x^2+ax+b$로 놓으면 주어진 방정식의 두 근이 -2, 1이므로

$f(-2)=16-8a-4-2a+b=0$,

$f(1)=1+a-1+a+b=0$

즉, $-10a+b=-12$, $2a+b=0$

두 식을 연립하여 풀면 $a=1$, $b=-2$

$f(x)=x^4+x^3-x^2+x-2$이므로 조립제법을 이용하여 $f(x)$를 인수분해하면

$$\begin{array}{r|rrrrr}
1 & 1 & 1 & -1 & 1 & -2 \\
 & & 1 & 2 & 1 & 2 \\
\hline
-2 & 1 & 2 & 1 & 2 & 0 \\
 & & -2 & 0 & -2 & \\
\hline
 & 1 & 0 & 1 & 0 & \\
\end{array}$$

$f(x)=(x-1)(x+2)(x^2+1)$

즉, $(x-1)(x+2)(x^2+1)=0$에서 주어진 사차방정식의 나머지 두 근은 이차방정식 $x^2+1=0$의 근이다.

따라서 구하는 두 근의 곱은 이차방정식의 근과 계수의 관계에 의하여 1이다.　　　　　　　　　　　　　　　　　답 ③

0671 $f(x)=x^4-x^3+ax+b$로 놓으면 주어진 방정식의 두 근이 1, -2이므로

$f(1)=1-1+a+b=0$,

$f(-2)=16-(-8)-2a+b=0$

즉, $a+b=0$, $2a-b=24$

두 식을 연립하여 풀면 $a=8$, $b=-8$

$f(x)=x^4-x^3+8x-8$이므로 조립제법을 이용하여 $f(x)$를 인수분해하면

$$\begin{array}{r|rrrrr}
1 & 1 & -1 & 0 & 8 & -8 \\
 & & 1 & 0 & 0 & 8 \\
\hline
-2 & 1 & 0 & 0 & 8 & 0 \\
 & & -2 & 4 & -8 & \\
\hline
 & 1 & -2 & 4 & 0 & \\
\end{array}$$

$f(x)=(x-1)(x+2)(x^2-2x+4)$

즉, $(x-1)(x+2)(x^2-2x+4)=0$에서 주어진 사차방정식의 나머지 두 근 α, β는 이차방정식 $x^2-2x+4=0$의 두 근이므로 이차방정식의 근과 계수의 관계에 의하여

$\alpha+\beta=2$, $\alpha\beta=4$

$\begin{aligned}
\therefore |\alpha^4+\beta^4| &= |(\alpha^2+\beta^2)^2-2\alpha^2\beta^2| \\
&= |\{(\alpha+\beta)^2-2\alpha\beta\}^2-2(\alpha\beta)^2| \\
&= |(2^2-2\times4)^2-2\times4^2| \\
&= |-16|=16
\end{aligned}$
　　　　　　　　　　　　　　　　　답 16

0672 $x^2+x-6=0$에서 $(x+3)(x-2)=0$

$\therefore x=-3$ 또는 $x=2$

$f(x)=x^3-(a-4)x^2-4(a-1)x-4a$로 놓으면 $f(-2)=0$

이므로 조립제법을 이용하여 $f(x)$를 인수분해하면

$$\begin{array}{r|rrrr}
-2 & 1 & -a+4 & -4a+4 & -4a \\
 & & -2 & 2a-4 & 4a \\
\hline
 & 1 & -a+2 & -2a & 0 \\
\end{array}$$

$\begin{aligned}
f(x) &= (x+2)\{x^2-(a-2)x-2a\} \\
&= (x+2)^2(x-a)
\end{aligned}$

따라서 방정식 $f(x)=0$의 해는

$x=-2$ 또는 $x=a$

두 방정식이 공통인 근을 가지려면

$a=-3$ 또는 $a=2$

따라서 모든 실수 a의 값의 합은

$-3+2=-1$　　　　　　　　　　　답 -1

0673 $f(x)=x^3+x^2+3(a-2)x-6a$로 놓으면

$f(2)=8+4+6a-12-6a=0$

ㄱ. $x=2$는 $x^3+x^2+3(a-2)x-6a=0$의 근이므로 적어도 하나의 실근을 갖는다.

ㄴ. 조립제법을 이용하여 $f(x)$를 인수분해하면

$$\begin{array}{r|rrrr}
2 & 1 & 1 & 3a-6 & -6a \\
 & & 2 & 6 & 6a \\
\hline
 & 1 & 3 & 3a & 0 \\
\end{array}$$

$f(x)=(x-2)(x^2+3x+3a)$

이때 방정식 $f(x)=0$이 오직 하나의 실근을 가지려면 $x^2+3x+3a=0$이 서로 다른 두 허근을 가져야 하므로 이 이차방정식의 판별식을 D라 하면

$D=9-12a<0$　　$\therefore a>\dfrac{3}{4}$

따라서 정수 a의 최솟값은 1이다.

ㄷ. 방정식 $f(x)=0$이 중근을 가지려면

　(ⅰ) 방정식 $x^2+3x+3a=0$이 $x=2$를 근으로 갖는 경우

　　$4+6+3a=0$　　$\therefore a=-\dfrac{10}{3}$

　(ⅱ) 방정식 $x^2+3x+3a=0$이 중근을 갖는 경우

　　이 이차방정식의 판별식을 D라 하면

　　$D=9-12a=0$　　$\therefore a=\dfrac{3}{4}$

　(ⅰ), (ⅱ)에서 중근을 갖도록 하는 실수 a는 2개이다.

따라서 옳은 것은 ㄱ, ㄴ, ㄷ이다.　　　　　답 ⑤

0674 삼차방정식의 근과 계수의 관계에 의하여

$\alpha+\beta+\gamma=-2$, $\alpha\beta\gamma=1$

이때 $\alpha+\beta+\gamma=-2$에서

$\alpha+\beta+2=-\gamma$, $\beta+\gamma+2=-\alpha$, $\gamma+\alpha+2=-\beta$

$\begin{aligned}
\therefore (\alpha+\beta+2)&(\beta+\gamma+2)(\gamma+\alpha+2) \\
&= (-\gamma)\times(-\alpha)\times(-\beta) \\
&= -\alpha\beta\gamma \\
&= -1
\end{aligned}$
　　　　　　　　　　　　　　　　　답 ③

0675 삼차방정식 $x^3+3x^2+ax-6=0$의 세 근 중 두 근은 절 댓값이 같고 부호가 서로 다르므로 세 근을 $-\alpha$, α, β로 놓으면 삼차방정식의 근과 계수의 관계에 의하여

$-\alpha+\alpha+\beta=-3$ $\therefore \beta=-3$

따라서 $x^3+3x^2+ax-6=0$의 한 근이 -3이므로 $x=-3$을 대입하면

$-27+27-3a-6=0$ $\therefore a=-2$ 답 ②

0676 $f(\alpha)=f(\beta)=f(\gamma)=2$에서

$f(\alpha)-2=f(\beta)-2=f(\gamma)-2=0$이므로

삼차방정식 $f(x)-2=0$의 세 근이 α, β, γ이다.

즉, $f(x)-2=(x-\alpha)(x-\beta)(x-\gamma)$에서

$f(x)=(x-\alpha)(x-\beta)(x-\gamma)+2$

$\quad\quad =x^3-(\alpha+\beta+\gamma)x^2+(\alpha\beta+\beta\gamma+\gamma\alpha)x-\alpha\beta\gamma+2$

따라서 방정식 $f(x)=0$의 세 근의 곱은 삼차방정식의 근과 계수 의 관계에 의하여

$\alpha\beta\gamma-2=5-2=3$ 답 3

0677 계수가 유리수이므로 $\sqrt{2}-1$이 근이면 $-\sqrt{2}-1$도 근이 다. 나머지 한 근을 α라 하면 삼차방정식의 근과 계수의 관계에 의 하여

$(\sqrt{2}-1)+(-\sqrt{2}-1)+\alpha=-a$에서

$-2+\alpha=-a$ $\cdots\cdots$ ㉠

$(\sqrt{2}-1)(-\sqrt{2}-1)+(-\sqrt{2}-1)\alpha+\alpha(\sqrt{2}-1)=b$에서

$-1-2\alpha=b$ $\cdots\cdots$ ㉡

$(\sqrt{2}-1)(-\sqrt{2}-1)\alpha=-1$에서 $-\alpha=-1$ $\therefore \alpha=1$

$\alpha=1$을 ㉠, ㉡에 각각 대입하면 $a=1$, $b=-3$

$\therefore a+b=-2$ 답 ③

0678 계수가 실수이므로 $1-i$가 근이면 $1+i$도 근이다.

나머지 한 근을 α라 하면 삼차방정식의 근과 계수의 관계에 의하여

$(1+i)+(1-i)+\alpha=a+1$에서 $1+\alpha=a$ $\cdots\cdots$ ㉠

$(1+i)(1-i)\alpha=a$에서 $2\alpha=a$ $\cdots\cdots$ ㉡

㉠, ㉡에서 $1+\alpha=2\alpha$ $\therefore \alpha=1$

따라서 나머지 두 근은 $1+i$, 1이므로 구하는 두 근의 합은

$(1+i)+1=2+i$ 답 ⑤

0679 처음 정육면체의 한 모서리의 길이를 x cm라 하면

$(x-1)(x+2)(x+3)=\dfrac{5}{2}x^3$

$x^3+4x^2+x-6=\dfrac{5}{2}x^3$, $\dfrac{3}{2}x^3-4x^2-x+6=0$

$3x^3-8x^2-2x+12=0$, $(x-2)(3x^2-2x-6)=0$

$\therefore x=2$ 또는 $x=\dfrac{1\pm\sqrt{19}}{3}$

이때 x는 자연수이므로 $x=2$

따라서 처음 정육면체의 한 모서리의 길이는 2 cm이므로 부피는

$2^3=8\ (\text{cm}^3)$ 답 $8\ \text{cm}^3$

0680 $\begin{cases} 2x+y=1 & \cdots\cdots ㉠ \\ 3x^2-y^2=2 & \cdots\cdots ㉡ \end{cases}$

㉠에서 $y=1-2x$ $\cdots\cdots$ ㉢

㉢을 ㉡에 대입하면

$3x^2-(1-2x)^2=2$, $-x^2+4x-3=0$

$x^2-4x+3=0$, $(x-1)(x-3)=0$

$\therefore x=1$ 또는 $x=3$

㉢에서 $x=1$일 때 $y=-1$, $x=3$일 때 $y=-5$

따라서 xy의 최솟값은 -15이다. 답 -15

0681 $\begin{cases} 2x^2+xy-y^2=0 & \cdots\cdots ㉠ \\ x^2+xy+y^2=7 & \cdots\cdots ㉡ \end{cases}$

㉠에서 $(2x-y)(x+y)=0$

$\therefore y=2x$ 또는 $y=-x$

(i) $y=2x$를 ㉡에 대입하면

$x^2+x\times 2x+(2x)^2=7$, $x^2=1$ $\therefore x=\pm 1$

$\therefore x=1$, $y=2$ 또는 $x=-1$, $y=-2$

(ii) $y=-x$를 ㉡에 대입하면

$x^2+x\times(-x)+(-x)^2=7$, $x^2=7$ $\therefore x=\pm\sqrt{7}$

$\therefore x=\sqrt{7}$, $y=-\sqrt{7}$ 또는 $x=-\sqrt{7}$, $y=\sqrt{7}$

(i), (ii)에서 주어진 연립방정식의 해는

$\begin{cases} x=1 \\ y=2 \end{cases}$ 또는 $\begin{cases} x=-1 \\ y=-2 \end{cases}$ 또는 $\begin{cases} x=\sqrt{7} \\ y=-\sqrt{7} \end{cases}$ 또는 $\begin{cases} x=-\sqrt{7} \\ y=\sqrt{7} \end{cases}$

따라서 $\alpha+\beta$의 최댓값은 3이다. 답 ②

0682 $\begin{cases} x^2+y^2+x+y=2 \\ x^2+xy+y^2=1 \end{cases}$에서

$\begin{cases} (x+y)^2-2xy+(x+y)=2 \\ (x+y)^2-xy=1 \end{cases}$

$x+y=u$, $xy=v$로 놓으면

$\begin{cases} u^2-2v+u=2 & \cdots\cdots ㉠ \\ u^2-v=1 & \cdots\cdots ㉡ \end{cases}$

㉡에서 $v=u^2-1$ $\cdots\cdots$ ㉢

㉢을 ㉠에 대입하면

$u^2-2(u^2-1)+u=2$, $-u^2+u=0$

$u^2-u=0$, $u(u-1)=0$ $\therefore u=0$ 또는 $u=1$

㉢에서 $u=0$일 때 $v=-1$, $u=1$일 때 $v=0$

(i) $u=0$, $v=-1$, 즉 $x+y=0$, $xy=-1$일 때

x, y는 이차방정식 $t^2-1=0$의 두 근이므로

$(t+1)(t-1)=0$ $\therefore t=-1$ 또는 $t=1$

$\therefore x=-1$, $y=1$ 또는 $x=1$, $y=-1$

(ii) $u=1$, $v=0$, 즉 $x+y=1$, $xy=0$일 때

x, y는 이차방정식 $t^2-t=0$의 두 근이므로

$t(t-1)=0$ $\therefore t=0$ 또는 $t=1$

$\therefore x=0$, $y=1$ 또는 $x=1$, $y=0$

(i), (ii)에서 주어진 연립방정식의 해는
$$\begin{cases} x=-1 \\ y=1 \end{cases} \text{또는} \begin{cases} x=1 \\ y=-1 \end{cases} \text{또는} \begin{cases} x=0 \\ y=1 \end{cases} \text{또는} \begin{cases} x=1 \\ y=0 \end{cases}$$
따라서 네 점 $(-1,\ 1)$, $(1,\ -1)$, $(0,\ 1)$, $(1,\ 0)$을 꼭짓점으로 하는 사각형은 오른쪽 그림과 같으므로 구하는 넓이는

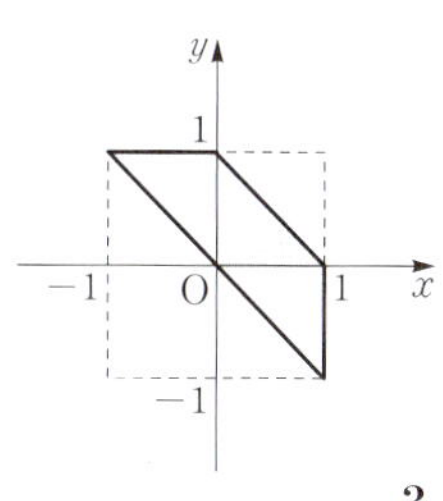

$$\frac{1}{2} \times 2 \times 2 - \frac{1}{2} \times 1 \times 1 = \frac{3}{2}$$

답 $\dfrac{3}{2}$

0683 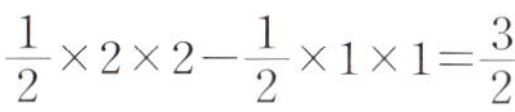
$$\begin{cases} 2x+y=k & \cdots\cdots \text{㉠} \\ x^2+y^2=5 & \cdots\cdots \text{㉡} \end{cases}$$
㉠에서 $y=k-2x$를 ㉡에 대입하면
$x^2+(k-2x)^2=5$, $5x^2-4kx+k^2-5=0$
주어진 연립방정식이 오직 한 쌍의 해를 가지려면 위의 이차방정식이 중근을 가져야 하므로 판별식을 D라 하면
$$\frac{D}{4}=(-2k)^2-5(k^2-5)=0$$
$-k^2+25=0$, $k^2=25$ $\therefore k=\pm 5$
따라서 양수 k의 값은 5이다.

답 **5**

0684 두 이차방정식의 공통인 근을 α라 하면
$$\begin{cases} \alpha^2+a\alpha+b=0 & \cdots\cdots \text{㉠} \\ \alpha^2+b\alpha+a=0 & \cdots\cdots \text{㉡} \end{cases}$$
㉠$-$㉡을 하면
$(a-b)\alpha+b-a=0$, $(a-b)(\alpha-1)=0$
$\therefore a=b$ 또는 $\alpha=1$
이때 $a\neq b$이므로 $\alpha=1$
㉠의 나머지 한 근을 p, ㉡의 나머지 한 근을 q라 하면 이차방정식의 근과 계수의 관계에 의하여
$1\times p=b$, $1\times q=a$ $\therefore b=p$, $a=q$
한편, $\alpha=1$이므로 ㉠에 대입하면 $1+a+b=0$
$p+q+1=0$ $\therefore p+q=-1$
또한, $pq=-6$이므로
$$a^2+b^2=p^2+q^2=(p+q)^2-2pq$$
$$=(-1)^2-2\times(-6)=13$$

답 **④**

0685 직각삼각형의 빗변의 길이는 외접원의 지름의 길이와 같으므로 빗변의 길이는 8이다.
오른쪽 그림과 같이 나머지 두 변의 길이를 각각 x, y라 하면 피타고라스 정리에 의하여
$$x^2+y^2=8^2 \qquad \cdots\cdots \text{㉠}$$

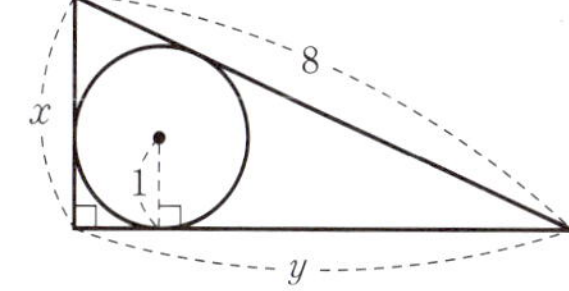

직각삼각형의 넓이에서
$$\frac{1}{2}xy=\frac{1}{2}(x+y+8)\times 1$$
$$\therefore xy=x+y+8 \qquad \cdots\cdots \text{㉡}$$
$x+y=u$, $xy=v$로 놓으면
㉠에서 $x^2+y^2=(x+y)^2-2xy=64$
$$\therefore u^2-2v=64 \qquad \cdots\cdots \text{㉢}$$
㉡에서 $v=u+8 \qquad \cdots\cdots \text{㉣}$
㉣을 ㉢에 대입하면
$u^2-2(u+8)=64$, $u^2-2u-80=0$
$(u+8)(u-10)=0$ $\therefore u=10\ (\because u>0)$
따라서 $u=10$, $v=18$, 즉 $x+y=10$, $xy=18$일 때, x, y는 이차방정식 $t^2-10t+18=0$의 두 근이므로
$$t=5\pm\sqrt{7}$$
따라서 가장 짧은 변의 길이는 $5-\sqrt{7}$이다.

답 $\mathbf{5-\sqrt{7}}$

0686 $x^3=-1$에서
$x^3+1=0$, $(x+1)(x^2-x+1)=0$
한 허근이 ω이므로
$\omega^3=-1$, $\omega^2-\omega+1=0$
$$\therefore (1-\omega)(1+\omega^2)(1-\omega^3)(1+\omega^4)(1-\omega^5)(1+\omega^6)$$
$$=(1-\omega)(1+\omega^2)(1+1)(1-\omega)(1+\omega^2)(1+1)$$
$$=4(-\omega^2)\omega(-\omega^2)\omega$$
$$=4\omega^6=4(\omega^3)^2=4$$

답 **4**

0687 $x^3=1$에서 $x^3-1=0$, $(x-1)(x^2+x+1)=0$
한 허근이 ω이므로 $\omega^3=1$, $\omega^2+\omega+1=0$

ㄱ. $\omega^{10}=(\omega^3)^3\times\omega=\omega$

ㄴ. $\overline{\omega}$도 $x^2+x+1=0$의 허근이므로 $\overline{\omega}^2+\overline{\omega}+1=0$
$$\therefore \frac{\omega^2}{1+\omega}+\frac{\overline{\omega}}{1+\overline{\omega}^2}=\frac{-1-\omega}{1+\omega}+\frac{-1-\overline{\omega}^2}{1+\overline{\omega}^2}$$
$$=-1+(-1)=-2$$

ㄷ. $1+\omega^2+\omega^4+\omega^6+\cdots+\omega^{200}$
$$=1+\omega^2+\omega^3\times\omega+(\omega^3)^2+(\omega^3)^2\times\omega^2+(\omega^3)^3\times\omega$$
$$+\cdots+(\omega^3)^{66}+(\omega^3)^{66}\times\omega^2$$
$$=(1+\omega^2+\omega)+(1+\omega^2+\omega)+\cdots+1+\omega^2$$
$$=1+\omega^2=-\omega$$
따라서 옳은 것은 ㄱ, ㄴ, ㄷ이다.

답 **⑤**

0688 이차방정식 $x^2-mx+m+5=0$의 두 근을 α, β라 하면 이차방정식의 근과 계수의 관계에 의하여
$$\alpha+\beta=m \qquad \cdots\cdots \text{㉠}$$
$$\alpha\beta=m+5 \qquad \cdots\cdots \text{㉡}$$
㉡$-$㉠을 하면 $\alpha\beta-(\alpha+\beta)=5$에서
$\alpha(\beta-1)-(\beta-1)-1=5$ $\therefore (\alpha-1)(\beta-1)=6$

이때 α, β가 음의 정수이므로

$\alpha-1$	-3	-2
$\beta-1$	-2	-3

$\therefore \begin{cases} \alpha=-2 \\ \beta=-1 \end{cases}$ 또는 $\begin{cases} \alpha=-1 \\ \beta=-2 \end{cases}$

㉠에서 $m=\alpha+\beta=-3$　　　　　　　　　답 -3

0689 $f(x)=x^4-15x^2+ax+b$로 놓으면 주어진 방정식의 두 근이 -1, 2이므로
$$f(-1)=1-15-a+b=0, \quad f(2)=16-60+2a+b=0$$

　　　　　　　　　　　　　　　　　　　　　㉮

즉, $a-b=-14$, $2a+b=44$
두 식을 연립하여 풀면 $a=10$, $b=24$

　　　　　　　　　　　　　　　　　　　　　㉯

$f(x)=x^4-15x^2+10x+24$이므로 조립제법을 이용하여 $f(x)$를 인수분해하면

$$\begin{array}{r|rrrrr}
-1 & 1 & 0 & -15 & 10 & 24 \\
   &   & -1 & 1 & 14 & -24 \\
\hline
2 & 1 & -1 & -14 & 24 & 0 \\
  &   & 2 & 2 & -24 & \\
\hline
  & 1 & 1 & -12 & 0 &
\end{array}$$

$$\begin{aligned}
f(x)&=(x+1)(x-2)(x^2+x-12)\\
&=(x+1)(x-2)(x-3)(x+4)
\end{aligned}$$

즉, $(x+1)(x-2)(x-3)(x+4)=0$에서 나머지 두 근은 3, -4이므로
$$\alpha=3, \ \beta=-4 \ (\because \alpha>\beta)$$

　　　　　　　　　　　　　　　　　　　　　㉰

$$\therefore \frac{\alpha}{\beta}=-\frac{3}{4}$$

　　　　　　　　　　　　　　　　　　　　　㉱

　　　　　　　　　　　　　　　　답 $-\dfrac{3}{4}$

단계	채점요소	배점
㉮	두 근이 -1, 2임을 이용하여 식 세우기	30%
㉯	a, b의 값 구하기	20%
㉰	α, β의 값 구하기	40%
㉱	$\dfrac{\alpha}{\beta}$의 값 구하기	10%

0690 $f(x)=x^3+(a+1)x^2-a$로 놓으면 $f(-1)=0$이므로 조립제법을 이용하여 $f(x)$를 인수분해하면

$$\begin{array}{r|rrrr}
-1 & 1 & a+1 & 0 & -a \\
   &   & -1 & -a & a \\
\hline
   & 1 & a & -a & 0
\end{array}$$

$$f(x)=(x+1)(x^2+ax-a)$$

　　　　　　　　　　　　　　　　　　　　　㉮

이때 방정식 $f(x)=0$이 중근을 가지려면

(i) 방정식 $x^2+ax-a=0$이 $x=-1$을 근으로 갖는 경우
$$1-a-a=0 \quad \therefore a=\frac{1}{2}$$

　　　　　　　　　　　　　　　　　　　　　㉯

(ii) 방정식 $x^2+ax-a=0$이 중근을 갖는 경우
이 이차방정식의 판별식을 D라 하면
$$D=a^2+4a=0, \ a(a+4)=0$$
$$\therefore a=0 \ 또는 \ a=-4$$

　　　　　　　　　　　　　　　　　　　　　㉰

(i), (ii)에서 모든 실수 a의 값의 합은
$$\frac{1}{2}+0+(-4)=-\frac{7}{2}$$

　　　　　　　　　　　　　　　　　　　　　㉱

　　　　　　　　　　　　　　　답 $-\dfrac{7}{2}$

단계	채점요소	배점
㉮	주어진 삼차방정식의 좌변을 인수분해하기	30%
㉯	$x^2+ax-a=0$이 $x=-1$을 근으로 가질 때, a의 값 구하기	30%
㉰	$x^2+ax-a=0$이 중근을 가질 때, a의 값 구하기	30%
㉱	모든 실수 a의 값의 합 구하기	10%

0691 삼차방정식 $x^3+x^2-5x-3=0$에서 근과 계수의 관계에 의하여
$$\alpha+\beta+\gamma=-1, \ \alpha\beta+\beta\gamma+\gamma\alpha=-5, \ \alpha\beta\gamma=3$$

　　　　　　　　　　　　　　　　　　　　　㉮

이때 $\alpha\beta\gamma=3$에서
$$\alpha\beta=\frac{3}{\gamma}, \ \beta\gamma=\frac{3}{\alpha}, \ \gamma\alpha=\frac{3}{\beta}$$

$$\begin{aligned}
\therefore \frac{\gamma}{\alpha\beta}+\frac{\alpha}{\beta\gamma}+\frac{\beta}{\gamma\alpha}&=\frac{\gamma^2}{3}+\frac{\alpha^2}{3}+\frac{\beta^2}{3}\\
&=\frac{1}{3}(\alpha^2+\beta^2+\gamma^2)\\
&=\frac{1}{3}\{(\alpha+\beta+\gamma)^2-2(\alpha\beta+\beta\gamma+\gamma\alpha)\}
\end{aligned}$$

　　　　　　　　　　　　　　　　　　　　　㉯

$$\begin{aligned}
&=\frac{1}{3}\{(-1)^2-2\times(-5)\}\\
&=\frac{11}{3}
\end{aligned}$$

　　　　　　　　　　　　　　　　　　　　　㉰

　　　　　　　　　　　　　　　답 $\dfrac{11}{3}$

단계	채점요소	배점
㉮	삼차방정식의 근과 계수의 관계 이용하기	30%
㉯	주어진 식을 변형하여 나타내기	40%
㉰	식의 값 구하기	30%

0692 $\begin{cases} 2x^2-3xy-2y^2=0 & \cdots\cdots\ \bigcirc \\ x^2+2y^2=54 & \cdots\cdots\ \bigcirc \end{cases}$

$\bigcirc$에서 $(2x+y)(x-2y)=0$

$\therefore y=-2x$ 또는 $x=2y$

$\qquad\qquad\qquad\qquad\qquad\qquad\qquad\qquad$ ㉮

(i) $y=-2x$를 $\bigcirc$에 대입하면

$\quad x^2+2(-2x)^2=54$, $x^2=6$ $\quad\therefore x=\pm\sqrt{6}$

$\qquad \therefore x=\sqrt{6}$, $y=-2\sqrt{6}$ 또는 $x=-\sqrt{6}$, $y=2\sqrt{6}$

(ii) $x=2y$를 $\bigcirc$에 대입하면

$\quad (2y)^2+2y^2=54$, $y^2=9$ $\quad\therefore y=\pm3$

$\qquad \therefore x=6$, $y=3$ 또는 $x=-6$, $y=-3$

(i), (ii)에서 주어진 연립방정식의 해는

$\begin{cases} x=\sqrt{6} \\ y=-2\sqrt{6} \end{cases}$ 또는 $\begin{cases} x=-\sqrt{6} \\ y=2\sqrt{6} \end{cases}$ 또는 $\begin{cases} x=6 \\ y=3 \end{cases}$ 또는 $\begin{cases} x=-6 \\ y=-3 \end{cases}$

$\qquad\qquad\qquad\qquad\qquad\qquad\qquad\qquad$ ㉯

따라서 xy의 최댓값은 18이다.

$\qquad\qquad\qquad\qquad\qquad\qquad\qquad\qquad$ ㉰

$\qquad\qquad\qquad\qquad\qquad\qquad\qquad$ 답 **18**

단계	채점요소	배점
㉮	한 이차방정식의 좌변을 인수분해하여 x, y의 관계식 구하기	30%
㉯	연립방정식의 해 구하기	50%
㉰	xy의 최댓값 구하기	20%

0693 원과 접선의 성질에 의하여

$\overline{PA}^2=\overline{PB}\times\overline{PC}$

이때 $\overline{PC}=\overline{PB}+\overline{BC}=(x^2-x+4)+2x=x^2+x+4$이므로

$(2\sqrt{6}x)^2=(x^2-x+4)(x^2+x+4)$

$24x^2=x^4+7x^2+16$, $x^4-17x^2+16=0$

$x^2=t$로 놓으면 주어진 방정식은

$t^2-17t+16=0$, $(t-1)(t-16)=0$

$\therefore t=1$ 또는 $t=16$

즉, $x^2=1$ 또는 $x^2=16$이므로

$x=\pm1$ 또는 $x=\pm4$

이때 $\overline{PB}>0$, $\overline{BC}>0$, $\overline{PA}>0$이므로 $x>0$

따라서 $x=1$ 또는 $x=4$이므로 모든 x의 값의 합은

$1+4=5$

$\qquad\qquad\qquad\qquad\qquad\qquad\qquad$ 답 **5**

0694 계수가 실수이므로 두 허근은 켤레근이다.

$\therefore \overline{\alpha}=\alpha^2$

$\alpha=a+bi$ (a, b는 실수, $b\neq0$)로 놓으면 $\overline{\alpha}=\alpha^2$에서

$a-bi=(a+bi)^2$, $a-bi=a^2-b^2+2abi$

즉, $a=a^2-b^2$, $-b=2ab$이므로 두 식을 연립하여 풀면

$a=-\dfrac{1}{2}$, $b=\pm\dfrac{\sqrt{3}}{2}$

따라서 두 허근은 $-\dfrac{1}{2}+\dfrac{\sqrt{3}}{2}i$, $-\dfrac{1}{2}-\dfrac{\sqrt{3}}{2}i$이다.

나머지 한 실근을 γ라 하면 삼차방정식의 근과 계수의 관계에 의하여

$\left(-\dfrac{1}{2}+\dfrac{\sqrt{3}}{2}i\right)+\left(-\dfrac{1}{2}-\dfrac{\sqrt{3}}{2}i\right)+\gamma=-p$에서

$-1+\gamma=-p$ $\qquad\qquad\qquad\qquad\cdots\cdots\ \bigcirc$

$\left(-\dfrac{1}{2}+\dfrac{\sqrt{3}}{2}i\right)\left(-\dfrac{1}{2}-\dfrac{\sqrt{3}}{2}i\right)+\left(-\dfrac{1}{2}-\dfrac{\sqrt{3}}{2}i\right)\gamma$

$+\gamma\left(-\dfrac{1}{2}+\dfrac{\sqrt{3}}{2}i\right)=q$에서

$1-\gamma=q$ $\qquad\qquad\qquad\qquad\cdots\cdots\ \bigcirc$

$\left(-\dfrac{1}{2}+\dfrac{\sqrt{3}}{2}i\right)\left(-\dfrac{1}{2}-\dfrac{\sqrt{3}}{2}i\right)\gamma=-2$에서

$\gamma=-2$

$\gamma=-2$를 $\bigcirc$, $\bigcirc$에 각각 대입하면

$p=3$, $q=3$

$\therefore p+q=6$

$\qquad\qquad\qquad\qquad\qquad\qquad\qquad$ 답 **6**

0695 $x^2-x+1=0$의 두 허근을 ω, $\overline{\omega}$라 하면

$\omega^2-\omega+1=0$, $\overline{\omega}^2-\overline{\omega}+1=0$

또, 근과 계수의 관계에 의하여

$\omega+\overline{\omega}=1$, $\omega\overline{\omega}=1$

$x^2-x+1=0$의 양변에 $x+1$을 곱하면

$(x+1)(x^2-x+1)=0$, 즉 $x^3+1=0$이므로

$\omega^3=-1$, $\overline{\omega}^3=-1$

$f(x^9)=x^{18}-x^9+1$을 $f(x)=x^2-x+1$로 나누었을 때의 몫을 $Q(x)$, 나머지를 $ax+b$ (a, b는 상수)라 하면

$x^{18}-x^9+1=(x^2-x+1)Q(x)+ax+b$ $\quad\cdots\cdots\ \bigcirc$

$\bigcirc$의 양변에 $x=\omega$를 대입하면

$\omega^{18}-\omega^9+1=(\omega^2-\omega+1)Q(\omega)+a\omega+b$

$(\omega^3)^6-(\omega^3)^3+1=a\omega+b$

$\therefore 3=a\omega+b$ $\qquad\qquad\qquad\qquad\cdots\cdots\ \bigcirc$

$\bigcirc$의 양변에 $x=\overline{\omega}$를 대입하면

$\overline{\omega}^{18}-\overline{\omega}^9+1=(\overline{\omega}^2-\overline{\omega}+1)Q(\overline{\omega})+a\overline{\omega}+b$

$(\overline{\omega}^3)^6-(\overline{\omega}^3)^3+1=a\overline{\omega}+b$

$\therefore 3=a\overline{\omega}+b$ $\qquad\qquad\qquad\qquad\cdots\cdots\ \bigcirc$

$\bigcirc-\bigcirc$을 하면

$a\omega-a\overline{\omega}=0$, $a(\omega-\overline{\omega})=0$ $\quad\therefore a=0$ ($\because \omega\neq\overline{\omega}$)

$a=0$을 $\bigcirc$에 대입하면 $b=3$

따라서 구하는 나머지는 3이다.

$\qquad\qquad\qquad\qquad\qquad\qquad\qquad$ 답 **③**

08 | 연립일차부등식

📖 교과서 문제 정복하기

본문 99쪽

0696 답 $1 < x < 8$

0697 답 $-4 \leq x < 3$

0698 답 $x > 2$

0699 답 $x < -7$

0700 $x - 3 > 1$에서 $x > 4$ $\cdots\cdots$ ㉠
$2x - 8 < x + 4$에서 $x < 12$ $\cdots\cdots$ ㉡
㉠, ㉡의 공통부분을 구하면
$4 < x < 12$

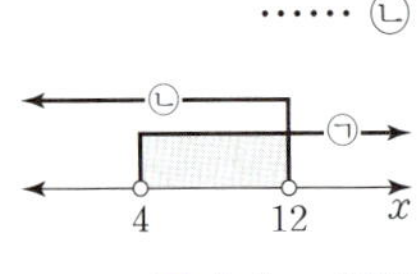

답 $4 < x < 12$

0701 $x + 5 \geq 11$에서 $x \geq 6$ $\cdots\cdots$ ㉠
$3x - 2 > -x + 6$에서 $4x > 8$ $\quad \therefore x > 2$ $\cdots\cdots$ ㉡
㉠, ㉡의 공통부분을 구하면
$x \geq 6$

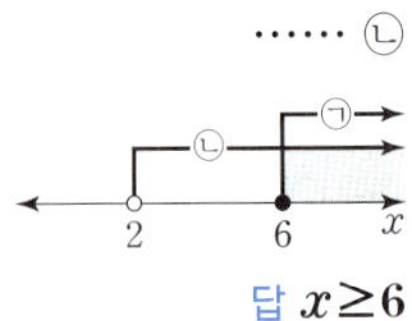

답 $x \geq 6$

0702 $\dfrac{x}{3} - \dfrac{x+4}{2} \leq -1$의 양변에 6을 곱하면
$2x - 3(x+4) \leq -6$, $2x - 3x - 12 \leq -6$
$\therefore x \geq -6$ $\cdots\cdots$ ㉠
$\dfrac{2x+1}{5} < 3$의 양변에 5를 곱하면
$2x + 1 < 15$, $2x < 14$ $\quad \therefore x < 7$ $\cdots\cdots$ ㉡
㉠, ㉡의 공통부분을 구하면
$-6 \leq x < 7$

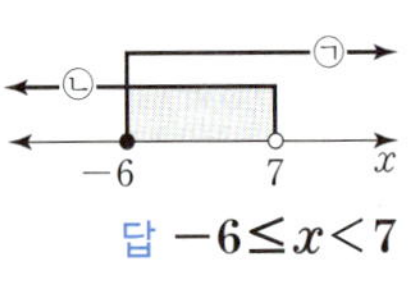

답 $-6 \leq x < 7$

0703 $0.1x + 0.2 < 0.5$의 양변에 10을 곱하면
$x + 2 < 5$ $\quad \therefore x < 3$ $\cdots\cdots$ ㉠
$0.4x \leq 0.3(x+3)$의 양변에 10을 곱하면
$4x \leq 3(x+3)$, $4x \leq 3x + 9$ $\quad \therefore x \leq 9$ $\cdots\cdots$ ㉡
㉠, ㉡의 공통부분을 구하면
$x < 3$

답 $x < 3$

0704 $-x + 1 \geq -1$에서 $x \leq 2$ $\cdots\cdots$ ㉠
$4x - 7 \geq 3 - x$에서 $x \geq 2$ $\cdots\cdots$ ㉡
㉠, ㉡의 공통부분을 구하면
$x = 2$

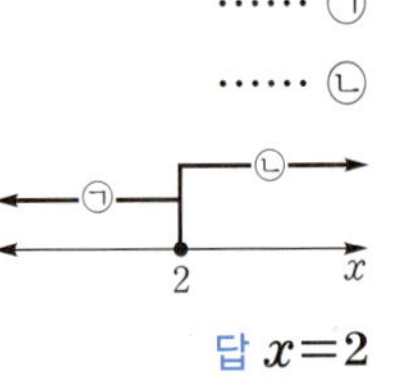

답 $x = 2$

0705 $3(x+4) > 2(1-x)$에서 $3x + 12 > 2 - 2x$
$5x > -10$ $\quad \therefore x > -2$ $\cdots\cdots$ ㉠
$0.1x \leq -0.3$의 양변에 10을 곱하면 $x \leq -3$ $\cdots\cdots$ ㉡
㉠, ㉡의 공통부분이 없으므로

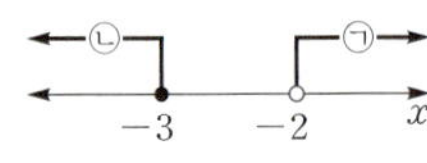

주어진 연립부등식의 해는 없다.

답 해는 없다.

0706 (1) $2x + 5 < 4x - 7$에서
$-2x < -12$ $\quad \therefore x > 6$
(2) $4x - 7 < 9x - 2$에서
$-5x < 5$ $\quad \therefore x > -1$
(3) (1), (2)의 공통부분을 구하면
$x > 6$

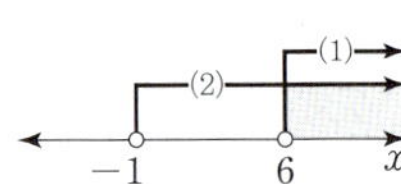

답 (1) $x > 6$ (2) $x > -1$ (3) $x > 6$

0707 $-3 \leq x + 2$에서 $x \geq -5$ $\cdots\cdots$ ㉠
$x + 2 \leq 17 - 4x$에서 $5x \leq 15$ $\quad \therefore x \leq 3$ $\cdots\cdots$ ㉡
㉠, ㉡의 공통부분을 구하면
$-5 \leq x \leq 3$

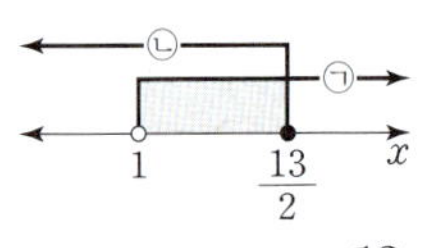

답 $-5 \leq x \leq 3$

0708 $x - 2 < 3x - 4$에서
$-2x < -2$ $\quad \therefore x > 1$ $\cdots\cdots$ ㉠
$3x - 4 \leq x + 9$에서
$2x \leq 13$ $\quad \therefore x \leq \dfrac{13}{2}$ $\cdots\cdots$ ㉡
㉠, ㉡의 공통부분을 구하면
$1 < x \leq \dfrac{13}{2}$

답 $1 < x \leq \dfrac{13}{2}$

0709 $|6 - x| < 3$에서 $-3 < 6 - x < 3$
$-9 < -x < -3$ $\quad \therefore 3 < x < 9$ 　답 $3 < x < 9$

0710 $|3x - 2| \geq 5$에서 $3x - 2 \leq -5$ 또는 $3x - 2 \geq 5$
$3x \leq -3$ 또는 $3x \geq 7$ $\quad \therefore x \leq -1$ 또는 $x \geq \dfrac{7}{3}$

답 $x \leq -1$ 또는 $x \geq \dfrac{7}{3}$

0711 (i) $x \geq 1$일 때
$2(x-1) < x$, $2x - 2 < x$ $\quad \therefore x < 2$
그런데 $x \geq 1$이므로 $1 \leq x < 2$
(ii) $x < 1$일 때
$-2(x-1) < x$, $-2x + 2 < x$ $\quad \therefore x > \dfrac{2}{3}$
그런데 $x < 1$이므로 $\dfrac{2}{3} < x < 1$
(i), (ii)에서 $\dfrac{2}{3} < x < 2$ 　답 $\dfrac{2}{3} < x < 2$

0712 $|x+1|+|x-5|\leq8$ $\qquad\cdots\cdots$ ㉠

(1) $x<-1$일 때, $x+1<0$, $x-5<0$이므로

　주어진 부등식 ㉠은 $-(x+1)-(x-5)\leq8$

　$-x-1-x+5\leq8$　　$\therefore x\geq-2$

　그런데 $x<-1$이므로 $-2\leq x<-1$

(2) $-1\leq x<5$일 때, $x+1\geq0$, $x-5<0$이므로

　주어진 부등식 ㉠은 $x+1-(x-5)\leq8$

　$\therefore 6\leq8$

　따라서 x는 모든 실수이다.

　그런데 $-1\leq x<5$이므로 $-1\leq x<5$

(3) $x\geq5$일 때, $x+1>0$, $x-5\geq0$이므로

　주어진 부등식 ㉠은

　$x+1+x-5\leq8$　　$\therefore x\leq6$

　그런데 $x\geq5$이므로 $5\leq x\leq6$

(4) 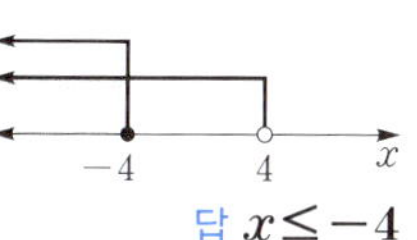

(5) (1), (2), (3)에서 $-2\leq x\leq6$

　　답 (1) $-2\leq x<-1$　(2) $-1\leq x<5$　(3) $5\leq x\leq6$

　　　 (4) 풀이 참조　　　(5) $-2\leq x\leq6$

유형 익히기

본문 100~104쪽

0713 $3x+2\leq2(x-1)$에서

$3x+2\leq2x-2$　　$\therefore x\leq-4$

$x+1>3(x-3)+2$에서

$x+1>3x-9+2$　　$\therefore x<4$

따라서 연립부등식의 해는

$x\leq-4$

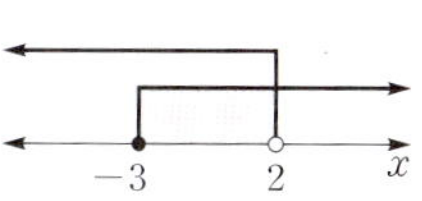

답 $x\leq-4$

0714 $6(x-1)<x+4$에서

$6x-6<x+4$　　$\therefore x<2$

$5-3(x+3)\leq2x+11$에서

$5-3x-9\leq2x+11$　　$\therefore x\geq-3$

따라서 연립부등식의 해는 $-3\leq x<2$

이므로

$a=-3$, $b=2$

$\therefore b-a=2-(-3)=5$

답 5

0715 $\dfrac{x+1}{2}\geq\dfrac{3x-4}{5}$의 양변에 10을 곱하면

$5x+5\geq6x-8$　　$\therefore x\leq13$

$\dfrac{2x-3}{3}-\dfrac{x+1}{4}<\dfrac{x-3}{2}$의 양변에 12를 곱하면

$4(2x-3)-3(x+1)<6(x-3)$

$8x-12-3x-3<6x-18$　　$\therefore x>3$

따라서 연립부등식의 해는 $3<x\leq13$이

므로 $M=13$, $m=4$

$\therefore M-m=9$

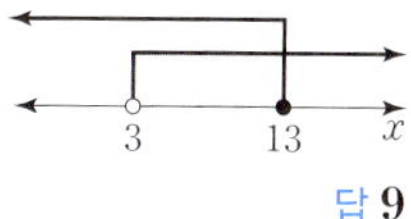

답 9

0716 $\begin{cases}2(x-5)<5x-1 & \cdots\cdots ㉠\\ 5x-1\leq4(2-x) & \cdots\cdots ㉡\end{cases}$

㉠에서 $2x-10<5x-1$　　$\therefore x>-3$

㉡에서 $5x-1\leq8-4x$　　$\therefore x\leq1$

따라서 연립부등식의 해는 $-3<x\leq1$

이므로 모든 정수 x의 값의 합은

$-2+(-1)+0+1=-2$

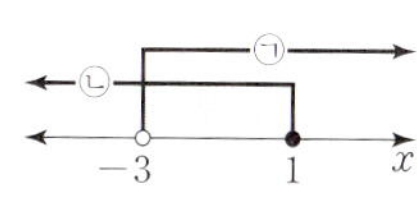

답 -2

0717 $\begin{cases}8x-5<2x+7 & \cdots\cdots ㉠\\ 2x+7\leq-(3x+8) & \cdots\cdots ㉡\end{cases}$

㉠에서 $x<2$

㉡에서 $2x+7\leq-3x-8$　　$\therefore x\leq-3$

따라서 연립부등식의 해는 $x\leq-3$이므

로 해가 아닌 것은 ⑤이다.

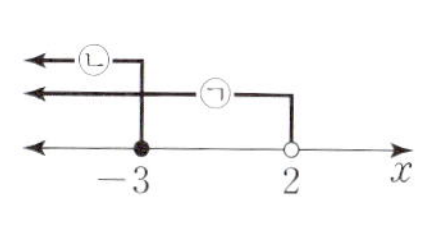

답 ⑤

0718 $\begin{cases}0.3x-1<0.5x+\dfrac{2}{5} & \cdots\cdots ㉠\\ 0.5x+\dfrac{2}{5}\leq3+0.3x & \cdots\cdots ㉡\end{cases}$

㉠의 양변에 10을 곱하면

$3x-10<5x+4$　　$\therefore x>-7$

㉡의 양변에 10을 곱하면

$5x+4\leq30+3x$　　$\therefore x\leq13$

따라서 연립부등식의 해는 $-7<x\leq13$

이므로

$a=-7$, $b=13$

$\therefore a-b=-20$

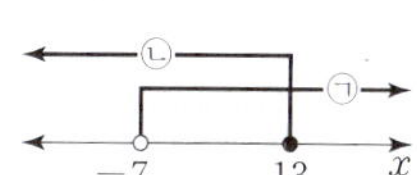

답 -20

0719 $\begin{cases}1-\dfrac{2(1-x)}{3}<\dfrac{3x+5}{4} & \cdots\cdots ㉠\\ \dfrac{3x+5}{4}\leq\dfrac{x-1}{2}+1 & \cdots\cdots ㉡\end{cases}$

㉠의 양변에 12를 곱하면

$12-8(1-x)<3(3x+5)$

$12-8+8x<9x+15$　　$\therefore x>-11$

㉡의 양변에 4를 곱하면

$3x+5\leq2(x-1)+4$

$3x+5\leq2x-2+4$　　$\therefore x\leq-3$

따라서 연립부등식의 해는

$-11<x\leq-3$

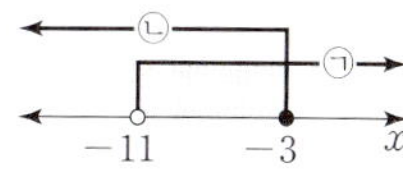

이때 $3\leq-x<11$이므로

$6\leq-x+3<14$　　$\therefore 6\leq A<14$

답 $6\leq A<14$

0720 ① $4x-1\geq2(x-2)+1$에서

$4x-1\geq2x-4+1$ $\quad\therefore x\geq-1$

$x+4>2x-1$에서 $x<5$

따라서 연립부등식의 해는 $-1\leq x<5$

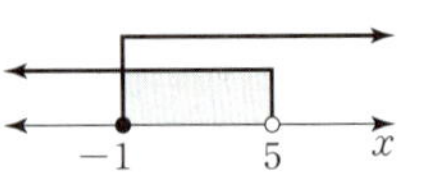

② $4(3-x)<x-8$에서

$12-4x<x-8$ $\quad\therefore x>4$

$2(x-6)<3(x-4)$에서

$2x-12<3x-12$ $\quad\therefore x>0$

따라서 연립부등식의 해는 $x>4$

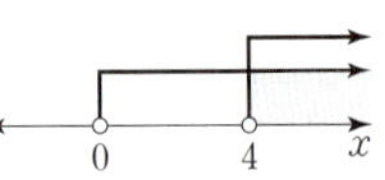

③ $\dfrac{x-1}{2}-\dfrac{x-2}{3}\geq0$의 양변에 6을 곱하면

$3x-3-2x+4\geq0$ $\quad\therefore x\geq-1$

$7x-5<2x+15$에서 $x<4$

따라서 연립부등식의 해는 $-1\leq x<4$

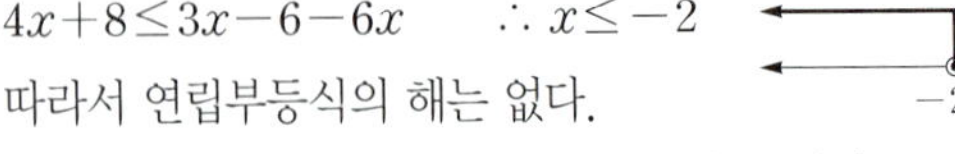

④ $5x+13>-3(x+1)$에서

$5x+13>-3x-3$ $\quad\therefore x>-2$

$\dfrac{2x+4}{3}\leq\dfrac{x-2}{2}-x$의 양변에 6을 곱하면

$4x+8\leq3x-6-6x$ $\quad\therefore x\leq-2$

따라서 연립부등식의 해는 없다.

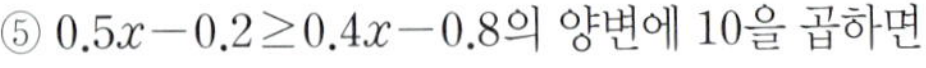

⑤ $0.5x-0.2\geq0.4x-0.8$의 양변에 10을 곱하면

$5x-2\geq4x-8$ $\quad\therefore x\geq-6$

$4(x-2)\leq3x-14$에서

$4x-8\leq3x-14$ $\quad\therefore x\leq-6$

따라서 연립부등식의 해는 $x=-6$

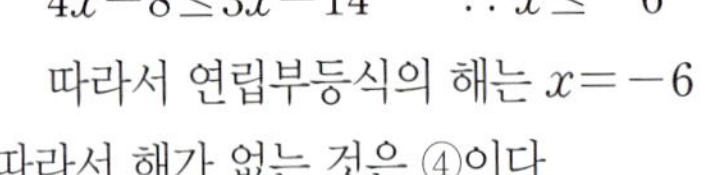

따라서 해가 없는 것은 ④이다.

답 ④

0721 $2x+5<x+4$에서 $x<-1$

$\dfrac{1}{3}(x-6)\geq-2$의 양변에 3을 곱하면

$x-6\geq-6$ $\quad\therefore x\geq0$

따라서 주어진 연립부등식의 해를 수직
선 위에 나타내면 ②와 같다.

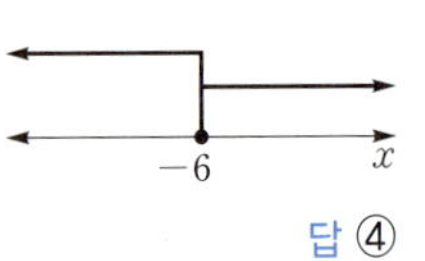

답 ②

0722 $\dfrac{x+2}{3}\leq\dfrac{2x+3}{5}$의 양변에 15를 곱하면

$5x+10\leq6x+9$ $\quad\therefore x\geq1$

⟶ ㉮

$\dfrac{3(1-x)}{2}\geq-x+1$의 양변에 2를 곱하면

$3-3x\geq-2x+2$ $\quad\therefore x\leq1$

⟶ ㉯

따라서 연립부등식의 해는 $x=1$

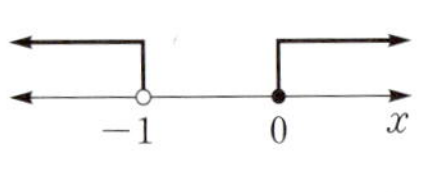

⟶ ㉰

답 $x=1$

단계	채점요소	배점
㉮	$\dfrac{x+2}{3}\leq\dfrac{2x+3}{5}$의 해 구하기	40%
㉯	$\dfrac{3(1-x)}{2}\geq-x+1$의 해 구하기	40%
㉰	연립부등식의 해 구하기	20%

0723 $5x-a>2(x-1)$에서

$5x-a>2x-2$ $\quad\therefore x>\dfrac{a-2}{3}$

$3x\leq1+b+x$에서 $x\leq\dfrac{1+b}{2}$

주어진 연립부등식의 해가 $2<x\leq4$이므로

$\dfrac{a-2}{3}=2,\ \dfrac{1+b}{2}=4$

따라서 $a=8,\ b=7$이므로

$a+b=15$

답 15

0724 $3x-5\leq13$에서 $x\leq6$

$-x+1>3x+a$에서 $x<\dfrac{1-a}{4}$

이때 수직선 위에 나타낸 연립부등식의 해가 $x<-2$이므로

$\dfrac{1-a}{4}=-2$ $\quad\therefore a=9$

답 9

0725 $\begin{cases} x+a\leq2x-3 & \cdots\cdots ㉠ \\ 2x-3\leq-(x+b) & \cdots\cdots ㉡ \end{cases}$

㉠에서 $x\geq a+3$

㉡에서 $2x-3\leq-x-b$ $\quad\therefore x\leq\dfrac{3-b}{3}$

주어진 연립부등식의 해가 $4\leq x\leq6$이므로

$a+3=4,\ \dfrac{3-b}{3}=6$ $\quad\therefore a=1,\ b=-15$

$\therefore a-b=1-(-15)=16$

답 16

0726 $\dfrac{5}{6}x-\dfrac{1}{2}\leq\dfrac{x}{3}+a$의 양변에 6을 곱하면

$5x-3\leq2x+6a$ $\quad\therefore x\leq2a+1$

$x+2\leq5(2x-b)$에서

$x+2\leq10x-5b$ $\quad\therefore x\geq\dfrac{5b+2}{9}$

주어진 연립부등식의 해가 $x=3$이므로

$2a+1=3,\ \dfrac{5b+2}{9}=3$

따라서 $a=1,\ b=5$이므로 $a+b=6$

답 6

0727 $\dfrac{3-2x}{2}\leq a$의 양변에 2를 곱하면

$3-2x\leq2a$ $\quad\therefore x\geq\dfrac{3-2a}{2}$

$3x+6>5x$에서 $x<3$

주어진 연립부등식이 해를 가지려면 오른
쪽 그림과 같아야 하므로

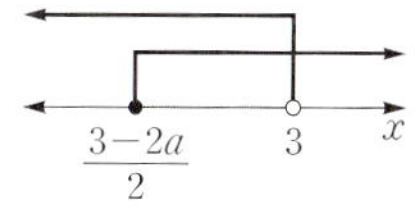

$$\frac{3-2a}{2} < 3 \qquad \therefore a > -\frac{3}{2}$$

따라서 정수 a의 최솟값은 -1이다.

답 -1

0728 $\begin{cases} 3x-4 \leq 2(3-x) & \cdots\cdots \text{㉠} \\ 2(3-x) \leq 2x+a & \cdots\cdots \text{㉡} \end{cases}$

㉠에서 $3x-4 \leq 6-2x$ $\qquad \therefore x \leq 2$

㉡에서 $6-2x \leq 2x+a$ $\qquad \therefore x \geq \dfrac{6-a}{4}$

주어진 연립부등식이 해를 가지려면 오른
쪽 그림과 같아야 하므로

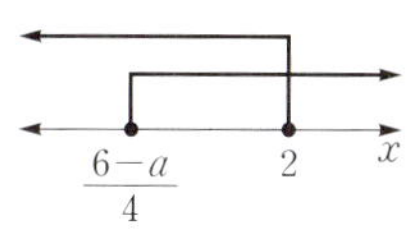

$$\frac{6-a}{4} \leq 2 \qquad \therefore a \geq -2$$

답 $a \geq -2$

0729 $\dfrac{2x+5}{3} + \dfrac{x-3}{2} > -1$의 양변에 6을 곱하면

$4x+10+3x-9 > -6$ $\qquad \therefore x > -1$

$5x-7 < 4(x-k)$에서

$5x-7 < 4x-4k$ $\qquad \therefore x < 7-4k$

주어진 연립부등식의 해가 없으려면 오
른쪽 그림과 같아야 하므로

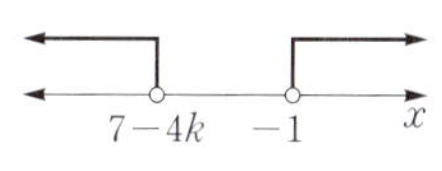

$7-4k \leq -1$ $\qquad \therefore k \geq 2$

답 $k \geq 2$

0730 $\dfrac{1}{2}x+1 < 3x-a$의 양변에 2를 곱하면

$x+2 < 6x-2a$ $\qquad \therefore x > \dfrac{2a+2}{5}$

$0.2(5-2x) \geq 0.3x-0.4$의 양변에 10을 곱하면

$2(5-2x) \geq 3x-4$, $10-4x \geq 3x-4$

$\therefore x \leq 2$

㉮

주어진 연립부등식의 해가 없으려면 오
른쪽 그림과 같아야 하므로

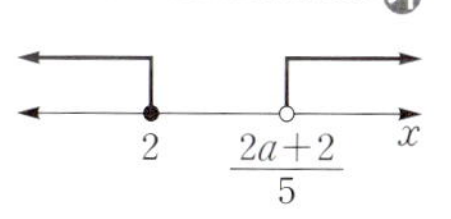

$$\frac{2a+2}{5} \geq 2, \ 2a+2 \geq 10$$

$\therefore a \geq 4$

㉯

따라서 정수 a의 최솟값은 4이다.

㉰

답 4

단계	채점요소	배점
㉮	각 일차부등식의 해 구하기	50 %
㉯	a의 값의 범위 구하기	40 %
㉰	정수 a의 최솟값 구하기	10 %

0731 더 넣어야 하는 소금의 양을 x g이라 하면

$$\frac{20}{100} \times (200+x) \leq \frac{16}{100} \times 200 + x \leq \frac{25}{100} \times (200+x)$$

$4000+20x \leq 3200+100x \leq 5000+25x$

$\therefore 10 \leq x \leq 24$

따라서 더 넣어야 하는 소금의 양은 10 g 이상 24 g 이하이다.

답 **10 g 이상 24 g 이하**

(1) (소금물의 농도)$=\dfrac{(\text{소금의 양})}{(\text{소금물의 양})} \times 100$ (%)

(2) (소금의 양)$=\dfrac{(\text{소금물의 농도})}{100} \times (\text{소금물의 양})$

(3) 물을 더 넣거나 증발시켜도 소금의 양은 변하지 않는다.

0732 연속하는 세 홀수를 $x-2$, x, $x+2$라 하면

$119 \leq (x-2)+x+(x+2) < 129$

$119 \leq 3x < 129$

$$\therefore \frac{119}{3} \leq x < 43$$

이때 x는 홀수이므로 $x=41$

따라서 연속하는 세 홀수는 39, 41, 43이므로 가장 큰 홀수는 43
이다.

답 43

0733 10달러짜리 지폐를 x장이라 하면 1달러짜리 지폐는
$(30-x)$장이므로

$$\frac{80000}{1200} \leq 10x+(30-x) \leq \frac{100000}{1200}$$

$800 \leq 108x+360 \leq 1000$ $\qquad \therefore \dfrac{110}{27} \leq x \leq \dfrac{160}{27}$

이때 x는 자연수이므로 $x=5$

따라서 10달러짜리 지폐는 5장이다.

답 **5장**

0734 섭취해야 하는 식품 B의 양을 x g이라 하면 식품 A는
$(300-x)$ g 섭취해야 하므로

$\begin{cases} \dfrac{100}{100}(300-x) + \dfrac{250}{100}x \geq 400 & \cdots\cdots \text{㉠} \\ \dfrac{12}{100}(300-x) + \dfrac{6}{100}x \geq 24 & \cdots\cdots \text{㉡} \end{cases}$

㉠에서 $30000-100x+250x \geq 40000$ $\qquad \therefore x \geq \dfrac{200}{3}$

㉡에서 $3600-12x+6x \geq 2400$ $\qquad \therefore x \leq 200$

$$\therefore \frac{200}{3} \leq x \leq 200$$

따라서 섭취해야 하는 식품 B의 양은 $\dfrac{200}{3}$ g 이상 200 g 이하이다.

답 $\dfrac{200}{3}$ g 이상 200 g 이하

0735 $|2x-4| < 6$에서 $-6 < 2x-4 < 6$

$-2 < 2x < 10$ $\qquad \therefore -1 < x < 5$

따라서 $a=-1$, $b=5$이므로 $b-a=6$

답 6

0736 $|5-3x|\leq 7$에서 $-7\leq 5-3x\leq 7$

$-12\leq -3x\leq 2$ $\therefore -\dfrac{2}{3}\leq x\leq 4$

따라서 주어진 부등식을 만족시키는 정수 x는 0, 1, 2, 3, 4의 5개이다.

답 ②

0737 $|2x-a|>4$에서 $2x-a<-4$ 또는 $2x-a>4$

$\therefore x<\dfrac{a}{2}-2$ 또는 $x>\dfrac{a}{2}+2$

주어진 부등식의 해가 $x<b$ 또는 $x>3$이므로

$\dfrac{a}{2}-2=b,\ \dfrac{a}{2}+2=3$

따라서 $a=2,\ b=-1$이므로 $a+b=1$

답 1

0738 $\begin{cases} 1<|x-2| & \cdots\cdots ㉠ \\ |x-2|<3 & \cdots\cdots ㉡ \end{cases}$

㉠에서 $x-2<-1$ 또는 $x-2>1$

$\therefore x<1$ 또는 $x>3$

㉡에서 $-3<x-2<3$ $\therefore -1<x<5$

따라서 주어진 부등식의 해는 $-1<x<1$ 또는 $3<x<5$

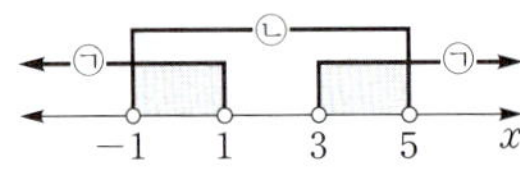

답 $-1<x<1$ 또는 $3<x<5$

0739 $|x-1|\leq 3x-1$에서

(i) $x<1$일 때

$-(x-1)\leq 3x-1,\ -x+1\leq 3x-1$ $\therefore x\geq \dfrac{1}{2}$

그런데 $x<1$이므로 $\dfrac{1}{2}\leq x<1$

(ii) $x\geq 1$일 때

$x-1\leq 3x-1$ $\therefore x\geq 0$

그런데 $x\geq 1$이므로 $x\geq 1$

(i), (ii)에서 $x\geq \dfrac{1}{2}$

따라서 주어진 부등식을 만족시키는 정수 x의 최솟값은 1이다.

답 ④

0740 $|3x-1|>2x+7$에서

(i) $x<\dfrac{1}{3}$일 때

$-(3x-1)>2x+7,\ -3x+1>2x+7$ $\therefore x<-\dfrac{6}{5}$

그런데 $x<\dfrac{1}{3}$이므로 $x<-\dfrac{6}{5}$

(ii) $x\geq \dfrac{1}{3}$일 때

$3x-1>2x+7$ $\therefore x>8$

그런데 $x\geq \dfrac{1}{3}$이므로 $x>8$

(i), (ii)에서 $x<-\dfrac{6}{5}$ 또는 $x>8$이므로

$a=-\dfrac{6}{5},\ b=8$

$\therefore b-5a=8-5\times\left(-\dfrac{6}{5}\right)=14$

답 ③

0741 $2|-x+1|<x+7$에서

(i) $x<1$일 때

$2(-x+1)<x+7,\ -2x+2<x+7$

$\therefore x>-\dfrac{5}{3}$

그런데 $x<1$이므로 $-\dfrac{5}{3}<x<1$

(ii) $x\geq 1$일 때

$-2(-x+1)<x+7,\ 2x-2<x+7$

$\therefore x<9$

그런데 $x\geq 1$이므로 $1\leq x<9$

(i), (ii)에서 $-\dfrac{5}{3}<x<9$

따라서 $-\dfrac{5}{3}<x<9$가 $x<a$에 포함되려면 오른쪽 그림과 같아야 하므로 $a\geq 9$

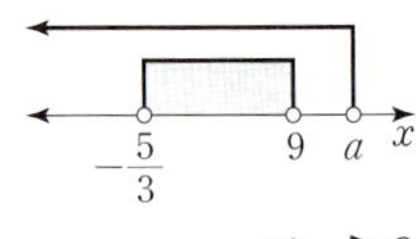

답 $a\geq 9$

0742 $2|x-1|+3|x+1|<6$에서

(i) $x<-1$일 때

$-2(x-1)-3(x+1)<6$

$-2x+2-3x-3<6$ $\therefore x>-\dfrac{7}{5}$

그런데 $x<-1$이므로 $-\dfrac{7}{5}<x<-1$

(ii) $-1\leq x<1$일 때

$-2(x-1)+3(x+1)<6$

$-2x+2+3x+3<6$ $\therefore x<1$

그런데 $-1\leq x<1$이므로 $-1\leq x<1$

(iii) $x\geq 1$일 때

$2(x-1)+3(x+1)<6$

$2x-2+3x+3<6$ $\therefore x<1$

그런데 $x\geq 1$이므로 해는 없다.

(i), (ii), (iii)에서 $-\dfrac{7}{5}<x<1$

따라서 주어진 부등식을 만족시키는 정수 x는 -1, 0이므로 구하는 합은 -1이다.

답 -1

0743 $\sqrt{(3-x)^2}+2|x+1|<9$에서

$|3-x|+2|x+1|<9$

(i) $x<-1$일 때

$3-x-2(x+1)<9$

$3-x-2x-2<9$ $\therefore x>-\dfrac{8}{3}$

그런데 $x<-1$이므로 $-\dfrac{8}{3}<x<-1$

(ii) $-1\le x<3$일 때

$\quad 3-x+2(x+1)<9$

$\quad 3-x+2x+2<9 \qquad \therefore x<4$

$\quad$ 그런데 $-1\le x<3$이므로 $-1\le x<3$

(iii) $x\ge3$일 때

$\quad -(3-x)+2(x+1)<9$

$\quad -3+x+2x+2<9 \qquad \therefore x<\dfrac{10}{3}$

$\quad$ 그런데 $x\ge3$이므로 $3\le x<\dfrac{10}{3}$

(i), (ii), (iii)에서 $-\dfrac{8}{3}<x<\dfrac{10}{3}$이므로

$a=-\dfrac{8}{3},\ b=\dfrac{10}{3}$

$\therefore b-a=\dfrac{10}{3}-\left(-\dfrac{8}{3}\right)=6$ $\qquad$ 답 ④

0744 $|2x+1|-4|x-2|>x-1$에서

(i) $x<-\dfrac{1}{2}$일 때

$\quad -(2x+1)+4(x-2)>x-1$

$\quad -2x-1+4x-8>x-1 \qquad \therefore x>8$

$\quad$ 그런데 $x<-\dfrac{1}{2}$이므로 해는 없다.

$\hfill$ ㉮

(ii) $-\dfrac{1}{2}\le x<2$일 때

$\quad 2x+1+4(x-2)>x-1$

$\quad 2x+1+4x-8>x-1 \qquad \therefore x>\dfrac{6}{5}$

$\quad$ 그런데 $-\dfrac{1}{2}\le x<2$이므로 $\dfrac{6}{5}<x<2$

$\hfill$ ㉯

(iii) $x\ge2$일 때

$\quad 2x+1-4(x-2)>x-1$

$\quad 2x+1-4x+8>x-1 \qquad \therefore x<\dfrac{10}{3}$

$\quad$ 그런데 $x\ge2$이므로 $2\le x<\dfrac{10}{3}$

$\hfill$ ㉰

(i), (ii), (iii)에서 $\dfrac{6}{5}<x<\dfrac{10}{3}$

따라서 주어진 부등식을 만족시키는 정수 x는 2, 3의 2개이다

$\hfill$ ㉱

$\hfill$ 답 **2**

단계	채점요소	배점
㉮	$x<-\dfrac{1}{2}$일 때 부등식의 해 구하기	25%
㉯	$-\dfrac{1}{2}\le x<2$일 때 부등식의 해 구하기	25%
㉰	$x\ge2$일 때 부등식의 해 구하기	25%
㉱	주어진 부등식을 만족시키는 정수 x의 개수 구하기	25%

0745 $|4-|x-3||\le5$에서

$-5\le4-|x-3|\le5,\ -9\le-|x-3|\le1$

$-1\le|x-3|\le9$

그런데 $|x-3|\ge0$이므로 $0\le|x-3|\le9$

$-9\le x-3\le9 \qquad \therefore -6\le x\le12$

따라서 $a=-6,\ b=12$이므로 $a+b=6$ $\qquad$ 답 **6**

다른풀이 $|4-|x-3||\le5$에서

(i) $x<3$일 때

$\quad |4+x-3|\le5,\ |x+1|\le5$

$\quad -5\le x+1\le5 \qquad \therefore -6\le x\le4$

$\quad$ 그런데 $x<3$이므로 $-6\le x<3$

(ii) $x\ge3$일 때

$\quad |4-x+3|\le5,\ |7-x|\le5$

$\quad -5\le7-x\le5,\ -12\le-x\le-2$

$\quad \therefore 2\le x\le12$

$\quad$ 그런데 $x\ge3$이므로 $3\le x\le12$

(i), (ii)에서 $-6\le x\le12$

따라서 $a=-6,\ b=12$이므로 $a+b=6$

0746 $|x-2|\le k+2$에서 $|x-2|\ge0$이므로 주어진 부등식의 해가 존재하려면 $k+2\ge0$이어야 한다.

$\therefore k\ge-2$ $\qquad$ 답 ②

0747 $|x-4|\le\dfrac{3}{4}k-9$에서 $|x-4|\ge0$이므로 주어진 부등식의 해가 존재하지 않으려면

$\dfrac{3}{4}k-9<0 \qquad \therefore k<12$

따라서 양의 정수 k는 1, 2, 3, $\cdots$, 11의 11개이다. $\qquad$ 답 ④

0748 $|3x-4|+2>a$에서 $|3x-4|>a-2$

이때 $|3x-4|\ge0$이므로 주어진 부등식의 해가 모든 실수가 되려면 $a-2<0 \qquad \therefore a<2$ $\qquad$ 답 ③

유형 **4**p

본문 105쪽

0749 $1-x\ge-3$에서 $x\le4$

$5x-a>3(x+2)$에서

$5x-a>3x+6 \qquad \therefore x>\dfrac{6+a}{2}$

이때 연립부등식을 만족시키는 정수 x가 5개이려면 오른쪽 그림에서

$-1\le\dfrac{6+a}{2}<0,\ -2\le6+a<0$

$\therefore -8\le a<-6$ $\qquad$ 답 ③

0750 $3x+3<2(4-x)$에서

$3x+3<8-2x$ $\therefore x<1$

$x+a\leq2x+2$에서 $x\geq-2+a$

연립부등식을 만족시키는 정수 x가 -1과 0뿐이려면

오른쪽 그림에서

$-2<-2+a\leq-1$

$\therefore 0<a\leq1$

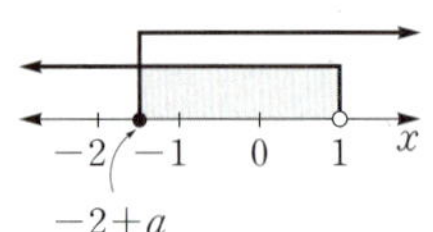

답 $0<a\leq1$

0751 $\begin{cases} 2x+a<3-\dfrac{2-x}{2} & \cdots\cdots \text{㉠} \\ 3-\dfrac{2-x}{2}<\dfrac{3x-1}{3} & \cdots\cdots \text{㉡} \end{cases}$

㉠의 양변에 2를 곱하면

$4x+2a<6-2+x$ $\therefore x<\dfrac{4-2a}{3}$

㉡의 양변에 6을 곱하면

$18-6+3x<6x-2$ $\therefore x>\dfrac{14}{3}$

연립부등식을 만족시키는 정수 x가 3개

이려면 오른쪽 그림에서

$7<\dfrac{4-2a}{3}\leq8$

$21<4-2a\leq24$

$\therefore -10\leq a<-\dfrac{17}{2}$

따라서 실수 a의 최솟값은 -10이다.

답 -10

0752 $|2x+3|<5$에서

$-5<2x+3<5,\ -8<2x<2$

$\therefore -4<x<1$

㉮

$|x-a|\leq4$에서

$-4\leq x-a\leq4$ $\therefore -4+a\leq x\leq4+a$

㉯

연립부등식을 만족시키는 정수 x가 4개이려면

$-4+a\leq-3,\ 4+a\geq0$

$\therefore -4\leq a\leq1$

그런데 a는 자연수이므로 $a=1$

㉰

답 1

단계	채점요소	배점
㉮	$\|2x+3\|<5$의 해 구하기	30 %
㉯	$\|x-a\|\leq4$의 해 구하기	30 %
㉰	a의 값 구하기	40 %

0753 학생 수를 x라 하면 사탕은 $(4x+12)$개이다.

$7(x-1)+2\leq4x+12<7(x-1)+6$에서

$\begin{cases} 7(x-1)+2\leq4x+12 & \cdots\cdots \text{㉠} \\ 4x+12<7(x-1)+6 & \cdots\cdots \text{㉡} \end{cases}$

㉠에서 $7x-7+2\leq4x+12$ $\therefore x\leq\dfrac{17}{3}$

㉡에서 $4x+12<7x-7+6$ $\therefore x>\dfrac{13}{3}$

$\therefore \dfrac{13}{3}<x\leq\dfrac{17}{3}$

이때 x는 자연수이므로 $x=5$

따라서 학생 수가 5이므로 사탕의 개수는

$4\times5+12=32$

답 ③

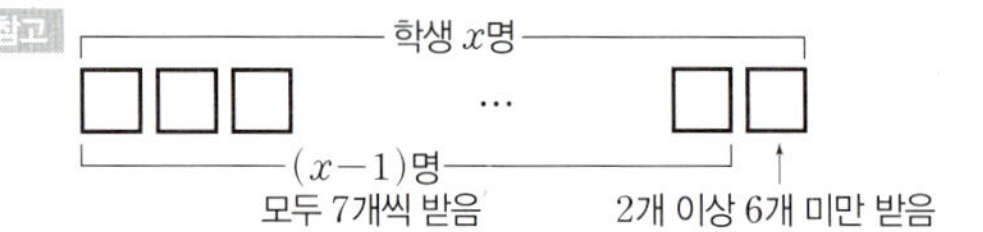

0754 의자의 개수를 x라 하면 학생은 $(3x+5)$명이므로

$4(x-4)+1\leq3x+5\leq4(x-4)+4$에서

$\begin{cases} 4(x-4)+1\leq3x+5 & \cdots\cdots \text{㉠} \\ 3x+5\leq4(x-4)+4 & \cdots\cdots \text{㉡} \end{cases}$

㉠에서 $4x-16+1\leq3x+5$ $\therefore x\leq20$

㉡에서 $3x+5\leq4x-16+4$ $\therefore x\geq17$

$\therefore 17\leq x\leq20$

따라서 의자의 개수가 될 수 없는 것은 ⑤이다.

답 ⑤

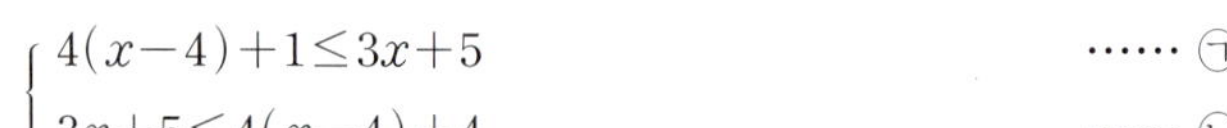

0755 승용차의 수를 x라 하면 사람은 $(4x+11)$명이므로

$5(x-3)+1\leq4x+11\leq5(x-3)+5$에서

$\begin{cases} 5(x-3)+1\leq4x+11 & \cdots\cdots \text{㉠} \\ 4x+11\leq5(x-3)+5 & \cdots\cdots \text{㉡} \end{cases}$

㉠에서 $5x-15+1\leq4x+11$ $\therefore x\leq25$

㉡에서 $4x+11\leq5x-15+5$ $\therefore x\geq21$

$\therefore 21\leq x\leq25$

따라서 승용차는 최소 21대이다.

답 ①

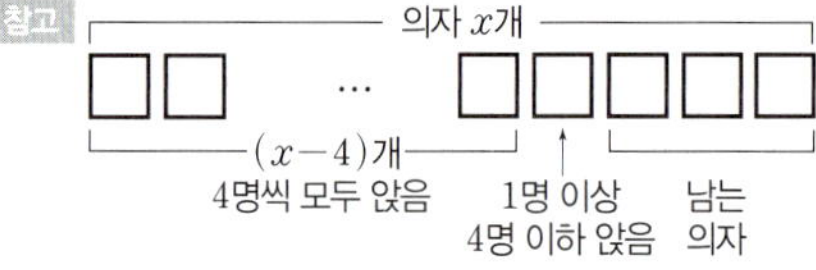

시험에 꼭 나오는 문제 본문 106~107쪽

0756 $x+2>4x-13$에서 $x<5$

$3(x-1)\geq2x-3$에서

$3x-3\geq2x-3$ $\therefore x\geq0$

따라서 연립부등식의 해는 $0\leq x<5$이므로 x의 값이 될 수 없는 것은 ⑤이다.

답 ⑤

0757 $1.2x-2\leq0.8x+3.2$의 양변에 10을 곱하면
$12x-20\leq8x+32$　　$\therefore x\leq13$
$3-\dfrac{x-2}{4}<\dfrac{2x-3}{2}$의 양변에 4를 곱하면
$12-x+2<4x-6$　　$\therefore x>4$
따라서 연립부등식의 해는 $4<x\leq13$이므로
$a=4,\ b=13$
$\therefore a-b=-9$　　　　　　　답 -9

0758 $4x+1\leq2x+a$에서 $x\leq\dfrac{a-1}{2}$
$4x+1<5x-b$에서 $x>b+1$
연립부등식의 해가 $-3<x\leq3$이므로
$b+1=-3,\ \dfrac{a-1}{2}=3$
$\therefore b=-4,\ a=7$
주어진 부등식은 $4x+1\leq2x+7<5x+4$이므로
$4x+1\leq2x+7$에서 $x\leq3$
$2x+7<5x+4$에서 $x>1$
$\therefore 1<x\leq3$　　　　　　答 $1<x\leq3$

0759 $5(x-2)\leq2x-7$에서
$5x-10\leq2x-7$　　$\therefore x\leq1$
$\dfrac{1}{2}x+1>\dfrac{a}{3}x-1$의 양변에 6을 곱하면
$3x+6>2ax-6,\ (3-2a)x>-12$
이때 $a<\dfrac{3}{2}$이므로 $3-2a>0$　　$\therefore x>-\dfrac{12}{3-2a}$
주어진 연립부등식의 해가 $-4<x\leq b$이므로
$-\dfrac{12}{3-2a}=-4,\ b=1$　　$\therefore a=0$
$\therefore a+b=1$　　　　　　　答 1

0760 $2x-3>x+1$에서 $x>4$
$2x+a\leq10$에서 $x\leq\dfrac{10-a}{2}$
주어진 연립부등식의 해가 없으려면
오른쪽 그림과 같아야 하므로

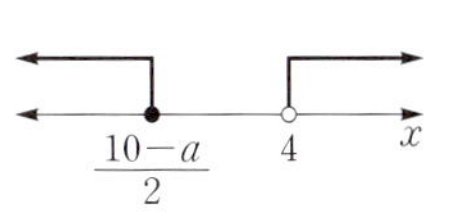

$\dfrac{10-a}{2}\leq4,\ 10-a\leq8$　　$\therefore a\geq2$　　答 $a\geq2$

0761 6 %의 설탕물의 양을 x g이라 하면 12 %의 설탕물의 양은 $(600-x)$ g이므로
$\dfrac{8}{100}\times600\leq\dfrac{6}{100}\times x+\dfrac{12}{100}\times(600-x)\leq\dfrac{10}{100}\times600$
$4800\leq-6x+7200\leq6000$　　$\therefore 200\leq x\leq400$
따라서 섞어야 할 6 %의 설탕물의 양은 200 g 이상 400 g 이하이다.　　答 **200 g 이상 400 g 이하**

0762 $|x-a|\leq3$에서 $-3\leq x-a\leq3$
$\therefore a-3\leq x\leq a+3$
주어진 부등식의 해가 $3\leq x\leq b$이므로
$a-3=3,\ a+3=b$
따라서 $a=6,\ b=9$이므로 $a+b=15$　　答 ⑤

0763 $2|x-1|+x\leq4$에서
(i) $x<1$일 때
　$-2(x-1)+x\leq4,\ -2x+2+x\leq4$　　$\therefore x\geq-2$
　그런데 $x<1$이므로 $-2\leq x<1$
(ii) $x\geq1$일 때
　$2(x-1)+x\leq4,\ 2x-2+x\leq4$　　$\therefore x\leq2$
　그런데 $x\geq1$이므로 $1\leq x\leq2$
(i), (ii)에서 $-2\leq x\leq2$
따라서 주어진 부등식을 만족시키는 정수 x는 $-2,\ -1,\ 0,\ 1,\ 2$
이므로 구하는 합은 0이다.　　答 ③

0764 $||x-2|-3|\leq4$에서
$-4\leq|x-2|-3\leq4,\ -1\leq|x-2|\leq7$
그런데 $|x-2|\geq0$이므로 $0\leq|x-2|\leq7$
$-7\leq x-2\leq7$　　$\therefore -5\leq x\leq9$
따라서 주어진 부등식을 만족시키는 정수 x는
$-5,\ -4,\ -3,\ \cdots,\ 8,\ 9$의 15개이다.　　答 **15**

0765 $\left|\dfrac{3}{4}x+1\right|-a<\dfrac{1}{2}$에서 $\left|\dfrac{3}{4}x+1\right|<a+\dfrac{1}{2}$
$\left|\dfrac{3}{4}x+1\right|\geq0$이므로 주어진 부등식의 해가 존재하지 않으려면
$a+\dfrac{1}{2}\leq0$　　$\therefore a\leq-\dfrac{1}{2}$
따라서 정수 a의 최댓값은 -1이다.　　答 -1

0766 $0.3(2x+5)>0.7(x+1)$의 양변에 10을 곱하면
$3(2x+5)>7(x+1)$　　$\therefore x<8$
$2x-1>a$에서 $x>\dfrac{a+1}{2}$
주어진 연립부등식을 만족시키는 정수 x가 1개뿐이려면 오른쪽 그림에서

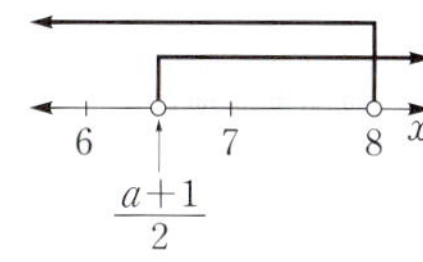

$6\leq\dfrac{a+1}{2}<7,\ 12\leq a+1<14$
$\therefore 11\leq a<13$
따라서 a의 값이 될 수 있는 것은 ③이다.　　答 ③

0767 텐트의 개수를 x라 하면 학생은 $(5x+2)$명이므로
$6(x-2)+1\leq5x+2\leq6(x-2)+6$에서
$$\begin{cases}6(x-2)+1\leq5x+2 & \cdots\cdots\ \ominus\\5x+2\leq6(x-2)+6 & \cdots\cdots\ \ominus\end{cases}$$
$\ominus$에서 $6x-12+1\leq5x+2$　　$\therefore x\leq13$

ⓛ에서 $5x+2\leq 6x-12+6$ $\qquad \therefore x\geq 8$

$\therefore 8\leq x\leq 13$

따라서 최대 학생 수는

$5\times 13+2=67$(명) $\qquad\qquad$ 답 **67명**

0768 $4x-(3x-2)<2x$에서

$4x-3x+2<2x$ $\qquad \therefore x>2$

$5x-15\leq 2(x+1)$에서

$5x-15\leq 2x+2$ $\qquad \therefore x\leq \dfrac{17}{3}$

따라서 연립부등식의 해는

$2<x\leq \dfrac{17}{3}$

──────────────────────────── ㉮

즉, 정수인 해는 3, 4, 5이므로

$M=5,\ m=3$

──────────────────────────── ㉯

$\therefore M-m=2$

──────────────────────────── ㉰

답 **2**

단계	채점요소	배점
㉮	연립부등식의 해 구하기	50%
㉯	$M,\ m$의 값 구하기	30%
㉰	$M-m$의 값 구하기	20%

0769 합금 A의 양을 x g이라 하면 합금 B의 양은 $(300-x)$g

이므로

$\begin{cases} \dfrac{25}{100}x+\dfrac{20}{100}(300-x)\geq 63 & \cdots\cdots \ ㉠ \\[2mm] \dfrac{30}{100}x+\dfrac{35}{100}(300-x)\geq 100 & \cdots\cdots \ ㉡ \end{cases}$

──────────────────────────── ㉮

㉠의 양변에 100을 곱하면

$25x+20(300-x)\geq 6300$ $\qquad \therefore x\geq 60$

㉡의 양변에 100을 곱하면

$30x+35(300-x)\geq 10000$ $\qquad \therefore x\leq 100$

$\therefore 60\leq x\leq 100$

──────────────────────────── ㉯

따라서 합금 A의 양은 60 g 이상 100 g 이하이다.

──────────────────────────── ㉰

답 **60 g 이상 100 g 이하**

단계	채점요소	배점
㉮	합금 A의 양을 x g으로 놓고 연립부등식 세우기	40%
㉯	연립부등식 풀기	40%
㉰	합금 A의 양의 범위 구하기	20%

0770 $f(n,\ n+3)$에서 $|x-n|+|x|\leq n+3$

(i) $x<0$일 때

$\quad -(x-n)-x\leq n+3,\ -x+n-x\leq n+3$

$\quad \therefore x\geq -\dfrac{3}{2}$

$\quad$ 그런데 $x<0$이므로 $-\dfrac{3}{2}\leq x<0$

(ii) $0\leq x<n$일 때

$\quad -(x-n)+x\leq n+3,\ -x+n+x\leq n+3$

$\quad \therefore 0\leq 3$

$\quad$ 따라서 x는 모든 실수이다.

$\quad$ 그런데 $0\leq x<n$이므로 $0\leq x<n$

(iii) $x\geq n$일 때

$\quad x-n+x\leq n+3$ $\qquad \therefore x\leq \dfrac{2n+3}{2}$

$\quad$ 그런데 $x\geq n$이므로 $n\leq x\leq \dfrac{2n+3}{2}$

(i), (ii), (iii)에서 $-\dfrac{3}{2}\leq x\leq \dfrac{2n+3}{2}$

따라서 주어진 부등식을 만족시키는 정수 x가 5개이려면 오른쪽 그림에서 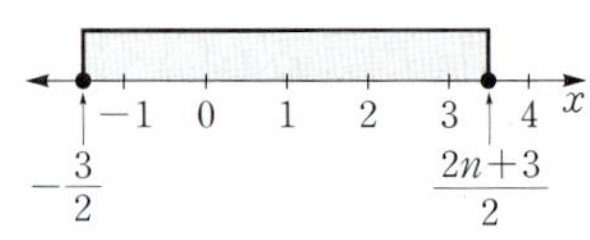

$3\leq \dfrac{2n+3}{2}<4,\ 6\leq 2n+3<8$

$\therefore \dfrac{3}{2}\leq n<\dfrac{5}{2}$

따라서 자연수 n의 값은 2이다. $\qquad$ 답 **2**

0771 $|x-a[a]|<b[b]$에서

$-b[b]<x-a[a]<b[b]$

$\therefore -b[b]+a[a]<x<b[b]+a[a]$

주어진 부등식의 해가 $-13<x<23$이므로

$-b[b]+a[a]=-13,\ b[b]+a[a]=23$

두 식을 연립하여 풀면 $a[a]=5,\ b[b]=18$

$a=n+\alpha$ (n은 정수, $0\leq \alpha<1$인 실수)라 하면

$a[a]=5$이므로 $[a]=2$ $\qquad \therefore a=\dfrac{5}{[a]}=\dfrac{5}{2}$

또한 $b=m+\beta$ (m은 정수, $0\leq \beta<1$인 실수)라 하면

$b[b]=18$이므로 $[b]=4$ $\qquad \therefore b=\dfrac{18}{[b]}=\dfrac{9}{2}$

$\therefore b-a=\dfrac{9}{2}-\dfrac{5}{2}=2$ $\qquad\qquad$ 답 **④**

09 이차부등식과 연립이차부등식

📖 교과서 문제 정복하기

본문 109쪽, 111쪽

0772 (1) $f(x)>0$의 해는 $y=f(x)$의 그래프가 x축보다 위쪽에 있는 부분의 x의 값의 범위이므로
$x<-2$ 또는 $x>3$

(2) $f(x)\leq 0$의 해는 $y=f(x)$의 그래프가 x축과 만나거나 아래쪽에 있는 부분의 x의 값의 범위이므로
$-2\leq x\leq 3$

답 (1) $x<-2$ 또는 $x>3$　(2) $-2\leq x\leq 3$

0773 $ax^2+bx+c>0$의 해는 $y=ax^2+bx+c$의 그래프가 x축보다 위쪽에 있는 부분의 x의 값의 범위이므로
$\alpha<x<\gamma$　　　　　답 $\alpha<x<\gamma$

0774 $ax^2+bx+c\leq mx+n$의 해는 $y=ax^2+bx+c$의 그래프가 직선 $y=mx+n$과 만나거나 아래쪽에 있는 부분의 x의 값의 범위이므로
$x\leq\beta$ 또는 $x\geq\delta$　　　답 $x\leq\beta$ 또는 $x\geq\delta$

0775 $x^2-2x-15<0$에서 $(x+3)(x-5)<0$
$\therefore -3<x<5$　　　　　답 $-3<x<5$

0776 $3x^2-2x-1\leq 0$에서 $(3x+1)(x-1)\leq 0$
$\therefore -\dfrac{1}{3}\leq x\leq 1$　　　답 $-\dfrac{1}{3}\leq x\leq 1$

0777 $5x^2-9x-2>0$에서 $(5x+1)(x-2)>0$
$\therefore x<-\dfrac{1}{5}$ 또는 $x>2$　답 $x<-\dfrac{1}{5}$ 또는 $x>2$

0778 $2x^2+5x-3\geq 0$에서 $(x+3)(2x-1)\geq 0$
$\therefore x\leq -3$ 또는 $x\geq\dfrac{1}{2}$　답 $x\leq -3$ 또는 $x\geq\dfrac{1}{2}$

0779 $-x^2+4x-3\geq 0$에서 $x^2-4x+3\leq 0$
$(x-1)(x-3)\leq 0$　　$\therefore 1\leq x\leq 3$　답 $1\leq x\leq 3$

0780 $4x^2-4x+1=(2x-1)^2\geq 0$
이므로 $4x^2-4x+1>0$의 해는 $x\neq\dfrac{1}{2}$인 모든 실수이다.

답 $x\neq\dfrac{1}{2}$인 모든 실수

0781 $4x^2-12x+9=(2x-3)^2\geq 0$
이므로 $4x^2-12x+9\geq 0$의 해는 모든 실수이다.　답 모든 실수

0782 $x^2+2x+1=(x+1)^2\geq 0$
이므로 $x^2+2x+1<0$의 해는 없다.　답 해는 없다.

0783 $9x^2-6x+1=(3x-1)^2\geq 0$이므로
$9x^2-6x+1\leq 0$의 해는 $x=\dfrac{1}{3}$　답 $x=\dfrac{1}{3}$

0784 $x^2-x+2=\left(x-\dfrac{1}{2}\right)^2+\dfrac{7}{4}\geq\dfrac{7}{4}$
이므로 $x^2-x+2>0$의 해는 모든 실수이다.　답 모든 실수

0785 $2x^2-4x+5=2(x-1)^2+3\geq 3$
이므로 $2x^2-4x+5<0$의 해는 없다.　답 해는 없다.

0786 $x^2\geq 2(x-1)$에서 $x^2-2x+2\geq 0$
$x^2-2x+2=(x-1)^2+1\geq 1$
이므로 $x^2\geq 2(x-1)$의 해는 모든 실수이다.　답 모든 실수

0787 $9x^2\leq -12x-4$에서 $9x^2+12x+4\leq 0$
$9x^2+12x+4=(3x+2)^2\geq 0$
이므로 $9x^2\leq -12x-4$의 해는 $x=-\dfrac{2}{3}$이다.　답 $x=-\dfrac{2}{3}$

0788 $(x+2)(x-4)>0$에서 $x^2-2x-8>0$
답 $x^2-2x-8>0$

0789 $(x-1)(x-3)\geq 0$에서 $x^2-4x+3\geq 0$
답 $x^2-4x+3\geq 0$

0790 $(x+1)(x-4)<0$에서 $x^2-3x-4<0$
답 $x^2-3x-4<0$

0791 $(x+2)(x-3)\leq 0$에서 $x^2-x-6\leq 0$
답 $x^2-x-6\leq 0$

0792 $(x-6)^2>0$에서 $x^2-12x+36>0$
답 $x^2-12x+36>0$

0793 모든 실수 x에 대하여 주어진 부등식이 성립하려면 이차함수 $y=x^2+kx+2$의 그래프가 x축보다 항상 위쪽에 있어야 하므로 이차방정식 $x^2+kx+2=0$의 판별식을 D라 하면
$D=k^2-8<0$, $(k+2\sqrt{2})(k-2\sqrt{2})<0$
$\therefore -2\sqrt{2}<k<2\sqrt{2}$　　답 $-2\sqrt{2}<k<2\sqrt{2}$

0794 모든 실수 x에 대하여 주어진 부등식이 성립하려면 이차함수 $y=-x^2+4x-k+2$의 그래프가 x축보다 항상 아래쪽에 있어야 하므로 이차방정식 $-x^2+4x-k+2=0$의 판별식을 D라 하면

$$\frac{D}{4}=4+(-k+2)<0, \; -k+6<0$$

$$\therefore k>6 \qquad\qquad\qquad 답 \; \boldsymbol{k>6}$$

0795 모든 실수 x에 대하여 주어진 부등식이 성립하려면 이차함수 $y=-x^2+2kx-3k$의 그래프가 x축과 접하거나 x축보다 항상 아래쪽에 있어야 하므로 이차방정식 $-x^2+2kx-3k=0$의 판별식을 D라 하면

$$\frac{D}{4}=k^2-3k\leq0, \; k(k-3)\leq0$$

$$\therefore 0\leq k\leq3 \qquad\qquad 답 \; \boldsymbol{0\leq k\leq3}$$

0796 (1) $x^2-5x+6\geq0$에서 $(x-2)(x-3)\geq0$
  $\therefore x\leq2$ 또는 $x\geq3$
(2) $x^2+4<5x$에서 $x^2-5x+4<0$
  $(x-1)(x-4)<0 \quad \therefore 1<x<4$
(3) 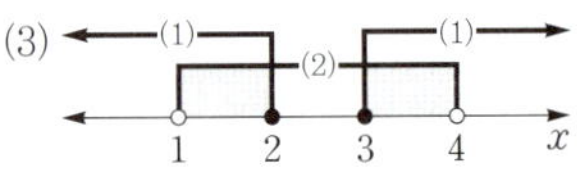
(4) 수직선 위에서 공통부분을 구하면
  $1<x\leq2$ 또는 $3\leq x<4$

  답 (1) $\boldsymbol{x\leq2}$ **또는** $\boldsymbol{x\geq3}$ (2) $\boldsymbol{1<x<4}$ (3) **풀이 참조**
  (4) $\boldsymbol{1<x\leq2}$ **또는** $\boldsymbol{3\leq x<4}$

0797 $2x+5>x+2$에서 $x>-3$ $\cdots\cdots$ ㉠
$x^2+4x-5<0$에서 $(x+5)(x-1)<0$
$\therefore -5<x<1$ $\cdots\cdots$ ㉡
㉠, ㉡의 공통부분을 구하면 $-3<x<1$ 답 $\boldsymbol{-3<x<1}$

0798 $2x^2-5x+2<0$에서 $(2x-1)(x-2)<0$
$\therefore \frac{1}{2}<x<2$ $\cdots\cdots$ ㉠
$4x^2+12x+9\geq0$에서 $(2x+3)^2\geq0$
$\therefore x$는 모든 실수 $\cdots\cdots$ ㉡
㉠, ㉡의 공통부분을 구하면 $\frac{1}{2}<x<2$ 답 $\boldsymbol{\dfrac{1}{2}<x<2}$

0799 $\begin{cases} 2x+6\leq x^2+3 & \cdots\cdots ㉠ \\ x^2+3<2x+11 & \cdots\cdots ㉡ \end{cases}$
㉠에서 $x^2-2x-3\geq0$
$(x+1)(x-3)\geq0 \quad \therefore x\leq-1$ 또는 $x\geq3$ $\cdots\cdots$ ㉢
㉡에서 $x^2-2x-8<0$
$(x+2)(x-4)<0 \quad \therefore -2<x<4$ $\cdots\cdots$ ㉣

㉢, ㉣의 공통부분을 구하면 $-2<x\leq-1$ 또는 $3\leq x<4$
  답 $\boldsymbol{-2<x\leq-1}$ **또는** $\boldsymbol{3\leq x<4}$

0800 이차방정식 $x^2-x-2k+1=0$의 판별식을 D, 두 근을 α, β라 하면
(i) $D=(-1)^2-4\times(-2k+1)\geq0$
  $8k-3\geq0 \quad \therefore k\geq\dfrac{3}{8}$
(ii) $\alpha+\beta=-(-1)>0$
(iii) $\alpha\beta=-2k+1>0 \quad \therefore k<\dfrac{1}{2}$
(i), (ii), (iii)에서 $\dfrac{3}{8}\leq k<\dfrac{1}{2}$ 답 $\boldsymbol{\dfrac{3}{8}\leq k<\dfrac{1}{2}}$

0801 이차방정식 $x^2+(k-1)x+4=0$의 판별식을 D, 두 근을 α, β라 하면
(i) $D=(k-1)^2-4\times4\geq0$
  $k^2-2k-15\geq0, \; (k+3)(k-5)\geq0$
  $\therefore k\leq-3$ 또는 $k\geq5$
(ii) $\alpha+\beta=-(k-1)<0 \quad \therefore k>1$
(iii) $\alpha\beta=4>0$
(i), (ii), (iii)에서 공통부분을 구하면 $k\geq5$ 답 $\boldsymbol{k\geq5}$

0802 이차방정식 $x^2+kx+k^2-4=0$의 두 근을 α, β라 하면 $\alpha\beta<0$이므로
$\alpha\beta=k^2-4<0, \; (k+2)(k-2)<0$
$\therefore -2<k<2$ 답 $\boldsymbol{-2<k<2}$

0803 (1) 주어진 그림에서 이차방정식 $f(x)=0$이 실근을 가져야 하므로 $D\geq0$이고 $f(-1)>0, \; a>-1$
(2) 주어진 그림에서 이차방정식 $f(x)=0$이 실근을 가져야 하므로 $D\geq0$이고 $f(3)>0, \; a<3$
(3) 주어진 그림에서 $f(2)<0$
  답 (1) $\boldsymbol{\geq, >, >}$ (2) $\boldsymbol{\geq, >, <}$ (3) $\boldsymbol{<}$

0804 $f(x)=x^2-2kx+2-k$로 놓으면 이차방정식 $f(x)=0$의 두 근이 모두 1보다 작으므로
(i) 이차방정식 $f(x)=0$의 판별식을 D라 하면
  $$\frac{D}{4}=(-k)^2-(2-k)\geq0$$
  $k^2+k-2\geq0, \; (k+2)(k-1)\geq0$
  $\therefore k\leq-2$ 또는 $k\geq1$
(ii) $f(1)=1-2k+2-k>0 \quad \therefore k<1$
(iii) 이차함수 $y=f(x)$의 그래프의 축의 방정식이 $x=k$이므로
  $k<1$
(i), (ii), (iii)에서 $k\leq-2$ 답 $\boldsymbol{k\leq-2}$

0805 $f(x)=x^2-kx+1+5k$로 놓으면 이차방정식
$f(x)=0$의 두 근 사이에 1이 있으므로
$$f(1)=1-k+1+5k<0 \quad \therefore k<-\frac{1}{2}$$
답 $k<-\dfrac{1}{2}$

본문 112~120쪽

유형 익히기

0806 $ax^2+(b-m)x+c-n\geq0$에서
$ax^2+bx+c\geq mx+n$
따라서 주어진 이차부등식의 해는 이차함수 $y=ax^2+bx+c$의 그래프가 직선 $y=mx+n$과 만나거나 위쪽에 있는 부분의 x의 값의 범위이므로 주어진 그림에서
$$-2\leq x\leq2$$
답 $-2\leq x\leq2$

0807 $f(x)\leq0$의 해는 $y=f(x)$의 그래프가 x축과 만나거나 x축보다 아래쪽에 있는 부분의 x의 값의 범위이므로 주어진 그림에서
$$-1\leq x\leq2$$
답 $-1\leq x\leq2$

0808 $f(x)g(x)\geq0$에서
$f(x)\geq0,\ g(x)\geq0$ 또는 $f(x)\leq0,\ g(x)\leq0$
(i) $f(x)\geq0,\ g(x)\geq0$을 만족시키는 x의 값의 범위는
$$a\leq x\leq b$$
(ii) $f(x)\leq0,\ g(x)\leq0$을 만족시키는 x의 값의 범위는
$$c\leq x\leq d$$
(i), (ii)에서 $f(x)g(x)\geq0$의 해는
$a\leq x\leq b$ 또는 $c\leq x\leq d$
답 $a\leq x\leq b$ 또는 $c\leq x\leq d$

0809 이차방정식 $x^2-2x-7=0$의 해는 $x=1\pm2\sqrt{2}$이므로
이차부등식 $x^2-2x-7\geq0$의 해는
$x\leq1-2\sqrt{2}$ 또는 $x\geq1+2\sqrt{2}$
따라서 $\alpha=1-2\sqrt{2},\ \beta=1+2\sqrt{2}$이므로
$\beta-\alpha=4\sqrt{2}$
답 $4\sqrt{2}$

0810 $-2x^2+7x+6\geq2x+3$에서 $2x^2-5x-3\leq0$
$(2x+1)(x-3)\leq0 \quad \therefore -\dfrac{1}{2}\leq x\leq3$
따라서 정수 x는 0, 1, 2, 3의 4개이다.
답 **4**

0811 ① $x^2-6x+9=(x-3)^2\geq0$
따라서 $x^2-6x+9>0$의 해는 $x\neq3$인 모든 실수이다.
② $4x^2+4x+1=(2x+1)^2\geq0$
따라서 $4x^2+4x+1\leq0$의 해는 $x=-\dfrac{1}{2}$이다.

③ $9x^2\geq6x-1$에서 $9x^2-6x+1\geq0$
$9x^2-6x+1=(3x-1)^2\geq0$
따라서 주어진 부등식의 해는 모든 실수이다.
④ $12x-9>4x^2$에서 $4x^2-12x+9<0$
$4x^2-12x+9=(2x-3)^2\geq0$
따라서 주어진 부등식의 해는 없다.
⑤ $x^2+2x-3\leq0$에서 $(x+3)(x-1)\leq0$
$\therefore -3\leq x\leq1$
따라서 해가 존재하지 않는 것은 ④이다.
답 ④

0812 $x^2+6x-7\geq0$에서 $(x+7)(x-1)\geq0$
$\therefore x\leq-7$ 또는 $x\geq1$
① $|x+3|\leq4$에서 $-4\leq x+3\leq4$
$\therefore -7\leq x\leq1$
② $|x+3|\geq4$에서 $x+3\leq-4$ 또는 $x+3\geq4$
$\therefore x\leq-7$ 또는 $x\geq1$
③ $|x-3|\geq2$에서 $x-3\leq-2$ 또는 $x-3\geq2$
$\therefore x\leq1$ 또는 $x\geq5$
④ $|x-3|\leq3$에서 $-3\leq x-3\leq3$
$\therefore 0\leq x\leq6$
⑤ $|x+2|\leq5$에서 $-5\leq x+2\leq5$
$\therefore -7\leq x\leq3$
따라서 $x^2+6x-7\geq0$과 해가 같은 것은 ②이다.
답 ②

0813 $x^2-x-5\leq|2x-1|$에서
(i) $x<\dfrac{1}{2}$일 때
$$x^2-x-5\leq-(2x-1),\ x^2+x-6\leq0$$
$$(x+3)(x-2)\leq0 \quad \therefore -3\leq x\leq2$$
그런데 $x<\dfrac{1}{2}$이므로 $-3\leq x<\dfrac{1}{2}$
(ii) $x\geq\dfrac{1}{2}$일 때
$$x^2-x-5\leq2x-1,\ x^2-3x-4\leq0$$
$$(x+1)(x-4)\leq0 \quad \therefore -1\leq x\leq4$$
그런데 $x\geq\dfrac{1}{2}$이므로 $\dfrac{1}{2}\leq x\leq4$
(i), (ii)에서 $-3\leq x\leq4$
따라서 정수 x는 $-3,\ -2,\ -1,\ 0,\ 1,\ 2,\ 3,\ 4$의 8개이다.
답 ④

0814 $x^2+2|x|-3<0$에서
(i) $x<0$일 때
$$x^2-2x-3<0,\ (x+1)(x-3)<0 \quad \therefore -1<x<3$$
그런데 $x<0$이므로 $-1<x<0$

(ii) $x\geq0$일 때

$x^2+2x-3<0$, $(x+3)(x-1)<0$ $\therefore\ -3<x<1$

그런데 $x\geq0$이므로 $0\leq x<1$

                                                   ㉯

(i), (ii)에서 $-1<x<1$

                                                   ㉰

답 $-1<x<1$

단계	채점요소	배점
㉮	$x<0$일 때, 부등식을 만족시키는 x의 값의 범위 구하기	40%
㉯	$x\geq0$일 때, 부등식을 만족시키는 x의 값의 범위 구하기	40%
㉰	부등식의 해 구하기	20%

0815 $|x^2-5x|<6$에서 $-6<x^2-5x<6$

(i) $-6<x^2-5x$에서 $x^2-5x+6>0$

    $(x-2)(x-3)>0$ $\therefore\ x<2$ 또는 $x>3$

(ii) $x^2-5x<6$에서 $x^2-5x-6<0$

    $(x+1)(x-6)<0$ $\therefore\ -1<x<6$

(i), (ii)에서 $-1<x<2$ 또는 $3<x<6$

따라서 주어진 부등식의 해가 아닌 것은 ③이다.   답 ③

0816 이차부등식 $ax^2+bx+10>0$의 해가 $x<-5$ 또는 $x>-1$이므로 $a>0$

해가 $x<-5$ 또는 $x>-1$이고 x^2의 계수가 1인 이차부등식은

$(x+5)(x+1)>0$, 즉 $x^2+6x+5>0$

양변에 a를 곱하면 $ax^2+6ax+5a>0$ $(\because a>0)$

이 부등식이 $ax^2+bx+10>0$과 같으므로

$6a=b$, $5a=10$ $\therefore\ a=2,\ b=12$

$\therefore\ b-a=10$ 답 **10**

다른풀이 이차방정식 $ax^2+bx+10=0$의 두 근이 -5, -1이므로 이차방정식의 근과 계수의 관계에 의하여

$-\dfrac{b}{a}=-6$, $\dfrac{10}{a}=5$ $\therefore\ a=2,\ b=12$

$\therefore\ b-a=10$

0817 해가 $x=-3$이고 x^2의 계수가 1인 이차부등식은

$(x+3)^2\leq0$, 즉 $x^2+6x+9\leq0$

이 부등식이 $x^2-2kx-3k\leq0$과 같으므로

$-2k=6$, $-3k=9$

$\therefore\ k=-3$ 답 -3

0818 이차부등식 $ax^2+bx+3a-1\geq0$의 해가 $3-\sqrt{3}\leq x\leq3+\sqrt{3}$이므로 $a<0$

해가 $3-\sqrt{3}\leq x\leq3+\sqrt{3}$이고 x^2의 계수가 1인 이차부등식은

$(x-3+\sqrt{3})(x-3-\sqrt{3})\leq0$, 즉 $x^2-6x+6\leq0$

양변에 a를 곱하면 $ax^2-6ax+6a\geq0$ $(\because a<0)$

이 부등식이 $ax^2+bx+3a-1\geq0$과 같으므로

$-6a=b$, $6a=3a-1$

따라서 $a=-\dfrac{1}{3}$, $b=2$이므로 $ab=-\dfrac{2}{3}$ 답 $-\dfrac{2}{3}$

0819 이차부등식 $ax^2+bx+c>0$의 해가 $\dfrac{1}{7}<x<\dfrac{1}{2}$이므로 $a<0$

해가 $\dfrac{1}{7}<x<\dfrac{1}{2}$이고 x^2의 계수가 1인 이차부등식은

$\left(x-\dfrac{1}{7}\right)\left(x-\dfrac{1}{2}\right)<0$, 즉 $x^2-\dfrac{9}{14}x+\dfrac{1}{14}<0$

양변에 a를 곱하면 $ax^2-\dfrac{9}{14}ax+\dfrac{1}{14}a>0$ $(\because a<0)$

이 부등식이 $ax^2+bx+c>0$과 같으므로

$b=-\dfrac{9}{14}a$, $c=\dfrac{1}{14}a$

이것을 $4cx^2+2bx+a>0$에 대입하면

$4\times\dfrac{1}{14}ax^2+2\times\left(-\dfrac{9}{14}a\right)x+a>0$

양변을 a로 나누면 $\dfrac{2}{7}x^2-\dfrac{9}{7}x+1<0$ $(\because a<0)$

$2x^2-9x+7<0$, $(2x-7)(x-1)<0$

$\therefore\ 1<x<\dfrac{7}{2}$

따라서 정수 x는 2, 3이므로 구하는 합은 5이다.   답 **5**

0820 $f(x)<0$의 해가 $x<-3$ 또는 $x>2$이므로

$f(x)=a(x+3)(x-2)$ $(a<0)$로 놓으면

$f(-x)=a(-x+3)(-x-2)=a(x-3)(x+2)$

따라서 $f(-x)\geq0$, 즉 $a(x-3)(x+2)\geq0$에서

$(x-3)(x+2)\leq0$ $(\because a<0)$

$\therefore\ -2\leq x\leq3$ 답 $-2\leq x\leq3$

다른풀이 $f(x)<0$의 해가 $x<-3$ 또는 $x>2$이므로

$f(x)\geq0$의 해는 $-3\leq x\leq2$

$f(-x)\geq0$의 해는 $-3\leq-x\leq2$ $\therefore\ -2\leq x\leq3$

0821 $f(x)<0$의 해가 $-1<x<2$이므로

$f(x)=a(x+1)(x-2)$ $(a>0)$로 놓으면

$f(2x+1)=a(2x+1+1)(2x+1-2)=2a(x+1)(2x-1)$

따라서 $f(2x+1)\leq0$, 즉 $2a(x+1)(2x-1)\leq0$에서

$(x+1)(2x-1)\leq0$ $(\because a>0)$ $\therefore\ -1\leq x\leq\dfrac{1}{2}$

따라서 $\alpha=-1$, $\beta=\dfrac{1}{2}$이므로

$\alpha+\beta=-\dfrac{1}{2}$ 답 $-\dfrac{1}{2}$

다른풀이 $f(x)<0$의 해가 $-1<x<2$이므로

$f(2x+1)\leq0$의 해는 $-1\leq2x+1\leq2$에서 $-1\leq x\leq\dfrac{1}{2}$

따라서 $\alpha=-1$, $\beta=\dfrac{1}{2}$이므로 $\alpha+\beta=-\dfrac{1}{2}$

0822 $f(x) \geq 0$의 해가 $-2 \leq x \leq 2$이므로
$f(x) = a(x+2)(x-2)$ $(a<0)$로 놓으면
$f(2019-x) = a(2019-x+2)(2019-x-2)$
$\qquad\qquad = a(x-2021)(x-2017)$
따라서 $f(2019-x)<0$, 즉 $a(x-2021)(x-2017)<0$에서
$(x-2021)(x-2017)>0$ $(\because a<0)$
$\therefore x<2017$ 또는 $x>2021$
따라서 해가 될 수 없는 것은 ③이다. $\qquad$ 답 ③

다른풀이 $f(x) \geq 0$의 해가 $-2 \leq x \leq 2$이므로
$f(x)<0$의 해는 $x<-2$ 또는 $x>2$
$f(2019-x)<0$의 해는
$2019-x<-2$ 또는 $2019-x>2$
$\therefore x>2021$ 또는 $x<2017$

0823 $f(x) = ax^2+bx+c$ $(a>0)$로 놓으면
$f(x) \leq 0$의 해가 $1 \leq x \leq 5$이므로
$f(x-5) = a(x-5)^2+b(x-5)+c<0$의 해는
$1<x-5<5$ $\qquad \therefore 6<x<10$
따라서 모든 정수 x의 값의 합은 $7+8+9=24$ $\qquad$ 답 **24**

다른풀이 $ax^2+bx+c \leq 0$의 해가 $1 \leq x \leq 5$이므로
$ax^2+bx+c = a(x-1)(x-5)$ $(a>0)$라 하면
$a(x-5)^2+b(x-5)+c<0$에서
$a\{(x-5)-1\}\{(x-5)-5\}<0$
$a(x-6)(x-10)<0$ $\qquad \therefore 6<x<10$
따라서 모든 정수 x의 값의 합은 $7+8+9=24$

0824 이차부등식 $2x^2-(k+3)x+2k \leq 0$의 해가 단 한 개뿐이므로 이차방정식 $2x^2-(k+3)x+2k=0$의 판별식을 D라 하면
$D = (k+3)^2-16k=0$
$k^2-10k+9=0$, $(k-1)(k-9)=0$
$\therefore k=1$ 또는 $k=9$
따라서 모든 실수 k의 값의 합은 $1+9=10$ $\qquad$ 답 **10**

0825 이차부등식 $(k+1)x^2-2(k+1)x-5 \geq 0$이 단 하나의 해를 가지므로
$k+1<0$에서 $k<-1$
이차방정식 $(k+1)x^2-2(k+1)x-5=0$의 판별식을 D라 하면
$\dfrac{D}{4} = (k+1)^2+5(k+1)=0$
$(k+6)(k+1)=0$ $\qquad \therefore k=-6$ 또는 $k=-1$
그런데 $k<-1$이므로 $k=-6$ $\qquad$ 답 -6

0826 이차부등식 $2x^2+6x-a<0$이 해를 가지려면 이차방정식 $2x^2+6x-a=0$이 서로 다른 두 실근을 가져야 하므로 이 이차방정식의 판별식을 D라 하면

$\dfrac{D}{4} = 9+2a>0$ $\qquad \therefore a>-\dfrac{9}{2}$
따라서 정수 a의 최솟값은 -4이다. $\qquad$ 답 ②

0827 $ax^2+4ax-8>0$에서
(i) $a>0$일 때
　　이차함수 $y=ax^2+4ax-8$의 그래프는 아래로 볼록하므로 주어진 이차부등식은 항상 해를 갖는다.
(ii) $a=0$일 때
　　(좌변) $=-8<0$이므로 부등식의 해는 없다.
(iii) $a<0$일 때
　　주어진 이차부등식이 해를 가지려면 이차방정식 $ax^2+4ax-8=0$이 서로 다른 두 실근을 가져야 하므로 이 이차방정식의 판별식을 D라 하면
$$\dfrac{D}{4} = (2a)^2+8a>0$$
　　$4a^2+8a>0$, $4a(a+2)>0$
　　$\therefore a<-2$ 또는 $a>0$
　　그런데 $a<0$이므로 $a<-2$
(i), (ii), (iii)에서 $a<-2$ 또는 $a>0$
따라서 해를 갖도록 하는 실수 a의 값이 아닌 것은 ②이다.
$\qquad$ 답 ②

0828 이차부등식 $ax^2+6x \leq 8-a$, 즉 $ax^2+6x+a-8 \leq 0$이 모든 실수 x에 대하여 성립하려면 $a<0$
이차방정식 $ax^2+6x+a-8=0$의 판별식을 D라 하면
$\dfrac{D}{4} = 3^2-a(a-8) \leq 0$
$a^2-8a-9 \geq 0$, $(a+1)(a-9) \geq 0$
$\therefore a \leq -1$ 또는 $a \geq 9$
그런데 $a<0$이므로 $a \leq -1$
따라서 정수 a의 최댓값은 -1이다. $\qquad$ 답 -1

0829 이차부등식 $3x^2-2(k+1)x+k+1>0$의 해가 모든 실수이므로 이차방정식 $3x^2-2(k+1)x+k+1=0$의 판별식을 D라 하면
$\dfrac{D}{4} = (k+1)^2-3(k+1)<0$
$(k+1)(k-2)<0$ $\qquad \therefore -1<k<2$
따라서 정수 k는 0, 1의 2개이다. $\qquad$ 답 ①

0830 이차부등식 $ax^2-2(a+2)x+2a+1<0$의 해가 모든 실수가 되려면 $a<0$
이차방정식 $ax^2-2(a+2)x+2a+1=0$의 판별식을 D라 하면
$\dfrac{D}{4} = (a+2)^2-a(2a+1)<0$, $a^2-3a-4>0$
$(a+1)(a-4)>0$ $\qquad \therefore a<-1$ 또는 $a>4$
그런데 $a<0$이므로 $a<-1$ $\qquad$ 답 $a<-1$

0831 모든 실수 x에 대하여 $\sqrt{kx^2+2x+k}$가 실수가 되려면 모든 실수 x에 대하여 $kx^2+2x+k \geq 0$이 성립해야 한다.

(ⅰ) $k=0$일 때

$2x \geq 0$이므로 모든 실수 x에 대하여 성립하지는 않는다.

(ⅱ) $k \neq 0$일 때

모든 실수 x에 대하여 $kx^2+2x+k \geq 0$이 성립하려면 $k>0$

이차방정식 $kx^2+2x+k=0$의 판별식을 D라 하면

$$\frac{D}{4}=1-k^2 \leq 0$$

$k^2-1 \geq 0$, $(k+1)(k-1) \geq 0$

$\therefore k \leq -1$ 또는 $k \geq 1$

그런데 $k>0$이므로 $k \geq 1$

(ⅰ), (ⅱ)에서 $k \geq 1$이므로 실수 k의 최솟값은 1이다. **답 1**

0832 이차부등식 $x^2+2(n+1)x-4(n+1)<0$이 해를 갖지 않으려면 모든 실수 x에 대하여 $x^2+2(n+1)x-4(n+1) \geq 0$이 성립해야 한다.

이차방정식 $x^2+2(n+1)x-4(n+1)=0$의 판별식을 D라 하면

$$\frac{D}{4}=(n+1)^2+4(n+1) \leq 0$$

$(n+1)(n+5) \leq 0$ $\qquad \therefore -5 \leq n \leq -1$

따라서 정수 n은 -5, -4, -3, -2, -1의 5개이다. **답 5**

0833 이차부등식 $ax^2+2x>ax+2$, 즉

$ax^2+(2-a)x-2>0$이 해를 갖지 않으려면 모든 실수 x에 대하여 $ax^2+(2-a)x-2 \leq 0$이 성립해야 하므로 $a<0$

이차방정식 $ax^2+(2-a)x-2=0$의 판별식을 D라 하면

$D=(2-a)^2+8a \leq 0$, $a^2+4a+4 \leq 0$

$(a+2)^2 \leq 0$ $\qquad \therefore a=-2$ **답 ②**

0834 부등식 $(k-2)x^2-2(k-2)x+4 \leq 0$이 해를 갖지 않으려면 모든 실수 x에 대하여 $(k-2)x^2-2(k-2)x+4>0$이 성립해야 한다.

(ⅰ) $k-2=0$, 즉 $k=2$일 때

(좌변)$=4>0$이므로 모든 실수 x에 대하여 성립한다.

$\qquad\qquad\qquad\qquad\qquad\qquad\qquad\qquad\qquad$ ㉮

(ⅱ) $k-2 \neq 0$일 때

모든 실수 x에 대하여 $(k-2)x^2-2(k-2)x+4>0$이 성립하려면 $k-2>0$, 즉 $k>2$

이차방정식 $(k-2)x^2-2(k-2)x+4=0$의 판별식을 D라 하면

$$\frac{D}{4}=(k-2)^2-4(k-2)<0$$

$(k-2)(k-6)<0$ $\qquad \therefore 2<k<6$

그런데 $k>2$이므로 $2<k<6$

$\qquad\qquad\qquad\qquad\qquad\qquad\qquad\qquad\qquad$ ㉯

(ⅰ), (ⅱ)에서 $2 \leq k < 6$

$\qquad\qquad\qquad\qquad\qquad\qquad\qquad\qquad\qquad$ ㉰

따라서 실수 k의 최솟값은 2이다.

$\qquad\qquad\qquad\qquad\qquad\qquad\qquad\qquad\qquad$ ㉱

답 2

단계	채점요소	배점
㉮	$k=2$일 때, 부등식이 항상 성립함을 보이기	30%
㉯	$k \neq 2$일 때, 부등식이 항상 성립하도록 하는 k의 값의 범위 구하기	40%
㉰	부등식이 해를 갖지 않도록 하는 k의 값의 범위 구하기	20%
㉱	k의 최솟값 구하기	10%

0835 $f(x)=-x^2+4x-3+4k$로 놓으면

$f(x)=-(x-2)^2+1+4k$

$3 \leq x \leq 6$에서 $f(x) \geq 0$이 항상 성립하려면 오른쪽 그림에서 $f(6) \geq 0$이어야 한다.

$f(6)=-16+1+4k \geq 0$

$\therefore k \geq \dfrac{15}{4}$

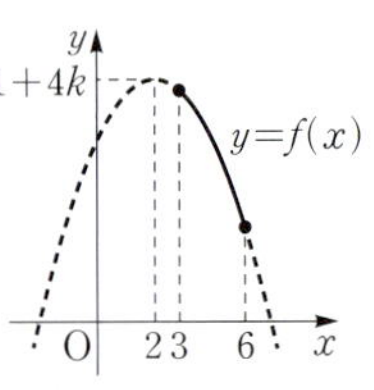

따라서 정수 k의 최솟값은 4이다. **답 ③**

0836 $f(x)=3x^2+ax-2a^2$으로 놓자.

$-2 \leq x \leq 2$에서 $f(x)<0$이 항상 성립하려면 오른쪽 그림에서 $f(-2)<0$, $f(2)<0$이어야 한다.

$f(-2)=12-2a-2a^2<0$에서

$a^2+a-6>0$, $(a+3)(a-2)>0$

$\therefore a<-3$ 또는 $a>2$ $\qquad$ ……㉠

$f(2)=12+2a-2a^2<0$에서

$a^2-a-6>0$, $(a+2)(a-3)>0$

$\therefore a<-2$ 또는 $a>3$ $\qquad$ ……㉡

㉠, ㉡의 공통부분을 구하면

$a<-3$ 또는 $a>3$ **답 $a<-3$ 또는 $a>3$**

0837 부등식 $f(x) \leq g(x)$에서 $g(x)-f(x) \geq 0$

$h(x)=g(x)-f(x)$로 놓으면

$h(x)=(-x^2+3x+a+1)-(x^2+3x-2)=-2x^2+a+3$

$-1 \leq x \leq 3$에서 $h(x) \geq 0$이 항상 성립하려면 오른쪽 그림에서 $h(3) \geq 0$이어야 한다.

$h(3)=a-15 \geq 0$

$\therefore a \geq 15$

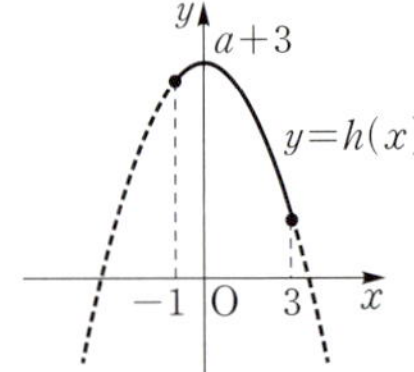

따라서 실수 a의 최솟값은 15이다. **답 15**

0838 이차함수 $y=x^2-ax+5$의 그래프가 직선 $y=x-3$보다 위쪽에 있는 부분의 x의 값의 범위는

$x^2-ax+5>x-3$, 즉 $x^2-(a+1)x+8>0$ $\qquad$ ……㉠

의 해이다.

해가 $x<2$ 또는 $x>b$이고 x^2의 계수가 1인 이차부등식은
$(x-2)(x-b)>0$ $\therefore x^2-(2+b)x+2b>0$ ...... ㉡
㉠, ㉡이 일치하므로
$a+1=2+b,\ 8=2b$
따라서 $a=5,\ b=4$이므로 $a+b=9$ 답 **9**

0839 이차함수 $y=x^2-2x-8$의 그래프가 이차함수
$y=-2x^2+x-2$의 그래프보다 아래쪽에 있는 부분의 x의 값의
범위는 $x^2-2x-8<-2x^2+x-2$의 해이다. 즉,
$3x^2-3x-6<0,\ x^2-x-2<0$
$(x+1)(x-2)<0$ $\therefore -1<x<2$ 답 ②

0840 이차함수 $y=-x^2+px+3$의 그래프가 직선 $y=a$보다
위쪽에 있는 부분의 x의 값의 범위는
$-x^2+px+3>a$, 즉 $x^2-px+(a-3)<0$ ...... ㉠
의 해이다.
해가 $1<x<3$이고 x^2의 계수가 1인 이차부등식은
$(x-1)(x-3)<0$ $\therefore x^2-4x+3<0$ ...... ㉡
㉠, ㉡이 일치하므로 $p=4,\ a-3=3$에서 $a=6$
$\therefore a-p=2$ 답 **2**

0841 이차함수 $y=-x^2+4x-6$의 그래프가 직선
$y=a(x-2)+1$보다 항상 아래쪽에 있으려면
$-x^2+4x-6<a(x-2)+1$에서 $x^2+(a-4)x-2a+7>0$
이 이차부등식이 모든 실수 x에 대하여 성립해야 하므로 이차방
정식 $x^2+(a-4)x-2a+7=0$의 판별식을 D라 하면
$D=(a-4)^2-4(-2a+7)<0,\ a^2-12<0$
$(a+2\sqrt{3})(a-2\sqrt{3})<0$ $\therefore -2\sqrt{3}<a<2\sqrt{3}$
따라서 $\alpha=-2\sqrt{3},\ \beta=2\sqrt{3}$이므로
$\alpha\beta=-12$ 답 ②

0842 이차함수 $y=x^2+(k+1)x+3$의 그래프가 직선
$y=x-1$보다 항상 위쪽에 있으려면
$x^2+(k+1)x+3>x-1$에서 $x^2+kx+4>0$

㉮

이 이차부등식이 모든 실수 x에 대하여 성립해야 하므로 이차방
정식 $x^2+kx+4=0$의 판별식을 D라 하면
$D=k^2-16<0,\ (k+4)(k-4)<0$ $\therefore -4<k<4$

㉯

따라서 정수 k는 $-3,\ -2,\ -1,\ 0,\ 1,\ 2,\ 3$의 7개이다.

㉰

답 **7**

단계	채점요소	배점
㉮	주어진 조건을 만족시키는 이차부등식 세우기	30%
㉯	k의 값의 범위 구하기	50%
㉰	정수 k의 개수 구하기	20%

0843 이차함수 $y=kx^2+5x+2k-6$의 그래프가 직선
$y=-3x+k$보다 항상 아래쪽에 있으려면
$kx^2+5x+2k-6<-3x+k$에서
$kx^2+8x+k-6<0$
이 이차부등식이 모든 실수 x에 대하여 성립해야 하므로
$k<0$
이차방정식 $kx^2+8x+k-6=0$의 판별식을 D라 하면
$\dfrac{D}{4}=4^2-k(k-6)<0$
$k^2-6k-16>0,\ (k+2)(k-8)>0$
$\therefore k<-2$ 또는 $k>8$
그런데 $k<0$이므로 $k<-2$ 답 ①

0844 새로운 텃밭의 넓이가 현재 텃밭의 넓이의 3배 이상이
되려면
$(4+x)(8+x)\geq 3\times 4\times 8$
$x^2+12x-64\geq 0,\ (x+16)(x-4)\geq 0$
이때 $x>0$이어야 하므로 $x\geq 4$
따라서 x의 최솟값은 4이다. 답 **4**

0845 t초 후에 공의 높이 h m가 35 m 이상이 되려면
$-5t^2+25t+15\geq 35,\ t^2-5t+4\leq 0$
$(t-1)(t-4)\leq 0$ $\therefore 1\leq t\leq 4$
따라서 공의 높이가 35 m 이상인 시간은 $4-1=3$(초) 동안이
다. 답 ③

0846 할인하는 금액을 $100x$원이라 하면 커피의 하루 판매 총
액은 $(3800-100x)(400+50x)\geq 2600000$이어야 한다.
$-5000x^2+150000x-1080000\geq 0$
$x^2-30x+216\leq 0,\ (x-12)(x-18)\leq 0$
$\therefore 12\leq x\leq 18$
따라서 할인할 수 있는 금액은 $1200\leq 100x\leq 1800$이고, 할인된
커피 한 잔의 가격은 $2000\leq 3800-100x\leq 2600$이므로 커피 한
잔의 최소 가격은 2000원이다. 답 **2000원**

0847 $3x^2-8x-16<0$에서 $(3x+4)(x-4)<0$
$\therefore -\dfrac{4}{3}<x<4$ ...... ㉠
$2x^2-7x+6\geq 0$에서 $(2x-3)(x-2)\geq 0$
$\therefore x\leq \dfrac{3}{2}$ 또는 $x\geq 2$ ...... ㉡
㉠, ㉡의 공통부분을 구하면
$-\dfrac{4}{3}<x\leq \dfrac{3}{2}$ 또는 $2\leq x<4$
따라서 정수 x는 $-1,\ 0,\ 1,\ 2,\ 3$의 5개이다. 답 **5**

0848 $\begin{cases} 5x+1\le 2x^2+3 & \cdots\cdots\ \text{㉠} \\ 2x^2+3<2x+27 & \cdots\cdots\ \text{㉡} \end{cases}$

㉠에서 $2x^2-5x+2\ge 0$

$(2x-1)(x-2)\ge 0$ $\quad\therefore\ x\le\dfrac{1}{2}$ 또는 $x\ge 2$ $\quad\cdots\cdots\ \text{㉢}$

㉡에서 $2x^2-2x-24<0$, $x^2-x-12<0$

$(x+3)(x-4)<0$ $\quad\therefore\ -3<x<4$ $\quad\cdots\cdots\ \text{㉣}$

㉢, ㉣의 공통부분을 구하면

$-3<x\le\dfrac{1}{2}$ 또는 $2\le x<4$ $\qquad$ 답 ④

0849 $x^2\le 4x$에서 $x^2-4x\le 0$

$x(x-4)\le 0$ $\quad\therefore\ 0\le x\le 4$ $\quad\cdots\cdots\ \text{㉠}$

$x^2+x\ge 6$에서 $x^2+x-6\ge 0$

$(x+3)(x-2)\ge 0$ $\quad\therefore\ x\le -3$ 또는 $x\ge 2$ $\quad\cdots\cdots\ \text{㉡}$

㉠, ㉡의 공통부분을 구하면 $2\le x\le 4$

이때 $ax^2+2bx-(a+3b)\ge 0$의 해가 $2\le x\le 4$이므로 $a<0$

해가 $2\le x\le 4$이고 x^2의 계수가 1인 이차부등식은

$(x-2)(x-4)\le 0$, 즉 $x^2-6x+8\le 0$

양변에 a를 곱하면

$ax^2-6ax+8a\ge 0\ (\because\ a<0)$

이 부등식이 $ax^2+2bx-(a+3b)\ge 0$과 같으므로

$-6a=2b$, $8a=-(a+3b)$

$\therefore\ \dfrac{b}{a}=-3$ $\qquad$ 답 -3

다른풀이 이차부등식 $ax^2+2bx-(a+3b)\ge 0$의 해가

$2\le x\le 4$이므로 이차방정식 $ax^2+2bx-(a+3b)=0$의 해가

$x=2$ 또는 $x=4$이어야 한다.

따라서 이차방정식의 근과 계수의 관계에 의하여

$$-\dfrac{2b}{a}=6 \qquad \therefore\ \dfrac{b}{a}=-3$$

0850 $|x-2|<3$에서 $-3<x-2<3$

$\therefore\ -1<x<5$ $\quad\cdots\cdots\ \text{㉠}$

$x^2-3x>0$에서 $x(x-3)>0$

$\therefore\ x<0$ 또는 $x>3$ $\quad\cdots\cdots\ \text{㉡}$

㉠, ㉡의 공통부분을 구하면

$-1<x<0$ 또는 $3<x<5$

따라서 해가 될 수 있는 것은 ①이다. $\qquad$ 답 ①

0851 $|x+4|\le 5$에서 $-5\le x+4\le 5$

$\therefore\ -9\le x\le 1$ $\quad\cdots\cdots\ \text{㉠}$

$x^2-x-2\le 0$에서 $(x+1)(x-2)\le 0$

$\therefore\ -1\le x\le 2$ $\quad\cdots\cdots\ \text{㉡}$

㉠, ㉡의 공통부분을 구하면 $-1\le x\le 1$

따라서 $a=-1$, $b=1$이므로

$b-a=2$ $\qquad$ 답 2

0852 $x^2-3|x|<0$에서

(i) $x<0$일 때

$\quad x^2+3x<0$, $x(x+3)<0$ $\quad\therefore\ -3<x<0$

(ii) $x\ge 0$일 때

$\quad x^2-3x<0$, $x(x-3)<0$ $\quad\therefore\ 0<x<3$

(i), (ii)에서 $-3<x<0$ 또는 $0<x<3$ $\quad\cdots\cdots\ \text{㉠}$

또, $x^2-x<6$에서 $x^2-x-6<0$

$(x+2)(x-3)<0$ $\quad\therefore\ -2<x<3$ $\quad\cdots\cdots\ \text{㉡}$

㉠, ㉡의 공통부분을 구하면

$-2<x<0$ 또는 $0<x<3$

따라서 정수 x는 -1, 1, 2이므로 구하는 합은

$-1+1+2=2$ $\qquad$ 답 2

0853 $|x^2-4|<3x$에서

(i) $x^2-4<0$, 즉 $-2<x<2$일 때

$\quad -(x^2-4)<3x$, $x^2+3x-4>0$

$\quad (x+4)(x-1)>0$ $\quad\therefore\ x<-4$ 또는 $x>1$

$\quad$ 그런데 $-2<x<2$이므로 $1<x<2$

(ii) $x^2-4\ge 0$, 즉 $x\le -2$ 또는 $x\ge 2$일 때

$\quad x^2-4<3x$, $x^2-3x-4<0$

$\quad (x+1)(x-4)<0$ $\quad\therefore\ -1<x<4$

$\quad$ 그런데 $x\le -2$ 또는 $x\ge 2$이므로 $2\le x<4$

(i), (ii)에서 $1<x<4$ $\quad\cdots\cdots\ \text{㉠}$

$\qquad\qquad\qquad\qquad\qquad\qquad\qquad\qquad$ ㉮

또, $2x^2-3x-5<0$에서 $(x+1)(2x-5)<0$

$\therefore\ -1<x<\dfrac{5}{2}$ $\quad\cdots\cdots\ \text{㉡}$

$\qquad\qquad\qquad\qquad\qquad\qquad\qquad\qquad$ ㉯

㉠, ㉡의 공통부분을 구하면 $1<x<\dfrac{5}{2}$

따라서 정수 x는 2의 1개이다.

$\qquad\qquad\qquad\qquad\qquad\qquad\qquad\qquad$ ㉰

$\qquad$ 답 1

단계	채점요소	배점
㉮	$|x^2-4|<3x$ 풀기	50%
㉯	$2x^2-3x-5<0$ 풀기	30%
㉰	연립부등식을 만족시키는 정수 x의 개수 구하기	20%

0854 $x^2+3x-10\le 0$에서 $(x+5)(x-2)\le 0$

$\therefore\ -5\le x\le 2$ $\quad\cdots\cdots\ \text{㉠}$

$x^2+(k+1)x-k-2<0$에서

$(x-1)(x+k+2)<0$ $\quad\cdots\cdots\ \text{㉡}$

㉠, ㉡의 공통부분이 $1<x\le 2$이기

위해서는 오른쪽 그림에서

$-k-2>2$이어야 하므로

$k<-4$ $\qquad$ 답 $k<-4$

0855 $\begin{cases} x^2-2x-a<0 & \cdots\cdots\ \text{㉠} \\ x^2-2x+b\geq0 & \cdots\cdots\ \text{㉡} \end{cases}$

㉠, ㉡의 공통부분이

$-1<x\leq0$ 또는 $2\leq x<3$이기

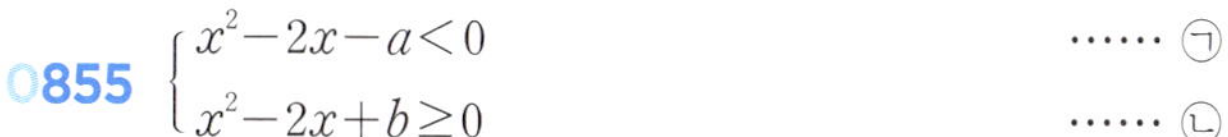

위해서는 오른쪽 그림과 같아야 한다.

$x^2-2x-a<0$은 해가 $-1<x<3$이고 x^2의 계수가 1인 이차부등식이므로

$(x+1)(x-3)<0$, $x^2-2x-3<0$ $\quad\therefore a=3$

또, $x^2-2x+b\geq0$은 해가 $x\leq0$ 또는 $x\geq2$이고 x^2의 계수가 1인 이차부등식이므로

$x(x-2)\geq0$, $x^2-2x\geq0$ $\quad\therefore b=0$

$\therefore a+b=3$ 답 **3**

0856 $(x+1)^2\leq x+7$에서 $x^2+x-6\leq0$

$(x+3)(x-2)\leq0$ $\quad\therefore -3\leq x\leq2$ $\quad\cdots\cdots\ \text{㉠}$

$x^2-2(k-1)x+(k+3)(k-5)>0$에서

$\{x-(k+3)\}\{x-(k-5)\}>0$

$\therefore x<k-5$ 또는 $x>k+3$ $\quad\cdots\cdots\ \text{㉡}$

㉠, ㉡의 공통부분이 없으려면

오른쪽 그림에서

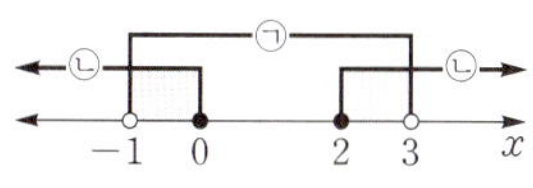

$k-5\leq-3$, $2\leq k+3$

$\therefore -1\leq k\leq2$

따라서 $M=2$, $m=-1$이므로

$M-m=3$ 답 **3**

0857 삼각형의 세 변의 길이는 모두 양수이므로

$n-5>0$, $n>0$, $n+5>0$ $\quad\therefore n>5$ $\quad\cdots\cdots\ \text{㉠}$

세 변 중 가장 긴 변의 길이는 $n+5$이고, 삼각형에서 가장 긴 변의 길이는 나머지 다른 두 변의 길이의 합보다 작아야 하므로

$n+5<n+(n-5)$ $\quad\therefore n>10$ $\quad\cdots\cdots\ \text{㉡}$

둔각삼각형이기 위해서는 가장 긴 변의 길이의 제곱이 나머지 다른 두 변의 길이의 제곱의 합보다 커야 하므로

$(n+5)^2>n^2+(n-5)^2$, $n^2-20n<0$

$n(n-20)<0$ $\quad\therefore 0<n<20$ $\quad\cdots\cdots\ \text{㉢}$

㉠, ㉡, ㉢의 공통부분을 구하면 $10<n<20$

따라서 자연수 n은 11, 12, $\cdots$, 19의 9개이다. 답 **9**

0858 새로운 직육면체의 밑면의 가로, 세로의 길이와 높이는 각각 $(a-2)$ cm, a cm, $(a+3)$ cm이므로

(직육면체의 부피)$=a(a-2)(a+3)=a^3+a^2-6a$ (cm³)

(정육면체의 부피)$=a^3$ (cm³)

$a^3+a^2-6a<a^3$, $a^2-6a<0$

$a(a-6)<0$ $\quad\therefore 0<a<6$

그런데 $a-2>0$에서 $a>2$이므로 $2<a<6$

따라서 모든 자연수 a의 값의 합은

$3+4+5=12$ 답 **12**

0859 주어진 그림에서 길의 넓이는

$(2x+10)(2x+7)-10\times7=4x^2+34x$ (m²)

길의 넓이가 60 m² 이상 168 m² 이하이어야 하므로

$60\leq4x^2+34x\leq168$ $\quad\therefore 30\leq2x^2+17x\leq84$

$30\leq2x^2+17x$에서 $2x^2+17x-30\geq0$

$(x+10)(2x-3)\geq0$ $\quad\therefore x\leq-10$ 또는 $x\geq\dfrac{3}{2}$

그런데 $x>0$이므로 $x\geq\dfrac{3}{2}$ $\quad\cdots\cdots\ \text{㉠}$

$2x^2+17x\leq84$에서 $2x^2+17x-84\leq0$

$(x+12)(2x-7)\leq0$ $\quad\therefore -12\leq x\leq\dfrac{7}{2}$

그런데 $x>0$이므로 $0<x\leq\dfrac{7}{2}$ $\quad\cdots\cdots\ \text{㉡}$

㉠, ㉡의 공통부분을 구하면 $\dfrac{3}{2}\leq x\leq\dfrac{7}{2}$

따라서 $a=\dfrac{3}{2}$, $b=\dfrac{7}{2}$이므로 $a+b=5$ 답 **5**

0860 이차방정식 $x^2+(k+2)x+k^2+1=0$이 서로 다른 두 실근을 가지므로 이 이차방정식의 판별식을 D라 하면

$D=(k+2)^2-4(k^2+1)>0$

$3k^2-4k<0$, $k(3k-4)<0$ $\quad\therefore 0<k<\dfrac{4}{3}$

따라서 실수 k의 값이 될 수 있는 것은 ⑤이다. 답 ⑤

0861 이차방정식 $x^2-2kx+16=0$이 허근을 가지므로 이 이차방정식의 판별식을 D_1이라 하면

$\dfrac{D_1}{4}=(-k)^2-16<0$

$(k+4)(k-4)<0$ $\quad\therefore -4<k<4$ $\quad\cdots\cdots\ \text{㉠}$

이차방정식 $x^2+4kx-k+5=0$이 서로 다른 두 실근을 가지므로 이 이차방정식의 판별식을 D_2라 하면

$\dfrac{D_2}{4}=(2k)^2-(-k+5)>0$

$4k^2+k-5>0$, $(4k+5)(k-1)>0$

$\therefore k<-\dfrac{5}{4}$ 또는 $k>1$ $\quad\cdots\cdots\ \text{㉡}$

㉠, ㉡의 공통부분을 구하면 $-4<k<-\dfrac{5}{4}$ 또는 $1<k<4$

따라서 정수 k는 -3, -2, 2, 3의 4개이다. 답 **4**

0862 이차방정식 $x^2+2(a-1)x+a^2-3=0$이 중근을 가지므로 이 이차방정식의 판별식을 D_1이라 하면

$\dfrac{D_1}{4}=(a-1)^2-(a^2-3)=0$, $-2a+4=0$ $\quad\therefore a=2$

㉮

이차방정식 $x^2-(b+2)x+a+b=0$, 즉

$x^2-(b+2)x+2+b=0$이 허근을 가지므로 이 이차방정식의 판별식을 D_2라 하면 $D_2=(b+2)^2-4(2+b)<0$

$(b+2)(b-2)<0$ $\quad\therefore -2<b<2$

㉯

따라서 정수 b의 최댓값은 1이다.

답 **1**

단계	채점요소	배점
㉮	중근을 가질 조건 구하기	40 %
㉯	허근을 가질 조건 구하기	40 %
㉰	정수 b의 최댓값 구하기	20 %

0863 이차방정식 $x^2-ax+a=0$이 실근을 가지므로 이 이차방정식의 판별식을 D_1이라 하면
$$D_1=(-a)^2-4a\geq0, \quad a^2-4a\geq0$$
$$a(a-4)\geq0 \qquad \therefore a\leq0 \text{ 또는 } a\geq4 \qquad \cdots\cdots ㉠$$
이차방정식 $x^2-2x+2-a^2=0$이 실근을 가지므로 이 이차방정식의 판별식을 D_2라 하면
$$\frac{D_2}{4}=(-1)^2-(2-a^2)\geq0, \quad a^2-1\geq0$$
$$(a+1)(a-1)\geq0 \qquad \therefore a\leq-1 \text{ 또는 } a\geq1 \qquad \cdots\cdots ㉡$$
두 이차방정식 중 적어도 하나가 실근을 가져야 하므로 조건을 만족시키는 a의 값의 범위는 ㉠, ㉡을 합친 범위이다.
$$\therefore a\leq0 \text{ 또는 } a\geq1$$

답 ①

다른풀이 적어도 하나가 실근을 갖는 경우는 두 방정식 모두 허근을 갖는 경우를 제외하면 된다.
이차방정식 $x^2-ax+a=0$의 판별식을 D_1이라 하면 이 이차방정식이 허근을 가지려면
$$D_1=(-a)^2-4a<0, \quad a^2-4a<0$$
$$a(a-4)<0 \qquad \therefore 0<a<4 \qquad \cdots\cdots ㉠$$
이차방정식 $x^2-2x+2-a^2=0$의 판별식을 D_2라 하면 이 이차방정식이 허근을 가지려면
$$\frac{D_2}{4}=(-1)^2-(2-a^2)<0, \quad a^2-1<0$$
$$(a+1)(a-1)<0 \qquad \therefore -1<a<1 \qquad \cdots\cdots ㉡$$
㉠, ㉡의 공통부분을 구하면 $0<a<1$
따라서 두 이차방정식 중 적어도 하나가 실근을 갖는 경우는
$$a\leq0 \text{ 또는 } a\geq1$$

0864 이차방정식 $x^2-(a+4)x-\dfrac{a}{2}=0$의 판별식을 D, 두 근을 α, β라 하면 두 근이 모두 양수이므로
(i) $D=(a+4)^2-4\times\left(-\dfrac{a}{2}\right)\geq0$
$$a^2+10a+16\geq0, \quad (a+2)(a+8)\geq0$$
$$\therefore a\leq-8 \text{ 또는 } a\geq-2$$
(ii) $\alpha+\beta=a+4>0 \qquad \therefore a>-4$
(iii) $\alpha\beta=-\dfrac{a}{2}>0 \qquad \therefore a<0$
(i), (ii), (iii)에서 $-2\leq a<0$

답 $-2\leq a<0$

0865 이차방정식 $kx^2+3kx+5=0$의 판별식을 D, 두 근을 α, β라 하면 두 근이 모두 음수이므로
(i) $D=(3k)^2-4\times k\times5\geq0$
$$9k^2-20k\geq0, \quad k\left(k-\dfrac{20}{9}\right)\geq0 \qquad \therefore k\leq0 \text{ 또는 } k\geq\dfrac{20}{9}$$
(ii) $\alpha+\beta=-\dfrac{3k}{k}=-3<0$
(iii) $\alpha\beta=\dfrac{5}{k}>0 \qquad \therefore k>0$
(i), (ii), (iii)에서 $k\geq\dfrac{20}{9}$
따라서 실수 k의 최솟값은 $\dfrac{20}{9}$이다.

답 ②

0866 이차방정식 $-x^2+(a^2-5a+4)x-a+6=0$의 두 근을 α, β라 하면 두 근의 부호가 서로 다르므로
$$\alpha\beta=\frac{-a+6}{-1}<0 \qquad \therefore a<6 \qquad \cdots\cdots ㉠$$
또, 음의 근의 절댓값이 양의 근보다 작으므로
$$\alpha+\beta=-\frac{a^2-5a+4}{-1}>0, \quad a^2-5a+4>0$$
$$(a-1)(a-4)>0 \qquad \therefore a<1 \text{ 또는 } a>4 \qquad \cdots\cdots ㉡$$
㉠, ㉡의 공통부분을 구하면 $a<1$ 또는 $4<a<6$

답 $a<1$ 또는 $4<a<6$

0867 $x^2-7x+10<0$에서
$$(x-2)(x-5)<0 \qquad \therefore 2<x<5 \qquad \cdots\cdots ㉠$$
$x^2-(a+1)x+a\leq0$에서
$$(x-1)(x-a)\leq0 \qquad \cdots\cdots ㉡$$
㉠, ㉡의 공통부분에 속하는 정수 x가 한 개, 즉 $x=3$이 되려면 오른쪽 그림과 같아야 하므로

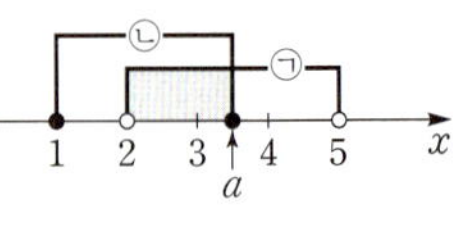

$$3\leq a<4$$
따라서 정수 a는 3이다.

답 ②

0868 $x^2-x>2$에서 $x^2-x-2>0$
$$(x-2)(x+1)>0 \qquad \therefore x<-1 \text{ 또는 } x>2 \qquad \cdots\cdots ㉠$$
$2x^2-2ax-5x+5a<0$에서
$$2x^2-(2a+5)x+5a<0, \quad (2x-5)(x-a)<0 \qquad \cdots\cdots ㉡$$
㉠, ㉡의 공통부분에 속하는 정수 x가 -3과 -2뿐이려면 오른쪽 그림과 같아야 하므로

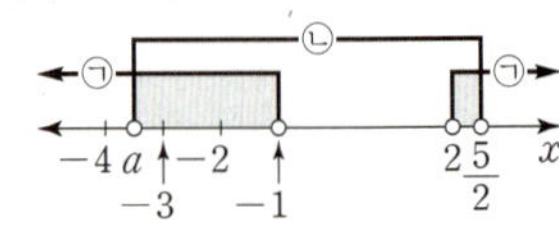

$$-4\leq a<-3$$

답 ②

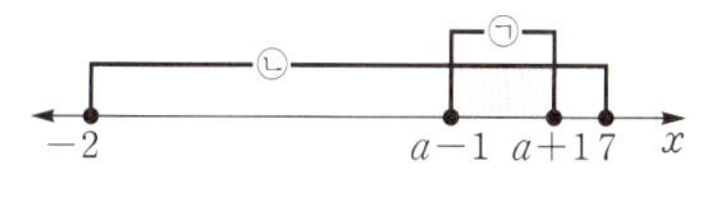

0869 $|x-a| \leq 1$에서 $-1 \leq x-a \leq 1$

$\therefore a-1 \leq x \leq a+1$ ...... ㉠

$x^2-5x-14 \leq 0$에서 $(x+2)(x-7) \leq 0$

$\therefore -2 \leq x \leq 7$ ...... ㉡

㉠, ㉡의 공통부분에 속하는 정수 x의 값의 합이 15 이려면 오른쪽 그림에서

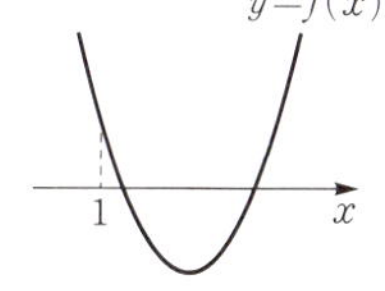

$(a-1)+a+(a+1)=15$ $\therefore a=5$ **답 5**

0870 $f(x)=x^2-2kx+4$로 놓으면 $f(x)=0$의 두 근이 모두 1보다 크므로 $y=f(x)$의 그래프는 오른쪽 그림과 같다.

(i) $f(x)=0$의 판별식을 D라 하면

$$\frac{D}{4}=(-k)^2-4 \geq 0, \ (k+2)(k-2) \geq 0$$

$$\therefore k \leq -2 \ \text{또는} \ k \geq 2$$

(ii) $f(1)=1-2k+4>0$에서 $k<\dfrac{5}{2}$

(iii) $f(x)=x^2-2kx+4=(x-k)^2+4-k^2$에서 축의 방정식은 $x=k$이므로 $k>1$

(i), (ii), (iii)에서 $2 \leq k < \dfrac{5}{2}$ **답 ⑤**

0871 $x^2-x-2=0$에서 $(x+1)(x-2)=0$

$\therefore x=-1 \ \text{또는} \ x=2$

$f(x)=x^2-5x+a$로 놓으면 $f(x)=0$의 한 근만이 -1과 2 사이에 있으므로 $y=f(x)$의 그래프는 오른쪽 그림과 같다.

(i) $f(-1)=1+5+a>0$에서 $a>-6$

(ii) $f(2)=4-10+a<0$에서 $a<6$

(i), (ii)에서 $-6<a<6$

따라서 정수 a는 $-5, -4, \cdots, 4, 5$의 11개이다. **답 11**

0872 $f(x)=x^2-2px+p+2$로 놓으면 $f(x)=0$의 두 근이 모두 0과 3 사이에 있으므로 $y=f(x)$의 그래프는 오른쪽 그림과 같다.

(i) $f(x)=0$의 판별식을 D라 하면

$$\frac{D}{4}=(-p)^2-(p+2) \geq 0$$

$$p^2-p-2 \geq 0, \ (p+1)(p-2) \geq 0$$

$$\therefore p \leq -1 \ \text{또는} \ p \geq 2$$

(ii) $f(0)=p+2>0$에서 $p>-2$

(iii) $f(3)=9-6p+p+2>0$에서 $p<\dfrac{11}{5}$

(iv) $f(x)=x^2-2px+p+2=(x-p)^2-p^2+p+2$에서 축의 방정식은 $x=p$이므로 $0<p<3$

(i)~(iv)에서 $2 \leq p < \dfrac{11}{5}$

따라서 실수 p의 최솟값은 2이다. **답 2**

0873 $f(x)=ax^2-2x+a-2$로 놓으면 주어진 조건을 만족시키는 $y=f(x)$의 그래프는 오른쪽 그림과 같다.

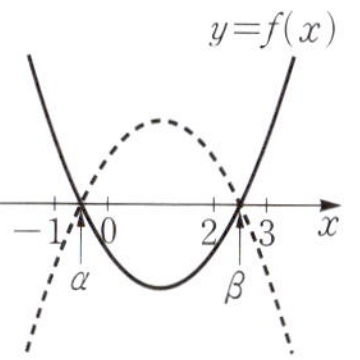

$f(x)=0$의 한 근이 -1과 0 사이에 있을 조건은 $f(-1)f(0)<0$에서

$(a+2+a-2)(a-2)<0, \ 2a(a-2)<0$

$\therefore 0<a<2$ ...... ㉠ **㉮**

$f(x)=0$의 다른 한 근이 2와 3 사이에 있을 조건은 $f(2)f(3)<0$에서

$(4a-4+a-2)(9a-6+a-2)<0$

$2(5a-6)(5a-4)<0$

$$\therefore \frac{4}{5}<a<\frac{6}{5}$$ ...... ㉡ **㉯**

㉠, ㉡의 공통부분을 구하면 $\dfrac{4}{5}<a<\dfrac{6}{5}$ **㉰**

답 $\dfrac{4}{5}<a<\dfrac{6}{5}$

단계	채점요소	배점
㉮	한 근이 -1과 0 사이에 있을 조건 구하기	40%
㉯	한 근이 2와 3 사이에 있을 조건 구하기	40%
㉰	a의 값의 범위 구하기	20%

0874 $f(x)<g(x)$의 해는 $y=f(x)$의 그래프가 $y=g(x)$의 그래프보다 아래쪽에 있는 부분의 x의 값의 범위이므로 주어진 그림에서 $1<x<7$

따라서 $a=1, \ b=7$이므로

$a+b=8$ **답 8**

0875 ㄱ. $x^2-x-3=0$에서 $x=\dfrac{1 \pm \sqrt{13}}{2}$이므로

$x^2-x-3 \leq 0$의 해는 $\dfrac{1-\sqrt{13}}{2} \leq x \leq \dfrac{1+\sqrt{13}}{2}$

ㄴ. $-3x^2+2x-3>0$에서 $3x^2-2x+3<0$

$3x^2-2x+3=3\left(x-\dfrac{1}{3}\right)^2+\dfrac{8}{3}>0$

따라서 주어진 부등식의 해는 없다.

ㄷ. $-x^2+6x-9>0$에서 $x^2-6x+9<0$

$x^2-6x+9=(x-3)^2 \geq 0$

따라서 주어진 부등식의 해는 없다.

ㄹ. $x^2-2x+5=(x-1)^2+4>0$

따라서 주어진 부등식의 해는 모든 실수이다.

따라서 해가 없는 것은 ㄴ, ㄷ이다. **답 ㄴ, ㄷ**

0876 $(x+1)(x-1)<|x-5|$에서

(i) $x<5$일 때

$\quad(x+1)(x-1)<-(x-5)$, $x^2+x-6<0$

$\quad(x+3)(x-2)<0$ $\quad\therefore -3<x<2$

$\quad$그런데 $x<5$이므로 $-3<x<2$

(ii) $x\geq5$일 때

$\quad(x+1)(x-1)<x-5$, $x^2-x+4<0$

$\quad$그런데 $\left(x-\dfrac{1}{2}\right)^2+\dfrac{15}{4}>0$이므로 해는 없다.

$\quad$즉, $x\geq5$일 때, 주어진 부등식의 해는 없다.

(i), (ii)에서 $-3<x<2$

① $2x-1<3$, $2x<4$ $\quad\therefore x<2$

② $3x+4>-8$, $3x>-12$ $\quad\therefore x>-4$

③ $x^2-2x<0$, $x(x-2)<0$ $\quad\therefore 0<x<2$

④ $x^2+x-6<0$, $(x+3)(x-2)<0$

$\quad\therefore -3<x<2$

⑤ $x^2+4x-12>0$, $(x+6)(x-2)>0$

$\quad\therefore x<-6$ 또는 $x>2$

따라서 $(x+1)(x-1)<|x-5|$와 해가 같은 것은 ④이다.

$\qquad\qquad\qquad\qquad\qquad\qquad\qquad\qquad$답 ④

0877 이차부등식 $ax^2+bx+c<0$의 해가 $x<-1$ 또는 $x>5$

이므로 $a<0$

해가 $x<-1$ 또는 $x>5$이고 x^2의 계수가 1인 이차부등식은

$(x+1)(x-5)>0$ $\quad\therefore x^2-4x-5>0$

양변에 a를 곱하면 $ax^2-4ax-5a<0$ $(\because a<0)$

이 부등식이 $ax^2+bx+c<0$과 같으므로

$b=-4a$, $c=-5a$

이것을 $a(x-2)^2-b(x-2)+c>0$에 대입하면

$a(x-2)^2+4a(x-2)-5a>0$

$(x-2)^2+4(x-2)-5<0$ $(\because a<0)$

$x^2-9<0$, $(x+3)(x-3)<0$

$\therefore -3<x<3$ $\qquad\qquad\qquad\qquad\qquad$답 ③

0878 $f(x)<0$의 해가 $x<-2$ 또는 $x>1$이므로

$f(x)=a(x+2)(x-1)$ $(a<0)$로 놓으면

$f(1-2x)=a(1-2x+2)(1-2x-1)$

$\qquad\qquad=a(-2x+3)(-2x)$

$\qquad\qquad=2ax(2x-3)$

이고 $f(-1)=-2a$이므로

$f(1-2x)<f(-1)$에서

$2ax(2x-3)<-2a$, $2ax(2x-3)+2a<0$

$x(2x-3)+1>0$ $(\because a<0)$, $2x^2-3x+1>0$

$(2x-1)(x-1)>0$ $\quad\therefore x<\dfrac{1}{2}$ 또는 $x>1$ $\qquad$답 ④

0879 이차부등식 $(k-2)x^2-(k+1)x+2k-2\leq0$이 오직

하나의 해를 가지므로

$k-2>0$에서 $k>2$

이차방정식 $(k-2)x^2-(k+1)x+2k-2=0$의 판별식을 D라

하면

$D=(k+1)^2-4(k-2)(2k-2)=0$

$7k^2-26k+15=0$, $(k-3)(7k-5)=0$

$\therefore k=3$ 또는 $k=\dfrac{5}{7}$

그런데 $k>2$이므로 $k=3$

$k=3$을 주어진 부등식에 대입하면

$x^2-4x+4\leq0$, $(x-2)^2\leq0$ $\quad\therefore x=2$

따라서 $\alpha=3$, $\beta=2$이므로

$\alpha+\beta=5$ $\qquad\qquad\qquad\qquad\qquad\qquad$답 **5**

0880 이차부등식 $ax^2+bx+c\geq0$이 단 하나의 해를 가지므로

$a<0$

또한 해가 $x=3$뿐이므로

$ax^2+bx+c=a(x-3)^2\geq0$

$a(x-3)^2=ax^2-6ax+9a$이므로

$b=-6a$, $c=9a$

이것을 $bx^2+cx+6a<0$에 대입하면

$-6ax^2+9ax+6a<0$, $2x^2-3x-2<0$ $(\because a<0)$

$(2x+1)(x-2)<0$ $\quad\therefore -\dfrac{1}{2}<x<2$

따라서 정수 x는 0, 1의 2개이다. $\qquad\qquad$답 ②

0881 $ax^2+2ax-5>0$에서

(i) $a>0$일 때

$\quad$이차함수 $y=ax^2+2ax-5$의 그래프는 아래로 볼록하므로

$\quad$주어진 이차부등식은 항상 해를 갖는다.

(ii) $a<0$일 때

$\quad$주어진 이차부등식이 해를 가지려면 이차방정식

$\quad ax^2+2ax-5=0$이 서로 다른 두 실근을 가져야 하므로 이

$\quad$이차방정식의 판별식을 D라 하면

$\quad\dfrac{D}{4}=a^2+5a>0$, $a(a+5)>0$

$\quad\therefore a<-5$ 또는 $a>0$

$\quad$그런데 $a<0$이므로 $a<-5$

(i), (ii)에서 $a<-5$ 또는 $a>0$ $\qquad\qquad\qquad$답 ③

참고 $a=0$이면 주어진 부등식은 이차부등식이 아니다.

0882 $mx^2+2mx+4>(x+1)^2$에서

$(m-1)x^2+2(m-1)x+3>0$ $\qquad\qquad\cdots\cdots$ ㉠

(i) $m=1$일 때, (좌변)$=0\times x^2+0\times x+3=3>0$이므로 모든

$\quad$실수 x에 대하여 성립한다.

$\quad\therefore m=1$

(ii) $m\neq1$일 때, ㉠이 모든 실수 x에 대하여 성립하려면
$m-1>0$에서 $m>1$
이차방정식 $(m-1)x^2+2(m-1)x+3=0$의 판별식을 D
라 하면
$$\frac{D}{4}=(m-1)^2-3(m-1)<0$$
$(m-1)(m-4)<0$ $\quad\therefore 1<m<4$
그런데 $m>1$이므로 $1<m<4$
(i), (ii)에서 $1\leq m<4$ **답** $1\leq m<4$

0883 모든 실수 x에 대하여 $\sqrt{kx^2-2kx-2}$가 허수가 되려면
모든 실수 x에 대하여 $kx^2-2kx-2<0$이 성립해야 한다.
(i) $k=0$일 때, (좌변)$=0\times x^2+0\times x-2=-2<0$
$\quad\therefore k=0$
(ii) $k\neq0$일 때, $k<0$
이차방정식 $kx^2-2kx-2=0$의 판별식을 D라 하면
$$\frac{D}{4}=k^2+2k<0,\ k(k+2)<0 \quad\therefore -2<k<0$$
그런데 $k<0$이므로 $-2<k<0$
(i), (ii)에서 $-2<k\leq0$ **답** ②

0884 부등식 $f(x)<g(x)$에서 $g(x)-f(x)>0$
$h(x)=g(x)-f(x)$로 놓으면
$h(x)=(-x^2+4x+k+2)-(x^2+4x-3)$
$\qquad=-2x^2+k+5$
$-2\leq x\leq2$에서 $h(x)>0$이 항상 성립하
려면 오른쪽 그림에서
$h(-2)=h(2)>0$이어야 한다.
$h(-2)=h(2)=-8+k+5>0$
$k-3>0$ $\quad\therefore k>3$
따라서 정수 k의 최솟값은 4이다. **답** 4

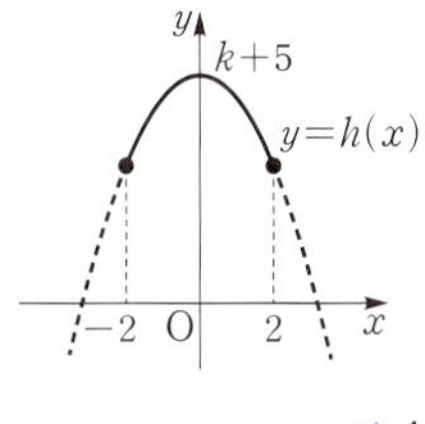

0885 이차함수 $y=x^2-ax+b$의 그래프가 직선 $y=3x-2$보
다 위쪽에 있는 부분의 x의 값의 범위는 $x^2-ax+b>3x-2$,
즉 $x^2-(a+3)x+b+2>0$ $\qquad$ …… ㉠
의 해이다.
해가 $x<-2$ 또는 $x>3$이고 x^2의 계수가 1인 이차부등식은
$(x+2)(x-3)>0$ $\quad\therefore x^2-x-6>0$ $\qquad$ …… ㉡
㉠, ㉡이 일치하므로
$a+3=1$, $b+2=-6$
따라서 $a=-2$, $b=-8$이므로
$a+b=-10$ **답** -10

0886 주어진 부등식에서
$x-2\leq(a-1)x+b\leq2x^2+5x+2$
모든 실수 x에 대하여 $x-2\leq(a-1)x+b$가 성립하려면

$(a-2)x+b+2\geq0$에서 $a-2=0$, $b+2\geq0$
$\therefore a=2$, $b\geq-2$ $\qquad$ …… ㉠
따라서 모든 실수 x에 대하여 $x+b\leq2x^2+5x+2$, 즉
$2x^2+4x+2-b\geq0$이 성립한다.
이때 이차방정식 $2x^2+4x+2-b=0$의 판별식을 D라 하면
$$\frac{D}{4}=2^2-2\times(2-b)\leq0 \quad\therefore b\leq0 \qquad …… ㉡$$
㉠, ㉡에서 $-2\leq b\leq0$
즉, $\alpha=-2$, $\beta=0$이므로
$\beta-\alpha=2$ **답** ③

0887 도로의 폭을 x m라 하면 도로를 제외한 땅의 넓이가
200 m^2 이상이 되어야 하므로
$(25-x)(15-x)\geq200$, $x^2-40x+175\geq0$
$(x-5)(x-35)\geq0$ $\quad\therefore x\leq5$ 또는 $x\geq35$
이때 $0<x<15$이어야 하므로 도로의 폭은 0 m 초과 5 m 이하
이어야 한다. **답** ①

0888 $x^2-x-1\geq-x^2+4x+2$에서 $2x^2-5x-3\geq0$
$(2x+1)(x-3)\geq0$ $\quad\therefore x\leq-\dfrac{1}{2}$ 또는 $x\geq3$ $\quad$ …… ㉠
$-x-15<-x^2+x$에서 $x^2-2x-15<0$
$(x+3)(x-5)<0$ $\quad\therefore -3<x<5$ $\qquad$ …… ㉡
㉠, ㉡의 공통부분을 구하면 $-3<x\leq-\dfrac{1}{2}$ 또는 $3\leq x<5$
따라서 정수 x는 -2, -1, 3, 4이므로 구하는 합은 4이다.
답 4

0889 $x^2-2x-3>3|x-1|$에서
(i) $x<1$일 때, $x^2-2x-3>-3(x-1)$
$\quad x^2+x-6>0$, $(x+3)(x-2)>0$
$\quad\therefore x<-3$ 또는 $x>2$
$\quad$ 그런데 $x<1$이므로 $x<-3$
(ii) $x\geq1$일 때, $x^2-2x-3>3(x-1)$
$\quad x^2-5x>0$, $x(x-5)>0$
$\quad\therefore x<0$ 또는 $x>5$
$\quad$ 그런데 $x\geq1$이므로 $x>5$
(i), (ii)에서 $x<-3$ 또는 $x>5$
따라서 $ax^2+2x+b<0$의 해가 $x<-3$ 또는 $x>5$이므로
$a<0$
해가 $x<-3$ 또는 $x>5$이고 x^2의 계수가 1인 이차부등식은
$(x+3)(x-5)>0$, 즉 $x^2-2x-15>0$
양변에 a를 곱하면 $ax^2-2ax-15a<0$ $(\because a<0)$
이 부등식이 $ax^2+2x+b<0$과 같으므로
$-2a=2$, $-15a=b$
따라서 $a=-1$, $b=15$이므로 $a+b=14$ **답** 14

0890 $a>0$이므로 $|x+2|\leq a$에서
$-a\leq x+2\leq a$ $\therefore -a-2\leq x\leq a-2$ ······ ㉠
$x^2+6x-(2a+3)(2a-3)>0$에서
$\{x+(2a+3)\}\{x-(2a-3)\}>0$
$\therefore x<-2a-3$ 또는 $x>2a-3$ ······ ㉡

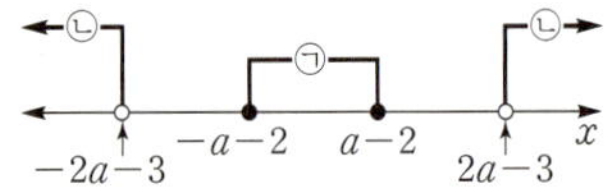

주어진 연립부등식의 해가 없으려면 위의 그림에서
$-2a-3\leq -a-2$ $\therefore a\geq -1$ ······ ㉢
$a-2\leq 2a-3$ $\therefore a\geq 1$ ······ ㉣
㉢, ㉣의 공통부분을 구하면 $a\geq 1$
따라서 양수 a의 최솟값은 1이다.   답 **1**

0891 연립부등식 $\begin{cases} x^2+ax+b\geq 0 \\ x^2+cx+d\leq 0 \end{cases}$의

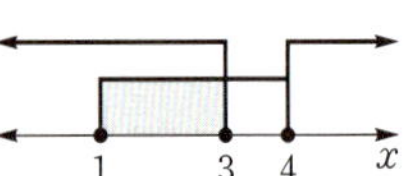

해를 나타내면 오른쪽 그림과 같다.
따라서 $x^2+ax+b\geq 0$의 해는 $x\leq 3$ 또는 $x\geq 4$이므로
$(x-3)(x-4)\geq 0$, $x^2-7x+12\geq 0$
$\therefore a=-7$, $b=12$
또, $x^2+cx+d\leq 0$의 해는 $1\leq x\leq 4$이므로
$(x-1)(x-4)\leq 0$, $x^2-5x+4\leq 0$ $\therefore c=-5$, $d=4$
$\therefore a+b+c+d=4$ 답 **4**

0892 $a<b$이므로 부등식 $(x-a)(x-b)>0$을 풀면
$x<a$ 또는 $x>b$ ······ ㉠
$b<c$이므로 부등식 $(x-b)(x-c)>0$을 풀면
$x<b$ 또는 $x>c$ ······ ㉡
㉠, ㉡을 수직선 위에 나타내면

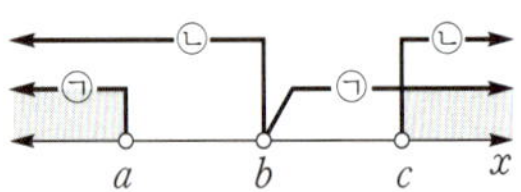

오른쪽 그림과 같다.
따라서 연립부등식의 해는
$x<a$ 또는 $x>c$이므로 $a=-2$, $c=8$
이때 $x^2+ax-c<0$에서 $x^2-2x-8<0$
$(x+2)(x-4)<0$ $\therefore -2<x<4$
따라서 주어진 이차부등식을 만족시키는 정수 x는 -1, 0, 1, 2, 3의 5개이다.   답 **5**

0893 두 타일의 가로의 길이를 $x\,$cm라 하면 A의 세로의 길이는 $(x+10)\,$cm이므로
$x(x+10)\geq 2000$, $x^2+10x-2000\geq 0$
$(x+50)(x-40)\geq 0$ $\therefore x\leq -50$ 또는 $x\geq 40$
그런데 $x>0$이므로 $x\geq 40$ ······ ㉠
B의 세로의 길이는 $(x-30)\,$cm이므로
$x(x-30)\leq 1800$, $x^2-30x-1800\leq 0$
$(x+30)(x-60)\leq 0$ $\therefore -30\leq x\leq 60$
그런데 $x>30$이므로 $30<x\leq 60$ ······ ㉡

㉠, ㉡의 공통부분은 $40\leq x\leq 60$이므로 가로의 길이의 범위는 40 cm 이상 60 cm 이하이다.   답 **40 cm 이상 60 cm 이하**

0894 이차방정식 $x^2+3kx+1=0$이 실근을 가지므로 이 이차방정식의 판별식을 D_1이라 하면 $D_1=9k^2-4\geq 0$
$(3k+2)(3k-2)\geq 0$ $\therefore k\leq -\dfrac{2}{3}$ 또는 $k\geq \dfrac{2}{3}$ ······ ㉠
이차방정식 $x^2+kx+k=0$이 허근을 가지므로 이 이차방정식의 판별식을 D_2라 하면 $D_2=k^2-4k<0$
$k(k-4)<0$ $\therefore 0<k<4$ ······ ㉡
㉠, ㉡의 공통부분을 구하면 $\dfrac{2}{3}\leq k<4$
따라서 정수 k는 1, 2, 3이므로 구하는 합은 6이다.   답 **6**

0895 이차방정식 $x^2+(a^2-4a+3)x-a+2=0$의 두 근을 α, β라 하면 두 근의 부호가 서로 다르므로
$\alpha\beta=-a+2<0$ $\therefore a>2$ ······ ㉠
또, 음의 근의 절댓값이 양의 근보다 크므로
$\alpha+\beta=-(a^2-4a+3)<0$
$(a-1)(a-3)>0$ $\therefore a<1$ 또는 $a>3$ ······ ㉡
㉠, ㉡의 공통부분을 구하면 $a>3$ 답 ①

0896 $2x^2-5x-3>0$에서 $(2x+1)(x-3)>0$
$\therefore x<-\dfrac{1}{2}$ 또는 $x>3$ ······ ㉠
$x^2-ax+a-1<0$에서 $(x-1)(x-a+1)<0$
이때 $a>2$이므로 이 부등식의 해는
$1<x<a-1$ ······ ㉡

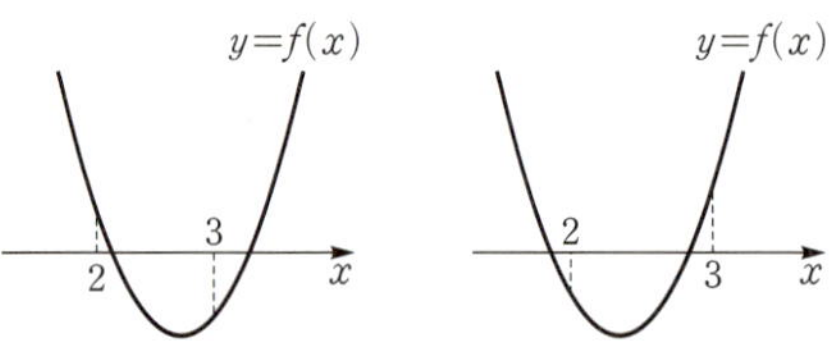

㉠, ㉡의 공통부분에 속하는 정수 x가 두 개만 존재하려면 오른쪽 그림과 같아야 하므로
$5<a-1\leq 6$ $\therefore 6<a\leq 7$ 답 **$6<a\leq 7$**

0897 $x^2-5x+6=0$에서 $(x-2)(x-3)=0$
$\therefore x=2$ 또는 $x=3$
$f(x)=x^2-(a-1)x+a+4$로 놓으면 $f(x)=0$의 한 근만이 2와 3 사이에 있으므로 $y=f(x)$의 그래프는 다음 그림과 같다.

즉, $f(2)f(3)<0$이므로
$\{4-2(a-1)+a+4\}\{9-3(a-1)+a+4\}<0$
$(-a+10)(-2a+16)<0$
$(a-10)(a-8)<0$ $\therefore 8<a<10$
따라서 실수 a의 값이 될 수 있는 것은 ③이다.   답 ③

○**898** 이차부등식 $ax^2+5x+b>0$의 해가 $\dfrac{1}{3}<x<\dfrac{1}{2}$이므로

$a<0$

⑦

해가 $\dfrac{1}{3}<x<\dfrac{1}{2}$이고 x^2의 계수가 1인 이차부등식은

$\left(x-\dfrac{1}{3}\right)\left(x-\dfrac{1}{2}\right)<0$, 즉 $x^2-\dfrac{5}{6}x+\dfrac{1}{6}<0$

양변에 a를 곱하면

$ax^2-\dfrac{5}{6}ax+\dfrac{1}{6}a>0\ (\because a<0)$

⑭

이 부등식이 $ax^2+5x+b>0$과 같으므로

$-\dfrac{5}{6}a=5,\ \dfrac{1}{6}a=b$

$\therefore a=-6,\ b=-1$

⑮

$\therefore a-b=-5$

⑯

답 -5

단계	채점요소	배점
⑦	a의 부호 알기	20 %
⑭	조건을 만족시키는 이차부등식 세우기	40 %
⑮	a, b의 값 구하기	30 %
⑯	$a-b$의 값 구하기	10 %

○**899** 주어진 부등식이 해를 갖지 않으려면 모든 실수 x에 대하여 $(k+1)x^2+2x+3k+1\leq0$이 성립해야 한다.

⑦

$k+1<0$에서 $k<-1$

이차방정식 $(k+1)x^2+2x+3k+1=0$의 판별식을 D라 하면

$\dfrac{D}{4}=1-(k+1)(3k+1)\leq0$

$3k^2+4k\geq0,\ k(3k+4)\geq0$

$\therefore k\leq-\dfrac{4}{3}$ 또는 $k\geq0$

그런데 $k<-1$이므로 $k\leq-\dfrac{4}{3}$

⑭

따라서 정수 k의 최댓값은 -2이다.

⑮

답 -2

단계	채점요소	배점
⑦	이차부등식의 해가 존재하지 않을 조건 구하기	20 %
⑭	k의 값의 범위 구하기	60 %
⑮	정수 k의 최댓값 구하기	20 %

○**900** $a<b<c$이므로

$(x-a)(x-b)>0$에서 $x<a$ 또는 $x>b$ $\cdots\cdots$ ㉠

$(x-b)(x-c)>0$에서 $x<b$ 또는 $x>c$ $\cdots\cdots$ ㉡

⑦

따라서 연립부등식

$\begin{cases}(x-a)(x-b)>0\\(x-b)(x-c)>0\end{cases}$ 의 해는

$x<a$ 또는 $x>c$

⑭

이때 주어진 연립부등식의 해가

$x<-4$ 또는 $x>3$이므로

$a=-4,\ c=3$

⑮

이차부등식 $x^2+ax+c<0$에서

$x^2-4x+3<0,\ (x-1)(x-3)<0$

$\therefore 1<x<3$

⑯

답 $1<x<3$

단계	채점요소	배점
⑦	부등식 $(x-a)(x-b)>0$과 $(x-b)(x-c)>0$의 해 구하기	30 %
⑭	연립부등식의 해 구하기	30 %
⑮	a, c의 값 구하기	20 %
⑯	부등식 $x^2+ax+c<0$의 해 구하기	20 %

○**901** $x^2-6x+8>0$에서 $(x-2)(x-4)>0$

$\therefore x<2$ 또는 $x>4$ $\cdots\cdots$ ㉠

⑦

$x^2-(a+7)x+7a<0$에서 $(x-a)(x-7)<0$

$\therefore a<x<7\ (\because a<7)$ $\cdots\cdots$ ㉡

⑭

㉠, ㉡의 공통부분에 속하는 정수 x의 개수가 4이려면 오른쪽 그림과 같아야 하므로

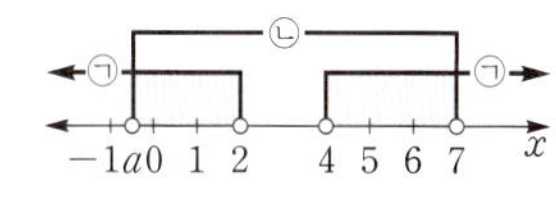

$-1\leq a<0$

⑮

답 $-1\leq a<0$

단계	채점요소	배점
⑦	부등식 $x^2-6x+8>0$의 해 구하기	30 %
⑭	부등식 $x^2-(a+7)x+7a<0$의 해 구하기	30 %
⑮	a의 값의 범위 구하기	40 %

○**902** $f(x)=x^2+px+p=\left(x+\dfrac{p}{2}\right)^2-\dfrac{p^2}{4}+p$이므로

$\mathrm{A}\left(-\dfrac{p}{2},\ -\dfrac{p^2}{4}+p\right),\ \mathrm{B}(0,\ p)$

이때 이차함수 $y=f(x)$의 그래프와 직선 $y=g(x)$의 교점의

x좌표가 0 또는 $-\dfrac{p}{2}$이므로

$f(x)-g(x)=x\left(x+\dfrac{p}{2}\right)\le 0$ …… ㉠

(i) $p>0$일 때

㉠의 해는 $-\dfrac{p}{2}\le x\le 0$이므로 부등식을 만족시키는 정수 x의

개수가 10이 되려면 $-10<-\dfrac{p}{2}\le -9$에서

$18\le p<20$

(ii) $p<0$일 때

㉠의 해는 $0\le x\le -\dfrac{p}{2}$이므로 부등식을 만족시키는 정수 x의

개수가 10이 되려면 $9\le -\dfrac{p}{2}<10$에서

$-20<p\le -18$

(i), (ii)에서 $-20<p\le -18$ 또는 $18\le p<20$

따라서 정수 p의 최댓값 $M=19$, 최솟값 $m=-19$이므로

$M-m=19-(-19)=38$ 답 ④

0903 $n\le x<n+1$ (n은 정수)일 때,

$[x+1]=n+1$, $[x+6]=n+6$이므로

$[x+1]^2-[x+6]-15=(n+1)^2-(n+6)-15\le 0$

$n^2+n-20\le 0$, $(n+5)(n-4)\le 0$ ∴ $-5\le n\le 4$

∴ $-5\le x<5$

$f(x)=-x^2+2ax+a^2+1$로 놓으면

$-5\le x<5$에서 $f(x)>0$이 항상 성립하

려면 오른쪽 그림에서 $f(-5)>0$,

$f(5)\ge 0$이어야 한다.

$f(-5)=-25-10a+a^2+1>0$에서

$a^2-10a-24>0$, $(a+2)(a-12)>0$

∴ $a<-2$ 또는 $a>12$ …… ㉠

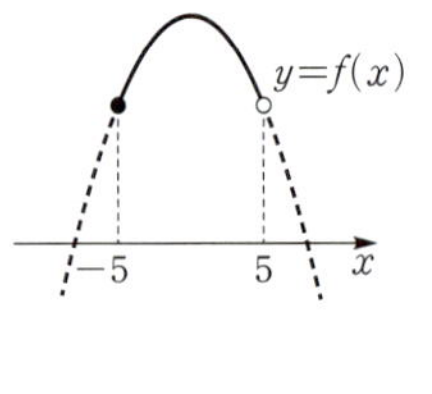

$f(5)=-25+10a+a^2+1\ge 0$에서

$a^2+10a-24\ge 0$, $(a+12)(a-2)\ge 0$

∴ $a\le -12$ 또는 $a\ge 2$ …… ㉡

㉠, ㉡의 공통부분을 구하면

$a\le -12$ 또는 $a>12$

답 $a\le -12$ 또는 $a>12$

0904 $(x-2)(x-5)$를 소수점 아래 첫째 자리에서 반올림한

값이 $2x+6$이므로

$(2x+6)-\dfrac{1}{2}\le (x-2)(x-5)<(2x+6)+\dfrac{1}{2}$

이때 $2x+6$은 정수이므로 $x=\dfrac{n}{2}$ (n은 정수)으로 놓으면

$(n+6)-\dfrac{1}{2}\le \left(\dfrac{n}{2}-2\right)\left(\dfrac{n}{2}-5\right)<(n+6)+\dfrac{1}{2}$

$4n+22\le n^2-14n+40<4n+26$

(i) $4n+22\le n^2-14n+40$에서

$n^2-18n+18\ge 0$

∴ $n\le 9-3\sqrt{7}$ 또는 $n\ge 9+3\sqrt{7}$

(ii) $n^2-14n+40<4n+26$에서

$n^2-18n+14<0$

∴ $9-\sqrt{67}<n<9+\sqrt{67}$

(i), (ii)에서

$9-\sqrt{67}<n\le 9-3\sqrt{7}$ 또는 $9+3\sqrt{7}\le n<9+\sqrt{67}$

그런데 n은 정수이므로

$n=9-\sqrt{64}=1$ 또는 $n=9+\sqrt{64}=17$

따라서 $x=\dfrac{1}{2}$ 또는 $x=\dfrac{17}{2}$이므로 모든 실수 x의 값의 합은

$\dfrac{1}{2}+\dfrac{17}{2}=9$ 답 9

10 평면좌표

📖 교과서 문제 정복하기

본문 129쪽

0905 $\overline{AB}=|7-3|=4$ 답 **4**

0906 $\overline{AB}=|8-(-2)|=10$ 답 **10**

0907 $\overline{AB}=|-9-(-5)|=4$ 답 **4**

0908 점 R의 좌표를 x라 하면
$|x-4|=3$에서 $x-4=\pm3$
$\therefore x=7$ 또는 $x=1$
$\therefore$ R(7) 또는 R(1) 답 **R(7) 또는 R(1)**

0909 점 S의 좌표를 x라 하면
$|x-(-5)|=5$에서 $x+5=\pm5$
$\therefore x=0$ 또는 $x=-10$
$\therefore$ S(0) 또는 S(-10) 답 **S(0) 또는 S(-10)**

0910 $\overline{AB}=\sqrt{(3-2)^2+\{5-(-1)\}^2}=\sqrt{37}$ 답 $\sqrt{37}$

0911 $\overline{AB}=\sqrt{\{1-(-4)\}^2+\{-7-(-2)\}^2}=\sqrt{50}=5\sqrt{2}$
답 $5\sqrt{2}$

0912 $\overline{OA}=\sqrt{4^2+(-5)^2}=\sqrt{41}$ 답 $\sqrt{41}$

0913 $\overline{AB}=\sqrt{(-a)^2+b^2}=\sqrt{a^2+b^2}$ 답 $\sqrt{a^2+b^2}$

0914 (1) P$\left(\dfrac{2\times(-4)+3\times10}{2+3}\right)$, 즉 P$\left(\dfrac{22}{5}\right)$

(2) Q$\left(\dfrac{1\times(-4)-2\times10}{1-2}\right)$, 즉 Q$(24)$

(3) M$\left(\dfrac{10+(-4)}{2}\right)$, 즉 M$(3)$

답 (1) P$\left(\dfrac{22}{5}\right)$ (2) Q(24) (3) M(3)

0915 선분 AB의 중점의 좌표가 1이므로
$\dfrac{-3+a}{2}=1$ $\therefore a=5$ 답 **5**

0916 (1) P$\left(\dfrac{3\times5+2\times(-1)}{3+2}, \dfrac{3\times(-3)+2\times2}{3+2}\right)$,
즉 P$\left(\dfrac{13}{5}, -1\right)$

(2) Q$\left(\dfrac{2\times5-1\times(-1)}{2-1}, \dfrac{2\times(-3)-1\times2}{2-1}\right)$, 즉 Q$(11, -8)$

(3) M$\left(\dfrac{-1+5}{2}, \dfrac{2+(-3)}{2}\right)$, 즉 M$\left(2, -\dfrac{1}{2}\right)$

답 (1) P$\left(\dfrac{13}{5}, -1\right)$ (2) Q$(11, -8)$ (3) M$\left(2, -\dfrac{1}{2}\right)$

0917 선분 AB의 중점의 좌표가 $(2, 1)$이므로
$\dfrac{a+(-2)}{2}=2, \dfrac{4+b}{2}=1$
따라서 $a=6$, $b=-2$이므로 $ab=-12$ 답 **-12**

0918 G$\left(\dfrac{1+2+(-6)}{3}, \dfrac{2+(-1)+2}{3}\right)$, 즉 G$(-1, 1)$
답 **G$(-1, 1)$**

0919 G$\left(\dfrac{-1+5+2}{3}, \dfrac{2+1+(-3)}{3}\right)$, 즉 G$(2, 0)$
답 **G$(2, 0)$**

0920 G$\left(\dfrac{a+(1-2a)+(2+a)}{3}, \dfrac{(5-\sqrt{5})+\sqrt{5}+1}{3}\right)$,
즉 G$(1, 2)$ 답 **G$(1, 2)$**

0921 무게중심의 좌표가 $(3, -1)$이므로
$\dfrac{5+2+b}{3}=3, \dfrac{a+3+(-1)}{3}=-1$
따라서 $a=-5$, $b=2$이므로 $a+b=-3$ 답 **-3**

📝 유형 익히기

본문 130~135쪽

0922 $\overline{AB}=5\sqrt{2}$이므로
$\sqrt{(a-4)^2+(4-a)^2}=5\sqrt{2}$
양변을 제곱하면 $(a-4)^2+(4-a)^2=50$
$2a^2-16a+32=50, a^2-8a-9=0$
$(a+1)(a-9)=0$
$\therefore a=9 \ (\because a>0)$ 답 **9**

0923 $\overline{AC}=\overline{BC}$이므로
$\sqrt{(a+1)^2+(1-2)^2}=\sqrt{(a-2)^2+(1-3)^2}$
양변을 제곱하면 $(a+1)^2+(-1)^2=(a-2)^2+(-2)^2$
$a^2+2a+2=a^2-4a+8$
$\therefore a=1$ 답 **①**

0924 $\overline{AB}=2\overline{CD}$이므로
$\sqrt{(7-3)^2+(-1-a)^2}=2\sqrt{(-1+a)^2+(2-4)^2}$
양변을 제곱하면 $4^2+(-1-a)^2=4\{(a-1)^2+(-2)^2\}$
$a^2+2a+17=4a^2-8a+20$

$3a^2-10a+3=0$, $(3a-1)(a-3)=0$

$\therefore a=\dfrac{1}{3}$ 또는 $a=3$

따라서 모든 a의 값의 곱은

$\dfrac{1}{3}\times3=1$ 답 **1**

0925 $\overline{AB}=\sqrt{(1-a)^2+(a+5)^2}$

$\qquad\quad=\sqrt{2a^2+8a+26}$

$\qquad\quad=\sqrt{2(a+2)^2+18}$

따라서 $a=-2$일 때, 선분 AB의 길이가 최소가 된다. 답 **-2**

0926 점 $P(a, b)$가 직선 $y=2x-7$ 위에 있으므로

$b=2a-7$ $\qquad\qquad\qquad\qquad\cdots\cdots$ ㉠

또, $\overline{AP}=\overline{BP}$에서 $\overline{AP}^2=\overline{BP}^2$이므로

$(a-1)^2+(b-3)^2=(a-5)^2+(b+1)^2$

$a^2-2a+b^2-6b+10=a^2-10a+b^2+2b+26$

$8a-8b=16$ $\quad\therefore a-b=2$ $\qquad\cdots\cdots$ ㉡

㉠, ㉡을 연립하여 풀면 $a=5$, $b=3$

$\therefore a+b=8$ 답 **8**

0927 $P(a, 0)$이라 하면 $\overline{AP}=\overline{BP}$에서 $\overline{AP}^2=\overline{BP}^2$이므로

$(a-2)^2+(-1)^2=(a+1)^2+(-4)^2$

$a^2-4a+5=a^2+2a+17$

$-6a=12$ $\quad\therefore a=-2$

$\therefore P(-2, 0)$

또, $Q(0, b)$라 하면 $\overline{AQ}=\overline{BQ}$에서 $\overline{AQ}^2=\overline{BQ}^2$이므로

$(-2)^2+(b-1)^2=1^2+(b-4)^2$

$b^2-2b+5=b^2-8b+17$

$6b=12$ $\quad\therefore b=2$

$\therefore Q(0, 2)$

$\therefore \overline{PQ}=\sqrt{2^2+2^2}=2\sqrt{2}$ 답 **$2\sqrt{2}$**

0928 삼각형 ABC의 외심을 $P(a, b)$라 하면

$\overline{AP}=\overline{BP}=\overline{CP}$

$\overline{AP}=\overline{BP}$에서 $\overline{AP}^2=\overline{BP}^2$이므로

$(a-8)^2+(b-4)^2=(a-3)^2+(b+1)^2$

$a^2-16a+b^2-8b+80=a^2-6a+b^2+2b+10$

$-10a-10b=-70$ $\quad\therefore a+b=7$ $\quad\cdots\cdots$ ㉠

$\overline{BP}=\overline{CP}$에서 $\overline{BP}^2=\overline{CP}^2$이므로

$(a-3)^2+(b+1)^2=(a-6)^2+(b-8)^2$

$a^2-6a+b^2+2b+10=a^2-12a+b^2-16b+100$

$6a+18b=90$ $\quad\therefore a+3b=15$ $\quad\cdots\cdots$ ㉡

㉠, ㉡을 연립하여 풀면

$a=3$, $b=4$ $\quad\therefore P(3, 4)$ 답 **$(3, 4)$**

0929 오른쪽 그림과 같이 학교 A가 원점, 학교 B가 x축 위에 오도록 좌표평면을 잡으면

$A(0, 0)$, $B(4, 0)$, $C(3, 3)$

도서관을 지으려는 지점을 $P(a, b)$라 하면

$\overline{PA}=\overline{PB}$에서 $\overline{PA}^2=\overline{PB}^2$이므로

$a^2+b^2=(a-4)^2+b^2$, $8a=16$

$\therefore a=2$ $\qquad\qquad\qquad\qquad\cdots\cdots$ ㉠

$\overline{PA}=\overline{PC}$에서 $\overline{PA}^2=\overline{PC}^2$이므로

$a^2+b^2=(a-3)^2+(b-3)^2$, $6a+6b=18$

$\therefore b=-a+3$ $\qquad\qquad\qquad\cdots\cdots$ ㉡

㉠을 ㉡에 대입하면 $b=1$

따라서 $P(2, 1)$이므로 구하는 거리는

$\overline{PA}=\sqrt{2^2+1^2}=\sqrt{5}$ (km) 답 **$\sqrt{5}$ km**

0930 $\overline{AB}^2=(-4)^2+(-4-2)^2=52$,

$\overline{BC}^2=(-2)^2+(-2+4)^2=8$,

$\overline{CA}^2=(4+2)^2+(2+2)^2=52$

이므로

$\overline{AB}^2=\overline{CA}^2$ $\quad\therefore \overline{AB}=\overline{CA}$

따라서 삼각형 ABC는 $\overline{AB}=\overline{AC}$인 이등변삼각형이다. 답 **⑤**

0931 $\overline{AB}^2=1^2+(-2-1)^2=10$,

$\overline{BC}^2=(3-1)^2+(2+2)^2=20$,

$\overline{CA}^2=(-3)^2+(1-2)^2=10$

㉮

이므로 $\overline{BC}^2=\overline{AB}^2+\overline{CA}^2$이고 $\overline{AB}^2=\overline{CA}^2$, 즉 $\overline{AB}=\overline{CA}$

따라서 삼각형 ABC는 $\angle A=90°$이고 $\overline{AB}=\overline{CA}$인 직각이등변삼각형이다.

㉯

$\therefore \triangle ABC=\dfrac{1}{2}\times\overline{AB}\times\overline{CA}=\dfrac{1}{2}\times\sqrt{10}\times\sqrt{10}=5$

㉰

답 **5**

단계	채점요소	배점
㉮	$\overline{AB}^2$, $\overline{BC}^2$, $\overline{CA}^2$의 값 구하기	50%
㉯	삼각형 ABC가 직각이등변삼각형임을 알기	30%
㉰	삼각형 ABC의 넓이 구하기	20%

0932 $\overline{AB}^2=(-1-a)^2+(2-1)^2=a^2+2a+2$,

$\overline{AC}^2=(3-a)^2+(4-1)^2=a^2-6a+18$,

$\overline{BC}^2=(3+1)^2+(4-2)^2=20$

삼각형 ABC는 $\angle A=90°$인 직각삼각형이므로

$\overline{AB}^2+\overline{AC}^2=\overline{BC}^2$에서

$(a^2+2a+2)+(a^2-6a+18)=20$

$2a^2-4a=0,\ 2a(a-2)=0$

그런데 $a>0$이므로 $a=2$ 답 **2**

0933 삼각형 ABC가 정삼각형이므로

$\overline{AB}=\overline{BC}=\overline{CA}$

C$(a,\ b)$라 하면

$\overline{AB}=\overline{BC}$에서 $\overline{AB}^2=\overline{BC}^2$이므로

$(-2-2)^2+(-4-4)^2=(a+2)^2+(b+4)^2$

$\therefore a^2+b^2+4a+8b-60=0$ ...... ㉠

$\overline{BC}=\overline{CA}$에서 $\overline{BC}^2=\overline{CA}^2$이므로

$(a+2)^2+(b+4)^2=(2-a)^2+(4-b)^2$

$8a+16b=0$ $\therefore a=-2b$ ...... ㉡

㉡을 ㉠에 대입하면

$4b^2+b^2-8b+8b-60=0$

$b^2=12$ $\therefore b=\pm2\sqrt{3}$

$\therefore a=\pm4\sqrt{3},\ b=\mp2\sqrt{3}$ (복부호동순)

그런데 점 C가 제4사분면 위의 점이므로 $a>0,\ b<0$

따라서 꼭짓점 C의 좌표는 $(4\sqrt{3},\ -2\sqrt{3})$이다.

답 $(4\sqrt{3},\ -2\sqrt{3})$

0934 O$(0,\ 0)$, A$(x,\ y)$, B$(2,\ -1)$이라 하면

$\sqrt{x^2+y^2}=\overline{OA}$, $\sqrt{(x-2)^2+(y+1)^2}=\overline{AB}$이므로

$\sqrt{x^2+y^2}+\sqrt{(x-2)^2+(y+1)^2}=\overline{OA}+\overline{AB}$

$\overline{OA}+\overline{AB}$의 값이 최소인 경우는 점 A가 $\overline{OB}$ 위에 있을 때이다. 즉,

$\overline{OA}+\overline{AB}\geq\overline{OB}$

$=\sqrt{2^2+(-1)^2}=\sqrt{5}$

따라서 구하는 최솟값은 $\sqrt{5}$이다. 답 $\sqrt{5}$

0935 $\overline{AP}+\overline{PB}$의 값이 최소인 경우는 점 P가 $\overline{AB}$ 위에 있을 때이다. 즉,

$\overline{AP}+\overline{PB}\geq\overline{AB}$

$=\sqrt{\{3-(-2)\}^2+\{8-(-4)\}^2}$

$=\sqrt{169}=13$

따라서 구하는 최솟값은 13이다. 답 ④

0936 A$(1,\ -3)$, B$(x,\ y)$, C$(-4,\ 2)$라 하면

$\sqrt{(x-1)^2+(y+3)^2}=\overline{AB}$, $\sqrt{(x+4)^2+(y-2)^2}=\overline{BC}$

이므로

$\sqrt{(x-1)^2+(y+3)^2}+\sqrt{(x+4)^2+(y-2)^2}=\overline{AB}+\overline{BC}$

$\overline{AB}+\overline{BC}$의 값이 최소인 경우는 점 B가 $\overline{AC}$ 위에 있을 때이다. 즉,

$\overline{AB}+\overline{BC}\geq\overline{AC}$

$=\sqrt{(-4-1)^2+(2+3)^2}=5\sqrt{2}$

따라서 구하는 최솟값은 $5\sqrt{2}$이다. 답 $5\sqrt{2}$

0937 P$(a,\ 0)$이라 하면

$\overline{AP}^2+\overline{BP}^2=(a-1)^2+(-4)^2+(a-5)^2+(-3)^2$

$=2a^2-12a+51$

$=2(a-3)^2+33$

따라서 $a=3$일 때 주어진 식의 최솟값은 33이다. 답 ③

0938 P$(a,\ b)$라 하면

$\overline{PA}^2+\overline{PB}^2=(a-4)^2+(b-2)^2+(a-2)^2+(b-6)^2$

$=2a^2-12a+2b^2-16b+60$

$=2(a-3)^2+2(b-4)^2+10$

이때 $a,\ b$가 실수이므로 $(a-3)^2\geq0,\ (b-4)^2\geq0$

$\therefore \overline{PA}^2+\overline{PB}^2\geq10$

따라서 $a=3,\ b=4$일 때 주어진 식의 최솟값은 10이므로

P$(3,\ 4)$ 답 ④

0939 점 P가 직선 $y=x+3$ 위에 있으므로 P$(a,\ a+3)$이라 하면

$\overline{AP}^2+\overline{BP}^2+\overline{CP}^2$

$=(a-1)^2+(a-5)^2+(a+3)^2+(a-2)^2$

$\qquad\qquad\qquad\qquad +(a-2)^2+(a+4)^2$

$=6a^2-6a+59$

$=6\left(a-\dfrac{1}{2}\right)^2+\dfrac{115}{2}$

따라서 $a=\dfrac{1}{2}$일 때 주어진 식의 최솟값이 $\dfrac{115}{2}$이므로

P$\left(\dfrac{1}{2},\ \dfrac{7}{2}\right)$ 답 $\left(\dfrac{1}{2},\ \dfrac{7}{2}\right)$

0940 점 M이 선분 BC의 중점이므로 B$(\boxed{-c},\ 0)$

$\overline{AB}^2+\overline{AC}^2=\{(a+c)^2+b^2\}+\{(a-c)^2+b^2\}$

$=(a^2+2ac+c^2+b^2)+(a^2-2ac+c^2+b^2)$

$=2(\boxed{a^2+b^2+c^2})$

$\overline{AM}^2+\overline{BM}^2=(a^2+b^2)+c^2$

$=\boxed{a^2+b^2+c^2}$

$\therefore \overline{AB}^2+\overline{AC}^2=2(\overline{AM}^2+\overline{BM}^2)$

답 ㈎ $-c$ ㈏ $a^2+b^2+c^2$

0941 직사각형 ABCD에서 A$(0,\ b)$, C$(a,\ 0)$이므로

D$(\boxed{a},\ \boxed{b})$

$\overline{PA}^2+\overline{PC}^2=\{x^2+(y-b)^2\}+\{(x-a)^2+y^2\}$

$=\boxed{x^2+y^2+(x-a)^2+(y-b)^2}$

$\overline{PB}^2+\overline{PD}^2=(x^2+y^2)+\{(x-a)^2+(y-b)^2\}$

$=\boxed{x^2+y^2+(x-a)^2+(y-b)^2}$

$\therefore \overline{PA}^2+\overline{PC}^2=\overline{PB}^2+\overline{PD}^2$

답 ㈎ a ㈏ b ㈐ $x^2+y^2+(x-a)^2+(y-b)^2$
㈑ $x^2+y^2+(x-a)^2+(y-b)^2$

0942 $P\left(\dfrac{2\times(-1)+3\times4}{2+3},\ \dfrac{2\times2+3\times(-3)}{2+3}\right)$,

즉 $P(2,\ -1)$

$Q\left(\dfrac{2\times(-1)-3\times4}{2-3},\ \dfrac{2\times2-3\times(-3)}{2-3}\right)$, 즉 $Q(14,\ -13)$

따라서 선분 PQ의 중점의 좌표는

$\left(\dfrac{2+14}{2},\ \dfrac{-1-13}{2}\right)$, 즉 $(8,\ -7)$　　　　답 $(8,\ -7)$

0943 $B\odot C$는 선분 BC를 $1:2$로 내분하는 점이므로 $B\odot C$의 좌표는

$\left(\dfrac{1\times6+2\times3}{1+2},\ \dfrac{1\times(-4)+2\times(-1)}{1+2}\right)$, 즉 $(4,\ -2)$

따라서 $A\odot(B\odot C)$는 $(-5,\ 4)\odot(4,\ -2)$와 같으므로 $A\odot(B\odot C)$의 좌표는

$\left(\dfrac{1\times4+2\times(-5)}{1+2},\ \dfrac{1\times(-2)+2\times4}{1+2}\right)$, 즉 $(-2,\ 2)$

답 $(-2,\ 2)$

0944 선분 AB를 $5:2$로 외분하는 점의 좌표가 $(n,\ -5)$이므로

$n=\dfrac{5\times11-2\times2}{5-2},\ -5=\dfrac{5\times m-2\times15}{5-2}$

따라서 $m=3,\ n=17$이므로 $m+n=20$　　　　답 20

0945 선분 AB를 $2:1$로 내분하는 점의 좌표는

$\left(\dfrac{2\times(b+1)+1\times2}{2+1},\ \dfrac{2\times(-1)+1\times(a+1)}{2+1}\right)$,

즉 $\left(\dfrac{2b+4}{3},\ \dfrac{a-1}{3}\right)$

이 점이 $(2,\ 1)$과 같으므로

$\dfrac{2b+4}{3}=2,\ \dfrac{a-1}{3}=1$

따라서 $a=4,\ b=1$이므로

‥‥‥‥‥‥‥‥‥‥‥‥‥‥‥‥‥‥‥‥‥‥‥ ㉮

$B(2,\ -1),\ C(3,\ 2)$

‥‥‥‥‥‥‥‥‥‥‥‥‥‥‥‥‥‥‥‥‥‥‥ ㉯

선분 BC를 $3:2$로 외분하는 점의 좌표는

$\left(\dfrac{3\times3-2\times2}{3-2},\ \dfrac{3\times2-2\times(-1)}{3-2}\right)$, 즉 $(5,\ 8)$

‥‥‥‥‥‥‥‥‥‥‥‥‥‥‥‥‥‥‥‥‥‥‥ ㉰

이므로 $x=5,\ y=8$

$\therefore |x-y|=3$

‥‥‥‥‥‥‥‥‥‥‥‥‥‥‥‥‥‥‥‥‥‥‥ ㉱

답 3

단계	채점요소	배점
㉮	$a,\ b$의 값 구하기	40 %
㉯	점 B, C의 좌표 구하기	10 %
㉰	선분 BC를 $3:2$로 외분하는 점의 좌표 구하기	40 %
㉱	$|x-y|$의 값 구하기	10 %

0946 $3\overline{AB}=2\overline{BC}$에서 $\overline{AB}:\overline{BC}=2:3$

이때 $a>0$이므로 직선 AB 위의 세 점 A, B, C는 이 순서로 놓여 있고, 점 C는 선분 AB를 $5:3$으로 외분하는 점이다.

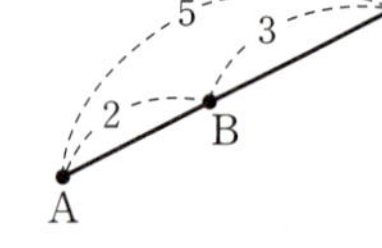

따라서 점 C의 좌표는

$\left(\dfrac{5\times5-3\times(-1)}{5-3},\ \dfrac{5\times2-3\times0}{5-3}\right)$, 즉 $(14,\ 5)$

이므로 $a=14,\ b=5$　　$\therefore a+b=19$　　　　답 ⑤

다른풀이 [내분점 이용]

점 B는 선분 AC를 $2:3$으로 내분하는 점이므로 점 B의 좌표는

$\left(\dfrac{2a-3}{2+3},\ \dfrac{2b}{2+3}\right)$, 즉 $\left(\dfrac{2a-3}{5},\ \dfrac{2b}{5}\right)$

$\dfrac{2a-3}{5}=5,\ \dfrac{2b}{5}=2$에서 $a=14,\ b=5$　　$\therefore a+b=19$

0947 $2\overline{AB}=\overline{BC}$에서 $\overline{AB}:\overline{BC}=1:2$

이므로 점 C는 선분 AB를 $3:2$로 외분하는 점이다.

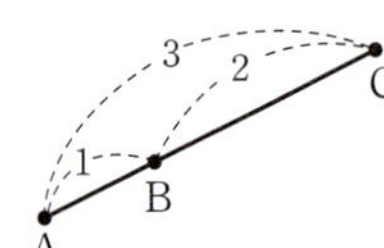

따라서 점 C의 좌표는

$\left(\dfrac{3\times1-2\times(-1)}{3-2},\ \dfrac{3\times4-2\times2}{3-2}\right)$, 즉 $(5,\ 8)$　　　　답 ④

0948 $\overline{AB}=3\overline{BC}$에서 $\overline{AB}:\overline{BC}=3:1$

(ⅰ) 점 C가 선분 AB 위에 있는 경우

점 C는 선분 AB를 $2:1$로 내분하는 점이므로 점 C의 좌표는

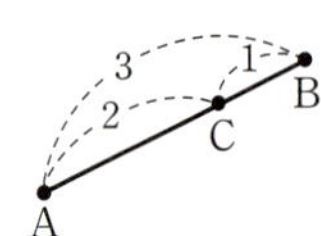

$\left(\dfrac{2\times1+1\times(-5)}{2+1},\ \dfrac{2\times3+1\times0}{2+1}\right)$, 즉 $(-1,\ 2)$

(ⅱ) 점 C가 선분 AB의 연장선 위에 있는 경우

점 C는 선분 AB를 $4:1$로 외분하는 점이므로 점 C의 좌표는

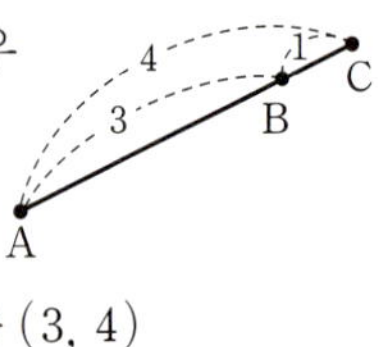

$\left(\dfrac{4\times1-1\times(-5)}{4-1},\ \dfrac{4\times3-1\times0}{4-1}\right)$, 즉 $(3,\ 4)$

(ⅰ), (ⅱ)에서 점 C의 좌표는

$(-1,\ 2)$ 또는 $(3,\ 4)$　　　　답 $(-1,\ 2)$ 또는 $(3,\ 4)$

0949 두 점 $A(1,\ -3),\ B(-4,\ 6)$에 대하여 선분 AB를 $k:(2-k)$로 내분하는 점의 좌표는

$\left(\dfrac{k\times(-4)+(2-k)\times1}{k+(2-k)},\ \dfrac{k\times6+(2-k)\times(-3)}{k+(2-k)}\right)$, 즉

$\left(\dfrac{2-5k}{2},\ \dfrac{9k-6}{2}\right)$

이때 이 점이 제2사분면 위에 있으므로

$\dfrac{2-5k}{2}<0,\ \dfrac{9k-6}{2}>0$

$\dfrac{2-5k}{2}<0$에서 $k>\dfrac{2}{5}$　　　　‥‥‥‥ ㉠

$\dfrac{9k-6}{2}>0$에서 $k>\dfrac{2}{3}$　　　　‥‥‥‥ ㉡

그런데 $k>0$, $2-k>0$에서 $0<k<2$ …… ㉢

따라서 ㉠, ㉡, ㉢에서 k의 값의 범위는

$\dfrac{2}{3}<k<2$ 답 $\dfrac{2}{3}<k<2$

참고 선분 AB를 $m:n$으로 내분하면 $m>0$, $n>0$

0950 선분 AB를 $(4-t):t$로 외분하는 점의 좌표는

$\left(\dfrac{(4-t)\times 2-t\times 4}{(4-t)-t},\ \dfrac{(4-t)\times a-t\times(-3)}{(4-t)-t}\right)$, 즉

$\left(\dfrac{8-6t}{4-2t},\ \dfrac{4a+(3-a)t}{4-2t}\right)$

이 점이 $(1,6)$과 같으므로

$\dfrac{8-6t}{4-2t}=1$, $\dfrac{4a+(3-a)t}{4-2t}=6$

$\therefore t=1$, $a=3$ 답 ②

0951 선분 AB를 $m:n$으로 내분하는 점의 좌표는

$\left(\dfrac{m\times 5+n\times(-6)}{m+n},\ \dfrac{m\times(-6)+n\times 4}{m+n}\right)$, 즉

$\left(\dfrac{5m-6n}{m+n},\ \dfrac{-6m+4n}{m+n}\right)$

이 점이 y축 위에 있으므로 x좌표가 0이다. 즉,

$\dfrac{5m-6n}{m+n}=0$ $\therefore 5m=6n$

이때 m, n은 서로소인 자연수이므로 $m=6$, $n=5$

$\therefore m-n=1$ 답 **1**

0952 선분 AB를 $k:5$로 외분하는 점의 좌표는

$\left(\dfrac{k\times 2-5\times(-1)}{k-5},\ \dfrac{k\times 4-5\times 1}{k-5}\right)$, 즉 $\left(\dfrac{2k+5}{k-5},\ \dfrac{4k-5}{k-5}\right)$

이 점이 직선 $y=-x-4$ 위에 있으므로

$\dfrac{4k-5}{k-5}=-\dfrac{2k+5}{k-5}-4$ $\therefore k=2$ 답 **2**

0953 삼각형 ABC의 무게중심의 좌표가 $(1,-2)$이므로

$\dfrac{a-b-2}{3}=1$에서 $a-b=5$ …… ㉠

$\dfrac{b+4+5}{3}=-2$에서 $b=-15$ …… ㉡

㉡을 ㉠에 대입하면 $a=-10$

$\therefore a+b=-25$ 답 ②

0954 삼각형 ABC의 무게중심의 좌표가 $(6,8)$이므로

$\dfrac{2+x_1+x_2}{3}=6$ $\therefore x_1+x_2=16$

$\dfrac{4+y_1+y_2}{3}=8$ $\therefore y_1+y_2=20$

$\therefore \dfrac{x_1+x_2}{2}=8$, $\dfrac{y_1+y_2}{2}=10$

따라서 선분 BC의 중점의 좌표는 $(8,10)$이다.   답 ②

0955 $B(a,b)$, $C(c,d)$라 하면 $\overline{BC}$의 중점의 좌표가 $(0,4)$이므로

$\dfrac{a+c}{2}=0$, $\dfrac{b+d}{2}=4$

$\therefore a+c=0$, $b+d=8$ …… ㉠

────────────────────── ㉮

삼각형 ABC의 무게중심의 좌표가 (x,y)이므로

$\dfrac{3+a+c}{3}=x$, $\dfrac{2+b+d}{3}=y$ …… ㉡

㉠을 ㉡에 대입하면 $x=1$, $y=\dfrac{10}{3}$

────────────────────── ㉯

$\therefore x+y=\dfrac{13}{3}$

────────────────────── ㉰

답 $\dfrac{13}{3}$

단계	채점요소	배점
㉮	$a+c$, $b+d$의 값 구하기	40%
㉯	x, y의 값 구하기	40%
㉰	$x+y$의 값 구하기	20%

0956 삼각형 ABC의 무게중심은 삼각형 PQR의 무게중심과 같으므로

$G\left(\dfrac{-1+1+0}{3},\ \dfrac{1+2+3}{3}\right)$, 즉 $G(0,2)$

따라서 $x=0$, $y=2$이므로 $x+3y=6$ 답 **6**

0957 삼각형 PQR의 무게중심은 삼각형 ABC의 무게중심과 같으므로 삼각형 PQR의 무게중심의 좌표는

$\left(\dfrac{-2+1+4}{3},\ \dfrac{3+(-4)+7}{3}\right)$, 즉 $(1,2)$

따라서 $a=1$, $b=2$이므로 $a-b=-1$ 답 ②

0958 $\triangle ABC$의 세 꼭짓점의 좌표를 $A(x_1,y_1)$, $B(x_2,y_2)$, $C(x_3,y_3)$이라 하고, $P(x,y)$라 하면

$\overline{PA}^2+\overline{PB}^2+\overline{PC}^2$

$=(x-x_1)^2+(y-y_1)^2+(x-x_2)^2+(y-y_2)^2$
$\qquad\qquad\qquad\qquad +(x-x_3)^2+(y-y_3)^2$

$=3x^2-2(x_1+x_2+x_3)x+x_1{}^2+x_2{}^2+x_3{}^2$
$\qquad +3y^2-2(y_1+y_2+y_3)y+y_1{}^2+y_2{}^2+y_3{}^2$

$=3\left(x-\dfrac{x_1+x_2+x_3}{3}\right)^2+3\left(y-\dfrac{y_1+y_2+y_3}{3}\right)^2+x_1{}^2+x_2{}^2+x_3{}^2$
$\qquad +y_1{}^2+y_2{}^2+y_3{}^2-\dfrac{(x_1+x_2+x_3)^2}{3}-\dfrac{(y_1+y_2+y_3)^2}{3}$

따라서 $x=\dfrac{x_1+x_2+x_3}{3}$, $y=\dfrac{y_1+y_2+y_3}{3}$일 때

$\overline{PA}^2+\overline{PB}^2+\overline{PC}^2$의 값이 최소이므로 점 P는 $\triangle ABC$의 무게중심이다.   답 ③

0959 $D(x, y)$라 하면 평행사변형의 성질에 의하여 두 대각선 AC와 BD의 중점이 일치하므로

$$\frac{-1+3}{2}=\frac{0+x}{2}, \ \frac{3+2}{2}=\frac{0+y}{2} \quad \therefore x=2, \ y=5$$

따라서 꼭짓점 D의 좌표는 $(2, 5)$이다.   답 $(2, 5)$

0960 평행사변형의 성질에 의하여 두 대각선 AC와 BD의 중점이 일치하므로

$$\frac{a+b}{2}=\frac{1-3}{2}, \ \frac{4+2}{2}=\frac{1+c}{2} \quad \therefore a+b=-2, \ c=5$$

$$\therefore a+b+c=3$$

답 **3**

0961 평행사변형의 성질에 의하여 두 대각선 AC와 BD의 중점이 일치한다.

대각선 BD의 중점의 좌표는 $\left(\dfrac{c+d}{2}, \dfrac{3-5}{2}\right)$, 즉 $\left(\dfrac{c+d}{2}, -1\right)$

이고, 이 점은 직선 $y=-x$ 위에 있으므로

$$-1=-\frac{c+d}{2} \quad \therefore c+d=2$$

또, 대각선 AC의 중점의 좌표는 $\left(\dfrac{a-2}{2}, \dfrac{b-4}{2}\right)$이고, 이 점은 대각선 BD의 중점 $(1, -1)$과 일치하므로

$$\frac{a-2}{2}=1, \ \frac{b-4}{2}=-1 \quad \therefore a=4, \ b=2$$

$$\therefore a+b+c+d=8$$

답 ③

0962 마름모의 성질에 의하여 두 대각선 AC와 BD의 중점이 일치하므로

$$\frac{a+4}{2}=\frac{2+b}{2} \quad \therefore b=a+2 \qquad \cdots\cdots \ \text{㉠}$$

또, 마름모는 네 변의 길이가 같으므로 $\overline{AB}=\overline{BC}$에서

$$\sqrt{(2-a)^2+(3-1)^2}=\sqrt{(4-2)^2+(4-3)^2}$$

양변을 제곱하여 정리하면

$$a^2-4a+3=0, \ (a-1)(a-3)=0$$

$$\therefore a=1 \ \text{또는} \ a=3 \qquad \cdots\cdots \ \text{㉡}$$

㉡을 ㉠에 대입하면 $a=1, \ b=3$ 또는 $a=3, \ b=5$

따라서 ab의 값은 3 또는 15이다.   답 ②, ④

🖹 유형 Up

본문 136쪽

0963 $\overline{AB}=\sqrt{(-4-1)^2+(-8-4)^2}=13$

$\overline{AC}=\sqrt{(5-1)^2+(1-4)^2}=5$

$\overline{AD}$는 $\angle A$의 이등분선이므로

$$\overline{BD}:\overline{DC}=\overline{AB}:\overline{AC}=13:5$$

따라서 점 D는 $\overline{BC}$를 $13:5$로 내분하는 점이므로 점 D의 좌표는

$$\left(\frac{13\times5+5\times(-4)}{13+5}, \frac{13\times1+5\times(-8)}{13+5}\right), \ \text{즉} \ \left(\frac{5}{2}, -\frac{3}{2}\right)$$

답 $\left(\dfrac{5}{2}, -\dfrac{3}{2}\right)$

0964 $\overline{AB}=\sqrt{(6+2)^2+(9-3)^2}$

$\qquad\quad =10$

$\overline{BC}=\sqrt{(10-6)^2+(6-9)^2}=5$

$\overline{BD}$는 $\angle B$의 이등분선이므로

$$\overline{AD}:\overline{DC}=\overline{BA}:\overline{BC}$$

$$\qquad\qquad =10:5=2:1$$

따라서 점 D는 $\overline{AC}$를 $2:1$로 내분하는 점이므로 점 D의 좌표는

$$\left(\frac{2\times10+1\times(-2)}{2+1}, \frac{2\times6+1\times3}{2+1}\right), \ \text{즉} \ (6, 5)$$

따라서 $a=6, \ b=5$이므로

$$a-b=1$$

답 ①

0965 $\overline{AB}=\sqrt{(1-5)^2+(1-4)^2}=5$

$\overline{AC}=\sqrt{(8-5)^2+(0-4)^2}=5$

$\overline{AD}$는 $\angle A$의 이등분선이므로

$$\overline{BD}:\overline{DC}=\overline{AB}:\overline{AC}=1:1$$

$$\therefore \triangle DAB:\triangle DAC=\overline{BD}:\overline{DC}=1:1$$

따라서 $p=1, \ q=1$이므로

$$p+q=2$$

답 **2**

0966 $A(a, b)$, $\overline{AB}$를 $2:1$로 내분하는 점의 좌표를 (x, y)라 하면

$$x=\frac{2\times3+1\times a}{2+1}, \ y=\frac{2\times2+1\times b}{2+1}$$

$$\therefore a=3x-6, \ b=3y-4 \qquad \cdots\cdots \ \text{㉠}$$

이때 점 A는 직선 $y=3x+2$ 위의 점이므로

$$b=3a+2 \qquad \cdots\cdots \ \text{㉡}$$

㉠을 ㉡에 대입하면

$$3y-4=3(3x-6)+2$$

$$\therefore 3x-y-4=0$$

답 ⑤

0967 $P(x, y)$라 하면

$$\overline{PA}^2=(x+1)^2+(y-2)^2, \ \overline{PB}^2=(x-2)^2+(y-4)^2$$

이때 $\overline{PA}^2-\overline{PB}^2=9$이므로

$$(x+1)^2+(y-2)^2-\{(x-2)^2+(y-4)^2\}=9$$

$$\therefore 3x+2y-12=0 \qquad\qquad \text{답} \ \boldsymbol{3x+2y-12=0}$$

0968 P(x, y)라 하면 $\overline{\mathrm{AP}}=\overline{\mathrm{BP}}$에서 $\overline{\mathrm{AP}}^2=\overline{\mathrm{BP}}^2$이므로
$(x+1)^2+(y-5)^2=(x-2)^2+(y-3)^2$
$\therefore 6x-4y+13=0$ 답 $6x-4y+13=0$

본문 137~139쪽

시험에 꼭 나오는 문제

0969 $\overline{\mathrm{AB}}\leq 6$에서 $\overline{\mathrm{AB}}^2\leq 6^2$이므로
$(t-2)^2+(8-t)^2\leq 36,\ t^2-10t+16\leq 0$
$(t-2)(t-8)\leq 0 \qquad \therefore 2\leq t\leq 8$
따라서 정수 t는 2, 3, 4, 5, 6, 7, 8의 7개이다. 답 ④

0970 $\overline{\mathrm{AP}}=\overline{\mathrm{BP}}$에서 $\overline{\mathrm{AP}}^2=\overline{\mathrm{BP}}^2$이므로
$(a-1)^2+(b-3)^2=(a+3)^2+(b-5)^2$
$a^2-2a+b^2-6b+10=a^2+6a+b^2-10b+34$
$-8a+4b=24 \qquad \therefore 2a-b=-6$ $\qquad\cdots\cdots$ ㉠
$\overline{\mathrm{AP}}=\overline{\mathrm{CP}}$에서 $\overline{\mathrm{AP}}^2=\overline{\mathrm{CP}}^2$이므로
$(a-1)^2+(b-3)^2=(a+1)^2+(b+1)^2$
$a^2-2a+b^2-6b+10=a^2+2a+b^2+2b+2$
$-4a-8b=-8 \qquad \therefore a+2b=2$ $\qquad\cdots\cdots$ ㉡
㉠, ㉡을 연립하여 풀면 $a=-2,\ b=2$
$\therefore a-b=-4$ 답 -4

0971 $\overline{\mathrm{AB}}^2=(2+1)^2+(4+1)^2=34$
$\overline{\mathrm{BC}}^2=(3-2)^2+(0-4)^2=17$
$\overline{\mathrm{CA}}^2=(-1-3)^2+(-1)^2=17$
이므로
$\overline{\mathrm{AB}}^2=\overline{\mathrm{BC}}^2+\overline{\mathrm{CA}}^2,\ \overline{\mathrm{BC}}^2=\overline{\mathrm{CA}}^2$
따라서 삼각형 ABC는 $\angle \mathrm{C}=90°$이고 $\overline{\mathrm{BC}}=\overline{\mathrm{CA}}$인 직각이등변
삼각형이다. 답 ②

0972 P(x, y), A$(-1, -2)$, B$(2, 2)$라 하면
$\sqrt{(x+1)^2+(y+2)^2}+\sqrt{(x-2)^2+(y-2)^2}=\overline{\mathrm{AP}}+\overline{\mathrm{BP}}$
$\overline{\mathrm{AP}}+\overline{\mathrm{BP}}$의 값이 최소인 경우는 점 P가 $\overline{\mathrm{AB}}$ 위에 있을 때이다.
즉,
$\overline{\mathrm{AP}}+\overline{\mathrm{BP}}\geq \overline{\mathrm{AB}}$
$\qquad\quad =\sqrt{(2+1)^2+(2+2)^2}=5$
따라서 구하는 최솟값은 5이다. 답 ③

0973 출발한 지 t시간 후의 두 점 P, Q의 좌표는
P$(0, 10-8t)$, Q$(6t, 0)$이므로
$\overline{\mathrm{PQ}}=\sqrt{(6t)^2+(-10+8t)^2}$
$\qquad =\sqrt{100t^2-160t+100}$
$\qquad =\sqrt{100\left(t-\dfrac{4}{5}\right)^2+36}$

따라서 두 점 P, Q 사이의 거리가 최소가 되는 것은 출발한 지
$\dfrac{4}{5}$ 시간 후이다. 답 $\dfrac{4}{5}$ 시간

0974 P$(0, a)$라 하면
$\overline{\mathrm{AP}}^2+\overline{\mathrm{BP}}^2=(-4)^2+(a+2)^2+(-k)^2+(a-6)^2$
$\qquad\qquad\quad =2a^2-8a+56+k^2$
$\qquad\qquad\quad =2(a-2)^2+48+k^2$
따라서 $a=2$일 때 주어진 식의 최솟값은 $48+k^2$이므로
$48+k^2=57 \qquad \therefore k^2=9$
$\therefore k=3\ (\because k>0)$ 답 ③

0975 $\overline{\mathrm{BD}}=2\overline{\mathrm{CD}}$이므로 B$(\boxed{-2c}, 0)$
$\overline{\mathrm{AB}}^2+2\overline{\mathrm{AC}}^2=\{(a+2c)^2+b^2\}+2\{(a-c)^2+b^2\}$
$\qquad\qquad\quad =a^2+4ac+4c^2+b^2+2a^2-4ac+2c^2+2b^2$
$\qquad\qquad\quad =3(\boxed{a^2+b^2+2c^2})$
$\overline{\mathrm{AD}}^2+2\overline{\mathrm{CD}}^2=(a^2+b^2)+2c^2$
$\qquad\qquad\quad =\boxed{a^2+b^2+2c^2}$
$\therefore \overline{\mathrm{AB}}^2+2\overline{\mathrm{AC}}^2=3(\overline{\mathrm{AD}}^2+2\overline{\mathrm{CD}}^2)$ 답 ④

0976 선분 AB를 $2:3$으로 내분하는 점 P의 좌표는
$\left(\dfrac{2\times 3+3\times 8}{2+3},\ \dfrac{2\times 1+3\times(-4)}{2+3}\right)$, 즉 $(6, -2)$
선분 AB를 $2:3$으로 외분하는 점 Q의 좌표는
$\left(\dfrac{2\times 3-3\times 8}{2-3},\ \dfrac{2\times 1-3\times(-4)}{2-3}\right)$, 즉 $(18, -14)$
따라서 선분 PQ의 중점의 좌표는
$\left(\dfrac{6+18}{2},\ \dfrac{-2-14}{2}\right)$, 즉 $(12, -8)$ 답 $(12, -8)$

0977 $4\overline{\mathrm{AC}}=3\overline{\mathrm{BC}}$에서 $\overline{\mathrm{AC}}:\overline{\mathrm{BC}}=3:4$
이때 $a<0$이므로 직선 AB 위의 세 점 A, B,
C는 C, A, B의 순서로 놓여 있고, 점 C는
$\overline{\mathrm{BA}}$를 $4:3$으로 외분하는 점이다.

따라서 점 C의 좌표는
$\left(\dfrac{4\times(-1)-3\times 2}{4-3},\ \dfrac{4\times(-1)-3\times 4}{4-3}\right)$, 즉 $(-10, -16)$
이므로 $a=-10,\ b=-16$
$\therefore a+b=-26$ 답 -26

다른풀이 [내분점 이용]
점 A는 $\overline{\mathrm{BC}}$를 $1:3$으로 내분하는 점이므로 점 A의 좌표는
$\left(\dfrac{1\times a+3\times 2}{1+3},\ \dfrac{1\times b+3\times 4}{1+3}\right)$, 즉 $\left(\dfrac{a+6}{4},\ \dfrac{b+12}{4}\right)$
이 점이 A$(-1, -1)$과 같으므로
$\dfrac{a+6}{4}=-1,\ \dfrac{b+12}{4}=-1$
$\therefore a=-10,\ b=-16$
$\therefore a+b=-26$

0978 두 점 $A(-2, 0)$, $B(0, 7)$을 이은 선분 AB를 $1 : k$로 내분하는 점의 좌표는

$$\left(\frac{1\times 0 + k\times(-2)}{1+k},\ \frac{1\times 7 + k\times 0}{1+k}\right),\ \ \text{즉}\ \left(\frac{-2k}{1+k},\ \frac{7}{1+k}\right)$$

그런데 이 점이 직선 $x+2y=2$ 위에 있으므로

$$\frac{-2k}{1+k}+2\times\frac{7}{1+k}=2,\ -2k+14=2(1+k)$$

$$4k=12 \qquad \therefore k=3$$

답 ③

0979 $B(a_1, b_1)$, $C(a_2, b_2)$라 하면 두 점 M, N은 각각 $\overline{AB}$, $\overline{AC}$의 중점이므로

$$\frac{1+a_1}{2}=x_1 \text{에서 } 1+a_1=2x_1 \qquad\qquad \cdots\cdots\ \text{㉠}$$

$$\frac{6+b_1}{2}=y_1 \text{에서 } 6+b_1=2y_1 \qquad\qquad \cdots\cdots\ \text{㉡}$$

$$\frac{1+a_2}{2}=x_2 \text{에서 } 1+a_2=2x_2 \qquad\qquad \cdots\cdots\ \text{㉢}$$

$$\frac{6+b_2}{2}=y_2 \text{에서 } 6+b_2=2y_2 \qquad\qquad \cdots\cdots\ \text{㉣}$$

㉠+㉢을 하면 $2+a_1+a_2=2(x_1+x_2)$

$2+a_1+a_2=4 \qquad \therefore a_1+a_2=2$

㉡+㉣을 하면 $12+b_1+b_2=2(y_1+y_2)$

$12+b_1+b_2=8 \qquad \therefore b_1+b_2=-4$

따라서 삼각형 ABC의 무게중심의 좌표는

$$\left(\frac{1+a_1+a_2}{3},\ \frac{6+b_1+b_2}{3}\right),\ \ \text{즉}\ \left(1,\ \frac{2}{3}\right)$$

답 ③

0980 $B(b_1, b_2)$, $C(c_1, c_2)$라 하면 $\overline{AB}$의 중점 M의 좌표가 $(4, 2)$이므로

$$\frac{3+b_1}{2}=4,\ \frac{-2+b_2}{2}=2$$

$$\therefore b_1=5,\ b_2=6 \qquad \therefore B(5, 6)$$

또, 삼각형 ABC의 무게중심 G의 좌표가 $\left(\frac{4}{3},\ 2\right)$이므로

$$\frac{3+5+c_1}{3}=\frac{4}{3},\ \frac{-2+6+c_2}{3}=2$$

$$\therefore c_1=-4,\ c_2=2 \qquad \therefore C(-4, 2)$$

따라서 $\overline{BC}$를 $2 : 1$로 내분하는 점의 좌표는

$$\left(\frac{2\times(-4)+1\times 5}{2+1},\ \frac{2\times 2+1\times 6}{2+1}\right),\ \ \text{즉}\ \left(-1,\ \frac{10}{3}\right)$$

이므로 $a=-1$, $b=\dfrac{10}{3}$

$$\therefore a+b=\frac{7}{3}$$

답 $\dfrac{7}{3}$

0981 마름모의 성질에 의하여 두 대각선 BD와 AC의 중점이 일치하므로

$$\frac{3+a}{2}=4,\ \frac{5+b}{2}=2$$

따라서 $a=5$, $b=-1$이므로 $a+b=4$

답 4

0982 평행사변형의 성질에 의하여 두 대각선 AC와 BD의 중점이 일치한다.

대각선 AC의 중점의 좌표는

$$\left(\frac{0+ab}{2},\ \frac{5+1}{2}\right),\ \ \text{즉}\ \left(\frac{ab}{2},\ 3\right)$$

대각선 BD의 중점의 좌표는

$$\left(\frac{1+7}{2},\ \frac{a+b}{2}\right),\ \ \text{즉}\ \left(4,\ \frac{a+b}{2}\right)$$

두 점 $\left(\dfrac{ab}{2},\ 3\right)$과 $\left(4,\ \dfrac{a+b}{2}\right)$가 일치하므로

$\dfrac{ab}{2}=4$에서 $ab=8$

$\dfrac{a+b}{2}=3$에서 $a+b=6$

$$\therefore a^3+b^3=(a+b)^3-3ab(a+b)$$
$$=6^3-3\times 8\times 6=72$$

답 ②

0983 삼각형 OAB가 정삼각형이므로

$$\overline{OA}=\overline{OB}=\overline{AB}$$

(i) $\overline{OA}=\overline{OB}$에서 $\overline{OA}^2=\overline{OB}^2$이므로

$$2^2=a^2+(\sqrt{3})^2,\ a^2=1$$

$$\therefore a=-1 \text{ 또는 } a=1$$

㉮

(ii) $\overline{OA}=\overline{AB}$에서 $\overline{OA}^2=\overline{AB}^2$이므로

$$2^2=(a-2)^2+(\sqrt{3})^2$$

$$a^2-4a+3=0,\ (a-1)(a-3)=0$$

$$\therefore a=1 \text{ 또는 } a=3$$

㉯

(i), (ii)에서 $a=1$

㉰

답 1

단계	채점요소	배점
㉮	$\overline{OA}=\overline{OB}$일 때, a의 값 구하기	40%
㉯	$\overline{OA}=\overline{AB}$일 때, a의 값 구하기	40%
㉰	a의 값 구하기	20%

0984 선분 AB를 $t : (1-t)$로 내분하는 점 P의 좌표는

$$\left(\frac{t\times 5+(1-t)\times 0}{t+(1-t)},\ \frac{t\times(-3)+(1-t)\times 2}{t+(1-t)}\right),\ \text{즉}$$

$$(5t,\ -5t+2)$$

㉮

이때 점 P가 x축 위의 점이므로

$$-5t+2=0 \qquad \therefore t=\frac{2}{5}$$

$$\therefore P(2, 0)$$

㉯

따라서 선분 OP를 $t:(1+t)$로 외분하는 점의 x좌표는
$$\frac{t\times 2-(1+t)\times 0}{t-(1+t)}=-2t=(-2)\times\frac{2}{5}=-\frac{4}{5}$$

❹

답 $-\dfrac{4}{5}$

단계	채점요소	배점
㉮	점 P의 좌표를 t로 나타내기	40%
㉯	점 P의 좌표 구하기	20%
㉰	선분 OP를 $t:(1+t)$로 외분하는 점의 x좌표 구하기	40%

0985 D(a, b)라 하면 평행사변형의 성질에 의하여 두 대각선 AC와 BD의 중점이 일치한다.

즉, 두 점 $\left(\dfrac{3+k}{2},\dfrac{2+2}{2}\right)$와 $\left(\dfrac{4+a}{2},\dfrac{4+b}{2}\right)$가 일치하므로

$$\frac{3+k}{2}=\frac{4+a}{2},\ 2=\frac{4+b}{2}$$
$$\therefore b=0,\ k=a+1$$

㉮

또, 사각형 ABCD의 둘레의 길이가 $6\sqrt{5}$이므로
$\overline{AB}+\overline{AD}=3\sqrt{5}$에서
$$\sqrt{(4-3)^2+(4-2)^2}+\sqrt{(a-3)^2+(b-2)^2}=3\sqrt{5}$$
$$\sqrt{a^2-6a+13}=2\sqrt{5}\ (\because b=0)$$
양변을 제곱하여 정리하면
$$a^2-6a-7=0,\ (a+1)(a-7)=0$$
$$\therefore a=-1 \text{ 또는 } a=7$$

㉯

$a=-1$일 때, $k=-1+1=0$
$a=7$일 때, $k=7+1=8$
따라서 구하는 k의 값은 0 또는 8이다.

㉰

답 0, 8

단계	채점요소	배점
㉮	선분 AC의 중점과 선분 BD의 중점이 일치함을 이해하기	30%
㉯	점 D의 x좌표 구하기	50%
㉰	k의 값 구하기	20%

0986 $\overline{OP}=\sqrt{3^2+4^2}=5$
$\overline{OQ}=\sqrt{12^2+5^2}=13$
$\angle POQ$의 이등분선과 $\overline{PQ}$의 교점을 M이라 하면
$\overline{PM}:\overline{MQ}=\overline{OP}:\overline{OQ}=5:13$

㉮

따라서 점 M은 $\overline{PQ}$를 $5:13$으로 내분하는 점이므로 점 M의 x좌표는

$$\frac{5\times 12+13\times 3}{5+13}=\frac{11}{2}\qquad\therefore a=2,\ b=11$$

❹

$$\therefore a+b=13$$

❺

답 13

단계	채점요소	배점
㉮	$\overline{PM}:\overline{MQ}$를 가장 간단한 정수의 비로 나타내기	30%
㉯	a, b의 값 구하기	50%
㉰	$a+b$의 값 구하기	20%

0987 $\overline{AP}/\!/\overline{DC}$이므로 $\triangle ABP$에서 $\overline{AB}:\overline{AD}=\overline{PB}:\overline{PC}$
이때 $\overline{AB}=\sqrt{(-5)^2+(-9-3)^2}=13$,
$\overline{AD}=\overline{AC}=\sqrt{4^2+(-3)^2}=5$이므로
$13:5=\overline{PB}:\overline{PC}$
따라서 점 P는 $\overline{BC}$를 $13:5$로 외분하는 점이므로 점 P의 좌표는
$$\left(\frac{13\times 4-5\times(-5)}{13-5},\frac{13\times 0-5\times(-9)}{13-5}\right),\ \text{즉}\ \left(\frac{77}{8},\frac{45}{8}\right)$$
따라서 $a=\dfrac{77}{8}$, $b=\dfrac{45}{8}$이므로 $a-b=4$

답 ⑤

0988 점 G가 삼각형 ABC의 무게중심이므로 점 M은 선분 BC의 중점이다.
또, $\overline{AG}:\overline{GM}=2:1$이고, $\overline{GM}=\sqrt{2}$이므로 $\overline{AG}=2\sqrt{2}$
$\therefore \overline{AM}=\overline{AG}+\overline{GM}=3\sqrt{2}$
또, $\overline{BM}=\dfrac{1}{2}\overline{BC}=3$
삼각형 ABC에서 $\overline{AB}^2+\overline{AC}^2=2(\overline{AM}^2+\overline{BM}^2)$이 성립하므로
$$6^2+\overline{AC}^2=2\{(3\sqrt{2})^2+3^2\}$$
$$36+\overline{AC}^2=54,\ \overline{AC}^2=18$$
$$\therefore \overline{AC}=3\sqrt{2}\ (\because \overline{AC}>0)$$

답 $3\sqrt{2}$

0989 소매상의 위치를 각각 A$(-2a)$, B(0), C(a) $(a>0)$, 도매상의 위치를 P(x)라 하면
$$\overline{AP}^2+\overline{BP}^2+\overline{CP}^2=(x+2a)^2+x^2+(x-a)^2$$
$$=3x^2+2ax+5a^2$$
$$=3\left(x+\frac{1}{3}a\right)^2+\frac{14}{3}a^2$$

$x=-\dfrac{1}{3}a$일 때, $\overline{AP}^2+\overline{BP}^2+\overline{CP}^2$이 최소이므로 운반 비용도 최소가 된다. 이때
$$\overline{AP}=\left|-\frac{1}{3}a-(-2a)\right|=\frac{5}{3}a$$
$$\overline{BP}=\left|-\frac{1}{3}a-0\right|=\frac{1}{3}a$$
이므로 $\overline{AP}:\overline{BP}=5:1$
따라서 도매상의 위치는 $\overline{AB}$를 $5:1$로 내분하는 점이다.

답 ④

11 직선의 방정식

0990 $y-(-1)=2(x-1)$ $\therefore y=2x-3$

답 $y=2x-3$

0991 $y-3=-5(x-0)$ $\therefore y=-5x+3$

답 $y=-5x+3$

0992 $y-3=\dfrac{-3-3}{4-2}(x-2)$ $\therefore y=-3x+9$

답 $y=-3x+9$

0993 두 점의 y좌표가 모두 4이므로 $y=4$ 답 $y=4$

0994 답 $-\dfrac{x}{7}+\dfrac{y}{5}=1$

0995 (1) $ax+by+c=0$에서 $b\neq0$이므로

$$y=-\dfrac{a}{b}x-\dfrac{c}{b}$$

$a>0$, $b>0$, $c<0$이므로

$(\text{기울기})=-\dfrac{a}{b}<0$, $(y\text{절편})=-\dfrac{c}{b}>0$

따라서 주어진 직선의 개형은 오른쪽 그림과
같으므로 제1, 2, 4 사분면을 지난다.

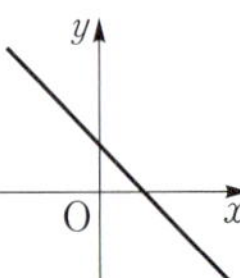

(2) $ax+by+c=0$에서 $b=0$이므로 $ax+c=0$

$$\therefore x=-\dfrac{c}{a}$$

$a>0$, $c<0$이므로 $-\dfrac{c}{a}>0$

따라서 주어진 직선의 개형은 오른쪽 그림과
같으므로 제1, 4 사분면을 지난다.

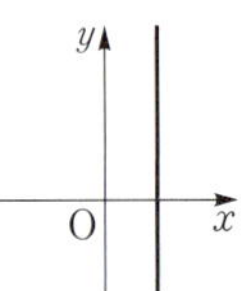

답 (1) 제1, 2, 4 사분면 (2) 제1, 4 사분면

0996 주어진 식이 k의 값에 관계없이 항상 성립하려면

$4x+5y+3=0$, $2x+3y+1=0$

두 식을 연립하여 풀면 $x=-2$, $y=1$

따라서 구하는 점의 좌표는 $(-2,\ 1)$이다.   답 $(-2,\ 1)$

0997 주어진 식을 k에 대하여 정리하면

$2x+y-1+k(x-2y+1)=0$

이 식이 k의 값에 관계없이 항상 성립하려면

$2x+y-1=0$, $x-2y+1=0$

두 식을 연립하여 풀면 $x=\dfrac{1}{5}$, $y=\dfrac{3}{5}$

따라서 구하는 점의 좌표는 $\left(\dfrac{1}{5},\ \dfrac{3}{5}\right)$이다.   답 $\left(\dfrac{1}{5},\ \dfrac{3}{5}\right)$

0998 두 직선의 교점을 지나는 직선의 방정식을

$2x-3y-1+k(2x-4y+1)=0$ (k는 실수)   …… ㉠

으로 놓으면 이 직선이 원점을 지나므로

$-1+k=0$ $\therefore k=1$

$k=1$을 ㉠에 대입하면

$2x-3y-1+2x-4y+1=0$

$\therefore 4x-7y=0$ 답 $4x-7y=0$

0999 (1) ㄴ. $\dfrac{2}{4}=\dfrac{1}{2}\neq\dfrac{-4}{1}$이므로 두 직선 $2x+y-4=0$,

$4x+2y+1=0$은 서로 평행하다.

(2) ㄷ. $2\times1+1\times(-2)=0$이므로 두 직선 $2x+y-4=0$,

$x-2y+5=0$은 서로 수직이다.

답 (1) ㄴ (2) ㄷ

1000 (1) $-\dfrac{1}{2}=a+1$ $\therefore a=-\dfrac{3}{2}$

(2) $-\dfrac{1}{2}\times(a+1)=-1$ $\therefore a=1$

답 (1) $-\dfrac{3}{2}$ (2) 1

1001 (1) 두 직선이 평행하려면 $\dfrac{1}{a-1}=\dfrac{a}{2}\neq\dfrac{1}{1}$

$\dfrac{1}{a-1}=\dfrac{a}{2}$에서 $a^2-a=2$, $a^2-a-2=0$

$(a+1)(a-2)=0$ $\therefore a=-1$ 또는 $a=2$

$\dfrac{a}{2}\neq\dfrac{1}{1}$에서 $a\neq2$이므로 $a=-1$

(2) 두 직선이 일치하려면

$\dfrac{1}{a-1}=\dfrac{a}{2}=\dfrac{1}{1}$ $\therefore a=2$

(3) 두 직선이 수직이려면

$1\times(a-1)+a\times2=0$ $\therefore a=\dfrac{1}{3}$

답 (1) -1 (2) 2 (3) $\dfrac{1}{3}$

1002 직선 $3x+2y+1=0$, 즉 $y=-\dfrac{3}{2}x-\dfrac{1}{2}$에 평행한 직선
의 기울기는 $-\dfrac{3}{2}$이다.

따라서 구하는 직선은 기울기가 $-\dfrac{3}{2}$이고 점 $(2,\ -3)$을 지나므
로 이 직선의 방정식은 $y-(-3)=-\dfrac{3}{2}(x-2)$

$\therefore y=-\dfrac{3}{2}x$ 답 $y=-\dfrac{3}{2}x$

1003 직선 $y=-3x+1$에 수직인 직선의 기울기는 $\frac{1}{3}$이다.

따라서 구하는 직선은 기울기가 $\frac{1}{3}$이고 점 $(-2,\ 1)$을 지나므로

이 직선의 방정식은 $y-1=\frac{1}{3}\{x-(-2)\}$

$\therefore y=\frac{1}{3}x+\frac{5}{3}$ 답 $y=\frac{1}{3}x+\frac{5}{3}$

1004 $\dfrac{|1\times1-2\times4+2|}{\sqrt{1^2+(-2)^2}}=\dfrac{5}{\sqrt{5}}=\sqrt{5}$ 답 $\sqrt{5}$

1005 $\dfrac{|6\times(-3)+8\times2-3|}{\sqrt{6^2+8^2}}=\dfrac{5}{10}=\dfrac{1}{2}$ 답 $\dfrac{1}{2}$

1006 $\dfrac{|6|}{\sqrt{4^2+(-3)^2}}=\dfrac{6}{5}$ 답 $\dfrac{6}{5}$

1007 두 직선 $x-y-3=0$, $x-y+3=0$이 서로 평행하므로 두 직선 사이의 거리는 직선 $x-y-3=0$ 위의 한 점 $(0,\ -3)$과 직선 $x-y+3=0$ 사이의 거리와 같다.

$\therefore \dfrac{|0+3+3|}{\sqrt{1^2+(-1)^2}}=\dfrac{6}{\sqrt{2}}=3\sqrt{2}$ 답 $3\sqrt{2}$

📝 유형 익히기

본문 142~148쪽

1008 두 점 $(-4,\ 2)$, $(6,\ 8)$을 이은 선분의 중점 $\left(\dfrac{-4+6}{2},\ \dfrac{2+8}{2}\right)$, 즉 $(1,\ 5)$를 지나고 기울기가 -2인 직선의 방정식은 $y-5=-2(x-1)$

$\therefore y=-2x+7$ 답 $y=-2x+7$

1009 직선 $y=-3x+1$과 평행한 직선의 기울기는 -3이므로 점 $(1,\ 2)$를 지나고 기울기가 -3인 직선의 방정식은

$y-2=-3(x-1)$ $\therefore y=-3x+5$

따라서 $a=-3$, $b=5$이므로

$a-b=-8$ 답 -8

1010 직선 $3x-y-5=0$, 즉 $y=3x-5$의 기울기는 3이므로 점 $(-1,\ -1)$을 지나고 기울기가 3인 직선의 방정식은

$y-(-1)=3\{x-(-1)\}$ $\therefore 3x-y+2=0$

따라서 $a=3$, $b=2$이므로 $ab=6$ 답 6

1011 주어진 직선의 기울기는 $\tan 45°=1$이므로 점 $(2,\ -1)$을 지나고 기울기가 1인 직선의 방정식은

$y-(-1)=x-2$ $\therefore y=x-3$

따라서 $m-2=1$, $-n-1=-3$이므로 $m=3$, $n=2$

$\therefore m+n=5$ 답 5

1012 두 점 $(-2,\ 3)$, $(3,\ -2)$를 지나는 직선의 방정식은

$y-3=\dfrac{-2-3}{3-(-2)}\{x-(-2)\}$ $\therefore y=-x+1$

두 점 $(-5,\ a)$, $(b,\ 2)$가 직선 $y=-x+1$ 위의 점이므로

$a=-(-5)+1$, $2=-b+1$

따라서 $a=6$, $b=-1$이므로

$a-b=7$ 답 ⑤

1013 두 점 $\mathrm{A}(6,\ -4)$, $\mathrm{B}(1,\ 1)$에 대하여 선분 AB를 $2:3$으로 내분하는 점의 좌표는

$\left(\dfrac{2\times1+3\times6}{2+3},\ \dfrac{2\times1+3\times(-4)}{2+3}\right)$, 즉 $(4,\ -2)$ ㉮

두 점 $(4,\ -2)$, $(-1,\ 3)$을 지나는 직선의 방정식은

$y-(-2)=\dfrac{3-(-2)}{-1-4}(x-4)$ $\therefore y=-x+2$ ㉯

따라서 y절편은 2이다. ㉰

답 2

단계	채점요소	배점
㉮	선분 AB의 내분점 구하기	30 %
㉯	직선의 방정식 구하기	40 %
㉰	y절편 구하기	30 %

1014 삼각형 ABC의 무게중심 G의 좌표는

$\left(\dfrac{3+4-1}{3},\ \dfrac{5+1+3}{3}\right)$ $\therefore \mathrm{G}(2,\ 3)$

따라서 두 점 $\mathrm{C}(-1,\ 3)$, $\mathrm{G}(2,\ 3)$을 지나는 직선의 방정식은

$y=3$ 답 $y=3$

1015 x절편과 y절편의 절댓값이 같고 부호가 반대이므로 x절편을 $a\ (a\neq0)$라 하면 y절편은 $-a$이다.

따라서 주어진 직선의 방정식은

$\dfrac{x}{a}+\dfrac{y}{-a}=1$ $\therefore y=x-a$

이 직선이 점 $(-2,\ 4)$를 지나므로

$4=-2-a$ $\therefore a=-6$ 답 -6

1016 $2x+3y=k$에서

x절편은 $\dfrac{k}{2}$, y절편은 $\dfrac{k}{3}$이다.

오른쪽 그림에서 삼각형의 넓이가 3이므로

$\dfrac{1}{2}\times\dfrac{k}{2}\times\dfrac{k}{3}=3$, $k^2=36$

$\therefore k=6\ (\because k>0)$ 답 6

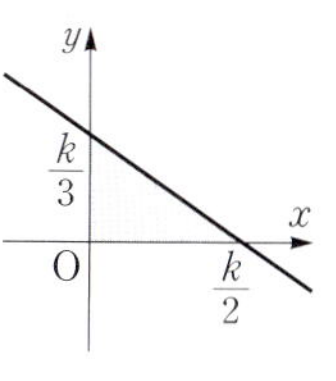

1017 세 점 $A(1, 3)$, $B(a, 5)$, $C(3, 2a+3)$이 한 직선 위에 있으므로 직선 AB와 직선 AC의 기울기가 같다. 즉,

$$\frac{5-3}{a-1}=\frac{(2a+3)-3}{3-1}, \ \frac{2}{a-1}=a$$

$$a^2-a-2=0, \ (a+1)(a-2)=0$$

$$\therefore a=2 \ (\because a>0)$$

따라서 이 직선의 기울기가 2이고 점 $A(1, 3)$을 지나므로 구하는 직선의 방정식은

$$y-3=2(x-1) \qquad \therefore y=2x+1$$

답 $\boldsymbol{y=2x+1}$

1018 세 점이 삼각형을 이루지 않으려면 세 점은 한 직선 위에 있어야 하므로 직선 AB의 기울기와 직선 BC의 기울기가 같아야 한다. 즉,

$$\frac{k+1}{2-k}=\frac{7-k}{5-2}, \ 3(k+1)=(2-k)(7-k)$$

$$k^2-12k+11=0, \ (k-1)(k-11)=0$$

$$\therefore k=1 \ \text{또는} \ k=11$$

따라서 모든 실수 k의 값의 합은 12이다.

답 **12**

1019 주어진 직선이 선분 BC의 중점을 지나야 한다.
선분 BC의 중점 M의 좌표는

$$\left(\frac{5+(-1)}{2}, \frac{-5+1}{2}\right) \qquad \therefore M(2, -2)$$

두 점 $A(3, 3)$, $M(2, -2)$를 지나는 직선의 방정식은

$$y-3=\frac{-2-3}{2-3}(x-3)$$

$$\therefore y=5x-12$$

따라서 $a=5$, $b=-12$이므로

$$a+b=-7$$

답 **-7**

1020 직선 $\dfrac{x}{2}+\dfrac{y}{4}=1$은 두 점 $A(2, 0)$, $B(0, 4)$를 지나므로 오른쪽 그림의 삼각형 AOB의 넓이를 이등분하는 직선 $y=mx$는 선분 AB의 중점 $M(1, 2)$를 지난다.

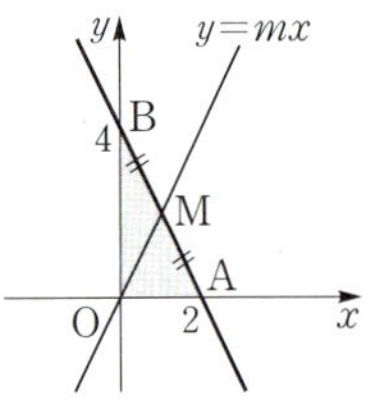

$$\therefore m=2$$

답 ②

1021 두 직사각형의 넓이를 동시에 이등분하는 직선은 두 직사각형의 각각의 대각선의 교점을 지나야 한다.
이때 오른쪽 그림과 같이 두 직사각형의 대각선의 교점을 각각 A, B라 하면

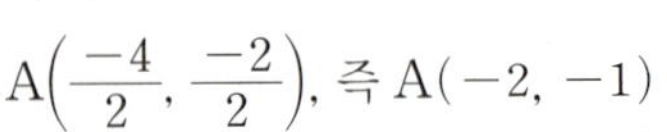

$$A\left(\frac{-4}{2}, \frac{-2}{2}\right), \ \text{즉} \ A(-2, -1)$$

$$B\left(\frac{1+3}{2}, \frac{5+1}{2}\right), \ \text{즉} \ B(2, 3)$$

두 점 A, B를 지나는 직선의 방정식은

$$y+1=\frac{3-(-1)}{2-(-2)}(x+2) \qquad \therefore y=x+1$$

따라서 이 직선의 x절편은 -1, y절편은 1이므로 그 곱은 -1이다.

답 **-1**

1022 $ax+by+c=0$에서

$$y=-\frac{a}{b}x-\frac{c}{b}$$

이때 $ab<0$, $bc<0$이므로 $\dfrac{a}{b}<0$, $\dfrac{c}{b}<0$

$$\therefore -\frac{a}{b}>0, \ -\frac{c}{b}>0$$

즉, 기울기와 y절편이 모두 양수이므로 주어진 직선의 개형은 오른쪽 그림과 같다.
따라서 이 직선은 제 4 사분면을 지나지 않는다.

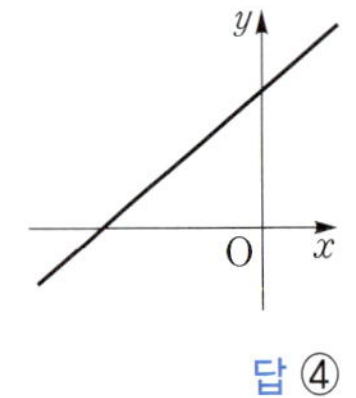

답 ④

1023 $3x+ay+b=0$에서 $y=-\dfrac{3}{a}x-\dfrac{b}{a}$이고 이 직선이 제 1, 3, 4사분면을 지나므로 기울기는 양수이고 y절편은 음수이어야 한다.

즉, $-\dfrac{3}{a}>0$, $-\dfrac{b}{a}<0$에서 $a<0$, $b<0$

따라서 직선 $ax+by+2=0$, 즉 $y=-\dfrac{a}{b}x-\dfrac{2}{b}$의 기울기 $-\dfrac{a}{b}$는 음수, y절편 $-\dfrac{2}{b}$는 양수이므로 이 직선은 제 1, 2, 4 사분면을 지난다.

답 **제 1, 2, 4 사분면**

1024 직선 $ax+by-2=0$, 즉 $y=-\dfrac{a}{b}x+\dfrac{2}{b}$의 기울기와 y절편이 모두 음수이므로

$$-\frac{a}{b}<0, \ \frac{2}{b}<0 \qquad \therefore a<0, \ b<0$$

$-x+ay-b=0$에서 $y=\dfrac{1}{a}x+\dfrac{b}{a}$

이때 $\dfrac{1}{a}<0$, $\dfrac{b}{a}>0$이므로 직선 $-x+ay-b=0$의 기울기는 음수, y절편은 양수이다.
따라서 이 직선의 개형은 ③이다.

답 ③

1025 $mx+y+3m-4=0$을 m에 대하여 정리하면

$$m(x+3)+y-4=0$$

이 식이 m의 값에 관계없이 항상 성립해야 하므로

$$x+3=0, \ y-4=0 \qquad \therefore x=-3, \ y=4$$

즉, $P(-3, 4)$이므로

$$\overline{OP}=\sqrt{(-3)^2+4^2}=5$$

답 **5**

1026 $(2k+1)x-(k-1)y-5k-4=0$을 k에 대하여 정리하면

$(2x-y-5)k+x+y-4=0$

이 식이 k의 값에 관계없이 항상 성립해야 하므로

$2x-y-5=0$, $x+y-4=0$

두 식을 연립하여 풀면 $x=3$, $y=1$

즉, 주어진 직선은 항상 점 $P(3, 1)$을 지난다.

따라서 기울기가 -2이고 점 $P(3, 1)$을 지나는 직선의 방정식은

$y-1=-2(x-3)$

$\therefore 2x+y-7=0$ 답 ④

1027 점 (a, b)가 직선 $-2x+y=3$ 위에 있으므로

$-2a+b=3$ $\quad \therefore b=2a+3$ $\quad\quad$ …… ㉠

㉠을 $2ax-3by=9$에 대입하면

$2ax-3(2a+3)y=9$

$\therefore (2x-6y)a-9y-9=0$

이 식이 a의 값에 관계없이 항상 성립해야 하므로

$2x-6y=0$, $-9y-9=0$

두 식을 연립하여 풀면 $x=-3$, $y=-1$

따라서 직선 $2ax-3by=9$는 항상 점 $(-3, -1)$을 지난다.

답 ②

1028 두 직선 $2x-3y-1=0$, $x+y-3=0$의 교점을 지나는 직선의 방정식을

$2x-3y-1+k(x+y-3)=0$ (k는 실수) $\quad\quad$ …… ㉠

으로 놓으면 직선 ㉠이 점 $(1, 1)$을 지나므로

$2-3-1+k(1+1-3)=0$

$-2-k=0$ $\quad \therefore k=-2$

이것을 ㉠에 대입하면

$2x-3y-1-2(x+y-3)=0$

$-5y+5=0$ $\quad \therefore y-1=0$

따라서 $a=0$, $b=1$이므로

$a-b=-1$ 답 -1

1029 주어진 두 직선의 교점을 지나는 직선의 방정식을

$x+y+1+k(2x-y-1)=0$ (k는 실수) $\quad\quad$ …… ㉠

으로 놓으면 직선 ㉠이 점 $(1, -1)$을 지나므로

$1-1+1+k(2+1-1)=0$

$1+2k=0$ $\quad \therefore k=-\dfrac{1}{2}$

이것을 ㉠에 대입하면

$x+y+1-\dfrac{1}{2}(2x-y-1)=0$

$\dfrac{3}{2}y+\dfrac{3}{2}=0$ $\quad \therefore y=-1$

따라서 직선 $y=-1$ 위에 있는 점의 좌표는 ①이다. 답 ①

1030 주어진 두 직선의 교점을 지나는 직선의 방정식을

$5x+15y-7+k(x+5y-11)=0$ (k는 실수) $\quad\quad$ …… ㉠

으로 놓으면 직선 ㉠이 점 $(5, -6)$을 지나므로

$25-90-7+k(5-30-11)=0$

$-72-36k=0$ $\quad \therefore k=-2$

이것을 ㉠에 대입하면

$5x+15y-7-2(x+5y-11)=0$

$\therefore 3x+5y+15=0$

따라서 이 직선이 x축, y축과 만나는 점의 좌표는 각각

$(-5, 0)$, $(0, -3)$이므로 좌표축에 의하여 잘린 선분의 길이는

$\sqrt{5^2+(-3)^2}=\sqrt{34}$ 답 $\sqrt{34}$

1031 주어진 두 직선의 교점을 지나는 직선의 방정식을

$ax+(a+1)y+2+k\{(a-6)x+ay-2\}=0$ (k는 실수)

$\quad\quad$ …… ㉠

으로 놓으면 직선 ㉠이 원점을 지나므로

$2-2k=0$ $\quad \therefore k=1$

이것을 ㉠에 대입하면

$ax+(a+1)y+2+(a-6)x+ay-2=0$

$\therefore (2a-6)x+(2a+1)y=0$

이 직선의 기울기가 2이므로

$-\dfrac{2a-6}{2a+1}=2$, $-2a+6=4a+2$

$\therefore a=\dfrac{2}{3}$ 답 $\dfrac{2}{3}$

1032 두 직선이 평행하거나 일치하려면

$\dfrac{2}{k+1}=\dfrac{-k}{-1}$에서 $-k^2-k=-2$

$k^2+k-2=0$, $(k+2)(k-1)=0$ $\quad \therefore k=-2$ 또는 $k=1$

(i) $k=-2$일 때, $\dfrac{2}{-1}=\dfrac{2}{-1}\neq\dfrac{1}{-2}$이므로 두 직선은 평행하다. $\quad \therefore a=-2$

(ii) $k=1$일 때, $\dfrac{2}{2}=\dfrac{-1}{-1}=\dfrac{1}{1}$이므로 두 직선은 일치한다.

$\quad \therefore b=1$

(i), (ii)에서 $a-b=-3$ 답 -3

1033 두 직선이 서로 수직이려면

$3\times(a-2)+(a-1)\times(-2)=0$

$\therefore a=4$ 답 **4**

1034 두 직선이 각각 점 $(-1, 5)$를 지나므로

$2+5a+3=0$ $\quad \therefore a=-1$

$-b+5c+11=0$ $\quad \therefore -b+5c=-11$ $\quad\quad$ …… ㉠

두 직선 $-2x-y+3=0$, $bx+cy+11=0$이 서로 수직이므로

$-2b-c=0$ $\quad\quad$ …… ㉡

㉠, ㉡을 연립하여 풀면 $b=1$, $c=-2$

$\therefore abc=2$ 답 ③

1035 직선 $x-ay+1=0$이 직선 $x+(b-2)y-1=0$과 평행하므로

$$\frac{1}{1}=\frac{-a}{b-2}\neq\frac{1}{-1}$$에서 $-a=b-2$ $\therefore a+b=2$

                                                                    ㉮

직선 $x-ay+1=0$이 직선 $(a+1)x-(b-1)y+1=0$과 수직이므로

$$1\times(a+1)-a(-b+1)=0$$ $\therefore ab=-1$

                                                                    ㉯

$$\therefore a^2+b^2=(a+b)^2-2ab$$
$$=2^2-2\times(-1)=6$$

                                                                    ㉰

                                                                    답 **6**

단계	채점요소	배점
㉮	두 직선이 평행할 조건 구하기	40 %
㉯	두 직선이 수직일 조건 구하기	40 %
㉰	a^2+b^2의 값 구하기	20 %

1036 두 점 $(-3, 5)$, $(5, -7)$을 지나는 직선의 기울기는

$$\frac{-7-5}{5-(-3)}=-\frac{3}{2}$$

기울기가 $-\frac{3}{2}$이고 점 $(2, 5)$를 지나는 직선의 방정식은

$$y-5=-\frac{3}{2}(x-2)$$ $\therefore 3x+2y-16=0$

따라서 $a=3$, $b=-16$이므로

$$a+b=-13$$ 답 ①

1037 두 점 A, B를 지나는 직선의 기울기는

$$\frac{4-1}{6-(-3)}=\frac{1}{3}$$

이므로 구하는 직선의 기울기는 -3이다.

선분 AB를 $1:2$로 내분하는 점의 좌표는

$$\left(\frac{1\times6+2\times(-3)}{1+2},\ \frac{1\times4+2\times1}{1+2}\right),\ 즉\ (0, 2)$$

따라서 기울기가 -3이고 점 $(0, 2)$를 지나는 직선의 방정식은

$$y=-3x+2$$ 답 $y=-3x+2$

1038 직선 $x+3y-9=0$, 즉 $y=-\frac{1}{3}x+3$의 기울기가 $-\frac{1}{3}$

이므로 직선 AH의 기울기는 3이다.

따라서 직선 AH의 방정식은

$$y-11=3(x-6)$$ $\therefore 3x-y-7=0$

점 H는 직선 AH와 직선 $x+3y-9=0$의 교점이므로

$x+3y-9=0$, $3x-y-7=0$을 연립하여 풀면

$$x=3,\ y=2$$

따라서 $a=3$, $b=2$이므로

$$ab=6$$ 답 ③

1039 두 점 $A(a, 3)$, $B(4, 5)$에 대하여 직선 AB와 직선 $y=-x+b$가 수직이므로

$$\frac{5-3}{4-a}\times(-1)=-1$$ $\therefore a=2$

직선 $y=-x+b$가 선분 AB의 중점 $\left(\frac{a+4}{2},\ \frac{3+5}{2}\right)$, 즉 $(3, 4)$를 지나므로

$$4=-3+b$$ $\therefore b=7$

$$\therefore a+b=9$$ 답 **9**

1040 선분 AB의 중점의 좌표는

$$\left(\frac{1-3}{2},\ \frac{3+5}{2}\right),\ 즉\ (-1, 4)$$

두 점 $A(1, 3)$, $B(-3, 5)$를 지나는 직선의 기울기는

$$\frac{5-3}{-3-1}=-\frac{1}{2}$$

따라서 선분 AB의 수직이등분선은 기울기가 2이고 점 $(-1, 4)$를 지나는 직선이므로

$$y-4=2(x+1)$$ $\therefore y=2x+6$ 답 ⑤

1041 선분 AB의 중점의 좌표는 $\left(\frac{a+b}{2},\ 4\right)$

직선 $2x+y-4=0$이 이 점을 지나므로

$$2\times\frac{a+b}{2}+4-4=0$$ $\therefore a+b=0$ ……㉠

또, 직선 $2x+y-4=0$의 기울기가 -2이므로 직선 AB의 기울기는 $\frac{1}{2}$이다.

즉, $\frac{5-3}{b-a}=\frac{1}{2}$이므로 $b-a=4$ ……㉡

㉠, ㉡을 연립하여 풀면 $a=-2$, $b=2$

$$\therefore a^2+b^2=8$$ 답 **8**

1042 (i) 선분 AC의 중점의 좌표는

$$\left(\frac{1+3}{2},\ \frac{0+6}{2}\right),\ 즉\ (2, 3)$$

직선 AC의 기울기는 $\frac{6-0}{3-1}=3$

따라서 선분 AC의 수직이등분선은 기울기가 $-\frac{1}{3}$이고 점 $(2, 3)$을 지나는 직선이므로

$$y-3=-\frac{1}{3}(x-2)$$ $\therefore y=-\frac{1}{3}x+\frac{11}{3}$ ……㉠

(ii) 선분 BC의 중점의 좌표는 $\left(\frac{7+3}{2},\ \frac{2+6}{2}\right)$, 즉 $(5, 4)$

직선 BC의 기울기는 $\frac{6-2}{3-7}=-1$

따라서 선분 BC의 수직이등분선은 기울기가 1이고 점 $(5, 4)$를 지나는 직선이므로

$$y-4=x-5$$ $\therefore y=x-1$ ……㉡

㉠, ㉡을 연립하여 풀면 $x=\frac{7}{2}$, $y=\frac{5}{2}$

따라서 구하는 점의 좌표는 $\left(\frac{7}{2},\ \frac{5}{2}\right)$이다.   답 $\left(\frac{7}{2},\ \frac{5}{2}\right)$

1043 $x+2y=0$ ······ ㉠

$x-y+3=0$ ······ ㉡

$ax+y+a+1=0$ ······ ㉢

이라 하면 직선 ㉠과 ㉡은 평행하지 않다.

(i) 두 직선 ㉡, ㉢이 평행한 경우

$$\frac{a}{1}=\frac{1}{-1}\neq\frac{a+1}{3} \qquad \therefore a=-1$$

(ii) 두 직선 ㉠, ㉢이 평행한 경우

$$\frac{1}{a}=\frac{2}{1}\neq\frac{0}{a+1} \qquad \therefore a=\frac{1}{2}$$

(iii) 세 직선이 한 점에서 만나는 경우

㉠, ㉡을 연립하여 풀면 $x=-2$, $y=1$이므로 직선 ㉢이 점 $(-2,\,1)$을 지나야 한다.

즉, $-2a+1+a+1=0$이므로 $a=2$

(i), (ii), (iii)에서 모든 상수 a의 값의 곱은

$$(-1)\times\frac{1}{2}\times2=-1 \qquad \qquad \text{답 } \mathbf{-1}$$

1044 주어진 세 직선이 한 점에서 만나려면 직선 $kx+y=-7$이 두 직선 $3x+y=8$, $2x+y=5$의 교점을 지나야 한다.

$3x+y=8$과 $2x+y=5$를 연립하여 풀면

$x=3$, $y=-1$

따라서 직선 $kx+y=-7$이 점 $(3,\,-1)$을 지나야 하므로

$3k-1=-7 \qquad \therefore k=-2$ 　　　　　답 $\mathbf{-2}$

1045 $x+2y-6=0$ ······ ㉠

$4x-3y-12=0$ ······ ㉡

$ax+y-1=0$ ······ ㉢

세 직선 ㉠, ㉡, ㉢으로 둘러싸인 삼각형이 직각삼각형이려면 세 직선 중 어느 두 직선이 서로 수직이어야 한다.

직선 ㉠, ㉡, ㉢의 기울기가 각각 $-\frac{1}{2}$, $\frac{4}{3}$, $-a$이므로 ㉠, ㉡은 수직이 아니다.

(i) 두 직선 ㉠, ㉢이 서로 수직인 경우

$$\left(-\frac{1}{2}\right)\times(-a)=-1 \qquad \therefore a=-2$$

⋯⋯⋯⋯⋯⋯⋯⋯⋯⋯⋯⋯⋯⋯⋯⋯⋯⋯ ㉮

(ii) 두 직선 ㉡, ㉢이 서로 수직인 경우

$$\frac{4}{3}\times(-a)=-1 \qquad \therefore a=\frac{3}{4}$$

⋯⋯⋯⋯⋯⋯⋯⋯⋯⋯⋯⋯⋯⋯⋯⋯⋯⋯ ㉯

(i), (ii)에서 모든 상수 a의 값의 합은 $-2+\frac{3}{4}=-\frac{5}{4}$

⋯⋯⋯⋯⋯⋯⋯⋯⋯⋯⋯⋯⋯⋯⋯⋯⋯⋯ ㉰

답 $-\dfrac{5}{4}$

단계	채점요소	배점
㉮	두 직선 ㉠, ㉢이 수직일 때 a의 값 구하기	40 %
㉯	두 직선 ㉡, ㉢이 수직일 때 a의 값 구하기	40 %
㉰	a의 값의 합 구하기	20 %

1046 서로 다른 세 식선이 좌표평면을 네 부분으로 나누려면 오른쪽 그림과 같이 세 직선이 모두 평행해야 한다.

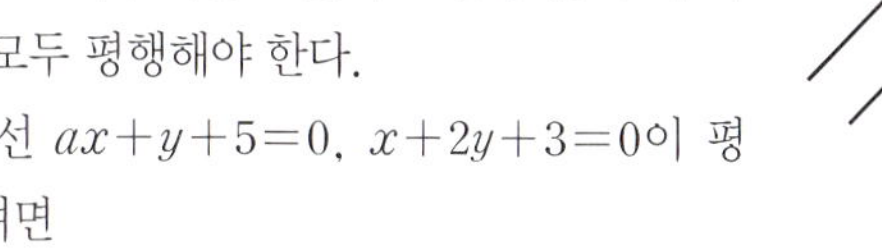

두 직선 $ax+y+5=0$, $x+2y+3=0$이 평행하려면

$$\frac{a}{1}=\frac{1}{2}\neq\frac{5}{3} \qquad \therefore a=\frac{1}{2}$$

두 직선 $2x+by-4=0$, $x+2y+3=0$이 평행하려면

$$\frac{2}{1}=\frac{b}{2}\neq\frac{-4}{3} \qquad \therefore b=4$$

$$\therefore a+b=\frac{9}{2} \qquad \qquad \text{답 } \frac{9}{2}$$

1047 점 $(a,\,3)$에서 두 직선 $2x-y+1=0$, $x+2y-1=0$에 이르는 거리가 같으므로

$$\frac{|2a-3+1|}{\sqrt{2^2+(-1)^2}}=\frac{|a+6-1|}{\sqrt{1^2+2^2}}, \ |2a-2|=|a+5|$$

$2a-2=\pm(a+5) \qquad \therefore a=7$ 또는 $a=-1$

그런데 $a>0$이므로 $a=7$ 　　　　　답 **7**

1048 $\dfrac{|3\times2+4\times6+k|}{\sqrt{3^2+4^2}}=8$이므로

$|30+k|=40$, $30+k=\pm40$

$\therefore k=10 \ (\because k>0)$ 　　　　　답 **10**

1049 주어진 식을 k에 대하여 정리하면

$x+y-2+(x-y)k=0$

이 식이 k의 값에 관계없이 항상 성립하므로

$x+y-2=0$, $x-y=0$

두 식을 연립하여 풀면 $x=1$, $y=1 \qquad \therefore \mathrm{A}(1,\,1)$

점 $\mathrm{A}(1,\,1)$과 직선 $2x-y+b=0$ 사이의 거리가 $\sqrt{5}$이므로

$$\frac{|2-1+b|}{\sqrt{2^2+(-1)^2}}=\sqrt{5}, \ |1+b|=5, \ 1+b=\pm5$$

$\therefore b=4$ 또는 $b=-6$

따라서 모든 상수 b의 값의 합은 -2이다. 　　　답 $\mathbf{-2}$

1050 주어진 식을 x, y에 대하여 정리하면

$(2k+1)x+(k-2)y-4=0$

점 $(1,\,-2)$와 이 직선 사이의 거리 $f(k)$는

$$f(k)=\frac{|(2k+1)+(k-2)\times(-2)-4|}{\sqrt{(2k+1)^2+(k-2)^2}}=\frac{1}{\sqrt{5k^2+5}}$$

따라서 $\sqrt{5k^2+5}$가 최소, 즉 $k=0$일 때 $f(k)$가 최대이므로 구하는 최댓값은

$$f(0)=\frac{1}{\sqrt{5}}=\frac{\sqrt{5}}{5} \qquad \qquad \text{답 } \frac{\sqrt{5}}{5}$$

1051 두 직선이 평행하므로 직선 $x+2y+1=0$ 위의 한 점 $(-1,\,0)$과 직선 $x+2y+k=0$ 사이의 거리를 구하면

$$\frac{|-1+0+k|}{\sqrt{1^2+2^2}}=4\sqrt{5}, \ |k-1|=20, \ k-1=\pm20$$

$$\therefore k=21 \ \text{또는} \ k=-19$$

따라서 모든 실수 k의 값의 합은 2이다.　　　　답 ④

1052 두 직선이 평행하므로 선분 AB의 길이의 최솟값은 평행한 두 직선 사이의 거리와 같다.

직선 $x-y+3=0$ 위의 점 $(0, 3)$과 직선 $x-y-1=0$ 사이의

거리는 $\dfrac{|0-3-1|}{\sqrt{1^2+(-1)^2}}=\dfrac{4}{\sqrt{2}}=2\sqrt{2}$

따라서 선분 AB의 길이의 최솟값은 $2\sqrt{2}$이다.　　　답 $2\sqrt{2}$

1053 두 직선 $ax+2y-1=0$, $3x+(a-1)y-1=0$이 평행

하므로 $\dfrac{a}{3}=\dfrac{2}{a-1}\neq\dfrac{-1}{-1}$

$\dfrac{a}{3}=\dfrac{2}{a-1}$에서 $a(a-1)=6$, $a^2-a-6=0$

$(a+2)(a-3)=0$　　$\therefore a=-2$ 또는 $a=3$

그런데 $\dfrac{a}{3}\neq\dfrac{-1}{-1}$에서 $a\neq3$이므로 $a=-2$

$a=-2$일 때, 두 직선의 방정식은

$-2x+2y-1=0$, $3x-3y-1=0$

따라서 두 직선 사이의 거리는 직선 $-2x+2y-1=0$ 위의 점

$\left(0, \dfrac{1}{2}\right)$과 직선 $3x-3y-1=0$ 사이의 거리와 같으므로

$$\dfrac{\left|0-\dfrac{3}{2}-1\right|}{\sqrt{3^2+(-3)^2}}=\dfrac{5\sqrt{2}}{12}$$
답 $\dfrac{5\sqrt{2}}{12}$

1054 두 직선 $x-y+7=0$, $x+ay-1=0$이 평행하므로

$\dfrac{1}{1}=\dfrac{-1}{a}\neq\dfrac{7}{-1}$에서 $a=-1$

정사각형의 한 변의 길이는 두 직선 사이의 거리와 같고 직선

$x-y-1=0$ 위의 점 $(0, -1)$과 직선 $x-y+7=0$ 사이의 거

리는 $\dfrac{|0+1+7|}{\sqrt{1^2+(-1)^2}}=\dfrac{8}{\sqrt{2}}=4\sqrt{2}$

따라서 정사각형 ABCD의 한 변의 길이는 $4\sqrt{2}$이므로 그 넓이

는 $(4\sqrt{2})^2=32$　　　　답 **32**

1055 $\overline{BC}=\sqrt{(4-2)^2+(2-0)^2}=2\sqrt{2}$

직선 BC의 방정식은

$y-0=\dfrac{2-0}{4-2}(x-2)$

$\therefore x-y-2=0$

점 $A(3, 4)$와 직선 BC 사이의 거리를 d라 하면

$d=\dfrac{|3-4-2|}{\sqrt{1^2+(-1)^2}}=\dfrac{3}{\sqrt{2}}=\dfrac{3\sqrt{2}}{2}$

$\therefore \triangle ABC=\dfrac{1}{2}\times\overline{BC}\times d=\dfrac{1}{2}\times2\sqrt{2}\times\dfrac{3\sqrt{2}}{2}=3$
답 **3**

1056 두 점 $A(2, 3)$, $B(-2, -1)$ 사이의 거리는

$\overline{AB}=\sqrt{(-2-2)^2+(-1-3)^2}=4\sqrt{2}$

직선 AB의 방정식은

$y+1=\dfrac{3-(-1)}{2-(-2)}(x+2)$

$\therefore x-y+1=0$

점 $C(a, -3)$과 직선 AB 사이의 거리

를 d라 하면

$d=\dfrac{|a+3+1|}{\sqrt{1^2+(-1)^2}}=\dfrac{|4+a|}{\sqrt{2}}$

삼각형 ABC의 넓이가 16이므로

$\dfrac{1}{2}\times\overline{AB}\times d=16$

$\dfrac{1}{2}\times4\sqrt{2}\times\dfrac{|4+a|}{\sqrt{2}}=16$

$|4+a|=8$, $4+a=\pm8$

$\therefore a=4$ 또는 $a=-12$

따라서 자연수 a의 값은 4이다.　　　　답 **4**

1057 직선 OA와 직선 $x-4y+12=0$의 기울기가 $\dfrac{1}{4}$로 같으

므로 두 직선은 서로 평행하다.

삼각형 OAP에서 $\overline{OA}$를 밑변으로 하면 원점과 직선

$x-4y+12=0$ 사이의 거리가 높이가 된다.

$\overline{OA}=\sqrt{4^2+1^2}=\sqrt{17}$

이고, 원점과 직선 $x-4y+12=0$ 사이의 거리는

$\dfrac{|12|}{\sqrt{1^2+(-4)^2}}=\dfrac{12}{\sqrt{17}}$

$\therefore \triangle OAP=\dfrac{1}{2}\times\sqrt{17}\times\dfrac{12}{\sqrt{17}}=6$　　　답 **6**

1058 $x-2y-2=0$ ··· ㉠

$x+5y-9=0$ ··· ㉡

$4x-y+6=0$ ··· ㉢

㉠, ㉡을 연립하여 풀면

$x=4$, $y=1$

㉡, ㉢을 연립하여 풀면

$x=-1$, $y=2$

㉠, ㉢을 연립하여 풀면

$x=-2$, $y=-2$

따라서 세 직선의 교점의 좌표는

$A(4, 1)$, $B(-1, 2)$, $C(-2, -2)$　　　　㉮

세 점으로 만들어진 삼각형의 한 변 AC의 길이는

$\overline{AC}=\sqrt{(4+2)^2+(1+2)^2}=3\sqrt{5}$　　　　㉯

이고, 높이는 점 $B(-1, 2)$와 직선 ㉠ 사이의 거리이므로

$\dfrac{|-1-4-2|}{\sqrt{1^2+(-2)^2}}=\dfrac{7}{\sqrt{5}}$　　　　㉰

따라서 삼각형의 넓이는

$$\frac{1}{2} \times 3\sqrt{5} \times \frac{7}{\sqrt{5}} = \frac{21}{2}$$

…… ㉣

답 $\dfrac{21}{2}$

단계	채점요소	배점
㉮	세 직선의 교점의 좌표 구하기	30 %
㉯	삼각형의 한 변의 길이 구하기	20 %
㉰	삼각형의 높이 구하기	30 %
㉱	삼각형의 넓이 구하기	20 %

유형 Up

본문 149쪽

1059 $mx-y-4m+3=0$에서

$$m(x-4)-(y-3)=0 \qquad \cdots\cdots ㉠$$

이므로 직선 ㉠은 m의 값에 관계없이 점 $(4, 3)$을 지난다.

오른쪽 그림과 같이 두 직선이 제1 사분면에서 만나도록 직선 ㉠을 움직여 보면

(i) 직선 ㉠이 점 $(2, 0)$을 지날 때

$$-2m+3=0 \qquad \therefore m=\frac{3}{2}$$

(ii) 직선 ㉠이 점 $(0, 2)$를 지날 때

$$-4m+1=0 \qquad \therefore m=\frac{1}{4}$$

(i), (ii)에서 실수 m의 값의 범위는

$$\frac{1}{4} < m < \frac{3}{2}$$

답 $\dfrac{1}{4} < m < \dfrac{3}{2}$

1060 직선 $y=m(x-1)+3$은 m의 값에 관계없이 점 $(1, 3)$을 지난다.

오른쪽 그림과 같이 주어진 직선이 두 점 A, B 사이를 지나도록 움직여 보면

(i) 직선이 점 A$(3, 4)$를 지날 때

$$4=2m+3 \qquad \therefore m=\frac{1}{2}$$

(ii) 직선이 점 B$(5, -1)$을 지날 때

$$-1=4m+3 \qquad \therefore m=-1$$

(i), (ii)에서 실수 m의 값의 범위는 $-1 < m < \dfrac{1}{2}$

따라서 $\alpha=-1$, $\beta=\dfrac{1}{2}$이므로 $\alpha+\beta=-\dfrac{1}{2}$

답 ②

1061 $kx-y+3k-1=0$에서

$$(x+3)k-(y+1)=0 \qquad \cdots\cdots ㉠$$

이므로 직선 ㉠은 k의 값에 관계없이 점 $(-3, -1)$을 지난다.

오른쪽 그림과 같이 직선 ㉠을 직사각형과 만나도록 움직여 보면 k의 값은 직선 ㉠의 기울기이므로 점 $(2, 4)$를 지날 때 최대이다.

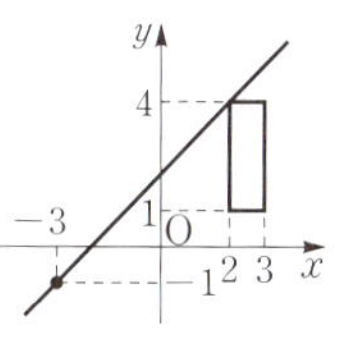

㉠에 $x=2$, $y=4$를 대입하면

$$5k-5=0 \qquad \therefore k=1$$

따라서 실수 k의 최댓값은 1이다.

답 1

1062 주어진 두 직선이 이루는 각의 이등분선 위의 임의의 점을 P(x, y)라 하면 점 P에서 두 직선에 이르는 거리가 같으므로

$$\frac{|x+2y+1|}{\sqrt{1^2+2^2}} = \frac{|2x-y-3|}{\sqrt{2^2+(-1)^2}}$$

$$|x+2y+1| = |2x-y-3|,\ x+2y+1 = \pm(2x-y-3)$$

$$\therefore x-3y-4=0\ \text{또는}\ 3x+y-2=0$$

따라서 두 직선이 이루는 각의 이등분선의 방정식은 ㄱ, ㄹ이다.

답 ②

1063 주어진 두 직선이 이루는 각의 이등분선 위의 점 $(2, 1)$에서 두 직선에 이르는 거리가 같으므로

$$\frac{|4+3+a|}{\sqrt{2^2+3^2}} = \frac{|4-3+1|}{\sqrt{2^2+(-3)^2}},\ |7+a|=2$$

$$7+a=\pm 2 \qquad \therefore a=-5\ \text{또는}\ a=-9$$

따라서 모든 실수 a의 값의 합은 -14이다.

답 -14

1064 P(x, y)라 하면 $\overline{PR}=2\overline{PS}$이므로

$$\frac{|2x+y-2|}{\sqrt{2^2+1^2}} = 2 \times \frac{|x+2y-2|}{\sqrt{1^2+2^2}}$$

$$2x+y-2 = \pm 2(x+2y-2)$$

$$\therefore y=\frac{2}{3}\ \text{또는}\ 4x+5y-6=0$$

답 $y=\dfrac{2}{3}$ 또는 $4x+5y-6=0$

시험에 꼭 나오는 문제

본문 150~153쪽

1065 구하는 직선은 (기울기)$=\tan 30° = \dfrac{\sqrt{3}}{3}$이고 점 $(\sqrt{3}, -1)$을 지나므로

$$y+1 = \frac{\sqrt{3}}{3}(x-\sqrt{3})$$

$$\therefore y = \frac{\sqrt{3}}{3}x - 2$$

답 $y=\dfrac{\sqrt{3}}{3}x-2$

1066 직선 AC의 방정식은

$$y-5 = \frac{-3-5}{5-1}(x-1) \qquad \therefore y=-2x+7 \qquad \cdots\cdots ㉠$$

직선 OB의 방정식은 $y=0$ …… ㉡

㉠, ㉡을 연립하여 풀면 $x=\dfrac{7}{2}$, $y=0$

따라서 두 대각선의 교점의 좌표는 $\left(\dfrac{7}{2},\ 0\right)$이다.

답 $\left(\dfrac{7}{2},\ \mathbf{0}\right)$

1067 직선 $\dfrac{x}{a}+\dfrac{y}{b}=1$에서 x절편은 a, y절편은 b이다.

이때 이 직선이 제3사분면을 지나지 않으므로 $a>0$, $b>0$이고 그래프는 오른쪽 그림과 같다.

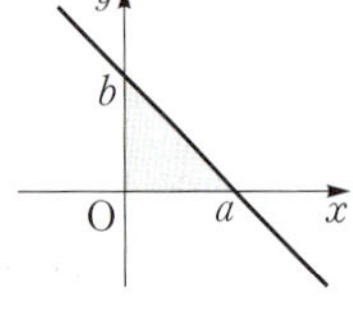

어두운 부분의 넓이가 9이므로

$\dfrac{1}{2}ab=9$ $\quad \therefore ab=18$

답 **18**

1068 세 점 A, B, C가 한 직선 위에 있으려면 직선 AB의 기울기와 직선 BC의 기울기가 같아야 한다.

(직선 AB의 기울기)$=\dfrac{3-5}{-1-k}=\dfrac{2}{k+1}$

(직선 BC의 기울기)$=\dfrac{-1-3}{-k-(-1)}=\dfrac{4}{k-1}$

즉, $\dfrac{2}{k+1}=\dfrac{4}{k-1}$이므로 $2k-2=4k+4$

$\therefore k=-3$

답 ③

1069 ㄱ. 세 점 A$(-1,\ 5)$, B$(2,\ 9)$, C$(4,\ 15)$에서

(직선 AB의 기울기)$=\dfrac{9-5}{2-(-1)}=\dfrac{4}{3}$

(직선 BC의 기울기)$=\dfrac{15-9}{4-2}=3$

이므로 세 점 A, B, C는 한 직선 위에 있지 않다.

ㄴ. 세 점 A$(1,\ -1)$, B$(3,\ -5)$, C$(4,\ -7)$에서

(직선 AB의 기울기)$=\dfrac{-5-(-1)}{3-1}=-2$

(직선 BC의 기울기)$=\dfrac{-7-(-5)}{4-3}=-2$

이므로 세 점 A, B, C는 한 직선 위에 있다.

ㄷ. 세 점 A$(2,\ 0)$, B$(3,\ 4)$, C$(4,\ 6)$에서

(직선 AB의 기울기)$=\dfrac{4-0}{3-2}=4$

(직선 BC의 기울기)$=\dfrac{6-4}{4-3}=2$

이므로 세 점 A, B, C는 한 직선 위에 있지 않다.

따라서 세 점이 한 직선 위에 있는 것은 ㄴ뿐이다.

답 ㄴ

1070 $\triangle APC : \triangle PBC=2:1$이므로

$\overline{AP}:\overline{PB}=2:1$

즉, 점 P는 $\overline{AB}$를 $2:1$로 내분하는 점이므로 점 P의 좌표는

$\left(3,\ -\dfrac{1}{3}\right)$

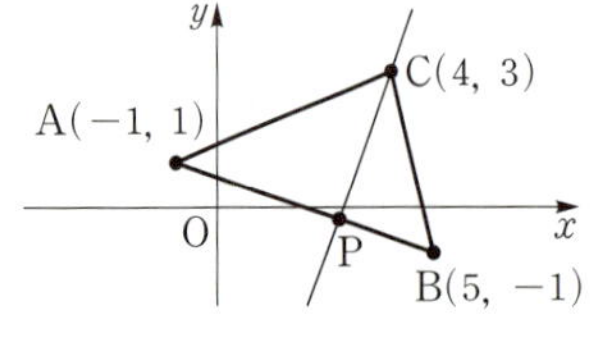

따라서 두 점 C, P를 지나는 직선의 방정식은

$y-3=\dfrac{-\dfrac{1}{3}-3}{3-4}(x-4)$

$\therefore 10x-3y-31=0$

답 ③

1071 직선 $ax+by+c=0$, 즉 $y=-\dfrac{a}{b}x-\dfrac{c}{b}$의 기울기는 음수, y절편은 양수이므로

$-\dfrac{a}{b}<0$, $-\dfrac{c}{b}>0$ $\quad \therefore ac<0$

$bx-cy+a=0$에서 $y=\dfrac{b}{c}x+\dfrac{a}{c}$

이때 $\dfrac{b}{c}<0$, $\dfrac{a}{c}<0$이므로 직선 $bx-cy+a=0$의 기울기와 y절편은 모두 음수이다.

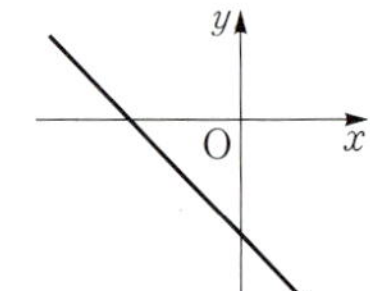

따라서 직선 $bx-cy+a=0$의 개형은 오른쪽 그림과 같으므로 제1 사분면을 지나지 않는다.

답 ①

1072 주어진 식을 k에 대하여 정리하면

$(x-2y+4)k+(-x-y+a)=0$

이 식이 k의 값에 관계없이 항상 성립해야 하므로

$x-2y+4=0$, $x+y-a=0$

이때 점 $(2,\ b)$가 위의 두 직선의 교점이므로

$2-2b+4=0$, $2+b-a=0$

두 식을 연립하여 풀면 $a=5$, $b=3$

$\therefore a+b=8$

답 ⑤

1073 ㄱ. 주어진 직선은 두 직선 $x+2y-1=0$, $3x-y+1=0$, 즉 $x+2y=1$, $3x-y=-1$의 교점을 지나는 직선이다.

ㄴ. $k=2$이면 $x+2y-1+2(3x-y+1)=0$

$7x+1=0$ $\quad \therefore x=-\dfrac{1}{7}$

이때 직선 $x=-\dfrac{1}{7}$의 기울기는 존재하지 않는다.

ㄷ. $x+2y-1+k(3x-y+1)=0$에서

$(3k+1)x+(-k+2)y+k-1=0$

$-k+2=0$, 즉 $k=2$이면 $x=-\dfrac{1}{7}$이므로 y축에 평행한 직선이 존재한다.

따라서 옳은 것은 ㄱ, ㄷ이다.

답 ③

1074 두 직선 l, m이 수직이므로

$1\times4+(-a)\times b=0$ $\quad \therefore ab=4$

두 직선 l, n이 평행하므로

$\dfrac{1}{1}=\dfrac{-a}{-(b-3)}\neq\dfrac{2}{-2}$에서 $a=b-3$ $\quad \therefore a-b=-3$

$\therefore a^2+b^2=(a-b)^2+2ab=(-3)^2+2\times4=17$

답 **17**

1075 $\angle ABO = \angle BCO$에서

$$\angle ABC = \angle ABO + \angle OBC$$
$$= \angle BCO + \angle OBC$$
$$= 90°$$

이므로 직선 l은 직선 m에 수직이다.

이때 직선 l의 기울기는

$$\frac{6-0}{0-(-8)} = \frac{3}{4}$$

이므로 직선 m의 기울기는 $-\frac{4}{3}$이다.

직선 m은 점 $B(-8, 0)$을 지나므로 직선 m의 방정식은

$$y = -\frac{4}{3}(x+8)$$

$$\therefore y = -\frac{4}{3}x - \frac{32}{3}$$

답 $y = -\dfrac{4}{3}x - \dfrac{32}{3}$

1076 점 B의 좌표를 (a, b)라 하면
선분 AB와 직선 $x+2y-4=0$이 서
로 수직이므로

$$\frac{b-3}{a-2} \times \left(-\frac{1}{2}\right) = -1$$

$$\therefore 2a-b=1 \qquad \cdots\cdots ㉠$$

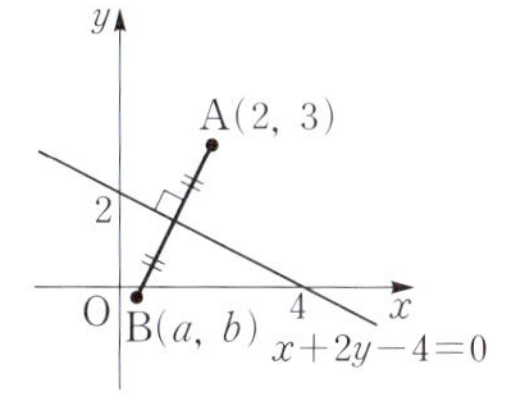

또, 직선 $x+2y-4=0$은 선분 AB의 중점 $\left(\dfrac{a+2}{2}, \dfrac{b+3}{2}\right)$을

지나므로

$$\frac{a+2}{2} + 2 \times \frac{b+3}{2} - 4 = 0$$

$$\therefore a+2b=0 \qquad \cdots\cdots ㉡$$

㉠, ㉡을 연립하여 풀면 $a = \dfrac{2}{5}$, $b = -\dfrac{1}{5}$

따라서 점 B의 좌표는 $\left(\dfrac{2}{5}, -\dfrac{1}{5}\right)$이다. 답 $\left(\dfrac{2}{5}, -\dfrac{1}{5}\right)$

1077 □ABCD는 마름모이므로 두 점 B, D를 지나는 직선 l
은 선분 AC의 수직이등분선이다.

직선 AC의 기울기는 $\dfrac{1-5}{9-1} = -\dfrac{1}{2}$

따라서 직선 l은 선분 AC의 중점

$\left(\dfrac{1+9}{2}, \dfrac{5+1}{2}\right)$, 즉 $(5, 3)$을 지나고

기울기가 2인 직선이므로

$$y-3 = 2(x-5)$$

$$\therefore 2x-y-7=0$$

즉, $a=-1$, $b=-7$이므로

$$ab=7$$

답 ③

1078 두 직선 $4x+y-3=0$, $3x-2y+5=0$은 한 점에서 만
난다.

(i) 직선 $ax+2y+4=0$이 직선 $4x+y-3=0$과 평행한 경우

$$\frac{4}{a} = \frac{1}{2} \neq \frac{-3}{4}$$에서 $a=8$

(ii) 직선 $ax+2y+4=0$이 직선 $3x-2y+5=0$과 평행한 경우

$$\frac{3}{a} = \frac{-2}{2} \neq \frac{5}{4}$$에서 $a=-3$

(i), (ii)에서 구하는 a의 값은 -3, 8이다. 답 -3, 8

1079 서로 다른 세 직선이 좌표평면을 네 부분으로 나누려면
세 직선이 모두 평행해야 한다.

두 직선 $3x-y+5=0$, $ax+2y-1=0$이 평행하려면

$$\frac{3}{a} = \frac{-1}{2} \neq \frac{5}{-1} \qquad \therefore a=-6$$

두 직선 $3x-y+5=0$, $x+by+7=0$이 평행하려면

$$\frac{3}{1} = \frac{-1}{b} \neq \frac{5}{7} \qquad \therefore b=-\frac{1}{3}$$

$$\therefore ab=2$$

답 2

1080 두 직선 $x+y+1=0$, $2x-y=0$의 교점을 지나는 직선
의 방정식은

$$x+y+1+k(2x-y)=0 \ (단, k는 실수)$$

$$\therefore (2k+1)x+(1-k)y+1=0$$

이 직선과 원점 사이의 거리는

$$\frac{|1|}{\sqrt{(2k+1)^2+(1-k)^2}} = \frac{1}{\sqrt{5k^2+2k+2}}$$

이므로 $\sqrt{5k^2+2k+2}$가 최소일 때, 최댓값을 갖는다.

$$5k^2+2k+2 = 5\left(k+\frac{1}{5}\right)^2 + \frac{9}{5} \geq \frac{9}{5}$$

이므로 구하는 최댓값은 $k=-\dfrac{1}{5}$일 때

$$\frac{1}{\sqrt{\dfrac{9}{5}}} = \frac{\sqrt{5}}{3}$$

답 $\dfrac{\sqrt{5}}{3}$

1081 주어진 두 직선의 교점을 지나는 직선의 방정식은

$$x+y-3+k(x-y-1)=0 \ (단, k는 실수)$$

$$\therefore (k+1)x+(1-k)y-k-3=0 \qquad \cdots\cdots ㉠$$

점 $(5, 3)$과 이 직선 사이의 거리가 2이므로

$$\frac{|5(k+1)+3(1-k)-k-3|}{\sqrt{(k+1)^2+(1-k)^2}} = 2$$

$$\frac{|k+5|}{\sqrt{2k^2+2}} = 2, \ |k+5| = 2\sqrt{2k^2+2}$$

양변을 제곱하여 정리하면

$$7k^2-10k-17=0, \ (k+1)(7k-17)=0$$

직선의 기울기가 0이 아니려면 ㉠에서 $k \neq -1$이므로

$$k = \frac{17}{7}$$

이것을 ㉠에 대입하면 $\dfrac{24}{7}x - \dfrac{10}{7}y - \dfrac{38}{7} = 0$

$$\therefore 12x-5y-19=0$$

답 ③

1082 직선 $3x+4y=8$ 위의 점 $(0, 2)$와 직선 $3x+4y=k$,
즉 $3x+4y-k=0$ 사이의 거리가 4이므로

$$\frac{|0+8-k|}{\sqrt{3^2+4^2}}=4, \ |8-k|=20$$

$8-k=\pm20 \quad \therefore k=-12 \ \text{또는} \ k=28$

따라서 모든 실수 k의 값의 합은 16이다. **답 16**

1083 두 점 $A(1, 1)$, $B(3, 2)$ 사이의
거리는

$$\overline{AB}=\sqrt{(3-1)^2+(2-1)^2}=\sqrt{5}$$

직선 AB의 방정식은

$$y-1=\frac{2-1}{3-1}(x-1)$$

$$\therefore x-2y+1=0$$

점 $C(2, k)$와 직선 AB, 즉 $x-2y+1=0$ 사이의 거리를 h라
하면

$$h=\frac{|2-2k+1|}{\sqrt{1^2+(-2)^2}}=\frac{|3-2k|}{\sqrt{5}}$$

이때 $\triangle ABC$의 넓이가 $\dfrac{5}{2}$이므로

$$\frac{1}{2}\times\overline{AB}\times h=\frac{5}{2}, \ \frac{1}{2}\times\sqrt{5}\times\frac{|3-2k|}{\sqrt{5}}=\frac{5}{2}$$

$|3-2k|=5, \ 3-2k=\pm5$

$\therefore k=-1 \ \text{또는} \ k=4$

따라서 모든 실수 k의 값의 합은 3이다. **답 ②**

1084 $mx-y+2m-1=0$에서

$$(x+2)m-(y+1)=0 \qquad \cdots\cdots \ \text{㉠}$$

이므로 m의 값에 관계없이 점 $(-2, -1)$을 지난다.
오른쪽 그림과 같이 두 직선이 제4사분
면에서 만나도록 직선 ㉠을 움직여 보면

(i) 직선 ㉠이 점 $(2, 0)$을 지날 때

$$4m-1=0 \quad \therefore m=\frac{1}{4}$$

(ii) 직선 ㉠이 점 $(0, -1)$을 지날 때

$$2m=0 \quad \therefore m=0$$

(i), (ii)에서 실수 m의 값의 범위는

$$0<m<\frac{1}{4}$$

답 $0<m<\dfrac{1}{4}$

1085 주어진 두 직선이 이루는 각의 이등분선 위의 임의의 점
을 $P(x, y)$라 하면 점 P에서 두 직선에 이르는 거리가 같으므로

$$\frac{|x+4y+3|}{\sqrt{1^2+4^2}}=\frac{|4x+y+12|}{\sqrt{4^2+1^2}}$$

$|x+4y+3|=|4x+y+12|$

$x+4y+3=\pm(4x+y+12)$

$\therefore x-y+3=0 \ \text{또는} \ x+y+3=0$

이 중 기울기가 양수인 것은 $x-y+3=0$이다. **답 ③**

1086 오른쪽 그림과 같이 직선
$y=mx+3$은 점 $A(0, 3)$을 지나고,
삼각형 ABC의 넓이를 이등분하므로
변 BC의 중점을 지나야 한다.

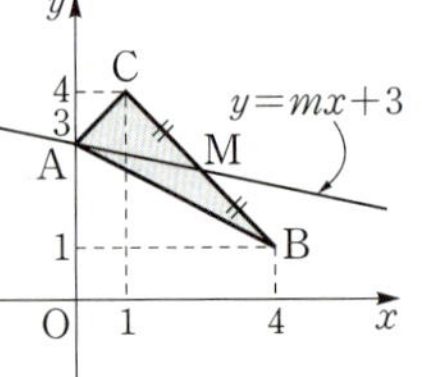

··················· ㉮

선분 BC의 중점 M의 좌표는

$$\left(\frac{4+1}{2}, \frac{1+4}{2}\right) \quad \therefore M\left(\frac{5}{2}, \frac{5}{2}\right)$$

··················· ㉯

직선 $y=mx+3$이 점 M을 지나므로

$$\frac{5}{2}=\frac{5}{2}m+3$$

$$\therefore m=-\frac{1}{5}$$

··················· ㉰

답 $-\dfrac{1}{5}$

단계	채점요소	배점
㉮	직선 $y=mx+3$이 $\overline{BC}$의 중점을 지남을 알기	40 %
㉯	$\overline{BC}$의 중점의 좌표 구하기	30 %
㉰	m의 값 구하기	30 %

1087 $(a+1)x-(a-3)y+a-15=0$을 a에 대하여 정리
하면

$$(x-y+1)a+x+3y-15=0$$

이 식이 a의 값에 관계없이 항상 성립하므로

$x-y+1=0, \ x+3y-15=0$

두 식을 연립하여 풀면 $x=3, \ y=4$

$\therefore A(3, 4)$

··················· ㉮

점 $A(3, 4)$와 직선 $2x-y+p=0$ 사이의 거리가 $\sqrt{5}$이므로

$$\frac{|6-4+p|}{\sqrt{2^2+(-1)^2}}=\sqrt{5}, \ |2+p|=5$$

$2+p=\pm5 \quad \therefore p=3 \ \text{또는} \ p=-7$

따라서 모든 실수 p의 값의 합은 -4이다.

··················· ㉯

답 -4

단계	채점요소	배점
㉮	점 A의 좌표 구하기	40 %
㉯	모든 실수 p의 값의 합 구하기	60 %

1088 직선 $x+ay+1=0$이 직선 $3x-by+1=0$과 수직이
므로

$$1\times3+a\times(-b)=0$$

$$\therefore ab=3$$

··················· ㉮

또, 직선 $x+ay+1=0$이 직선 $x-(b+2)y-1=0$과 평행하므로

$$\frac{1}{1}=\frac{a}{-(b+2)}\neq\frac{1}{-1}$$

$\dfrac{1}{1}=\dfrac{a}{-(b+2)}$에서 $-b-2=a$ $\therefore a+b=-2$

      …… ㉯

$$\therefore a^3+b^3=(a+b)^3-3ab(a+b)$$
$$=(-2)^3-3\times3\times(-2)$$
$$=-8+18=10$$

      …… ㉰

답 **10**

단계	채점요소	배점
㉮	수직 조건을 이용하여 ab의 값 구하기	40 %
㉯	평행 조건을 이용하여 $a+b$의 값 구하기	40 %
㉰	a^3+b^3의 값 구하기	20 %

1089 어느 두 직선도 서로 평행하지 않은 세 직선

$x-y+a=0$ …… ㉠

$2x-y+1=0$ …… ㉡

$3x-2y-a=0$ …… ㉢

이 삼각형을 이루지 않으려면 세 직선이 한 점에서 만나야 한다.

      …… ㉮

㉠, ㉡을 연립하여 풀면

$x=a-1,\ y=2a-1$

따라서 세 직선은 점 $(a-1,\ 2a-1)$을 지나야 한다.

      …… ㉯

직선 ㉢이 점 $(a-1,\ 2a-1)$을 지나야 하므로

$3(a-1)-2(2a-1)-a=0$

$-2a-1=0$ $\therefore a=-\dfrac{1}{2}$

      …… ㉰

답 $-\dfrac{1}{2}$

단계	채점요소	배점
㉮	세 직선의 위치 관계 구하기	30 %
㉯	두 직선의 교점의 좌표 구하기	30 %
㉰	a의 값 구하기	40 %

1090 $x+2y-3=0$ …… ㉠

$y=1$ …… ㉡

$x-y+6=0$ …… ㉢

㉠, ㉢을 연립하여 풀면 $A(-3,\ 3)$

㉡, ㉢을 연립하여 풀면 $B(-5,\ 1)$

㉠, ㉡을 연립하여 풀면 $C(1,\ 1)$

삼각형의 외심은 각 변의 수직이등분선의 교점이다.

변 BC의 중점의 좌표가 $(-2,\ 1)$이므로 변 BC의 수직이등분선의 방정식은

$x=-2$ …… ㉣

변 AB의 중점의 좌표가 $(-4,\ 2)$이고 직선 AB, 즉

$x-y+6=0$의 기울기가 1이므로 변 AB의 수직이등분선의 방정식은

$y-2=-(x+4)$ $\therefore y=-x-2$ …… ㉤

㉣, ㉤을 연립하여 풀면

$x=-2,\ y=0$

따라서 삼각형 ABC의 외심의 좌표는 $(-2,\ 0)$이므로

점 $(-2,\ 0)$과 직선 $x-y+6=0$ 사이의 거리는

$$\frac{|-2-0+6|}{\sqrt{1^2+(-1)^2}}=\frac{4}{\sqrt{2}}=2\sqrt{2}$$

답 $2\sqrt{2}$

1091 오른쪽 그림과 같이 점 A를 원점으로 하고 선분 AB가 x축 위에 있도록 좌표평면 위에 정사각형 ABCD를 놓으면 $\overline{AB}=\overline{BC}$이고 $\overline{BP}:\overline{PC}=1:2$이므로

$$\overline{AB}:\overline{BP}=\overline{BC}:\overline{BP}=3:1$$

따라서 직선 AP의 방정식은 $y=\dfrac{1}{3}x$

이때 원의 중심을 E라 하면 정사각형 ABCD의 한 변의 길이가 10이므로 $E(5,\ 5)$

점 E에서 직선 $y=\dfrac{1}{3}x$, 즉 $x-3y=0$에 내린 수선의 발을 H라

하면 $\overline{EH}=\dfrac{|5-15|}{\sqrt{1^2+(-3)^2}}=\dfrac{10}{\sqrt{10}}=\sqrt{10}$

직각삼각형 EQH에서 $\overline{EQ}=5$이므로

$5^2=\overline{QH}^2+(\sqrt{10})^2$, $\overline{QH}^2=15$ $\therefore \overline{QH}=\sqrt{15}$

$\therefore \overline{QR}=2\overline{QH}=2\sqrt{15}$

답 ⑤

1092 교차로의 한 지점을 원점으로 하여 주어진 그림을 좌표평면 위에 나타내면 오른쪽 그림과 같다.

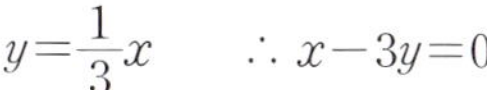

이때 두 지점 A, B의 좌표는

$A(0,\ -10),\ B(30,\ 10)$이고

원점과 점 B를 지나는 직선의 방정식은

$y=\dfrac{1}{3}x$ $\therefore x-3y=0$

A 지점에 있는 사람이 B 지점에 있는 사람을 보기 위해 움직여야 할 최단 거리는 점 $A(0,\ -10)$과 직선 $x-3y=0$ 사이의 거리와 같다.

따라서 구하는 최단 거리는

$$\frac{|0+30|}{\sqrt{1^2+(-3)^2}}=\frac{30}{\sqrt{10}}=3\sqrt{10}\ (\text{m})$$

답 $3\sqrt{10}$ **m**

12 원의 방정식

📖 교과서 문제 정복하기

1093 답 중심의 좌표: $(4, 1)$, 반지름의 길이: 5

1094 답 중심의 좌표: $(0, 3)$, 반지름의 길이: 3

1095 $x^2+y^2-4x=0$에서 $(x-2)^2+y^2=4$
따라서 중심의 좌표는 $(2, 0)$, 반지름의 길이는 2이다.
답 중심의 좌표: $(2, 0)$, 반지름의 길이: 2

1096 $x^2+y^2-2x-6y+6=0$에서 $(x-1)^2+(y-3)^2=4$
따라서 중심의 좌표는 $(1, 3)$, 반지름의 길이는 2이다.
답 중심의 좌표: $(1, 3)$, 반지름의 길이: 2

1097 중심의 좌표가 $(2, 2)$이고 반지름의 길이가 1인 원이므로
$(x-2)^2+(y-2)^2=1$ 답 $(x-2)^2+(y-2)^2=1$

1098 중심의 좌표가 $(3, -2)$이고 반지름의 길이가 2인 원이므로 $(x-3)^2+(y+2)^2=4$ 답 $(x-3)^2+(y+2)^2=4$

1099 답 $x^2+y^2=9$

1100 답 $(x-2)^2+(y+1)^2=25$

1101 반지름의 길이를 r라 하면 중심이 점 $(-3, 2)$이므로
$(x+3)^2+(y-2)^2=r^2$
이 원이 점 $(-2, 0)$을 지나므로
$1^2+(-2)^2=r^2$ ∴ $r^2=5$
따라서 구하는 원의 방정식은
$(x+3)^2+(y-2)^2=5$ 답 $(x+3)^2+(y-2)^2=5$

1102 x축에 접하므로 반지름의 길이는 중심의 y좌표의 절댓값인 3이다.
∴ $(x+2)^2+(y-3)^2=9$ 답 $(x+2)^2+(y-3)^2=9$

1103 y축에 접하므로 반지름의 길이는 중심의 x좌표의 절댓값인 4이다.
∴ $(x-4)^2+(y+1)^2=16$ 답 $(x-4)^2+(y+1)^2=16$

1104 x축, y축에 동시에 접하므로 반지름의 길이는 중심의 x좌표(또는 y좌표)의 절댓값인 2이다.
∴ $(x+2)^2+(y+2)^2=4$ 답 $(x+2)^2+(y+2)^2=4$

1105 두 원의 교점을 지나는 직선의 방정식은
$x^2+y^2-4-(x^2+y^2-6x-8y+9)=0$
∴ $6x+8y-13=0$ 답 $6x+8y-13=0$

1106 $(x-4)^2+(y-2)^2=9$에서
$x^2+y^2-8x-4y+11=0$
따라서 두 원의 공통인 현의 방정식은
$x^2+y^2-9-(x^2+y^2-8x-4y+11)=0$
$8x+4y-20=0$ ∴ $2x+y-5=0$ 답 $2x+y-5=0$

1107 두 원의 교점을 지나는 원의 방정식은
$x^2+y^2-4y+k(x^2+y^2-2x)=0$ (단, $k \neq -1$) ⋯⋯ ㉠
이 원이 점 $(2, 3)$을 지나므로
$4+9-12+k(4+9-4)=0$
$9k+1=0$ ∴ $k=-\dfrac{1}{9}$
$k=-\dfrac{1}{9}$을 ㉠에 대입하면
$x^2+y^2-4y-\dfrac{1}{9}(x^2+y^2-2x)=0$
$9x^2+9y^2-36y-x^2-y^2+2x=0$
$8x^2+8y^2+2x-36y=0$
∴ $x^2+y^2+\dfrac{1}{4}x-\dfrac{9}{2}y=0$ 답 $x^2+y^2+\dfrac{1}{4}x-\dfrac{9}{2}y=0$

1108 $x-y+3=0$에서 $y=x+3$
$y=x+3$을 $x^2+y^2=36$에 대입하면
$x^2+(x+3)^2=36$ ∴ $2x^2+6x-27=0$
이 이차방정식의 판별식을 D라 하면
$\dfrac{D}{4}=3^2-2\times(-27)=63>0$
따라서 원 O와 직선 l은 서로 다른 두 점에서 만난다.
답 서로 다른 두 점에서 만난다.

1109 $x-2y-1=0$에서 $x=2y+1$
$x=2y+1$을 $x^2+y^2+4x-2y+4=0$에 대입하면
$(2y+1)^2+y^2+4(2y+1)-2y+4=0$
∴ $5y^2+10y+9=0$
이 이차방정식의 판별식을 D라 하면
$\dfrac{D}{4}=5^2-5\times9=-20<0$
따라서 원 O와 직선 l은 만나지 않는다. 답 만나지 않는다.

1110 원의 중심 $(1, 2)$와 직선 $2x-y+5=0$ 사이의 거리는
$\dfrac{|2\times1-2+5|}{\sqrt{2^2+(-1)^2}}=\dfrac{5}{\sqrt{5}}=\sqrt{5}$
이때 원의 반지름의 길이가 5이고 $\sqrt{5}<5$이므로 원 O와 직선 l은 서로 다른 두 점에서 만난다. 즉, 교점의 개수는 2이다.
답 2

1111 $x^2+y^2-8x+6y+9=0$에서
$(x-4)^2+(y+3)^2=16$

원의 중심 $(4, -3)$과 직선 $3x+y+11=0$ 사이의 거리는
$$\frac{|3\times4+(-3)+11|}{\sqrt{3^2+1^2}}=\frac{20}{\sqrt{10}}=2\sqrt{10}$$

이때 원의 반지름의 길이가 4이고 $2\sqrt{10}>4$이므로 원 O와 직선 l은 만나지 않는다. 즉, 교점의 개수는 0이다.　　　답 **0**

1112 $y=2x\pm\sqrt{5}\times\sqrt{2^2+1}$　　$\therefore y=2x\pm5$
답 $y=2x+5,\ y=2x-5$

1113 답 $x+\sqrt{3}y=4$

본문 156~164쪽

유형 익히기

1114 중심이 x축 위에 있으므로 원의 방정식을
$(x-a)^2+y^2=r^2$
으로 놓으면 이 원이 두 점 $(0, -4)$, $(1, 3)$을 지나므로
$a^2+16=r^2$, $(1-a)^2+9=r^2$
두 식을 연립하여 풀면 $a=-3$, $r^2=25$
따라서 구하는 원의 반지름의 길이는 5이다.　　답 **④**

1115 원 $(x-3)^2+(y+2)^2=1$의 중심의 좌표가 $(3, -2)$이므로 구하는 원의 반지름의 길이를 r라 하면 원의 방정식은
$(x-3)^2+(y+2)^2=r^2$
이 원이 점 $(5, 1)$을 지나므로
$(5-3)^2+(1+2)^2=r^2$　　$\therefore r^2=13$
따라서 구하는 원의 넓이는
$\pi r^2=\pi\times13=13\pi$　　답 13π

1116 중심이 y축 위에 있으므로 원의 방정식을
$x^2+(y-b)^2=r^2$
으로 놓으면 이 원이 두 점 $(-1, 2)$, $(3, 4)$를 지나므로
$1+(2-b)^2=r^2$, $9+(4-b)^2=r^2$
두 식을 연립하여 풀면 $b=5$, $r^2=10$
따라서 원의 방정식은 $x^2+(y-5)^2=10$
ㄱ. 중심의 좌표는 $(0, 5)$이다.
ㄴ. $3^2+(6-5)^2=10$이므로 점 $(3, 6)$을 지난다.
ㄷ. 넓이는 10π이다.
따라서 옳은 것은 ㄱ, ㄴ이다.　　답 ㄱ, ㄴ

1117 원의 중심 (a, b)가 직선 $y=2x-1$ 위에 있으므로
$b=2a-1$　　　　　　……㉠
원의 방정식을
$(x-a)^2+(y-2a+1)^2=r^2$
으로 놓으면 이 원이 두 점 $(1, 4)$, $(3, 2)$를 지나므로
$(1-a)^2+(4-2a+1)^2=r^2$에서
$5a^2-22a+26=r^2$　　　　……㉡
$(3-a)^2+(2-2a+1)^2=r^2$에서
$5a^2-18a+18=r^2$　　　　……㉢
㉡, ㉢을 연립하여 풀면 $a=2$, $r^2=2$
$a=2$를 ㉠에 대입하면 $b=3$
$\therefore a+b+r^2=2+3+2=7$　　답 **7**

1118 원의 중심의 좌표는 $\overline{AB}$의 중점의 좌표와 같으므로
$\left(\dfrac{-1+5}{2}, \dfrac{2+6}{2}\right)$, 즉 $(2, 4)$　　$\therefore a=2, b=4$
원의 반지름의 길이는
$\dfrac{1}{2}\overline{AB}=\dfrac{1}{2}\sqrt{\{5-(-1)\}^2+(6-2)^2}=\sqrt{13}$　　$\therefore r^2=13$
$\therefore a+b+r^2=19$　　답 **19**

1119 원의 중심의 좌표는 $\left(\dfrac{2+4}{2}, \dfrac{4+(-2)}{2}\right)$, 즉 $(3, 1)$
원의 반지름의 길이는 $\dfrac{1}{2}\sqrt{(4-2)^2+(-2-4)^2}=\sqrt{10}$
따라서 원의 방정식은 $(x-3)^2+(y-1)^2=10$이므로 이 원 위의 점인 것은 ⑤이다.　　답 **⑤**

1120 $4x-5y+40=0$에
$y=0$을 대입하면 $4x+40=0$　　$\therefore x=-10$
$x=0$을 대입하면 $-5y+40=0$　　$\therefore y=8$
$\therefore \mathrm{P}(-10, 0)$, $\mathrm{Q}(0, 8)$　　㉮

두 점 P, Q를 지름의 양 끝 점으로 하는 원의 중심의 좌표는
$\left(\dfrac{-10+0}{2}, \dfrac{0+8}{2}\right)$, 즉 $(-5, 4)$　　㉯

원의 반지름의 길이는
$\dfrac{1}{2}\overline{PQ}=\dfrac{1}{2}\sqrt{\{0-(-10)\}^2+(8-0)^2}=\sqrt{41}$　　㉰

따라서 구하는 원의 방정식은 $(x+5)^2+(y-4)^2=41$　　㉱

답 $(x+5)^2+(y-4)^2=41$

단계	채점요소	배점
㉮	점 P, Q의 좌표 구하기	20 %
㉯	원의 중심의 좌표 구하기	30 %
㉰	원의 반지름의 길이 구하기	30 %
㉱	원의 방정식 구하기	20 %

1121 $x^2+y^2+4x-6y+k+10=0$에서
$(x+2)^2+(y-3)^2=3-k$
이 방정식이 원을 나타내려면
$3-k>0$ $\therefore k<3$
따라서 정수 k의 최댓값은 2이다. **답 2**

1122 ① $x^2+y^2+6x=0$에서 $(x+3)^2+y^2=9$
② $x^2+y^2+2x-8y-8=0$에서 $(x+1)^2+(y-4)^2=25$
③ $x^2+y^2+x+y+1=0$에서 $\left(x+\dfrac{1}{2}\right)^2+\left(y+\dfrac{1}{2}\right)^2=-\dfrac{1}{2}$

$-\dfrac{1}{2}<0$이므로 원이 아니다.
④ $x^2+y^2+4x+2y-1=0$에서 $(x+2)^2+(y+1)^2=6$
⑤ $x^2+y^2-2x+4y=0$에서 $(x-1)^2+(y+2)^2=5$
따라서 원의 방정식이 아닌 것은 ③이다. **답 ③**

1123 $x^2+y^2+2kx-5k^2-6k-4=0$에서
$(x+k)^2+y^2=6k^2+6k+4$
이 방정식이 반지름의 길이가 2 이하인 원을 나타내려면
$0<6k^2+6k+4\leq4$
(i) $6k^2+6k+4>0$에서
  $6\left(k+\dfrac{1}{2}\right)^2+\dfrac{5}{2}>0$, 즉 k는 모든 실수이다.
(ii) $6k^2+6k+4\leq4$에서
  $k^2+k\leq0$, $k(k+1)\leq0$
  $\therefore -1\leq k\leq0$
(i), (ii)에서 실수 k의 값의 범위는 $-1\leq k\leq0$ **답 ②**

1124 $x^2+y^2-4x+a^2-4a-1=0$에서
$(x-2)^2+y^2=-a^2+4a+5$
이 방정식이 원을 나타내므로
$-a^2+4a+5>0$, $a^2-4a-5<0$
$(a+1)(a-5)<0$ $\therefore -1<a<5$
이때 원의 넓이가 최대이려면 반지름의 길이가 최대이어야 하므로
$-a^2+4a+5=-(a-2)^2+9$
따라서 $-1<a<5$에서 $a=2$일 때 반지름의 길이는 최대이고, 그때의 반지름의 길이는 $\sqrt{9}=3$이다. **답 3**

1125 원의 중심을 $P(a, b)$라 하면 $\overline{PA}=\overline{PB}=\overline{PC}$
$\overline{PA}=\overline{PB}$에서 $\overline{PA}^2=\overline{PB}^2$이므로
$(a-3)^2+(b-4)^2=(a-2)^2+(b+1)^2$
$\therefore a+5b=10$ $\cdots\cdots$ ㉠
$\overline{PB}=\overline{PC}$에서 $\overline{PB}^2=\overline{PC}^2$이므로
$(a-2)^2+(b+1)^2=(a+3)^2+b^2$
$\therefore 5a-b=-2$ $\cdots\cdots$ ㉡
㉠, ㉡을 연립하여 풀면 $a=0$, $b=2$
즉, 원의 중심은 $P(0, 2)$
원의 반지름의 길이는

$\overline{PA}=\sqrt{(0-3)^2+(2-4)^2}=\sqrt{13}$
이므로 $r=\sqrt{13}$
$\therefore a+b+r=2+\sqrt{13}$ **답 $2+\sqrt{13}$**

1126 원의 중심을 $P(a, b)$라 하면 $\overline{PA}=\overline{PB}=\overline{PC}$
$\overline{PA}=\overline{PB}$에서 $\overline{PA}^2=\overline{PB}^2$이므로
$(a+5)^2+(b-0)^2=(a-1)^2+(b-2)^2$
$\therefore 3a+b=-5$ $\cdots\cdots$ ㉠
$\overline{PB}=\overline{PC}$에서 $\overline{PB}^2=\overline{PC}^2$이므로
$(a-1)^2+(b-2)^2=(a-3)^2+(b-4)^2$
$\therefore a+b=5$ $\cdots\cdots$ ㉡
㉠, ㉡을 연립하여 풀면 $a=-5$, $b=10$
즉, 원의 중심은 $P(-5, 10)$이고, 반지름의 길이는
$\overline{PA}=\sqrt{\{-5-(-5)\}^2+(0-10)^2}=10$
따라서 원의 방정식은
$(x+5)^2+(y-10)^2=100$
이때 점 $(k, 16)$이 이 원 위의 점이므로
$(k+5)^2+(16-10)^2=100$
$k^2+10k-39=0$, $(k+13)(k-3)=0$
$\therefore k=3 \ (\because k>0)$ **답 ①**

1127 원의 중심을 $P(a, b)$라 하면 $\overline{PA}=\overline{PB}=\overline{PC}$
$\overline{PA}=\overline{PB}$에서 $\overline{PA}^2=\overline{PB}^2$이므로
$(a-1)^2+(b-2)^2=(a-2)^2+(b-1)^2$
$\therefore a-b=0$ $\cdots\cdots$ ㉠
$\overline{PB}=\overline{PC}$에서 $\overline{PB}^2=\overline{PC}^2$이므로
$(a-2)^2+(b-1)^2=(a-3)^2+(b-1)^2$
$2a=5$ $\therefore a=\dfrac{5}{2}$

$a=\dfrac{5}{2}$를 ㉠에 대입하면 $b=\dfrac{5}{2}$
즉, 원의 중심은 $P\left(\dfrac{5}{2}, \dfrac{5}{2}\right)$이고, 반지름의 길이는
$\overline{PA}=\sqrt{\left(\dfrac{5}{2}-1\right)^2+\left(\dfrac{5}{2}-2\right)^2}=\sqrt{\dfrac{5}{2}}$
따라서 구하는 원의 넓이는
$\pi\times\left(\sqrt{\dfrac{5}{2}}\right)^2=\dfrac{5}{2}\pi$ **답 $\dfrac{5}{2}\pi$**

1128 원의 중심이 직선 $y=x+1$ 위에 있으므로 중심의 좌표를 $(a, a+1)$이라 하자.
원이 x축에 접하므로 원의 방정식은
$(x-a)^2+(y-a-1)^2=(a+1)^2$
이 원이 점 $(-1, -1)$을 지나므로
$(-1-a)^2+(-1-a-1)^2=(a+1)^2$
$(a+2)^2=0$ $\therefore a=-2$
따라서 구하는 원의 방정식은
$(x+2)^2+(y+1)^2=1$ **답 ④**

1129 원의 중심의 좌표를 (a, b)라 하면 x축에 접하는 원의 방정식은
$$(x-a)^2+(y-b)^2=b^2$$
이 원이 두 점 $(1, 1)$, $(2, 2)$를 지나므로
$$(1-a)^2+(1-b)^2=b^2$$에서
$$a^2-2a-2b+2=0 \qquad \cdots\cdots \text{㉠}$$
$$(2-a)^2+(2-b)^2=b^2$$에서
$$a^2-4a-4b+8=0 \qquad \cdots\cdots \text{㉡}$$
㉠, ㉡을 연립하여 풀면
$$a=2,\ b=1 \text{ 또는 } a=-2,\ b=5$$
이때 원의 반지름의 길이는 $|b|$이므로 두 원의 반지름의 길이의 합은
$$1+5=6 \qquad\qquad\qquad \text{답 } 6$$

1130 $x^2+y^2-6x+2ky+10=0$에서
$$(x-3)^2+(y+k)^2=k^2-1$$
이 원이 y축에 접하므로 중심의 x좌표의 절댓값과 반지름의 길이가 같다.
즉, $3=\sqrt{k^2-1}$이므로
$$k^2-1=9,\ k^2=10 \qquad \therefore k=\pm\sqrt{10}$$
이때 원의 중심이 제4 사분면 위에 있으므로 $-k<0$, 즉 $k>0$
$$\therefore k=\sqrt{10} \qquad\qquad \text{답 } \sqrt{10}$$

1131 원 $x^2+y^2+2ax-4y+b=0$이 점 $(3, -1)$을 지나므로
$$9+1+6a+4+b=0$$
$$\therefore 6a+b=-14 \qquad \cdots\cdots \text{㉠}$$

                            ㉮

$x^2+y^2+2ax-4y+b=0$에서
$$(x+a)^2+(y-2)^2=a^2-b+4$$

                            ㉯

이 원이 y축에 접하므로 중심의 x좌표의 절댓값과 반지름의 길이가 같다.
즉, $|-a|=\sqrt{a^2-b+4}$이므로
$$a^2=a^2-b+4 \qquad \therefore b=4$$
$b=4$를 ㉠에 대입하면 $a=-3$

                            ㉰

$$\therefore a+b=1$$

                            ㉱

$$\qquad\qquad\qquad\qquad\qquad \text{답 } 1$$

단계	채점요소	배점
㉮	원이 점 $(3, -1)$을 지남을 이용하여 a, b 사이의 관계식 세우기	20 %
㉯	원의 방정식을 $(x-p)^2+(y-q)^2=r^2$의 꼴로 나타내기	20 %
㉰	a, b의 값 구하기	40 %
㉱	$a+b$의 값 구하기	20 %

1132 점 $(2, 1)$을 지나고 x축과 y축에 동시에 접하려면 원의 중심이 제1 사분면 위에 있어야 하므로 반지름의 길이를 r라 하면 중심의 좌표는 (r, r)이다.
따라서 원의 방정식을
$$(x-r)^2+(y-r)^2=r^2$$
으로 놓으면 이 원이 점 $(2, 1)$을 지나므로
$$(2-r)^2+(1-r)^2=r^2,\ r^2-6r+5=0$$
$$(r-1)(r-5)=0 \qquad \therefore r=1 \text{ 또는 } r=5$$
따라서 두 원의 중심의 좌표가 각각 $(1, 1)$, $(5, 5)$이므로 두 원의 중심 사이의 거리는
$$\sqrt{(5-1)^2+(5-1)^2}=4\sqrt{2} \qquad \text{답 } 4\sqrt{2}$$

1133 중심의 좌표가 $(-2, 2)$이고 x축과 y축에 동시에 접하는 원의 반지름의 길이는 2이므로 원의 방정식은
$$(x+2)^2+(y-2)^2=4$$
이 원이 점 $(-4, a)$를 지나므로 $4+(a-2)^2=4$
$$(a-2)^2=0 \qquad \therefore a=2 \qquad \text{답 } 2$$

1134 제4 사분면에서 x축과 y축에 동시에 접하는 원의 반지름의 길이를 r라 하면 중심의 좌표는 $(r, -r)$이다.
이때 원의 중심 $(r, -r)$가 직선 $x-y-2=0$ 위에 있으므로
$$r-(-r)-2=0,\ 2r=2 \qquad \therefore r=1$$
따라서 구하는 원의 넓이는
$$\pi\times 1^2=\pi \qquad\qquad \text{답 } \pi$$

1135 $x^2+y^2+4x+2ay+10-b=0$에서
$$(x+2)^2+(y+a)^2=a^2+b-6$$
이 원이 x축과 y축에 동시에 접하므로 중심의 x좌표의 절댓값과 y좌표의 절댓값, 반지름의 길이가 모두 같다.
즉, $|-2|=|-a|=\sqrt{a^2+b-6}$이므로
$$a=2,\ b=6\ (\because a>0,\ b>0)$$
$$\therefore a+b=8 \qquad\qquad \text{답 } ④$$

1136 $x^2+y^2-4x+8y+4=0$에서
$$(x-2)^2+(y+4)^2=16$$
점 $\mathrm{A}(-2, 1)$과 원의 중심 $(2, -4)$ 사이의 거리는
$$\sqrt{(-2-2)^2+\{1-(-4)\}^2}=\sqrt{41}$$
이때 원의 반지름의 길이가 4이므로 선분 AP의 길이의 최댓값은 $\sqrt{41}+4$, 최솟값은 $\sqrt{41}-4$이다.
$$\therefore M=\sqrt{41}+4,\ m=\sqrt{41}-4$$
$$\therefore Mm=(\sqrt{41}+4)(\sqrt{41}-4)=25 \qquad \text{답 } ④$$

1137 점 $(3, -6)$과 원의 중심 $(0, 0)$ 사이의 거리는
$$\sqrt{3^2+(-6)^2}=3\sqrt{5}$$
이고, 원의 반지름의 길이는 r이므로 점 $(3, -6)$에서 원에 이르는 거리의 최댓값은 $3\sqrt{5}+r$이다.

즉, $3\sqrt{5}+r=4\sqrt{5}$이므로
$r=\sqrt{5}$ 답 $\sqrt{5}$

1138 $\sqrt{(a+4)^2+(b-3)^2}$의 값은 원 $x^2+y^2=4$ 위의 점 $P(a, b)$와 점 $(-4, 3)$ 사이의 거리와 같다.
점 $(-4, 3)$과 원의 중심 $(0, 0)$ 사이의 거리는
$\sqrt{(-4)^2+3^2}=5$
이때 원의 반지름의 길이가 2이므로 $\sqrt{(a+4)^2+(b-3)^2}$의 최댓값은
$5+2=7$ 답 ③

1139 두 원의 교점을 지나는 직선의 방정식은
$x^2+y^2-8x-(x^2+y^2-6x-4y+3)=0$
$2x-4y+3=0 \quad \therefore y=\dfrac{1}{2}x+\dfrac{3}{4}$
이 직선이 $y=ax+6$과 수직이므로
$\dfrac{1}{2}\times a=-1 \quad \therefore a=-2$ 답 -2

1140 $(x-2)^2+y^2=10$에서 $x^2+y^2-4x-6=0$이므로
두 원의 공통인 현의 방정식은
$x^2+y^2-4x-6-(x^2+y^2+y-5)=0$
$4x+y+1=0 \quad \therefore y=-4x-1$
따라서 $a=-4, b=-1$이므로
$a+b=-5$ 답 ①

1141 두 원의 교점을 지나는 직선의 방정식은
$x^2+y^2+x-(x^2+y^2-2x+y)=0$
$3x-y=0 \quad \therefore y=3x$
따라서 기울기가 3이고 점 $(1, 1)$을 지나는 직선의 방정식은
$y-1=3(x-1) \quad \therefore y=3x-2$ 답 $y=3x-2$

1142 원 $x^2+y^2+ax+2y-3a=0$이
원 $x^2+y^2+2x-2y-2=0$의 둘레를 이등분하려면 두 원의 교점을 지나는 직선이 원 $x^2+y^2+2x-2y-2=0$의 중심을 지나야 한다.
두 원의 교점을 지나는 직선의 방정식은
$x^2+y^2+ax+2y-3a-(x^2+y^2+2x-2y-2)=0$
$\therefore (a-2)x+4y-3a+2=0$ $\qquad\cdots\cdots$ ㉠
또, $x^2+y^2+2x-2y-2=0$에서
$(x+1)^2+(y-1)^2=4$ $\qquad\cdots\cdots$ ㉡
따라서 직선 ㉠이 원 ㉡의 중심 $(-1, 1)$을 지나야 하므로
$-(a-2)+4-3a+2=0$
$4a=8 \quad \therefore a=2$ 답 2

1143 $x^2+y^2=1$에서 $x^2+y^2-1=0$
$(x-1)^2+(y-1)^2=1$에서 $x^2+y^2-2x-2y+1=0$
두 원의 교점을 지나는 원의 방정식은

$x^2+y^2-1+k(x^2+y^2-2x-2y+1)=0$
(단, $k\neq-1$) $\cdots\cdots$ ㉠
이 원이 점 $(3, 1)$을 지나므로
$9+1-1+k(9+1-6-2+1)=0$
$9+3k=0 \quad \therefore k=-3$
$k=-3$을 ㉠에 대입하면
$x^2+y^2-1-3(x^2+y^2-2x-2y+1)=0$
$\therefore x^2+y^2-3x-3y+2=0$
따라서 $A=-3, B=-3, C=2$이므로
$A+B+C=-4$ 답 -4

1144 두 원의 교점을 지나는 원의 방정식은
$x^2+y^2-6x+2+k(x^2+y^2-2x-8y+4)=0$
(단, $k\neq-1$) $\cdots\cdots$ ㉠
이 원이 점 $(1, 0)$을 지나므로
$1-6+2+k(1-2+4)=0$
$-3+3k=0 \quad \therefore k=1$
$k=1$을 ㉠에 대입하면
$x^2+y^2-6x+2+(x^2+y^2-2x-8y+4)=0$
$x^2+y^2-4x-4y+3=0$
$\therefore (x-2)^2+(y-2)^2=5$
따라서 원의 반지름의 길이가 $\sqrt{5}$이므로 넓이는
$\pi\times(\sqrt{5})^2=5\pi$ 답 5π

1145 두 원의 교점을 지나는 원의 방정식은
$x^2+y^2-6y+4+k(x^2+y^2+ax-4y+2)=0$
(단, $k\neq-1$) $\cdots\cdots$ ㉠
이 원이 원점을 지나므로
$4+2k=0 \quad \therefore k=-2$
$k=-2$를 ㉠에 대입하면
$x^2+y^2-6y+4-2(x^2+y^2+ax-4y+2)=0$
$x^2+y^2+2ax-2y=0$
$\therefore (x+a)^2+(y-1)^2=a^2+1$
이때 이 원의 반지름의 길이가 $\sqrt{a^2+1}$이고 넓이가 10π이므로
$\pi\times(\sqrt{a^2+1})^2=10\pi$
$a^2+1=10, a^2=9$
$\therefore a=3 \ (\because a>0)$ 답 3

1146 두 원의 교점을 지나는 원의 방정식은
$x^2+y^2-8x+4y-8+k(x^2+y^2+4x-8y-14)=0$
(단, $k\neq-1$) $\cdots\cdots$ ㉠
$(1+k)x^2+(1+k)y^2+(-8+4k)x$
$+(4-8k)y-8-14k=0$
이때 이 원의 중심이 y축 위에 있으므로 중심의 x좌표는 0이다.
즉, x의 계수가 0이므로

$-8+4k=0$ $\therefore k=2$

$k=2$를 ㉠에 대입하면

$x^2+y^2-8x+4y-8+2(x^2+y^2+4x-8y-14)=0$

$x^2+y^2-4y-12=0$

$\therefore x^2+(y-2)^2=16$

따라서 원의 반지름의 길이가 4이므로 둘레의 길이는

$2\pi \times 4=8\pi$　　　　　　　　　　　　　　　　　답 **8π**

1147　원의 중심 $(-1, 2)$와 직선 $y=2x-k$, 즉

$2x-y-k=0$ 사이의 거리는

$$\frac{|-2-2-k|}{\sqrt{2^2+(-1)^2}}=\frac{|k+4|}{\sqrt{5}}$$

원의 반지름의 길이가 $\sqrt{5}$이므로 원과 직선이 서로 다른 두 점에서 만나려면

$$\frac{|k+4|}{\sqrt{5}}<\sqrt{5}, \ |k+4|<5$$

$-5<k+4<5$　　$\therefore -9<k<1$

따라서 정수 k는 $-8, -7, -6, \cdots, 0$의 9개이다.　　답 ④

다른풀이　$y=2x-k$를 $(x+1)^2+(y-2)^2=5$에 대입하면

$(x+1)^2+(2x-k-2)^2=5$

$x^2+2x+1+4x^2+k^2+4-4kx-8x+4k-5=0$

$\therefore 5x^2-(4k+6)x+k^2+4k=0$

이 이차방정식의 판별식을 D라 하면 원과 직선이 서로 다른 두 점에서 만나므로

$$\frac{D}{4}=(2k+3)^2-5(k^2+4k)>0$$

$-k^2-8k+9>0, \ k^2+8k-9<0$

$(k+9)(k-1)<0$　　$\therefore -9<k<1$

따라서 정수 k는 $-8, -7, -6, \cdots, 0$의 9개이다.

1148　원의 중심 $(-2, 3)$과 직선 $3x+4y+2=0$ 사이의 거리는

$$\frac{|-6+12+2|}{\sqrt{3^2+4^2}}=\frac{8}{5}$$

원의 반지름의 길이가 $\sqrt{a}$이므로 원과 직선이 서로 다른 두 점에서 만나려면

$$\frac{8}{5}<\sqrt{a}　　\therefore a>\frac{64}{25}=2.56$$

따라서 자연수 a의 최솟값은 3이다.　　　　　　답 ②

1149　원의 중심 $(1, 0)$과 직선 $y=mx+1$, 즉

$mx-y+1=0$ 사이의 거리는

$$\frac{|m-0+1|}{\sqrt{m^2+(-1)^2}}=\frac{|m+1|}{\sqrt{m^2+1}}$$

원의 반지름의 길이가 1이므로 원과 직선이 서로 다른 두 점에서 만나려면

$$\frac{|m+1|}{\sqrt{m^2+1}}<1, \ |m+1|<\sqrt{m^2+1}$$

양변을 제곱하면

$m^2+2m+1<m^2+1, \ 2m<0$

$\therefore m<0$　　　　　　　　　　　　　　　답 **$m<0$**

1150　원의 중심 $(2, 0)$과 직선 $y=-x+k$, 즉 $x+y-k=0$

사이의 거리는

$$\frac{|2+0-k|}{\sqrt{1^2+1^2}}=\frac{|k-2|}{\sqrt{2}}$$

원의 반지름의 길이가 $\sqrt{2}$이므로 원과 직선이 접하려면

$$\frac{|k-2|}{\sqrt{2}}=\sqrt{2}, \ |k-2|=2$$

$k-2=\pm 2$　　$\therefore k=4 \ (\because k>0)$　　　　답 ④

다른풀이　$y=-x+k$를 $(x-2)^2+y^2=2$에 대입하면

$(x-2)^2+(-x+k)^2=2$

$\therefore 2x^2-(2k+4)x+k^2+2=0$

이 이차방정식의 판별식을 D라 하면 원과 직선이 접하므로

$$\frac{D}{4}=(k+2)^2-2(k^2+2)=0$$

$-k^2+4k=0, \ k(k-4)=0$　　$\therefore k=4 \ (\because k>0)$

1151　원의 중심 $(-2, 3)$과 직선 $x-2y+k=0$ 사이의 거리는

$$\frac{|-2-6+k|}{\sqrt{1^2+(-2)^2}}=\frac{|k-8|}{\sqrt{5}}$$

넓이가 5π인 원의 반지름의 길이는 $\sqrt{5}$이므로 원과 직선이 접하려면

$$\frac{|k-8|}{\sqrt{5}}=\sqrt{5}, \ |k-8|=5$$

$k-8=\pm 5$　　$\therefore k=13$ 또는 $k=3$

따라서 모든 실수 k의 값의 합은

$13+3=16$　　　　　　　　　　　　　　　　답 **16**

1152　x축과 y축에 동시에 접하고 중심이 제1사분면 위에 있는 원의 방정식을

$(x-a)^2+(y-a)^2=a^2 \ (a>0)$

으로 놓으면 원의 중심 (a, a)와 직선 $5x+12y-8=0$ 사이의 거리는

$$\frac{|5a+12a-8|}{\sqrt{5^2+12^2}}=\frac{|17a-8|}{13}$$

원의 반지름의 길이가 a이므로 원과 직선이 접하려면

$$\frac{|17a-8|}{13}=a, \ |17a-8|=13a$$

$17a-8=\pm 13a$　　$\therefore a=2$ 또는 $a=\dfrac{4}{15}$

따라서 두 원 중 큰 원의 넓이는 $\pi \times 2^2=4\pi$　　답 **4π**

1153　원의 중심 $(-1, 0)$과 직선 $y=mx-2m$, 즉

$mx-y-2m=0$ 사이의 거리는

$$\frac{|-m-0-2m|}{\sqrt{m^2+(-1)^2}}=\frac{|3m|}{\sqrt{m^2+1}}$$

원의 반지름의 길이가 1이므로 원과 직선이 만나지 않으려면

$$\frac{|3m|}{\sqrt{m^2+1}}>1, \quad |3m|>\sqrt{m^2+1}$$

양변을 제곱하면

$$9m^2>m^2+1, \quad m^2>\frac{1}{8}$$

$$\therefore \ m<-\frac{\sqrt{2}}{4} \ \text{또는} \ m>\frac{\sqrt{2}}{4}$$

따라서 m의 값이 될 수 없는 것은 ③이다. 답 ③

다른풀이 $y=mx-2m$을 $(x+1)^2+y^2=1$에 대입하면

$$(x+1)^2+(mx-2m)^2=1$$

$$\therefore \ (m^2+1)x^2-(4m^2-2)x+4m^2=0$$

이 이차방정식의 판별식을 D라 하면 원과 직선이 만나지 않으므로

$$\frac{D}{4}=(2m^2-1)^2-4m^2(m^2+1)<0$$

$$-8m^2+1<0, \quad m^2>\frac{1}{8}$$

$$\therefore \ m<-\frac{\sqrt{2}}{4} \ \text{또는} \ m>\frac{\sqrt{2}}{4}$$

1154 원의 중심 $(a,\ 0)$과 직선 $x+y-3=0$ 사이의 거리는

$$\frac{|a+0-3|}{\sqrt{1^2+1^2}}=\frac{|a-3|}{\sqrt{2}}$$

원의 반지름의 길이가 1이므로 원과 직선이 만나지 않으려면

$$\frac{|a-3|}{\sqrt{2}}>1, \quad |a-3|>\sqrt{2}$$

$$a-3<-\sqrt{2} \ \text{또는} \ a-3>\sqrt{2}$$

$$\therefore \ a<3-\sqrt{2} \ \text{또는} \ a>3+\sqrt{2}$$

따라서 자연수 a의 최솟값은 1이다. 답 **1**

1155 주어진 두 점을 지름의 양 끝 점으로 하는 원의

중심의 좌표는 $\left(\dfrac{-2+4}{2},\ \dfrac{-1-3}{2}\right)$, 즉 $(1,\ -2)$

반지름의 길이는 $\dfrac{1}{2}\sqrt{\{4-(-2)\}^2+\{-3-(-1)\}^2}=\sqrt{10}$　㉮

원의 중심 $(1,\ -2)$와 직선 $y=3x+k$, 즉 $3x-y+k=0$ 사이의 거리는

$$\frac{|3+2+k|}{\sqrt{3^2+(-1)^2}}=\frac{|k+5|}{\sqrt{10}}$$

원의 반지름의 길이가 $\sqrt{10}$이므로 원과 직선이 만나지 않으려면

$$\frac{|k+5|}{\sqrt{10}}>\sqrt{10}, \quad |k+5|>10$$

$$k+5<-10 \ \text{또는} \ k+5>10$$

$$\therefore \ k<-15 \ \text{또는} \ k>5$$　㉯

따라서 자연수 k의 최솟값은 6이다.　㉰

답 **6**

단계	채점요소	배점
㉮	원의 중심의 좌표와 반지름의 길이 구하기	40 %
㉯	k의 값의 범위 구하기	40 %
㉰	자연수 k의 최솟값 구하기	20 %

1156 $x^2+y^2-2x-4y+1=0$에서

$$(x-1)^2+(y-2)^2=4$$

오른쪽 그림과 같이 주어진 원의 중심을 $C(1,\ 2)$라 하고, 점 C에서 직선 $x-y+2=0$에 내린 수선의 발을 H라 하면

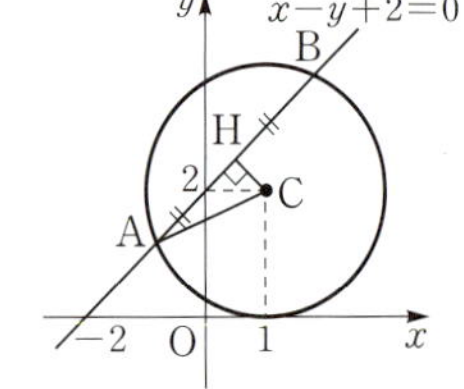

$$\overline{CH}=\frac{|1-2+2|}{\sqrt{1^2+(-1)^2}}=\frac{1}{\sqrt{2}}$$

직각삼각형 CAH에서

$$\overline{AH}=\sqrt{\overline{CA}^2-\overline{CH}^2}=\sqrt{2^2-\left(\frac{1}{\sqrt{2}}\right)^2}=\sqrt{\frac{7}{2}}=\frac{\sqrt{14}}{2}$$

$$\therefore \ \overline{AB}=2\overline{AH}=\sqrt{14}$$ 답 $\sqrt{14}$

1157 원 $x^2+y^2-4x+10y+9=0$이 y축과 만나는 점의 y좌표는 $x=0$을 대입하면

$$y^2+10y+9=0, \quad (y+9)(y+1)=0$$

$$\therefore \ y=-9 \ \text{또는} \ y=-1$$

따라서 주어진 원이 y축과 만나는 두 점은 $(0,\ -9)$, $(0,\ -1)$이므로 구하는 현의 길이는

$$|-1-(-9)|=8$$ 답 8

1158 오른쪽 그림과 같이 주어진 원과 직선의 두 교점을 A, B, 원의 중심 $O(0,\ 0)$에서 직선 $y=x+k$에 내린 수선의 발을 H라 하면

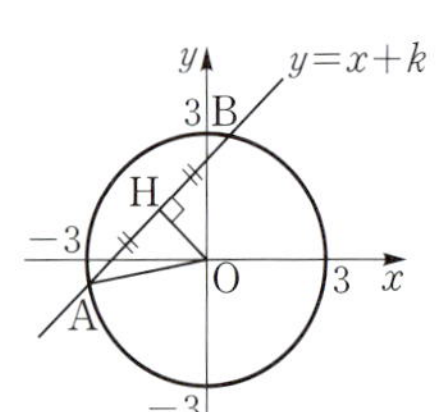

$$\overline{AB}=4\sqrt{2}\text{에서} \ \overline{AH}=\frac{1}{2}\overline{AB}=2\sqrt{2}$$

직각삼각형 OAH에서

$$\overline{OH}=\sqrt{\overline{OA}^2-\overline{AH}^2}=\sqrt{3^2-(2\sqrt{2})^2}=1$$　……㉠

또, 점 $O(0,\ 0)$과 직선 $y=x+k$, 즉 $x-y+k=0$ 사이의 거리는 $\overline{OH}=\dfrac{|k|}{\sqrt{1^2+(-1)^2}}=\dfrac{|k|}{\sqrt{2}}$　……㉡

㉠, ㉡에서 $\dfrac{|k|}{\sqrt{2}}=1$이므로 $|k|=\sqrt{2}$

$$\therefore \ k=\sqrt{2} \ (\because \ k>0)$$ 답 ②

1159 오른쪽 그림과 같이 주어진 원과 직선의 두 교점을 A, B라 하면 두 점 A, B를 지나는 원 중에서 넓이가 최소인 것은 $\overline{AB}$를 지름으로 하는 원이다.

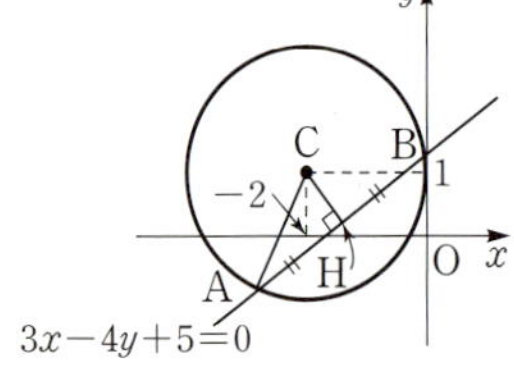

　㉮

원의 중심 C$(-2, 1)$에서 직선 $3x-4y+5=0$에 내린 수선의 발을 H라 하면
$$\overline{CH}=\frac{|-6-4+5|}{\sqrt{3^2+(-4)^2}}=1$$

.... ㉯

직각삼각형 CAH에서
$$\overline{AH}=\sqrt{\overline{CA}^2-\overline{CH}^2}=\sqrt{2^2-1^2}=\sqrt{3}$$

.... ㉰

따라서 구하는 원의 넓이는
$$\pi\times(\sqrt{3})^2=3\pi$$

.... ㉱

답 3π

단계	채점요소	배점
㉮	$\overline{AB}$를 지름으로 하는 원이 넓이가 최소인 원임을 알기	30 %
㉯	$\overline{CH}$의 길이 구하기	30 %
㉰	$\overline{AH}$의 길이 구하기	30 %
㉱	넓이가 최소인 원의 넓이 구하기	10 %

1160 $x^2+y^2-2x+4y-4=0$에서
$(x-1)^2+(y+2)^2=9$
원의 중심 C$(1, -2)$와 점 A$(-2, 3)$ 사이의 거리는

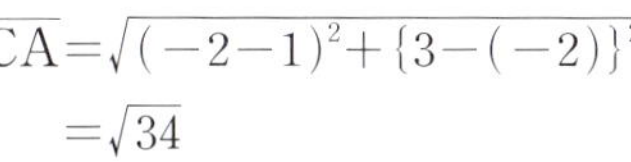

$$\overline{CA}=\sqrt{(-2-1)^2+\{3-(-2)\}^2}$$
$$=\sqrt{34}$$
△ABC는 직각삼각형이므로
$$\overline{AB}=\sqrt{\overline{CA}^2-\overline{CB}^2}=\sqrt{(\sqrt{34})^2-3^2}=5$$

답 ④

1161 $x^2+y^2+4x-8y+4=0$
에서
$(x+2)^2+(y-4)^2=16$
원의 중심 C$(-2, 4)$와 점
P$(a, 0)$ 사이의 거리는

$$\overline{CP}=\sqrt{\{a-(-2)\}^2+(0-4)^2}$$
$$=\sqrt{a^2+4a+20}$$
접점을 Q라 하면 △CPQ는 직각삼각형이므로
$$\overline{CP}^2=\overline{CQ}^2+\overline{PQ}^2$$에서
$a^2+4a+20=4^2+10^2$, $a^2+4a-96=0$
$(a-8)(a+12)=0$ $\quad\therefore a=8\ (\because a>0)$

답 ③

1162 △OAP는 직각삼각형이므로
$$\overline{AP}=\sqrt{\overline{OP}^2-\overline{OA}^2}=\sqrt{4^2-2^2}=2\sqrt{3}$$
이때 △OAP≡△OBP(RHS 합동)이므로 사각형 OAPB의 넓이는
$$2\times\triangle OAP=2\times\left(\frac{1}{2}\times2\sqrt{3}\times2\right)$$
$$=4\sqrt{3}$$

답 $4\sqrt{3}$

1163 $x^2+y^2+2x-6y+2=0$에서
$(x+1)^2+(y-3)^2=8$
원의 중심 $(-1, 3)$과 직선 $x-y-1=0$ 사이의 거리는
$$\frac{|-1-3-1|}{\sqrt{1^2+(-1)^2}}=\frac{5}{\sqrt{2}}=\frac{5\sqrt{2}}{2}$$
이고, 원의 반지름의 길이는 $2\sqrt{2}$이므로 원 위의 점에서 직선에 이르는 거리의 최댓값과 최솟값은
$$a=\frac{5\sqrt{2}}{2}+2\sqrt{2}=\frac{9\sqrt{2}}{2},\ b=\frac{5\sqrt{2}}{2}-2\sqrt{2}=\frac{\sqrt{2}}{2}$$
$$\therefore a+b=5\sqrt{2}$$

답 $5\sqrt{2}$

1164 원의 중심 $(1, -2)$와 직선 $y=x+3$, 즉 $x-y+3=0$ 사이의 거리는
$$\frac{|1+2+3|}{\sqrt{1^2+(-1)^2}}=\frac{6}{\sqrt{2}}=3\sqrt{2}$$
이고, 원의 반지름의 길이는 $2\sqrt{2}$이므로 원 위의 점과 직선 사이의 최단 거리는
$$3\sqrt{2}-2\sqrt{2}=\sqrt{2}$$

답 ②

1165 원의 중심 $(0, 0)$과 직선 $3x-4y+k=0$ 사이의 거리는
$$\frac{|k|}{\sqrt{3^2+(-4)^2}}=\frac{|k|}{5}$$

.... ㉮

이고, 원의 반지름의 길이는 2이므로 원 위의 점과 직선 사이의 거리의 최댓값은
$$\frac{|k|}{5}+2=5,\ |k|=15$$
$$\therefore k=15\ (\because k>0)$$

.... ㉯

답 15

단계	채점요소	배점
㉮	원의 중심과 주어진 직선 사이의 거리 구하기	40 %
㉯	k의 값 구하기	60 %

1166 $x^2+y^2-10x+6y+25=0$에서
$(x-5)^2+(y+3)^2=9$
원의 중심 $(5, -3)$과 직선 $x+2y-9=0$ 사이의 거리는
$$\frac{|5-6-9|}{\sqrt{1^2+2^2}}=2\sqrt{5}$$
이때 원의 반지름의 길이가 3이므로 원 위의 점 P와 직선 사이의 거리를 d라 하면
$$2\sqrt{5}-3\leq d\leq2\sqrt{5}+3$$
이때 $4<2\sqrt{5}<5$이므로 d가 될 수 있는 정수는 2, 3, 4, 5, 6, 7 이고, 각각의 거리에 해당하는 점 P가 2개씩 있으므로 구하는 점 P의 개수는 12이다.

답 12

1167 직선 $x+2\sqrt{2}y-8=0$의 기울기는 $-\dfrac{1}{2\sqrt{2}}$이므로 이 직선에 수직인 직선의 기울기는 $2\sqrt{2}$이다.

원 $x^2+y^2=9$에 접하고 기울기가 $2\sqrt{2}$인 접선의 방정식은
$$y=2\sqrt{2}x\pm3\sqrt{(2\sqrt{2})^2+1}$$
$$\therefore y=2\sqrt{2}x+9 \text{ 또는 } y=2\sqrt{2}x-9$$
이 두 직선의 y절편은 각각 9, -9이므로
$$\overline{PQ}=|9-(-9)|=18$$

답 ④

1168 기울기가 2인 접선의 방정식을 $y=2x+b$로 놓으면 원의 중심 $(1, -2)$와 직선 $y=2x+b$, 즉 $2x-y+b=0$ 사이의 거리는 반지름의 길이 2와 같으므로
$$\frac{|2+2+b|}{\sqrt{2^2+(-1)^2}}=2, \quad |b+4|=2\sqrt{5}$$
$$b+4=\pm2\sqrt{5} \quad \therefore b=-4\pm2\sqrt{5}$$
이때 b가 y절편이므로 y절편의 곱은
$$(-4+2\sqrt{5})\times(-4-2\sqrt{5})=-4$$

답 ①

1169 $x^2+y^2-6x+2y+8=0$에서
$$(x-3)^2+(y+1)^2=2$$
기울기가 $\tan 45^\circ$, 즉 1인 접선의 방정식을 $y=x+b$로 놓으면 원의 중심 $(3, -1)$과 접선 $y=x+b$, 즉 $x-y+b=0$ 사이의 거리는 반지름의 길이 $\sqrt{2}$와 같으므로
$$\frac{|3+1+b|}{\sqrt{1^2+(-1)^2}}=\sqrt{2}, \quad |b+4|=2$$
$$b+4=\pm2 \quad \therefore b=-2 \text{ 또는 } b=-6$$
따라서 구하는 접선의 방정식은
$$y=x-2 \text{ 또는 } y=x-6$$

답 $y=x-2$ 또는 $y=x-6$

1170 원 $x^2+y^2=20$ 위의 점 (a, b)에서의 접선의 방정식은
$$ax+by=20 \quad \therefore y=-\frac{a}{b}x+\frac{20}{b}$$
이 접선의 기울기가 3이므로
$$-\frac{a}{b}=3 \quad \therefore a=-3b \quad \cdots\cdots ㉠$$
또, 점 (a, b)는 원 $x^2+y^2=20$ 위의 점이므로
$$a^2+b^2=20 \quad \cdots\cdots ㉡$$
㉠, ㉡을 연립하여 풀면
$$a=-3\sqrt{2},\ b=\sqrt{2} \text{ 또는 } a=3\sqrt{2},\ b=-\sqrt{2}$$
$$\therefore ab=-6$$

답 ②

1171 원 $x^2+y^2=25$ 위의 점 $(-3, a)$에서의 접선의 방정식은
$$-3x+ay=25$$
이 접선이 점 $(5, b)$를 지나므로
$$-15+ab=25 \quad \therefore ab=40 \quad \cdots\cdots ㉠$$
또, 점 $(-3, a)$는 원 $x^2+y^2=25$ 위의 점이므로
$$9+a^2=25,\ a^2=16 \quad \therefore a=4 \ (\because a>0)$$

$a=4$를 ㉠에 대입하면 $b=10$
$$\therefore a+b=14$$

답 **14**

1172 원 $(x-3)^2+(y+1)^2=8$ 위의 점 $(5, 1)$에서의 접선의 방정식은
$$(5-3)(x-3)+(1+1)(y+1)=8$$
$$\therefore x+y-6=0$$
따라서 오른쪽 그림에서 구하는 넓이는
$$\frac{1}{2}\times6\times6=18$$

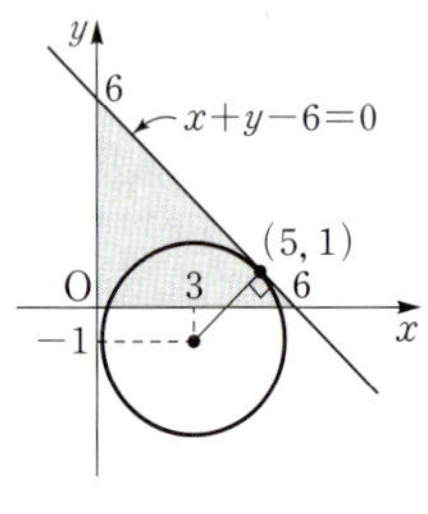

답 **18**

다른풀이 원의 중심 $(3, -1)$과 점 $(5, 1)$을 지나는 직선의 기울기는 $\dfrac{1-(-1)}{5-3}=1$

즉, 점 $(5, 1)$에서의 접선의 기울기는 -1이므로 접선의 방정식은
$$y-1=-(x-5) \quad \therefore y=-x+6$$
따라서 구하는 넓이는
$$\frac{1}{2}\times6\times6=18$$

1173 원 $x^2+y^2=5$ 위의 점 $(-2, 1)$에서의 접선의 방정식은
$$-2x+y=5 \quad \therefore 2x-y+5=0 \quad \cdots\cdots ㉠$$
$x^2+y^2-6x-4y+a=0$에서
$$(x-3)^2+(y-2)^2=13-a \quad \cdots\cdots ㉡$$
직선 ㉠이 원 ㉡에 접하려면 원의 중심 $(3, 2)$와 직선 ㉠ 사이의 거리가 반지름의 길이 $\sqrt{13-a}$와 같아야 하므로
$$\frac{|6-2+5|}{\sqrt{2^2+(-1)^2}}=\sqrt{13-a}$$
$$\frac{9}{\sqrt{5}}=\sqrt{13-a}, \quad \frac{81}{5}=13-a$$
$$\therefore a=-\frac{16}{5}$$

답 $-\dfrac{16}{5}$

1174 점 $(1, 2)$를 지나는 접선의 기울기를 m이라 하면 접선의 방정식은
$$y-2=m(x-1) \quad \therefore mx-y-m+2=0 \quad \cdots\cdots ㉠$$
원과 직선 ㉠이 접하려면 원의 중심 $(-2, 1)$과 직선 ㉠ 사이의 거리가 반지름의 길이 1과 같아야 하므로
$$\frac{|-2m-1-m+2|}{\sqrt{m^2+(-1)^2}}=1$$
$$|1-3m|=\sqrt{m^2+1}$$
양변을 제곱하면
$$1-6m+9m^2=m^2+1, \quad 8m^2-6m=0$$
$$2m(4m-3)=0 \quad \therefore m=0 \text{ 또는 } m=\frac{3}{4}$$
따라서 두 접선의 기울기의 합은
$$0+\frac{3}{4}=\frac{3}{4}$$

답 ②

1175 직선 l이 원 O'의 넓이를 이등분하므로 직선 l은 원 O'의 중심 $(0, -2)$를 지난다.

직선 l의 기울기를 $m \ (m>0)$이라 하면 직선 l의 방정식은
$y=mx-2 \qquad \therefore mx-y-2=0$

원 O와 직선 l이 접하려면 원의 중심 $(0, 0)$과 직선 사이의 거리가 반지름의 길이 1과 같아야 하므로
$$\frac{|-2|}{\sqrt{m^2+(-1)^2}}=1, \ |-2|=\sqrt{m^2+1}$$

양변을 제곱하면 $4=m^2+1$
$m^2=3 \qquad \therefore m=\sqrt{3} \ (\because m>0)$

따라서 직선 l의 방정식은
$y=\sqrt{3}x-2$

답 $y=\sqrt{3}x-2$

1176 원의 중심을 $C(3, -5)$, 두 접선의 접점을 P, Q라 하면 두 접선이 서로 수직이므로 사각형 APCQ는 정사각형이다.

따라서 직각삼각형 CAP에서
$\overline{CA}^2=\overline{CP}^2+\overline{AP}^2$이므로
$(1-3)^2+\{1-(-5)\}^2=r^2+r^2, \ 2r^2=40$
$r^2=20 \qquad \therefore r=2\sqrt{5} \ (\because r>0)$

답 $2\sqrt{5}$

📖 유형 Up

본문 165쪽

1177 점 P의 좌표를 (a, b)라 하면 점 P는 원 위의 점이므로
$(a+2)^2+(b+1)^2=4 \qquad \cdots\cdots\ \bigcirc$

선분 AP의 중점을 $Q(x, y)$라 하면
$x=\dfrac{a+2}{2}, \ y=\dfrac{b-1}{2}$
$\therefore a=2x-2, \ b=2y+1 \qquad \cdots\cdots\ \bigcirc$

$\bigcirc$을 $\bigcirc$에 대입하면
$(2x)^2+(2y+2)^2=4 \qquad \therefore x^2+(y+1)^2=1$

따라서 선분 AP의 중점의 자취는 중심이 $(0, -1)$이고 반지름의 길이가 1인 원이므로 구하는 자취의 길이는
$2\pi \times 1=2\pi$

답 2π

1178 점 P의 좌표를 (x, y)라 하면 $\overline{AP}^2+\overline{BP}^2=16$에서
$(x+3)^2+y^2+(x-1)^2+y^2=16$
$x^2+y^2+2x-3=0$
$\therefore (x+1)^2+y^2=4$

답 ③

1179 $\overline{AP}:\overline{BP}=3:1$이므로
$\overline{AP}=3\overline{BP} \qquad \therefore \overline{AP}^2=9\overline{BP}^2$

점 P의 좌표를 (x, y)라 하면
$(x+2)^2+y^2=9\{(x-2)^2+y^2\}$
$x^2+y^2-5x+4=0 \qquad \therefore \left(x-\dfrac{5}{2}\right)^2+y^2=\dfrac{9}{4}$

따라서 점 P는 중심이 $\left(\dfrac{5}{2}, 0\right)$이고 반지름의 길이가 $\dfrac{3}{2}$인 원 위의 점이다.

오른쪽 그림과 같이 점 P에서 x축에 내린 수선의 발을 H라 하면
$\triangle PAB=\dfrac{1}{2}\times\overline{AB}\times\overline{PH}$

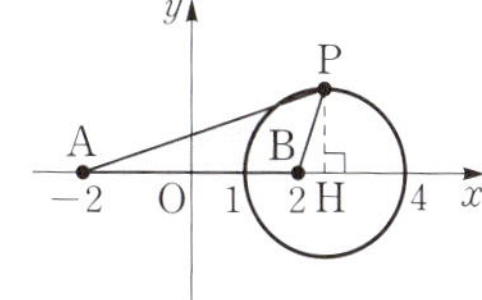

이때 $\overline{AB}=4$이고 $\overline{PH}$의 길이의 최댓값은 반지름의 길이 $\dfrac{3}{2}$과 같으므로 삼각형 PAB의 넓이의 최댓값은
$\dfrac{1}{2}\times 4 \times \dfrac{3}{2}=3$

답 ①

1180 오른쪽 그림과 같이 두 원 $x^2+y^2=9$, $x^2+y^2+4x+3y+1=0$의 중심을 각각 O, O', 두 원의 교점을 A, B, $\overline{OO'}$과 $\overline{AB}$의 교점을 C라 하자.

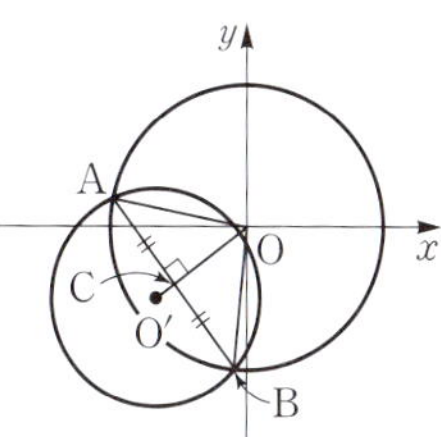

두 원의 공통인 현의 방정식은
$x^2+y^2-9-(x^2+y^2+4x+3y+1)=0$
$\therefore 4x+3y+10=0$

원 $x^2+y^2=9$의 중심 $O(0, 0)$과 공통인 현 사이의 거리는
$\overline{OC}=\dfrac{|10|}{\sqrt{4^2+3^2}}=\dfrac{10}{5}=2$

직각삼각형 AOC에서
$\overline{AC}=\sqrt{\overline{OA}^2-\overline{OC}^2}=\sqrt{3^2-2^2}=\sqrt{5}$

따라서 공통인 현의 길이는
$\overline{AB}=2\overline{AC}=2\sqrt{5}$

답 $2\sqrt{5}$

1181 오른쪽 그림과 같이 두 원 $x^2+y^2=4$, $(x-1)^2+(y-1)^2=4$의 중심을 각각 O, O'이라 하고, $\overline{OO'}$과 $\overline{AB}$의 교점을 C라 하자.

$(x-1)^2+(y-1)^2=4$에서
$x^2+y^2-2x-2y-2=0$
이므로 두 원의 공통인 현의 방정식은
$x^2+y^2-4-(x^2+y^2-2x-2y-2)=0$
$\therefore x+y-1=0$

원 O'의 중심 $O'(1, 1)$과 공통인 현 사이의 거리는
$\overline{O'C}=\dfrac{|1+1-1|}{\sqrt{1^2+1^2}}=\dfrac{\sqrt{2}}{2}$

직각삼각형 $O'AC$에서
$\overline{AC}=\sqrt{\overline{O'A}^2-\overline{O'C}^2}=\sqrt{2^2-\left(\dfrac{\sqrt{2}}{2}\right)^2}=\dfrac{\sqrt{14}}{2}$

따라서 공통인 현의 길이는 $\overline{AB}=2\overline{AC}=\sqrt{14}$

$\therefore \triangle O'AB=\dfrac{1}{2}\times\overline{AB}\times\overline{O'C}$

$\qquad\qquad =\dfrac{1}{2}\times\sqrt{14}\times\dfrac{\sqrt{2}}{2}=\dfrac{\sqrt{7}}{2}$ 　답 $\dfrac{\sqrt{7}}{2}$

1182 두 원의 교점을 지나는 원의 넓이가 최소가 되려면 공통인 현이 그 원의 지름이어야 한다. 　㉮

오른쪽 그림과 같이 두 원 $x^2+y^2=5$, $(x+2)^2+(y+1)^2=4$의 중심을 각각 O, O′, 두 원의 교점을 A, B, $\overline{OO'}$과 $\overline{AB}$의 교점을 C라 하자.

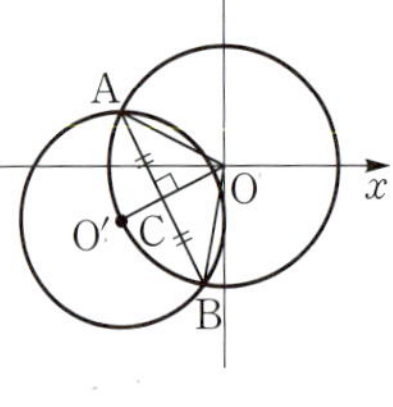

$(x+2)^2+(y+1)^2=4$에서 $x^2+y^2+4x+2y+1=0$이므로 두 원의 공통인 현의 방정식은 $x^2+y^2-5-(x^2+y^2+4x+2y+1)=0$

$\therefore 2x+y+3=0$ 　㉯

원 $x^2+y^2=5$의 중심 O$(0, 0)$과 공통인 현 사이의 거리는 $\overline{OC}=\dfrac{|3|}{\sqrt{2^2+1^2}}=\dfrac{3}{\sqrt{5}}$

직각삼각형 AOC에서 $\overline{AC}=\sqrt{\overline{OA}^2-\overline{OC}^2}=\sqrt{(\sqrt{5})^2-\left(\dfrac{3}{\sqrt{5}}\right)^2}=\sqrt{5-\dfrac{9}{5}}=\dfrac{4}{\sqrt{5}}$ 　㉰

따라서 구하는 원의 넓이는 $\pi\times\left(\dfrac{4}{\sqrt{5}}\right)^2=\dfrac{16}{5}\pi$ 　㉱

답 $\dfrac{16}{5}\pi$

단계	채점요소	배점
㉮	공통인 현을 지름으로 하는 원이 넓이가 최소인 원임을 알기	20%
㉯	공통인 현의 방정식 구하기	30%
㉰	$\overline{AC}$의 길이 구하기	40%
㉱	넓이가 최소인 원의 넓이 구하기	10%

1183 오른쪽 그림과 같이 두 원 $x^2+y^2+2x-4y-4=0$, $x^2+y^2-6x-10y+2k=0$의 중심을 각각 O′, O″, 두 원의 교점을 A, B, $\overline{O'O''}$과 $\overline{AB}$의 교점을 C라 하자.

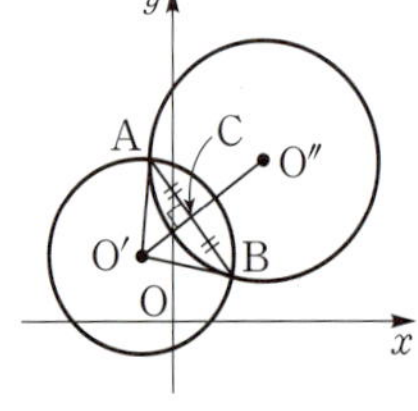

$x^2+y^2+2x-4y-4=0$에서 $(x+1)^2+(y-2)^2=9$이므로 원의 반지름의 길이는 3이다.

$\therefore \overline{O'A}=3$

한편, 두 원의 공통인 현의 방정식은 $x^2+y^2+2x-4y-4-(x^2+y^2-6x-10y+2k)=0$

$\therefore 4x+3y-2-k=0$

원 $x^2+y^2+2x-4y-4=0$의 중심 O′$(-1, 2)$와 공통인 현 사이의 거리는

$\overline{O'C}=\dfrac{|-4+6-2-k|}{\sqrt{4^2+3^2}}=\dfrac{|k|}{5}$

직각삼각형 AO′C에서 $\overline{AC}=\sqrt{\overline{O'A}^2-\overline{O'C}^2}=\sqrt{3^2-\left(\dfrac{|k|}{5}\right)^2}$

이때 공통인 현의 길이가 $2\sqrt{5}$이어야 하므로 $2\overline{AC}=2\sqrt{5}$에서

$2\sqrt{3^2-\left(\dfrac{|k|}{5}\right)^2}=2\sqrt{5}$, $9-\dfrac{k^2}{25}=5$

$k^2=100$ 　$\therefore k=10\ (\because k>0)$ 　답 ④

■ 시험에 **꼭** 나오는 문제　본문 166~169쪽

1184 $x^2+y^2-4x+ay-3=0$에서 $(x-2)^2+\left(y+\dfrac{a}{2}\right)^2=\dfrac{a^2}{4}+7$

원의 반지름의 길이가 4이므로 $\dfrac{a^2}{4}+7=16$, $a^2=36$ 　$\therefore a=\pm6$

따라서 원의 중심의 좌표는 $(2, -3)$ 또는 $(2, 3)$이므로 원점과 원의 중심 사이의 거리는 $\sqrt{2^2+3^2}=\sqrt{13}$ 　답 $\sqrt{13}$

1185 직선 $y=2x+k$가 원 $(x+2)^2+(y+3)^2=20$의 둘레를 이등분하므로 직선은 원의 중심 $(-2, -3)$을 지난다.

즉, $-3=-4+k$이므로 $k=1$ 　답 **1**

1186 원의 중심 (a, b)가 직선 $y=x+1$ 위에 있으므로 $b=a+1$ 　…… ㉠

원의 방정식을 $(x-a)^2+(y-a-1)^2=r^2$ 으로 놓으면 이 원이 두 점 $(1, 6)$, $(-3, 2)$를 지나므로 $(1-a)^2+(5-a)^2=r^2$에서 $2a^2-12a+26=r^2$ 　…… ㉡

$(-3-a)^2+(1-a)^2=r^2$에서 $2a^2+4a+10=r^2$ 　…… ㉢

㉡, ㉢을 연립하여 풀면 $a=1$, $r^2=16$

$a=1$을 ㉠에 대입하면 $b=2$

$\therefore 2a+b=4$ 　답 ④

1187 $\overline{AB}$의 중점의 좌표는 $\left(\dfrac{1+5}{2}, \dfrac{0+0}{2}\right)$, 즉 $(3, 0)$

$\overline{AB}$를 $1:3$으로 외분하는 점의 좌표는

$\left(\dfrac{1\times5-3\times1}{1-3}, \dfrac{1\times0-3\times0}{1-3}\right)$, 즉 $(-1, 0)$

두 점 $(3, 0)$, $(-1, 0)$을 지름의 양 끝 점으로 하는 원의 중심의

좌표는 $\left(\dfrac{3-1}{2}, \dfrac{0+0}{2}\right)$, 즉 $(1, 0)$

원의 반지름의 길이는 $\dfrac{1}{2}\times|-1-3|=2$

따라서 구하는 원의 방정식은

$(x-1)^2+y^2=4$ 답 ②

1188 $x^2+y^2+2(m-1)x-2my+3m^2-2=0$에서

$(x+m-1)^2+(y-m)^2=(m-1)^2+m^2-3m^2+2$

즉, $(x+m-1)^2+(y-m)^2=-m^2-2m+3$

이 방정식이 원의 방정식이 되려면

$-m^2-2m+3>0$, $m^2+2m-3<0$

$(m+3)(m-1)<0$ $\quad\therefore -3<m<1$

따라서 정수 m은 -2, -1, 0의 3개이다. 답 ③

1189 원의 중심을 $P(a, b)$라 하면 $\overline{PA}=\overline{PB}=\overline{PC}$

$\overline{PA}=\overline{PB}$에서 $\overline{PA}^2=\overline{PB}^2$이므로

$(a-1)^2+(b-1)^2=(a+1)^2+(b-1)^2$에서

$-4a=0$ $\quad\therefore a=0$ $\qquad\cdots\cdots$ ㉠

$\overline{PB}=\overline{PC}$에서 $\overline{PB}^2=\overline{PC}^2$이므로

$(a+1)^2+(b-1)^2=(a-3)^2+(b-5)^2$에서

$a+b=4$ $\qquad\cdots\cdots$ ㉡

㉠을 ㉡에 대입하면 $b=4$

즉, 원의 중심은 $P(0, 4)$이고, 반지름의 길이는

$\overline{PA}=\sqrt{(0-1)^2+(4-1)^2}=\sqrt{10}$

따라서 원의 방정식은 $x^2+(y-4)^2=10$

ㄱ. 중심의 좌표는 $(0, 4)$이다.

ㄴ. $0+(3-4)^2=1\neq10$이므로 주어진 원은 점 $(0, 3)$을 지나지 않는다.

ㄷ. 원의 반지름의 길이가 $\sqrt{10}$이므로 넓이는 $\pi\times(\sqrt{10})^2=10\pi$

따라서 옳은 것은 ㄱ, ㄷ이다. 답 ③

1190 $x^2+y^2+4x-2y-10=0$에서

$(x+2)^2+(y-1)^2=15$

중심의 좌표가 $(-2, 1)$이고 x축에 접하는 원의 방정식은

$(x+2)^2+(y-1)^2=1$

이므로 그 넓이는 $\pi\times1^2=\pi$ $\quad\therefore a=1$

또, 중심의 좌표가 $(-2, 1)$이고 y축에 접하는 원의 방정식은

$(x+2)^2+(y-1)^2=4$

이므로 그 넓이는 $\pi\times2^2=4\pi$ $\quad\therefore b=4$

$\therefore a-b=-3$ 답 -3

1191 점 $(4, -2)$를 지나고 x축과 y축에 동시에 접하려면 원의 중심이 제4사분면 위에 있어야 하므로 반지름의 길이를 r라 하면 원의 방정식은

$(x-r)^2+(y+r)^2=r^2$

이 원이 점 $(4, -2)$를 지나므로

$(4-r)^2+(-2+r)^2=r^2$

$r^2-12r+20=0$, $(r-2)(r-10)=0$

$\therefore r=2$ 또는 $r=10$

따라서 두 원의 반지름의 길이의 합은

$2+10=12$ 답 ④

1192 점 $A(-4, a)$와 원의 중심 $(0, 0)$ 사이의 거리는

$\sqrt{(-4)^2+a^2}=\sqrt{a^2+16}$

이때 원의 반지름의 길이가 2이므로 선분 AP의 길이의 최솟값은

$\sqrt{16+a^2}-2$이다.

즉, $\sqrt{16+a^2}-2=3$이므로

$\sqrt{16+a^2}=5$

양변을 제곱하면

$16+a^2=25$, $a^2=9$

$\therefore a=3$ $(\because a>0)$ 답 3

1193 $x^2+y^2-6x-8y+21=0$에서

$(x-3)^2+(y-4)^2=4$

두 원의 중심 $(0, 0)$과 $(3, 4)$ 사이의 거리는 $\sqrt{3^2+4^2}=5$이고,

두 원의 반지름의 길이는 각각 1, 2이다.

오른쪽 그림에서 선분 PQ의 길이가 최대

일 때는 $\overline{P_1Q_1}$일 때이고, 최소일 때는

$\overline{P_2Q_2}$일 때이므로

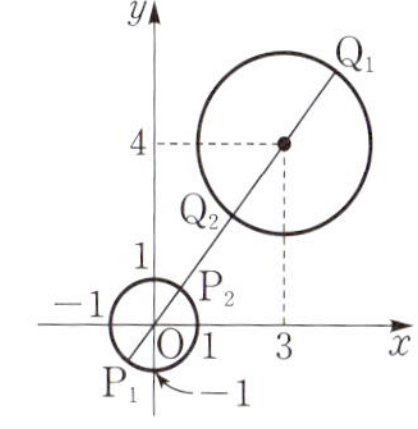

$M=\overline{P_1Q_1}=1+5+2=8$

$m=\overline{P_2Q_2}=5-1-2=2$

$\therefore M-m=6$ 답 ③

1194 두 원의 중심을 지나는 직선은 공통인 현을 수직이등분하므로 공통인 현의 중점은 두 원의 공통인 현과 두 원의 중심을 지나는 직선의 교점이다.

$(x+2)^2+(y-1)^2=4$에서 $x^2+y^2+4x-2y+1=0$이므로

두 원의 공통인 현의 방정식은

$x^2+y^2+4x-2y+1-(x^2+y^2-4)=0$

$\therefore 4x-2y+5=0$ $\qquad\cdots\cdots$ ㉠

또, 두 원의 중심 $(-2, 1)$, $(0, 0)$을 지나는 직선의 방정식은

$y=-\dfrac{1}{2}x$ $\qquad\cdots\cdots$ ㉡

㉠, ㉡을 연립하여 풀면 $x=-1$, $y=\dfrac{1}{2}$

따라서 공통인 현의 중점의 좌표는 $\left(-1, \dfrac{1}{2}\right)$이다.

답 $\left(-1, \dfrac{1}{2}\right)$

1195 두 원의 교점을 지나는 원의 방정식은
$$x^2+y^2-ax+2ay+k(x^2+y^2-6)=0 \ (단, \ k\neq-1)$$
$$\cdots\cdots \ \bigcirc$$

이 원이 두 점 $(1, 1)$, $(4, -2)$를 지나므로
$$2+a-4k=0, \ 20-8a+14k=0$$
위의 두 식을 연립하여 풀면 $a=6$, $k=2$
$a=6$, $k=2$를 $\bigcirc$에 대입하면
$$x^2+y^2-6x+12y+2(x^2+y^2-6)=0$$
$$\therefore \ x^2+y^2-2x+4y-4=0$$
따라서 $A=-2$, $B=4$, $C=-4$이므로
$$A-B-C=-2 \qquad\qquad 답 \ ②$$

1196 $y=2x+k$를 $x^2+y^2=9$에 대입하면
$$x^2+(2x+k)^2=9$$
$$\therefore \ 5x^2+4kx+k^2-9=0$$
이 이차방정식의 판별식을 D라 하면
$$\frac{D}{4}=(2k)^2-5(k^2-9)=-k^2+45$$

(i) $D>0$, 즉 $-k^2+45>0$일 때,
　$k^2-45<0 \quad \therefore \ -3\sqrt{5}<k<3\sqrt{5}$
　따라서 $-3\sqrt{5}<k<3\sqrt{5}$이면 교점은 2개이다.

(ii) $D=0$, 즉 $-k^2+45=0$일 때,
　$k^2-45=0 \quad \therefore \ k=\pm3\sqrt{5}$
　따라서 $k=\pm3\sqrt{5}$이면 교점은 1개이다.

(iii) $D<0$, 즉 $-k^2+45<0$일 때,
　$k^2-45>0 \quad \therefore \ k<-3\sqrt{5}$ 또는 $k>3\sqrt{5}$
　따라서 $k<-3\sqrt{5}$ 또는 $k>3\sqrt{5}$이면 교점은 없다.
따라서 옳은 것은 ②이다. $\qquad\qquad 답 \ ②$

1197 $y=x+k$를 $x^2+y^2-2x-4y+1=0$에 대입하면
$$x^2+(x+k)^2-2x-4(x+k)+1=0$$
$$\therefore \ 2x^2+(2k-6)x+k^2-4k+1=0$$
이 이차방정식의 판별식을 D라 하면 원과 직선이 서로 다른 두 점에서 만나므로
$$\frac{D}{4}=(k-3)^2-2(k^2-4k+1)>0$$
$$-k^2+2k+7>0, \ k^2-2k-7<0$$
$$\therefore \ 1-2\sqrt{2}<k<1+2\sqrt{2}$$
따라서 정수 k는 $-1, 0, 1, 2, 3$의 5개이다. $\qquad 답 \ ④$

1198 중심이 직선 $y=2x$ 위에 있으므로 원의 중심의 좌표를 $(t, 2t)$, 반지름의 길이를 r라 하면 원의 중심과 두 직선 $x+2y-3=0$, $x+2y-7=0$ 사이의 거리가 모두 원의 반지름의 길이 r와 같으므로
$$r=\frac{|t+4t-3|}{\sqrt{1^2+2^2}}=\frac{|t+4t-7|}{\sqrt{1^2+2^2}} \qquad \cdots\cdots \ \bigcirc$$
$$|5t-3|=|5t-7|, \ 5t-3=\pm(5t-7)$$

그런데 $5t-3\neq5t-7$이므로
$$5t-3=-5t+7 \qquad \therefore \ t=1$$
원의 중심의 좌표는 $(1, 2)$이므로 $a=1$, $b=2$
$t=1$을 $\bigcirc$에 대입하면 $r=\dfrac{2\sqrt{5}}{5}$
따라서 원의 넓이는
$$\pi\times\left(\frac{2\sqrt{5}}{5}\right)^2=\frac{4}{5}\pi \qquad \therefore \ c=\frac{4}{5}$$
$$\therefore \ a+b+5c=1+2+5\times\frac{4}{5}=7 \qquad 답 \ \mathbf{7}$$

1199 원의 중심 $(a, 2)$와 직선 $y=x+3$, 즉 $x-y+3=0$ 사이의 거리는
$$\frac{|a-2+3|}{\sqrt{1^2+(-1)^2}}=\frac{|a+1|}{\sqrt{2}}$$
원의 반지름의 길이가 $2\sqrt{2}$이므로 원과 직선이 만나지 않으려면
$$\frac{|a+1|}{\sqrt{2}}>2\sqrt{2}, \ |a+1|>4$$
$$a+1<-4 \ 또는 \ a+1>4$$
$$\therefore \ a<-5 \ 또는 \ a>3$$
따라서 조건을 만족시키는 실수 a의 값이 아닌 것은 ③이다.
$$답 \ ③$$

1200 오른쪽 그림과 같이 원의 중심 $C(1, 1)$에서 $\overline{AB}$에 내린 수선의 발을 H라 하면 $\overline{AB}=8$이므로
$$\overline{AH}=\frac{1}{2}\overline{AB}=4$$
또, 원의 중심 $C(1, 1)$과 직선 $y=x+k$, 즉 $x-y+k=0$ 사이의 거리는
$$\overline{CH}=\frac{|1-1+k|}{\sqrt{1^2+(-1)^2}}=\frac{|k|}{\sqrt{2}}$$
직각삼각형 CAH에서 $\overline{CA}^2=\overline{CH}^2+\overline{AH}^2$이므로
$$5^2=\left(\frac{|k|}{\sqrt{2}}\right)^2+4^2, \ 25=\frac{k^2}{2}+16$$
$$k^2=18 \quad \therefore \ k=3\sqrt{2} \ (\because \ k>0) \qquad 답 \ ②$$

1201 원의 중심 $C(1, 2)$와 점 $P(4, 5)$ 사이의 거리는
$$\overline{CP}=\sqrt{(4-1)^2+(5-2)^2}=3\sqrt{2}$$
$\triangle CAP$는 직각삼각형이므로
$$\overline{PA}=\sqrt{\overline{CP}^2-\overline{CA}^2}$$
$$=\sqrt{(3\sqrt{2})^2-(\sqrt{2})^2}=4$$
$\overline{AB}$와 $\overline{CP}$의 교점을 M이라 하면 $\overline{AB}\perp\overline{CP}$이므로
$$\frac{1}{2}\times\overline{PA}\times\overline{CA}=\frac{1}{2}\times\overline{CP}\times\overline{AM}$$에서
$$\frac{1}{2}\times4\times\sqrt{2}=\frac{1}{2}\times3\sqrt{2}\times\overline{AM} \quad \therefore \ \overline{AM}=\frac{4}{3}$$
$$\therefore \ \overline{AB}=2\overline{AM}=\frac{8}{3} \qquad 답 \ \frac{8}{3}$$

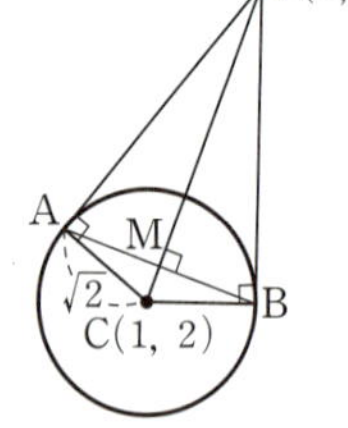

1202 두 점 $A(0, 1)$, $B(4, 5)$를 지나는 직선의 방정식은

$$y-1=\frac{5-1}{4-0}(x-0) \qquad \therefore y=x+1$$

$$\overline{AB}=\sqrt{(4-0)^2+(5-1)^2}=4\sqrt{2}$$

또, $x^2+y^2-6x-2y+8=0$에서

$(x-3)^2+(y-1)^2=2$이므로 원의 중

심 $(3, 1)$과 직선 $y=x+1$, 즉

$x-y+1=0$ 사이의 거리는

$$\frac{|3-1+1|}{\sqrt{1^2+(-1)^2}}=\frac{3}{\sqrt{2}}=\frac{3\sqrt{2}}{2}$$

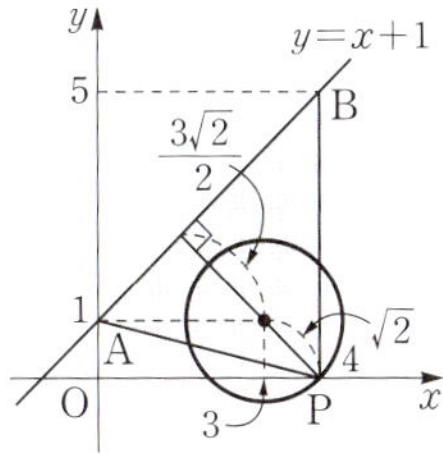

원의 반지름의 길이가 $\sqrt{2}$이므로 $\overline{AB}$를 밑변으로 하는 삼각형 PAB의 넓이가 최대일 때의 높이는

$$\frac{3\sqrt{2}}{2}+\sqrt{2}=\frac{5\sqrt{2}}{2}$$

따라서 삼각형 PAB의 넓이의 최댓값은

$$\frac{1}{2}\times 4\sqrt{2}\times\frac{5\sqrt{2}}{2}=10$$

답 10

1203 직선 $x+\sqrt{3}y-1=0$의 기울기는 $-\dfrac{1}{\sqrt{3}}$이므로 이 직선에 수직인 직선의 기울기는 $\sqrt{3}$이다.

따라서 기울기가 $\sqrt{3}$이고 원 $x^2+y^2=12$에 접하는 직선의 방정식은 $y=\sqrt{3}x\pm\sqrt{12}\sqrt{(\sqrt{3})^2+1}$

$$\therefore y=\sqrt{3}x+4\sqrt{3} \ \text{또는} \ y=\sqrt{3}x-4\sqrt{3}$$

답 $y=\sqrt{3}x+4\sqrt{3}$ 또는 $y=\sqrt{3}x-4\sqrt{3}$

1204 원의 중심을 $C(-2, 1)$, 두 접선의 접점을 P, Q라 하면 두 접선이 서로 수직이므로 사각형 $CQAP$는 정사각형이다. 따라서 직각삼각형 CAP에서 $\overline{CA}^2=\overline{CP}^2+\overline{AP}^2$이므로

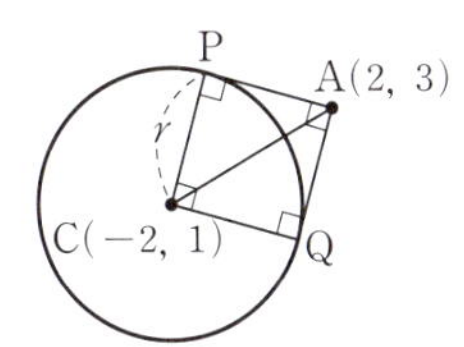

$\{2-(-2)\}^2+(3-1)^2=r^2+r^2$

$r^2=10 \qquad \therefore r=\sqrt{10} \ (\because r>0)$

답 ①

1205 $\overline{PA}:\overline{PB}=3:2$에서 $2\overline{PA}=3\overline{PB}$, $4\overline{PA}^2=9\overline{PB}^2$

점 P의 좌표를 (x, y)라 하면

$4\{(x+4)^2+y^2\}=9\{(x-1)^2+y^2\}$

$x^2+y^2-10x-11=0 \qquad \therefore (x-5)^2+y^2=36$

따라서 점 P의 자취는 중심이 $(5, 0)$이고 반지름의 길이가 6인 원이므로 구하는 자취의 길이는

$2\pi\times 6=12\pi$

답 12π

1206 오른쪽 그림과 같이 두 원 $x^2+y^2=4$, $(x+1)^2+(y-2)^2=9$의 중심 O, O'에 대하여 $\overline{OO'}$과 $\overline{AB}$의 교점을 C라 하자.

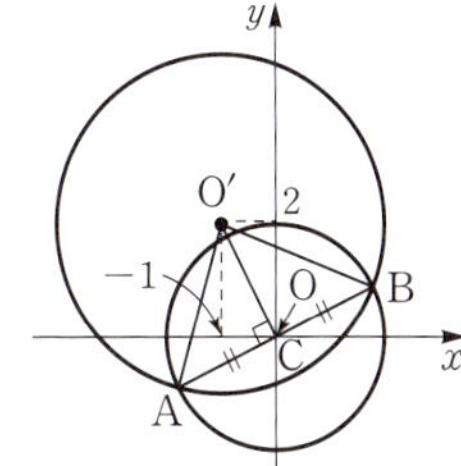

$(x+1)^2+(y-2)^2=9$에서

$x^2+y^2+2x-4y-4=0$이므로

두 원의 공통인 현의 방정식은

$x^2+y^2-4-(x^2+y^2+2x-4y-4)=0$

$$\therefore x-2y=0$$

원 O'의 중심 $O'(-1, 2)$와 공통인 현 사이의 거리는

$$\overline{O'C}=\frac{|-1-4|}{\sqrt{1^2+(-2)^2}}=\sqrt{5}$$

직각삼각형 $O'AC$에서

$$\overline{AC}=\sqrt{\overline{O'A}^2-\overline{O'C}^2}=\sqrt{3^2-(\sqrt{5})^2}=2$$

$$\therefore \overline{AB}=2\overline{AC}=4$$

따라서 삼각형 $O'AB$의 넓이는

$$\frac{1}{2}\times 4\times\sqrt{5}=2\sqrt{5}$$

답 $2\sqrt{5}$

1207 점 $(2, 3)$을 중심으로 하고 y축에 접하는 원의 방정식은

$(x-2)^2+(y-3)^2=2^2$

$x^2-4x+4+y^2-6y+9=4$

$$\therefore x^2+y^2-4x-6y+9=0$$

⑦

따라서 $a=-4$, $b=-6$, $c=9$이므로

ⓝ

$a+b+c=-1$

ⓓ

답 -1

단계	채점요소	배점
⑦	원의 방정식 구하기	60 %
ⓝ	a, b, c의 값 구하기	20 %
ⓓ	$a+b+c$의 값 구하기	20 %

1208 $x^2+y^2+2x-4=0$에서

$(x+1)^2+y^2=5$ $\qquad\cdots\cdots$ ㉠

원 $x^2+y^2-2ax+2y-6=0$이 원 ㉠의 둘레를 이등분하므로 두 원의 교점을 지나는 직선이 원 ㉠의 중심 $(-1, 0)$을 지난다.

⑦

두 원의 교점을 지나는 직선의 방정식은

$x^2+y^2+2x-4-(x^2+y^2-2ax+2y-6)=0$

$2(a+1)x-2y+2=0 \qquad \therefore (a+1)x-y+1=0$

ⓝ

이 직선이 점 $(-1, 0)$을 지나므로

$-(a+1)+1=0 \qquad \therefore a=0$

ⓓ

답 0

단계	채점요소	배점
⑦	한 원이 다른 원의 둘레를 이등분하는 조건 알기	30 %
ⓝ	두 원의 교점을 지나는 직선의 방정식 구하기	50 %
ⓓ	a의 값 구하기	20 %

1209 두 원의 교점을 지나는 원의 방정식은
$$x^2+y^2-4x-6y+7+k(x^2+y^2-ax)=0 \ (\text{단}, k\neq-1)$$
$$\cdots\cdots \ \text{㉠}$$

㉮

이 원이 점 $(0, 1)$을 지나므로 $2+k=0$ $\quad\therefore k=-2$
$k=-2$를 ㉠에 대입하면
$$x^2+y^2-4x-6y+7-2(x^2+y^2-ax)=0$$
$$x^2+y^2+(4-2a)x+6y-7=0$$
$$\therefore \{x+(2-a)\}^2+(y+3)^2=a^2-4a+20$$

㉯

이 원의 넓이가 32π이므로
$$a^2-4a+20=32, \ a^2-4a-12=0$$
$$(a+2)(a-6)=0 \quad \therefore a=6 \ (\because a>0)$$

㉰

답 6

단계	채점요소	배점
㉮	두 원의 교점을 지나는 원의 방정식 세우기	20%
㉯	두 원의 교점과 점 $(0, 1)$을 지나는 원의 방정식 구하기	40%
㉰	a의 값 구하기	40%

1210 원 $x^2+y^2=25$ 위의 점 $(-3, 4)$에서의 접선의 방정식은
$$-3x+4y=25 \quad \therefore 3x-4y+25=0 \quad \cdots\cdots \ \text{㉠}$$

㉮

이 직선이 원 O에 접하므로 원 O의 중심 $(-6, 8)$과 직선 $3x-4y+25=0$ 사이의 거리는 원 O의 반지름의 길이와 같다. 즉, 원 O의 반지름의 길이는
$$\frac{|-18-32+25|}{\sqrt{3^2+(-4)^2}}=\frac{25}{5}=5$$

㉯

따라서 원 O의 넓이는 $\pi\times5^2=25\pi$

㉰

답 25π

단계	채점요소	배점
㉮	접선의 방정식 구하기	30%
㉯	원 O의 반지름의 길이 구하기	50%
㉰	원 O의 넓이 구하기	20%

1211 $\angle \mathrm{APB}=\angle \mathrm{AQB}=90°$
이므로 이를 원주각이라 생각할 때, 네 점 A, B, P, Q는 $\overline{\mathrm{AB}}$를 지름으로 하는 원 위에 있다.
이 원의 중심은 $\overline{\mathrm{AB}}$의 중점이므로

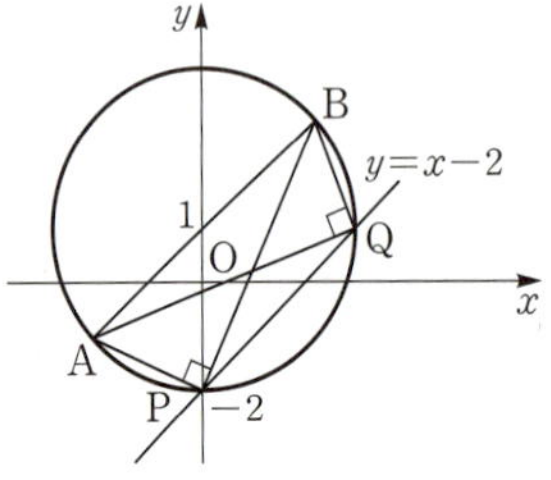

$$\left(\frac{-\sqrt{5}+\sqrt{5}}{2}, \frac{-1+3}{2}\right), \ \text{즉} \ (0, 1)$$

반지름의 길이는 $\frac{1}{2}\overline{\mathrm{AB}}$이므로
$$\frac{1}{2}\sqrt{\{\sqrt{5}-(-\sqrt{5})\}^2+\{3-(-1)\}^2}=3$$
따라서 $\overline{\mathrm{AB}}$를 지름으로 하는 원의 방정식은
$$x^2+(y-1)^2=9$$
점 P, Q는 직선 $y=x-2$와 원 $x^2+(y-1)^2=9$의 교점이므로
$$x^2+(x-3)^2=9, \ 2x^2-6x=0$$
$$x(x-3)=0 \quad \therefore x=0 \ \text{또는} \ x=3$$
따라서 $\mathrm{P}(0, -2)$, $\mathrm{Q}(3, 1)$이므로
$$l^2=\overline{\mathrm{PQ}}^2=(3-0)^2+\{1-(-2)\}^2=18$$

답 18

1212 호 PQ는 오른쪽 그림과 같이 점 $(2, 0)$에서 x축에 접하고 반지름의 길이가 4인 원의 일부이므로 그 원의 방정식은
$$(x-2)^2+(y-4)^2=16$$

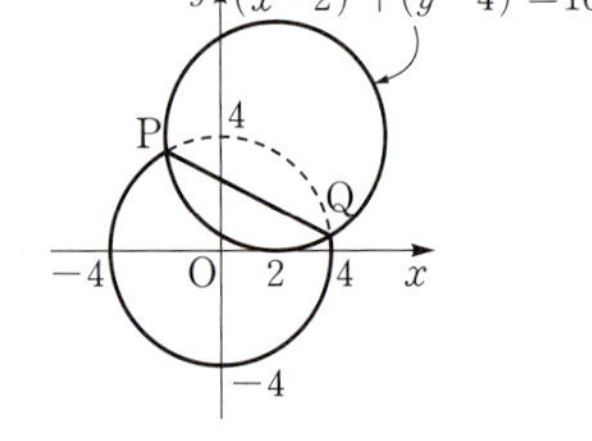

이때 선분 PQ는 두 원
$$x^2+y^2=16, \ (x-2)^2+(y-4)^2=16$$
의 공통인 현이다.
따라서 직선 PQ의 방정식은
$$x^2+y^2-16-(x^2+y^2-4x-8y+4)=0$$
$$\therefore x+2y-5=0$$

답 ②

1213 $x^2+y^2-4x=0$에서 $(x-2)^2+y^2=4$
$$\therefore \mathrm{C}(2, 0)$$
점 P의 좌표를 (a, b)라 하고 삼각형 ACP의 넓이를 n이라 하면
$$\frac{1}{2}\times4\times|b|=n \ (\text{단}, |b|\leq2)$$
$$\therefore |b|=\frac{n}{2}$$
$n=1, 2, 3$일 때, b는 각각 2개씩이므로 점 P는 각각 4개이고
$n=4$일 때, 점 P는 2개이다.

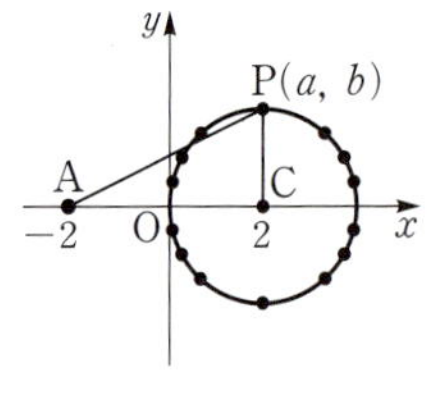

따라서 삼각형 ACP의 넓이가 자연수가 되도록 하는 점 P의 개수는
$$4\times3+2=14$$

답 14

13 도형의 이동

📖 교과서 문제 정복하기

본문 171쪽, 173쪽

1214 $(-1+1, 0-1)$, 즉 $(0, -1)$ 답 $(0, -1)$

1215 $(3+1, 2-1)$, 즉 $(4, 1)$ 답 $(4, 1)$

1216 $(2+1, -2-1)$, 즉 $(3, -3)$ 답 $(3, -3)$

1217 $(-3+1, -5-1)$, 즉 $(-2, -6)$ 답 $(-2, -6)$

1218 $(3+2, 1-3)$, 즉 $(5, -2)$ 답 $(5, -2)$

1219 $(-1+2, 5-3)$, 즉 $(1, 2)$ 답 $(1, 2)$

1220 $(6+2, -2-3)$, 즉 $(8, -5)$ 답 $(8, -5)$

1221 $(10+2, 7-3)$, 즉 $(12, 4)$ 답 $(12, 4)$

1222 $x-4=4, y+6=5$이므로
$x=8, y=-1$ ∴ $(8, -1)$ 답 $(8, -1)$

1223 $x-4=0, y+6=7$이므로
$x=4, y=1$ ∴ $(4, 1)$ 답 $(4, 1)$

1224 $x-4=6, y+6=-8$이므로
$x=10, y=-14$ ∴ $(10, -14)$ 답 $(10, -14)$

1225 $x-4=-3, y+6=-10$이므로
$x=1, y=-16$ ∴ $(1, -16)$ 답 $(1, -16)$

1226 $-1+a=1, 1+b=-2$이므로
$a=2, b=-3$ 답 $a=2, b=-3$

1227 $(x-3)-4(y+5)+3=0$
∴ $x-4y-20=0$ 답 $x-4y-20=0$

1228 $y+5=2(x-3)^2+5(x-3)+2$
∴ $y=2x^2-7x$ 답 $y=2x^2-7x$

1229 $\{(x-3)-2\}^2+\{(y+5)+1\}^2=6$
∴ $(x-5)^2+(y+6)^2=6$ 답 $(x-5)^2+(y+6)^2=6$

1230 $y+1=-2(x-2)-3$
∴ $y=-2x$ 답 $y=-2x$

1231 $y+1=-(x-2)^2+4$
∴ $y=-x^2+4x-1$ 답 $y=-x^2+4x-1$

1232 $\{(x-2)+2\}^2+\{(y+1)-1\}^2=1$
∴ $x^2+y^2=1$ 답 $x^2+y^2=1$

1233 주어진 직선을 x축의 방향으로 5만큼, y축의 방향으로 -4만큼 평행이동하면 원래의 직선과 일치하므로 구하는 직선의 방정식은
$(x-5)+(y+4)-6=0$
∴ $x+y-7=0$ 답 $x+y-7=0$

1234 원 $(x-1)^2+(y+2)^2=5$가 평행이동
$(x, y) \rightarrow (x+a, y+b)$에 의하여 옮겨지는 원의 방정식은
$\{(x-a)-1\}^2+\{(y-b)+2\}^2=5$
∴ $(x-a-1)^2+(y-b+2)^2=5$
이 원이 원 $(x-5)^2+(y+3)^2=5$와 일치하므로
$-a-1=-5, -b+2=3$
∴ $a=4, b=-1$ 답 $a=4, b=-1$

1235 $(x-3)+3(y+6)+5=0$
∴ $x+3y+20=0$ 답 $x+3y+20=0$

1236 주어진 포물선을 x축의 방향으로 2만큼, y축의 방향으로 5만큼 평행이동하면 원래의 포물선과 일치하므로 구하는 포물선의 방정식은
$y-5=-(x-2)^2$
∴ $y=-x^2+4x+1$ 답 $y=-x^2+4x+1$

1237 답 (1) $(-1, -3)$ (2) $(1, 3)$ (3) $(1, -3)$
(4) $(3, -1)$ (5) $(-3, 1)$

1238 (1) $x-(-y)+8=0$ ∴ $x+y+8=0$
(2) $-x-y+8=0$ ∴ $x+y-8=0$
(3) $-x-(-y)+8=0$ ∴ $x-y-8=0$
(4) $y-x+8=0$ ∴ $x-y-8=0$
(5) $-y-(-x)+8=0$ ∴ $x-y+8=0$
답 (1) $x+y+8=0$ (2) $x+y-8=0$ (3) $x-y-8=0$
(4) $x-y-8=0$ (5) $x-y+8=0$

1239 (1) $-y=x^2-x+2$ ∴ $y=-x^2+x-2$
(2) $y=(-x)^2-(-x)+2$ ∴ $y=x^2+x+2$
(3) $-y=(-x)^2-(-x)+2$ ∴ $y=-x^2-x-2$

(4) $x=y^2-y+2$

(5) $-x=(-y)^2-(-y)+2$ $\quad\therefore x=-y^2-y-2$

답 (1) $y=-x^2+x-2$ (2) $y=x^2+x+2$
(3) $y=-x^2-x-2$ (4) $x=y^2-y+2$
(5) $x=-y^2-y-2$

1240 (1) $(x+1)^2+(-y-5)^2=36$

$\quad\therefore (x+1)^2+(y+5)^2=36$

(2) $(-x+1)^2+(y-5)^2=36$

$\quad\therefore (x-1)^2+(y-5)^2=36$

(3) $(-x+1)^2+(-y-5)^2=36$

$\quad\therefore (x-1)^2+(y+5)^2=36$

(4) $(y+1)^2+(x-5)^2=36$

$\quad\therefore (x-5)^2+(y+1)^2=36$

(5) $(-y+1)^2+(-x-5)^2=36$

$\quad\therefore (x+5)^2+(y-1)^2=36$

답 (1) $(x+1)^2+(y+5)^2=36$ (2) $(x-1)^2+(y-5)^2=36$
(3) $(x-1)^2+(y+5)^2=36$ (4) $(x-5)^2+(y+1)^2=36$
(5) $(x+5)^2+(y-1)^2=36$

1241 $\left(\dfrac{-4+8}{2},\ \dfrac{6+4}{2}\right)$, 즉 $(2,5)$ 답 $(2,\ 5)$

1242 $\left(\dfrac{7+3}{2},\ \dfrac{-2-10}{2}\right)$, 즉 $(5,-6)$ 답 $(5,\ -6)$

1243 $\left(\dfrac{-5-9}{2},\ \dfrac{9+5}{2}\right)$, 즉 $(-7,7)$ 답 $(-7,\ 7)$

1244 구하는 점의 좌표를 (a,b)라 하면

$\dfrac{1+a}{2}=-2,\ \dfrac{4+b}{2}=2$ $\quad\therefore a=-5,\ b=0$

따라서 구하는 점의 좌표는 $(-5,0)$ 답 $(-5,\ 0)$

1245 구하는 점의 좌표를 (a,b)라 하면

$\dfrac{-2+a}{2}=1,\ \dfrac{-5+b}{2}=-3$ $\quad\therefore a=4,\ b=-1$

따라서 구하는 점의 좌표는 $(4,-1)$ 답 $(4,\ -1)$

1246 구하는 점의 좌표를 (a,b)라 하면

$\dfrac{3+a}{2}=5,\ \dfrac{-6+b}{2}=-2$ $\quad\therefore a=7,\ b=2$

따라서 구하는 점의 좌표는 $(7,2)$ 답 $(7,\ 2)$

1247 (1) 두 점 (a,b), (p,q)를 이은 선분의 중점의 좌표가

$(-2,-1)$이므로

$\dfrac{a+p}{2}=-2,\ \dfrac{b+q}{2}=-1$

$\therefore a=-p-4,\ b=-q-2$

(2) 점 (a,b)가 직선 $3x-y-2=0$ 위의 점이므로

$3a-b-2=0$

이 식에 $a=-p-4$, $b=-q-2$를 대입하면

$3(-p-4)-(-q-2)-2=0$

$\therefore 3p-q+12=0$

따라서 점 (p,q)는 직선 $3x-y+12=0$ 위의 점이므로 구하는 직선의 방정식은 $3x-y+12=0$

답 (1) $a=-p-4,\ b=-q-2$ (2) $3x-y+12=0$

1248 (1) $\left(\dfrac{3+a}{2},\ \dfrac{-1+b}{2}\right)$

(2) 두 점 A, B를 지나는 직선은 직선 $x-y+1=0$과 수직이다. 직선 $x-y+1=0$의 기울기가 1이므로 두 점 A, B를 지나는 직선의 기울기는 -1이다.

(3) 선분 AB의 중점 $\left(\dfrac{3+a}{2},\ \dfrac{-1+b}{2}\right)$가 직선 $x-y+1=0$ 위의 점이므로

$\dfrac{3+a}{2}-\dfrac{-1+b}{2}+1=0$

$\therefore a-b=-6$ $\qquad\qquad\cdots\cdots$ ㉠

또, 직선 AB의 기울기가 -1이므로

$\dfrac{b+1}{a-3}=-1$ $\quad\therefore a+b=2$ $\qquad\cdots\cdots$ ㉡

㉠, ㉡을 연립하여 풀면 $a=-2,\ b=4$

따라서 점 B의 좌표는 $(-2,4)$

답 (1) $\left(\dfrac{3+a}{2},\ \dfrac{-1+b}{2}\right)$ (2) -1 (3) $(-2,\ 4)$

1249 점 $P(5,-4)$를 직선 $x-3y-7=0$에 대하여 대칭이동한 점을 $Q(p,q)$라 하자.

$\overline{PQ}$의 중점의 좌표는 $\left(\dfrac{5+p}{2},\ \dfrac{-4+q}{2}\right)$

이 점이 직선 $x-3y-7=0$ 위의 점이므로

$\dfrac{5+p}{2}-3\times\dfrac{-4+q}{2}-7=0$

$\therefore p-3q=-3$ $\qquad\qquad\cdots\cdots$ ㉠

또, 직선 PQ는 직선 $x-3y-7=0$과 수직이고 직선 $x-3y-7=0$의 기울기는 $\dfrac{1}{3}$이므로 직선 PQ의 기울기는 -3이다. 즉, $\dfrac{q+4}{p-5}=-3$이므로 $3p+q=11$ $\qquad\cdots\cdots$ ㉡

㉠, ㉡을 연립하여 풀면 $p=3,\ q=2$

따라서 구하는 점의 좌표는 $(3,2)$ 답 $(3,\ 2)$

유형 익히기 본문 174~179쪽

1250 점 $(-3,2)$를 점 $(1,-4)$로 옮기는 평행이동을 $(x,y)\longrightarrow(x+m,y+n)$이라 하면

$-3+m=1$, $2+n=-4$

$\therefore m=4$, $n=-6$

이때 평행이동 $(x, y) \to (x+4, y-6)$에 의하여 점 $(5, -2)$로 옮겨지는 점의 좌표를 (a, b)라 하면

$a+4=5$, $b-6=-2$

$\therefore a=1$, $b=4$

따라서 구하는 점의 좌표는 $(1, 4)$이다.   답 **(1, 4)**

1251 점 $(-1, 3)$이 평행이동 $(x, y) \to (x-3, y+2)$에 의하여 옮겨지는 점의 좌표는

$(-1-3, 3+2)$, 즉 $(-4, 5)$

이 점이 직선 $y=mx-7$ 위의 점이므로

$5=-4m-7$ $\therefore m=-3$ 답 ②

1252 주어진 평행이동을 $(x, y) \to (x+m, y+n)$이라 하면

$-2+m=1$, $a+n=4$, $b+m=5$, $6+n=10$

따라서 $m=3$, $n=4$이므로

$a=0$, $b=2$

따라서 점 $(0, 2)$가 주어진 평행이동에 의하여 옮겨지는 점의 좌표는

$(0+3, 2+4)$, 즉 $(3, 6)$ 답 **(3, 6)**

1253 점 $\mathrm{A}(-1, 7)$을 x축의 방향으로 a만큼, y축의 방향으로 3만큼 평행이동한 점을 A'이라 하면 점 A'의 좌표는

$(-1+a, 7+3)$, 즉 $(-1+a, 10)$

이때 $\overline{\mathrm{OA}'}=2\overline{\mathrm{OA}}$에서 $\overline{\mathrm{OA}'}^2=4\overline{\mathrm{OA}}^2$이므로

$(-1+a)^2+10^2=4\{(-1)^2+7^2\}$

$a^2-2a-99=0$, $(a+9)(a-11)=0$

$\therefore a=11 \ (\because a>0)$ 답 **11**

1254 직선 $ax-2y-a+1=0$을 x축의 방향으로 4만큼, y축의 방향으로 n만큼 평행이동한 직선의 방정식은

$a(x-4)-2(y-n)-a+1=0$

$\therefore ax-2y-5a+2n+1=0$

이 직선이 직선 $3x-2y-6=0$과 일치하므로

$a=3$, $-5a+2n+1=-6$

따라서 $a=3$, $n=4$이므로 $a+n=7$ 답 ⑤

1255 점 $(2, 1)$이 평행이동 $(x, y) \to (x+a, y+b)$에 의하여 옮겨진 점이 $(3, 4)$이므로

$2+a=3$, $1+b=4$ $\therefore a=1$, $b=3$

따라서 직선 $3x-2y+4=0$을 x축의 방향으로 1만큼, y축의 방향으로 3만큼 평행이동한 직선의 방정식은

$3(x-1)-2(y-3)+4=0$ $\therefore 3x-2y+7=0$

이 직선이 점 $(3, c)$를 지나므로

$3 \times 3-2c+7=0$ $\therefore c=8$

$\therefore a+b+c=12$ 답 **12**

1256 직선 $y=ax+b$를 x축의 방향으로 -1만큼, y축의 방향으로 2만큼 평행이동한 직선의 방정식은

$y-2=a(x+1)+b$ $\therefore y=ax+a+b+2$

이 직선이 직선 $y=2x+1$과 y축 위의 점에서 수직으로 만나므로 두 직선의 기울기의 곱이 -1이고 y절편이 1로 같아야 한다.

즉, $a \times 2=-1$, $a+b+2=1$에서

$a=-\dfrac{1}{2}$, $b=-\dfrac{1}{2}$

$\therefore a-b=0$ 답 **0**

1257 직선 $y=x-3$을 x축의 방향으로 m만큼, y축의 방향으로 -2만큼 평행이동한 직선의 방정식은

$y+2=(x-m)-3$ $\therefore y=x-m-5$ …… ㉠

     ㉮

직선 $y=-x-1$을 y축의 방향으로 n만큼 평행이동한 직선의 방정식은

$y-n=-x-1$ $\therefore y=-x+n-1$ …… ㉡

     ㉯

이때 두 직선 ㉠, ㉡이 모두 점 $(4, -2)$를 지나므로

$-2=4-m-5$에서 $m=1$

$-2=-4+n-1$에서 $n=3$

     ㉰

$\therefore m+n=4$

     ㉱

답 **4**

단계	채점요소	배점
㉮	직선 $y=x-3$을 평행이동한 직선의 방정식 구하기	30%
㉯	직선 $y=-x-1$을 평행이동한 직선의 방정식 구하기	30%
㉰	m, n의 값 구하기	30%
㉱	$m+n$의 값 구하기	10%

1258 주어진 평행이동에 의하여 원 $(x-3)^2+y^2=1$이 옮겨지는 원의 방정식은

$(x-a-3)^2+(y+b)^2=1$

이 원이 원 $x^2+y^2+2x-4y+4=0$, 즉

$(x+1)^2+(y-2)^2=1$과 일치하므로

$-a-3=1$, $b=-2$ $\therefore a=-4$, $b=-2$

$\therefore ab=8$ 답 **8**

1259 $x^2+y^2+6x-2y+5=0$에서

$(x+3)^2+(y-1)^2=5$

이때 평행이동하여 이 원과 겹쳐지려면 반지름의 길이가 $\sqrt{5}$로 같

아야 한다.

ㄱ. 원 $(x+1)^2+(y-3)^2=5$는 반지름의 길이가 $\sqrt{5}$이므로 x축의 방향으로 -2만큼, y축의 방향으로 -2만큼 평행이동하면 주어진 원과 겹쳐진다.

ㄴ. 원 $(x+3)^2+(y-1)^2=9$는 반지름의 길이가 3이므로 평행이동해도 주어진 원과 겹쳐지지 않는다.

ㄷ. $x^2+y^2+6x+4y+8=0$에서
$$(x+3)^2+(y+2)^2=5$$
따라서 반지름의 길이가 $\sqrt{5}$이므로 y축의 방향으로 3만큼 평행이동하면 주어진 원과 겹쳐진다.

따라서 평행이동하여 주어진 원과 겹쳐지는 것은 ㄱ, ㄷ이다.

답 ㄱ, ㄷ

1260 원점을 점 $(2, 1)$로 옮기는 평행이동은
$$(x, y) \rightarrow (x+2, y+1)$$
포물선 $y=x^2+6x+1$을 x축의 방향으로 2만큼, y축의 방향으로 1만큼 평행이동한 포물선의 방정식은
$$y-1=(x-2)^2+6(x-2)+1$$
$$y=x^2+2x-6 \qquad \therefore y=(x+1)^2-7$$
따라서 꼭짓점의 좌표는 $(-1, -7)$이므로
$$m=-1, n=-7$$
$$\therefore m+n=-8$$

답 -8

다른풀이 $y=x^2+6x+1$에서 $y=(x+3)^2-8$이므로 포물선의 꼭짓점의 좌표는 $(-3, -8)$이다.

주어진 평행이동에 의하여 점 $(-3, -8)$이 옮겨지는 점의 좌표는 $(-3+2, -8+1)$, 즉 $(-1, -7)$이므로
$$m=-1, n=-7$$
$$\therefore m+n=-8$$

1261 포물선 $y=4x^2+8x-5$, 즉 $y=4(x+1)^2-9$를 x축의 방향으로 a만큼, y축의 방향으로 $a+2$만큼 평행이동한 포물선의 방정식은
$$y-a-2=4(x-a+1)^2-9$$
$$\therefore y=4(x-a+1)^2+a-7$$
이 포물선의 꼭짓점 $(a-1, a-7)$이 x축 위에 있으므로
$$a-7=0 \qquad \therefore a=7$$
따라서 꼭짓점의 x좌표는 $7-1=6$

답 6

1262 직선 $y=3x-1$을 x축의 방향으로 a만큼, y축의 방향으로 $2a$만큼 평행이동한 직선의 방정식은
$$y-2a=3(x-a)-1 \qquad \therefore y=3x-a-1$$
이 직선이 원 $(x-1)^2+(y+2)^2=1$의 넓이를 이등분하려면 원의 중심 $(1, -2)$를 지나야 하므로
$$-2=3-a-1 \qquad \therefore a=4$$

답 4

1263 원 $x^2+y^2=1$을 y축의 방향으로 a만큼 평행이동한 원의 방정식은
$$x^2+(y-a)^2=1$$
이 원이 직선 $4x+3y+2=0$과 접하므로 원의 중심 $(0, a)$와 직선 $4x+3y+2=0$ 사이의 거리가 원의 반지름의 길이인 1과 같다.

즉, $\dfrac{|0+3a+2|}{\sqrt{4^2+3^2}}=1$이므로 $|3a+2|=5$
$$3a+2=\pm5 \qquad \therefore a=1 \ (\because a>0)$$

답 1

1264 직선 $y=3x+2$를 x축의 방향으로 k만큼, y축의 방향으로 2만큼 평행이동한 직선의 방정식은
$$y-2=3(x-k)+2 \qquad \therefore y=3x-3k+4$$
이 직선이 포물선 $y=4x^2-5x-1$에 접하므로 이차방정식
$$3x-3k+4=4x^2-5x-1,$$ 즉 $4x^2-8x+3k-5=0$의 판별식을 D라 하면
$$\frac{D}{4}=16-4(3k-5)=0$$
$$-12k+36=0 \qquad \therefore k=3$$

답 ③

1265 평행이동 $(x, y) \rightarrow (x+a, y+b)$에 의하여 원 $(x+2)^2+(y-3)^2=16$이 옮겨지는 원의 방정식은
$$(x-a+2)^2+(y-b-3)^2=16$$
이 원의 중심이 제1사분면 위에 있고 이 원이 x축과 y축에 모두 접하므로
$$a-2=4, b+3=4 \qquad \therefore a=6, b=1$$
$$\therefore a+b=7$$

답 7

1266 점 $P(2, -1)$을 직선 $y=x$에 대하여 대칭이동한 점은 $Q(-1, 2)$

점 $P(2, -1)$을 x축에 대하여 대칭이동한 점은 $R(2, 1)$

따라서 삼각형 PQR의 무게중심의 좌표는
$$\left(\frac{2+(-1)+2}{3}, \frac{-1+2+1}{3}\right),$$ 즉 $\left(1, \frac{2}{3}\right)$

답 $\left(1, \dfrac{2}{3}\right)$

1267 점 $P(a, b)$가 직선 $y=3x$ 위의 점이므로
$$b=3a \qquad \therefore P(a, 3a)$$
점 $P(a, 3a)$를 x축에 대하여 대칭이동한 점은 $Q(a, -3a)$

점 $P(a, 3a)$를 y축에 대하여 대칭이동한 점은 $R(-a, 3a)$

따라서 오른쪽 그림에서

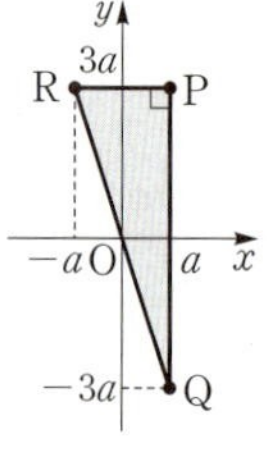

$$\triangle PQR=\frac{1}{2}\times\overline{PQ}\times\overline{PR}$$
$$=\frac{1}{2}\times 6a\times 2a=6a^2$$
즉, $6a^2=54$이므로 $a^2=9$
$$\therefore a=3 \ (\because a>0)$$

답 3

1268 점 (a, b)를 x축에 대하여 대칭이동한 점의 좌표는 $(a, -b)$

이 점이 제3사분면 위의 점이므로 $a<0, -b<0$

$\therefore a<0, b>0$

점 $(a-b, ab)$를 원점에 대하여 대칭이동한 점의 좌표는 $(-a+b, -ab)$

이 점을 x축에 대하여 대칭이동한 점의 좌표는 $(-a+b, ab)$

이때 $a<0, b>0$이므로 $-a+b>0, ab<0$

따라서 점 $(-a+b, ab)$는 제4사분면 위에 있다.

답 **제4사분면**

1269 $P(-2, -1) \xrightarrow{\text{(가)}} (-2, 1) \xrightarrow{\text{(나)}} (2, -1)$
$\xrightarrow{\text{(다)}} (-2, -1)$

즉, 점 P를 (가) → (나) → (다)의 순서로 대칭이동하면 자기자신으로 돌아온다.

따라서 $100=3\times33+1$에서 99번 이동한 후의 점의 좌표가 $(-2, -1)$이므로 100번 이동한 후의 점의 좌표는 $(-2, 1)$이다. 따라서 $a=-2, b=1$이므로
$a-b=-3$

답 **-3**

1270 직선 $y=\dfrac{1}{3}x+2$를 y축에 대하여 대칭이동한 직선의 방정식은 $y=-\dfrac{1}{3}x+2$

이 직선에 수직인 직선의 기울기는 3이므로 기울기가 3이고 점 $(-6, 2)$를 지나는 직선의 방정식은
$y-2=3(x+6)$ $\quad \therefore y=3x+20$

답 **$y=3x+20$**

1271 직선 $x+5y-6=0$을 직선 $y=x$에 대하여 대칭이동한 직선 l_1의 방정식은
$y+5x-6=0$ $\quad \therefore 5x+y-6=0$

직선 l_1을 원점에 대하여 대칭이동한 직선 l_2의 방정식은
$-5x-y-6=0$ $\quad \therefore y=-5x-6$

따라서 직선 l_2의 기울기는 -5이다.

답 **-5**

1272 점 $(4, -7)$을 x축에 대하여 대칭이동하면 점 $(4, 7)$로 옮겨지므로 직선 $2x-3y+5=0$을 x축에 대하여 대칭이동한 직선의 방정식은
$2x-3(-y)+5=0$ $\quad \therefore 2x+3y+5=0$

답 **①**

1273 중심이 점 $(3, -2)$이고 반지름의 길이가 k인 원의 방정식은 $(x-3)^2+(y+2)^2=k^2$

이 원을 x축에 대하여 대칭이동한 원의 방정식은
$(x-3)^2+(-y+2)^2=k^2$
$\therefore (x-3)^2+(y-2)^2=k^2$

이 원이 점 $(3, -3)$을 지나므로
$(3-3)^2+(-3-2)^2=k^2$
$\therefore k=5 \ (\because k>0)$

답 **5**

1274 $x^2+y^2-2ax-6y+4=0$에서
$(x-a)^2+(y-3)^2=a^2+5$

이 원을 y축에 대하여 대칭이동한 원의 방정식은
$(-x-a)^2+(y-3)^2=a^2+5$
$\therefore (x+a)^2+(y-3)^2=a^2+5$

이 원의 중심 $(-a, 3)$이 직선 $y=-\dfrac{1}{2}x+\dfrac{1}{2}$ 위에 있으므로
$3=-\dfrac{1}{2}\times(-a)+\dfrac{1}{2}, \dfrac{a}{2}=\dfrac{5}{2}$
$\therefore a=5$

답 **③**

1275 포물선 $y=x^2+ax+b$를 원점에 대하여 대칭이동한 포물선의 방정식은
$-y=(-x)^2+a(-x)+b$
$y=-x^2+ax-b$ $\quad \therefore y=-\left(x-\dfrac{a}{2}\right)^2+\dfrac{a^2}{4}-b$

이 포물선의 꼭짓점 $\left(\dfrac{a}{2}, \dfrac{a^2}{4}-b\right)$가 점 $(-2, 7)$과 일치하므로
$\dfrac{a}{2}=-2, \dfrac{a^2}{4}-b=7$ $\quad \therefore a=-4, b=-3$
$\therefore a+b=-7$

답 **②**

1276 $x^2+y^2-4x+10y-5=0$에서
$(x-2)^2+(y+5)^2=34$

이 원을 직선 $y=x$에 대하여 대칭이동한 원의 방정식은
$(y-2)^2+(x+5)^2=34$ $\quad \therefore (x+5)^2+(y-2)^2=34$

이 원이 y축과 만나는 점의 y좌표는
$(0+5)^2+(y-2)^2=34$에서 $(y-2)^2=9$
$y-2=\pm3$ $\quad \therefore y=-1$ 또는 $y=5$

따라서 두 점 사이의 거리는
$5-(-1)=6$

답 **6**

1277 직선 $4x+3y+a=0$을 원점에 대하여 대칭이동한 직선의 방정식은
$4(-x)+3(-y)+a=0$ $\quad \therefore 4x+3y-a=0$

이 직선이 원 $(x-3)^2+(y+1)^2=9$에 접하므로 원의 중심 $(3, -1)$과 직선 사이의 거리는 원의 반지름의 길이 3과 같다.

즉, $\dfrac{|12-3-a|}{\sqrt{4^2+3^2}}=3$이므로 $|9-a|=15$

$9-a=\pm15$ $\quad \therefore a=24 \ (\because a>0)$

답 **④**

1278 원 $x^2+y^2-4x-2y=0$을 x축에 대하여 대칭이동한 원의 방정식은
$x^2+(-y)^2-4x-2(-y)=0$
$x^2+y^2-4x+2y=0$ $\quad \therefore (x-2)^2+(y+1)^2=5$

이 원이 직선 $y=x+k$, 즉 $x-y+k=0$과 서로 다른 두 점에서 만나려면 원의 중심 $(2, -1)$과 직선 $x-y+k=0$ 사이의 거리가 원의 반지름의 길이인 $\sqrt{5}$보다 작아야 하므로

$$\frac{|2+1+k|}{\sqrt{1^2+(-1)^2}}<\sqrt{5}$$

⋯⋯ ㉯

$|k+3|<\sqrt{10}$, $-\sqrt{10}<k+3<\sqrt{10}$

$\therefore -3-\sqrt{10}<k<-3+\sqrt{10}$

⋯⋯ ㉰

답 $-3-\sqrt{10}<k<-3+\sqrt{10}$

단계	채점요소	배점
㉮	대칭이동한 원의 방정식 구하기	30%
㉯	원과 직선이 서로 다른 두 점에서 만나기 위한 조건 구하기	50%
㉰	k의 값의 범위 구하기	20%

1279 원 $(x-a)^2+(y+1)^2=9$를 원점에 대하여 대칭이동한 원의 방정식은

$(-x-a)^2+(-y+1)^2=9$

$\therefore (x+a)^2+(y-1)^2=9$

이 원을 직선 $y=x$에 대하여 대칭이동한 원의 방정식은

$(y+a)^2+(x-1)^2=9$

$\therefore (x-1)^2+(y+a)^2=9$

이때 이 원의 넓이가 직선 $3x-2y+1=0$에 의하여 이등분되려면 이 직선이 원의 중심 $(1, -a)$를 지나야 하므로

$3+2a+1=0$ $\therefore a=-2$ 답 -2

1280 포물선 $y=x^2+x+a$를 x축의 방향으로 2만큼, y축의 방향으로 -1만큼 평행이동한 포물선의 방정식은

$y+1=(x-2)^2+(x-2)+a$

$\therefore y=x^2-3x+a+1$

이 포물선을 x축에 대하여 대칭이동한 포물선의 방정식은

$-y=x^2-3x+a+1$

$\therefore y=-x^2+3x-a-1$

이 포물선이 $y=-x^2+3x+6$과 일치하므로

$-a-1=6$ $\therefore a=-7$ 답 -7

1281 점 P의 좌표를 (a, b)라 하면 점 P를 x축의 방향으로 1만큼, y축의 방향으로 2만큼 평행이동한 점의 좌표는

$(a+1, b+2)$

이 점을 x축에 대하여 대칭이동한 점의 좌표는

$(a+1, -b-2)$

이 점이 $(-3, 2)$와 일치하므로

$a+1=-3$, $-b-2=2$ $\therefore a=-4, b=-4$

따라서 점 P의 좌표는 $(-4, -4)$이다. 답 $(-4, -4)$

1282 원 $(x+2)^2+(y+2)^2=16$을 x축의 방향으로 -1만큼 평행이동한 원의 방정식은

$(x+1+2)^2+(y+2)^2=16$ $\therefore (x+3)^2+(y+2)^2=16$

이 원을 직선 $y=-x$에 대하여 대칭이동한 원의 방정식은

$(-y+3)^2+(-x+2)^2=16$ $\therefore (x-2)^2+(y-3)^2=16$

이 원이 x축과 만나는 점의 x좌표는

$(x-2)^2+(0-3)^2=16$에서 $(x-2)^2=7$

$x-2=\pm\sqrt{7}$ $\therefore x=2+\sqrt{7}$ 또는 $x=2-\sqrt{7}$

따라서 이 원이 x축과 만나는 두 점의 좌표는 $(2-\sqrt{7}, 0)$, $(2+\sqrt{7}, 0)$이므로

$\overline{PQ}=(2+\sqrt{7})-(2-\sqrt{7})=2\sqrt{7}$ 답 ②

1283 원 $(x-p)^2+(y-q)^2=16$을 x축에 대하여 대칭이동한 원의 방정식은

$(x-p)^2+(-y-q)^2=16$

$\therefore (x-p)^2+(y+q)^2=16$

이 원을 y축의 방향으로 3만큼 평행이동한 원의 방정식은

$(x-p)^2+(y-3+q)^2=16$

이 원이 x축과 y축에 동시에 접하므로

$|p|=|3-q|=4$ $\therefore p=4, q=7$ $(\because p>0, q>0)$

$\therefore p+q=11$ 답 **11**

1284 두 점 $(a, 8)$, $(-6, b)$를 이은 선분의 중점의 좌표가 $(-4, 6)$이므로

$\dfrac{a-6}{2}=-4$, $\dfrac{8+b}{2}=6$ $\therefore a=-2, b=4$

$\therefore ab=-8$ 답 ④

1285 $x^2+y^2-2x+6y+1=0$에서

$(x-1)^2+(y+3)^2=9$

원의 중심 $(1, -3)$을 점 $(2, 1)$에 대하여 대칭이동한 점의 좌표를 (a, b)라 하면

$\dfrac{1+a}{2}=2$, $\dfrac{-3+b}{2}=1$ $\therefore a=3, b=5$

원을 대칭이동해도 반지름의 길이는 변하지 않으므로 대칭이동한 원은 중심이 점 $(3, 5)$이고 반지름의 길이가 3이다.

따라서 구하는 원의 방정식은

$(x-3)^2+(y-5)^2=9$ 답 ①

1286 포물선 $y=x^2-2x+3$, 즉 $y=(x-1)^2+2$의 꼭짓점의 좌표는 $(1, 2)$

포물선 $y=-x^2+6x-5$, 즉 $y=-(x-3)^2+4$의 꼭짓점의 좌표는 $(3, 4)$

두 포물선이 점 P에 대하여 대칭이므로 두 포물선의 꼭짓점도 점 P에 대하여 대칭이다.

따라서 점 P는 두 꼭짓점을 이은 선분의 중점이므로 점 P의 좌표는

$\left(\dfrac{1+3}{2},\ \dfrac{2+4}{2}\right)$, 즉 $(2,\,3)$ 답 $(2,\,3)$

1287 직선 l의 방정식을 $y=ax+b$라 하면
두 점 $P(1,\,5)$, $Q(3,\,3)$에 대하여 $\overline{PQ}$의 중점 $(2,\,4)$가 직선 l 위의 점이므로

$4=2a+b$ ····· ㉠

또, 직선 PQ가 직선 l과 수직이므로

$\dfrac{3-5}{3-1}\times a=-1$ $\therefore a=1$

$a=1$을 ㉠에 대입하면 $b=2$

따라서 직선 l의 방정식은 $y=x+2$

이때 직선 l의 x절편은 -2, y절편은 2이므로 직선 l과 x축, y축으로 둘러싸인 삼각형의 넓이는

$\dfrac{1}{2}\times 2\times 2=2$ 답 **2**

1288 두 점 $(-6,\,-1)$, $(a,\,b)$를 이은 선분의 중점 $\left(\dfrac{-6+a}{2},\ \dfrac{-1+b}{2}\right)$가 직선 $2x+y+3=0$ 위의 점이므로

$2\times\dfrac{-6+a}{2}+\dfrac{-1+b}{2}+3=0$

$\therefore 2a+b=7$ ····· ㉠

또, 두 점 $(-6,\,-1)$, $(a,\,b)$를 지나는 직선이 직선 $2x+y+3=0$, 즉 $y=-2x-3$과 수직이므로

$\dfrac{b+1}{a+6}\times(-2)=-1$

$\therefore a-2b=-4$ ····· ㉡

㉠, ㉡을 연립하여 풀면 $a=2$, $b=3$

$\therefore a+b=5$ 답 ⑤

1289 원 $(x+2)^2+(y+1)^2=5$의 중심 $(-2,\,-1)$을 직선 $y=x-2$에 대하여 대칭이동한 점의 좌표를 $(a,\,b)$라 하면
두 점 $(-2,\,-1)$, $(a,\,b)$를 이은 선분의 중점 $\left(\dfrac{-2+a}{2},\ \dfrac{-1+b}{2}\right)$가 직선 $y=x-2$ 위의 점이므로

$\dfrac{-1+b}{2}=\dfrac{-2+a}{2}-2$ $\therefore a-b=5$ ····· ㉠

또, 두 점 $(-2,\,-1)$, $(a,\,b)$를 지나는 직선이 직선 $y=x-2$와 수직이므로

$\dfrac{b+1}{a+2}\times 1=-1$ $\therefore a+b=-3$ ····· ㉡

㉠, ㉡을 연립하여 풀면
$a=1$, $b=-4$

원을 대칭이동해도 반지름의 길이는 변하지 않으므로 대칭이동한 원은 중심이 점 $(1,\,-4)$이고 반지름의 길이가 $\sqrt{5}$이다.

따라서 구하는 원의 방정식은
$(x-1)^2+(y+4)^2=5$ 답 $(x-1)^2+(y+4)^2=5$

1290 두 원의 중심은 각각 $(0,\,0)$, $(2,\,-4)$이고 두 원의 중심을 이은 선분의 중점 $(1,\,-2)$가 직선 $ax+by+5=0$ 위의 점이므로 $a-2b+5=0$ ····· ㉠

㉮

또, 두 점 $(0,\,0)$, $(2,\,-4)$를 지나는 직선이 직선 $ax+by+5=0$, 즉 $y=-\dfrac{a}{b}x-\dfrac{5}{b}$와 수직이므로

$\dfrac{-4-0}{2-0}\times\left(-\dfrac{a}{b}\right)=-1$ $\therefore b=-2a$ ····· ㉡

㉯

㉠, ㉡을 연립하여 풀면 $a=-1$, $b=2$
$\therefore a+b=1$

㉰

답 **1**

단계	채점요소	배점
㉮	두 원의 중심을 이은 선분의 중점이 직선 위의 점임을 알기	40%
㉯	두 원의 중심을 지나는 직선이 주어진 직선과 수직임을 알기	40%
㉰	$a+b$의 값 구하기	20%

1291 점 $A(1,\,2)$를 직선 $y=x$에 대하여 대칭이동한 점을 A'이라 하면
$A'(2,\,1)$

$\therefore \overline{AP}+\overline{BP}=\overline{A'P}+\overline{BP}$
$\qquad\qquad\quad \geq\overline{A'B}$
$\qquad\qquad\quad =\sqrt{(5-2)^2+(9-1)^2}$
$\qquad\qquad\quad =\sqrt{73}$ 답 ③

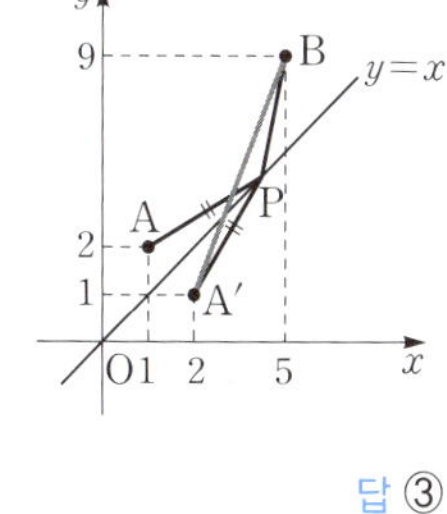

1292 점 $A(3,\,4)$를 y축에 대하여 대칭이동한 점을 A'이라 하면 $A'(-3,\,4)$
점 $B(4,\,3)$을 x축에 대하여 대칭이동한 점을 B'이라 하면 $B'(4,\,-3)$

$\therefore \overline{AP}+\overline{PQ}+\overline{QB}=\overline{A'P}+\overline{PQ}+\overline{QB'}$
$\qquad\qquad\qquad\qquad \geq\overline{A'B'}$
$\qquad\qquad\qquad\qquad =\sqrt{(4+3)^2+(-3-4)^2}$
$\qquad\qquad\qquad\qquad =7\sqrt{2}$ 답 ②

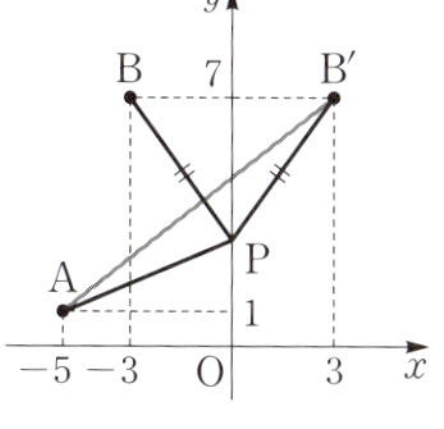

1293 점 $B(-3,\,7)$을 y축에 대하여 대칭이동한 점을 B'이라 하면
$B'(3,\,7)$
$\therefore \overline{AP}+\overline{BP}=\overline{AP}+\overline{B'P}$
$\qquad\qquad\quad \geq\overline{AB'}$
$\qquad\qquad\quad =\sqrt{(3+5)^2+(7-1)^2}$
$\qquad\qquad\quad =10$

이때 두 점 $A(-5, 1)$, $B'(3, 7)$을 지나는 직선의 방정식은

$$y-1=\frac{7-1}{3-(-5)}(x+5)$$

$$\therefore y=\frac{3}{4}x+\frac{19}{4}$$

따라서 $\overline{AP}+\overline{BP}$가 최소일 때의 점 P의 좌표는 $\left(0, \frac{19}{4}\right)$이다.

답 최솟값: **10**, 점 P의 좌표: $\left(0, \dfrac{19}{4}\right)$

유형 Up

본문 180쪽

1294 방정식 $f(y, x)=0$이 나타내는 도형은 방정식 $f(x, y)=0$이 나타내는 도형을 직선 $y=x$에 대하여 대칭이동한 것이다.

따라서 방정식 $f(y, x)=0$이 나타내는 도형은 ④이다. 답 ④

다른풀이 주어진 도형은 세 직선

$$x=0, \ y=x, \ y=1 \qquad \cdots\cdots \ \ \bigcirc$$

로 둘러싸인 도형이다.

㉠에 x 대신 y, y 대신 x를 대입하면

$$y=0, \ x=y, \ x=1$$

따라서 방정식 $f(y, x)=0$이 나타내는 도형은 $y=0$, $x=y$, $x=1$로 둘러싸인 도형이므로 ④이다.

1295 방정식 $f(x, y)=0$이 나타내는 도형을 y축에 대하여 대칭이동하면 $f(-x, y)=0$이고, 이것을 다시 y축의 방향으로 1만큼 평행이동하면 $f(-x, y-1)=0$이다.

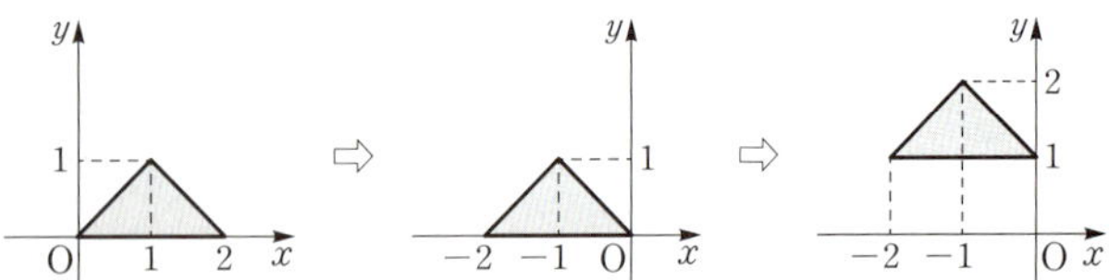

따라서 방정식 $f(-x, y-1)=0$이 나타내는 도형은 ③이다.

답 ③

1296 방정식 $f(x, y)=0$이 나타내는 도형을 x축에 대하여 대칭이동하면 $f(x, -y)=0$이고, 이것을 다시 x축의 방향으로 -3만큼 평행이동하면 $f(x+3, -y)=0$이다.

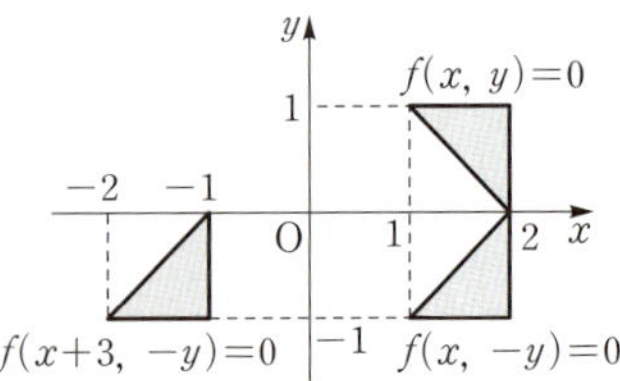

따라서 $g(x, y)=f(x+3, -y)$이다. 답 ③

1297 점 $(4, -1)$이 평행이동 $(x, y) \rightarrow (x+a, y-2)$에 의하여 옮겨지는 점의 좌표는

$$(4+a, \ -1-2), \ 즉 \ (a+4, \ -3)$$

이 점이 점 $(2, b)$와 일치하므로

$$a+4=2, \ -3=b \qquad \therefore a=-2, \ b=-3$$

$$\therefore a+b=-5 \qquad\qquad 답 ①$$

1298 직선 $y=3x-4$를 x축의 방향으로 m만큼, y축의 방향으로 -3만큼 평행이동한 직선의 방정식은

$$y+3=3(x-m)-4$$

$$\therefore 3x-y-3m-7=0 \qquad \cdots\cdots \ \bigcirc$$

직선 ㉠과 직선 $y=3x-4$ 사이의 거리가 $\sqrt{10}$이고 두 직선이 평행하므로 직선 $y=3x-4$ 위의 점 $(0, -4)$와 직선 ㉠ 사이의 거리가 $\sqrt{10}$이다.

즉, $\dfrac{|0+4-3m-7|}{\sqrt{3^2+(-1)^2}}=\sqrt{10}$이므로 $|3m+3|=10$

$$3m+3=\pm 10 \qquad \therefore m=\frac{7}{3} \ (\because m>0) \qquad 답 \ \frac{7}{3}$$

1299 $x^2+y^2-4x+2y+a=0$에서

$$(x-2)^2+(y+1)^2=5-a$$

주어진 평행이동에 의하여 이 원이 옮겨지는 원의 방정식은

$$(x+3-2)^2+(y-1+1)^2=5-a$$

$$\therefore (x+1)^2+y^2=5-a$$

따라서 중심의 좌표가 $(-1, 0)$, 반지름의 길이가 $\sqrt{5-a}$이므로

$$b=0, \ \sqrt{5-a}=3 \qquad \therefore a=-4, \ b=0$$

$$\therefore a+b=-4 \qquad\qquad 답 ①$$

1300 점 $A(-3, 5)$를 x축에 대하여 대칭이동한 점 B의 좌표는 $(-3, -5)$
점 $A(-3, 5)$를 직선 $y=x$에 대하여 대칭이동한 점 C의 좌표는 $(5, -3)$
따라서 삼각형 ABC의 넓이는

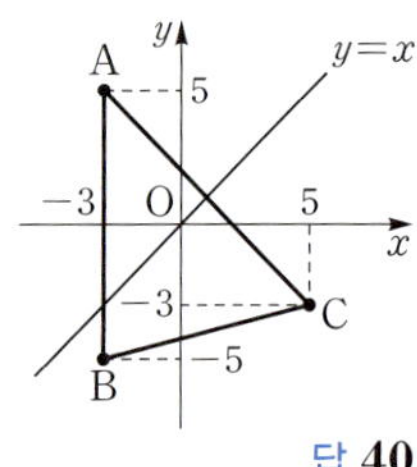

$$\frac{1}{2}\times 10 \times 8=40 \qquad\qquad 답 \ 40$$

1301 ㄱ. $x^2+y^2=1$을 직선 $y=x$에 대하여 대칭이동한 도형의 방정식은

$$y^2+x^2=1 \qquad \therefore x^2+y^2=1$$

ㄴ. $y=-x$를 직선 $y=x$에 대하여 대칭이동한 도형의 방정식은

$$x=-y \qquad \therefore y=-x$$

ㄷ. $y=2x$를 직선 $y=x$에 대하여 대칭이동한 도형의 방정식은

$$x=2y \qquad \therefore y=\frac{1}{2}x$$

따라서 처음의 도형과 일치하는 것은 ㄱ, ㄴ이다. 답 ③

1302 직선 $y=2x+k$를 원점에 대하여 대칭이동한 직선의 방정식은

$-y=2(-x)+k$ $\therefore 2x-y-k=0$

이 직선이 원 $x^2+y^2=10$에 접하므로 원의 중심 $(0, 0)$과 직선 사이의 거리는 원의 반지름의 길이 $\sqrt{10}$과 같다.

즉, $\dfrac{|-k|}{\sqrt{2^2+(-1)^2}}=\sqrt{10}$이므로 $|k|=5\sqrt{2}$

$\therefore k=5\sqrt{2} \ (\because k>0)$ 답 ⑤

1303 점 $(-2, 5)$를 원점에 대하여 대칭이동하면 $(2, -5)$

점 $(2, -5)$를 x축의 방향으로 3만큼, y축의 방향으로 -2만큼 평행이동하면 $(2+3, -5-2)$, 즉 $(5, -7)$

점 $(5, -7)$을 직선 $y=x$에 대하여 대칭이동하면 $(-7, 5)$

따라서 $a=-7$, $b=5$이므로 $a+b=-2$ 답 -2

1304 포물선 $y=x^2+2x+3$, 즉 $y=(x+1)^2+2$의 꼭짓점의 좌표는 $(-1, 2)$

포물선 $y=-x^2+6x-13$, 즉 $y=-(x-3)^2-4$의 꼭짓점의 좌표는 $(3, -4)$

두 꼭짓점 $(-1, 2)$, $(3, -4)$를 이은 선분의 중점의 좌표가 (a, b)이므로

$a=\dfrac{-1+3}{2}=1$, $b=\dfrac{2-4}{2}=-1$

$\therefore ab=-1$ 답 -1

1305 $x^2+y^2-2x-4y+1=0$에서

$(x-1)^2+(y-2)^2=4$

$x^2+y^2-6x-12y+41=0$에서

$(x-3)^2+(y-6)^2=4$

두 원의 중심 $(1, 2)$, $(3, 6)$을 이은 선분의 중점 $\left(\dfrac{1+3}{2}, \dfrac{2+6}{2}\right)$,

즉 $(2, 4)$가 직선 $y=ax+b$ 위의 점이므로

$2a+b=4$ ······ ㉠

두 원의 중심 $(1, 2)$, $(3, 6)$을 지나는 직선이 직선 $y=ax+b$와 수직이므로

$\dfrac{6-2}{3-1}\times a=-1$ $\therefore a=-\dfrac{1}{2}$

$a=-\dfrac{1}{2}$을 ㉠에 대입하면 $b=5$

$\therefore a+b=\dfrac{9}{2}$ 답 $\dfrac{9}{2}$

1306 오른쪽 그림과 같이 주어진 조건을 좌표평면 위에 나타내고 처음 다람쥐의 위치를 A, 움직인 후의 다람쥐의 위치를 B라 하면

$A(0, 20)$, $B(60, 40)$

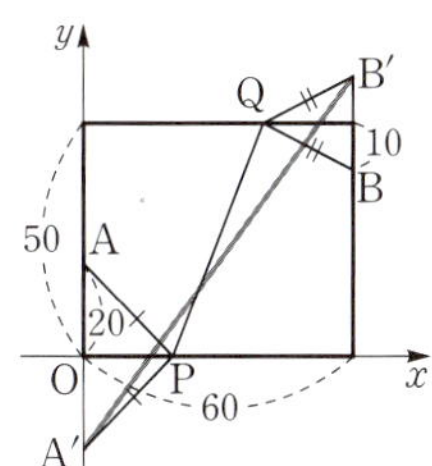

점 A를 x축에 대하여 대칭이동한 점은 $A'(0, -20)$

점 B를 직선 $y=50$에 대하여 대칭이동한 점은 $B'(60, 60)$

이때 다람쥐가 x축의 벽면을 거치는 지점을 P, x축에 평행한 벽면을 거치는 지점을 Q라 하면

$\overline{AP}+\overline{PQ}+\overline{QB}=\overline{A'P}+\overline{PQ}+\overline{QB'}$
$\geq \overline{A'B'}$
$=\sqrt{(60-0)^2+(60+20)^2}$
$=100$

따라서 다람쥐가 움직인 최단 거리는 100 m이다. 답 **100 m**

1307 방정식 $f(x, y)=0$이 나타내는 도형을 y축에 대하여 대칭이동하면 $f(-x, y)=0$이고, 이것을 다시 직선 $y=x$에 대하여 대칭이동하면 $f(-y, x)=0$이다.

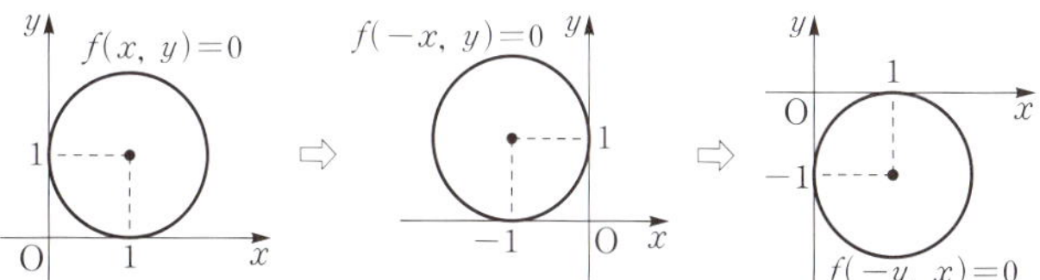

따라서 방정식 $f(-y, x)=0$이 나타내는 도형은 ①이다.

답 ①

> **참고** 원의 중심이 이동한 점의 좌표를 생각한다.
>
> $(1, 1) \xrightarrow[\text{대칭이동}]{y\text{축에 대하여}} (-1, 1) \xrightarrow[\text{대칭이동}]{y=x\text{에 대하여}} (1, -1)$

1308 주어진 평행이동을 $(x, y) \longrightarrow (x+m, y+n)$이라 하면 $a+m=6$, $3+n=-2$, $-2+m=1$, $b+n=4$

따라서 $m=3$, $n=-5$이므로 ㉮

$a=3$, $b=9$ ㉯

따라서 점 (b, a), 즉 점 $(9, 3)$이 주어진 평행이동에 의하여 옮겨지는 점의 좌표는

$(9+3, 3-5)$, 즉 $(12, -2)$ ㉰

답 $(12, -2)$

단계	채점요소	배점
㉮	주어진 조건을 만족시키는 평행이동 구하기	40%
㉯	a, b의 값 구하기	30%
㉰	점 (b, a)가 옮겨지는 점의 좌표 구하기	30%

1309 원 $(x+a)^2+(y+b)^2=9$를 직선 $y=x$에 대하여 대칭이동한 원의 방정식은

$(y+a)^2+(x+b)^2=9$ $\therefore (x+b)^2+(y+a)^2=9$ ㉮

이 원을 x축의 방향으로 -2만큼 평행이동한 원의 방정식은

$(x+2+b)^2+(y+a)^2=9$ ㉯

이 원이 x축과 y축에 동시에 접하므로

$|-2-b|=|-a|=3$

$|-2-b|=3$에서 $-2-b=\pm3$

$\therefore b=-5$ 또는 $b=1$

$|-a|=3$에서 $-a=\pm3$

$\therefore a=-3$ 또는 $a=3$

────────────────────────────────── ㉺

따라서 ab의 최댓값은 15이다.

────────────────────────────────── ㉣

답 15

단계	채점요소	배점
㉮	직선 $y=x$에 대하여 대칭이동한 원의 방정식 구하기	20 %
㉯	평행이동한 원의 방정식 구하기	20 %
㉰	a, b의 값 구하기	40 %
㉱	ab의 최댓값 구하기	20 %

1310 점 A를 직선 $4x-6y+3=0$에 대하여 대칭이동한 점을 $A'(a, b)$라 하자.

두 점 $A(1, -1)$, $A'(a, b)$를 이은 선분의 중점 $\left(\dfrac{a+1}{2}, \dfrac{b-1}{2}\right)$이 직선 $4x-6y+3=0$ 위의 점이므로

$4\times\dfrac{a+1}{2}-6\times\dfrac{b-1}{2}+3=0$

$\therefore 2a-3b=-8$ $\qquad\qquad$ …… ㉠

두 점 $A(1, -1)$, $A'(a, b)$를 지나는 직선이 직선 $4x-6y+3=0$, 즉 $y=\dfrac{2}{3}x+\dfrac{1}{2}$과 수직이므로

$\dfrac{b+1}{a-1}\times\dfrac{2}{3}=-1$

$\therefore 3a+2b=1$ $\qquad\qquad$ …… ㉡

㉠, ㉡을 연립하여 풀면

$a=-1$, $b=2$

따라서 점 A'의 좌표는 $(-1, 2)$이다.

$\therefore \overline{AP}+\overline{PB}=\overline{A'P}+\overline{PB}$
$\qquad\quad \geq \overline{A'B}$
$\qquad\quad =\sqrt{(3+1)^2+(2-2)^2}$
$\qquad\quad =4$

$\therefore k=4$

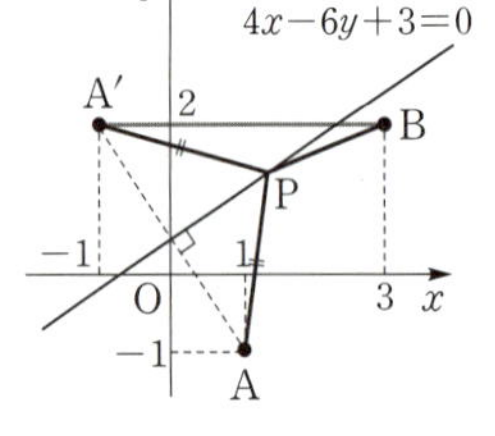

이때 직선 $A'B$의 방정식은

$y-2=\dfrac{2-2}{3+1}(x+1)$ $\qquad \therefore y=2$

$y=2$를 $4x-6y+3=0$에 대입하면 $x=\dfrac{9}{4}$

따라서 $\overline{AP}+\overline{PB}$가 최소일 때의 점 P의 좌표는 $\left(\dfrac{9}{4}, 2\right)$이므로

$s=\dfrac{9}{4}$, $t=2$

$\therefore kst=4\times\dfrac{9}{4}\times2=18$

답 18

1311 두 삼각형 OAB, O′A′B′에 내접하는 원을 각각 C, C'이라 하자.

원 C의 반지름의 길이를 r라 하면 원 C는 x축과 y축에 동시에 접하고 중심이 제1사분면 위에 있으므로 중심의 좌표는 (r, r)이다.

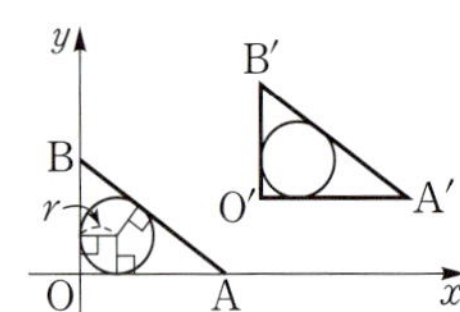

또, 두 점 $A(4, 0)$, $B(0, 3)$에 대하여 직선 AB의 방정식은

$\dfrac{x}{4}+\dfrac{y}{3}=1$ $\qquad \therefore 3x+4y-12=0$

이때 원 C가 직선 AB에 접하므로 원의 중심 (r, r)와 직선 AB 사이의 거리가 원의 반지름의 길이 r와 같다.

즉, $\dfrac{|3r+4r-12|}{\sqrt{3^2+4^2}}=r$이므로 $|7r-12|=5r$

$7r-12=\pm5r$ $\qquad \therefore r=1$ $(\because 0<r<3)$

중심이 점 $(1, 1)$이고 반지름의 길이가 1인 원 C의 방정식은 $(x-1)^2+(y-1)^2=1$

한편, 점 $A(4, 0)$을 점 $A'(9, 2)$로 옮기는 평행이동은 x축의 방향으로 5만큼, y축의 방향으로 2만큼 평행이동하는 것이므로 원 $C:(x-1)^2+(y-1)^2=1$을 x축의 방향으로 5만큼, y축의 방향으로 2만큼 평행이동한 원 C'의 방정식은

$(x-5-1)^2+(y-2-1)^2=1$
$(x-6)^2+(y-3)^2=1$
$\therefore x^2+y^2-12x-6y+44=0$

따라서 $a=-12$, $b=-6$, $c=44$이므로

$a+b+c=26$

답 26

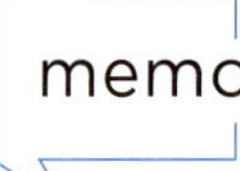

개념원리 RPM

수학(상)